الاحتكار والمنافسة غير المشروعة

« دراسة تحليلية مقارنة »

المستشار الدكتور

عمــر محمد حمــاد

٢٠٠٩

الناشر

دار النهضة العربية

﴿ فَأَمَّا الزَّبَدُ فَيَذْهَبُ جُفَاءً وَأَمَّا مَا يَنفَعُ النَّاسَ فَيَمْكُثُ فِي الأَرْضِ ﴾

صدق الله العظيم

"الرعد جزء من الآية ١٧"

شُكْرٌ وَتَقْدِيرٌ،،،،،

الحَمْدُ لله رَبِّ العَالَمِين والصَّلاةُ والسَّلام عَلى خَيْرِ وَلَدِ بنِ آدَم , سَيدِّنا مُحمد ﷺ.

فَبَعْدَ أَنْ أَكْتَمَلَ البَحْث واستوَى على سُوقِهِ أَجِدُ لِزَامًا عَلَيَّ أَنْ أَنسِبَ الفَضْلَ لأهله , إذ يَطِيبُ لي أَن أَقِفَ وَقْفَةَ إِجْلَال وإعظَام لأُستاذي الفَاضِل الأُستاذ الدُّكْتُور- مَحمُود مُختار بريري – أُستاذ وَرَئِيس قِسم القَانُون التّجَاري والبحري بكُلِّية الحُقُوق جَامعَة القَاهِرَة , الذِّي تَبَنَّى هَذا البَحْث و أَشْرَفَ عَلَيْه وأنفَقَ في سَبِيلِه الأوقَات الثَّمِينة , وأَسْبَغَ عَلَيَّ مِن الفَضْلِ والعِلم مَا لا يُحِيطُ بِه الثَّناء فَلم يُقَصِّر- جُهدًا في تَوْجِيهِي وتَقْدِيم النَّصَائِح الثَّمِينة التَّي كَانَت نِبْرَاسًا يُضِئ لي الطَّرِيق في إخرَاج هَذا البَحْث فَكَم أَثقَلتُ عَلَيْه فَقد كَثُرَت عَثَراتِي وزَادَت – عَنْ غَيْرِ قَصدِ – زَلَّاتِي فَكُنْتُ أَجِدهُ يُعَبِّد لي الطَّرِيق , ويُذَلِّل لي كل صَعب , كل ذَلِك وهُوَ واسِع الصَّدر نَقيُّ السَّرِيرة , وغَيْر ذلك مِمَّا هُو دَين أَعْجَز عَن الوَفَاءِ بِه .

فَالله أَسْأل أَن يَتَكَفَّل عَنِّي بِشُكْرِه وأَن يُكَافِئَهُ لِقَاء أَعْمَاله العَظِيمَةُ وأَن يَرْفَعَ دَرَجَاته ويُثْقِل مَوَازِينَهُ بِالخَيْر دَائِمًا فَجَزَاهُ عَنِّي خَيْرَ الجَزَاء .

إهـداء

إلى حَبيبِنَا وَرَسُولِنا مُحَمَّدٍ سَيِّدُ الأولينَ والآخرِين ﷺ .

إلى روح وَالِدِي العَزيز .... ,

التَّي شَعَرتُ بِها وكأنّها كَوكَبٌ دُرِّي لازمَني في إتمَام هَذا العَمَل جَعَل اللـه عَمَلي هذا في ميزَانِ حَسَناته .

إلى والِدَتي الغَالِيَة ...

رَمْزُ الطَّيبة والحَنان التَّ ﹾ ﹻي كانَت ومَا تَزال دَعواتُها النِّبرَاس الَّذي يُضئ لي طَريقي مَتَّعها اللـه بالصِّحَة والعَافية .

إلَى زَوْجَتي الكَريمَة ....

الَّتي ذَلَّلت لي الصِّعَاب لإتمَام هَذا البَحث جَزَاها اللـه عَنِّي خَيْر الجَزَاء.

إلى إبني الحَبيب ....

الَّذي أرجُوا من اللـه أنْ يُفَقِّهَهُ العِلم فَيصلح بِعلمِه مَا فَسَد مِن حالِ الأُمَّة.

إلَى إخْوَتي وأصدِقَائي وأَحِبَّائي ...

إلى رُوح أُستَاذي - شَوْقي زيدَان - الَّذى تَجَرَّعْتُ مِنْهُ رَحيق العَمَل القَانُوني , وأَفَادَني بِعِلمِه وعَطفِه جَعَل اللـه ثَمَرة عَمَله هذا في مِيزَانِ حَسَناته .

إلى أساتِذَني شُيوخ وَقُضَاة مَجلِس الدَّولَةُ الَّذ ﹾينَ تَتَلمَذتُ عَـلى أيْدِيهِم وشَرُفتُ بالنَّهلِ مـن علمِهم الفَيَّاض جَزَاهُم اللـه خَيْر الجَزَاء .

إلى كُلَّ مَنْ رَضِيَ بالله رَبّاً وبالإسلام دِيناً , وَبِمُحَمَّدٍ ﷺ نَبيّاً وَرَسُولاً أُهدي إلَيهِم هَذَا الجُهد المُتَوَاضِع .

مقدمة ...

لقد شهدت الحقبةُ الأخيرةُ من القرن الماضى وبدايةُ القرن الحالى تطوراً هائلاً غيرَ مسبوقٍ من الناحية الاقتصادية ، فمع اتجاه العالم إلى تحرير التجارة العالمية بعد إبرام وتوقيع اتفاقية الجات عام ١٩٩٤م وإزالة الحواجز الجمركية بين الدول الأعضاء الموقعة على بنود الاتفاقية والملتزمة بها. أضحت حماية المنافسة أمراً ضرورياً ومطلباً لا تسعى إليه الدول فُرادا عن طريق الاتفاقيات الثنائية بل أصبحت مطلباً جماعياً تبنته العديد من المنظمات الدولية وضمنته العديد من تشريعاتها فمن المعلوم أن المنافسة تعد من أهم المبادئ الأساسية لاقتصاديات الدول التى تؤمنُ بحرية التجارة لذا حرصت الدولُ على وضع وصياغة القوانين المنظمة للممارسات التجارية وراعت أن تكونَ كفيلةً بحظر الممارسات غيرِ المشروعةِ .

ولقد صاحب تطورُ الحياةِ الاقتصادية تطوراً مماثلاً للجرائم الاقتصادية فخرجت الجريمةُ الاقتصاديةُ من ثوبها القديم ، والمعروف لدى العديد من التشريعات الوطنية إلى أنواعٍ جديدةٍ لم تعرفها تلك القوانين ، وخاصةً دول العالم الثالث "الفقيرة" ومن بينها مصرـ حيث إن النظام الاقتصادى فى تلك الدول يتميز بالمركزية الشديدة ، ومشاركة الدولة فى العديد من المجالات الاقتصادية ، وترتب على ذلك قصور تلك القوانين والتشريعات عن مواجهة تلك الجرائم ، وباتت نصوصاً مهجورة لا ينظر إليها مما أنعكس أثره على الحالة الاقتصادية العامة لتلك الدول وما صاحبة من حدوث اختلال وعدم توازن فى ميزانية تلك الدول وتعد جريمة الاحتكار من أهم وأخطر الجرائم التى تعرضت لها الأسواق العالمية والمحلية ، ومازالت تتعرض لها ، وأن كانت تلك الجريمة ليست حديثة العهد بل استخدمتها الدول فى الماضى البعيد ، وأن اختلفت أسباب ومبررات استخدامها.

ففى الماضى كان الهدف من استخدام تلك الجريمة هو التمهيد للاستخدام العسكرى أو السياسى ومن ثم إيجاد نوع من السيطرة العسكرية والسياسية ، أما

فى الوقت الحاضر فإن الغرض الأساسى لتلك الجريمة هو محاولة إيجاد نوع من التبعية الاقتصادية ، والتى تعد أخطر وأشد من الحل العسكرى والسياسى والذى غالباً ما أثبت فشلة فى الوقت الراهن ، ويسترعينا فى هذا الشأن مقولة "جولد مائير" رئيسة وزراء اسرائيل أبان حكم الرئيس الراحل محمد أنور السادات عندما قالت "إذا أرادت أية دولة غزو دولة أخرى فعليها أن تغزوها اقتصادياً وفكرياً وليس عسكرياً".

لعلنا إذا ما دققنا النظر نجد أن التبعية الاقتصادية أصبحت البوابة الأهم من أجل السيطرة السياسية فهى تعد وسيلة ضغط فعالة على صناع القرار السياسى والذين لن يجدوا بديلاً أخر لجذب رؤوس الأموال الأجنبية والاستثمارات الضخمة ، وكذلك التكنولوجيا العالية الفائقة الجودة من المؤسسات والشركات العالمية والتى غالباً ما تمتلك رؤوس أموال ضخمة تمكنها من تنفيذ أكثر من مشروع فى أكثر من دولة فى آن واحد. سوى تطويع القوانين والتشريعات الوطنية بما يخدم مصالح تلك المؤسسات الأجنبية ، حتى ولو وصل الأمر إلى تفصيل قوانين معينة بذاتها لتلك الشركات سواء تم ذلك عن طريق منح تلك الشركات عقود امتياز واحتكار طويلة الأجل أو منحها توكيلات حكومية حصرية تقتصر عليها فقط غاضين البصر عن الشركات الوطنية المنافسة لتلك الشركات الأجنبية ، وما يمكن أن تفعله بهم تلك الشركات الأجنبية ، والتى غالباً ما ينتهى الأمر بهم إلى الخروج تماماً من مجال ومضمار المنافسة ، ومن ثم يصبح الطريق مفتوحاً أمام تلك الشركات من أجل العمل بحرية تامة ، وكأنها امتلكت تلك الأسواق كل ذلك على مسمع ومرآى من الحكومات دون معارضة منها ، والأمثلة على ذلك كثيرة كما سنوضحه فيما بعد.

من أجل ذلك كان السبب الأساسى وراء اختيارنا لهذا الموضوع هو انتشار تلك الجريمة والظاهرة بصورة كبيرة ومبالغ فيها فى الأسواق العالمية بصفة عامة وفى السوق المصرى بصفة خاصة ، وما أثرت به تلك الظاهرة على الاقتصاد المصرى ولعل واقع الحال الملموس فى الأونة الأخيرة من ظهور العديد

من الاحتكارات والتكتلات الاقتصادية فى السوق المصرى ، وعجز الأجهزة الرقابية عن مواجهتها يدق بشأنه ناقوس الخطر نحو ضرورة مواجهة تلك الظاهرة بأعنف وأشد القوانين وفرض العقوبات لمواجهتها والحد منها.

أما عن الهدف الذى ابتغيناه من تلك الدراسة هو محاولة إلقاء الضوء بصورة مفصلة عن أبعاد تلك الظاهرة ، وتقديم أفضل الحلول والأساليب القانونية لمحاولة الحد من آليات الاحتكار آخذين فى الاعتبار البيئة المناخيه والاقتصادية للسوق المصرى حتى تتلائم تلك الأساليب مع النسق والمنهج العام للسوق المصرى ولقد اعتمدنا على أسلوب البحث العلمى التفصيلى باعدين عن النظريات الاقتصادية والفقهية المجردة محاولين الدخول فى عمق ولب الموضوع وليس بصورة سطحية متلمسين الربط بين النظريات القانونية وبين الواقع العملى و الملموس ، وذلك عن طريق عرض وتحليل التجارب الدولية للحد من آليات الاحتكار ، سواء فى الفقه الأمريكي باعتباره رائداً فى هذا المجال ، ويقف على ثراء فقهى لم يسبقه فيه أحد باعتباره أول القوانين التى وضعت وصنفت لهذا الغرض بالإضافة إلى عرض تجربة الاتحاد الأوربي من خلال فاعليات السوق الأوربية المشتركة ، مسترشدين بما أصدرته المحاكم الأمريكية على اختلاف درجاتها ، وكذلك محكمة العدل الأوربية.

خطة الدراسة

إن ظاهرة الاحتكار أصبحت تشكل خطرا كبيرا ليس على المستوى الوطنى فحسب، ولكن على المستوى الدولى أيضا؛ نظرا لضررها على اقتصاديات السوق الحر، وتلك الظاهرة تعمل على إعاقة عملية المنافسة، بعدما أثبتت التجربة الاقتصادية أن الاحتكار يمثل اختلالا فى توزيع القدرات والقوى فى السوق من الناحية الاقتصاد، فضلا عن أنه يغلق باب المنافسة أمام صغار المنتجين أو الموزعين، مما يؤدى إلى رفع معدلات الربح، فيبالغ فى الأسعار، فتصبح لا تعبر تعبيرا حقيقيا عن قيمة السلعة، كما يؤدى إلى انخفاض معدلات التقدم التكنولوجي

نتيجة لانعدام المنافسة، بالإضافة إلى أن الاتفاقات التي تجرى بين المنتجين والموزعين، تمثل تهديدا للمسار الطبيعي لقانون العرض والطلب، وتؤثر على حرية المنافسة، الأمر الذي باتت حماية المنافسة ومنع الممارسات الاحتكارية هي الشغل الشاغل لجميع القوى السياسية الاقتصادية إقليميا ودولياً.

لذلك فسوف نعرض بالدراسة لهذه الظاهرة من خلال بيان الآليات التي تؤدى إلى الاحتكار، ووسائل الحماية والوقاية منها، مع التعرض للنموذج الأمريكي في هذا الشأن من خلال قوانين "ANTITRUST"، وكذلك أحكام المحاكم الأمريكية نظرا لدورها الإنشائي في هذا الشأن، مع الوقوف على التجربة المصرية من خلال قانون تنظيم المنافسة ومنع الممارسات الاحتكارية، والتعليق على مواده وتقديم أفضل التصورات الممكنة لتطبيقه بطريقة واضحة وفعالة.

تقسيـم

سوف يتم تقسيم هذه الدراسة إلى بابين:

الباب الأول: نتعرف فيه على أركان وشروط الاحتكار، ومتى يكون غير مشروع؛ و ينقسم هذا الباب إلى ثلاثة فصول:

الفصل الأول: نتحدث فيه عن المركز المسيطر، وما مؤشرات ودلائل هذا المركز، وكيفية الوصول إليه، وهو سوف يقسم إلى ثلاثة مباحث:

المبحث الأول: الحصة السوقية.

المبحث الثاني: موانع دخول السوق.

البحث الثالث:. عدم وجود البديل.

الفصل الثاني: نتناول فيه الأساليب التي يلجأ إليها المحتكر لتدعيم مركزه الاحتكاري، و ينقسم هذاالفصل إلى خمسة مباحث:

المبحث الأول: الاندماج.

المبحث الثاني: الكارتل.

المبحث الثالث: رفض التعامل.

المبحث الرابع: التسعير التمييزى و التسعير العدوانى.

المبحث الخامس: التواطؤ الضمنى - صفقات الربط.

الفصل الثالث: نتعرض فيه لدور عمليتى الإغراق والخصخصة فى تحقيق وجـود الاحتكار، وينقسـم إلى مبحثين:

المبحث الأول: أثر الإغراق فى وجود الاحتكار.

المبحث الثانى:الخصخصة و الاحتكار.

الباب الثانى: نتناول فيه التنظيم القانونى للاحتكار، وينقسم إلى فصلين:

الفصل الأول: نتناول فيه صور الاحتكار القانونى،و ينقسم إلى ثلاثة مباحث:

المبحث الأول: براءة الاختراع.

المبحث الثانى: العلامة التجارية.

المبحث الثالث: الاسم التجارى - الرسوم والنماذج الصناعية.

الفصل الثانى: نتعرض فيه إلى تنظيم وحماية المنافسة، و ينقسم إلى ثلاثة مباحث:

المبحث الأول: حماية المنافسة فى القانون الأمريكى .

المبحث الثانى: حماية المنافسة فى الاتحاد الأوروبى .

المبحث الثالث : حماية المنافسة فى القانون المصرى .

تمهيد :

تعد المنافسة بين البشر من الأمور الطبيعية التـى تتفق مـع الفطـرة السـوية فمن المعتـاد أن يتنافس كل من يمارسون نوعا معينا من التجارة أو مهنة معينة يقوم كل مـنهم بعـرض مـا يتميـز بـه مـن منتجات بهدف جذب العملاء، ذلك النوع من التنافس إذا كان فى حدود ما يقضى بـه القانون وفى إطار الالتزام بما توجبه العادات والأعراف السائدة فى التجارة، يكون أمرا مرغوبا فيه بالنسبة للتجار المتنافسين وبالنسبة لجمهور المستهلكين الذين يكون فى إمكانهم المقارنة بين المشروعات المتنافسة واختيار السـلعة الجيدة بالسعر المناسب [1].

الأمر الذى باتت معه المنافسة أمرا طبيعيا ومبـدأ أساسيا فى علـم الاقتصاد بعـد أن تأكد أن حرية التجارة وحرية المنافسة صنوان لا ينفصمان، لذلك يقال من الناحية القانونية إن الضرر الناشـئ عـن المنافسة يعتبر ضررًا مشروعا، وأن حالة المنافسة التجارية مـن الحـالات التـى يجيـز فيهـا القانون إلحـاق الضرر بالغير طالما كانت التجارة مشروعة والمنافسة شريفة [2] تقوم على العمل والـذكاء والنجـاح والالتـزام بأصول التعامل التجارى [3].

فلا بأس من أن يتبارى التجار والمنتجون لنوع معـين مـن السـلع فى خدمـة العمـلاء وراحـتهم وتوفير أفضل الشروط لهم وإدخال التحسينات علـى السـلع التـى ينتجونهـا أو يبيعونهـا، وبـذلك تهـدف المنافسة إلى اجتذاب أكبر عدد ممكن من العملاء مع مراعاة أن العملاء ليسو ملكا لأحد ، كما أنهـم لا يلتزمون بالاستمرار

---

[1] اشرف وفا – المنافسة غير المشروعة فى القانون الـدولى الخـاص. مجلـة القـانون والاقتصـاد – العـدد الثـانى والسبعون – ٢٠٠٢ ص١٥٧.

[2] د/ أكثم أمين الخولى – الوسيط فى القانون التجارى – الجزء الثالـث – الأمـوال التجاريـة – دار نهضة مصرـ – ١٩٦٤ ص ٣٧٨.

[3] د/ احمد محمد محرز – الحق فى المنافسة المشروعة فى مجالات النشاط الاقتصادى – الصناعة والتجارة و الخدمات دون دار نشر – ١٩٩٤ – ص٣.

في التعامل مع محل معين دون غيره، بل يكون العميل حرا في ترك هذا المحل إلى غيره على حسب ما تستريح له نفسه[1]، ويهديه إليه تفكيره وتقديره؛ وبذلك تؤتي المنافسة ثمارها من أنها توجد التوازن بين الإنتاج والاستهلاك، وتؤدى إلى إجادة الإنتاج كما سبق القول، وتؤدى إلى تخفيض الأسعار، وتحفز على التقدم الصناعى والتكنولوجى؛ ولذا فإن مبدأ حرية التجارة يقوم على ركنين:

الركن الأول: ضرورة أن تكون المنافسة مشروعة، وهى التى تتوافق مع العادات والأعراف التجارية السائدة في السوق.

الركن الثانى: ضرورة أن تكون المنافسة حرة؛ فالنشاط المهنى والصناعى يجب أن يكون حرًّا من كل القيود الموضوعة بواسطة السلطة العامة وأن جميع المواطنين أحرار في أن يدخلوا في منافسة مع بعضهم البعض عند مزاولة نفس النشاط أى مبدأ حرية المنافسة، فكل من يجد في نفسه أهلية مزاولة النشاط الاقتصادى فليدخل وليجذب لمصلحته كل الفائدة أن نجاح الفرد في ميدان المنافسة يكون بلا شك على حساب الآخرين الذين يبحثون عن نفس الغرض ويكون صحيحا بالتبعية[2].

ولكن يجب ملاحظة أن هذا المبدأ ليس مبدأ طليقا من كل قيد أو شرط، وإنما هو مشروط بضرورة استعمال التاجر وسائل مشروعة في ممارسته التجارية، وأتباعه للعادات والتقاليد والأعراف التجارية السائدة، فضلا على أنه يجب ألا يترتب على ذلك إلحاق أضرار بغيره من المنافسين، وبعبارة أخرى فإن هذا المبدأ يعمل داخل حدود معينة، تتمثل في النزاهة والشرف، فيجب على التاجر ألا يلجأ إلى استخدام وسائل غير مشروعة، مثل تشويه سمعه زملائه، أو تضليل

[1] د/ على حسن يونس - المحل التجارى - دار الفكر العربى - ١٩٧٤ - ص ١٣٠.
[2] محمد الأمير يوسف - صور الخطأ في دعوى المنافسة غير المشروعة - رسالة دكتوراه - كلية الحقوق - جامعة القاهرة - ١٩٩٠م ص٨.

المستهلكين بإعطاء بيانات غير صحيحة عن بضائعه، أو الإساءة إلى منتجات منافسيه الذين يمارسون نفس التجارة[1]، إلا أن النظام الاقتصادى إقليميا أو دوليا، يوجب ألا تكون حرية المنافسة على إطلاقها بـل يقتضى وجود نظام قانونى يضع قيودا على هذه الحرية، ذلك باتخـاذ الوسائل التشريعية التى تـؤدى إلى التوازن بين المشروعات المتنافسة، ومن هذه الوسائل التوسع فى تطبيق نظام الترخيص الإجبارى لاستغلال الاختراع، وكذلك إجازة منح عدة تراخيص استغلال الاختراع بـدلا مـن التنـازل عـن بـراءة الاختراع لشركة واحدة تحتكر الإنتاج[2].

وليست هذه الوسائل قاصرة على الاختراعات فحسب، إنما تتعلق بكل قيم المنافسة، ذلك لأن الغاية من ملكية هذه القيم، هى الاتصال بالعملاء عن طريق استثمار كل مشروع بعدد من هذه القيم، قل أو كـثر كالاستئثار باستغلال ابتكار جديد أو علامة للمنتجات أو الاستفادة بموقع أهل بالجمهور أو وسائل إعلان كافيـة جاذبة ويترتب على ذلك أن ينال المشروع نصيبا من السوق لا بأس به ويتمتع بميزة على غيره مـن المشروعات المماثلة فى مجال المنافسة[3] وبعبارة أخرى يتمتع بحرية المنافسة كل ما يتمتع بحرية التجارة سواء أكان شخصيا طبيعيا أو معنويا.

ومما لا شك فيه أن السلوك التنافسى ـ ظـاهرة مثل جميـع الظواهر الاجتماعيـة والاقتصادية، قابلة للتغيير ومواكبة سـنن الحيـاة بظواهرها الطبيعية وعواملها البشـرية وتطورهـا الـذاتى، والمنافسـة بطبيعتها ظاهرة نشطه، لا تخلد للسكون أبدا، بل يعد ذلك مؤشرًا لقاعدة السلوك المتبادل التى تحظر عزل ظاهرة عن مثيلاتها من الظواهر المشابهة، وما الظواهر الاجتماعية والاقتصادية

[1] د/ سامي عبد الباقى – قانون الأعمال : الأعمال التجاريـة – التـاجر – المحـل التجارى – الطبعـة الثانيـة – دار النهضة العربية– ٢٠٠٤ – ص٣٦٦.
[2] د/ محمود حسنى عباس – الملكية الصناعية والمحل التجارى – دار النهضة العربية القاهرة – ١٩٧١ – ص٢.
[3] د/ أحمد محمد محرز – الحق فى المنافسة المشروعة – مرجع السابق – ص١٠.

والقانونية والأخلاقية السياسية إلا نتيجة تفاعلات مشتركة، وما المنافسة إلا حدث ينتج عن هذه الظواهر مجتمعة، الأمر الذى جعل المنافسة محط اهتمام الاقتصاديين والقانونيين، غير أن الاقتصاديين أسهموا بدرجة فعالة أكثر من القانونيين فى إيجاد تعريف منضبط للمنافسة على الرغم من صعوبته، والمشكلة تكمن فى أن تعريف الاقتصاديين لا يتلاءم مع متطلبات الفهم القانونى، الذى ينشد التعريف العملى محدد الأركان سهل التطبيق.

ففى أواخر سنة ١٨١٨ وضع الأستاذ FRANCE.S. WALKER تعريفا للمنافسة، بأنها "العمل للمصلحة الشخصية للفرد، وذلك بين البائعين والمشترين فى أى منتج وأى سوق"، ويفهم ضمنيا من التعريف أن أى شخص يعمل لمصلحته الذاتية فى التبادل والتداول بغية الحصول على أقصى منفعة من غيره، ويعطى أقل شىء للآخرين، وتحيل هذه الفكرة إلى ضرورة إعلاء سيادة حرية التفاوض أو حرية التعاقد القائمة على مبدأ تنازع المصالح فى العقود، ومن جانب آخر يؤكد التعريف مسألة مهمة قوامها تخليص البيئة التجارية من السلوك الرامى إلى تقييد حرية الأفراد فى التفاوض، وانتزاع ما يحقق مصالحهم من الأطراف الآخرين[١] ، وإن كان هذا التعريف يصلح عند الاقتصاديين، فإنه يتعين صياغته وتحويره كى يلائم القانونيين؛ وعليه فقد حاول القانونيون تطوير هذا التعريف، ومضاهاته مع أقرب مبدأ لديهم حتى يسهل تطبيقه، ومن ثم الاستفادة من التراث الفقهى المتحصل للمبدأ القانونى من أجل خدمة فكرة المنافسة الجديدة، لذا فإن مفهوم المنافسة يكمن فى حظر كل فعل من شأنه إعاقة للتجارة ، ذلك أن المنافسة تتعطل عند إعاقة التجارة "RESTRAIN OF TRADE "، وذلك بغض النظر عن هذه الإعاقة، سواء العقد أو الاتفاق الذى أبرم طواعية بين التجار.

---

[١] د/ أحمد عبد الرحمن الملحم - الاحتكار ومحظورات الاحتكار فى ظل نظرية المنافسة التجارية - مجلة القانون والاقتصاد للبحوث القانونية والاقتصادية - العدد الثالث والستون ١٩٩٣م مركز جامعة القاهرة للطباعة والنشر- ١٩٩٦م - ص ٣٨٠.

ومن المعلوم أن المنافسة تعد من أهم المبادئ الأساسية لاقتصاديات الدول التـى تـؤمن بحريـة التجارة؛ لذا حرصت الدول على وضع القوانين المنظمة للممارسات التجارية، وراعت أن تكون كفيلة بحظر الممارسات غير المشروعة، وتعتبر النظرية الاقتصادية أن الوضع القابل للمنافسة هو الاحتكار، وأن أشكال الاحتكار تتفاوت من حيث طبيعة المحتكر، ومن حيث عدد المحتكرين، وقد شرحت النظرية الاقتصادية أشكال السلوك الاحتكارى والآثار السلبية للاحتكار، مثل آثاره على الكفاءة الاقتصادية ورفاهية المستهلك على المنتج والمنتجين المحليين، بالإضافة أنه يغلق المنافسة أمام صغار المنتجين والموزعين، مما يـؤدى إلى رفع معدلات الربح فتتسم الأسعار بالمبالغة، ولا يعبر تعبيرا حقيقيا عن قيمـة السـلعة، وهو مـا يـؤدى إلى انخفاض معدلات التقدم والابتكار التكنولوجى نتيجة لانعدام المنافسة، وهو ما يشكل تبعا لـذلك تهديدا للمسار الطبيعى لقانون العرض والطلب، ومن ثم سيادة الأوضاع الاحتكارية؛ لذلك أضحت حماية عمليـة المنافسة فى حد ذاتها هى الشغل الشاغل للدول فى الآونة الأخيرة [1] .

ومن ثم فمتى وجدت المنافسة غير المشروعة وجد الاحتكار [2] المقيد لعمليـة المنافسـة خاصـة البلاد التى تؤمن بمفاهيم الحرية الاقتصادية وتطبقهـا علـى أشـكال الأداء الاقتصادى المختلفـة بمـا يكفل حماية فعالة للمستهلك و تحقيق أكبر عائد اقتصادى عليه؛ لأنها تتيح له فرصـة أكبر للاختيـار، وأن المنافسة بين المنتجين تؤدى إلى الارتقاء بدرجة جودة السلع، وخفض نفقات إنتاجها.

و لقد أوضحت النظرية الاقتصادية أن المنافسة الكاملة رغم صعوبة تحققها هى الوضـع الأمثـل فى الأسواق، وأن تحقيق توازن السوق فى ظل المنافسة الكاملة

---

[1] Antitrust enforcement guidelines for international operations. USA (April 1995).
http:// www. ftc. gov. co/
لمزيد من التفاصيل راجع :
[2] د/ محمد سلمان الغريب – الاحتكار والمنافسة غير المشروعة – دار النهضة العربية – ٢٠٠٤ – ص١٣٥.

يحقق ربحًا عادلاً للمنتج من ناحية، وسعرًا عادلاً للمستهلك من ناحية أخرى، وقد حددت النظرية الاقتصادية هذا السعر بأنه السعر الذى يتساوى مع التكلفة الحدية للإنتاج، وأكدت على أن سيادة المنافسة الكاملة تـؤدى إلى الكفاءة الاقتصادية فى تخصيص الموارد، وأن أى منتج جديد لا يستطيع أن يدخل السوق إلا إذا أنتج بـنفس أو أقل من تكاليف الإنتاج التى تتحملها المشروعات القائمة بالفعل؛ و إلا حقق خسائر وأضطر إلى الخروج مـن السوق.

ورغم أن النظرية الاقتصادية الكلاسيكية قد وضعت مجموعة من الشروط الواجب توافرهـا لتحقيق المنافسة الكاملة، إلا أن الواقع أثبت صعوبة تحقق هذه الشروط، ومع ذلك فإن النظرية الاقتصادية تقيس مدى نجاح أو فشل السوق بمدى اقترابه أو ابتعاده عن وضع المنافسـة الكاملـة، ولـذلك نـادت النظريـة الاقتصادية بترك الأسواق مفتوحة دون أى قيود، وهو الفكر الذى يتبناه الاقتصاد الحر [1] ، إلا أنه ونتيجة تحـول معظم دول العالم فى الجزء الأخير من القرن العشرين إلى اقتصاديات السوق الحر، وأصبح التخطيط المركزى وهيمنة الحكومة على النشاط الاقتصادى من تراث المـاضى، وتبلـورت الجريمـة الاقتصادية مـن مجـرد انتهاك للسياسات الاقتصادية المبنية على القومية والرقابة التى انتهجتها شتى البلدان سواء ما تعلق منها بالخروج عـن نظام الأسعار والقيود على التعامل فى الصرف الأجنبى أو الاستيراد والتصدير إلى جريمة أكثر خطورة تعرقل السير الطبيعى لقانون العرض والطلب "كالاحتكار" الذى يعد من الاتفاقات غير المشروعة.

فلسفة عملية المنافسة والاحتكار فى السوق

يختلف هيكل السوق من صناعة إلى أخرى حيث توجد أسواق لمنتجات تسـود فيهـا المنافسـة الكاملة إلى حد كبير كما أن هناك أسواقا لمنتجات بعض

---

[1] د/ مغاورى شلبى على - حماية المنافسة ومنع الاحتكار بين النظرية والتطبيق - تحليل لأهم التجارب الدولية والعربية - دون دار نشر – ٢٠٠٥ ص١.

الصناعات الأخرى تبتعد عن المنافسة الكاملة لتشوبها درجات متفاوتة مـن العنصرـ الاحتكارى، وتقسـم النظرية الاقتصادية الأسواق تبعاً لهياكلها إلى عدة تقسيمات مبسطة أو معقـدة للفروق والمميـزات بـين مختلف الصناعات ولأغراض التحليل الاقتصادى قد جرت العادة على تقسيم الأسواق حسب هياكلها إلى:-

(١)

١- أسواق ذات كثرة فى عدد البائعين: وتكون منتجات البائعين متجانسـة وتعرف هـذه الأسواق بأسواق المنافسة الكاملة.

٢- أسواق ذات كثرة فى عدد البائعين: وتكون منتجـات البـائعين متنوعـة وتعرف هـذه الأسواق بأسواق المنافسة الاحتكارية.

٣- أسواق ذات قلة من عدد البائعين: وتكون منتجات البائعين متجانسـة وتعرف هـذه الأسواق بأسواق احتكار القلة.

٤- أسواق لا يوجد بها سوى بائعين فقط وتعرف بأسواق الاحتكار الثنائى.

٥- أسواق بها بائع واحد فقط وتعرف بأسواق الاحتكار التام.

أولا: المنافسة التامة

ففى أسواق المنافسة الكاملة نلاحظ ما يأتى: (٢)

أولا: يوجد عدد كبير جدا من البائعين والمشترين فى الصناعة، وكل منهم يكـون نسـبة صـغيرة إلى مجمـوع السوق، ولا يتمكن أى منها من التأثير على فعاليـات السـوق، أى أن تـأثير أى مـنهم عـلى النـاتج والسعر يكون صفرا.

ثانيا: أن ناتج أى منشأة فى صناعة المنافسة التامة يماثل بالضبط ناتج المنشآت الأخرى

(١) د/ مغاورى شلبى - حماية المنافسة ومنع الاحتكار - مرجع سابق - ص ١٧-١٨.
(٢) جى هولتون ولسون - الاقتصاد الجزئى - المفاهيم والتطبيقـات - ترجمـة د/ كامـل سـلمان العـانى مراجعـة د/ محمـد إبراهيم منصور - د/ سلطان المحمد سلطان - دار المريخ - الرياض - ١٩٨٧م - ص ٢٨٢-٢٨٣.

فى الصناعة، أى أن الناتج يكون متجانسا، وهذه خاصية مهمة جداً، وتشتمل على أكثر مما يظن المرء للوهلة الأولى ويكون الناتج متجانسا، ولا يكفى أن يكون كل ناتج منشأة مشابهًا لناتج المنشآت الأخرى فحسب بـل يجـب أن يكون كذلك ناتج كل منشأة غير مميزة فى نظر المستهلك عن ناتج المنشآت الأخرى.

ثالثا: تنقل عناصر الإنتاج بحرية من وإلى إنتاج سلعة أو خدمة معينة فى صناعة المنافسة التامة، وهـذا يعنى بأن عناصر إنتاج إضافية قد تنجـذب إلى الصناعة التـى تتـوافر فيها الحوافز الاقتصـادية اللازمة.

رابعا: جميع المشاركين فى سوق المنافسة التامة يمتلكون معلومات كاملة حول العوامل التـى تـؤثر علـى عمـل السوق، وهذا يعنى أن كل منشأة تعرف الأسعار التى تدفعها المنشآت الأخرى لجميع عناصـر الإنتـاج المشتركة فى عملية الإنتاج.

ومن خلال ما سبق يتضح أنه لا يوجد منشأة واحدة تـتمكن مـن التـأثير علـى السعر السـائد فى السـوق، حيث إن السعر فى سوق المنافسة التامة يتحدد بتفاعل قوى العرض والطلب.

ثانيا: المنافسة الاحتكارية

وهذا الشكل من أشكال المنافسة يعنى وجود عدد لا بأس به مـن صغار البـائعين الـذين يقومـون بإنتاج سلع غير متماثلة، و هذا العدد الكبير من البائعين لابد أن يكون بدرجة كافية، كما يجب أن يكون أكبر بائع من الصغر بحيث لا يستطيع بمفرده أن يسيطر على جزء كبير مـن السـوق، ومـن ثم فإن أية أفعـال أو قرارات قد يتخذها أحد البائعين لا يكون لها أثار تذكر على الباقين، ويرجع ذلك إلى أن هناك تشابها لا يصل إلى حد التماثل فيما بين السلع التى يقوم ببيعها هؤلاء البائعون، فالسلع تعد فى

هذا السوق إلى حد ما بديلا قريبا لبعضها البعض وإن كانت ليست بديلا كاملا. [١]

ثالثا: احتكار القلة

وفي هذا النوع من الاحتكار يكون هناك عدد قليل نسبيا من المنشآت التى تعمل فى ظل صناعة احتكار القلة، ونقصد " القلة النسبية " أنه بالمقارنة بحجم السوق الكلى يعتبر عدد المنشآت صغيرا، ونقدم صناعة السيارات مثالاً طيبًا فى هذا الشأن، ففى صناعة السيارات بالولايات المتحدة الأمريكية تتجاوز المبيعات (١٠٠) بليون دولار سنويا إلا أن هناك ثلاث منشآت فقط تعتبر مسئولة عن ٩٧٪ من مبيعات هذه السوق، فالحجم الكلى للسوق يعد كبيرا، وعلى ذلك لا يوجد إلا عدد قليل جداً من المنشآت فى الصناعة بأكملها. [٢]

فعندما يوجد عدد قليل من المنتجين فى السوق فهم كثيرا ما يفكرون فى الدخول فى تكتلات احتكارية لإيقاف المنافسة السعرية التى عادة ما تنتهى إلى ما يسمى بحرب الأسعار، وتتمثل حرب الأسعار فى أن يقوم بعض المنتجين بتخفيض أسعار منتجاتهم، إما بغرض جذب عدد كبير من العملاء لزيادة نصيبهم النسبى فى السوق، أو خوفا من أن يسبقهم المنتجون المنافسون باتخاذ هذه الخطوة مما يقل من نصيبهم فى السوق [٣]

وتأخذ التكتلات الاحتكارية ثلاثة أشكال: ١- الكارتل. ٢- الاندماج.

٣- القيادة السعرية.

وعموما فإنه يمكن القول إن احتكار القلة يتميز بعدد من الخصائص:-

(¹) د/ سامى عبد الباقى أبو صالح - إساءة استغلال المركز المسيطر فى العلاقات التجارية القانون رقم ٣ لسنة ٢٠٠٥ الخاص بحماية المنافسة ومنع الممارسات الاحتكارية دراسة تحليلية مقارنة - دار النهضة العربية - القاهرة - ٢٠٠٥ ص٧.

(²) جى هولتون ولسون - الاقتصاد الجزئى المفاهيم والتطبيقات - مرجع سابق ص ٢٧٦ - ٢٧٨.

(³) د/ عبد القادر محمد عبد القادر - التحليل الاقتصادى الجزئى بين النظرية والتطبيق - الدار الجامعية - ٢٠٠٥ ص ٢٢٩- ٢٣٠.

١- أن المنشآت التي تعمل في ظل احتكار القلة يجـب أن تعتمـد علـى بعضها البعض في اتخـاذ قراراتهـا، ولعله من المعقول أن نعتقد أن كل منشأة في الصناعة التي يهيمن عليها عدد قليل مـن المنشآت سوف تقيم ردود الفعل المحتملة للمنشآت المنافسة عند اتخاذ قراراتها المتعلقة بالسعر والناتج.

٢- تنشط موانع الدخول إلى الأسواق بالنسبة للمنشآت الجديدة في ظل احتكار القلة، ويمكن إرجاع ذلك إلى أن المصادر التمويلية الضرورية للبدء في الصناعات التي تعمل في ظل احتكار قد تكون ضخمة، وقد يرجع ذلك أيضا إلى نظام التوزيع في السوق أو ضرورة الحصول على ترخيص قانوني لمزاولة هذا النشاط.

٣- قد تؤثر درجة الإلمام بحقائق الصناعة في مقدرة المنشأة التي تعمل في سـوق احتكار القلة علـى تغير قراراتها أكثر مما لو كانت تعمل في ظل الهياكل السوقية الأخرى.

رابعا: الاحتكار الثنائي

في هذا النوع من الاحتكار يتكون هيكل السوق من احتكار منشأتين لإنتاج نـوعين مـن سـلعة، يعتبر كل منهما بديلا للنوع الآخر، ويفـترض في هـذه الحالـة أن المحتكرين يعمـلان في ظروف السـوق الكامل، بمعنى سيادة سعر موحد بالنسبة لكلا المحتكرين، بالإضافة إلى انعدام نفقات التسـويق باعتبارهـا إحدى أدوات التنافس بينهما للاستحواذ على أكبر نسبة من سوق السلعة.[١]

خامسا: الاحتكار التام [٢]

وفي هذه الحالة يكون في السوق منشأة واحدة فقط تنتج وتبيع سلعة لا

[١] د/ حسين عمر – المنافسة والاحتكار – دراسة تحليلية رياضية – دار النهضة العربية – ١٩٦٠م – ص١٣٦.
[٢] د/ حسين عمر – الموسوعة الاقتصادية – دار الفكر العربي –١٩٩٢ – ص٢١.

يوجد لها بديل قريب حيث تكون هذه السلعة مختلفة تماماً عن السلع التى يبيعها الآخرين بحيث لا تؤثر التغيرات فى أسعار كميات هذه السلع على السلعة التى ينتجها هذا المحتكر وكذلك فإن قيام المحتكر بتغير أسعار أو الكمية المنتجة منها لا يؤثر على سياسات التسعير أو الإنتاج التى تتبعها المنشآت الأخرى وهذا النوع من الاحتكار شأنه شأن المنافسة الكاملة يندر وجوده فى الحياة العملية لأنه لن يحدث إلا إذا قام المحتكر بإنتاج قدر طفيف من سلعته وليكن مثلا وحدة واحدة ليبيعها بأعلى سعر وفى هذه الحالة لن يكون من المجزى لهذا المحتكر أن ينتج أكثر من هذا القدر الطفيف من الإنتاج طالما كانت نفقاته كمية موجبة. [١] ورغم القول بندرة تحقق هذا النوع من الاحتكار إلا أنه ليس مستحيلا كحالة احتكار الحكومات لبعض الأنشطة القومية مثل المياه والكهرباء والصرف الصحى.

وعلى الرغم من تدخل الدول ووضع الكثير من التشريعات الاقتصادية إلا أن السوق مازال عاريا من الحماية الجنائية وأن كان يتم بطريقة جزئية تفتقد الفاعلية لتصبح فى النهاية نصوصا مهجورة فضلا عن ذلك فأن التشريعات فقدت فاعليتها الحمائية لعدم قدرتها على مواكبة التطورات الاقتصادية التى حدثت فى الآونة الأخيرة وما صاحبها من تعدد وخروج الجرائم الاقتصادية فى شكلها الجديد وهو ما جعل التطور الحاصل فى السياسة الجنائية لم يكن بنفس القدر من السرعة فى التكيف مع التطور والتغير فى السياسات الاقتصادية. ومن هنا أكد البعض على أن الجرائم الاقتصادية المستخدمة هى فى الغالب جرائم حضارية مرهونة بنظام الدولة عندما تبلغ درجة معينة من التطور الحضارى والاقتصادى.

لقد استوعبت الإدارة الدولية ضرورة تنظيم الممارسات التجارية عن طريق تحرير التجارة فى ظل منافسة حره ومشروعة فى العديد من الاتفاقيات الدولية متعددة الأطراف

(١) د/ مغاورى شلبى - حماية المنافسة ومنع الاحتكار - مرجع سابق ص٢٢-٢٣.

ولعل أهمها هى اتفاقية "الجات"(١). "AGREEMENT ON TRADE & TARIFFS (GATT)".

وقد حاولت مجموعة من القانونين والاقتصاديين بلـورة قانون دولى لمكافحـة الاحتكار وذلك تحت إشراف المنظمة الدولية "الجات"(٢) آخذين فى اعتبارهم ضرورة بيـان العلاقـة بـين قواعد المنافسـة وقواعد منظمة التجارة العالمية فى السلع والخدمات وحقوق الملكية الفكرية وغيرها من القواعد الأساسية فى إعداد هذا التقنين. ولقد وضع هذا التقنين حدا ادنى من المعايير الدولية لتطبيقها أهمها:-

١- اندماج القواعد الدولية فى قوانين منافسـة محليـة وتطبيقهـا مـن خـلال سـلطات المنافسة والمحاكم الوطنية.

٢- إن قوانين المنافسة المحلية الملائمة لقضايا مكافحة الاحتكار الوطنية يتعين تطبيقهـا فورا لضمان مراقبـة فعالة لتطبيق قوانين المنافسة المحلية عـن طريـق سـلطة مكافحـة الاحتكار الدوليـة تحـت رعايـة منظمة التجارة العالمية.

٣- أن إجراءات تسوية النزاعـات بـين حكومـات الـدول المضرـورة والـدول الضارة وفقـا لتقنـين مكافحـة الاحتكار الدولى يجب أن تخضع لإجراءات تسوية النزاع بمنظمة التجارة العالمية.

٤- إعداد تقنين مكافحة الاحتكار الدولى فى النظام القانونى للتجارة العالمية بمنظمة التجارة العالمية كاتفاق تجارة متعدد الجوانب فى معنى الملحق رقم (٤) لاتفاق منظمة التجارة العالمية(٣).

وتعد الولايات المتحدة الأمريكية من أوائل الدول التى أقامـت تشريعات خاصة لمكافحـة الاحتكار تمتد جذوره إلى القرن الثامن عشر فهى تعد أولى التشريعات

---

(١) انضمت مصر إلى اتفاقية الجات بموجب قرار رئيس الجمهورية رقم ٧٢ بتاريخ ١٩٩٥/٣/٢٠م.
(٢) أمل محمد شلبى – الحد من آليات الاحتكار مـن الوجهـة القانونية – رسـالة للحصول عـلى درجـة الـدكتوراه – كلية الحقوق – جامعة إسكندرية – ٢٠٠٥ - ص١٢.
(٣) أمل محمد شلبى – الحد من آليات الاحتكار – مرجع السابق - ص١٣.

التى اهتمت بتجريم الاحتكار وذلك نظرا لما يتميز به الاقتصاد الأمريكى من حركة كاملة ومعدلات عالية

من النمو والتركيز منذ زمن مبكر وقد تجسدت هذه التشريعات فى ظهور مجموعة مـن القوانين عرفت

باسم قوانين (ANTITRUSTACT) وتمثلت تلك التشريعات فى [1]:

١-	قانون شيرمان – ١٨٩٠	SHERMAN ACT
٢-	قانون كلايتون – ١٩١٤	CLAYTON ACT
٣-	قانون روبنسون – باتمان ١٩١٦	ROBINSON PATMAN ACT
٤-	قانون ويب بومرين	UEBB-EXPORT TRADE ASSOCIATION
٥-	قانون هارت سكوت ردونيو ١٩٧٦	H.S.R

فبعد الحرب الأهلية فى الولايات المتحدة الأمريكية ازدهـر الاقتصاد وأصبحت التجارة تتسـم

بالطابع القومى لأول مرة وحررت الولايات المتحـدة قوانينها ثـم بـدأت الشركات الكبيرة فى الانتعاش

فحققت ثروات هائلة عن طريق جمع الائتمانات ونقصد بالائتمانات طرق تنسيق أعـمال الشركات

الكبيرة التى تسيطر على صناعات بأكملها أو تحتكرها، وأدت تلك التحالفات إلى ظهور اجتياح شـعبى

كان من نتيجته أن قام الكونجرس الأمريكى بالتصديق عـلى أول قانون لمقاومـة الاحتكار وهـو قانون

"شرمان" عام ١٨٩٠م ومنع هذا القانون جميع التعاقدات والمؤامرات التى مـن شـأنها تقيـد التجارة أو

محاولة احتكارها.

إلا أنه سرعان ما استطاع رجال الأعمال التغلب على هذا المنع عـن طريـق اخـتراع مـا يسـمى

بالشركات القابضة [2] والتى تتطلب قيام شركات الائتمان

---

[1] ماجد عمار – قوانين مكافحة الاحتكار فى الولايات المتحدة الأمريكية – دراسـة فى مـدى سريان هـذه القوانين عـلى الشركات الأمريكية العاملة فى الخارج – مجلة القانون والاقتصاد – العـدد الثالـث – السنة ٣٩ – سبتمبر ١٩٩٦- ص١٠٧-١٠٨.

[2] Application goals, inc. v- United States, 288 U.S. 344, (1933).p.p 359. 60.

وأعضائها بالسيطرة وبذلك يتم القضاء على الحاجة إلى وجود أفراد أو أعضاء من شركات الائتمان وأعقب ذلك رد فعل الكونجرس الأمريكى الذى قام بسن قانون كلايتون وقانون وكالة التجارة الفيدرالية (أف – تى- سى) حيث حرم قانون كلايتون تملك الأسهم وكان من اثر ذلك تقليل المنافسة بـين المؤسسات المالكـة بينما كان قانون (أف – تى – سى) يمنع الشركات من الـدخول فى طـرق المنافسة غـير العادلـة عـن طريـق وكالة التجارة الفيدرالية[1].

إلا أنه على الرغم من ذلك ظلت هناك فجوات فى قانون المنافسة وهو ما أدى إلى ظهور قانون "روبنسون باتمان" والذى كان بمثابة تعديل لقـانون كلايتـون مـن أجـل تحـريم التميـز فى الأسعار فى ظروف معينه[2].

وقد راعت الإدارة الأمريكية من إصدار هذه التشريعات المتعاقبة تحقيق عدة أهداف أهمها:-

أولاً: الحد من الاستقطابات الضخمة للطاقة الاقتصادية والفصل بين القوة الاقتصادية والقوة السياسية[3].

ثانيا: حماية الأعمال الصغيرة باعتبار أن المؤسسات العملاقة تتمتع بالقـدرة عـلى احتكار كـل شـئ يقـوم بإنتاجه فعليا "هو ما يؤدى إلى القضاء على طائفة عريضـة أفنت حياتها فى تلـك الأعمال وربمـا يكون البعض منهم غير قادر على مسايرة المستجدات التى تحيط بهم فأن مجـرد خفـض أسـعار السلع التى يتعامل بها هؤلاء الناس من شأنه تدمير تلك الفئة بأكملها"[4].

---

[1] Debra A. Valentin "The goals of competition law USA. 1997 p.p1"

[2] Knte & Bauer: "The Robinson – Patman Act" 31 antitrust bull L.j 1986- p.p 571 , 575 – 79.

[3] 51 cong . rec. 14,222 (1914).

[4] The modernization of antitrust: a new equilibrium "66 cornell - L. rev. USA" (1981). p.p 1140, 1150
(describing legislative history).

ولمزيد من التفاصيل انظر

http://www.ftc.gov/specches/olhu

ثالثا: حماية الاستقلالية الفردية وإيجاد العديد من الفرص الاقتصادية وقد لاحظ أعضاء الكونجرس الأمريكي أن المنافسة ما هى إلا "إيجاد البيئة الأفضل لتطور الجنس البشرى والعمل على تحقيق رفاهية والارتقاء به فى ضوء الاعتراف باستقلال الفرد وتشجيع الاستثمار وإيجاد العديد من الفرص وتوافر الأعمال الذكية ولكن ذلك كله يتم فى إطار الديمقراطية القديمة التى تكفل الحقوق المتساوية للجميع مع عدم وجود امتيازات خاصة لأحد. وقد اتضحت هذه الأمور عام ١٩٥٠م عندما كان اختفاء الشركات الصغيرة بمثابة تهديد لكيان الديمقراطية اللامركزية وحرمان الأفراد من الحق فى السيطرة على مجريات حياتهم"[(١)].

رابعا: الحرص على ضمان وجود أسواق تنافسية عن طريق حماية المنافسة وليس المتنافسين وقد جاء فى التوجيهات الدولية لوكالة التجارة الفيدرالية ما نصه "وقفت قوانين مكافحة الاحتكار الأمريكية لفترة من الزمان وكأنها الحق المطلق لبقاء استمرار المنافسة التى تقيد الأساس الاقتصادى للأسواق الحرة ومن خلال المنافسة التى تعمل على الارتقاء باختيار المستهلك وتعدم الأسعار فإن المجتمع بأسره سوف يتبع هو الآخر أفضل الموارد الممكنة"[(٢)].

بيد أن هناك مجموعة من الكتاب الأمريكيين يروا أن من أهم أهداف قوانين مقاومة الاحتكار هو حماية العمل فنظرا للقوة الاقتصادية التى يتمتع بها المحتكرون فقد حصلوا على درجة عالية من الحماية ضد الأزمات مثل الإضراب وغيره من الأزمات

The pacific economic co-operation council (pecc) conference on trade and competitian policy [(¹)] chateau champlain Merriott Monterial Canada May 13-14, 1997.

Antitrust enforcement guidelines for international operations at (April 1995). [(²)] http:// www. ftc. gov. com.

وما هو أثر بدوره على حقوق العمال التى تعنى بمصالحهم بل أن البعض نادى بمحاولة لتوسيع نطاق حماية الشركات الصغيرة والتى تضررت من فعل الشركات المحتكرة إلى إعفائها مـن أن يطبـق عليهـا قـوانين المنافسـة الصارمة [1].

أخيرا فلقد لعبت المحاكم الأمريكية دورا هاما إنشائيا لتطبيق تلك الأهداف الديمقراطيـة وهـو ما أدى إلى ظهور نتائج إلزامية من قانون مقاومة الاحتكار غير قابل للتخمينات والتوقعـات وذلـك على النحو الذى نره فيما بعد.

ومن ناحية أخرى لم يحظى موضوع الاحتكار بالاهتمام فى القانون المصرى مـثلما حظى بـه فى القانون الأمريكى فلم يوجد فى مصر حتى الآن قانون ينظم هذا الموضوع على الرغم من انضمام مصر ـ إلى منظمة التجارة العالمية [2] وما نتج عن ذلك من إتباعها لسياسة التحـرر الاقتصـادى وفتح جميـع أسـواقها أمام الشركات الأجنبية وقد ترتب على هذا التحول تحرير الكثير من الأنشطة الإنتاجيـة والتجاريـة ونظـم الاستيراد والتصدير الأمر الذى أدى تدريجيا إلى ضعف نظم الحمايـة فى الأسـواق المصـرية الداخليـة منهـا والخارجية نتيجة قصور قواعد قانون العقوبات الاقتصادية التقليدية فى مواجهة التطور المسـتمر لمفهـوم الجريمة الاقتصادية فقد تناول المشرع المصرى حماية عملية المنافسة ومنع الاحتكار عـن طريـق مجموعـة من النصوص المتفرقة أهمها نص المادة 1 من القانون رقم 432 لسنة 1955م بشأن المضـاربات غـير المشروعة على بعض السلع ومنها القطن والمادة رقم 1 من القانون 241 لسنة 59 والذى بموجبهـا جـرم احتكار التوزيـع والمادة 345 من قانون العقوبات والذى يعاقب فيها كل من يؤثر على عملية المنافسة سواء عن طريق ارتفـاع الأسعار بنشرهم الأخبار الكاذبة والإعلانات المزورة أو التواطؤ مع التجار ثم نص المادة 66/1 من قانون التجارة الجديد. فقد نصت المادة

Anticipating the 21ˢᵗ century: competition policy in the new high tech, global market place, FTC (1) staff report, vol.1 chap. 3 (1996) p.p 14, 17.

(2) انضمت مصر إلى منظمة التجارة العالمية بقرار رئيس الجمهورية رقم 72 لسنة 1995م.

١/٦٦ من قانون التجارة الجديد[1] على أنه "يعتبر منافسة غير مشروعة كـل فعـل يخـالف العـادات والأصول المرعية فى المعاملات التجارية ....".

والحقيقة أن هذا النص حاول وضع معيار عام للأفعال التى تعد منافسة غـير مشروعة إلا أنـه قد تميز بالعموم الأمر الذى اضطر معه المشرع إلى ذكر أمثله للأفعال التى تعد منافسة غير مشروعة مثل الاعتداء على العلامة التجارية للغير أو الاسم التجارى أو براءات الاختراع أو الأسرار الصناعية[2]. على الرغم من ذلك لا يزال نظام السوق عاريا مـن الحمايـة الجنائيـة أو أن حمايتـه تجـرى بطريقـة جزئيـة تفتقد الفاعلية لتصبح فى النهاية نصوصا مهجورة والسبب فى ذلك أنه كان هناك احتكار كامل من الدولة لكافة وسائل الإنتاج والتوزيع والتجارة الداخلية ومعظم آليات الوظائف الاقتصادية التى تمنع المشرـع فى ذلك التوقيت من وضع تصور شامل[3].

وهناك بعض الملاحظات على تلك النصوص: [4]

أولا: تركيز المشرع المصرى على الممارسات الاحتكارية المتعلقة بالأسعار وتجاهله لأشكال احتكارية أخرى لا تقل خطورة وغير متعلقة بالأسعار نذكر منها على سبيل المثال لا الحصر اتفاقات اقتسام أسواق المنتجـات، تقيد عملية التوزيع أو التسويق أو التصنيع، وكذلك الاتفاقات التى تهدف إلى التنسيق فيما يتعلق بالتقدم أو الامتناع عن الدخول فى المناقصات والمزايدات.

---

[1] القانون رقم ١٧ لسنة ١٩٩٩م منشور فى الجريدة الرسمية العدد ١٩ مكرر فى ١٩٩٩/٥/١٧م.
[2] د/ أمل محمد شلبى – الحد من آليات الاحتكار – مرجع سابق - ص١٧.
[3] د/ أحمد الجويلى – الاحتكار سهم فى قلب المسيرة الاقتصادية – تحقيق هشام جاد – ط ٢ - ٢٠٠١ - ص٤١.
[4] د/ سامى عبد الباقى – إساءة استغلال المركز المسيطر – مرجع سابق - ص٢١-٢٢.

ثانيا: يتخذ المشرع المصرى فى بعض الأحيان معيارا شخصيا وليس معيارا موضوعيا عـن تجـريم وحظر المارسـات الاحتكاريـة الضـارة بالمنافسة وهـو بـذلك يكـون قـد سـلك منهجًا معاكسًا لمعظم التشريعات المنظمة والمنافسة والمانعة للممارسات الاحتكارية المحظورة مثل (القانون الفرنسى ـ القانون الأوروبي) فهـذه التشـريعات تهـتم بكون المارسة ذاتها هـل سـتؤدى أم لا إلى الأضرار بعملية المنافسة ؟، ولا تعير أى اهتمام لنية مرتكبها سواء توافر لديه نية الأضرار من عدمه.

الأمر الذى جعل الإدارة المصرية تكثف جهودها من أجل صياغة تشريع يعمل على حمايـة المنافسة المشروعة وتأثيم المنافسة غير المشروعة بشتى أساليبها. وهو ما نتج عنه فى النهايـة إلى صـدور قانون حماية المنافسة ومنع الممارسات الاحتكارية رقم ٣ لسنة ٢٠٠٥.

ويأتى هذا القانون ضمن مجموعة من القوانين التـى أعـدتها الحكومـة المصرية خلال الفـترة الأخيرة لتوفير بيئة تشريعية ملائمة للتطورات الاقتصادية وبما يتواءم مع تحقيق مزيد من تحرير التجـارة والاندماج فى السوق العالمية فضلا عن تحديث نظم وسياسات التجارة الداخليـة التـى تهـدف إلى ضمان تحقيق المنافسة ومنع الاحتكار. لذلك صدر هذا القانون مواكبا للاتجاهات العالمية فى هـذا الصـدد وذلك لأن تطبيق اتفاقات الجات العالمية تلزم الدول الموقعة عليها باتباع سياسـة للمنافسـة ومنع الاحتكار. ويهـدف القانون من خلال تنظيم التكتلات الاقتصادية إلى:-

١- إرساء القواعد العادلة لحماية المنافسة.

٢- التشجيع على تكوين كيانات كبيرة على نحو يمكن من الاستفادة من اقتصاديات الحجم الكبير وبالتـالى يعود بالنفع على المستهلكين من خلال توافر السلع والخدمات بأسعار مناسبة.

٣- تحقيق الانضباط بالأسواق ومنع أى محاولات احتكارية للسلع خاصة السلع

الاستراتيجية التى تمثل الاستهلاك الأساسى للطبقات محدودة الدخل.

بيد أن القانون المصرى لم يورد تعريفا محددا للاحتكار وإنما اكتفى بتعدد الحالات التى يصبح فيها الشخص محتكرا فنص فى المادة ٥ من مشروع القانون رقم ٣ سنة ٢٠٠٥ على أنه "يحظر على الأشخاص ذوى السيطرة إساءة استخدامها بالقيام بممارسات ضارة بالمنافسة وعلى الأخص ما يأتى":

١- الامتناع عن التعامل فى المنتج بالبيع أو الشراء أو بالحكر مـن هـذا التعامـل أو عرقلتـه أو بأيـة صـورة أخرى بما يؤدى إلى فرض سعر غير حقيقى له.

٢- التلاعب فى الكميات المتاحة من المنتج بما يؤدى إلى افتعال عجز أو وفرة غير حقيقية فيه.

٣- الامتناع عن إبرام صفقات بيع أو شراء احد المنتجات مع أى شخص أو بيع المنتجات محل تعامله بأقل من تكلفتها الفعلية أو بوقف التعامل معه كليا وذلك دون مبرر وبما يـؤدى إلى الحـد مـن حريتـه فى دخول السوق أو بخروجه منه فى أى وقت.

٤- تعليق إبرام عقد أو اتفاق على شرط قبول التزامات تكون بطبيعتها أو بموجب الاستخدام التجارى غـير مرتبطة بمحل التعامل الأصلى أو الاتفاق.

٥- إهدار تكافؤ الفرص بـين المتنافسـين بتمييـز بعضـهم عـن البعض الآخر فى شروط صفقات البيع أو الشراء."

من كل ما سبق يتضح لنا أهمية تناول هذا الموضوع بطريقه قانونية حتى نتمكن من الوصول إلى أفضل النتائج الممكنة لتطبيقها ومن ثم الحد منه ولكن ما هو الاحتكار وما هى خصائصـه وكذلك مـا هى أشكاله ذلك ما سوف نحاول أن نتناوله فيما يلى:-

تعريف الاحتكار

أولا: التعريف الاقتصادي للاحتكار [١]

اختلف مفهوم الاحتكار بين الاقتصاديين والقانونين فيعرفه علماء الاقتصاد بأنه "الزيادة العالية
غير العادية فى الأسعار وتقيد الإنتاج وخنق الابتكار" [٢] وقد يعرفه البعض أيضا بأنه "الانفراد بسوق سلعة
أو خدمه فى يد واحده" [٣].

ويتضح من هذا التعريف أن المحتكر لسلعة ما يمثل الصناعة ككل ومن ثم فإنه يواجه الطلب
الكلى للسوق على هذه السلعة أى أن الطلب الـذى يواجهـه المحتكـر يتضـمن وجـود علاقـة عكسـية بـين
الكمية المطلوبة من السلعة وسعرها مع ثبات العوامل الأخرى على حالها فإذا حاول المحتكر رفع السـعر
فإن الكمية المطلوبة من السلعة سـوف تـنخفض والعكس صـحيح وإذا حـاول المحتكـر تخفيض الكميـة
المباعة فى السوق فإن السعر يرتفع والعكس صحيح وهـذا يعنى أن المحتكر لا يمكنه أن يسـيطر علـى
السعر والكمية معاً فهو أما يسيطر على الكمية أو على السعر .

ومن ثم يتحدد السعر من جانب المستهلكين بالسوق ومن ناحية أخرى يسـتبعد التعريـف وجـود
منافسين محتملين للمنتج الواحد فلا يكفى فى حالة الاحتكار أن يتحرر المحتكر من منافسة الآخرين فى الوقت
الأخر ولكن يتعين أن يتحرر من منافسة الآخرين فى المستقبل القريب فمن الممكن أن يخفض المنتج الوحيـد
سعر السلعة بدرجة كبيرة لا يمكن لأى منتج آخر مبتدئ أن ينافسه عند هذا السعر المنخفض ولكن إذا أرتفـع
السعر وسمح بتحقيق ربح معقول فإن هذا قد يحفز عددا أخر من المنتجين لدخول السوق ولا شك أن وجـود
مثل هذا الاحتمال قد يؤثر على السياسة السعرية للمنتج الوحيد ويجعله غير قـادر علـى رفـع السـعر فـوق
مستوى معين خشية أن ينافسه آخرين وهذا يعنى أن المنافسة المحتملة تؤثر على مقدرة المحتكر فى التأثير على

---

(١) د/ حسين عمر - الموسوعة الاقتصادية - مرجع سابق - ١٩٩٢ - ص٢١.
(٢) John H- Shene field and Irwin M. Stelzer "The antitrust" laws . "Washington D.C 2001. p. 36.

(٣) د/ أحمد الجويلى - الاحتكار سهم فى قلب المسيرة الاقتصادية - مرجع سابق - ص٣٣.

السعر ومن ثم فإن تعريف الاحتكـار السـابق لا يسـتبعد المنافسـة الحـاضرة ولكـن أيضـا المنافسـة المحتملـة فالمحتكر لابد أن يكون فوق مستوى الأسعار. [1]

إلا أنه ونظرا لتطور الحياة الاقتصادية واتجاه الكثير من الدول إلى الأخـذ بنظام السـوق الحـر وبخاصة الدول المتقدمة اقتصاديا و التى تأخذ فلسفة الحرية الاقتصادية كركيـزة لنظامها الاقتصادى لم يعد مفهوم الاحتكار يقتصر على سيطرة شركة أو مجموعة من الشركات على السـوق والتحكم فيه بـل أصبح أيضا يشمل السلوك العدوانى الذى تمارسه الشركات من أجل التحكم فى السوق الأمر الذى بات معه تعريف الاقتصاديين للاحتكار قاصرا عـن مواكبـة التطـورات التـى حـدثت فى ظل المـمارسـات الاحتكاريـة الجديدة التى ظهرت فى الآونة الأخيرة وهو ما ترتب عليه ظهور أكثر من رأى فقهى لتعريف الاحتكار.

ثانيا: التعريف القانونى للاحتكار

١- مفهوم مدرسة شيكاجو للاحتكار [2]

ذهب أصحاب هذه المدرسة إلى أن الاحتكار لا يعد مرغوبا فى حد ذاته على الأقل فى المدى المتوسط والطويل حيث أن السوق الاحتكارية عادة ما تمثل حافزا لقيام الشركات الأجنبية بالدخول فيها للاستفادة مـن ارتفاع الأسعار التى تمكنها من زيادة أرباحها وبالتالى فأن الشركة أو مجموعة الشركات المحتكرة فى هذه السوق تعمل على تخفيض أسعارها حتى لا تجذب الشركات الأجنبية لدخول هذه السوق ومنافستها سواء مـن خـلال تصدير منتجاتها إلى هذه السوق أو أقامة فروع لها بها.

بيد أن هذه النظرية قد تعرضت للنقد لأنها أغفلت عنصرين أساسيين قد

(¹) د/ عبد القادر عطية – التحليل الاقتصادى الجزئى – مرجع سابق – ص٢٩٠-٢٩٢.
(²) هشام طه – سياسيات منع الاحتكار بين النظرية والتطبيق – مجلة السياسية الدولية – العـدد (١٤٠) – إبريل ٢٠٠٠ ص١٨٢.

يجعلانها دون جدوى وبدونهما لن يتحول الاحتكار إلى المنافسة في سوق ما، **أولا**: إقبال الشركات الأجنبية على التصدير إلى هذه السوق، **ثانيا**: قدرة نفاذ صادرات هذه الشركات الأجنبية على التصدير إلى هـذه السوق الاحتكارية إذ غالبا ما تضع الشركات المحتكرة في هـذه الأسواق عوائق مرتفعة لـدخول هـذه الأسواق.

٢- تعريف المدرسة الكلاسيكية [1]:

ارتبط مفهوم الاحتكار في فكر هذه المدرسة بقياس حجم النصيب الـذى تمتلكه الشركة المحتكرة في السوق واستخدموا في ذلك مـؤشر هرشـمان (HHI) HIRSCHMAN. HERFIN DAHL INDEX بمعنى أنه يأخذ نسبة من نصيب كل شركة بالسوق ويـتم قيـاس مجموع هـذه النسب على الشركات الموجودة بالسوق أى أن الاحتكار يعتبر موجـودا في الحالة التى تكتسب فيها شركة أو مجموعـة مـن الشركات نصيبا كبيرا في سوق منتج معين يمكنها من السيطرة على هذه السوق وبالتالى تـتمكن مـن رفع أسعار منتجاتها ومن ثم زيادة أرباحها وذلك بصرف النظر عن مستويات العرض والطلب.

إلا أن هذه النظرية تعرضت أيضا للنقد حيث أنه لا توجد علاقة بين حجـم الشركة الكبير في السوق وبين مركزها المحتكر أو بمعنى أخر قد تتمتع شركة معينه بنصيب كبير في السوق مـع ذلك تلاقى منافسة من شركة أو شركات أخرى حيث يمكن أن تكون قد وصلت إلى هذه الحصة الكبيرة بفضل جـودة منتجاتها.

٣- مفهوم المدرسة النيوكلاسية [2]

تبنت هذه المدرسة مفهوما أوسع للاحتكار حيث أنه لم يعد مقصورا على اسـتحواذ شركـة أو مجموعة شركات على نصيب كبير في الحصة السوقية بل على

---

[1] هشام طه – سياسيات منع الاحتكار بين النظرية والتطبيق - مرجع سابق – ص١٨٢.

[2] هشام طه – سياسات منع الاحتكار - مرجع سابق– ص١٨٣.

العكس أصبح سلوك منافٍ للعادات والأعراف التجارية تقوم به الشركات ذات المركز المسيطر من أجل رفع الأسعار من ثم إقصاء عدد كبير من المنافسين لها فى السوق.

وأخيرا وفى ضوء عدم وضع مفهوم محدد للاحتكار خاصة فى ظل الممارسات الاحتكارية التى ظهرت فى الآونة الأخيرة فأنه يمكن تعريف للاحتكار بأنه "استخدام شخص طبيعى أو معنوى يمتلك حصة سوقية ضخمة من منتج معين لوسائل غير مشروعة تمكنه من الحفاظ على قوته الاقتصادية ومن ثم السيطرة على إجمالى السوق وإقصاء المنافسين من السوق أو منع دخول آخرين له".

وتطبيقا على ذلك فأن الاحتكار ليس محظورا لذاته فإذا استطاع التاجر أو الشركة إلى الوصول إلى مركز المحتكر فى السوق معتمدا على:-

أولا: مهارته التجارية الفائقة أو الاختراع الذى توصل إليه وبراءته التى حصل عليها ففى هذه الحالة لا يوصف احتكاره بأنه محظور لأن طبيعته العملية التنافسية فى حد ذاتها تفترض بذل أقصى مجهود من أجل تحقيق هذا الهدف.

ثانيا: وجود سلعة معينه لا تسوق إلا من خلال تاجر واحد وهو ما يطلق عليه المحتكر الطبيعى للسوق "NATURAL MONOPLOY MARKET".

ثالثا: تقديم التاجر لسلعة معينه أو خدمة لا غنى للناس عنها وينفرد بتقديمها وذلك كتقديم خدمات السكك الحديدية فى منطقة دون غيرها أو خدمات الاتصال الهاتفى [1].

لذا فأن الاحتكار المحظور وفقا للمادة الثانية من قانون شيرمان هو الاحتكار الذى

Nate unclogging the battleneck –a new essential facility doctrine, w, 83 calun l.rev., (1983). p.p [1] 441, 451.

يكون بإتباع التاجر أساليب من اجل الحفاظ على حجم قوته فى السوق أو حتى محاولة الاحتكار وهو ما أكدته المحاكم الأمريكية فى أغلب القضايا التى نظرتها[1] وهو ما سوف نتناوله بالتفصيل فيما بعد.

Department of justice antitrust division statement on the closing of its investigation of [1] Whirlpool's acquisition of maytag. March 29, 2006.

خصائص الاحتكار

يتميز الاحتكار بمجموعة من الخصائص التى تميزه عن غيره من الأنظمة الأخرى[1]:

أولا: أن الاحتكار وكما يدل عليه أسمه لا يوجد غير منتج أو بائع وحيد للسلعة والمحتكر يمثل الصناعة ومن ثم فإن منحنى طلب المحتكر ذو ميل سالب خلافا لمنحنى طلب المنشأة فى المنافسة التامة الذى يكون خطاً أفقيا يتحدد ببعض العوامل الخارجية وتعتبر شركات الهاتف مثالاً للاحتكارات المحلية حيث أن الحصول على الخدمة الهاتفية محليا لا يتم إلا من خلال الشركة الوحيدة القائمة التى تقدم هذه الخدمة.

ثانيا: أن نوع المنتج الذى يقوم المحتكر بإنتاجه يمكن اعتباره وحيدا وبالتحديد فإن المحتكر هو المنشأة الوحيدة التى تقوم بإنتاج سلعة أو خدمة معينة بذاتها وبالنسبة للاحتكار التام فإنه يجب إلا يكون هناك إحلال كامل للمنتج المتاح إذ أن مرونة التقاطع السعرية بين المنتج الذى يقوم به المحتكر وكل المنتجات الأخرى يجب أن يكون صفرا أو تقترب كثيرا من الصفر وبعض هذه الحقيقة فى صناعة التليفونات وأن كان هناك أمثلة متفرقة لأناس يفضلون استخدام أجهزة الـ سى.بى راديو (C.B. Radios) عن الخدمة الهاتفية، ولكن هذا ليس بديلا تاما، بيد أن هذا النقص فى البدائل يعتبر سمة مهمة للاحتكار لتميز هيكل السوق الاحتكارية عن أسواق المنافسة الاحتكارية، واحتكار القلة فعلى سبيل المثال فإن صناعة الكوكاكولا فى الولايات المتحدة؛ إذ تستطيع منشأة واحدة فقط أن تنتج وتبيع قانونا مشروبات كوكاكولا، ومن ثم تصبح هذه المنشأة محتكرة لذلك المنتج.

[1] جى هولتون ولسون – الاقتصاد الجزئى المفاهيم والتطبيقات مرجع سابق – ص٣١٢-٣١٣.

ثالثا: المنشآت التى تعمل فى ظل المنافسة التامة يتوافر لها معلومات كاملة حول جميع الحقائق الخاصة بالصناعة والتى قد تؤثر على قرارات المنشأة وبما أن المحتكر هو الصناعة فإن نفس الشىء يمكن أن يقال عن المنشأة التى لها وضع احتكارى.

رابعا: فيما يتعلق بحركة الموارد أو السهولة التى تستطيع بها المنشآت الجديدة أن تدخل إلى الصناعة فإنه يمكن القول بأن هذه الحرية فى الحركة مقيده بالفعل، وأحيانا يكون التقيد عن طريق القرارات الحكومية وأحياناً أخرى بسبب ضخامة الاستثمارات التى يتطلبها دخول صناعة معينه وفى أحيان أخرى يكون التقيد بعوامل أخرى فالحكومة تستطيع أن تخلق الاحتكار عن طريق إصدار الامتيازات ولو بصفة مؤقتة على الأقل وقد كان ذلك صحيحا فى السنوات الأولى لاحتكار الألمونيوم بالولايات المتحدة الأمريكية، كذلك ضرورة الحصول على ترخيص حكومى للعمل فى صناعة معينة ويعد ذلك صحيحا بالنسبة لبعض وسائل المواصلات مثل الترخيص لأحدى الشركات النقل بتعهد عملية النقل فى أحدى المدن وأخيراً تستطيع الحكومة أن تساهم فى تطوير الأوضاع الاحتكارية بفرض التعريفة والتى تحول دون دخول منشآت أجنبية.

<h2 style="text-align:center">الآثار السـلبية للاحتكار</h2>

ومن خلال ما سبق يتضح أن الاحتكار يحمل الكثير من الآثار السلبية والتى تؤثر على الرفاهية الاجتماعية وكذلك التقدم الاقتصادى ويمكن إجمال وحصر أهم الآثار الضارة للاحتكار فيما يلى:

١- يؤدى الاحتكار إلى تخصيص غير كفء للموارد فالتخصيص الكفء يحتاج من المجتمع أن يقوم بأى نشاط إذا كان هذا النشاط يحقق منافع إضافية تزيد

عن التكاليف وهذا يقتضى من المنشأة أن تتوسع فى إنتاجها طالما أن السعر يفوق التكاليف الحدية. ومع ذلك فإن تعظيم الأرباح بالنسبة للمحتكر سوف تؤدى إلى تقيد مستوى الناتج عن مستوى أقل مـن ذلك المستوى ، وذلك حتى يمكن المحافظة على الإيراد الحدى عند مستوى يزيد عن التكاليف الحدية.[1]

٢- التحكم فى عرض السلعة فى السوق وافتعال الأزمات مما يشوه جـانبى العرض والطلب و يـؤثر عـلى الأسعار وسلوك المستهلكين بالإضافة إلى أن عدم اهتمام المحتكر بمستويات الجـودة وهو مـا يحمـل المستهلك بمنتجات أقل جوده أو منتجات معيبة فى بعض الأحيان مما يقلل القـدرة علـى المنافسـة فى الأسواق الخارجية أو المحلية على السواء. نظرا لما يصل إليه مستوى الصناعة من وضع متدنى.[2]

٣- قد لا تحث الأرباح والخسائر على الدخول أو الخروج منها إلى حد كبير فعندما تكون عوائـق الـدخول ضعيفة فإن الأرباح تحث المنشآت علـى إنتـاج السـلع الـتى يرغـب المسـتهلكون فى أن يـدفعوا فيهـا أسعار تكفى لتغطية تكاليف الإنتاج ومن ناحية أخرى فإن الخسائر تقيد من إنتاج المنشـآت للسـلع الـتى يرغب المستهلكون فى دفع أثمانها تكفى لتغطية تكاليف إنتاجهـا، وتلعـب الأربـاح دوراً صـغيرا بالنسبة للمحتكر وذلك لان موانع الدخول قوية وعلى الرغم من أن الخسائر تؤدى بالمحتكر إلى تـرك السوق إلا أن أرباحه تعتبر

[1] جى هولتون ولسون - الاقتصاد الجزئى - مرجع سابق - ص٢٧٩.
[2] د/ محمد فريد خميس - دراسة عن تنظيم المنافسة ومنع الاحتكار مع مقترحات لمشروع القانون المصرى - دون دار نشر - ٢٠٠٢ - ص١٨-١٩.

مكافأة يتمتع بها على حساب المستهلك.[1]

٤- زيادة نسبة البطالة فى السوق فعندما يسيطر المشروع المحتكر فى السوق فإن ذلك سوف يؤدى إلى خروج الكثير من المنشآت المنافسة له من الأسواق وهو ما يؤدى إلى تشريد العديد من العاملين فى هذه المشروعات وهو ما ينعكس بدوره على الاقتصاد القومى وما يؤدى إليه من سيطرة رأس المال الأجنبى.

الفرق بين الاحتكار وبين الأنظمة المشابهة له

أولا: الفرق بين الاحتكار و الإغراق

عرفنا فيما سبق أن الاحتكار هو "فعل يؤدى إلى السيطرة والنفوذ بهدف إحـداث اختناقات فى معدلات وفرة السلع وجودتها بغرض إلغاء المنافسة و إجبار المنافسين على ترك السوق" وهو ما يـؤدى إلى حدوث اختناقات فى السوق وتعرض المستهلك لأزمات مفتعلة ومن ثم عدم شفافية السوق بينما نجـد أن الإغراق يحدث نتيجة إشباع السوق ومحاولة بعض الدول تصدير منتجات إلى هذا السوق غالبا ما تكون درجة جودة هذه المنتجات اقل من نظريتها المنتجة محليا وتباع بأسعار متدنيـة وقد تكون أسعار تلك المنتجات اقل من تكاليف إنتاجها[2] وعلى الرغم من الاختلاف بينهما إلا أن هذا لا يمنع مـن وجود علاقـة بينهما وذلك فى الحالات التى يكون الإغراق سببا من أسباب وجود الاحتكار الأمر الـذى حـدا بالبعض إلى القول أن "الإغراق يمثل تدخلا احتكارا للتجارة الدولية".

(¹) جيمس جوارتنى ، رتيشارد ستروب – الاقتصاد الجزئى – الاختيار الخاص والعام – ترجمة د/ محمد عبد الصبور محمد – مراجعة د/ محمد إبراهيم منصور ، د/ عبد العظيم محمد مصطفى – دار المريخ للنشر – ص ٢٧٩-٢٨٠.
(²) أحمد الجويلى – الاحتكار سهم فى قلب المسيرة الاقتصادية – مرجع سابق – ص٢٩.

ثانيا: الاحتكار - ومحاولة الاحتكار

تأتي محاولة الاحتكار إذا قامت شركة باستخدام قيودا تجارية أو أساليب تجارية غـير نزيهـة في محاولة منها للحصول على سلطة الاحتكار وذلك بدلا من استخدام المنافسة القوية الشريفة وهذا التصرف غير قانوني بموجب المادة الثانية من قانون "شيرمان" وما تتطلبه المحاكم لإثبات محاولة الاحتكار هو بعض الأدلة على وجود نوايا معينه لتدمير نشاط المنافسة أو محاولة الاحتكار و "النوايا" في هـذا النـص ليست مفهوما سيكولوجيا ينتزعه رجل الأعمال في لحظة على سريره بالعيادة النفسـية ولكـن يـتم تحديدها عن طريق تقسيم كل أسلوب من الأساليب التنافسية في سياق السلوك العـام للشـخص محـاول الاحتكار فمثلا لو قامت شركة ما بنشاط قصدي أو مقاوم للمنافسة بحيث يؤدى إلى طريق الاحتكار فأن هذا النشـاط يمكن أن يقوى دليل القيام بمحاولة الحصول على سلطة الاحتكار. كذلك قيام الشـركة أو المؤسـسة التجاريـة بالتسعير اقل من سعر التكلفة المصحوب بهدف افتراسي من شأنه أن يدعم دعوى محاولـة الاحتكار وذلـك في حالة احتمال أن المكاسب الضائعة يمكن استردادها بعد أن يترك المتنافس المنهزم مجال المنافسة[١].

صــور الاحتكــار

أولا: الاحتكار القانوني

وهو نوع من الاحتكار الإجباري المبني على القوانين التى تمنع المنافسة بشـكل صريح وعنـدما يتم منح هذا الاحتكار لطرف خاص فهو احتكار الحكومة وقد يوجد الاحتكار الحكومى علـى مستويات مختلفة مثل احتكار حكومى فقط لأحد المناطق أو الأماكن وقد يكون على مستوى الدولة ككل.

John H- Shene field antitrust M. Stelzer "The antitrust laws""Washington D.C 2001.p.p. 36 -38. (¹)

ثانيا: الاحتكار الطبيعى

وهو يظهر فى الصناعة عندما تكون وفرة الإنتـاج كبيـرة جـدا بحيـث تسـتطيع شركـة واحـدة بتمويل السوق كله دون إرهاق لها وفى هذه الصناعات يتم التخلص من المنافسة حيـث أن اكبر شركة غالبا ما تطور سلطتها الاحتكارية عن طريق مزايا التكلفة التـى تحظى بها وتقدمها فى هذه الصناعات. ومن المعروف أن الاحتكار الطبيعى ينشأ عندما تكون هناك تكاليف كبيرة لرأس المـال متعلقـة بالتكـاليف المتنوعـة والتى ينتج بشكل محدد فى الصناعات الشبكية مثل الكهربـاء و الميـاه وهـو مـا يختلـف عـن احتكار المصـدر الأساسى لأحد الموارد الطبيعية لأنه مبنـى علـى رأس المـال الطبيعـى بـدلا مـن الاستثمار فى رأس المـال المـادى والبشرى[(1)].

وتذهب منظمة التجارة العالمية إلى أن المنشآت التى تتمتع بمزايا الاحتكار الطبيعى قد تخلق عقبات كبيرة أمام حرية تدفق التجارة وأن أثار الممارسات التى تقوم بها هذه المنشآت تظهر فى الأسواق الأمامية أو الخلفية والملاحظ أن هذا النوع مـن الاحتكارات قـد تنشأ فى ظل قواعد الاقتصاد المركـزى والمختلط وفى ظل الدور الواسع للدولة من ذلك هو حماية بعض الصناعات الوطنيـة لمـا لهـا مـن أهميـة اجتماعيـة أو تصديرية أو استهلاكية علـى المستوى المحلى وفى معظم الـدول تكون هـذه الاحتكارات مؤيدة بالقانون من أجل تحقيق المنفعة العامة ولكن من ناحية أخرى يعاب على هـذا النـوع من الاحتكارات أنها لا تركز على تحقيق الكفاءة الاقتصادية فى نشاطها الإنتـاجى كمـا لا تركـز علـى جـودة منتجاتها[(2)].

ثالثا: احتكار الكفاءة

و يوجد احتكار الكفاءة عندما تقوم شركة ما بإرضاء وإشباع طلب

[(1)] Monopoly: definition, synonyms and much more from answers. Com. At http://www. Answer. Com/topic/monopoly.1/16/2005.

[(2)] د/ مغاورى شلبى – حماية المنافسة ومنع الاحتكار – مرجع سابق- ص.٥٠.

المستهلك بطريقة جيدة، يصعب من خلالها تحـدى المنافسـة المربحـة، وهـو ليس نتيجـة امتيـاز تمنحـه الحكومة أو تدعمه التشريعات القانونية.

الباب الأول

أركان الإحتكار

ويتكون من:

الفصل الأول: المركز المسيطر

الفصل الثاني: إساءة إستغلال المركز المسيطر

الفصل الثالث: الإغراق والخصخصة وآثارهما

على تحقيق وجود الإحتكار

عرفنا فيما سبق أنه يوجد بين الاحتكار والمنافسة علاقة عكسية؛ فكلما زادت درجة المنافسة في السوق كلما قل الاحتكار والعكس، فسيطرة منشأة معينة أو مجموعة منشآت على حصة ضخمة وكبيرة من السوق بالنسبة لمنتج معين يعيق باقي المنشآت الموجودة فعلاً أو المحتمل دخولها السوق من ممارسة نشاطها التنافسي، ولكي يصل المحتكر إلى التحكم بالسوق وفرض كلمته، سواء ما تعلق بالناتج الإجمالي من السوق أو بالأسعار؛ بأن يكون فوق مستوى الأسعار ولا يتأثر بها مهما حدث من زيادة أو انخفاض بها من قبل الشركات الأخرى، فلابد أن يمتلك قوة اقتصادية كبيرة، تمكنه من تفادي حدوث المنافسة من باقي المنشآت أو الشركات الأخرى، وهو ما يعرف باسم القوة الاحتكارية أو المركز المسيطر.

ومن ناحية أخرى ليس معنى المركز المسيطر أن تجتمع في يد تلك المنشآت كل الحصة السوقية الموجودة بالسوق – إنما يكون لديه مقدار من الناتج الإجمالي للسوق ما يمكنه من التحكم في حجم العرض والطلب بالنسبة للمنافسين الآخرين ومن ثم تكون قراراته مؤثرة بالنسبة للمنافسين الآخرين من جهة ومن حيث المعروض من السلع أو الأسعار السائدة من جهة أخرى.

بيد أن المركز المسيطر وحده لا يعني أن الاحتكار غير مشروع؛ إذ قد يصل إليه المحتكر عن طريق كفاءته وخبرته الاقتصادية، أو امتلاكه التقنية التكنولوجية العالية، أو تميز منتجاته عن باقي منتجات المنشآت الأخرى، مثل احتفاظه بسر صناعي كبراءة الاختراع مثلاً، بل لابد أن يستخدم من الوسائل غير المشروعة ما يدعم به هذا المركز المسيطر، إذ بدون استعمال تلك الوسائل لن يكون لديه القدرة على فرض هيمنته على الأسواق، والتحكم فيها كيفما يشاء عن طريق وضع موانع لدخول الجديد في السوق أو الخروج منه وبالتالي تدمير عملية المنافسة والانفراد بالسوق.

فضلاً عن كل ما تقدم فلقد ظهرت في الآونة الأخيرة، ونتيجة لتطور الحياة الاقتصادية واتجاه العالم بأسره إلى نظام الاقتصاد الحر المجرد من كل

القيود، بعض الظواهر التى أسهمت بصورة كبيرة وفعالة فى تدعيم وجود الاحتكار، سواء على المستوى المحلى أو الدولى، ولعل أهم تلك الظواهر هى ظاهرتى الإغراق والخصخصة؛ ففى الآونة الأخيرة استخدمت الدول وخاصة الدول الكبرى الإغراق من أجل تدعيم أو تكوين مراكز احتكارية لها فى أسواق دول أخرى، وإن كان مصطلح الإغراق ليس حديث العهد بل استخدمته انجلترا ضد ألمانيا إبان الحرب العالمية الثانية، ولعل جميع قضايا الإغراق التى سوف نتناولها فيما بعد سوف توضح أثر الإغراق على منتجات الدول التى أغرقت أسواقها بالمنتجات الأجنبية، وما صاحب ذلك من كساد الصناعات المحلية وهو ما نتج عنه تباعًا تكوين مراكز احتكارية.

وتأتى الخصخصة كنموذج آخر من نماذج تكوين المراكز الاحتكارية، فمع اتجاه معظم دول العالم إلى مشاركة القطاع الخاص فى الأنشطة الاقتصادية لتخفيض العبء عن الحكومات؛ وبالتالى انحسار دور الدول فى إدارة المرافق العامة، وذلك عن طريق الخصخصة لتظهر بعد ذلك المشكلات التى صاحبت تلك العملية من تكوين مراكز احتكارية، عن طريق سيطرة رأس المال الأجنبى على الاقتصاد القومى للدولة، وما صاحبه ذلك من ظهور العديد من المشكلات، مثل البطالة واختلال ميزان مدفوعات الدول، وخير مثال على ذلك ما حدث بشيلى عام ١٩٨٣م عندما طبقت نظام الخصخصة والتضخم الذى حدث باقتصادها لفترات طويلة، وهو ما أدى بها فى النهاية إلى شراء المشروعات التى قامت بخصخصتها فيما بعد.

لذلك سوف يتم تقسيم هذا الباب إلى ثلاثة فصول:

الفصل الأول : المركز المسيطر.

الفصل الثانى : إساءة استغلال المركز المسيطر.

الفصل الثالث : دور الإغراق والخصخصة فى تحقيق وجود الاحتكار.

الفصـل الأول

المركــز المسيطــر

ويتكون من:

المبحث الأول: الحصة السوقية.

المبحث الثاني: عدم وجود البديل.

المبحث الثالث: موانع دخول منافسين في السوق.

إن القوة السوقية عادة ما تمثل قدرة منشأة معينة، أو مجموعة من المنشآت فى التصرف بصورة منفردة فى السوق دون منافسة من أحد، مع قدرته على رفع الأسعار وإبقائها على نحو مربح، عند مستويات تفوق المستوى الذى يمكن أن يسود فى ظل المنافسة لفترة طويلة من الوقت، وهو ما يعرف باسم "المركز المسيطر"، فنسبة ما تمتلكه المنشأة من إجمالى حصة السوق، يعد مؤشراً أو قرينة على وجود الاحتكار، ولكنها ليست قرينة قاطعة؛ إذ العبرة هى بالمحصلة النهائية لتلك القدرة الاقتصادية هل تمكن التاجر أو المنشأة على رفع الأسعار وتفادى عملية المنافسة من عدمه؟.. وهذا المعيار تبناه القانون الأمريكى وكذلك القانون الأوروبى.

أما القانون المصرى فقد تبنى معياراً آخر لتعريف المركز المسيطر، وحدد هذا المعيار بنسبة ما تمتلكه المنشأة من حصة فى السوق، واعتبر المنشأة التى تمتلك نسبة ٢٥٪ ذات مركز مسيطر، وهو ما نص عليه فى **المادة الرابعة** من قانون حماية المنافسة ومنع الممارسات الاحتكارية رقم **٣ لسنة ٢٠٠٥** على أنه "... هو قدرة الشخص الذى تزيد حصته على ٢٥٪ من تلك السوق على إحداث تأثير فعال على الأسعار، أو حجم المعروض منها دون أن تكون لمنافسيه القدرة على الحد من ذلك".

وبذلك يكون المشرع المصرى قد اتفق مع كل من القانون الأمريكى والقانون الأوروبى، فى أن المركز المسيطر هو وضع يسمح للمحتكر أن يتحكم فى الأسعار وتفادى عملية المنافسة، إلا انه اختلف عنهما فى أنه اعتمد على معيار حسابى بحت، دون أن يضع نصب عينيه أن المنشأة قد تمتلك حصة سوقية بنسبة ٢٥٪ ، إلا أن هذا لا يجعلها فى مركز مسيطر، ومن ثم تعد منشأة محتكرة، وكان يجب على المشرع المصرى أن يتبنى معيارًا موضوعيًّا، يعتمد فيه على مدى قدرة المنشأة فى تفادى عملية المنافسة من المنافسين الآخرين بالإضافة إلى رفع الأسعار، وتكون النسبة التى حددها بـ ٢٥٪ هى قرينة يمكن عن طريقها

الاسترشاد بالمركز المحتكر، وليست قرينة قاطعة كما سبق أن ذكرنا خاصة أن الاحتكار غير المشروع لا يكمن في نسبة ما تمتلكه المنشأة في السوق، إنما يقاس بما تستخدمه من وسائل وأساليب غير مشروعة لتدعيم هذا المركز المسيطر.

لذلك فالمركز المسيطر يفترض توافر ثلاثة شروط مجتمعة، **فالشرط الأول** هو لابد أن تمتلك المنشأة حصة سوقية كبيرة، تمكنها من التصرف باستقلال عن المنافسين الآخرين، و **الشرط الثاني** هو قدرته على تفادى المنافسة، أو إعاقة عملية المنافسة، وهو ما يعرف باسم موانع دخول السوق، أما **الشرط الثالث** هو غياب الشخص الذى يمتلك البديل الذى يمكن الرجوع إليه.

لذلك سوف نقسم هذا الفصل إلى ثلاثة مباحث:-

المبحث الأول : الحصة السوقية.

المبحث الثاني : موانع الدخول.

المبحث الثالث : عدم وجود البديل.

المبحـــث الأول

الحصة السوقية

إن القوة السوقية تمثل قدرة شركة أو مجموعة من الشركات على رفع الأسعار، وإبقائها علـى نحـو مريح عند مستويات تفوق المستوى الذى يمكن أن يسود فى ظل المنافسة لفترة طويلة مـن الوقـت، ويشـار إلى الحصة السوقية أيضا، بقوة الاحتكار عندما تحصل الشركة على مركز مهمين، وتستأثر بحصـة كبـيرة فى السـوق ذات الصلة، أو عندما تكون حصتها السوقية أكبر بكثير من حصة أكبر منافسين لها.

ومـما لا شـك فيـه أن الحصـة السـوقية تعـد أحـد مصـادر القـوة الاقتصـادية، وفى الصـناعات التنافسية لا تستطيع أحدى الشركات التأثير بشكل كامل فى الأسعار من خلال أعمالهـا، يختلـف الحـال إذا كان نصيب إحدى الشركات ١٥٪ أو ٢٠٪ من الإجمالى العـام، فمـثلا نجد شركتى جـنرال موتـورز وفـورد الكبيرين فى العالم؛ حيث تنتجان ما يقرب من ثلث المركبات التجارية، وأن أكبر خمس شركات عالميـة تنتج نصف النسبة الإجمالية، مـما جعلهـا تـتحكم بشكل كبـير فى مسـتوى الأسـعار السـائدة فى سـوق صناعة السيارات، و نجد أيضا فى الولايات المتحدة الأمريكية أربع شركات تقوم بتصنيع ما يزيد على نسبة ٨٥٪ فى مجال تعبئة اللحوم، بينما نجد الشركات الأخرى التى تزيد عن الألف ومائتين وخمس وأربعين شركة تبلـغ نسبها ١٥٪ داخل السوق.[١]

إن القوة الناتجة عن ازدياد الحصة السوقية داخل أحد الصناعات تسمى قوة أفقية، وغالبا مـا يتم الحصول على تلك القوة عن طريق الاندماج والتملك، وغالبـا مـا يتم الاسترشـاد بالحصـة السـوقية فى معرفة الهيكل التنافسى لصناعة ما،

Feder, Barnaby J. "The stew over beef" the New York Times, October 17. 1995. [١]

ومن ثم معرفة الاحتكار، فعن طريق تحرير أنصبة المنشآت فى هـذه السـوق يـتم التعـرف عـلى وجـود احتكار أم لا، فإذا تعدى نصيب منشأةٍ ما نسبة معينة تكون المنشأة فى عداد المحتكرين، وتتطلب تـدخل السلطات المنظمة للمنافسة؛ لتقليل سيطرة هذه المنشأة على السوق.[1]

وتتميز هذه الطريقة بأنها تستخدم معايير كمية، وبطريقة محايدة للجميع، ولكـن مـن أهـم عيوبها أن النسبة التى تحـدد كحـد فاصـل بـين المنافسـة والاحتكار، قـد تكـون تحكميـة وتثـير خلافـات واسعة.[2]

وجدير بالذكر أن كبر حجم الحصة السوقية له أكبر الأثر، سـواء عـلى هيكلـة السـوق، أو عـلى المتنافسين، فالحجم فى حد ذاته يعد مصدر قوة، وهذا الحجم يضمن الحماية ضد المنافسة القوية، ويمكن قياس المنافسة فى ظل كبر حجم السوقية لإحدى المنشآت، عن طريق متابعة سهولة الدخول إلى الأسواق، فعدد قليل جدا يستطيع الوصول إلى ثمانية مليارات مـن الـدولارات لـكى يستطيع بـدء تكـوين شركة سيارات، ومثل هذا الحجم يجعل الأمر أكثر سهولة لتجنب حدوث خروج إجبارى من السـوق، ففـى عـام ١٩٢٩م كان هناك ما يزيد على مائة شركة سيارات فى الولايات المتحدة الأمريكية، ومن بين الثمانى شركـات التى استطاعت التغلب على فترة الكساد العظيم التى سادت أمريكا، كانت هناك سبع شركات أصبحت بعد ذلك الأكبر عام ١٩٢٩م، لذلك فإن الحجم يفتح العديد من الفرص للمزيـد مـن التوسـع، وابـتلاع المنشآت والشركات الأخرى، فلقد قامت شركة أى.بى.أم بدفع مبلغ ٣,٥ مليـار دولار أمريكى لشركة لـوتس عام ١٩٩٥م، وهذا المبلغ يوازى

(1) د/ مغاورى شلبى على - حماية المنافسة ومنع الاحتكار بين النظرية والتطبيق - مرجع سابق- ص٤٠.
(2) مؤتمر الأمم المتحدة للتجارة والتنمية - القانون النموذجى بشان المنافسة - سلسلة دراسات الأونكتاد بشأن قضايا وقانون وسياسية المنافسة - جنيف - ٢٠٠٠- ص٣٧.

الناتج الإجمالي السنوى لدولة مثل نيبال. [1]

وعادة ما يتم استخدام مؤشر هيرشمان لقياس قوة تركيز قوة السوق، ومن ثم المساعدة فى تفسير بيانات السوق، ويتم حساب مؤشر هيرشمان عن طريق تربيع الحصص السوقية لكل فرد من المساهمين، ويتم تقسيم مجال التركيز السوقى طبقا لمؤشر هيرشمان إلى ثلاثة أقسام، يمكن وصفها إما بعدم التركيز إذا كانت أقل من ١٠٠٠٪ ، أو مركزا نسبيا ما بين ١٠٠٠٪ إلى ١٨٠٠٪ ، أو ذات تركيز عال إذا كان أكثر من ١٨٠٠٪ ، لو أخذنا مثالا على ذلك وقلنا أن السوق الذى يتكون مثلا من أربع شركات بحصص سوقية لكل منهما تقدر بـ٣٠٪ للشركة الأولى والثانية و ٢٠٪ للشركة الثالثة والرابعة؛ فهذا السوق سوف يكون لديه تركيز طبقا لمؤشر هيرشمان ٢٦٠٠ (٣٠ ^{2} + ٣٠ ^{2} + ٢٠ ^{2} + ٢٠ ^{2})= ٢٦٠٠. [2]

مؤشرات ارتفاع الحصة السوقية

عادة ما تستخدم القوة السوقية لقياس درجة المنافسة داخل السوق، ويوجد من يعتقد أن هناك علاقة طردية بين حجم المنشأة أو نسبة سيطرتها على الأسواق، وبين غياب المنافسة فى هذا السوق، ومن ثم الاحتكار، ويتم ذلك عن طريق الربط بين حجم أو نسبة سيطرة المنشأة على السوق، ودرجة المنافسة السائدة فى هذا السوق، وقد تبنى هذا الاتجاه أنصار المدرسة الهيكلية، التى ترى أن الشركات الكبرى عادة ما تفرض إرادتها على منافسيها من الشركات الصغرى، سواء فى مجال تخفيض الإنتاج أو توزيع الأسواق، مما يؤدى إلى زيادة الأرباح، ويرى أنصار هذه المدرسة أن كبر حجم المنشأة مرتبطة بالربحية، ويؤدى فى النهاية إلى قلة الكفاءة الاقتصادية، وهو عكس ما تذهب إليه مدرسة شيكاغو والسياسات

Kit Sims Taylor Haman "Society and the global economy" chapter.12: the arthritic hand of [1] oligopoly. 1996. p.p 2.

Commentary in the horizontal merger guidelines U.S department of justice – federal trade. [2] Commission April 12. 1992.

الصناعية، حيث تعتقد أن الحجم الكبير يحقق فوائد أهمها التوسع فى البحوث والتطوير وتخفيض التكاليف وتحسين الجودة وزيادة القدرة على المنافسة.[1]

ففى الحالات التى تمتلك فيها المؤسسة أو الشركة الواحدة حصة سوقية تبلغ ٧٥٪ إلى ٨٠٪ من أسهم السوق يجب اعتبارها شركة محتكرة.[2]

وقد تبنت هذا الاتجاه كلا من محكمة العدل الأوربية، والمفوضية فى قضية الماركات التجارية الموحدة، وأقرت بأن الشركة التى لديها حصة سوقية تتراوح ما بين ٤٠٪ إلى ٤٥٪، تعتبر تلك الشركة فى مركز قوى، أن حصة السوق بمفردها ربما لا تكون كافية لدعم إثبات دليل السيطرة، ولكن يتضح أن الشركة التى تقوم بتمويل ما لا يقل عن ٥٠٪ من المنتجات السوقية يعتبر لديها قوى سوقية وفقا لنص المادة ٨٦ من معاهدة الاتحاد الأوربى، بل أكثر من ذلك فإن حصة المنشأة السوقية إذا كانت تتراوح ما بين ٤٠٪ إلى ٤٥٪ ربما تؤكد بشكل كبير على المركز المهيمن للشركة.[3]

وأيدت هذا الرأى أيضا فى قضية MICHELIN حيث قررت المفوضية أن الشركة الألمانية كانت فى مركز مسيطر فى سوق الإطارات الخفيفة فى هولندا، حيث كانت حصتها فى السوق يتروح بين ٥٧٪ إلى ٦٥٪[4]، وقد ساندت محكمة

[1] د/ مغاورى شلبى - حماية المنافسة ومنع الاحتكار - مرجع سابق - ص٣٧-٣٨.
[2] John h. shenefld and Irwin stelzer "The antitrust laws" Washington D.C 2001. p.p 35.

[3] Richard Whish , Brenda Safrin. "competition law" London. 1993. p.p 262 & case 27/76 (1978) ecr. 207 (1978) i cmlr 429 at Paris P.P 113-114.

[4] وقد جاء فى قرار محكمة العدل الأوربية التابعة للاتحادات الأوربية أن الوضع المهيمن يشير بموجب المادة ٨٦ من معاهدة الجماعة الاقتصادية الأوربية إلى حالة قوة اقتصادية تعطى مؤسسة الأعمال القوة اللازمة لمنع الإبقاء على منافسة فعالة فى السوق المعنية لأنه يسمح للمؤسسة أن تتصرف على نحو مستقل عن منافسيها .. لمزيد من التفاصيل أنظر:
case 322/81 Nederlands che banden - industry Michelin v. commission 1983. ecr. 3461. 1985 i cmir 282.

الاستئناف قرار محكمة العدل الأوروبية، وذكرت المحكمة إن حصة السوق التى تبلغ ٤٠٪ إلى ٤٥٪ لإحدى الشركات هو دليل على وجود مركز القوى لتلك الشركة، وحتى إذا كانت النسبة من ٢٠٪ إلى ٤٠٪ فلا يمكن استبعاد وجود قوى السوق[١].

إلا أن محكمة العدل الأوروبية عدلت عن رأيها السابق، وأقرت بأن حصة السوق لا يمكن أن تكون دليلا على المركز المسيطر، فلو بلغت الحصة السوقية ٥٠٪ من الممكن اعتبارها حصة كبيرة جدا، وأنه لابد من استغلال تلك الحصة الكبيرة فى السوق، فهنا تعد فى مركز مسيطر، وعلى القائم بالعمل التجارى مسئولية إثبات عدم السيطرة، وقد أقرت محكمة العدل الأوربية فى أكثر من حكم بأن حصة السوق الكبيرة لا تشير بالضرورة إلى السيطرة[٢]، وهو نفس المعيار الذى تبناه القانون الأمريكى من أنه لا ينبغى النظر إلى نسبة ما تمتلكه المنشأة، وإنما بالنتيجة النهائية عن القدرة على رفع الأسعار وتفادى المنافسة من الآخرين، حينئذ يمكن القول بأن المنشأة ذات مركز مسيطر، وإلا اعتبر مجرد امتلاك منشأة حصة سوقية كبيرة تكون قد وصلت إليها عن طريق امتلاكها لوسائل تكنولوجية عالية، أو براءة اختراع، أو علامة تجارية، هو وسيلة عقاب لها دون النظر إلى ما سوف تسفر عنه عملية المنافسة، ومدى قدرتها على بسط سيطرتها على الأسواق[٣].

ولقد تبنى المشرع المصرى فى قانون حماية المنافسة ومنع الممارسات الاحتكار، هذا المعيار حيث اتجه إلى وضع نسبة ٢٥٪ كنسبة لا يعتد عندها بالسيطرة على السوق، حيث نص فى المادة رقم (٤) من القانون رقم ٣ لسنة ٢٠٠٥ على أنه "هو قدرة الشخص الذى تزيد حصته على ٢٥٪ من تلك السوق على إحداث تأثير فعال على الأسعار أو حجم المعروض منها، دون أن تكون

---

(١)   Richard Whish "competition law" London .1993 p.p 263.

(٢)   c- 62/86 akzo chenie bv.v. commission "judgement of 3 July 1991. at Paris 60".

(٣)   William Kolasky " what is the competition" a comparison of U.S and European prespectives the antitrust balletin – summer 2004- p:40-41.

لمنافسيه القدرة على الحد من ذلك"، والواضح من هذا النص أن هذه النسبة هى النسبة التى تعد فيها المؤسسة فى وضع أو مركز مسيطر، وليس مركز محتكر، ويبدو أن مشروع القانون المصرى اتفق مع الرأى القائل بأنه لابد من أن يصاحب هذا المركز المسيطر إساءة استعماله، أو يرتبط بمجموعة من العوامل الأخرى التى تجعل صاحب المركز المسيطر هو ذات مركز محتكر.

ونص فى المادة رقم (٨) من اللائحة التنفيذية من قانون المنافسة على أنه "يكون الشخص ذات تأثير فعال على أسعار المنتجات أو حجم المعروض منها بالسوق، إذا كانت له القدرة من خلال ممارساته المنفردة على تحديد أسعار تلك المنتجات، أو حجم المعروض منها بهذه السوق، دون أن يكون لمنافسيه القدرة على منع هذه الممارسات"، وذلك مع الأخذ فى الاعتبار العوامل الآتية:

— حصة الشخص فى السوق المعنية ووضعه بالنسبة لباقى المنافسين .

— تصرفات الشخص فى السوق المعنية فى الفترة السابقة .

— عدد الأشخاص المتنافسة فى السوق المعنية وتأثيرها السلبى على هيكل السوق.

— مدى قدرة كل من الشخص ومنافسيه على الوصول إلى المواد اللازمة للإنتاج ...

ويعيب على هذا النص أنه لم يحدد تلك النسبة هل يتم حسابها على أساس حجم الإنتاج الكلى أم على حجم السوق بأكمله؟. [١]

وعلى الرغم من أهمية هذا المقياس إلا أنه يعاب عليه أنه يغلب عليه

---

[١] ولقد صرحت المحكمة بإنه رغم أن أهمية حصة السوق قد تختلف من سوق لأخرى فوجهة النظر القانونية هى أن حصة السوق الكبيرة فى حد ذاتها تعتبر دليلا على وجود القوة المسيطرة ماعدا فى بعض الحالات الاستثنائية .... فأى عمل تجارى لديه حصة كبيرة فى السوق يمكن أن يحتفظ بتلك الحصة لبعض الوقت .... ولمزيد من التفاصيل انظر:
Richard Whish – "competitien law" London 1985 p.p 261.

الطابع الحسابي [1]، بالإضافة إلى عدم ملاءمته لقياس درجة الاحتكار بموضوعية، فقد تتحكم منشأة واحدة مثلا في نسبة كبيرة من العرض الكلي لسلعة معينة في السوق، ولكن رغم ذلك لا يكون لهذه المنشأة القدرة على التحكم في الأسعار وذلك لأن الطلب على هذا المنتج يكون أقرب ما يكون إلى المرونة النهائية، ومن ثم لا يكون لمثل هذه المنشأة أي سلطة احتكارية وفي المقابل قد تسيطر منشأة واحدة على نسبة صغيرة من العرض الكلي لسلعة ما، ومن ذلك تتمتع بسلطة احتكارية في سوق هذه السلعة لأسباب كثيرة منها التمتع بالحماية من منافسة المنشآت الأخرى بسبب ارتفاع نفقات نقل منتجات هؤلاء المنافسين إلى سوق تلك المنشأة. [2]

وقد كان على المشرع المصري أن يتبنى بالإضافة إلى هذا المعيار معايير أخرى مساعدة ومعاونه ترشده إلى وجود المركز المسيطر من عدمه، وتلك المعايير التي اعتمدت ولجأت إليها محكمة العدل الأوروبية وكذا اللجنة الأوروبية، ونذكر معيار التفوق التكنولوجي، امتلاك شبكة توزيع متقدمه لا تتوافر لدي المشروعات المنافسة، امتلاك واحتكار حق ملكية براءات الاختراع أو علامات تجارية وغير ذلك من المعايير.

وعلى الرغم من أن اللائحة التنفيذية لقانون المنافسة الجديد قد ذكرت بعض العوامل التي يجب أخذها في الاعتبار عند قياس القدرة على إحداث أثر فعال في أسعار المنتجات أو حجم المعروض منها في السوق القدرة على الوصول إلى المواد الأولية، وجود موانع لدخول منافسين جدد إلى السوق المعبرة قانونا وغيرها من العوامل التي تناولتها المادة رقم (٨) من اللائحة فتلك العوامل تظل مرتبطة دائما بضرورة أن تزيد حصة المشروع المسيطر على ٢٥٪ من حجم السوق المعنية وتبدو

---

[1] علي سيد قاسم – دراسة انتقادية لمشروع قانون حماية المنافسة ومنع الممارسات الاحتكارية الضارة – المؤتمر السنوي التاسع – بعنوان "تنظيم المنافسة ومنع الممارسات الاحتكارية الضارة - كلية الحقوق جامعة المنصورة من الفترة ٢٩-٣٠ مارس ٢٠٠٥.

[2] د/ حسين عمر – المنافسة والاحتكار دراسة تحليلية رياضية – مرجع سابق– ص١٥٣.

أهمية اعتناق معايير موضوعية مساعدة إلى جانب معيار الحصة فى الحالات التى لا يتم فيها فى السوق المعتبرة قانونا إلا عملية تسويق وصناعة المنتجات التى يحتكرها المشروع المسيطر، فعندئذ يفقد معيار الحصة فى السوق كل أهمية له. [1]

وأخيرا فلم يعد الاهتمام بحجم المنشأة مهمًّا فى ظل تطور الأوضاع الاقتصادية، فلم يعد الحجم الكبير مجرمًا فى حد ذاته، وإنما المجرم هو إساءة استغلال هذا الحجم للإضرار بالآخرين سواء كانوا مستهلكين منافسين حاليين أو متوقعين، وهذه الطريقة لا تهتم بنصيب المنشآت فى السوق، وإنما تركز على سلوك هذه المنشآت، حيث تهتم هذه الطريقة بتصرفات الشركات فى السوق من حيث إبرام

اتفاقيات فيما بينها لتقديم منتجات بكمية معينة أو بسعر معين أو لتقاسم الأسواق أو لتقسيم المستهلكين جغرافيا فيما بينها، حيث إن هذه التصرفات تعتبر مضادة للمنافسة، وتستوجب تدخل من السلطات المنظمة للمنافسة بمعاقبة هذه المنشآت. [2]

أسباب إرتفاع الحصة السوقية

تتعدد العوامل التى تنزع إلى خلق قوة سوقية، ومن ثم وجود درجة عالية من التركيز السوقى بالنسبة لمنشأة معينة، وهذه العوامل قد تكون متعلقة بسلوك المنشأة ذاتها أو بهيكل السوق أو بطريقة تنفيذ القوانين وهذه العوامل هى كالتالى:

أولا: الاندماج

إن الاندماج عبارة عن قوة فعالة ومؤثرة فى الاقتصاد الأمريكى حيث أن الاندماج بمقدوره خفض الأسعار ويسمح فى ذات الوقت لشركة أو مجموعة شركات بممارسة القوى والسيطرة على السوق ورفع الأسعار على المستهلك لذلك

---

[1] د/ سامى عبد الباقى - إساءة استغلال المركز المسيطر - مرجع سابق - ص٢٩.
[2] د/ سهير أبو العنين - آثار الخصخصة على الاحتكار فى مصر - معهد التخطيط القومى - سبتمبر ١٩٩٥م- ص١٣ ، ١٦

فلقد طبقت اللجنة وقسم مقاومة الاحتكار قوانين تمنع عمليات الاندماج التى تقاوم المنافسة وخاصة ما تضمنته المادة (٧) من قانون كلايتون والذى يمنع الاندماج و أساليب الكسب التى تقلل بشكل رئيسى من عمليات المنافسة وتعد كلا من بيانات التركيز والحصة السوقية نقطة البداية لبيان أثر الاندماج عـلى سـير عملية المنافسة من خلال قياس نسبة تركيز السوق. [١]

ففى دعوى شركة التزحلق الأمريكية وشركة S.K.I حاولت كلا مـن الشركتين الانـدماج وتقـديم خدمات التزحلق اليومية إلا أن اللجنة الفيدرالية منعت هذا الاندماج تأسيسا على أن كلا من الشركتين تمتلكان حصة ضخمة فى سوق التزحلق وأن الاندماج سوف يجعلها يتحكمان فى ثمانية من أكبر مصايف التزحلق التـى تقدم خدمات للمتزحلقين الذين يقطنون فى الأجزاء الشرقية من نيو إنجلاند وهو مـا سـوف يـؤدى إلى ارتفـاع الأسعار ويقضى على التخفيضات فى رحلات التزحلق اليومية. [٢]

وأيضا فى دعوى شركة الكاميرون للنحاس وشركة إنجرام للصبار رفضت الوكالة الاندماج المزمع بين الشركتين لان هذا الدمج سوف يضم أكبر نسبة للمضخات والصممات الحرارية الأرضية وهـو مـا يعنـى امتلاكهما لأكبر حصة سوقية فى سوق المضخات ومن ثم سوف يقلل المنافسة على عملاء

وزبائن لأجهزة أبار البترول الهامة فى الولايات المتحدة الأمريكية. [٣]

إن المنشآت الكبيرة غالبا ما يكون لها ملكية أو علاقات عمل أخرى مع غيرهـا مـن الشركات الكبيرة وكذلك العديد من الشركات الأصغر حجماً فى نفس الصناعة فمثلا نجـد أن شركـة فـورد تمتلـك جاجوار ونصف استون مارتن و ٢٥٪

Commentary on the horizontal merger guidelines U.S department of justice federal trade [١] commission March. 20 - 2006.

United States. v. American skiing company and s.k.i limited 6/11/1996. [٢]

United States. v. Cooper Cameron corp and Ingram catus. co 6/13/1996. [٣]

من مازدا و١٠٪ من كيا وتمتلك ما ذاد على نسبة ٨٪ من شركات أخرى. وأن جنرال موتورز وتويوتا تمتلكان وتعملان فى مصنع سيارات مشترك بينهما فى كاليفورنيا بل والأحدث من ذلك أن تويوتا باشتراكها مع التحالفات الاستراتيجية التى كونتها من قبل مع أى.بى.أم وسيمنز وتوشيبا قامت بتطوير الجيل الثانى من أجزاء الذاكرة وبما أن موتور لا تختلف عن ركب الشركات المذكورة فقد دفعت العديد من ملايين الدولارات إلى الشركات الرائدة لكى تحصل على التصميمات التى انتجها البحث فيما يتعلق ببعض الأجزاء[١]. وبالمثل نجد كوداك دخلت كذلك فى تحالف استراتيجى مع شركة كانون ومنافسها القديم فوجى وذلك لتطوير شكل جديد للأفلام وهذا التحالف قام بتطوير النظام الجديد للأفلام وهاتان الشركتان تبدأن طريقيهما لتسويق الأفلام الجديدة فى كلا من أمريكا واليابان.[٢]

ثانيا: موانع دخول السوق

إن الشركة ذات الحصة السوقية الكبيرة سوف تكون فى مركز أفضل بكثير للحصول على فوائد الاحتكار خاصة إذا كانت تعلم أنها بذلك لن تقوم بجذب أية منافسة جديدة، أما عن تحديد ماهية موانع الدخول فهناك رأى يرى أن المشارك الجديد إذ واجهة تكلفة أعلى التكلفة الفعلية فى الصناعة فهذا يشكل مانعا للدخول أما الرأى الثانى فهو اقل تشددا ومضمونه أن أى شئ يمنع دخول الشركة الجديدة للسوق فهو يشكل مانعا للدخول.[٣]

ففى قضية ميكروسوفت أثبتت المحكمة أن ميكروسوفت تمتلك حصة سوقية مسيطرة وثابتة بالنسبة لأجهزة تشغيل الحاسوب "أنتل" بنسبة ٩٥٪ وحتى

Andrew pollack."Motorola joins competitors in international " the New York times October 19 , [١]
1995.
Helene cooper and Wendy bounds "U.S, unable to budge Japan may take kodak - fuji film dispute to the [٢]
wto". the wall street journal February 22. 1996."
Richard Whish."competition law" London 1993 p.p 264. [٣]

ولو اشتمل السوق على شركة ماك OS فستظل حصة السوق لميكروسوفت ٨٠٪ وهو ما يشكل مانعا للـدخول يحمى الحصة السوقية لميكروسوفت وهذا المانع يضمن عدم وجود أجهزة تشغيل الحاسوب "أنتل" غير أجهزة التشغيل "الويندوز" وأن الدليل على أن الحصة السوقية المسيطرة التى تمتلكها ميكروسوفت مع وجود مـانع الدخول يخلقان سويا قوة احتكارية لميكروسوفت ولقد أظهرت المحكمة نقطة أخرى هامـة فى ارتفاع الحصة السوقية لميكروسوفت وهى عدم وجود بديل لأجهزة تشغيل الحاسوب المتوافقة مع انتل وقد وجدت المحكمة بالفعل بناء على الدليل المقدم فى هذا التسجيل أنه لا توجد منتجات حالية ولن يكون هنـاك علـى الأرجح فى المستقبل القريب. [١]

ومما لا شك فيه أن الشركات الكبيرة غالبا ما تحاول شراء الشركات الصغيرة التى تتراوح تعاملاتها بين الصعود والهبوط وربما تعتمد الشركات الكبيرة على علاقاتها مع العملاء والموردين للحـد مـن أنشطة الشركات الصغيرة وأن السيطرة على السوق من جانب شركتين كبيرتين أو ثلاث ربما يجعـل الأمـر أكثـر صـعوبة بالنسبة للشركات الصغيرة لتقديم منتجات ابتكارية جديدة. فمثلا نجد أن فيليب مـوريس قـام بتملك شركة كرافت وهذا التملك سوف يساعد فيليب موريس على تصعيب الأمر على المنافسين بالنسبة لتجار الأغذية وهذا الأمـر سوف يجعله يستحوذ على النسبة الأكبر من تجارة التجزئة والقضاء على الشركات الصغيرة والإقليمية. [٢]

ثالثا: التكامل الرأسى

إن المنشآت الكبيرة بمقدورها اكتساب القوة الاقتصادية كذلك من خلال التوسـع الرأسى وهـذا يعنى التحكم فى الكثير من خطوات عملية الإنتاج فمثلا شركة جنرال موتورز تمتلك العديد من المنشـات التى تقوم بتوريد أجزائها بما فى ذلك المصانع الكبيرة الخاصـة بـالأجهزة الكهربائيـة الموجـودة بالسيارات فبعد تجميع

---

[١] http:/liberty.com.lencyc/articles/news paper/antitrust2 html. 6/18/2006.

[٢] Alix M. freeman. and Richard Jibson. "a philip Morris merger with kraft may limited product innovation "wallstreet journel October 20, 1988.

السيارات يجب أن يتم بيعها وبالمثل فإن شركة جى.أم تمتلك جى.أم.أيه.سى شركة تمويـل سيارات وأخـيرا بدأت شركة انتل بما يشبه القوة الاحتكارية فى قطاع السبى.بى.يـو بتصـنيع "المـازربـورد" أحـدى مكونـات الحاسوب وقد كان تصميم المازربورد أحدى الطرق التى حاول من خلالها العديد من العمـلاء الـدخول فى محراب صناعة الحاسبات إلا أن معظم هذه الشركات دائما ما تعانى من قلة الفوائد والأرباح بينما تتمتـع أنتل بالزيادات الفعلية بما يساوى ٣٠٪ من المبيعات. ^(١)

وأخيرًا.. نخلص مما سبق إنه إذا كان النصيب الضخم للشركة فى السوق يعد مـؤشراً هامـاً عـلى وجود المركز المسيطر لهذه الشركة، إلا أنه فى ذات الوقت لا يعد دليلا كافيا على الاحتكار، فقد تستحوذ الشركة مثلا على نسبة ٩٠٪ إلا إنها فى ذات الوقت لا تكون محتكـرة لهـذه السوق فقـد تصـل إلى هـذه النسبة بسبب جودة منتجاتها أو تطوير أساليب الإنتاج لديها يفضل استخدامها للتكنولوجيا، أن الحصـة السوقية تعد دليلا على المركز الاحتكارى لشركة ما ومن ثم دليل عـلى وجـود الاحتكار إذا ما تـم تـدعيم هذه الحصة بأساليب من شأنها زيادة هـذه الحصـة السوقية وفى ذات الوقت إعاقـة عمليـة المنافسـة التجارية سواء عن طريق خروج منافسين مـن السـوق أو منـع دخول آخرين جـدد فهنا تكون الحصـة السوقية مؤشرا هاما على الاحتكار.

Intel unbound business week. journal. USA. October 9. 1995. p.p 148. (^١)

المبحث الثاني

موانع دخـول السوق

لا يكفي أن تتمتع الشركة التجارية بحجم كبير في السوق، حتى تتـوافر لها القـوة الاحتكاريـة، ولكي تستطيع الشركة الحفاظ على تلك القوة؛ فإنها تعمـل عـلى حصـر المنافسـة بينها وبـين المنافسـين الموجودين بالفعل في السوق من ناحية، ومنع دخـول منافسـين جـدد مـن ناحيـة أخـرى، ولكـى تسـتطيع الوصول إلى ذلك؛ فإنها تسعى جاهـدة إلى اسـتخدام الموانـع والعوائـق، بمـا يمكنهـا مـن الانفـراد بالسـوق والتصرف باستقلال عن باقية المنافسين، فلا يكفى في حالة الاحتكار أن يتجرد المحتكر من منافسة الآخرين في الوقت الحاضر، ولكن يتعين أن يتحـرر مـن منافسـة الآخـرين في المسـتقبل القريـب، فمـن الممكـن أن تخفيض المُنتج الوحيد سعر السلعة بدرجة كبيرة بحيث لا يمكـن لأى مُنتِج آخـر مبتـدئ أن ينافسـه عنـد هذا السعر المنخفض، ولكن إذا ارتفع السعر وسمح بتحقيق ربح معقول؛ فإن هذا يحفـز عـدد آخـر مـن المنتجين للدخول في السوق.

ولا شك أن وجود مثل هذا الاحتمال قد يؤثر على السياسة السعرية للمنتج الوحيـد، ويجعلـه غير قادر على رفع السعر فوق مستوى معين، خشية أن ينافسه آخرون، وهذا يعنى أن المنافسـة المحتملـة تؤثر على مقدرة المحتكر في التأثير على السعر؛ لذلك فهو يستخدم كل ما يتـاح لـه مـن وسـائل مـن أجـل تدعيم مركزة المسيطر، لذلك فوظيفة تلك الموانع تتمثل في:

أولا : تقوية المشروع المسيطر وتمكينه من التصرف باستقلال عن بقية المنافسين.

ثانيا: إعاقة عملية المنافسة أو منعها كلية سواء تم ذلك عن طريق التـأثير في الأسـعار أو المعـروض الكـلى من المنتجات.

وتتنوع تلك الموانع إلى موانع اقتصادية، و قانونية، و طبيعية، وليست كل موانع الـدخول غـير مشروعة، فقد يستخدم المشروع المسيطر موانع للدخول، وعلى الرغم من أحداثها ضررا بعملية المنافسـة، إلا أنها في ذات الوقت تعد مشروعة كاستخدام حق براءة الاختراع، ومنع باقي المنافسين من استخدام تلك البراءة.

ونظرا لأن موانع الدخول تعد فكرة موضوعية، وثار بشأنها الكثير من الجدل في الفقه، فسـوف نحاول في هذا المبحث تأصيل دارسة موانع الدخول بشكل قانوني وذلك على النحو التالي:

المطلب الأول: تعريف موانع الدخول.

المطلب الثاني: أنواع موانع الدخول.

المطلب الثالث: الوظيفة الاقتصادية لموانع الدخول.

المطلب الأول

تعريف موانع الدخول

إن وجود موانع الدخول يعتبر موضوع خلاف في معظم قضايا مقاومة الاحتكار في الولايات المتحدة الأمريكية، التي تتضمن التهم بشأن الاحتكار أو الاندماج المقاوم للمنافسة، حيث إن الشركة التي تتمتع بحجم كبير في السوق لا يمكنها أن تحصل على منافع الاحتكار، وكذلك فإن الاندماج لا يستطيع دائما أن يقلل المنافسة، وذلك في حالة قيام الكثير من الشركات الجديدة وبطريقة كافية وفعالة بإنتاج نفس المنتج بطريقة سريعة وميسرة، ومن ثم فإنه لن يكون هناك عقوبات مقاومة الاحتكار،إذا لم يكن هناك ثمة موانع الدخول في السوق[1].

إن السؤال عن ماهية موانع الدخول يعتبر مهمًّا بالنسبة للسياسية العامة، ولسوء الحظ فشل علماء الاقتصاد من تحقيق إجماع بشأن تعريف المفهوم الذى سبب تشويشًا وعدم وضوح في المحاكم، فلقد عرفه الأستاذ "BAIN" بأنه "الأفضلية التي يتمتع بها البائعين الفعليين في صناعة ما على البائعين المحتمل دخولهم، وتنعكس تلك الأفضلية في مدى قيام البائعين الفعليين برفع أسعارهم فوق المستويات التنافسية بدون مهاجمة الشركات الجديدة لدخول الصناعة"[2].

وبإثبات الدليل العملي فإن وفرة حجم الإنتاج، ومتطلبات رأس المال، متسقان بطريقة فعلية مع الأرباح العالية، وهذا ما يجعل الأستاذ "BAIN" يستنتج أن الخصائص التركيبية للسوق يعتبر مانعا من الدخول.

ومن ناحية أخرى نجد الفقيه "STIGLER" اعترض على فكرة متطلبات رأس

R Preston Mcafee and Hugo M. Mialon "Barriers to entry in antitrust analysis "working paper [1] October 20 , 2004"

J.S Bain, "barriers to new competition": "Harvard University Press, Cambridge" MA, 1956. p.30. [2]

المال ووفرة حجم الإنتاج التى من الممكن أن تخلق أى مانع من موانع الدخول، وقد عرفه: بأنه "تكلفة الإنتاج على بعض الإنتاج أو كل مستويات الإنتاج التى يجب أن تتحملها الشركات التى تسعى لدخول صناعة ما، ولكن لا تتحمل هذه التكاليف الشركات الموجودة بالفعل فى الصناعة"[1]. أما إذا كان كل من الداخلين الجدد للسوق والشركات الموجودة فعلا لديهم تكافؤ وتماثل فى الحصول على التكنولوجيا والموارد الأولية فإن متطلبات رأس المال ووفرة حجم الإنتاج لا يعتبران حينئذ موانع للدخول من وجهة نظر الفقيه "STIGLER" لذلك فأن كلا من التعريفين يولدان استنتاجات متعارضة بشأن التأثيرات المعيقة للدخول.

وقد تعددت التعريفات بعد ذلك إلا أن معظم التعريفات تعد منبثقة من تعريفى الأستاذين "STIGLER" ، "BAIN" فلقد عرف الأستاذ "FERGUSON" موانع الدخول بأنها "عامل يجعل الدخول غير مربح فى حين يسمح للشركات الموجودة برفع الأسعار فوق سعر التكلفة ومن ثم كسب عائد الاحتكار"[2].

ومن الملاحظ أن هذا التعريف يتبع تعريف الأستاذ "BAIN" ولكن مع إضافة أن الشركات المسيطرة تكسب أرباح من وراء الاحتكار.

وقد عرف الأستاذ "VON WEISACKER" مانع الدخول على أنه "تكلفة الإنتاج التى يجب أن تتحملها الشركة التى تسعى لدخول صناعة ما ولا تتحملها الشركات الموجودة بالفعل فى الصناعة وهذا يقتضى عدم التوازن فى تخصيص الموارد"[3].

وبالتدقيق فى هذا التعريف نجد أنه نابعا من تعريف الأستاذ "STIGLER" ولكن زاد عليه أن الاختلاف فى التكلفة يقلل من الرفاهية.

---

(1)   G. Stiglet, "The organization industry:" "University of Chicago Press, Chicago ii" 1968 pp 67.

(2)   J.M. Ferguson "advertising and theory, measurement, fact, Ballinger Cambridge,"1974. p.p 100.

(3)   Von Weizsacker, "A walfare analysis of barriers to entry" Bell journal of economics, vol 11, no.2, autumn 1980, p.p 399-420.

وقد استمر الانقسام بين تعريف كلا من "STIGLER" و "BAIN" وانعكس ذلك فى نصوص الكتب الحديثة المنظمة للصناعة فنجد ان الكاتب "TIEROLE"[1] من المؤيدين "BAIN" بينما نجد أن الكاتب "CARLTON"[2] يتبنى تعريف الأستاذ "STIGLER".

بيد أن هذا الانقسام أحدث لبس وغموض فى أحكام المحاكم الأمريكية ففى قضية شركة الاتصالات لجنوب الباسيفك ضد شركة T.A.T استخدمت المحكمة اتجاه الأستاذ "BAIN" لتقرر أن الحاجة لرأس مال كبير يعتبر مانعا هاما للدخول[3].

بينما نجد أن المحكمة فى قضية شركة إيكيلند أم.اف.جى ECHLIN M.F.G استخدمت تعريف الأستاذ "STIGLER" لتحديد أنه لا توجد موانع للدخول فى سوق تصليح محركات السيارات (الكرابيرتور) وزعمت لجنة التجارة الفيدرالية أنه فى حالة عدم وجود مانع فأن الشركات الجديدة سوف تدخل السوق وتخفض أسعارها للمستويات التنافسية ولكن اللجنة أقرت أن وجهة النظر العام هذا سوف يحدث فرقا سواء ما إذا كان ذلك سيحدث فى وقت قريب أم لا[4].

إلا أن كلا من الأساتذة MCAFEE و WILLIAMS و MIALEN حاولوا التوفيق بين الاتجاهين السابقين فالمانع الرئيسى للدخول عندهم تتمثل فى "التكلفة التى تشكل مانعا للدخول نفسى" بينما يكون المانع الإضافى للدخول هو التكلفة التى لا تشكل مانعا من الدخول فى حد ذاته، ولكنه يقوى غيره من الموانع الأخرى إذا كانت موجودة[5].

J. Tirole, "The theory of industrial organization," the mit Press Cambridge, MA, 1988.   (1)

D. Carlton andJ. Perloff, "Modern industrial organizatiom Harper Collins College Publishers"   (2) New York, ny, 1994.

Southern pacific communicatian .V. TA.&T (940 - f.2d 980 , 1001-02 d.c. cor 1984).   (3)

Echlin Mfg. co. (j 05f.t.c. 410, 1985).   (4)

R.P. Mcafee, H.M. Mialon, and M. Williams, "What is a barrier to entry?" American economic   (5) review vol 94, no2, may 2004. 461-465.

وفى ظل صعوبة وضع تعريف لموانع الدخول نظرا لاختلاف طبيعة كل سوق، وانفراده بمجموعة من الخصائص التى تميزه عن غيره، نخلص إلى أن "موانع الدخول تشمل كل حاجز يجعل من الصعب على الشركات الجديدة أو التجار دخول السوق سواء كانت هذه الموانع قانونية أو اقتصادية راجعة إلى فعل الشركة المحتكرة أو المسيطرة على السوق أو راجعة إلى هيكلية السوق ذاته عموما".

بيد أنه ينبغى علينا أن نشير إلى نقطة غاية فى الأهمية، وهى أن مانع الدخول الذى يعد مقاوماً للمنافسة، ومن ثم يقع تحت طائلة قوانين الاحتكار، هو المانع الذى تضعه الشركة ذات المركز المسيطر أو المحتكرة للسوق عن عمد محاولة منها فى تدعيم مركزها المسيطر وإقصاء المنافسين من السوق، أو منع دخول منافسين جدد يقومون بتصنيع نفس المنتج، ولن يتأتى ذلك إلا إذا استخدم هذا المركز المسيطر فى وضع الحواجز.

فنجد مثلا أن الشركة التى تتمتع بوفرة فى حجم الإنتاج، إذا قامت بخفض سعر المنتج إلى ما دون سعر التكلفة، فلن تتمكن الشركات الأخرى المنافسة سواء لها أو المنافسين الجدد الذين لا يتمتعون بذات وفرة رأس المال من مجاراتها، باعتبار أن عملية المنافسة لن تكون مربحة لهم، كذلك فإن قيام الشركة ذات المركز المسيطر بإساءة استخدام براءة الاختراع بأسلوب افتراسى، وليس مجرد استخدام لحق قانونى.

كذلك قيام أصحاب المركز المسيطر فى الدخول فى عملية من التحالفات والاندماجات مع استخدام التكنولوجيا الفائقة، واستخدام كل ذلك فى محاربة المنافسين لهم أو المنافسين الجدد، أما الحواجز الأخرى التى تكون راجعة إلى ظروف السوق نفسه وكذلك الموانع القانونية التى تكون ناشئة عن تنظيمات قانونية، فهى تعد موانع بطبيعتها فرضتها ظروف الحال، وإن كانت هذه الموانع فى حد ذاتها تساعد الشركة المسيطرة على تدعيم مركزها الاحتكارى، أو بمعنى أدق "محاولة الاحتكار".

وتعد دلائل على المركز المسيطر، إلا أنه لا يمكن اعتبارها عوائق مقاومة للمنافسين، ومـن ثـم تقـع تحت طائلة قوانين مكافحة الاحتكار تأسيسا على أن الشركة ذات المركز المسيطر لم تساهم فيها وإنما أوجدتها طبيعة الحال وظروف كل سوق.

وبناء عليه يمكن تعريف موانع الدخول تبعا لذلك بأنها **"الحـواجز والعوائـق التـي تضـعها المنشـأة ذات المركز المسيطر في السوق عن عمد، وذلك لإقصاء المنافسين لها في السوق، أو منع دخول منافسـين جـدد لها من أجل الانفراد بالسوق".**

وقد نص قانون حماية المنافسة ومنع الممارسات الاحتكارية رقم (٣) لسـنة ٢٠٠٥ في المـادة الثانيـة من القانون على أنه (يحظر على من تكون له السيطرة على سوق معنية القيام جاء مما يأتي:

أ-   ....

ب- الامتناع عن إبرام صفقات بيع أو شراء منتج مع أى شخص، أو وقف التعامـل معـه علـى نحـو يؤدى إلى الحد من حريته في دخول السوق، أو الخروج منه في أى وقت ....)

المطلب الثاني

أنواع موانـع الدخول

في النظم الاقتصادية وخاصة في نظريـة المنافسـة، تتنـوع موانـع الـدخول مـا بـين التنظيمات الحكومية وإساءة استعمال براءة الاختراع ووفرة الإنتاج وتكاليف الإغراق والممارسات التقليدية وتكاليف الإعلان[1] ، إلا أن الفقه درج على تقسيم موانـع الـدخول إلى موانـع قانونيـة، وأخرى اقتصـادية، وموانـع طبيعية.

---

[1]   Wikipedia, the free encyclopedia. "Barriers to entry" at http://www.ftc.gov/bc/compguide/ illegal . htm. 11/12/2006

أولا: الموانع القانونية :

قد تشكل الأنظمة القانونية القومية عوائق للـدخول فى السـوق، سـواء تـم ذلـك عـن طريـق إصدار نصوصا قانونية، تجعل الاستثمار فى السوق أمرا صعبا بالنسبة للمنشأة التى لا تمتلك من وفرة رأس المال ما يمكنها من دخول السوق، كذلك استئثار الحكومات بمزاولة نوع معين من الخـدمات يجعل أيضـا من الصعب دخول السوق، وقد يتم ذلك عن طريق منح الحكومات حق الاختراع لإحدى الشركات بالنسبة لمنتج معين أو نوع معين من الخدمات، وهو مـا أيدتـه محكمـة العـدل الأوربيـة فى قضـية شركة "hugin"، وهى شركة مسيطرة فى سوق قطع الغيار بالنسبة لتسجيلاتها النقدية، نظرا لأن الشركات الأخـرى لا تستطيع إنتاج قطع الغيار خشية الوقـوع تحـت طائلـة المقاضاة مـن قبـل شركـة "hugin" فى المملكـة المتحدة بموجب قانون حماية حقوق النسخ لسـنة ١٩٦٨م، وبـنفس الطريقـة فإن الحصـول عـلى بـراءة الاختراع والماركات التجارية وغيرها من الملكية الفكرية، قد تشكل عوائق دخول [١].

وأشارت المحكمة أن هناك موانع قانونيـة أخـرى واضـحة للغايـة، وهـى متطلبـات التراخيـص الحكومية والتشريعات الخاصة بالتخطيط والسـيطرة الحكوميـة عـلى الـترددات الخاصـة بنقـل الإشـارات اللاسلكية، وهو ما يعرف باسم "قوة الاحتكار القانونى"، إلا أنه مـن الممكـن تحـدى بعـض هـذه العوائـق القانونية بمقتضى أجزاء من اتفاق روما، وخاصة بمقتضى النصـوص المتعلقـة بالتحركـات الحـرة للمنتجـات التى تشتمل عليها المواد من ٣٠ إلى ٣٦[٢].

ويرى البعض أن النصوص القانونية هى الأكثر ضررا من العوائق

[١] Case 22/78 ect 1979, ecr 1869, (1979) 3 cmlr 345.

[٢] Marenco L "legal monopolies in case - law of the court of justice of the European Communities,"
(1991) pp 197-227.

الأخرى لدخول السوق بالنسبة لحرية المنافسة، باعتبار أن الاستفادات القانونية تقيد التجارة وتضر بالعملاء، حيث إن الشركات التي تعرب عن رغبتها لدخول الأسواق على ثقة من أن تكاليفها أقل من الممولين الموجودين، أو أنهم يقدمون منتجات فائقة عن المتاحة، وإذ ثبت أن توقعاتهم غير صحيحة نظرا لاصطدامهم بالمعوقات القانونية، فلن يحققون أي ربح ويختفون بسرعة من السوق.

ثانيا: الموانع الاقتصادية :

قد تشكل وفرة الإنتاج واستخدام التكنولوجيا الفائقة مانعا اقتصاديا من دخول السوق، ففي قضية "ميكروسوفت" قضت المحكمة العليا بالولايات المتحدة الأمريكية معاقبة شركة ميكروسوفت؛ لأنها انتهكت قانون مقاومة الاحتكار عندما ربطت البراوز الباهظة الثمن بنظام الويندوز، واستندت المحكمة في حكمها إلى أن المنافسين كان سيتوفر لديهم وقت أيسر للمنافسة واكتساب سهم في السوق، ولن تكون هناك قضية مكافحة الاحتكار إذا اكتفت ميكروسوفت بربط البراوز ذات التقنية والجودة العالية بنظام التشغيل الويندوز، وقدمته للعملاء فقط.

والمانع الحقيقي للدخول أمام المنافسين ليس في ربط البراوز بنظام التشغيل في حد ذاته، ولكن المانع أن العملاء قد حصلوا على البراوز عالي الجودة بدون أجر؛ لذلك تم التأكيد على رفاهية العميل مع استبعاد المنافسين لميكروسوفت[1].

وقد أيدت محكمة العدل الأوربية هذا الرأى عندما أقرت بأن استخدام التكنولوجيا الفائقة لدى شركة ما مسيطرة، أو ذات مركز احتكاري بطريقة تدعم هذا المركز وليس من أجل المنافسة في حد ذاتها، ولكن من أجل الإضرار بعملية المنافسة، وهو ما يؤدى إلى إجراء التحقيقات بشأن إساءة استغلال هذه التكنولوجيا[2].

Dominick Armentano. "Barriers to entry'. posted on Wednesday, September 20, 2000". (')

Richard Whish "Competition law". London, Edinburgh 1993. p.p 265. (²)

ومن جهة أخرى فقد يعمد المشروع المسيطر إلى استخدام الممارسات السعرية غير المشروعة بهدف تدعيم مركزه فى السوق وتعد مانعا للدخول فى ذات الوقت، فبعد أن يؤدى السعر المنخفض الـذى يتبناه إلى تثبيط همم المشروعات الحالية للمنافسة له أو أثناء المشروعات المحتمل دخولها إلى السوق عن هذا الـدخول، بسبب انخفاض أرباحهم المحققة أو المتوقعة، فقد يلجأ هذا المشروع بعد انفراده بالسوق أو تحقيقه لحصة مسيطرة فى السوق إلى رفع الأسعار، لتعويض ما تحمله من خسائر، ولتحقيق أرباح كبيرة كما قـد يتمكن هـذا المشروع "المشروع المهاجم" من الاستحواذ على أصول المشروعات المنافسة بأسعار مغرية جـداً وفى أضعف الأحوال قد تؤدى ممارسة الأضرار بالمنافسين من خلال الأسعار إلى أضعاف المراكز السوقية للمنافسين وأن يصبح مسيطرًا على حصة أكبر من السوق.[1]

ثالثا: موانع طبيعية :

وهى تلك الموانع التى ترتبط بتكلفة النقل و الضرائب الجمركية ولبيان ذلك نقول أنه يوجد فى سوق معين لمشروع يتمتع بمركز مسيطر طبيعى فى إنتاج سلعة ما، وفى نفس الوقت يوجد بـديل لهـذه السلعة فى سوق أخر وفى هذه الحالة لن يستطيع المشروع المسيطر على هذا البـديل مـن دخول السـوق المعتبرة قانوناً بفعل التكاليف المرتفعة لنقل هذه السلعة وبفعل الضرائب الجمركية التـى يجـب أداؤهـا وإذا نجح هذا المشروع فى الدخول فإنه سيجد نفسه مضطراً إلى البيع بسعر أعلى من السعر الـذى يبيع به المشروع الذى يتمتع بالمركز المسيطر وذلك لتغطية مصاريف النقل والضرائب الجمركية كذلك امتلاك مشروع واحد لمصادر الموارد الأولية يعد مانعاً لدخول أى منافسين جدد والـذين لـن يسـتطيعوا الحصول على الموارد الأولية من مصدر آخر.[2]

---

[1] د/ مغاورى شلبى - حماية المنافسة ومنع الاحتكار - مرجع سابق - ص١٣٨.
[2] د/ سامى عبد الباقى - إساءة استغلال المركز المسيطر - مرجع سابق - ص٤٥.

المطلب الثالث

الوظيفة الاقتصادية لموانع الدخول

أولا: تدعيم المركز المسيطر

ففى بعض الصناعات لا تستطيع المنشأة الإنتاج بتكلفة أقل، إلا إذا كانت ذات حجم كبير بالنسبة للسوق من ناحية، وذات حجم كبير من الناحية المطلقة، وتحت هذه الظروف تمنع اقتصاديات الحجم الكبير المنشآت الصغيرة من الدخول إلى السوق، ومن تكوين سمعة لها، ومن المنافسة بفعالية مع المنشآت الكبيرة، ومن ثم فإن المنشآت القائمة تتم حمايتها من دخول منافسين محتملين كذلك فإن تحكم المنشأة المسيطرة فى مورد رئيسى للدخول إلى صناعة معينة فإن ذلك يحد من المنافسين المحتملين، وتعد شركة الماس فى جنوب أفريقيا و المسماة De Beers Company خير مثال على ذلك، ولما كانت هذه الشركة تمتلك غالبًا حق التحكم فى مناجم الماس فى العالم؛ فإنها تستطيع أن تمنع أية منشأة من دخول صناعة إنتاج الماس، كذلك فإن مقدرتها على رفع أسعار الماس الجديد محدودة فقط بتوافر أنواع من الجواهر أو الدرر البديلة.[1]

ثانيا: التبعية الاقتصادية :

تعمل موانع الدخول إلى إيجاد نوع من أنواع التبعية الاقتصادية، فالتبعية الاقتصادية تفترض وجود مشروع أو عدد من المشروعات تتمتع بثقل تجارى ومالى كبير فى سوق ما تسيطر على مشروع ما لدرجة أن هذا الأخير لا يكون أمامه إلا رفض التعاقد بالشروط المفروضة عليه من قبل هذا المشروع أو تلك المشروعات، فعادة ما يجد المستهلكون أنفسهم فى حالة خضوع أو تبعية لمشروع

---

[1] جى هولتون ولسون – الاقتصاد الجزئى –المفاهيم والتطبيقات – مرجع سابق - ص٢٦٨.

ما فإن هذا الأخير يتمتع بمركز مسيطر، وتنشأ هذه التبعية عندما لا يجد المستهلك أمامه طريقا آخر لطلب المنتج أو السلعة محل السيطرة، وذلك أما بسبب عدم وجود البديل لهذا المنتج، و أما لسيطرة أو تحكم المشروع في البنية الأساسية اللازمة للإنتاج، وعندئذ لا يكون أمام هذه المشروعات حتى تتمكن من الدخول إلى السوق، وممارسة أنشطتها من سبيل سوى الرجوع إلى المشروع المحتكر لهذه الأشياء، فهنا نقول وجود حالة تبعية لهذا المشروع.

ومن أجل ضمان تحريك المنافسة في السوق الواقعة تحت احتكار مشروع "العوائق القانونية" بالتسهيلات الأساسية، ولا يمكن بدونها دخول منافسين جدد فإن هذه النظرية يمكن أن تقود إلى إلزام المشروع المحتكر لهذه التسهيلات بالتعاون مع المشروعات التى تريد الدخول إلى السوق دون تمييز بينها، يستوى أن يكون المشروع المحتكر مشروعًا عاما أو خاصًا. [1]

الخلاصة فإنه من مجمل ما تقدم يتبين أن موانع الدخول تعد من الركائز الأساسية لتكوين المركز المسيطر، إلا أنه وعلى الرغم من ذلك فينبغى أن تتوافر مجموعة أخرى من العوامل التى تساعد على تكوين المركز المسيطر، التى بدونها لن تستطيع موانع الدخول بمفردها القيام بهذا الدور، سواء تمثل ذلك فى الحصة السوقية، التى تناولناها فى المبحث السابق، أو فى عدم وجود البديل أو المنتجات البديلة موضوع بحثنا التالى.

---

(1) د/ سامى عبد الباقى – إساءة استغلال المركز المسيطر – مرجع سابق – ص٩٤-٩٥.

المبحث الثالث

عــدم وجــود البــديل

لا يكفى لتحديد وجود المركز المسيطر "المحتكر" تحديد الحصة السوقية التى يمتلكها أو بيان موانع الدخول التى تساعده فى بناء مركزه المسيطر ، بل لابد من تحديد نطاق السوق الذى يمارس فيه سيطرته وهو ما يعرف باسم السوق ذات الصلة وتشير السوق ذات الصلة إلى نوع التجارة التى تم فيها تقيد المنافسة وكذلك إلى المنطقة الجغرافية المعنية بحيث تشمل جميع المنتجات والخدمات التى يمكن الحصول على بدائل لها بتكاليف معقولة وجميع المنافسين القريبين والتى يمكن للمستهلكين أن يتوجهوا إليهم فى الأجل القريب.

ومن ناحية أخرى فإنه يمكن توضيح العلاقة العكسية بين وجود المنتجات البديلة ووجود المركز المسيطر بأنه فى حالة عدم وجود منتجات بديله، فسوف يتمكن المشروع المسيطر من إحداث تأثير فعال فى الأسعار وحجم المعروض من المنتجات لأنه لا يوجد بديل لها ومن ثم سيكون المستهلك مضطراً لطلب هذه السلعة بالسعر وفى الحدود التى يحددها المشروع المسيطر وبالعكس إذا وجدت هذه المنتجات البديلة فإن المشروع المسيطر لن يستطيع إحداث مثل هذا التأثير، لان المستهلك يستطيع فى حالة قيام المشروع المسيطر برفع أسعار المنتجات محل السيطرة، أن يسلك طريق طلب السلعة البديلة الأخرى، ومن ثم نقول أن هذا المشروع ليس ذا مركز مسيطر.

والحال هكذا فإن وجود المنتج البديل سوف يؤثر بالضرورة على مقدرة المشروع المسيطر على إحداث تأثير فعال فى الأسعار وحجم المعروض من المنتجات كما أنه سوق يسلب من المشروع المسيطر قدرته على التصرف باستقلال تام وكيف يتصرف باستقلال وهناك منافسون له يمتلكون منتجات بديلة للمنتجات محل

السيطرة[١] ، وبناء عليه فان السوق البديلة لها مكونات[٢]، وهو ما سنوضحه على النحو الآتى بيانه :

المطلب الأول : سوق المنتجات البديلة

المطلب الثانى : السوق الجغرافية البديلة

المطلب الأول

سوق المنتجات البديلة

تعرف سوق المنتج البديل بأنه "سوق يضم كل المنتجـات والخـدمات التـى تعتبر تبادليـة أو قابلـة للاستبدال بواسطة المستهلك بسبب خصائص المنتجات وأسعارها والاستخدام المقصود"[٣]

وقد عرفت المحكمة العليا بالولايات المتحدة السوق البديلة بأنها "السوق التى تتألف من منتجـات يمكـن استبدالها ببعضها عـلى نحـو معقـول وذلك للأغـراض التـى تنـتج مـن أجلهـا أخـذين فى الاعتبار السـعر والاستخدام والنوعية"[٤].

وتشكل سوق المنـتج البـديل "المنتجـات والخـدمات" العنصرـ الأول الـذى يجـب أن يؤخـذ فى الاعتبار لتحديد السوق ذات الصلة وفى الواقع العملى هناك معياران

[١] د/ سامى عبد الباقى - إساءة استغلال المركز المسيطر - مرجع سابق - ص٧٠.

[٢] Guidllines on relevant markt definition with a view to determining the siginificant market share.

http:// www.global competiton forum.org/regions/europe/romania/ eguide - 1 ddf - 10/1/2007.

[٣] Definition of relevant market

http:// www. usdij.gov/atr/ public/guidelines/horis - book / 10/1/2007.

[٤] Standard oil co, of California and stand stations inc,v. United States, supreme court 1949, 337 , US , 293, s.ci 1051, 931, l.ed. 1771.

مترابطان ومتكاملان بشكل وثيق جرى تطبيقهيما فى تحديد سـوق المنتجات والخدمات ذات الصلة وهـما القابلية المعقولة للاستخدام كبديل والمرونة البديلة للطلب ولدى تطبيق المعيار الأول هناك عاملان يؤخـذان فى الاعتبار بصورة عامة وهو ما إذا كان الاستخدام النهائى للمنتج وبدائله واحـدًا بصورة أساسـية أو مـا إذا كانـت الخصائص المادية أو النوعية متماثلة إلى حد يكفى لتمكين المستهلكين مـن التحـول بسـهولة مـن اسـتخدام إلى استخدام آخر ولدى تطبيق المرونة البديلة فإن عامل السـعر أسـاسى، وهـو ينطـوى عـلى البحـث فى المقـدار التناسبى للزيادة فى الطلب الكمى على سلعة واحدة نتيجة لزيادة تناسبيه فى سعر سلعة أخرى وفى سوق تتسم بدرجة عالية من المرونة البديلة يؤدى إلى حدوث زيادة طفيفة فى سعر منتج واحد إلى تحـول المسـتهلكين إلى منتج أخر مما يدل على أن المنتجات المعنية تتنافس فى نفس السوق [1].

وبناء على ذلك فان إمكانية قياس درجة التبادل بين المنتجات لإمكانية إحلال منتج محل منتج أخر هو أمر ليس باليسير ولكنه لـيس بالمستحيل لـذلك فهنـاك معيـاران يـتم استخدامها لمعرفـة درجـة التطابق والتماثل بين المنتجات وهما: مرونة الطلب والأخر هو مرونة العرض.

الفرع الأول

مـرونة الطلـب

وهنا يتم التركيز على جانب الطلب على السلعة عند انتقال الزبائن مـن منتج إلى أخـر نتيجـة لتغير فى الأسعار بالنسبة للمنتجات إذا كان الزبائن فى وضع يسمح لهم بالتغير إلى منتج متـاح بـديل أو فى البدء فى الحصول على احتياجاتهم من مصادر موجودة فى مناطق أخرى ليست من المحتمل زيادة الأسعار فيها وعليه فمن الضرورى وشكل مستمر أن تتضمن الأسواق البديلة منتجات يمكن أن

---

[1] مؤتمر الأمم المتحدة للتجارة والتنمية – القانون النموذجى للمنافسة – مرجع سابق – ص٢٠-٢١.

تجذب الزبائن كرد فعل لأى زيادة نسبية فى الأسعار مكررين نفس الموضوع فى كل مرحلة حتى نصل إلى مجموعة من المنتجات تستحق أن يتم احتكارها.. وبناء عليه فان هذا المعيار يعتمد بصورة أساسية فى تحديد التغير فى سعر المنتج وما يترتب عليه من ردود الأفعال المحتملة للزبائن نتيجة التغير فى السعر كل هذا مرتبط بمدى التماثل بين المنتجات الأصلية والبديلة فكلما زادت درجة التماثل والتشابه كلما وجدت السوق البديلة والعكس[1] ، وهذا يتم بشـكل عـام باسـتخدام اختيـار SSINP. غالبـاً مـا يتم اسـتخدام الدراسـات الاقتصادية والإحصائية من جانب الجهات الحكومية لتحديد نطاق السوق البديلة وذلك بالنسبة لنوع معين من المنتجات والتى يصعب تحديد السوق البديلة لها عن طريق التغيرات السعرية ورد فعل المستهلكين كما يحدث فى قطاع الأدوية الأوروبية فمن المعروف أن قطاع أو سـوق الأوديـة الأوربيـة تتميـز بخاصيتين تجعـلان مـن الصـعب الاعتماد على معيار السعر[2].

الخاصية الأولى: أن سعر العقاقير يميل إلى أن يكون مقنناً لأنـه فى كثير مـن الأسـواق القوميـة لشركات الأدوية تواجه الحكومة كمحتكر فـردى هـذا التنظيم يعنى أن الشركات لا تسـتطيع بحريـة أن تحدد الأسعار وخاصة لا تستطيع زيادة الأسعار عبر الزمن حتى ولو كانت مربحة لفعل ذلك على الجانب الأخر يكون للشركات الحرية فى أن تقلل الأسعار عند مواجهة منافس أقوى .

أما **الخاصية الثانية:** فهذه الأسواق تتميز بتركيب غير عادى حيث المسـتهلك النهائى "المريض" يختلف عن صانع القرار "الطبيب" وغالباً عن المشترى "خدمة التأمين القومى أو التأمين الصحى الخاص" بسبب هذا التركيب الخاص لما له من حساسية على صناع القرار السياسى؛ لـذلك تقـوم اللجنـة الأوربيـة "الاتحاد

Bishop, Simon and M. Darcey: "A relevant market is something worth monpolising unpublished [1] mimco - retrieved from" http:// en. wikipedia. org / wiki / relevant market / 0/1/2007.

Department of Justic, Competition memo. market definition in the pharmaceutical sector, [2] November, 2006.

الأوربي" بعملية جمع الأدلة عن طريق الاتصال بالزبائن الرئيسيين والشركات الرئيسية في الصناعة لتستفسر عن وجهات نظرهم عن صدور المنتج والأسواق الجغرافية وللحصول على أدلة فعلية ضرورية للوصول إلى نتيجة .

واللجنة ربما تتصل بالمؤسسات الاحترافية و إذا كان ملائماً بالشركات النشيطة في الأسواق لتكون قادرة على تعريف منتج منفصل وأسواق جغرافية على أساس مستويات مختلفة للإنتاج أو توزيع لمنتجات وخدمات قيد الفحص وإنها أيضاً ربما تطلب معلومات إضافية عن المعطيات المطلوبة وعندما يكون الأمر ملائماً فإن خدمات اللجنة سوف توجه طلبات مكتوبة من اجل معلومات وذلك من المتواجدين في السوق المذكورة أعلاه.

وهذه الاستفسارات عادة ما تتضمن أسئلة مرتبطة بمفاهيم الشركات بخصوص ردود الأفعال لارتفاعات السعر الافتراضية. خدمات اللجنة أيضاً تناقش مع مديري التسويق أو مسئولين آخرين في تلك الشركات للحصول على فهم أفضل عن كيفية التفاوض بين المصادر والزبائن وفهم أفضل للمواضيع المرتبطة بتعريف السوق وأخيراً قد تعمد اللجنة إلى تنفيذ زيارات أو تفتيشات على الأطراف المعنية وزبائنهم أو منافسيهم للوصول إلى فهم أفضل عن كيفية تصنيع المنتجات وبيعها[1].

وتنص المادة السادسة من اللائحة التنفيذية لقانون حماية المنافسة ٣ لسنة ٢٠٠٥ على أن "يقصد بالسوق المعنية .... أولا: المنتجات المعنية وهى المنتجات التى يعد كل منها من وجهة نظر المستهلك بديلاً عملياً وموضوعياً للآخر ويؤخذ في هذا التحديد على الأخص بأى من المعايير الآتية:

١- تماثل المنتجات في الخواص والاستخدام.

٢- مدى إمكانية تحول المشترين عن المنتج إلى منتج أخر نتيجة للتغير النسبى في

Commission notice on definition of the relevant market for the purposes of community (')
competition law "only published test authentic, published in the official journal" 372 on
9/12/2007.

السعر أو فى أية عوامل تنافسيه أخرى.

٣- ما إذا كان البائعون يتخذون قراراتهم التجارية على أساس تحول المشترين عن المنتجات إلى منتجات أخرى نتيجة التغير النسبى فى السعر العوامل التنافسية الأخرى.

٤- السهولة النسبية التى يمكن بها للأشخاص الأخرى دخول سوق المنتج.

٥- مدى توافر المنتجات البديلة أمام المستهلك.

وبذلك يكون المشرع المصرى قد أعتمد على مجموعة من المعايير والتى عـن طريقهـا يمكـن قيـاس درجة التبادل بين المنتجات وهى كالتالى:

أولا: تماثل المنتجات من حيث الخواص

وهو يعنى تقارب الخواص والصفات المادية للمنتجات موضـوع البحـث سـواء كـان ذلـك مـن حيـث التركيب أو سهولة الاستخدام أو الشكل الخارجى من السعلة. وغالباً مـا يـتم تحديـد هـذا التماثـل والتطـابق بـين السلعتين البديلة والأصلية عن طريق استطلاع أراء المسـتهلكين وتفصـيلات العمـلاء وكـذلك المتنافسـين والحـواجز التنظيمية وغيرها من التكاليف المرتبطة بتمويل الطلب على المنتجات أو المناطق الأخرى وكذلك الأنـواع المختلفـة من العملاء وتميز السعر حيث أن المجموعة المتميزة من العملاء ربما تكون مجموعة متميزة بشـكل أضيق عنـدما تخضع هذه المجموعة لتميز السعر [1].

ففى دعوى مؤسسـة "يونايتد برانـدس" انتهت محكمـة العـدل الأوربيـة إلى أن هـذه المؤسسـة احتلت مكانة مسيطرة فى السوق بالنسبة للموز واتهمت عن طريق هذه اللجنة وقد قارن التحقيق بـين إمكانية وجود بديل من الناحية الوظيفيـة أو مقارنـة بالفواكه الأخرى عـلى أسـاس "النسـيج والشـكل و الطعم و نوعية المستهلك) لذلك

---

[1] Definition of relevant market.
http://www.usdoj.gov/atr/public/guidelines/horis-bool/10.htm.10/1/2007.

انتهت المحكمة إلى عدم وجود سوق بديلة للموز[1].

ثانيا: الاشتراك في الغرض والاستخدام

كذلك يمكن التعرف على حدود السوق السلعى البديل وذلك إذا كانت أحد المنتجـات البديلـة تشبع أو تؤدى نفس الغرض من وجهة نظر المستهلك عند تحرره وانتقاله من المنتج الأصلى. فمن الممكـن قياس كيفية استبدال أحد المنتجات بمنتج أخر عن طريق العلاقة بين مرونة الطلب للمنتـج الأول ومرونـة الطلب للمنتج البديل ولتوضيح ذلك لنفرض مثلاً أنه في سوق الخضرـوات حدث ارتفاع بالنسبة للفول بواقع ٣٪ وفى ذات الوقت حدث انخفاض في سعر البازلاء بواقع ٢٪ فالمستهلكين حينئذ سوف ينتقلون إلى شراء البازلاء وهو ما سوف يؤدى إلى زيادة نسبة مبيعات البازلاء بواقع ٣٪ وفى المقابل انخفاض المباع مـن الفول بواقع ٣٪ لذا يمكن القول أن البازلاء هى أفضل بديل للفول و أنهـما سـوق بديلـة لـه باعتبـار إنهـا تؤدى نفس الغرض الذى يقوم به منتج الفول[2].

ثالثا: مدى إمكانية تحول المشترين إلى منتج أخر نتيجة تغير السعر

كما ذكرنا فيما سبق فان عامل السعر يسترشد به من أجل قياس مدى تطابق وتماثل المنتجـات بحيث يحل المنتج البديل محل المنتج الأصلى. ففى قضية دونبت "للسلوفان" أظهرت الأدلـة أن السـلوفان اشترك في كل استخدام نهائى "مثل ورق تغليف اللحمة والكاندى" مع العديد من مـواد التغليـف الأخـرى، وأن ذلك التخفيض البسيط في أسعار منتج دونبت نتج عنه تحول إعـداد كبـيرة مـن المشـترين مـن مـواد التغليف الأخرى إلى "السلوفان" وقد رأت المحكمة أن هذا يعتبر إمكانية

United Brands "bananas case 1985 & blue oross" Blue Shield v. MarshField Clinic 65 f. 3d 1606 (7 th [1] cir 1995).

Lawrence Anthony Sullivan " Antitrust westpublishing, defining the relevant market. part B: ch.2 [2] New York 1977. p.p 54-55.

للتبادل المعقول حتى رغم أن المنتجات الأخرى لها خـواص وظيفيـة وماديـة مختلفـة وقامـت بتصنيعها تكنولوجيا مختلفة ويتم بيعها بمعدلات سعرية مطلقة مختلفة جداً. فضلاً علـى ذلك فمن خـلال الـدليل القائل أن النسبـة الإجمالية لمبيعـات التغلـيف لـدبونت قد ارتفعت بينما انخفض مبيعات الآخرين. واستنتجت المحكمة أن دبونت بمقدروها جـذب أكبر عـدد مـن المستهلكين مـن الآخرين عـن طريق التحولات الصغيرة في الأسعار كما إنها سوف تسبب خسارة تجارية للآخرين [١].

رابعا: مدى توافر المنتجات البديلة للمستهلك

حيث أنه كلما تماثلت المنتجات في الخواص المادية والغرض من الاستعمال والتكوين وتقاربـت أسعارها كلما كان أمام المستهلك منتجات بديلة وعندئـذ تعد سـوق واحـدة، تلك السـوق التـى تضم المنتجات جميعاً ولا تقتصر على المنتجات محل السيطرة والتى ينفرد بها المشروع المسيطر بإنتاجها أو توزيعها وإنما يدخل معها هذه المنتجات البديلة، وكلما زادت البدائل والخيارات أمـام المستهلك كلـما زاد عدد المتنافسين له وبالتالى يغيب المركز المسيطر [٢].

الفرع الثانى

مرونـة العـرض

وتكون مرونة العرض وذلك في حالة عدم قدرة الزبائن على القيام برد فعل لزيادة السعر ومع هـذا فإن المنتجين ربما يكونوا قادرين على فعل ذلك عن طريق زيادة العرض لإرضاء الطلب بالنسبة لهؤلاء الزبائن إذا قام المنتجين الآخرين برد فعل لزيادة في السعر النسبى للمنتجات المتاحة عـن طريـق مصدر وحيد وذلك لتحويل

United States v .E.L Dupont Denemours & co, 351. u.s 377. 76. s.ct 94, 100 l.e 1264 "1956". (¹)

(²) د/ سامى عبد الباقى - إساءة استغلال المركز المسيطر - مرجع سابق - ص٧٦.

تسهيلات الإنتاج من أجل إنتاج مجموعة محتكرة من المنتجات ومن ثم فإن المستوى المتزايد في العرض ربما يعيق أى محاولة للربح من زيادة الأسعار في هذه الحالة فان هؤلاء المنتجين مع قدرتهم على إيجاد بديل من جانب العرض يجب أن يتم تضمينهم في السوق البديلة ونقول عندئذ أن المشروع لا يتمتع بأى مركز مسيطر وذلك لوجود منافسين له في السوق يملكون البديل[1] وفي هذا المعنى استبعدت المحكمة العليا بالولايات المتحدة الأمريكية الألمونيوم الثانوى من سوق منتجات الصلب وغيره من المعادن الأخرى لاختلافهم في الغرض الذى وجد كل منهم له ومن ثم اختلاف نوعية المنتجات التى يدخل منهم في تصنيعه على الرغم من إنها ذكرت أن المنتجات البديلة متوفرة تقريباً لكل البضائع وأن رفع الأسعار وكاف لاستئثار هذه البدائل[2].

تقدير المنهجين :

يبين مما تقدم أهمية تعريف السوق البديلة للمنتجات عند بحث مدى استحواذ التاجر على المركز الاحتكارى من عدمه ، ومقارنة هذين المنهجين يظهر ما يأتى[3].

أولا: أن المنهج الأول في تحديد مدى السوق البديلة للمنتجات أضيق نطاقاً من المنهج الثانى القائم على أساس بيان مدى توافر العرض البديل بحسبان أن المنهج الأول ينظر إلى تحول العملاء إلى طلب منتجات أخرى تقوم مقام المنتج الأصلى ويفترض ذلك توافر هذه السلع حالاً بينما ينظر المنهج الثانى إلى مدى استعداد التجار الآخرين لتوفير المنتجات البديلة أو الأصلية بما حاصله ضرورة توافر الاستعداد التام لدى التجار لتوفير المنتجات البديلة على المدى البعيد ويستثنى

[1] Wikipedia, the free encyclopedia "Relevant market"
http:// www. en.wikipedia. org / wiki / relevant market. 10/1/2007.
[2] United States. v Aluminum co of America 148 f.2d 416 (2d cir 1945).
[3] د/ أحمد عبد الرحمن الملحم – الاحتكار والأفعال الاحتكارية – مرجع سابق – ص٣٩-٤٠.

من ذلك إذا كان المنتج محمياً ببراءة الاختراع تمكن من الاحتكار القانونى.

ثانيا: كلما كانت السلعة ذات مواصفات دقيقة وخاصة وذات استعمال محدود من قبل طائفة معينة من الأشخاص ضاق سوقها البديل وتحقق لها المركز الاحتكارى ومثل ذلك عقـود مناقصة الأسـلحة الثقيلة لغرض الدفاع عن الدولة، إذا ما ظفرت بها شركة، فإنها تكون مستحوذة عـلى المركـز الاحتكارى فى مجال ة هذه المنتجات عند الأخذ بالمنهج الأول بتقدير أنه ليس بمقدور الدولة طلب السـلعة مـن صـانع آخر لخصوصية المواصفات.

ثالثا: على الرغم من رحابة المنهج الثانى وتوسعته نطاق سوق المنتجات البديـلة فإنه يرمـى بظـلال الشك حول مداه فلا يين هذا المنهج الفترة الزمنية التى يتعين خلالها توفير المنتجات البديلة وسد الـنقص الـذى يعترى السوق أى تغطية الطلب.

رابعا: يتعين بغية بيان ما إذا كان المدى حاصلاً على قوة احتكارية فى سـوق المنتجـات البديـلة الوقوف على ما حصل عليه من حصة فى تلك السوق فإذا أعمل القاضى المـنهج الثانى فأنـه يقـود أشـكال بحث مقدار حصة المدعى عليه فهل تحسب على أساس ما بمقدور التجار الآخرين من إنتاج للسـلع التـى تقوم مقام السلعة الأصلية أو البديل لها أم على أساس ما قام بإنتاجه فعلاً فى السنة الماضية أو مـا يرغـب بإنتاجه فى السنة الحالية أو القادمة.

وقد اعتمد المشرع المصرى على كلا من المنهجين لتحديد سوق المنتجات البديـلة "السـوق السـلعى" مـع الأخذ فى الاعتبار ما يلى[1]:

١- ما إذا كان البائعون يتخذون قراراتهم التجارية على أساس انصراف المشترين عن المنتجات إلى منتجات أخرى نتيجة الارتفاع النسبى فى السعر أو فى العوامل التنافسية الأخرى ونعتقد أن المشرع يقصد هنا على ما يبدو هل

[1] د/ سامى عبد الباقى - إساءة استغلال المركز المسيطر - مرجع سابق - ص٧٧-٧٨.

البائعون لديهم القدرة على تحويل خطوط إنتاجهم إلى إنتاج المنتج محل السيطرة أو منتجات بديلة له، وذلك عند تحول المشترين عن التعامل مع المشروع المسيطر نتيجة قيام هذا الأخير برفع أسعار منتجاته محل السيطرة.

فكلما ارتفعت هذه المقدرة كلما بعد المركز المسيطر والعكس صحيح فمثلاً عند تحرير سوق منتجات إطارات النقل الثقيل فإنه يجب الأخذ فى الاعتبار مدى استطاعة المتنافسين فى سوق إنتاج إطارات النقل الخفيف على تحويل خطوط إنتاجهم لإنتاج إطارات النقل الثقيل فكلما أمكن التحول بنفقات بسيطة كلما تأثر المشروع المسيطر وقلة قدرته السوقية على التأثير فى الأسعار أو كمية المعروض من المنتج محل البحث.

٢- السهولة الممكنة لدخول أشخاص منافسين آخرين إلى سوق المنتج إذ غالباً ما يلجأ المشروع المسيطر إلى غلق السوق المعتبرة قانوناً لمنع دخول أى منافسين جدد إليه، وهو فى سبيل الوصول إلى هذا الغرض قد يقوم بتخفيض السعر أو أحكام سيطرته عليها والغرض الذى يهدف المشروع المسيطر إلى الوصول إليه هو تقوية وتدعيم مركزه فبناء على ذلك كلما أمكن لمنافسين جدد قادرين على توفير المنتجات محل السيطرة أو منتجات بديلة لها كلما زال لها المركز المسيطر والعكس، فكلما أصبح هذا الدخول صعباً، زادت قوة المركز المسيطر ويزول المركز المسيطر فى الحالة الأولى لأنه سيكون فى قدرة المستهلك طلب السلعة من منافس آخر ويقوى فى الحالة الثانية لان المستهلك سيجد نفسه مضطرًا ومجبرًا على طلب المنتج محل السيطرة ممن يملك هذه الأخيرة وبالشروط وفى الحدود التى يقررها.

المطلب الثانى

السوق الجغرافية البديلة

تعرف السوق الجغرافية البديلة بأنها "المنطقة التى تشترك فيها الشركات

المختصة فى مورد المنتجات أو الخدمات والتى تكون فيها ظروف المنافسة متجانسة بشكل كاف"[1].

وبذلك تكون السوق الجغرافية البديلة المساحة التى تكون فيها شروط التنافس مطبقة على المنتج المعنى وعلى كل التجار بالمثل نفس العوامل المستخدمة فى تحديد أسواق الإنتاج البديلة ومن ثم فأنه يجب أن يستخدم فى تحديد السوق الجغرافية البديلة العناصر التى يجب أخذها فى الاعتبار عند تحديد السوق الجغرافية البديلة تتضمن طبيعة وخصائص المنتجات المعنية ووجود عوائق دخول وتفضيلات المستهلكين واختلافات أنصبة السوق فى المناطق الجغرافية المجاورة و بالمثل الاختلافات بين أسعار المنتجين فى مستوى تكاليف النقل[2].

وعليه فكلما كان محيط السوق الجغرافية ضيقاً كان إثبات استحواذ التاجر على المركز الاحتكارى أيسر وينبنى على ذلك أنه عند رغبة شركتين أو أكثر فى الاندماج فان فرصة هذا المشروع فى الاكتمال أوفر لو كان محيط السوق الجغرافية للسلعة على نطاق وطنى بحسبان أن المنافسة من تاجر أخر تغدو أكثر احتمالاً مما لو كان محيط السوق الجغرافية للسلعة على نطاق محلى أى ضمن إقليم المدنية وليس الدولة.

وفى المقابل فلقد أخذ المشرع المصرى بمعيار السوق الجغرافية البديلة وذلك لتحديد السوق البديلة[3].

---

[1] Fishwick, F," definition of the relevant market in community competition policy commission of the Europan community "London. 1986.

[2] Horowitz, 1 "market definition in antitrust analysis an egression based approaeh" Southern economic journal no 46 - vole 1.1981.

[3] وقد نصت المادة ٦ من اللائحة التنفيذية للقانون ٣ لسنة ٢٠٠٥ الصادر بقرار رئيس مجلس الوزراء رقم ١٣١٦ لسنة ٢٠٠٥ على أنه "ثانيا: النطاق الجغرافية: وهو المنطقة التى تتجانس فيها ظروف التنافس وفى هذا الصدد يؤخذ فى الاعتبار فرص التنافس المحتملة وأى من المعايير الآتية:
١- مدى القدرة على انتقال المشترين بين مناطق جغرافية نتيجة التغيرات النسبية فى الأسعار أو العوامل التنافسية الأخرى.
٢- ما إذا كان البائعون يتخذون قراراتهم التجارية على أساس انتقال المشترين بين المناطق الجغرافية المختلفة نتيجة التغيرات النسبية فى الأسعار أو العوامل التنافسية الأخرى. =
= ٣- السهولة النسبية التى يستطيع بمقتضاها أشخاص آخرون دخول السوق المعنية.
٤- تكاليف النقل بين المناطق الجغرافية بما فى ذلك تكلفة التأمين والوقت اللازم لتزويد المنطقة الجغرافية بالمنتجات المعنية من أسواق أو من مناطق جغرافية أخرى أو من الخارج.
٥- الرسوم الجمركية والقيود غير الجمركية على المستويين الداخلى والخارجى.

إلا أنه أخذ ببعض المعايير التى يجب أن تؤخذ فى الاعتبار عند تحديد نطاق هذه السوق وهذه المعايير كالتالى[1]:

١- قدرة المشترين على التحول من منطقة جغرافية إلى أخرى عند حدوث تغيرات فى الأسعار أو العوامل التنافسية الأخرى فمثلاً إذا قام وقام المشروع المسيطر برفع السلعة أو المنتج محل السيطرة واستطاع المشترون التحول إلى مشروعات أخرى فى منطقة أخرى أبعد من المنطقة التى يمارس فيها المشروع المسيطر سيطرته ، فان هذا الأخير يجب اعتباره من بين المنافسين للمشروع المسيطر أى اعتبار المنطقة الموجود بها المشروع المسيطر والمنطقة الموجود بها المنافسين سوقا جغرافية واحدة.

٢- مقدرة البائعين على اتخاذ قراراتهم التجارية على أساس انتقال المشترين بين المناطق الجغرافية المختلفة كنتيجة لارتفاع الأسعار أو العوامل التنافسية الأخرى فهذه المقدرة هى مؤشر حقيقى على امتلاك البائعين أو العارضين لبدائل يمكن طرحها على المستهلكين فى المناطق التى يتحولون إليها وكلما زادت هذه القدرة فان هذا يعنى اتساع حجم السوق الجغرافية ليشمل المناطق التى يمكن أن ينتقل إليها البائع بالتكييف مع القرارات الجديدة التى اتخذها

---

[1] د/ سامى عبد الباقى – إساءة استغلال المركز المسيطر – مرجع سابق – ص ٦٣- ٦٥.

المستهلكون، وهذا الانتقال قد يأخذ شكل التصدير وقد يتجه فى التنازل عـن المعرفة الفنية لتصنيع منتجات معينة كما قد يأخذ فى شكل أنشاء فروع فى المناطق التى تم الانتقال إليها ويمكن القول بناء عـلى ذلك أن اتساع السوق الجغرافية يتناسب طرديا مع ارتفاع هذه القدرة وعكسيا مع انخفاضها.

٣- قدرة منافسين جدد فى الدخول إلى السوق المعتبرة قانوناً والحقيقة أن وجود أو غياب موانع تمنع مـن الدخول إلى السوق المعتبرة قانونا يشكل ركنا هاما عند تحديـد السـوق الجغرافيـة وأن غيـاب هـذه الموانع يعنى أن المشروعات المتنافسة يمكن أن تعرض منتجاتها فى أكـثر مـن دولة مع الأخذ فى الحسبان أن السوق لا تقتصر على دولة واحدة وإنما قد تمتد إلى سوق الدول التى لا توجد بها عوائق تمنع الدخول إليها.

٤- تكاليف نقل المنتجات محل السيطرة أو منتجات بديلـة لهـا أخـرى مـن مكان إلى آخر بالإضافة إلى تكاليف التأمين إلى جانب الوقت اللازم لإمداد المنطقة الجغرافية بالمنتجات المشار إليها مـن أسـواق أو من مناطق جغرافية أخرى أو من الخارج.

٥- الرسوم الجمركية والحواجز غير الجمركية على المستويين المحلى والخارجى تلـك الرسـوم وهـذه القيـود تندرج تحت بند الموانع القانونية التى تعيق الـدخول إلى سـوق مـا وعلى ذلك كلما زادت الرسوم الجمركية كلما انحسرت المنافسة داخل الحدود التى تسرى عليها هذه الرسوم فنكون عندئـذ بصدد سوق وطنية فإذا ما أمكن إزالة هذه الرسوم وهـو مـا تسـعى إلى تحقيقـه منظمـة التجـارة العالميـة نكون عندئذ بصدد سوق عالمية.

ومن كل هذا يتضح أنه يجب لإثبات المركز المسيطر لمنشأة معينة "إثبات استحواذه على سوق المنتجات البديلة بالإضافة إلى سيطرته عـلى النطـاق الجغرافى الـذى يمتد إليه نشـاطه بيـد أن استحواذ المنشأة على قوة احتكارية لا يعد بذاته

مجرما وإنما استخدامه أساليب ووسائل غير مشروعة تدعم هذا المركز وتقوية هو المحظور وهو ما سـوف نوضحه في الفصل التالى.

الفصـل الثانى

إساءة إستغلال المركـز المسيطـر

ويتكون من:

من المعلوم أن المنافسة المشروعة هى إتباع التاجر أو المنشأة التى تعمل فى السوق بالعادات والأعراف التجارية المتعارف عليها والسائدة فى الوسط التجارى فبهذا الاحترام للعادات والأعراف التجارية سوف تزيد مساحة المنافسة بين المنشآت وهو ما يؤثر بدوره على حركة دخول رؤوس أموال جديدة رغبة من الآخرين فى المشاركة الاقتصادية وتحقيق الأرباح مما يعمل على إنعاش العملية الاقتصادية ليؤول كل هذا فى النهاية إلى المستهلك الذى يستطيع الحصول على أجود المنتجات وبأرخص الأسعار وفى المقابل تكون المنافسة غير مشروعة عند عدم احترام العادات والأعراف التجارية ليؤدى فى النهاية إلى حدوث خلالاً بالعملية التنافسية .

ومن ناحية أخرى يعد كلاً من المنافسة غير المشروعة والاحتكار وجهان لعملة واحدة فمن أجل الحصول على مركز مسيطر فقد يعمد المحتكر إلى استخدام أساليب تجارية غير مشروعة يكون الغرض الأساسى منها الحصول على أكبر عائد من الربح مهما أدى ذلك إلى إعاقة عملية المنافسة أو حتى تدميرها.

إن فكرة إساءة استعمال المركز المسيطر لا تتعلق بطبيعة تكوين هذا المركز إنما يرتبط فى المقام الأول بالتصرفات والأفعال التى يقوم بها المشروع المسيطر ومدى تأثير تلك الأفعال أو التصرفات على إعاقة عملية المنافسة أو منع نموها أو حتى تدميرها كما ذكرنا فيما قبل بيد أن المركز المسيطر ليس محظوراً فى حد ذاته فقد يصل المشروع المسيطر إلى هذا الوضع عن طريق خبرته التجارية أو تميز منتجاته عن باقى المنتجات أو عن طريق امتلاكه لسر صناعى لا يملكه غيره ويحميه القانون كبراءة اختراع مثلاً أو علامة تجارية وأخيراً قد يصل إلى هذا الوضع عن طريق استخدامه للتكنولوجيا والتقنية العالية . إنما المقصود بالإساءة هنا هى الأساليب والأفعال التى تحدث ضرراً فى المقام الأول بعملية المنافسة.

إذا يمكننا استخلاص شروط توافر الإساءة المقصودة **فيشترط أولاً:** أن يكون المشروع فى مركز أو وضع مسيطر ولن يتحقق هذا المركز إلا إذا مارس

المشروع نشاطاً اقتصاديا وباستقلال عن باقى منافسيه فى السوق أما **الشرط الثانى**: فيتمثل فى استخدام تصرفات أو أفعال تعد خروجـاً عـن المـألوف فى عمليـة المنافسـة التجاريـة **والشرط الثالـث**: والأخير فهو الأضرار بعملية المنافسة عن طريق تعطيلها أو إعاقتها أو منعها إلا أن هذا الشرط ليس شرطاً مطلقاً وإنمـا يخضع لإثبات العكس مادام كان هذا ممكنا.

وإزاء اتساع إساءة استعمال المركز المسيطر فلم يستطيع القانون الأمريكى التعرض بتعريف محـدد للإساءة وإنما نص فى المادة الأولى من قانون "شيرمان" على تعداد التصرفات التـى إذا اتبعها المشروع المسيطر يكون إساء استعمال مركزه المسيطر. وعلى نفس النهج سار المشرـع المصرى فى قانون حمايـة المنافسـة ومنع الممارسات الاحتكارية رقم ٣ لسنة ٢٠٠٥ فلقد نص فى المادة ٨ على أنه "يحظر على من تكون له السيطرة عـلى سوق معينة القيام بأى مما يأتى:

– فعل من شأنه أن يؤدى إلى عدم تصنيع أو الإنتاج أو التوزيع لمنتج لفترة أو فترات محدده.

– الامتناع عن إبرام صفقات أو بيع أو شراء منتج مع أى شخص أو وقف التعامـل معـه عـلى نحـو يؤدى إلى الحد من حريته فى دخول السوق أو الخروج منها فى أى وقت.

– فعل من شأنه أن يؤدى إلى الاقتصار على توزيع منتج دون غيره ، على أساس مناطق جغرافيـة أو مراكز توزيع أو عملاء أو مواسم أو فترات زمنية وذلك من أشخاص ذو علاقة رأسية.

– تعليـق إبـرام عقـد أو اتفـاق بيـع أو شراء لمنتج عـلى شرط قبـول التزامـات أو منتجـات تكون بطبيعتها أو بموجب الاستخدام التجارى غير مرتبطة به أو بمحل التعامل الأصلى أو الاتفاق.

– التميز بين بائعين أو مشترين تتشـابه مراكـزهم التجاريـة فى أسـعار البيـع أو الشـراء أو فى شروط التعامل.

– الامتناع عن إنتاج أو إتاحة منتج شحيح متى كان إنتاجه أو إتاحة ممكنه اقتصادياً.

– أن يشترط على المتعاملين معه ألا يتيحوا لشخص منافس له استخدام ما يحتاجه من مرافقهم أو خدماتهم ، رغم أن إتاحة هذا الاستخدام ممكنه اقتصادياً.

– بيع منتجات بسعر يقل عن تكلفتها الحدية أو متوسط تكلفتها المتغيرة.

– إلزام مورد بعدم التعامل مع منافس.

لذلك سيكون مضمون الدراسة في هذا الفصل بيان الأفعال والتصرفات والتى تجسد إساءة استعمال المركز المسيطر وذلك تبعاً لما يلى:

المبحث الأول: الاندماج.

المبحث الثانى: الكارتل.

المبحث الثالث: رفض التعامل.

المبحث الرابع: التسعير العدوانى والتسعير التميزى.

المبحث الخامس: التواطؤ الضمنى – صفقات الربط.

المبحث الأول

الانــدمـاج

يشهد عالمنا اليوم ظاهرة تركز القوى الاقتصادية بصورة لم نلمسها من قبل وتعود أسباب هذه الظاهرة لظروف الحياة الاقتصادية الحديثة والمشاكل والصعوبات التى تقف فى طريق المشروعات الصغيرة وتعوق تقـدمها. فضلاً عن شعور المشروعات الصغيرة بعجزها عن تحقيق آمالها إذا ظلت منفردة تتصارع فيما بينها[1].

وتعد الاتحادات الاقتصادية أكثر الأنشطة إسهاما بشكل مباشر فى تركيز القوة الاقتصادية ، فهى تقوم عندما يحدث اندماج بين مشروعين أو أكثر أو عندما يستحوذ شخص أو أكثر على مشروع ما بطريقة مباشرة أو غير مباشرة سواء عن طريق المشاركة فى رأس المال أو شراء بعض الأصول أو عقد ما أو بأيـة طريقة أخرى ، تساعده على الـتحكم وإحكام السيطرة جزئيا أو كليا على مشروع أو عـدة مشروعات أخرى[2] .

وإن كانت الوسيلة الشائعة الآن هو خضوع مجموعة شركات تمارس نشاطاً اقتصادياً متماثلاً أو مكملاً لإدارة اقتصادية موحدة ورقابة على ذممها المالية عن طريق أحدى الشركات التى تأتى على رأس التجمـع وتسمى "الشركة الأم" وتباشر سيطرتها على الشركات أعضاء التجمع بالسيطرة علـى ملكيـة الأسـهم فى هـذه الشركات وتتحول الشركة الأم فى أغلب الأحوال إلى شركة قابضة يمكنها أن تقضى بسهولة

---

[1] د/ عصام الدين عبد الغنى – النظام القانونى لاندماج الشركات – ط١ – دون دار نشر – القاهرة – ١٩٨٧- ص٥.
[2] د/ سامى عبد الباقى – إساءة استغلال المركز المسيطر – مرجع سابق – ص١١٥.

على المشروعات المنافسة التى تقوم بنشاط مماثل[1] وذلك بقصد خلق كيان أكبر قدراً من المنافسة والحصول على حصة أكبر من السوق حيث أن هناك العديد من الدراسات أكدت أن هناك علاقة بين الربحية والتركيز[2].

ومن الجدير بالذكر أن هذه الظاهرة قد بدأت فى الظهور على المستوى الدولى خلال فترة الثمانينيات والتسعينيات وهو ما أدى إلى زيادة حالات الاحتكار وزيادة الممارسات الاحتكارية دولياً وخاصة من جانب الشركات متعددة الجنسيات . ومن ناحية أخرى فلم تكن السوق المصرية بعيدة عن حدوث العديد من حالات الاندماج والاستحواذ والتى أثرت بدورها على الأوضاع الاحتكارية مثلما حدث فى قطاع السلع الغذائية والحديد والصلب ويعد هذا هو السبب الرئيسى۔ أن معظم تشريعات مكافحة الاحتكار فى كثير من الدول تطبق بشكل صارم مراقبة عمليات الاندماج والتكتلات الاقتصادية والتى تمثل نوعاً من أنواع احتكار القلة باعتبارها أوضاع احتكارية تضر بعملية المنافسة.

لذلك سوف نتعرف فيما يلى على الجوانب القانونية لعملية الاندماج وإيضاح العلاقة بين كلاً من الاندماج والاحتكار فيما يلى:

المطلب الأول: تعريف الإندماج وصوره.

المطلب الثانى: أثر الاندماج على عملية المنافسة.

---

[1] د/ محمود سمير الشرقاوى - "بحث بعنوان المشروع متعدد الطلب" - مجلة القانون والاقتصاد السنة ٤١ - العددين ٣ ، ٤ - ١٩٧٥م - ص٧٧.

[2] جيمس جوارتنى - الاقتصاد الجزئى - مرجع سابق - ص٣٧٠.

<h2 align="center">المطلب الأول</h2>

<h3 align="center">تعريف الاندماج وصوره</h3>

<h3 align="center">الفرع الأول: تعريف الاندماج</h3>

اختلف تعريف الاندماج عند علماء القانون عنه عند علماء الاقتصاد فعلماء القانون قسموه

إلى نوعين:

النوع الأول: الاندماج عن طريق الضم وهو يعني اندماج شركة أو أكثر في شركة قائمة وذلك بحيث تنقضي شخصية الشركة المندمجة وتبتلعها الشركة الدامجة ويترتب على ذلك أن تنتقل إلى الشركة الدامجة حقوق والتزامات الشركات المندمجة.[1]

النوع الثاني: الاندماج عن طريق المزج وفيه يتم فناء شركتين أو أكثر وقيام شركة جديدة تنتقل إليها الذمم المالية للشركة التي فنيت[2].

وقد نصت المادة ١٣٢ من القانون رقم ١٥٩ لسنة ١٩٨١ على أنه "تعتبر الشركة المندمجة فيها أو الناتجة عن الاندماج خلفاً للشركات المندمجة وتحل محلها حلولاً قانونياً وذلك في حدود ما أتفق عليه في عقد الاندماج مع عدم الإخلال بحقوق الدائنين[3].

أما تعريف الاندماج عند الاقتصاديين فهو (يعني استحواذ شركة أو أكثر على غالبية أو جزء كبير من أسهم حصص شركة أخرى ، ويكون لها أو لهم التأثير القاطع على الإدارة) وفي اعتقادنا أن سبب الخلاف بين تعريف علماء

(¹) د/ أحمد بركات مصطفى و د/ كيلاني عبد الراضي – القانون التجاري الجديد رقم ١٧ لسنة ١٩٩٩م – الجزء الأول – دون دار نشر – ٢٠٠١-٢٠٠٢م- ص٣٦٦.

(²) د/ محسن شفيق – الموجز في القانون التجاري – الجزء الأول – دار النهضة العربية – ١٩٦٧-١٩٦٨م – ص٤٩٣.

(³) القانون رقم ١٥٩ لسنة ١٩٨١م – منشور في الجريدة الرسمية – العدد ٤٠ – ١٩٨٠/١٠/١ والذي بمقتضاه تم إلغاء القانون ٢٤٤ لسنة ١٩٦٠م.

القانون وعلماء الاقتصاد يرجع إلى أنه وإن كان شراء شركة لجميع أسهم شركة أخرى يترتب عليه تكوين وحدة اقتصادية واحدة بين الشركتين فأنه لا يعد اندماجاً قانونياً باعتبار أن القـانون يستلزم الاتفـاق بـين الشركات المندمجة مع بعضها البعض على انتقال موجودات الشركة المندمجة إلى الشركة الدامجة أو الشركة الجديدة باعتباره ذات صيغة تعاقدية. ولقد أيدت (**محكمـة القاهرة الابتدائيـة**) هذا الـرأي فى حيثيات حكمها الصادر بجلسة ٣ نوفمبر ١٩٥٤م [١] ، ذلك بقولها: إن الاندماج لا يجوز قانونـاً أن يحصل ألا بقرار من الجمعية العمومية للشركة وأن يصدر القرار من كل من الشركة الدامجة والمندمجة ومعنى ذلك أن شراء إحدى الشركات لأسهم شركة أخرى لا يفيد فى ذاته اندماج الشركة الأخيرة فى الأولى.

الفرع الثانى

صـور الاندمـاج

للاندماج صور متعددة فهو أما أفقى أو رأسى أو مختلط. [٢]

أولا: الاندماج الأفقى :

وهو اندماج أصول منشأتين أو أكثر تحت ملكية واحدة ويعتبر ذلك بديلاً عـن حـدة المنافسـة وعدم الأمان فى التواطؤ ولقد حدثت موجهتان كبيرتان من الاندماج الأفقى كانت الأولى منها ما بين عامى ١٨٨٧ و ١٩٠٤م والثانية ما بين عامى ١٩١٦ و ١٩٢٩م نشأ عنهما كثير من الاتحـادات التـى تحمـل أسمـاء لمنتجات معروفة منها على سبيل المثال الصلب الأمريكى وجنـرال اليكرتيـك والمطـاحن العامـة ولقد أدى الاندماج إلى سيطرة منشأة على الصناعات التحويلية مثل صناعة

---

[١] حكم محكمة القاهرة الابتدائية – جلسة ٣ نوفمبر ١٩٥٤م – مجلة التشريع والقضاء – السنة السابعة- ص ٤٥.

[٢] Monopoly: definition synonyms. answer com.
http://www. answers. com/ topic / monopoly. 16/6/2006

الصلب ، تكرير السكر ، الأدوات الزراعية والجلد والمطاط[1].

ومثل هذا النوع من الاندماج يؤدى إلى رفع الأسعار شأنه شأن تكوين الكارتلات وذلك لأنه يسمح لشركات متنافسة من قبل أن تسيطر على المرافق الإنتاجية فيما بينها ولأنه يسعى إلى تقليل عدد المنشآت المتنافسة فى السوق ورغم أن هذا النوع قد يترتب عليه انخفاض التكاليف وأحياناً تخفيض الأسعار فى السوق مقارنة بما كانت عليه من قبل إلا أنه فى النهاية يزيد نسبة التركيز والسيطرة فى السوق ويسمح بتكوين احتكارات بعد زيادة الأحجام ونسبة التركيز[2].

والملاحظ فى هذا النوع من الاندماج أنه يزداد كلما وجدت عوائق تمنع دخول منافسين آخرين السوق حيث أن الرغبة من قبل الشركات الكبيرة فى الحصول والاستحواذ على أكبر حجم ممكن من حصة السوق يدفعها إلى التكتل اقتصاديا كما أن المشروع المندمج ومرور الوقت لا يستمر فى جنى أرباح عالية لأن الأرباح المؤقتة التى يحصل عليها نتيجة للقوة السوقية و ليست نتيجة لوافرات الحجم.

ثانيا: الاندماج الرأسى :

وقد يكون الاندماج رأسيا حين يقع بين شركات تقوم على أغراض متكاملة مثل أن يقع بين شركات تقوم بإنتاج منتج ما فى مراحل إنتاج مختلفة ، وغالبا ما يلجأ إلى هذا من الاندماج بغرض اكتفاء الشركة التجارية ذاتيا بحيث تقوم بإنتاج سلعة ما ابتداء من مادتها الأولية وحتى مرحلة التوزيع والتسويق ، وقد يكون الاندماج خليطا بين الاندماج الأفقى والرأسى[3].

[1] جيمس جوارتنى – الاقتصاد الجزئى – مرجع سابق – ص٣٣٥.
[2] د/ مغاورى شلبى – حماية المنافسة ومنع الاحتكار – مرجع سابق - ص٤٧– ٤٨.
[3] د/ حسنى المصرى - اندماج الشركات وانقسامها ، دراسة مقارنة بين القانون الفرنسى والقانون المصرى - الطبعة الأولى – دون دار نشر – ١٩٨٦- ص٧، د/ أحمد محمد محرز– " اندماج الشركات من الوجهة القانونية ، دراسة مقارنة " - دار النهضة العربية – ١٩٨٦م - ص١٨.

ومما لا يشف عليه غبار أن الاندماج على هذا النحو يعد سلاحاً ذا حدين إذ ينطوى على مميزات وفوائد كبيرة ، إلا أنه فى ذات الوقت ينطوى على مخاطر جمة قد تؤدى به إلى الاحتكار والقضاء على المنافسة.

ثالثا: الاندماج المختلط :

ويضم الاندماج المختلط منشأتين أو أكثر فى صناعات غير متصلة ببعضها "أى ليست بينهما أى علاقة" والهدف المعين يكون تقديم إدارة جديدة أفضل وأقوى إلى المنشآت المندمجة وهذا النوع من الاندماج ينتج عنه زيادة فى الحجم ولكن ليس من الضرورى أن يقلل المنافسة ويرى بعض الملاحظين أن الاندماج المختلط يؤدى إلى تركيز فى القوة السياسية من ناحية وتوافر قدر هائل من الأصول المالية المتاحة للمنشأة المندمجة من ناحية أخرى ، قد يمثل خطورة كبيرة إلا أن البعض يرى أن الاندماج المختلط يؤدى دائما إلى إدارة جيدة أكثر كفاءة وكذلك زيادة المنافسة داخل صناعات معينة[1].

<h2 style="text-align:center">المطلب الثانى</h2>

<h3 style="text-align:center">الاندماج وأثره على عملية المنافسة</h3>

الفرع الأول : الاندماج والاحتكار

من الجدير بالذكر أن هدف مكافحة الاندماج هو الحيلولة دون إيجاد نوعاً من التركيز الاقتصادى والذى يضر بعملية المنافسة.

ومن أجل تلك الآثار السلبية اعتنت جميع التشريعات العالمية بتنظيم عملية الاندماج وذلك لحماية اقتصادها من تسلل الشركات متعددة الجنسيات من محاولة تكوين

---

[1] جيمس جوارتنى - الاقتصاد الجزئى - مرجع سابق - ص٣٣٦.

احتكارات في أسواقها الوطنية. وتعد قوانين الترست الأمريكي (Trust) من أهم التشريعات التي تناولت هذا الموضوع وذلك من خلال القسم السابع من قانون "كلايتون" و الجزء الأول من قانون "شيرمان" والجزء الخامس من قانون "اللجنة التجارية الفيدرالية".[1]

وقد تضمنت **المادة السابعة من قانون "كلايتون"** النص على عدم مشروعية الاندماج إذ تولد عنه تقيد للمنافسة أو تكوين احتكار. فلقد نصت المادة السابعة على أنه (يحظر على أى شخص يمارس العمل التجاري الاستحواذ.سواء بطريق مباشر أو غير مباشر ، على كل أو بعض أسهم أو أصول شخص أخر يمارس العمل التجاري ، إذا كان من المحتمل أن يكون هذا التصرف التقيد الجوهري للمنافسة أو يعمل على تكوين احتكار[2]

وظاهر هذا النص أن المشروع الأمريكى لم يضع ضابط يمكن الاسترشاد به للتعرف على ماهية الاندماج المحظور تاركا تلك المهمة للقضاء ففى **دعوى:** "united states oracle. peoplesof" أنكرت المحكمة الجزئية في الولايات المتحدة الأمريكية طلب هيئة العدالة الأمريكية منع "oracle" من استكمال امتلاكها لشركة "people soft" معتمدة على نظرية الآثار الفردية للأضرار.

هذه الشكوى زعمت أن كلاً من الشركتين تنتجان HRM عالى الجودة ومنتجات Fms ولا يوجد لهما منافس سوى منتجات شركة S.A.P الألمانية وهى اقل جودة من تلك المنتجات ومن ثم فإن باقى المتنافسين لن يحصلوها بعد الاندماج. باعتبار أن هاتين الشركتين كانتا الوحيدتين التى وفرت برامج لها مواصفات قابلت متطلبات السوق.

---

[1] Commentary on the Horizontal merger guidelines U.S Department of Justice - Federal Trade March 2006 . pp 5. Commission.

[2] مجلة الحقوق الكويتية – العدد الرابع – السنة ١٩ – ١٩٩٥م- ص٤٥.

وقد أسست المحكمة الأمريكية حكمها على أساس أن اتحاد H.R.M - F.m.s لا يوجد ككائن منفصل ومتميز من التجارة وأن (D.O.J). ليس لديها دليل على أن منتجات F.m.s H.R.M ليس لها بديل حيث لها أكثر من بديل مثل Microsoft - A.m.s - Lawson ومن الشركات ذات التمويل الخارجى مثل Fidelity كما أن هيئة العدالة الأمريكية لم تثبت أنه بعد الاندماج سيكون للشركة احتكار أو وضع السيادة فى أى سوق مختص كاف لكى يسمح للشركة بعد الاندماج ما يؤدى إلى الزيادة فى السعر.

ففى دعوى Franklin Electric – united – Dominion (Doj 2000) [1]

وجد أن موزع شركة "فرنكلين اليكرتيك" وصناعات "يونانيد ويمونيون" هما المنتجين الوحيدان للمضخات التربونية القابلة للعمل تحت الماء المستخدمة لضخ الجازولين من خزانات التخزين تحت الأرض فى محطات التجزئية الشركات دخلت فى ارتباط واتفاقية يمكن أن تربط تلك الفروع وقد وجد قسم العدالة أن هذا المدخل صعب وأن المضخات الأخرى بما فيها الأجنبية الصنع لم تكن بدائل جيدة. وعليه فإن القسم استنتج أن تكوين هذا التحالف من المحتمل أن يخلق احتكار ويترتب عليه تأثير غير تنافس أحادى هام.

وكذلك فى دعوى Darling international, Inc / Modesto Tallorw company. [2]

استجابت لمشكلات وأمور التقسيم التنافسية هجرت وتخلت شركة وارلنج عن اكتسابها وتملكها المقترح لشركة موديستو للدهون التى هى شركة نقل وإرجاع واقعة فى "موديستو وكاليفورينا" وتبعد ٣٠ ميل عن يترلوك وبعد أن تقدم الاندماج إلى الأمام أدى إلى ارتفاع الأسعار فى صناعة ونقل الدهون والشحوم الحيوانية وهو ما جعل التقسيم يتصدى لذلك الاندماج.

United States – Franklin Edlectric co., United Dominisa industries ltd and United Dominisa [1]
industries inc, 130 F sapp-2s 125 (wd. Alis 2000).
U.S Darling international. 5/2/1996. merger challenges antitiust Divison. [2]

وأيضاً في دعوى [1] Georgia – pacific – Fort fames.

تحدى قسم العدالة الأمريكية كلا من:- مؤسسة جورجيا باسيفك ومؤسسة فورت جميس من اكبر منتجي المنتجات للمنسوجات والأنسجة (الفوط الورقية وورق الحمام المستخدم في المؤسسات التجارية). ومن ثم سوف ينتج عن اندماج جورجيا باسيفك وفورت جميس زيادة نصيب الأولى من تصنيع البكرات إلى ٣٦% مما يجعلها مؤسسة مهيمنة لإنتاج تلك البكرات و بالتالي ترفع أسعار منتجاتها وهو ما ينتج عنه زيادة في الأسعار.

وفي المقابل فلقد نصت المادة ١/١٣٠ من القانون المصري رقم ١٥٩ لسنة ١٩٨١م على أنه "يجوز بقرار من الوزير المختص الترخيص لشركات المساهمة وشركات التوصية بنوعيها والشركات ذات المسئولية المحدودة وشركات التضامن سواء كانت مصرية أو أجنبية تزاول نشاطها في مصر- بالاندماج في شركات مصرية مساهمة أو مع هذه الشركات وتكوين شركة مصرية جديدة......"

وفي قانون حماية المنافسة رقم ٣ لسنة ٢٠٠٥ وأن كان المشرع لم يفرد للاندماج مادة مفصلة إلا أنه حظر في المادة السادسة منه الاتفاق أو التعاقد بين أشخاص متنافسة في أية أسواق معنية إذا كان من شأن هذا الفعل رفع أو خفض الأسعار أو اقتسام أسواق المنتجات وتخصيصها أو الامتناع عن الدخول في المناقصات والمزايدات وأخيراً تقيد عملية التصنيع وهذه الأفعال في مجملها وان كانت تختلف عن الاندماج شكلا إلا أنه تتفق معه من حيث النتيجة وهو إعاقة عملية المنافسة والأضرار بها بالإضافة إلى أن الاندماج من الناحية القانونية يمثل عقداً بين طرفيه.

وحسناً فعل المشرع المصري عندما سارع بإصدار هذا القانون للحد من عمليات الاندماج بعدما تغلغلت في الأسواق المصرية وأثرت بشكل فعال على سير العملية الاقتصادية مثلما حدث في الآونة الأخيرة وقبل صدور هذا القانون من

United States (Georgia – pacific corp and Font fames corp (D.D.C) Filed Nov. 21, 2000). [1]

حدوث موجه من الاندماجات كان لها أكبر الأثر فى ارتفاع الأسعار نذكر منها اندماج شركة العز للحديد مع شركة حديد الدخيلة وهو ما نتج عنه ميلاد شركة جديدة هى حديد عز الدخيلة وقد ترتب على هذا الاندماج أن ارتفعت أسعار الحديد فى الأسواق المصرية بصورة كبيرة ليصل سعر الطن إلى ٣٠٠٠ جنيها بعدما كان ٩٥٠ جنيه الأمر الذى أربك قطاع المقاولات ومعدلات انتظام العمالة بقطاع التشيد وتحمل المالية العامة لأعباء إضافية لدعم رجال الأعمال فى هذا القطاع[1] كما شهد قطاع الأدوية عمليات استحواذ عديدة منها: بيع شركة آمون للأدوية إلى شركة جلاكسو ولكام وذك فى ديسمبر ١٩٩٨م وبيع المتحدة للصيادلة إلى شركة هيدلين العالمية وهو ما تم عام ٢٠٠٣[2].

أن القوانين المنظمة للتكتلات أو الاتحادات الاحتكارية لا تهدف إلى تحريمها أو عدم تشجيعها بحسب الأصل لأنها قد تكون مفيدة لتدعيم بعض الصناعات فى قطاعات متنوعة وإنما تهدف إلى منع التكتلات والاتحادات التى تتجاوز أضرارها على المنافسة المزايا الاقتصادية والاجتماعية التى تنجم عنها وتستخدم السلطات القائمة بمكافحة الاندماج مؤشرات محدده لمعرفة حدود تلك التكتلات الاحتكارية وأثرها على عملية المنافسة لذلك لابد من تعيين حدود السوق الذى تمارس فيه الشركة المندمجة أو المسيطرة على اعمالها التجارية وذلك بغية الوقوف على مقدار المنافسة التى قيدت وما إذا كانت ترقى إلى التقييد الجوهرى وهو ما يتعين أولا التعرف على السوق السلعى (Product market) وكذلك دراسة السوق الجغرافى (Geographic market)[3].

---

[1] تقرير صادر عن بنك التنمية الصناعية المصرى . منشور فى جريدة الأهرام المسائى بتاريخ ٢٠٠٤/٨/١٢ ص ٤ ، وكذلك جريدة العالم اليوم – بتاريخ ٢٠٠٤/٤/١٨ – ص٤.

[2] مقال منشور بجريدة الوفد – بتاريخ ٥ مايو ٢٠٠٦.

[3] Lawerence Anthony Sallivan , The law of Antitrust, west publishing new York 1977 p p. 612.

أولا: السوق السلعى

لقد استعانت محاكم الولايات المتحدة الأمريكية باتجاهين فى بيان حدود السوق السلعى ويشـمل الاتجاه الأول فى بيان **مرونة الطلب** على سوق المنتجات البديلة أى تلك التـى تقـوم مقـام بعضـها الـبعض مـن وجهة نظر العملاء والاتجاه الثانى تتمثل فى (**مرونة العرض**) هو ما يعنى قـدرة المؤسسـات المنافسـة فى تحويـل نشاطها لإنتاج سلع مشابهة وبديلة للمنتج الأصلى. وفيما يلى نتعرض لهذين المنهجين:-

* مرونة الطلب

وهو أن أى زيادة تطرأ على سعر سلعة معينه تؤدى عادة إلى انصراف العملاء إلى سلعة أخرى مشابهة تقوم بذات الغرض بإشباع ذات الحاجة.

ففى دعوى [1] Ingersoll – Dresserpump Co. and Flowserv

ذهبت المحكمة إلى أن المنتج البديل للطلمبات المتخصصة فى تكرير البترول وتسهيل التوليد للكهرباء غـير متوافر تأسيسا على أن فشل الطلمبة يمكن أن يعطل جزء من عمل التكرير أو حقل توليد الكهرباء وهـو ما نتج عنه أن العديد من الزبائن فى الأسواق المماثلة لن يشتروا مثل هـذا النـوع البـديل الـذى لم يثبـت كفائتة وإمكانية الاعتماد على طلمباته فى الاستخدام الخاص الذى تم تصنيع المضخة من أجله وبنـاء عليـه قررت المحكمة أن هذا النوع من الاندماج من شأنه أن يؤثر على السلوك التنافس ومن ثـم خلـق عوائـق للمنافسة الحرة.

ويبنى على ذلك أن المحاكم الأمريكية لم تعتد بكون المؤسستين المندمجتين يستحوذان على حصة كبـيرة فى السوق وإنما بكون الاندماج المزمع من شأنه أن يقلل فرصة وجود منتجات متماثلة أو بديلة من عدمه.

United States v. Ingersoll – Dresser pump co. and Flowserve corp (D.D.C, Filed Jan 24, 2001). [1]

ففى دعوى^(١) Arch wirless –metrocall (DoJ 2004)

قرر قسم مكافحة الاندماج بالولايات المتحدة الأمريكية أن الاندماج المزمع بين المؤسستين لا يؤثر على السوق السلعى لمنتجات الخدمات الرقمية على الرغم من أن الاندماج سوق يزيد من الحصة السوقية للشركتين بمقدار ٨٠% إلا أنه نظرا لوجود البديل لهذا المنتج بإمكانية تحول العملاء إلى خدمات أخرى مثل التكنولوجيا الخلوية أو الكمبيوتر.

* مرونة العرض

ويتمثل هذا الاتجاه بالنظر فى مدى استعداد تجار أو مؤسسات أخرى فى إنتاج المنتج الأصلى أو البديل منه عندما يكون هناك ثمة زيادة فى سعر المنتج الأصلى.

ففى دعوى^(٢) wrigely – KraFt (F.T.c 2005)

قرر قسم مكافحة الاندماج بالولايات المتحدة الأمريكية إلا يتحدى هذا الاندماج تأسيسا على قدرة المنافسين فى سوق منتجات لبان المضغ ونعناع التنفس على أنتاج منتجات مماثلة للمنتجات الأصلية وتوزيع هذه المنتجات البديلة بشكل تنافسى- سهل أى أن هذا الاندماج لم يؤثر على إمكانية تحول المؤسسات الأخرى على إنتاج نوع مماثل للمنتج الأصلى. ومن ثم فإن الاندماج لن يؤدى إلى تأثيرات غير تنافسية فى السوق.

وبناء على ذلك نجد أن القضاء فى الولايات المتحدة الأمريكية لم يعتد بمقدار حجم المؤسسات المندمجة فى الأسواق بل مد النظر إلى ابعد من ذلك فلب الاهتمام بتلك الاندماجات هو أمكانية خلق أو إثراء سلطة السوق فى مجال بائعى

---

(١) Arch, coal, inc, Go, (2004), 329F. supp 20l (D.D.c 2004) 2004, 2 Trade case (CCH) 174, 513.

(٢) W.M. Wrigley and Altria Group, Inc (Kraft Foods) 70 Fed Reg 28, 44 (May 19, 2005).

البضائع والخدمات ويبدأ ذلك بتحليل الجوانب التقنية للسوق بتحديد كل منتج ثم إنتاجه أو بيعه عن طريق كل مؤسسة مندمجة وبعد ذلك كل منتج بديل من حيث درجة الأفضلية فتعريف سوق المنتج معتمد بشكل أساسي على الطلب البديل بمعنى ترحيب المستهلكين للتحول إلى منتج آخر لمجرد ارتفاع سعر المنتج البديل. أما الجانب الآخر فهو قدرة ورغبة المؤسسات الأخرى من صنع منتج إلى انتاج آخر بديل للمنتج الأصلي كرد فعل لارتفاع أسعار المنتجات الأصلية.[1] وينبني على ذلك أنه إذا كان هناك مشروع اندماج بين مؤسستين أو أكثر فينبغي أولا التعرف على حدود السوق السلعي لنظريته العرف والطلب لبيان كون الاندماج من شأنه أن يؤدى إلى تقييد المنافسة في هذه الأسواق من عدمه وهو ما ذهبت إليه المحاكم الأمريكية في الأمثلة السابقة.

ثانيا: السوق الجغرافي

ويمثل العنصر الثاني وهو المكان الذي" يتفاعل فيه العرض والطلب ويمكن وصفها عامة بإنها المنطقة التي يعمل فيها باعة منتج معين أو خدمة معينة " ويمكن تعريفها أيضاً بأنها "سوق يمكن لباعة منتج معين أو خدمة معينة أن يعملوا دون وضع عراقيل شديدة"، وتبدأ بالمناطق التي فيها المؤسسات المندمجة تتنافس وتحترم كل منتج مشابه وتمد الحدود لتلك المناطق حتى أن المنطقة يتم تحديدها ويكون داخلها المحتكر الافتراضي يمكنه رفع الأسعار على الأقل بشكل صغير ولكن بشكل واضح وثابت.[2]

وقد عرف قانون حماية المنافسة ومنع الممارسات الاحتكارية السوق الجغرافية في المادة ٣ منه حيث نصت على أنه "منطقة جغرافية معينه تتجانس

Commentary on The Hori zontal menger guidelines U.S. Department of Justice – Federal Trade [1] Commission March 2006.p.10.

United States Inc Davita And Gambaro crop. FT.C 2005. [2]

فيها ظروف التنافس مع أخذ فرص التنافس المحتملة فى الاعتبار وذلك كله وفقاً للمعايير التى تتبناها اللائحة التنفيذية".[1]

ومن ناحية أخرى قد تكون السوق الجغرافية ذات الصلة محدودة – مدينة صغيرة مثلاً أو أنها تشكل السوق الدولية مثلاً وبين هذا وذاك من الممكن النظر فى بدائل أخرى مثل عدد المدن. ومقاطعة وأخيراً دولة وفى هذا الخصوص قضت محكمة العدل الأوربية فى قضية صناعة السكر الأوربية إلى أن بلجيكا ولكسمبرج وهولندا والجزء الجنوبى من جمهورية ألمانيا الاتحادية آنذاك تشكل كل منها أجزاء كبيرة من السوق المشتركة.[2]

ففى دعوى [3] Twnet – slidell (FT.C 2003)

قضت المحكمة برفض الاندماج المزمع بين أكبر مستشفتين فى مدينة سلايديل فى لويزيانا بالقرب من نيواورلند وقد أسست المحكمة حكمها على أن هاتين

---

[1] وقد نصت المادة ٦ من اللائحة التنفيذية على أنه "…. ثانيا: النطاق الجغرافية: هو المنطقة الجغرافية التى تتجانس فيها ظروف التنافس وفى هذا الصدد يؤخذ فى الاعتبار فرص التنافس المحتملة وأى من المعايير الآتية:

١- مدى القدرة على انتقال المشترين بين مناطق جغرافية نتيجة التغيرات النسبية فى الأسعار أو فى العوامل التنافسية.

٢- ما إذا كان البائعون يتخذون قراراتهم التجارية على أساس انتقال المشترين بين المناطق الجغرافية المختلفة نتيجة التغيرات النسبية.

٣- السهولة النسبية التى يستطيع بمقتضاها أشخاص آخرون دخول السوق المعنية.

٤- تكاليف النقل بين المناطق الجغرافية بما فى ذلك تكلفة التأمين والوقت اللازم لتزويد المنطقة الجغرافية بالمنتجات المعنية من أسواق أو مناطق جغرافية أخرى ……

٥- الرسوم الجمركية والقيود غير الجمركية على المستويين المحلى والخارجى .

[2] مؤتمر الأمم المتحدة للتجارة والتنمية – القانون النموذجى للمنافسة – مرجع سابق – ص٢١.

[3] United States v - Tent Health care systems and slidell memorial Hospital (2003).

المستشفيان في سلاديل تتنافسان من أجل ضم عدد أكبر في خطط الصحة أما بعد الاندماج لـن يكون للمستشفى المتحـد ة منافس بين سكان سلاديل فمن ثم فإن المحتكر الافتراضي في سلاديل للمستشفيات من المحتمل أن يفرض زيادة صغيرة ولكنها واضحة وثابتة من أجل تغطية الخدمات الصحية في سلاديل لأن المستشفيات البديلة خارج سلاديل لم تكن ذات كفاءة ، المستشفى المتحـدة ولأن السـوق الجغرافيـة كانت محددة بالمستشفيات الموجودة في سلاديل.

وعليه فكلما كان محيط السوق الجغرافية ضيقا كان إثبات أن الاندماج المؤثر على السوق أمر يسير وينبني على ذلك أنه عند رغبة شركتين أو أكثر في الاندماج وأن فرصة هذا المشروع في الاكتمال أوفر لو كان محيط السوق الجغرافية للسلعة على نطاق وطني بحسبان أن المنافسة من تاجر أخر تغـدو أكثر احتمالاً مما لو كان محيط السـوق الجغرافيـة للسـلعة عـلى نطـاق محلي ضمن أى إقليم المدينة وليس الدولة[1].

ومن ناحية ثالثة فهنـاك مجموعـة مـن العوامـل التى تجعـل الظـروف التنافسـية في السـوق الجغرافية متجانسة من عدمه وبالتالى اعتبارها منطقة واحدة وهذه العوامل هى[2]:-

" أولا: قدرة المشترين على الانتقال مـن منطقـة جغرافيـة إلى أخـرى عنـد حـدوث تغيـرات في الأسعار أو العوامل التنافسية الأخرى فمـثلاً إذا فـرض وقـام المشروع المسيطر برفع سـعر السـلعة أو المنتج محـل السيطرة وأستطاع المشترون الانتقال إلى مشروعات أخرى في منطقة أخرى أبعد من المنطقـة التـى يمـارس فيها المشروع المسيطر سيطرته ، فإن هذا الأخير يجب اعتباره من بين المنافسين في

[1] أحمـد عبـد الـرحمن الملحـم - الاحتكـار والأفعـال الاحتكاريـة دراسـة تحليليـة مقارنـة في القـانون الأمـريكى والأوروبى والكويتى - دون دار نشر - ١٩٩٧م- ص٤٣
[2] د/ سامى عبد الباقى - إساءة استغلال المركز المسيطر - مرجع سابق - ص ٦٣-٦٥.

المشروع المسيطر والمنطقة الموجود بها المشروع المسيطر والمنطقة الموجود بها المنافسين سوقاً جغرافية واحده.

ثانيا: قدرة البائعين على اتخاذ قراراتهم التجارية على أساس انتقال المشترين بين المناطق الجغرافية المختلفة كنتيجة للمتغيرات في الأسعار أو العوامل التنافسية الأخرى فهذه القدرة هى مؤشر حقيقى على امتلاك البائعين أو العارضين لبدائل يمكن طرحها على المستهلكين فى المناطق التى ينتقلون إليها فكلما زادت هذه القدرة فإن هذا يعنى اتساع السوق الجغرافية ليشمل المناطق التى يمكن أن ينتقل إليها البائع بالتكيف مع القرارات الجديدة التى اتخذها المستهلكون.

ثالثا: مدى السهولة فى دخول منافسين جدد إلى السوق المعتبرة قانوناً والواقع أن وجود أو غياب عوائق تمنع من الدخول إلى السوق المعتبرة قانوناً يشكل عنصراً هاماً عند تحديد السوق الجغرافية . أن غياب هذه العوائق يعنى أن المشروعات المتنافسة يمكن أن تعرض منتجاتها فى أكثر من دولة وبالتالى عند البحث عن وجود مركز مسيطر من عدمه فإنه ينبغى أن نأخذ فى الحسبان أن السوق لا تقتصر على دولة واحدة وإنما تمتد إلى سوق الدول التى لا توجد بها عوائق تمنع من الدخول إليها.

رابعا: تكاليف نقل المنتجات محل السيطرة أو منتجات بديلة لها من مكان إلى أخر وكذلك تكاليف التأمين إلى جانب الوقوف اللازم لتزويد المنطقة الجغرافية بالمنتجات المشار إليها من أسواق أو من مناطق جغرافية أخرى أو من الخارج وذلك لأنه كلما قلت تكاليف نقل السلع من منطقة إلى أخرى كلما أمكن للبائعين الانتقال إلى مناطق متعددة وهو ما يعنى اتساع النطاق الجغرافى للسوق وعدم اقتصاره على النطاق الوطنى هذا بخلاف لو أن هذه التكاليف مرتفعة فإننا سنكون عندئد بصدد سوق جغرافية تجرى فيها المنافسة داخل نطاق وطنى دون أن يتخطى إلى حدود جغرافية أرحب وأوسع".

نخلص من ذلك أن الاندماجات التى يكون الغرض منها هو مساعدة المؤسسات المندمجة من حيث تقليل تكاليفها لتصبح أكثر فاعلية وبالتالى خلق مجال جديد فى المنافسة وهو ما ينعكس على جودة المنتجات فهذا النوع من الاندماج يشجعه القانون باعتباره من التكتلات المشروعة [1] أما إذا كان هـدف عمليـة الاندماج خلق أو إثراء قدرة المؤسسة المندمجة أما عن طريق الجانب الأحادى أو عن طريق التنسيق مـع المنافسين الآخرين من أجل تحقيق وضع مسيطر يمكنه من إقصاء المنافسين مـن السـوق ومـن ثـم تـدمير عملية المنافسة فهذا هو الاندماج المحظور والذى يدخل تحت طائلة التجريم.

الفرع الثانى

مـواجهة الاندمــاج

ترى بعض البلدان ذات السوق الأصغر حجماً بأن مكافحة الاندماجات لا ضرورة لهـا لأن هـذه البلدان لا ترغب فى إعاقة تنظيم الشركات التى تسعى إلى إيجاد "كتله حرجة" تساعدها على المنافسـة فى الأسواق العالمية وترى بلدان أخرى أن وجود شركة مثلا تعد "بطلاً قوميا" حتى وأن أسـاءت اسـتخدام مركزها الاحتكارى محلياً لأن هذا يتيح لها المنافسة فى الخارج.

وعلى وجه العموم تهـدف عمليـة مكافحـة الاندماج الحيلولـة دون إيجاد نـوع مـن الحيـازة السوقية أو آية عمليات توحيد هيكلية تقيد عملية المنافسة من أجـل ذلـك قامـت دول كثـيرة فى معـرض مراقبة الاندماجات والأشكال الأخرى لاجتياز السيطرة بوضع نظام للأخطار قبل أن تتم الاندماجات كمـا هو الحال فى الولايات المتحدة الأمريكية والاتحاد الأوربى وأبقت بعض البلدان على نظام الإخطار

Union Pacific Corp Inc Southern Pacific Rail Crop 4/12/96 & United States V. American [1]
Skinning company And S.K.I Limited 4/11/96.

الالزامي بعد إتمام الاندماج واخضع عدد قليل من البلدان مراقبة الاندماجات لعملية أخطار طوعى فقط. والمؤشرات الرئيسية المستخدمة لبحث هذا التركز للقوة الاقتصادية فهى النصيب من السوق ومجموع رقم الأعمال فى السنة وعدد الموظفين ، ومجموع الأصول وهناك عوامل أخرى تؤخذ فى الاعتبار أيضا عند تقييم آثار اندماج ما ، وهى تشمل الهيكل العام للسوق ودرجة التركز السوقى القائمة و الحواجز أمام الدخول ، والمركز التنافسى لمؤسسات الأعمال الأخرى فى السوق الصلة ومن المهم الإشارة إلى أن مخططات الترخيص يجب عدم تفسيرها على نحو يثبط الشركات عن الاضطلاع بأنشطة مراقبة للمنافسة وفى الجماعة الأوربية فأن الأخطار بالالتزام يتركز بما يقوم على رقم الأعمال الكلى على نطاق العالم أو على نطاق الجماعة الأوربية أو على النطاق الوطنى[1].

وعلى سبيل المثال، فقد اعتمد الاتحاد الأوربى فى عام ١٩٨٩م نظاما شاملا لمراقبة الاندماجات بموجب اللائحة 4064/89 وتم تعديل هذه اللائحة على نطاق واسع فى عام ١٩٩٧ وتقوم لائحة الاندماجات على مبدأ (المصلحة الجامعة) فما أن تسفر صفقة ما عن اليد ، تطبيق صلاحيات (سلطة المنافسة الأوربية) (أى اللجنة الأوربية عن طريق الإدارة العامة للمنافسة) التابعة لها حتى يتم استبعاد الدول الأعضاء من تطبيق قوانينهم الخاصة بشأن المنافسة على هذه الصفقة (إلا فى ظروف خاصة جدا) ويهدف تطبيق هذا المبدأ إلى تعزيز الثقة بالشركات فيما يخص الصفقات الدولية وذلك فى محاولة للحد من ضرورة لجوء الأوساط التجارية إلى تقديم طلبات متعددة للحصول على ترخيص من المسئولين الوطنيين عن تنظيم الاندماجات[2].

[1] معلومات مقدمة من لجنة الاتحادات الأوربية. لائحة المجلس (الجماعة الاقتصادية الأوربية) رقم ٨٩/٤٠٦٤ المؤرخة فى ٢١ كانون الأول / ديسمبر ١٩٨٩ والمتعلقة بالرقابة على عمليات التركيز بين الشركات .
[2] مؤتمر الأمم المتحدة للتجارة والتنمية القانون النموذجى بشأن المنافسة – مرجع سابق – ص٥٦.

يظهر ذلك جليا فى نص **المادة ٣/٢** من لائحة السوق الأوربية [1] المشتركة والتى تعنى بأنه (الاندماج أو السيطرة الذى يكون أو يقوى المركز المسيطر الذى يؤدى إلى الإعاقة المهمة للمنافسة الفعالة فى السوق الأوربية أو فى جزء جوهرى منه يعتبر غير متناغم مع السوق المشتركة).

وتنص المادة ١-٢ من اللائحة بأنه (على مفوضية السوق بحث مدى تناغم التركيز مع السوق ويقيم التركيز على هدى من المسائل الآتية: أى أنه تضع المفوضية المسائل الآتية فى الحسبان عند تقيم التركيز: وهى:-

أولا: المحافظة وتطوير المنافسة الفعالة داخل السوق بالنظر بصفة خاصة إلى تركيبية الأسواق المنافسة المحتملة القادمة من التجار الآخرين سواء من داخل السوق أو من خارجها.

ثانيا: المركز السوقى للتجار المكونين للتركيز ، وقوتهم الاقتصادية و المالية والفرص المتاحة للبائعين والمشترين ومدى اتصالهم بالأسواق والمزودين وعوائق دخول السوق وتوجهات العرض والطلب بالنسبة للعملاء والتطور التكنولوجى والنمو الاقتصادي الذى يكون لصالح العملاء ولا يشكل عائق للمنافسة.

ويظهر من النص السابق أن مفوضية السوق الأوربية المشتركة وضعت نظاما تفصيلا لمراقبة عملية الاندماج سواء ما تعلق ذلك ببيان الأفعال المجرمة وتشكل عائقا للمنافسة والناتجة عن الاندماجات أو ما تعلق بطرق مراقبة تلك العمليات عن طريق الإخطارات الإلزامية عن تلك الاندماجات وفحصها وإيقافها لمدة تصل إلى أربعة أشهر إذا خضعت للتحقيق بل أكثر من ذلك توقيع جزاء مالى على مؤسسات الأعمال لعدم قيامها بالأخطار بالتركيز فى الوقت المناسب.

أما فى الولايات المتحدة الأمريكية فلقد تضمنت ثراء فقهيا وقانونيا كبيرا لمواجهة عمليات الاندماج إذ ما نتج عنها ما يضر عملية المنافسة والمعروفة باسم

(¹)   Richard whish, Competition Law London 1983 pp-718.

قوانين الانتيترست الأمريكى وتشمل **المادة السابعة من قانون كلايتون والمادة الأولى من قانون "شيرمان"** **والجزء الخامس من قانون "اللجنة التجارية الفيدرالية"** وقد لعب كلا من قسم العدالة بالولايات المتحدة الأمريكية ولجنة التجارة الفيدرالية دورا مهما فى تحليل كامل لعمليات الاندماج عن طريق أتباع منهج علمى دقيق من أجل اعطاء شفافية أكبر وعمق فى الفهم لتنفيذ مجموعة قوانين الانتيترست وكذلك عملية اتخاذ القرارات لمواجهة عمليات الاندماج الضارة بالمنافسة. وهو ما يجعل عمليات الاندماج لا تتم إلا بعد فحص شامل دقيق لآليات السوق بجميع جوانبه الأمر الذى يجعلها لا تخرج إلا وفقا لمقتضيات الحاجة أو لتساعد على تنمية العملية التجارية والتنافسية.

وقد سار القانون المصرى على ذات النهج عندما نص فى **المادة ١١** من القانون على أنه "ينشأ جهاز يسمى جهاز حماية المنافسة ومنع الممارسات الاحتكارية يكون مقره القاهرة الكبرى وتكون له الشخصية الاعتبارية العامة ويتبع الوزير المختص ويتولى على الأخص ما يلى:

١- ....

٢- يتلقى الإخطارات من الأشخاص فور اكتسابها أى أصول أو حقوق ملكية أو انتفاع أو أسهم أو إقامة اتحادات أو اندماجات أو دمج أو الجمع بين إدارة شخصين أو أكثر.

وبذلك يكون المشرع المصرى قد أخضع عمليات الاندماجات إلى نوع من الرقابة لجهاز مختص جهاز حماية المنافسة ومنع الممارسات الاحتكارية أمعانا فى حماية الأسواق المصرية من حدوث أية تكتلات اقتصادية وما يصاحبها من ارتفاع الأسعار يكون ضحيتها الأولى المستهلك فضلاً عن سيطرة رؤوس الأموال الأجنبية على الاقتصاد الوطنى.

المبحـــث الثانى

الكـارتـل

يعد الكارتل النموذج الثانى مـن احتكـار القلـة ويتمثل الكارتـل فى اتفاقيـة مباشـرة تـتم بـين مجموعة من المنتجين المتنافسين لتنسيق قرارات الإنتاج والتسعير بينهم بهدف إيقاف المنافسـة التـى قـد تضر بمصالحهم. فعندما يوجد عدد قليل مـن المنتجـين فى السوق فهم كثيراً مـا يفكرون فى الـدخول فى تكتلات احتكارية لإيقاف المنافسة السعرية التى عاده ما تنتهى إلى ما يسـمى بحرب الأسعار وتتشمل حرب الأسعار فى أن يقوم بعض المنتجين بتخفيض أسعار منتجاتهم أما بغرض جذب أكبر عدد من العملاء لزيادة نصيبهم النسبى فى السوق أو خوفاً من أن يسبقهم المنتجون المنافسون بإتخاذ هـذه الخطـوة مـما يقلل من نصيبهم فى السوق ويترتب على ذلك أن يرد المنتجون المنافسين بتخفيض أسعارهم بدرجـة أكبر للمحافظة على نصيبهم النسبى فى السوق بل ولزيادة هذا النصيب أحياناً .

ومثل هذه الاتفاقيات غالباً ما تكون سرية إذا تمت بين منشآت وطنية تعمل فى نفس السـوق المحلى نظراً لمحاربة عديد من الحكومات لها ولكنها قد تكون علنية إذا تمت بين عدد مـن الـدول المنتجـة لسلعة ما على المستوى الدولى كما هـو الحـال فى اتفاقيـة منظمـة الأوبـك بـين الـدول المنتجـة والمصدرة للبترول.

ونظراً لما تسببه تلك التحالفات والتكتلات الاقتصادية من خنق لعملية المنافسة وإحداث أضرار بها فلقـد عنيت معظم القوانين بتنظيم تلك التكتلات وتعد الولايات المتحـدة الأمريكيـة مـن أوائـل الـدول التـى وضعت قانوناً لمواجهة الممارسات الاحتكارية الناتجة عن تلك التحالفات وهو ما سوف نفصله على النحـو التالى:

المطلب الأول: تعريف الكارتل وهدفه وعوامل نجاحه.

المطلب الثانى: تصنيف الكارتلات وعوائق تكوينها.

المطلب الثالث: مواجهة الكارتل.

المطلب الأول

تعريف الكارتل وهدفه وعوامل نجاحه

الفرع الأول : تعــــريفـــه

يمكن تعريف الكارتل بأنه " تحالف مجموعة من المنتجين المستقلين بطريـق قانونيـة بهـدف ضبط الأسعار وتحديد الممول وتقليل المنافسة"[1].

ويمكن تعريفه أيضا بأنه "اتفاق بـين مجموعـة مـن التجـار المسـتقلين يقومـون بعمـل تجـاري متماثـل و يعملون على مستوى واحد في السوق على تنظيم أو تفادى المنافسة القائمة بينهم أو المحتلمة سواء بينهم أو من الغير"[2].

وغالبا ما تشكل هذه التحالفات عقب فترة من الأسعار المتدنية ولكن تدنيات الأسعار لم تكـن مرتبطـة في الغالب بالتقلبات الاقتصادية الكبيرة[3] بينما تشير الأدلة الخاصـة بالوقـائع الصنـاعية أن هـذه التحالفـات كانت نتيجة المنافسة المتزايدة وتكامل السوق كما تقع أيضا تلك التحالفـات في صـوره احتكـارات القلـة عندما يوجد عدد قليل من البائعين.

ومما يؤيد وجهة النظر القائلة بأن من أهم أسباب زيادة الكارتلات هى زيادة المنافسـة مـا جـاء بتقريـر منظمة التجارة العالمية عندما ألقت الضوء على الأهمية المتزايدة للتحالفات الدولية بالنسبة لصناع القرار السياسى ويشير هذا التقرير إلى أن هناك بعض المؤشرات على ازدياد نسبة اتفاقـات الكارتـل والتـى تعتبـر اتفاقيات

---

[1] Wikipedia, the free encyclopedia. 22 April 2006.
http:// www. wikipedia. org/ wiki. 22/4/2006

[2] مجلة الحقوق الكويتية- العدد الرابع السنة التاسعة عشرة – ديسمبر ١٩٩٥م - ص٣٨.
[3] Levenstein M.C. and V.Y. Suslow "Private internationl cartels and their effect on developing countries" background paper for the world bank's world development report 2001.

دولية فى نطاقها "أن التحرير المتزايد للتجارة قد زاد من حافز الشركات للمشاركة فى التحالفـات عـن طريـق زيادة المنافسة فى الأسواق الوطنية المحمية رسميا. هذه التحالفات تعوق التكامل والترابط الـدولى وتقلـل مـن فوائد تحرير التجارة للمستهلكين "[١].

الفرع الثانى

هــدف الكــارتل

يهدف الكارتل إلى اعتراض الدور الذى يلعبه قانون العرض والطلب فى إيجاد توازن بين الإنتـاج والاستهلاك وذلك عن طريق التقليل من كمية المعروض من السلع فى السوق والحصول من ثم على سـعر عال لتلك المنتجات بما حاصله قلة العرض وزيادة فى الطلب وهو ما يؤدى تبعا لذلك إلى تفويـت الفرصـة على العملاء للحصول على بضائع أو خدمات بسعر معقول ويضمن للتاجر البقاء فى السوق وتكوين مركز احتكارى وهذا ما يتنافى مع المصلحة التى يرمى المشرعون إلى تحصيلها مـن المنافسـة فى تحقيـق رفاهيـة العملاء[٢].

وبذلك يختلف الكارتل عن الاحتكار من حيث أن الأول يتطلب إبرام اتفاق بين متنافسين تكون مصالحهم متنازعة بغية إيجاد قاسم مشترك بينهم بينما ليس للمحتكر فى النوع الثانى حاجـة لمثـل هـذا الاتفاق لأن الهدف الذى يسعى إليه الكارتل يتحصل لدى المحتكر ويترتب على ذلك أمران:-

الأول: صعوبة تكوين الاحتكار لأنه يستلزم استحواذ المحتكر على كامل الحصة السوقية أو جزءا كبيرا منها متخلصا من منافسيه بينما يتوقف تكوين الكارتل على الاتفاق بين المتنافسين.

American bar association:-"Special committee report on interational antitrust" Washington D.C [١] 1991.

Richard Whish "Competition law"London 1985 p.p 390. [٢]

الثانى: سهولة انهيار أو أخفاق الكارتل لأن المصالح متنازعة أساسا بين التجار المتنافسين[1].

وبوجه عام فإن الكارتل أو التحالفات غير مستقرة من الناحية الاقتصادية حيث يوجد حافز كبير لأعضاء الكارتل أن يقوموا بالتلاعب والخداع من أجل بيع أكثر من نسبة الحصص المخصصة لهم بموجب الكارتل وهو ما قد يتسبب فى عدم نجاح الكارتل الذى يحاول تحديد الأسعار على المدى الطويل وقد حددت الدراسات العلمية التى أجريت على التحالفات فى القرن العشرين أن مدة التحالفات التى تم الاتفاق عليها تتراوح من خمس إلى ثمان سنوات[2] وقد توصل إلى ذات النتيجة كلا من الأستاذين "ليفين ستين وساسلو" عندما أجرا مسح لدراسات التحالفات الدولية التاريخية ليقررا بإن مدة الكارتل تتراوح من أربع إلى ثمان سنوات من مدى يتراوح ما بين سنة إلى عقود متعددة. وهى بلا شك ليست بالمدة الطويلة ولا القصيرة بل تشمل عليهما معاً[3].

ومن ناحية أخرى لابد أن نشير إلى أنه لا يكون دائماً الهدف من وراء تكوين الكارتلات هو إعاقة عملية المنافسة أو لأى غرض غير مشروع أخر بل قد تكون بصورة علنية من ناحية ومشروعة من ناحية أخرى يكون هدفها تنظيم عملية المنافسة والحد من الاحتكارات مثلماً حدث قبل إنشاء منظمة الأوبك فلقد أحكمت شركات النفط العالمية السيطرة على مجالات استخراج وصناعة النفط فى الشرق الأوسط وهو ما أدى إلى تمتع هذه الشركات بمزايا اقتصادية ضخمة جلبت الهيمنة على الوضع التكاملى بين مناطق الإنتاج والاستهلاك مما مكنها من تضمين عقود الامتيازات على تخصيص مساحات كبيرة للتنقيب والبحث وانفردت بحق تحديد

---

[1] مجلة الحقوق الكويتية - المرجع السابق - ص٤٠.

[2] Suslow V. "Cartel contract duration; empirical evidence from international cartels" working paper" Ann, Arbor. Michigan 2001.

[3] Levenstein M.C: and V.Y Suslow "What determines cartels success ? " version - January, 13 2002.

أسعار البيع الخام فى السوق العالمية وهو ما يترتب عليه إلى تكثيـف الوضـع غـير المتكـافئ بـين الـدول المصدرة للبترول والشركات العاملة فيها.

وساعد ذلك على نجاح هذه الشركات فى بناء تراكم رأس المال وتعبئته للاستخدام خارج الدول المصدرة ، بينما حرمت منه الـدول المصدرة وفشلت فى تعبئته فى أغـراض التنميـة إلا أنـه ومنـذ أوائـل السبعينات آثارة أجهزه أخرى بخلاف الشركات تعمل علـى تحريـر اقتصاديات النـفط مـن قبضتها فحـين تغيرت ملكية الشركات العامـة فى أغلب الـدول النفطية المصدرة وأصبحت بفعل التـأميم أو المشـاركة مملوكة لتلك الدول ، حاولت أن تحسرـ سيطرة الشركات الأجنبيـة نسبياً ولـو فى مرحلـة الإنتـاج ، فقـد استعانت هذه الدول بالتحكم النسبى من جانب العرض فى محاولة لتصحيح الأوضاع غـير المتكافئـة التـى سادت ردحاً طويلاً من حياة هذه الصناعة وكانت أهم ثمرات سيطرة أنظمة الدول البتروليـة التـى تمثلت فى شركاتها الوطنية وفى الإطار الجماعى لمنظمة الأوبك من تصحيح الأسعار عام ١٩٧٣م ومن المعروف أنه قد حدث قبل إنشاء منظمة الأوبك عدة اتفاقيات ثنائيه بـين الـدول المصدرة للبـترول فى محاولـة لوقـف هيمنة الشركات المسيطرة والتى كان أهمها شركة "ستارند أويل" ولعل أبرز هذه الاتفاقيات وهو ما حدث عام ١٩٥٣ حيث تم فى هذا العام الاتفاق بين كلاً من الحكومتين العراقيـة والسـعودية بغـرض التعـاون فى تبادل المعلومات بين الدولتين وعقد المشاورات الدورية حول سياستها النفطية.

وتعد هذه الاتفاقية هى أول تكتل من نوعه عقد لهذا الغرض بين الـدول المصـدرة للـنفط ثـم توالت بعد ذلك التكتلات التى تبنتها جامعة الدول العربية من اجل إنشاء التكتلات النفطيـة كـان أخرهـا الاتفاقية المبرمة فى عام ١٩٦٠ أى قبل إنشاء منظمة الأوبك بستة أشهر. [1]

(¹) د/ خلاف عبد الجابر خلاف – احتكار أجهزة النفط والأزمة الراهنة – دار النهضة العربية – ١٩٨٥ – ص ٤٧-٤٩.

الفـرع الثالث

عوامـل نجـاح الكارتـل

ان نجاح الكارتل الدولى يعتمد فى الأساس على مجموعة من العوامل التى تساعده على النجاح وقد تطورت هذه العوامل وذلك على النحو التالى:

أولا: وضع موانع لدخول السوق

أن نجاح أو فشل الكارتل يعتمد فى الأساس على ما تتمتع به المنشآت التجارية أطراف هذا الاتفاق من قوة فى السوق تمكنها من إقامة حواجز مستمرة أمام المنشآت الجديدة الراغبة فى دخول الأسواق وتتضح أهمية هذا العنصر حينما يتضح أن كرتلة سوق ما تؤدى إلى توصل أطرافه إلى أرباح ضخمة تحفز الآخرين دائما على الرغبة فى الدخول لهذا السوق وهو ما يتطلب من أعضاء الكارتل اليقظة الدائمة فى إقامة ما يسمى بالحواجز العالية[1]. ومن ثم فإن خطر الدخول قد يكون سهلا أما التنسيق بين أعضاء الكارتل لبقائه هكذا لفترة طويلة هو الصعب. ومن ثم فإن نجاح الكارتل يكون بصورة أكبر مع الحدود التى لا يمكن تجاوزها أو اختراقها من المنافسين الآخرين.

أما العامل الأهم لنجاح الكارتل فيعتمد على ما يتخذه أطراف الكارتل من إجراءات لمواجهة القصور و الضعف وهذه الإجراءات تشمل على آليات لزيادة تكلفة مواجهة القصور والعيوب وهى جعل الخداع ملحوظا بشكل أكبر بحيث يكون من الصعب القيام بهذا الخداع بين أطراف الكارتل الواحد. وتتنوع موانع الدخول التى يستخدمها الكارتل فقد تكون عن طريق الرسوم الجمركية أو حق براءة الاختراع

---

[1] حسين محمد فتحى: الممارسات الاحتكارية والتحالفات التجارية لتقويض حريتى التجارة والمنافسة دراسة لنظام الانتيرست فى النموذج الأمريكى - بدون طبعة - ص ٦١-٦٢.

أو اتفاقيات التوزيع لسوق معين أو عميل معين بذاته [1] وقد تصل في بعض الأحـوال إلى اسـتخدام القيـود الحكومية كما سنرى فيما بعد.

ثانيا: استخدام التشريعات الحكومية

إن الأرباح والمكاسب التى يحققها الكارتـل الناجح تحفـز الشركات مـن أجـل اخـتراع وسـائل للتغلب على مشكلات الانشقاق عن اتفاق الكارتل ولكي يحبطوا عملية الـدخول أمـام الشركات الجديـدة ومن أجل منع قيام السلطات بالتقصى والبحث اتجهت تلك الكارتلات إلى السياسيات الحكومية لتحقيـق مأربهم عاملين بقوانين مقاومة الإغراق ومراقبة الواردات وغيرها من أشـكال التقاريـر الحسـابية بالإضافة إلى استخدام القيود الرأسية وبراءات الاختراع والمشروعات المشتركة والاندماجات [2].

فعلى سبيل المثال قدمت الصين منافسة ضارية في الصـناعة العالميـة لحمـض السـتريك وحـاول المنتجين الأمريكيين استخدام قوانين مقاومة الإغراق لعزل السوق الأمريكية من واردات الصين مـن حمـض السـتريك أحدى هذه المرات كانت اثنا فترة وجود الكارتل والأخرى بعدها [3].

ومن جهة أخرى فقد تستخدم القيود التكنولوجية للاحتفاظ بقوة السـوق وأبـرز الأمثلـة عـلى ذلك مثلما حدث في سوق منتجات أنابيب النفط في ديسـمبر ١٩٩٩م. أدان الاتحـاد الأوربي أربـع شركات يابانيه لتصنيع الصلب بسبب تثبيت

Eventt, S.J and V.Y Suslow "Precondition on private restraints on market access and international [1] cartels" journal of international economic law 3 . 4, 2000 p.p 593 -631.

Grant, H, and H. Thille "Tariffs strategy and structure: competition and collusion in the ontairo [2] peteroleum industry, 1870. 1880." journal of economic history 2001. p.p 61-62.

Pierce R.J. "Antidumping law as a means of facilitating cartelization" antitrust law. journal 67:3, [3] 2000. p.p 725.743.

الأسعار ولم يوجد دليل يدل على أنهم أعاقوا الدخول أو الدخول المحتمل في سوق منتجات أنابيب النفط ولكن منذ انفصال الكارتل انضم جميع الأعضاء لأحد التحالفات الثلاثة الدولية وأكبر هذه التحالفات تبلغ حصتها ٢٥٪ من المنتجات العالمية لأنابيب النفط وترأس هذا التحالف الكبير شركة تبكنت والتى تسيطر على شركة والمايند الإيطالية وكذلك شركة تامسا المكسيكية و شركة سيدريكا الأرجنتينية وهمم معروفون جميعا باسم مجموعة د ى . أس . تى وحاليا تخضع شركة تاما الأرجنتينية للتحقيقات أمام لجنة المنافسة المكسيكية بسبب إساءة استغلال مركزها الاحتكارى[1].

ومما لا شك فيه أن هذه التحالفات (الكارتل) قد تكـون مـؤثرة بشـكل خـاص في تقيـد دخـول المنتجين من البلدان النامية فعلى سبيل المثال من العديد مـن أسـواق البضـائع الكيمائيـة العالميـة فـإن الشركات الكبيرة كانت ترغب في التساهل مع الدخول الصينى منذ انقسام الكارتل ولكنهم فعلوا ذلك مـن خلال اقامة مشروعات مشتركة بينهم مكونه من المشاركين السـابقين بالكارتل وبـين منافسـيهم الصـينيون وهذه الترتيبات وأن كانت تعطى للصـين الـدخول للسـوق العـالمى إلا أنهـا قـد تكـون مانعـا مـن دخـول المنتجات الصينية الأخرى للأسواق العالمية عن طريق تحديـد الأسـعار التـى تبـاع بهـا المنتجـات الصـينية وكذلك تحديد الحصة التى يلتزم بها المشاركين الصينيين بها في هذا الاتفاق وبذلك يكون الكارتل قد حقق هدفه من عدم دخول منافسين جدد له في السوق عن طريق تقسيمه للأسواق التى تباع فيها المنتجات[2].

Stark C "Improving bilateral antitrust co-operation" speech made at a conference on competition [1] policy in the global trading system: perspectives from Japan, the United States and European Union (23 Jan, washington D.C. 2000).

Levenstein M.C and V.Y Suslow "Private international cartels and their effect on developing [2] countries " background paper for the world bank's world development report.December 2001.

ثالثا: الكارتلات الحكومية

وهذا النوع من الكارتل عبارة عن اتحادات الشركات التى تتعاون فى توزيع وتسويق منتجاتهم إلى الأسواق الأجنبية وقوانين المنافسة فى كل البلدان تستثنى فى الواقع تلك التحالفات الخاصة بالتصدير من محاكمة السلطات الداخلية ويتم تحفيز هذا الاستثناء صراحة عن طريق الروح التجارية وهى الرغبـة فى زيادة الصادرات القومية وإعطاء الشركات الوطنية ميزة تنافسية فيما يتعلـق بالشركات التى مقرهـا بلدان أخرى بيد أنه فى معظم الحالات فإن هذا الاستثناء يعتبر ضمنيا فى قـوانين المنافسـة القوميـة والتـى تعطى فقط تلك النشاطات التى تؤثر على الأسواق الداخلية.

ومع ذلك فكثير من البلدان تقدم استثناءات خاصة من القوانين الداخليـة بالنسبة للتحالفـات التى لن تنتهك السوق الداخلية طالما أن نشاطاتها مقيدة بأسواق التصدير فكـل مـن اليابـان والمكسـيك والولايات المتحدة الأمريكية لديهم ذلك التشريع فعندما قامت الولايات المتحدة الأمريكية بتمرير قـانون ويب بـومرين فى ١٩١٨م والـذى يسـتثنى اتحـادات التصـدير الأمريكيـة مـن بعـض النصـوص القانونيـة الأمريكية ضد الكارتل فإن معظم شركاتها التجارية لم تحظر تكوين اتحادات التصـدير بـل زاد عـلى ذلك صـدور قـانون التصـدير للشركات التجاريـة عـام ١٩٨٢م والـذى قـدم مزيـدا مـن الاسـتثناءات للشركات الأمريكية المسجلة وبعد ذلك كانت الولايات المتحدة الأمريكية تلعب دورا صغيرا فى الأسواق الدوليـة وكانت تسيطر عـلى هـذه الأسواق [1] الدولية اتحادات دوليـة قانونيـة يـديرها كبـار المنتجـين الأوربيـن واتخذت الاتحاد الأجنبية إجراءات لمنع الدخول لغير الأعضاء بهذه الاتحادات.

Dick. A "are export cartels efficiency enhancing or monoply promoting?" evidence from the [1]
webb-pomerene experience research in law and economics journal,vol 14. 1992. p.p 89-127.

المطلب الثانى

تصنيف الكارتلات وعوائق تكوينها

الفرع الأول : تصنيف الكارتــل

هناك تنوعا عريضا للمنظمات التى يمكن وصفها بأنها تحالفات دولية غير مشروعة ويمكن التميز بين ثلاثة أنواع من الكارتل. **النوع الأول** وهو ما يطلق عليه "التحالفات القوية" وهى تلك المكونة من منتجين خاصين من دولتين على الأقل يتم التعاون بينهم للتحكم فى الأسعار أو لتخصيص الأسهم فى الأسواق العالمية وغالبا ما يكون هدف هذه الاتحادات هو مقاطعة الأجانب ومنتجاتهم أو الرفض الجماعى للتعامل معهم أو استبعاد المنافسين الأجانب ومنتجاتهم من عضوية الاتحادات التجارية وفرض شروط تمييزية عليهم وعلى الرغم من أن هذه الاتحادات تعد ممنوعة فى حد ذاتها باعتبارها ممارسة احتكارية ضارة للمنافسة إلا انه قد سمح بها فى بعض الحالات إذا كان المستوردون المحليون يواجهون بائعين أجانب مسيطرين على الأسواق. [1]

أما النوع الثانى فيعرف باسم تحالفات التصدير الخاصة وهو قيام المنتجين المستقلين غير الحكوميين من دوله واحدة باتخاذ خطوات لتثبيت الأسعار أو الاشتغال فى تخصيص السوق فى أسواق التصدير وليس فى أسواقهم الداخلية وينقسم هذا النوع من الكارتلات إلى نوعين **الأول** كارتلات التصدير البحتة أى التى تواجه ممارساتها فى الأسواق الخارجية فقط وتعامل على أنها خارج نطاق تشريعات تنظيم المنافسة فى معظم دول العالم.

أما **النوع الثالث** فهو كارتلات التصدير المختلطة وهى تخضع غالبا

---

[1] مغاورى شلبى - حماية المنافسة ومنع الاحتكار - مرجع سابق- ص٤٣-٤٤.

للتشريعات التى تحظر الكارتلات التى تؤثر فى الأسواق المحلية بيد أنه ليست كل اتحادات التصدير تخصص أسهم السوق أو تثبيت الأسعار ففى دراسة للشركات الأمريكية التى شكلت اتحادات تصدير والتى تم الإبلاغ عنها بموجب قانون ويب بومرين وجد أن ما نسبته حوالى ٢٠٪ لم تشتغل فى هذه النشاطات فلقد كان تعاونهم مقصورا على الترويج والتسويق. **وأما النوع الثالث** فهى التحالفات التصديرية التى تديرها الدولة وقد تم تحفيز هذا النوع من خلال سلسلة من العوامل السياسية والاقتصادية التى تفرق بين تصرفاتهم عـن المؤسسـات التـى هدفها الربح[١].

وعادة ما تأتى تلك الاتحادات وخاصة النـوع الأول منهـا فى صـورة "مشروعات مشتركة" يقـوم المتنافسون فيما بينهم بالاتفاق على تكوين هذا الاتحاد بهدف تمكنهم من دخول السوق ومن ثم القدرة على مواجهة القيود التى تفرض على الإنتاج ولمواجهة تثبيت الأسعار التى تواجهها منتجـاتهم وأحيانا يتم إقامة مشروعات مشتركة للسماح فى الاشتراك فى المهارات التكاملية أو خلق مميزات اقتصادية متوازنه وقد أقرت المفوضية الأوروبية أن المشروعات المشتركة إذا كان غرضها استقطابيا للسـلطة ومـن ثـم التأثير على عملية المنافسة فهى تخضع لقانون الاندماج المحظـور ومـن تخضـع لـنص المـادة ٨١ الخـاص بمقاومـة التواطـؤ الغير مشروع.[٢]

ومن ناحية أخرى يجب ان تكون المشروعات المشتركة بين المتنافسـين وحـدة متكاملـة بشكل كاف لتجنيب إدانة غير قانونية فى حد ذاتها ومن الضرورى أيضا بالنسبة للمشروعات المشـتركة أن تقـدم كفاءات ملموسة للشركة الأم بيد أنه حتى ولو تشكل المشروع المشترك بطريقة صحيحة فإنـه مـازال يمثل مخالفة لقوانين مقاومة الاحتكار عن طريق تصرفات هذا المشروع وأعماله التى يقوم بها

Dick,A "When are cartels stable contracts?" journal of law and economics, vol l.39-1 -1996. p.p 241 - [١]
283.

John H. Shenefield and Irwin M. Stezler. "The antitrust laws. A primer" WashingtonD.C 2001 [٢]
p.p 56. 141.

فإذا كانت نشاطات المشروع المشترك تقيد عملية المنافسة ولم يتم تشكيله وفقا للأهداف القانونية للمشروع المشترك فهو حينئذ ينتهك قوانين مكافحة الاحتكار.[1] ففى قضية شركة داجار ضد المشروع المشترك بين كلا من شركتى تكساسكو وشيلى اعتبرت المحكمة الإستئنافية بالولايات المتحدة الأمريكية الدائرة التاسعة المشروع المشترك مسئول عن تثبيت أسعار الجازولين فى جميع المناطق وهو ما أدى إلى الإضرار بالشركات الأخرى الموجودة والمشتغلة بنفس المجال وعن طريق رفع الأسعار لمحطات الغاز فى الوقت التى كانت فيه أسعار البترول الخام منخفضة ومستقرة.[2]

التأثيرات الضارة للكارتلات الدولية

مما لا شك أن لكارتلات التصدير تأثيرا ملموسا على المنافسة فى بعض البلدان وفى بعض الأسواق والتى غالبا ما تكون هذه البلدان من البلاد النامية التى لا تمتلك الوسائل الحديثة لمواجهة هذه الاتحادات او تنقصها الخبرة الكافية أو سبب حاجتها للمنتجات التى تسوق عن طريق هذا الاتحاد ففى التقرير الذى أعدته منظمة الأواسد لصناع القرار لسياسية المنافسة (OEC.D) أعربت عن قلقها إزاء كارتلات الاستيراد والتصدير والتى من الممكن أن تلحق ضررا بالتجارة ومن ثم دخول السوق وجاء التقرير ليعلن بأنه يجب أن تفقد هذه الاتحادات أية استثناءات قد تتمتع بها من قانون المنافسة الداخلى. وقد تساءلت تلك الدول عن أهمية تلك الاستثناءات؟ وأجابت بأن تلك الاستثناءات لا تعطى حصانة لتلك الاتحادات من

[1] The department of justice and federal trade commission's antitrust guidelines for collaboration among competitors 2004. is available on line at http://www. ftc gov/os/2000/04/ftcd j guidelines. pdf.

[2] Supreme court urged to decide joint ventures' antitrust liability "Texaco inc. v Dagher, Shell oil co. v Dagher, nos" 04,805 and 814 January 13, 2005.

المقاضاة للدول المتضررة[١].

وقد أشارت مقاله أخيرة من نفس الجريدة إلى نقطة مماثلة تقول فيها أن المكسيك قد وقع عليها الضـرر من أنشطة اتحادات التصدير القانونية التى مقرها دول أخرى بينما تعتبر مقاضاة هـذه الاتحـادات أمـرا ممكنا بموجب قانون المكسيك ومن ثم فإن عدم التعاون بين الـدول الأخرى. يعنـى أن جمـع المعلومـات يعد أمرا صعبا و المقاضاة مستحيلة[٢].

الفرع الثانى

عـوائـق تكوين الكارتـل

تتنوع العوائق التى تهدد بفشل الكارتل ما بين معوقات داخلية ومعوقات خارجية.

أولا: المعوقات الداخلية

ويتمثل هذا النوع فى مدى تعاون أعضاء الكارتل نفسه من أجل نجاحه فاستخدام أحد أعضـاء الكارتل لأساليب الغش والخداع من أجل زيادة حجم مبيعاته عن حجم المبيعـات المخصـص لـه بموجـب الاتفاق يمثل عائقا لنجاح الكارتل. ويتحقق ذلك عندما يبيع أحد التجار السلعة بأقل مـن السـعر المتفـق عليه والذى من شأنه جذب عملاء التجار الآخرين إليه ومن ثم زيادة حجم مبيعاته وجنى أرباح

Organization for economic co-operation and development (oecd). "oligopoly, competiton policy [١] roundtable 25. Paris" 1999. p.p. 10.
Wise,M. "review of competition law and policy " journal of competition law and policy 1:4. 1999. [٢] p.p 67.

تفوق ما كان سيحصل عليه لو تقيد بالسعر الاتفاقي [1].

ومن ناحية أخرى فمن المحتمل أن يلجأ التاجر إلى البيع بأقل من السعر المتفق عليه بطريق غير مباشر كما لو باع بالسعر المتفق عليه لكنه أعطى تخفيضا سرياً، أو أعطى المشتري خدمات ما بعد البيع فيها تفضيل له ما كان بمقدوره الحصول عليها في الأحوال الطبيعية أو لو قام بشراء سلعة من المشتري بسعر عالي تعويضا له عن بيع البضاعة الأولى بالسعر المتفق عليه وتحسبا من احتمالات إخلال أعضاء الكارتل بالاتفاق المبرم بينهم يقوم هؤلاء في بعض الأحوال بالاتفاق على تضمين العقود المبرمة بينهم وبين العملاء شرطا يعطي للعميل الحق في رد البضاعة واسترداد الثمن لو تبين فيما بعد أن ثمة تاجر أخر يبيعها بأقل من السعر المباع [2].

ثانيا: المعوقات الخارجية

وتتمثل المعوقات الخارجية التي تواجه تكوين أو استمرار اتفاق الكارتل في إحجام بعض التجار عن دخول هذا المجتمع أو الخروج منه بعد دخوله إذ يكون هؤلاء بمثابة أداه هدم هذا التجمع بحسبان مقدرتهم على جذب العملاء لبيعهم البضائع بأقل من سعر تجار الكارتل [3].

ومن ناحية أخرى فخلال فترة التسعينات كانت هناك العديد من المحاكمات الدولية الحديثة بشأن تثبيت الأسعار من قبل وزارة العدل الأمريكية أو الاتحاد الأوربي وقد صنعت هذه المحاكمات نموذجا للكارتل نعتقد أنه يشمل على كل التحالفات الدولية تقريبا التي تمت محاكمتها بنجاح من قبل الاتحاد الأوربي أو

Herbert Hovenkamp, "Economics and federal antitrust law"London 1985 p.p 85 -86. [1]

[2] مجلة الحقوق الكويتية – المرجع السابق- ص٤٤.
[3] مجلة الحقوق الكويتية - مرجع سابق- ص٤٥.

الولايات المتحدة الأمريكية ولكي يكون الكارتل داخل هذا النموذج فيشترط أن يشمل على أكثر مـن منتج واحد فى أكثر من دولة ويعمل على تثبيت الأسعار أو تقسيم الأسواق. وكذلك تقسيم الحصص بـين أفـراد الكارتل^(١).

وبناء على ذلك فيشترط لنجاح الكارتل توافر مجموعة من الشروط:

أولا: تجانس المنتج موضوع الاتفاق.

ثانيا: الاتفاق على تقسيم الأسواق.

ثالثا: الاتفاق على تقسيم حصص الإنتاج.

رابعا: الاتفاق على تقسيم تثبيت السعر.

المطلب الثالث

مواجهــة الكارتـــل

الفرع الأول : صعوبات مواجهة الكارتـلات

على الرغم من جهود المجتمع الدولى فى محاربة الاتحادات (الكارتل) سواء كان ذلك عن طريق حث الدول على تضمين تشريعاتها الوطنية لنصوص تحرم تلك الاتحادات حتى ولو لم يكن لها اثر سـيئ على – السوق الوطنية أو عن طريق فرض عقوبات أو غرامات مالية على الشركات التـى ثبت تورطها فى تلك الاتحادات إلا انه مازال هناك عدة صعوبات تواجهه المجتمع الـدولى لإثبـات وجـود تلك الاتحادات ومن ثم مقاضاتها.

وأول هذه الصعوبات تتمثل فى كيان الاتحاد ذاته فالكارتل عبارة عن

(') Simon J.Evenett , Margaret C. Levenstein, and Y. Suslow "International cartel enforcement: lessons from the 1990" july 11. 2001. p.p 6.

منظمات سرية ونادرا ما تعلن عن تشكيلها و البحث الـواقعى لتشكيل الكارتـل يكـون مرهونـا بالدولـة المجتمعة من التحالفات التـى تعمـل فى بيئة قانونيـة أو مـن الأدلـة المجتمعـة مـن محـاكمات مقاومـة الاحتكار.

أما الصعوبة الثانية فتتمثل فى الاستثناءات الحكوميـة التـى تمنحها الـدول لكـارتلات التصـدير فهذه الاستثناءات تضع العقبات أمام الحكومات القومية لتبادل المعلومات والأدلة فيما يتعلـق بنشـاطات الكارتلات الدولية المشتبه فيها ويرجع هذا إلى إحجام الشعوب عن تقديم معلومات عن تلك المـمارسـات التى يتورط فيها مصدريهم والتى تعد قانونية بالنسبة لقوانينهم ومع ذلك فإن الإصلاحات الأخيرة لقانون المنافسة فى دول الاتحاد الأورى قد وضعت قيودا علـى اسـتثناءات كارتل التصدير أو قام بإلغاء هـذه الاستثناءات فى بعض الدول الأعضاء فعلى سبيل المثال فإن قانون المنافسـة الألمانى الجديـد حذف النـص الخاص باستثناء كارتل التصدير.

وعلى الرغم من أن الدول قد قدمت استثناءات صريحـة لكـارتلات التصـدير إلا انه يبـدو وأن الكارتلات الدولية قد استخدمت هذه الاستثناءات على نطاق واسع فمثلا لا يوجد أى ذكـر لوجـود اتحـاد ويب – بومرين فى أى من دعاوى الكارتل الدولى. التى حصلت عليها وزارة العدل الأمريكية ومع ذلك فإن اللجنة الأوربية اتخذت إجراءات رادعة ضد كارتل منتجى الأخشاب الأمريكية التى تم تسجيلها بموجب قانون ويب بومرين[1].

الفرع الثانى

وسائل مواجهة الكارتلات

لقد استوعبت الإرادة الدولية فى الآونة الأخيرة الأضرار التى أحدثتها

Simon J. Eventt Margaret C.Levensten and Valerie Y .Suslow. "International cartel enforcement: lessons (¹) from the 1990" july 11.2001 .p. 12-13.

الكارتلات الدولية فى الأسواق العالمية. فعملت على ابتكار الحلول والأساليب التى تـردع تلك التحالفات وخصصت جزءاً كبيرا من مواردها المالية لذلك وقد تنوعـت تلك الأساليب وان كانا نطلـق عليها مجـازاً (العقوبات) إلى ثلاثة:-

أولا: توقيع الغرامات المالية.

ثانيا: التساهل المشترك.

ثالثا: العقوبات الجنائية.

وهو ما سنتناوله بشىء من التفصيل على النحو التالى:

أولا: توقيع الغرامات المالية

إن مجموعة الشركات أعضاء الكارتـل سـوف تمتنـع بـالإجماع عنـد تكوين تحالفـات أخـرى فى أسواق الدولة إذا كانت سلطة مقاومة الاحتكار بتلك الدولة من المتوقع أن تفرض عليهم غرامة أكثر بكثير من مكاسب مشاركتهم بتلك التحالفات التجارية ويجب أن تكـون الغرامـة المثلى محسـوبة علـى أسـاس الضرر الذى أصاب المستهلك وليس على المكاسب الإجمالية لأعضاء الكارتل.

وقد يعوق تطبيق مثل هذه العقوبة السرية التى يحـاط بها الكارتـل والتى تجعل أمكانيـة التحرى والمعاقبة من سـلطة مقاومـة الاحتكـار ضئيلة أن السـرية التى تتمتـع بـه الكـارتلات قد تعـوق التحقيقات ولكن الردع مازال متاحاً بشكل مبدئى[1]، لـذلك فلقـد كسـف قسـم مقاومـة الاحتكـار بـوزارة العدل الأمريكية جهوده بشـأن التحالفـات الدوليـة والتى تفتـرس كـلا مـن الأعمـال التجاريـة الأمريكيـة والمستهلك الأمريكى، فلقد تجاوزت الغرامـات المشـتركة التى تـم فرضها ٩١٠ مليـون دولار أمريكى فيما تجاوزت الغرامات الفردية إلى نحو ١ مليون دولار أمريكى.

Landes, W.M. "Optimal sanctions for antitrust violations" University of Chicago law review no [1] 50:2. 1983. p.p 652-678.

ولعل أبرز تلك الاتحادات التى تم توقيع غرامات مالية عليه هو اتحاد الفيتامينات والذى كان أكثر الاتحادات إضرارا وتأثيرا على التجارة فى الولايات المتحدة الأمريكية حيث اثر على مليارات الـدولارات الأمريكية وقد استمر لمدة عقد من الزمن ويرجع طول مدة الكارتـل ونجاحه جزئيا إلى طريقـة تنظيمـه الجيدة. فلقد اشتملت اتفاقيات تثبيت السعر على منتجات يستخدمها ويقرها فى الحقيقـة كـل مسـتهلك أمريكى شاملا لكل الفيتامينات الرئيسية إلى تسـتخدم للاسـتهلاك الآدمـى والحيوانى التى يـتم بيعهـا عـبر أرجاء العالم وقد عمل قسم مقاومة الاحتكار بوزارة العدل الأمريكية على تغريم هذا الاتحاد بمبالغ طائلة وصلت إلى ٢٢٥ مليون دولار تم فرضها على شركة (BASE) بالإضافة إلى ٥٠٠ مليون دولار تم توقيعها على هوفمان لاروك وهو أحد أعضاء هذا الاتحاد[١].

ثانيا: التساهل المشترك

لقد استغل مسئولو مقاومة الاحتكار بالولايات المتحـدة الأمريكيـة المشكـلات التـى يواجههـا أعضاء الكارتل والناجمة عن مشكلات توافق الحافز وذلك عن طريق تقديم برامج تساهل مشتركة وهذه البرامج تقدم عقوبات مخففة للشركات المتعاونة التى تقدم الأدلة على سلوك ونشاط الكارتـل. فلقـد تـم مراجعة برنامج هذه السياسية فى أغسطس ١٩٩٣م. حتى تكون سهلة بشكل أكبر وأكثر جاذبية للشركات حتى تتعاون مع قسم مقاومة الاحتكار الأمريكى.. وقـد تمثلت المراجعـات الرئيسية للبرنامج فى النقـاط الآتية:-

١- أن العفو يكون تلقائيا إذا لم تكن هناك تحقيقات.

٢- ربما مازال العفو ممكنا حتى لو بدأ التعاون بعد مباشرة التحقيقات.

First.K "The vitamins case: cartel prosecution and coming of international competition law" antitrust [١] law journal 68:3,2001 p.p. 711-729.

٣- كل المسئولين والمديرين والموظفين الذين يتعاونون فى حماية من المقاضاة الجنائية.

فلقد كان برنامج العفو الأصلى الذى تم تبنيه عام ١٩٧٨م. متاحاً فقط للمتعاونين قبـل بدايـة التحقيقـات ولم يكن منح العفو تلقائيا بل كان يخضع للاجتهاد القضائى.

أما البرنامج المنقح قد أدى إلى زيادة كبيرة فى عدد طلبات العفو وهو مـا ترتـب عليـه حصـول قسم مقاومة الاحتكار على طلب عفو واحد تقريبا فى السنة الواحدة ثم زاد إلى أكثر مـن طلـب فى الشـهر الواحد.

وقد ترتب على نجاح سياسات العفو المنقحة إلى حث الكثير مـن الحكومـات الأخـرى عـلى تطويـر وتطبيق سياسات العفو الخاصة بهم وكثير من المتقدمين لنيل سياسة العفو قد استغلوا مـا يطلـق عليـه قسـم مقاومة الاحتكار "العفو الزائد" وينشأ هذا العفو عندما تتفاوض الشركة على اتفاق دفاع فى التحقيقات الجاريـة وتسعى إلى مزيد من التساهل عن طريق إفشاء وجود أية مؤامرات أخرى غير متعلقة بالتحقيقات[1].

حقا فلقد لعب قسم مقاومة الاحتكار بوزارة العدل الأمريكية دورا بارزا فى مواجهـة تحـديات الكارتلات الدولية ويرجع ذلـك إلى عـاملين رئيسيين: الأول:- سياسـة التسـاهل. الثانى: أصبحت سـلطات التحقيق الخارجية أكثر اهتماما. فى مقاضاة مخالفات الاحتكار ولما أدى بدوره إلى إدراك المتهمين الأجانـب بأن ملاذ الأمان بالنسبة لهم قد انهار.

وعلى الرغم من أن تنفيـذ ذلـك البرنامج قـد أزداد فى كـلاً مـن الاتحـاد الأوربى واليابان إلا ان التحقيقات مازالت معطلة فى كلا من التشريعين لأسباب مختلفة ثبت أنه من الصـعب جـداً التوفيـق بـين المقاصد المحددة للقانون اليابانى على إدخال برامج العفو المشترك وهذا يقيد تدفق المعلومات عن نشـاط الكارتل إلى لجنة

Belinda A, Barnett "Status report on international cartel enforcement. department of justice. (¹)
November 30. 2000".

التجارة اليابانية الأمر الذى حدا بالسـلطات إلى تقليـل عـدد الاسـتثناءات المسـموح بهـا لقـوانين مقاومـة الكارتل وعلى الجانب الأخر فإن التنفيذ الفعال. فى الاتحاد الأورى قد أعاقه عدم قدره المسئولين بالاتحاد الأورى على البحث عن المراكز الخاصة لمديرى التنفيذ المقيمين فى أوربا من أجل الحصـول عـلى أدلـة عـن اتفاقات الكارتل[1].

وقد أدى الاعتراف بالصعوبات التى تواجهها السـلطات الدوليـة فى مقاومـة الكارتـل إلى القيام بالعديد من المبادرات بين الحكومات داخل منظمة الأواسد من أجل التعاون بينهم وقد تمثل التعـاون فى حالتين:- **الأولى:** إذ اعتبرت قوانين الدولة أن الكارتـل أو المـؤتمرات لعمـل كارتـل يعـدان مخالفـة جنائيـة حينئذ تستطيع الدولة أن تستغل بنود اتفاقيات المساعدة القانونية التى وقعتها مع الـدول الأخـرى. لعـل معاهدة التعاون القانوى المتبادلة بين أمريكا وكندا والموقعة عام ١٩٨٥م تعد أفضل نموذج للتعاون الثنائى الفعال فى مقاضاة الكارتل الدولى[2].

أما الحالة الثانية

التى يتأثر بها التعاون بين مسئولى مقاومة الاحتكـار عـلى المسـتوى القـومى فهـى عـن طريـق الاتفاقيات الثنائية الصريحة بشأن مسائل متعلقة بمقاومـة الاحتكـار ويعـد أفضل مثـال واقعـى فى ذلك الاتفاقية الثنائية المبرمة بين الولايات المتحدة الأمريكية واستراليا عام ١٩٩٩م وتتضمن تلـك الاتفاقيـة عـلى أن كل طرف

Stark.C. "Improving Bilateral antitrust co-operation" speech made at a conference. on [1] competition policy in the global trading system: perspectives from Japan, the United States, European Union . 23 June, Washington D.C. 2000.

Waller, S.W. "anticartel co-operation" in S.J and Eventt A. Lehmann, and B. Steil antitrust goes [2] global" what future for transatlantic co-operation? " Washington D,C: The Brookings institution press 2000.

بالاتفاقية له طلب المساعدة من الطرف الأخـر بغـض النظـر عـما إذا كانـت الإجـراءات المشـتركة تعتـبر إجراءات جنائية بموجب قانون الدولة المطلوب منها المساعدة. وتشمل المساعدة فى وقت توقيع الاتفاقيـة على تقديم الأدلة وإفشائها بالإضافة إلى اتخاذ العديد من الخطوات لتأمين الأدلة من الأشخاص والشركات وأية كيانات أخرى. كما حدث فى قضية كارتل الفيتامينات عندما طلبت السلطات الاسترالية معلومات من الولايات المتحدة وحصلت عليها[1].

ثالثا: توقيع العقوبة الجنائية

لقد أدت الصعوبات التى واجهت فرض الغرامات الماليـة عـلى أفـراد الكارتـل المتـورط وكـذلك صعوبة التعاون الدولى فى محاربات الكارتلات إلى تبنى البعض لنظريـة توقيـع عقوبـة جنائيـة ويعتقـد مسئولو الولايات المتحدة الأمريكية أن العقوبات الجنائية التى تشتمل على التهديد بـالحبس هـى روادع أساسية للكارتل ويرى السيد/ اسكوت هاموند وهو مدير سلطة التنفيذ الجنائى بوزارة العدل الأمريكية أن الغرامة التى يتم فرضها على أفراد الكارتل تعد اقل بكثير من المكاسب التى يحصـلون عليهـا مـن الكارتـل ومن ثم فليس هناك ردع أكبر للكارتل المتورط إلا عقوبة الحبس[2]. وقد استند أعضاء هذا الـرأى إلى عـدة حججا أهمها:

أولا: أن الحبس يشمل على خسائر مكلفة فى الإنتاج حيث أن قدرة المديرين على الإنتـاج تقـل أثنـاء فـترة حبسهم لذا يجب تكريس الموارد لتنفيذ أعمال عقوبة الحبس.

[1] Oecd., annual reports on competition law and policy in Oecd countries "Paris – 2000 b".

[2] Hammonds. "lessons common to detecting and deterring cartel acitivity" speech made to the 3 nordic competitron policy conference (12 September, Stockholm) 2000.

ثانيا: أن إفلاس الشركة التى تورطت فى سلوك الكارتل من الممكن فعلا أن تقلل عدد الممولين للسوق وينتج عنها قلة المنافسة وارتفاع الأسعار علاوة على ذلك فإن الحبس وما يترتب عليه من فقد الحرية والسـمعة والمركـز الاجتماعـى والمكاسـب الماليـة. هـو الوسيـدة الوحيـدة للقضـاء عـلى التحالفات التجارية غير المشروعة.

وأخيرا نعتقد أنه ينبغى إنشاء سلطة تنفيذية عالمية يكون لها سلطات جمع الأدلة وإجراء المقابلات وتوقيع الغرامات المالية على الكارتلات الدولية تبعا للمكاسب التى حققتها وهذا من شأنه التغلب على قصور النظام الحالى للتنفيذ الدولى لمقاومة الكارتل وكذلك اتفاقيات التعاون الثنائى. ويعتبر خير شاهد على هذا القصور هو عدم قدرة الاتحاد الأوربى عن ملاحقة الكارتلات الدوليـة نتيجـة إحجـام الأعضاء بالاتحاد الأوربى عن السماح لمواطنيها بالمثول أمام تلك السلطات.

لذلك فينبغى تضمين اتفاقية منظمة التجارة العالمية نصوصا خاصة بسـن قوانين مقاومـة الكارتل وتنفيذ هذا القانون ومعالجة مشكلة القصور فى القوانين الحالية مع إدخال نظام التساهل المشترك "أو العفو لمن يبادر إلى إبلاغ السلطات بالكارتلات غير المشروعة مع قدرتها على تطبيق العقوبات الجنائية كلما سمح لها ذلك وبذلك نضمن عدم إحجام الدول عـن تقديـم المعلومـات والأدلـة باعتبار أن هذه الاتفاقية تعد ملزمة لجميع الـدول الأعضـاء بهـا" مـع مراعـاة إدراج بنـود تلـك الاتفاقيـات ضمن التشريعات الداخلية للدول الأعضاء بها.

المبحث الثالث

رفـض التعامـل

تعد الحرية التجارية من القواعد الأصولية التى أكـدتها معظـم التشريعات القانونيـة فلكـل شخص الحق فى أن يتعامل فى أى شئ ومع من يحب طالما كـان ذلك فى إطار النصوص القانونيـة ووفقـا للعادات والأعراف التجارية السائدة. وفى المقابل له الحق فى رفض التعامل مع من لا يريد التعامل معـه طالما كان ذلك وفقا لآليات السوق ووفقا لقواعد وأصول المنافسة الحرة الشريفة.

أن رفض التعامل قد يبدو بمثابة حق أصيل إذ أن البـائع أو المشترى هـو الوحيد مـن الناحيـة النظرية الذى يتأثر برفضه البيع أو الشراء ومع ذلك فإن دوافع رفض البيع فى الواقع قـد تكون متعـددة وكثيراً ما تستخدمها الشركات المهيمنة لإنفاذ ممارسات أخرى مثـل فـرض أسـعار إعـادة البيـع أو ترتيبـات التوزيع الانتقائى.

فضلاً عن ذلك فإن رفض التعامل يمكن أن يتصل اتصالاً وثيقاً بمركز مهيمن لمؤسسة أعمـال مـا فى السوق وكثيراً ما يستخدم كوسيلة لممارسة الضغط على مؤسسات الأعمال لفـرض أسـعار إعـادة البيـع وذلك كحالات رفض التعامل الرامية إلى إنفاذ قيود مانعة للمنافسة ، مثل فرض أسعار إعادة البيع لا يمنـع بحد ذاته المنافسة حيث أنه ينبغى أن تتمتع الشركات بحرية اختيار التعامل ومنح معاملة تفضيله أيضـاً للمشترين التقليديين ومؤسسات الأعمال ذات الصلة والموزعين الذى يقومون فى الوقت المناسـب بسـداد ثمن البضاعة التى يشترونها[1] .

وفى هذا السياق قضت المحكمة العليا للولايات المتحدة بأن الغرض مـن قـانون "شـيرمان" هـو حظر العقود والاتحادات والاحتكارات التى ربما ستتدخل بلا

---

[1] مؤتمر الأمم المتحدة – القانون النموذجى للمنافسة – مرجع سابق – ص٥٠.

مبرر فى ممارسة العاملين أو الذين يؤدون العمل فى التجارة لحقوقهم ممارسة حرة وبعبارة موجزة الحفاظ على الحق فى حرية التجارة وأنه فى حالة عدم وجود أى قصد لإنشاء احتكار ما أو المحافظة عليه فإن هذا القانون لا يقيد الحق المعترف به منذ زمن بعيد [1] ألا وهو حرية تحديد من سيتعامل معهم من عدمه.

وقد أقر المشرع المصرى هذا بنصه على أنه "يحظر على من تكون له السيطرة على سوق معينة القيام بأى مما يأتى: ١- .... ٢- الامتناع عن إبرام صفقات بيع أو شراء منتج مع أى شخص أو وقف التعامل معه على نحو يؤدى الحد من حريته فى دخول السوق أو الخروج منها ......".

وليس كل امتناع يعد إساءة لاستغلال المركز المسيطر وإنما الامتناع غير المبرر وعلى ذلك لا يعد امتناع المشروع المسيطر عن إبرام الصفقات مع أى شخص أو وقف التعامل معه محظوراً إذا ما وجدت مبررات لذلك تتعلق بعدم مقدرة هذا المشروع على الوفاء بالتزاماته الناشئة عن العقد [2] كما يجب أن يكون الهدف من هذا الامتناع الحد من حرية دخول المشروع المنافس فى السوق أو الخروج منه فى أى وقت [3].

---

[1] Jhon. H. Shene Filed and Irwin. M. stelzer "The antitrust laws" Washingtin D.C 2001 p.p 53 - 54 &
Spectrum sponts INC.V.Mcquilian 506 us 447 - 459 1993.

[2] وتنص المادة (١٣) من اللائحة التنفيذية للقانون ٣ لسنة ٢٠٠٥ على أنه "يحظر على من تكون له السيطرة على سوق معينة القيام بأى مما يأتى: أ- .... ب- الامتناع عن إبرام صفقات بيع أو شراء منتج مع أى شخص أو وقف التعامل معه على نحو يؤدى إلى الحد من حريته فى دخول السوق أو الخروج منه فى أى وقت ، بما فى ذلك فرض شروط مالية أو التزامات أو شروط تعاقدية تعسفية أو غير مألوفة فى النشاط محل التعامل.
ولا يعد الامتناع عن إبرام الصفقات مع أى شخص أو وقف التعامل معه محظوراً إذا وجدت له مبررات تتعلق بعدم قدرة هذا الشخص على الوفاء بالتزاماته الناشئة عن العقد.

[3] د/ سامى عبد الباقى - إساءة استغلال المركز المسيطر - مرجع سابق - ص ١٦٤.

كما أن الاتفاق على رفض التوريد سواء إلى مشترى محلى أو مستورد يمثل أيضاً رفضاً للتعامـل وعادة ما تكون حالات رفض التوريد إلى مستوردين محتملين هـى نتيجـة لترتيبـات تقاسـم العملاء التـى يتفق الموردون بموجبها على عدم التوريد إلا لمشترين معينين كما أنها قد تكون أيضاً نتيجة لترتيبات رأسية جماعية بين المشترين والبائعين كذلك قد يجد رفض التعامل أيضاً مجاله إذا انطوى على رفض للانضـمام فى ترتيب معين أو رابطة معينة تعد أياً منهما مهمة لممارسة النشاط الاقتصادى فى السوق إذا مـا تمـت دون مبرر[1] وفى الولايات المتحدة الأمريكية رأت أحدى محاكم الاستئناف أنه يمكن محاكمـة شركات إعادة التأمين فى لندن لارتكابها مقاطعة غير قانونية عندما اتفقت هذه الشركات على عدم التعامل مع آية شركة تأمين فى الولايات المتحدة عرضت تأميناً يغطى حوادث لم تكتشف ولم تقـدم مطالبـات عنهـا بينـما كانـت وثائق التأمين سارية[2].

نخلص من ذلك أن المقاطعة التجارية لا تعد محظورة لذاتها فإذا كان لها مبرراً تجاريـاً معقـولاً مثل الحفاظ على المكانة التجارية أو الحد من تدنى الأسعار فى السوق فهـى مقبولـة. أمـا إذا كـان الغـرض منها هو تقييد عملية المنافسة فهى المقاطعة المحظورة ولـذلك فلـكى يسـتطيع المضـرور إثبـات طبيعـة وهدف المقاطعة فعليه إثبات الآتى:

١- أن المشروع الرافض يملك قوه احتكارية فى السوق.

٢- النية الخاصة بالتحكم فى الأسعار وتدمير المنافسة.

٣- الأعمال المقاومة للمنافسة.

٤- تحقيق تلك القوة الاقتصادية عن عمد وقصد.

Wik v. American Medical Association 1987 – 2 cch . trade case, section 67,721, "n.d.h. 1987".   [1]

Inre insurance antitrust litigation , d.k.t 89- 16530 , reported ingo , banat r.r , 909 - June 27 -   [2]
1991.

ولكن هل تلك القواعد تنطبق على جميع أنواع المقاطعة ؟ وبعبارة أخرى هل يشمل الحظر جميع أنواع الرفض حتى ولو كان غير تجارياً؟

إن الإجابة على هذا التساؤل سوف تقودنا إلى بحث مسألتين:-

المسألة الأولى .. رفض التعامل المستند إلى التمسك بحق من حقوق الملكية التى يحميها القانون.

المسألة الثانية .. المقاطعة غير التجارية.

المسألة الأولى : رفض التعامل المستند إلى التمسك بحق من حقوق الملكية التى يحميها القانون

لقد أثار هذا الموضوع بلبلة واضحة فى الفقه والقضاء الأمريكى منذ أمد بعيد وحتى وقتنا هذا ولقد كان السبب فى ذلك هو محاولة التوفيق بين كلا من قانون مقاومة الاحتكار وقانون حماية حقوق الطبع والذى يحدث دائماً أن يقوم صاحب الحق بالتمسك بحق الملكية لعرقلة دخول أى منافس أخر وهذا الوضع "ينطبق فى مصر تماماً على ما تقوم به قنوات راديو وتلفزيون العرب A.R.T والتى قامت مؤخراً بشراء حقوق بث مباريات كأس العالم للدول وكأس العام للأندية فالشروط التى وضعت فى العقود التى أبرمتها المحطة مع الاتحاد الدولى لكرة القدم والتى بموجبها أسند إليها حقوق حصرية للبث" لا تشكل إساءة حتى ولو كان المشروع الذى يمتلك مركزاً مسيطراً فى السوق المعتبرة قانوناً[1].

ومن جهة أخرى فإن التمسك بحقوق الملكية لا تعد فى حد ذاتها إساءة لاستغلال المركز المسيطر حتى لو أدى ذلك إلى إعاقة المنافسة وترتب عليه عدم دخول منافسين جدد إلى السوق باعتبار أن هذا الحق هو رخصة قانونية استمدها مباشرة من القانون ما دام كان هذا متفقاً والعادات والأعراف التجارية المتعارف

---

(١) د/ سامى عبد الباقى - إساءة استغلال المركز المسيطر - مرجع سابق - ص١٦٧.

عليها تجارياً ومهنياً. إلا أنه إذا ارتبطت ممارسة حـق الملكيـة بتصرفات تـؤدى إلى الأضرار بالمنافسـة أو تقييدها عن عمد وقصد فهنا يتجسد لب الإساءة المقصودة لأنه بدون التصريح باستعمال هـذه الحقـوق المحمية فسوف يتوقف المنافسين الآخرين عن ممارسة أنشطتهم التجارية.

ولعل من أهم الأحكام الأمريكية فى هذا الشأن هـو الحكـم الصـادر فى قضية شركة زيـروكس والآخر الصادر فى قضية شركة كوداك كان لكلاً من الحكمين وجهة نظر مختلفـة فى هـذا الحق تبعـاً للآتى:

** القضية الأولى

منذ عام ١٩٨٤م وضعت مؤسسة زيروكس سياسة عدم بيع أجزاء فريـدة مـن بعض طابعاتها إلى منظمات الخدمات المستقلة (I.S.O) إلا إذا كانت مستخدما نهائيا[١] . وقـد شـملت هـذه السياسـة الأجزاء الحاصلة على البراءة والأجزاء غير الحاصلة على البراءة. وقامت زيـروكس بالتشـديد على تنفيذ سياستها من خلال منح الشراء المباشر لأجزاء معينه تقوم بعض منظمات الخدمات المستقلة مـن خلالهـا بخدمة طابعات عملائها ولقد كانت المبيعات التى تقدم لتلك المنظمات تخضع لإجراء التحقيـق مـن المستخدم النهائى وقد اثر ذلك بشكل كبير على قدرة تلك المنظمات فى تقديم خدماتها للمستخدم النهائى بشكل دائم لأن نقص الأجزاء يـؤدى إلى التـأخر فى الصـيانة عنـدما يضـطر المستخدم النهائى إلى المطالبـة بالأجزاء. وقد تضمنت دعوى مقاومة الاحتكار القضائية التى قدمتها منظمات الخدمات المستقلة ما يفيد بأن زيروكس قد احتكرت أو حاولت احتكار بيع الخدمة لطابعـات زيـروكس وهـذا يعد انتهاكـا للمـادة الثانية من قانون شيرمان.

Mich Elle M. Burtis & Bruce H Koboyashi "Intellectual property, the antitrust refusal to deal" [١]
forth coming vol 9 supreme court economic review 2001.

وقد أقرت المحكمة الفيدرالية أن مؤسسة زيروكس لم تنتهك قوانين مقاومة الاحتكار عندما رفضت البيع أو الترخيص منتجاتها الأصلية الحاصلة على براءة الاختراع إلى منظمات الخدمات المستقلة (I.S.O) وقد عللت المحكمة حكمها بأنه في حالة غياب أي دليل على الربط الغير قانوني أو الاحتيال على براءة الاختراع والعلامة التجارية فإن صاحب الاختراع له أن يستعمل حقة القانوني في حرمان الآخرين من تضيع أو استخدام أو بيع الاختراع ولا تقع عليه أي مسئولية بموجب قانون مقاومة الاحتكار وأن مؤسسة زيروكس أقامت توازن فعال بين الملكية وقوانين مقاومة الاحتكار[1] وأنتهت المحكمة إلى رفض الدعوى.

** القضية الثانية

فهي قضية شركة كوداك والتي أصدرت حكمها الدائرة التاسعة وتتلخص وقائع الدعوى: أنه منذ عام ١٩٨٥م بدأت كوداك مثلها في ذلك مثل زيروكس وقف بيع أجزاء من طابعاتها إلى منظمات الخدمات العامة وأمرت مصنعيها بعدم البيع لتلك المنظمات إلا انه في غضون عام ١٩٨٧م تقدمت تلك المنظمات بدعوى مقاومة الاحتكار تفيد بأن كوداك قامت بربط بيع خدمات آلات كوداك ببيع بعض الأجزاء بصورة غير قانونية مما يعد معه مخافة للمادة من قانون شيرمان كما[2] أنها احتكرت أو حاولت احتكار بيع الخدمات مما يعد معه مخالفة للمادة الثانية من قانون شيرمان وبعد فترة وجيزة قامت محكمة المقاطعة بإصدار حكم لصالح

[1]   Pauline Newman "The federal circuit: judicial stabilityor rudicial activism" 42m u.l rev 683 (1993).

المزيد من التفاصيل انظر:

Mold 8 tool co. u great lakes plastics inc 75 f3d 1568, 1574 (fed cir 1996) & see dso - nobelpharma abv implant innovations inc., 141 f3d 1059, 1068 (fed cir 1998) & xerox , 203 f3d at 1328-1329.

[2]   Image technical services. inc. v Eastman Kodak co. 1988. wl 156332 (nd cal 1988).

كوداك[١] وقامت برفض الدعوى. إلا أن الدائرة التاسعة قضت بأن كوداك قد انتهكت قانون مقاومة الاحتكار برفضها البيع[٢] وقد أكدته المحكمة العليا وتوصلت المحكمة إلى أنه (في النهاية وبما تكون حجج كوداك صحيحة .... ولكن ليس بمقدورنا أن تصل إلى تلك النتائج من الناحية القانونية)[٣].

بالإضافة إلى ذلك فلقد طالبت المحكمة كوداك ببيع جميع الأجزاء اللازمة لأجهزة كوداك وجميع أجزاء الإمداد التى يقوم الفنيون بشركة كوداك باستبدالها وجميع أجهزة الصيانة وقوائم الأسعار وذلك لمدة عشر سنوات بشروط وأسعار معقولة وغير تمييزية[٤].

وعلى الرغم من التعارض الواضح بين الحكمين إلا أن هذا لم يمنع من وجود تقارب وتشابه بينهم حيث تتفق كلا من الدائرتان التاسعة والفيدرالية على أن حقوق الملكية الفكرية لا تمنح امتيازا يخالف قوانين مقاومة الاحتكار[٥]. وذكرت الدائرة التاسعة أن هناك مبدأين قد ظهر فيما يتعلق بالتفاعل بين هذين القانونين (قانون مقاومة الاحتكار وقانون الملكية الفكرية) المبدأ الأول: إعفاء أصحاب براءة الاختراع ولا المالكين لحقوق الطبع من مسئولية مقاومة الاحتكار. المبدأ الثاني: يحق للحاصلين على براءة الاختراع والمالكين لحقوق الطبع رفض بيع الأعمال المحمية أو الترخيص بحق وأن قرار الدائرة الفيدرالية يقر أيضا بهذين المبدأين.

Image technical services. inc. v. Eastman Kodak co. 903 f2d 612 (9 the cir 1990).   [١]

Eastman Kodak. co.v Image technical services, 504 us 451 . 1992.   [٢]
Carle Shapiro "aftermarkts and consumer welfare making sense of kodak, 63" antitrust l.j 483. 1995 &   [٣]
Harbent Hovenkamp: "market power in aftermarkets: antitrust policy and the kodak." case, 40. ucla
rev 1447 (1993).

Image tehnical services v. Eastman kodak co. 1996. wl. 101173 (no cal. 1996).   [٤]
David Ncgawan," networks and intention in antitrust and intellectual prorty", 24 j. corp l 485.   [٥]
1999.

أن الفرق الواضح بين قرارات الدائرتين يتعلق بإمكانية توسيع نطاق رفض التعامل القانوني فى المنتجات الحاصلة على براءة الاختراع إلى أسواق أخرى وأن الدائرة التاسعة فى تفسيرها للإشارة المرجعية فى قرار المحكمة المنصوص عليه أنفا ، ترى أن بيان المحكمة على الرغم من كونه فى سياق الفقرة رقم (١) المتعلق بحالة الربط إلا أنه بيان عام الأمر الذى يجعله يتسع لحالة رفع الدعوى الخاصة بالفقرة رقم (٢) من قانون شيرمان ويفسر البعض ذلك كدليل على إمكانية وجود مسئولية مقاومة الاحتكار عند رفض التعامل أحادى الجانب سواء ببيع المنتج الحاصل على براءة الاختراع إذا كان هذا الرفض سوف يؤثر على سوق الخدمات الذى يقع خارج نطاق منع نطاق الملكية الفكرية[١]. وأشارت الدائرة الفيدرالية إلى خطورة تبنى المعيار الذى أقرته الدائرة التاسعة فى قضية كوداك والذى يؤدى إلى انتشار الدعاوى المستندة إلى أعمال أحادية الجانب بشكل مطلق وأن مثل هذه الدعاوى سوف تنتقص من المزايا الممنوحة بصورة قانونية لمالكى براءات الاختراع وحقوق الطبع بتعريضهم لتكاليف وخطر الدعاوى القضائية التى تقوم غالبا فى الأسواق المنفصلة على أثر رفض البيع أو الترخيص. وهذا الأثر الذى يصيب مالكى براءات الاختراع وحقوق الطبع يناقض الأغراض الأساسية والتكميلية لقانون الملكية الفكرية ومقاومة الاحتكار واللذان يهدفان إلى تشجيع الابتكار والصناعة والمنافسة[٢].

أن العودة إلى المبرر التجارى كان هو الكلمة السحرية لمحاولة تبرير رفض صاحب حق البراءة الترخيص باستخدام حقه القانونى خاصة إذا كان

Marina Lao," Unlateral refusals to sell or license intellectual property and the antitrast duty to [١] deal" 9 , cornell L J pub policy 11 – 3 - 1999. p.p 202-03. & Mark R. Patterson, "when is property intellectual? the leveraging problem, "7350 call.L   rev 1133 Jun. 15 - 2000.

Michael H.Kauffman, Image techincal services inc v. Estman kodak. co. taking one step farward [٢] two steps back in reconciling intellectual property rights and antitrast liability 34 wake forest l rev 471 (1999).

المدعى عليه يمتلك قوة السوق ويعتبر المبرر التجارى قانونيا إذا ارتبط بصورة مباشرة أو غير مباشرة بتحسين رفاهية المستهلك لذلك فإن تتبع الكفاءة والجودة ربما يدخلان ضمن الأسباب التنافسية القانونية لرفض التعامل. وهو ما أكدته المحكمة العليا من أن مالكى حقوق الطبع يحق لهم قانونا اختيار الرفض بالترخيص لاستخدام أعمالهم محفوظة الطب وتوصلت المحكمة إلى أن الفقرة رقم (١) من قانون شيرمان لا تسمح للمشترى شراء منتج لا يرغب البائع فى عرضه للبيع إذا كان لذلك مبررا تجاريا سليما حتى ولو ترتب حدوث ضررا للمستهلك[1] باعتبار أن هذا الضرر هو ضرر قانونى مقبول.

وقد ألقت المحكمة العليا فى الولايات المتحدة الأمريكية بكلمتها الأخيرة حلا لهذا الخلاف وتطلبت أن يقوم المدعى. بإثبات أن هناك ضررا وقع عليه نتيجة الأعمال الاحتكارية بالإضافة إلى الضرر القانونى الناتج عن منع استخدام الحقوق المسجلة وهو ما يعنى التفرقة بين الأضرار الناتجة عن منع استخدام الأجزاء المسجلة وبين تلك التى تحدث عن منع التعامل عن الأجزاء غير المسجلة[2].

المسألة الثانية: المقاطعة غير التجارية

لا ينطبق قانون "شيرمان" على كل أنواع رفض التعامل لأنه يوجد بعض أنواع رفض التعامل لا يستهدف تحقيق الربح أى تفادى المنافسة أو إقصاء المنافسين وثمة رفض للتعامل أو المقاطعة وتستهدف تحقيق الربح وفى ذات الوقت مشروعة وهو ما يطلق عليه المقاطعة غير التجارية[3].

---

[1] Timothy J.Murise "California dental association" federal commission: the revenge of footnote 17 ,
8 econ rev 255. (2000),

[2] Mark A. Glik and Duncan J. Cameron "When do proprietary aftermarkets benefit consumers?"
no 67 antitrust l. J "1999".P.P 357.

[3] أحمد عبد الرحمن الملحم - الاحتكار والأفعال الاحتكارية دراسة تحليلية مقارنة فى القانون الأمريكى والأوروبى والكويتى - مرجع سابق - ص١٤٤.

ففى دعوى منظمة المرأة الوطنية بالولايات المتحدة الأمريكية[1] دعت تلك إلى مقاطعة كـل الولايات الأمريكية والتى لم توافق على مشروع قانون المساواة بين المرأة والرجـل بمـا فيهـا ولايـة ميزورى وعدم عقد أية مؤتمرات بها من أجل إجبار البرلمان على التصديق على هذا القانون. إلا أن ولاية ميزورى رفعت دعوى ضد المنظمة بأنها انتهكت نص الفقرة الثانية من قـانون شيرمان. وقـد صدر حكم الـدائرة الثانية برفض الدعوى تأسيسا على أن المقاطعة غير تجارية لا تستهدف تحقيق أغراض منافية للمنافسة.

وقد قام مجموعة من الفقهاء بتفسير المقاطعة غـير التجارية مـن خـلال التميـز بـين الغـرض الاقتصادى والغرض غير الاقتصادي. ويتصل الأول بكل المنافع الخاصة ماعدا ما يتعلق بالغرض التجارى أما الثانى فهو لا يستهدف أية منافع مادية سواء كانت مباشرة أو غير مباشرة والأعمال المدنية. ومـن ثـم فـإن المقاطعة غير التجارية التى تخرج مـن نطـاق تطبيـق قـانون شيرمان تشـمل المقاطعـة الاقتصـادية وغـير الاقتصادية[2] وبناء على ذلك فإن رفض التعامل المرتبط بعملية السوق التجارية. وهو الذى يـدخل ضـمن نطاق الحظر المنصوص عليه فى صدر المادة الثانية من قانون شيرمان.

---

[1] 620. f2d 1301-1302 (8 th. cir. 1980).

[2] أحمد عبد الرحمن الملحم - الاحتكار والأفعال الاحتكارية - مرجع سابق - ص١٤٦.

المبحث الرابع

التسعير التمييزى والعدوانى

يعد السعر هو أقوى وسيلة فعالة فى المنافسة وعادة ما تستخدمه الشركات ذات المركز المسيطر والمهيمن من أجل الحفاظ على قوتها الاحتكارية، وتقع هذه الممارسة عندما يقوم المشروع المسيطر بالبيع بأسعار ما دون التكلفة أى بأسعار لا تغطى التكلفة المتغيرة أو الكلية لإنتاج السلعة وذلك بهدف استبعاد المنافسين من السوق المعتبرة قانونا. فالمشروع المسيطر يبيع هنا بأسعار منخفضة عن سعر التكلفة ويقابل الأسعار الاختلالية الأسعار المرتفعة فكليهما يعد إساءة لاستغلال المركز المسيطر وتتمثل هذه الأخيرة فى البيع بسعر غير عادل ومن ثم تكون الأسعار اختلالية غير متوازنة عندما لا يوجد تناسب بين السعر والتكلفة التى تكبدها المشروع لإنتاج السلعة فالتكلفة تكون أكبر من السعر وبالعكس تكون الأسعار مرتفعة عندما لا يوجد تناسب بين قيمة المنتج وسعره فهذا الأخير يكون مرتفعاً بصورة كبيرة عن قيمة المنتج. [١]

ويسعى المشروع المسيطر من وراء حرب الأسعار إلى تحقيق الأهداف الآتية: [٢]

١- حيازة وضع مسيطر على السوق تختلف تمامًا عن ذلك الذى كان سائدًا قبل ممارسة سياسة تحطيم السعر مما يمكن معه بسهولة تعويض الخسائر التى لحقت بالمشروع المهاجم من خلال مرحلة التحطيم عن طريق رفع غير معتاد فى الأسعار ، الأصل أن هدف السيطرة على السوق من خلال سياسة التحطيم تتبناه المشروعات المستقرة بالأسواق لكن ليس هناك ما يمنع من تبنيه من قبل المشروعات الداخلة إلى السوق

(١) د/ سامى عبد الباقى – إساءة استغلال المركز المسيطر – مرجع سابق – ص١٩١-١٩٢.
(٢) د/ عبد الباسط وفا – سياسة تحطيم المشروعات من خلال الأسعار وانعكاساتها على الأسواق التنافسية – دار النهضة العربية – ٢٠٠١ – ص١٤-١٥.

حيث إن من المقصود أن تبدأ نشاطها بأسعار زهيدة للغاية بغرض السيطرة على حصة كبيرة فى السوق على حساب المشروعات القائمة .

ويمكن أن نستشهد فى هذا الشأن بممارسة حديثة نسبيًا شهدها سوق السيارات الأمريكية خلال الفترة ١٩٩٥ – ١٩٩٦ ، فقد استطاعت شركة السيارات العملاقة اليابانية الأصل " تويوتا – نيسان – هوندا " أن تدخل هذا السوق خلال تلك الفترة رافعة شعار الأسعار المنخفضة للغاية التى يتحقق بها هامش ربح لا يذكر ، وبالفعل استطاعت أن تحصل على حصة كبيرة نسبيًا على حساب الشركات الأمريكية الوطنية " فورد " ، وبعد أن ثبتت أقدامها نسبيًا قامت بزيادة أسعار مبيعاتها .

٢- إظهار القدرة المالية للمشروع المهاجم وإظهار أنه قادر على خوض حروب الأسعار ليكون رادعاً للمشروعات المنافسة التى تفكر فى مهاجمته باستخدام سياسية السعر أو التى تفكر فى الدخول معه فى حرب أسعار.

٣- تحقيق وضع احتكارى على منطقة جغرافية معينة من السوق بحيث يمكنه من رفع الأسعار فى تلك المنطقة من السوق والتمهيد للسيطرة على منطقة جغرافية أخرى من خلال التصدير استخدامًا لسياسة الإغراق .

٤- عادة ما يسعى المشروع المهاجم إلى الاستحواذ على أصول ضحاياه حتى يضمن عدم عودتهم مرة ثانية إلى السوق بعد أن يتخلص من أسعار التحطيم بتبنيه أسعار جديدة مرتفعة ، ومن ثم تحقيق ميزة تقويه سلطة المشروع المهاجم فى السوق مما يسهل عليه الشراء من المشروعات الضحية ، التى لا تجد وسيلة إلا التنازل عن أصولها بأسعار زهيدة نظرًا لتأثير سياسة التحطيم على قيمة أصولها الفعلية فى السوق ، فمثلا حينما مارست ترست التبغ فى الولايات المتحدة الأمريكية سياسة التحطيم خلال الفترة من ١٨٨١ – ١٩٠٦م نتج عن ذلك ملكية هذا الترست لأصول ٤٠ مشروعًا بسعر منخفض بنحو ٢٥% م تكلفة الاكتساب .

إن نجاح سياسية الأضرار بالمنافسين من خلال الأسعار – بعد استبعاد المنافسين يعتمد بصفة جوهرية على قدرة المشروع المهاجم على حيازة وضع مسيطر على السوق مدة طويلة مع قدرته على زيادة الأسعار بطريقة كافية لاسترداد خسائره التى تولدت عن تبنى هذه السياسة بالإضافة إلى نقص المعلومات لدى المنافسين المحتملين عن المشروع الذى يستخدم هذه الممارسة ضدهم بحيث يعتقدون أن هذا المشروع يتميز بنفقات إنتاج منخفضة عنهم مما يجعلهم يفضلون عدم الدخول إلى السوق. [1]

ونظراً للتشابه الكبير بين البيع بسعر منخفض من اجل الأضرار بالمنافسين وبين البيع بسعر منخفض نتيجة الكفاءة الاقتصادية للمشروع وكذلك انخفاض تكاليف الإنتاج فى أن كليهما تكون وسيلتهما واحدة وهو البيع بسعر منخفض فقد رأى مجموعة من الاقتصاديين أنه ينبغى توافر مجموعة من الشروط فى النوع الأول:-

أولا: وجود مركز مسيطر فى السوق فعن طريق هذا المركز يستطيع المشروع المهاجم والذى يتبنى تلك الحرب السعرية الصمود لفترة طويلة أمام الخسارة التى يواجهها نتيجة البيع إلى ما دون سعر التكلفة بالنسبة لمنتجاته.

ثانيا: رغبته فى إحداث خنق لعملية المنافسة وإعاقتها عن طريق الأضرار بالمنافسين الموجودين بالسوق أو منع دخول منافسين جدد فى السوق.

وغالبا ما يستخدم المشروع المسيطر فى حرب الأسعار أحدى صورتين: **الأولى** التسعير العدوانى **والثانية** التسعير التمييزى ولكلاً منهما خصائصه وشروطه المختلفة وهو ما سوف نحاول من خلاله إلقاء الضوء على هاتين الصورتين فى مطلبين مستقلين.

المطلب الأول: التسعير التمييزى.

المطلب الثانى: التسعير العدوانى.

[1] د/ مغاورى شلبى – حماية المنافسة ومنع الاحتكار – مرجع سابق – ص١٥٢.

المطلب الأول

التسعيـر التمييـــزي

يعد التسعير التمييزي من أهم الممارسات الاستبعادية في السوق التـي تعيق عملية المنافسة فغالبًا ما يشكل التميز في الأسعار أداة لا غنى عنها في يد الشركات لزيادة أرباحها من أي مركز سوقي تحتله إلى أقصى حد ممكن لتعزيز هذا المركز أو الدفاع عنه إزاء الشركات الأخرى. بيد أن التميز السعري يمكن أن يستخدمه أيضاً الحائزون على القوة السوقية لتفادي المنافسة بزيادة حصصهم من السوق أو وضع حواجز أمام عملية الدخول إلى السوق.

الفرع الأول

تعريف التسعير التمييزي وعوامل نجاحه

أولا: تعريف التسعير التمييزي

يعرف التسعير التمييزي أنه "بيع منتجين متطابقين من حيـث الجـودة أو الدرجة أو النـوع أو الخدمات المتماثلة بأسعار مختلفة من نفس البائع"[1].

ويشكل التميز في الأسعار أداه لا غنى عنها في يد الشركات لزيادة أرباحها من أي مركز سـوقي تحتله إلى اقصى حـد ممكن لتعزيز هـذا المركز أو الـدفاع عنـه إزاء الشركات الأخـرى إلا أنـه غالبـاً مـا يستخدمه أصحاب القوة السوقية وذلك لتفادي المنافسة بزيادة حصصهم من السـوق أو وضع الحـواجز أمام الدخول إلى السوق وهو ما يعد تصرفاً افتراسيا[2] سواء تم عن طريق فرض أسعار مغالى

---

[1] مؤتمر الأمم المتحدة للتجارة والتنمية "القانون النموذجي للمنافسة" – مرجع سابق - ص ٤٥.

[2] Hugin. Liptons "case commission decision December 1977 "Official journal of the European communities" 17 January 1978".

فيها أو رفض مؤسسة أعمال تتمتع بمركز مهمين توريد مادة لا غنى عنها للأنشطة الإنتاجية لعميل يكون فى مركز يسمح له بممارسة أنشطة منافسة .

وقد ارتبطت عملية التسعير التمييزى فى الآونة الأخيرة ارتباطا وثيقاً بالتكنولوجيا وكذلك بالمناخ القانونى فعلى جانب التكنولوجيا فإنه لكى تتمكن الشركة من التسعير وفقاً لتاريخ شراء المستهلك فإنها تحتاج إلى أن يكون لديها تكنولوجيا المعلومات لتتبع تاريخ شراء المستهلك وقد تكون التكنولوجيا بسيطة نسبياً وذلك إذا كان ما تحتاج الشركة معرفته هو ما هى الشركة التى اشترى منها المستهلك من قبل ففى السنوات الأخيرة مكنت الطرق الحديثة الشركات من جمع معلومات عن المستهلك فعلى سبيل المثال أدخل تجار التجزئة كروت المستهلك المفضل أو كروت الوفاء فعندما يصل الكارت أو يشير إلى نقطة البيع يقوم نظام المعلومات لدى بائع التجزئة بتسجيل أسم المشترى وقت الصفقة ومحتويات الشراء. وهذه الكروت مع نظم المعلومات الجديدة المطورة تمكن تجار التجزئة من استهداف المستهلكين وتخصيصهم بأسعار متميزة[1].

إلا أنه على الرغم من قدرة الشركات على تميز الأسعار إلا أن هذا لا يكون بصورة مطلقة فقد تؤثر اعتبارات العدالة للمستهلك على هذه القدرة وذلك إذا ما شعر المستهلك أنه عومل بشكل غير عادل إذا قامت الشركة باستغلال وتميز غيره عنه فيكون للمستهلك مقاطعة منتج هذه الشركة وهذا من شأنه أن يقلل حافز أى شركة لممارسة تميز السعر[2].

ثانيا: عوامل نجاح التسعير التميزى

يوجد هناك بعض الشروط التى يتعين توافرها حتى يكون التميز السعرى

Fudenbery Drew and Jean Tirole "Customer poaching and brand switching. Rand journal of [1] economics 5/31/ 2000 p.p 634-657".

Holmes , Thomas "The effects of third – degree price discrimination in oligopoly" American [2] economic review no 70 , 1989 p.p 244-250.

ممكنا ومربحا وهى: [1]

١- أن يتمتع المنتج بقوة احتكارية ففى ظل المنافسة لا يقوى المنتج على تقاضى أكثر من سعر للسلعة الواحدة - حيث يتركه المستهلكون لغيره - أما فى ظل الحالات الاحتكارية فلا يترك المستهلكين البائع لغيره لتميزه فى السعر.

٢- عدم إمكانية إعادة بيع السلعة بعد شرائها من السوق ذات السعر المنخفض فى السوق ذات السعر المرتفع فإذا أمكن للبعض عمل ذلك فإنهم يفسدون على المحتكر سياسته حيث لن يقدم أحد على شراء السلعة بسعر مرتفع وهى فى متناوله بسعر أقل . بالإضافة إلى أن تدفق السلعة بين السوقين سوف يعمل على توحيد السعر فيهما ومن العوامل التى تساعد على تحقيق هذا الشرط:-

أ-   ارتفاع تكلفة النقل بين السوقين بما يفوق الفرق بين السعرين.

ب- وجود حواجز جمركية تمنع إعادة بيع السلع من سوق أجنبية إلى سوق محلية.

ج- استحالة نقل السلعة أو الخدمة من مكان لأخر مثال ذلك استحالة نقل شقة رخيصة فى حى ما إلى حى أخر به شقق غالية.

د- استحالة إعادة بيع بعض الخدمات مثال ذلك خدمات الأطباء أو المحامين فالمريض أو العميل لا يمكن لأيهم إعادة بيع الخدمات التى تلقوها فى هذه الحالة.

٣- حتى يكون التميز السعرى مربحاً فلابد من اختلاف مرونة الطلب فى السوقين حتى يمكن للمحتكر أن يبيع بسعر مرتفع فى السوق ذات الطلب قليل المرونة وبسعر منخفض فى السوق ذات الطلب كبير المرونة.

[1] د/ عبد القادر محمد عبد القادر - التحليل الاقتصادى الجزئى - مرجع سابق - ص ٣٢٠ - ٣٢١ .
- عبد الحليم كراجة ومحمد الباشا وعبد الناصر العبادى - مبادئ الاقتصاد الجزئى - دار صفاء للنشر والتوزيع - عمان - ١٩٩٩ - ص ١٩٣-١٩٤.

الفرع الثانى

شروط التسعير التمييزى وأنواعه

أولا: شروط التسعير التمييزى

لابد من توافر ثلاثة شروط وذلك لإمكانية القول بوجود التسعير التميـزى وذلك عـلى النحـو

التالى:-

١- التميز

وفقا لأهداف قانون "روبنسون بات مان" فإن تميز السـعر يقصـد بـه "الاخـتلاف فى السـعر الـذى يتحمله المشترى فعليا" فإذا وجد اثنان من المبيعات بأسعار مختلفـة عـلى الـرغم مـن تطـابقهما فى الجـودة أو النوع فيعد ذلك تسعيرا تمييزياً وكقاعدة عامة فإن السعر الفعلى هو السعر الـذى يدفعـه المشترى إلا أنـه إذا رغب البائع فى استخدام السعر المرسل الـذى يسـتوجب كميـات متنوعـة لتكـاليف الشـحن بالنسـبة لمبيعـات العملاء المختلفين فلا يوجد هناك تميز فى السعر إذا رفض البائع البيع إلا بالسعر الأعلى.

وقد أقرت محكمة العدل الأوربية القرار الصادر من اللجنة الأوربية والـذى كانـت قـد أيدتـه أيضـاً محكمة أول درجة فيما ذهبت إليه من إدانة مطار باريس بارتكابه إساءة لاسـتغلال مركـزه المسـيطر بسـبب قيامه بفرض ضرائب وإتاوات على شركة Alpha Flight أكثر ارتفاعاً من تلـك المفروضـة عـلى أحـد فـروع شركـة طيران فرنسا.[١]

٢- الإضرار بالمنافسة [٢]

يعد التميز فى مبيعات البضائع من نفس النوع والجودة غير قانونى وذلك

---

[١] د/ سامى عبد الباقى – إساءة استغلال المركز المسيطر – مرجع سابق – ص١٩٠.
[٢] Rich M Steuer "Find law professional executive summary of the antitrust law" USA – 2006. p.p37.

فقط إذا كان من المحتمل أن ينتج منه إضرارا بالغة بالمنافسة والضرر فى هذه الحالة ينقسم إلى نوعين:-

الأول: الأضرار بالمنافسة بين المشترين.

الثانى: الأضرار بالمنافسة بين البائعين.

ويتمثل الضرر فى النوع الأول إذا كان حجم التميز صغيرا أو كبيرا ولكنه دائم ما دامت الصناعة تتسم بهامش ربح بسيط أو تتسم بالمنافسة الضارية لأسعار أعادة البيع بين المشترين المتنافسين أما إذا كان كل من المشترين عميلاً نهائياً ولا يقوم بالمنافسة فى إعادة بيع المنتج أو إذا اشترى كمية كافية تسمح له بربح أعلى كخصم للكمية فلن تكون فى هذه الحالة ثمة مخالفة بينما يتمثل الضرر فى الحالة **الثانية** بين البائع ومنافسيه الذين قد يخسروا التجارة بسبب السعر التميزى المنخفض وذلك حينما يخفض البائع أسعاره فى أحد المناطق من أجل جذب المزيد من المستهلكين أو تجار التجزئة ومن ثم فإن قانون "روبسون باتمان" فى صراع مباشر مع الهدف الأساسى لمقاومة الاحتكار وهو المنافسة التسعيرية الصريحة ومن ثم فإن الضرر الرئيسى يتطلب صحة أقوى من الأضرار المحتملة للمنافسة فعندما تكون الأسعار التميزية أقل من هامش التكلفة فيعد ذلك تميزا سعريا.

٣- نفس نوع المنتج وجودته

إن اختلاف الأسعار لا يقع تحت طائلة القانون ما لم تكن البضائع المباعة لمشترين مختلفين تنمى لنفس النوع والجودة هذا يتعلق فقط بالمواصفات المادية للبضائع وهو ما يعنى ضرورة أن تكون أسعارهم متطابقة.

ثانيا: أنواع التعسير التميزى: ينقسم التسعير التميزى إلى ثلاثة أنواع:

النوع الأول

وفى هذا النوع تختلف الأسعار من قبل المستهلك الذى يتسم بمرونة السعر المخفض وينشأ هذا النوع من كون قيمة البضائع شخصية بالمستهلك الذى يتسم

بمرونة للسعر المخفض ويكون أقل إعاقة من المستهلك الذى لديه مرونة للطلب فى السعر المرتفع إلا أن هذا النوع من التسعير يعد نظريا فى الأساس حيث أنه يتطلب معرفة البائع للحد الأقصى ـ من الأسعار الذى يرغب كل مستهلك أن يشترى به فأولى اهتمامات البائع هو معرفة الحد الكلى فى السوق وبالتالى أخذ كل زيادة من المستهلك وتحويله إلى عوائق مالية تمنع المنافسة. ففى ظل وجود المنافسة الكاملة يحصل المستهلك على أكبر حجم من الزائد و الفائض بينما يستحوذ البائع على كل الفائض فى الأسواق التى تتميز بالتميز فى الأسعار فكفأه السوق لا تتغير ولكن الترددات تتحول وتنتقل[1].

النوع الثانى

وفى هذا النوع تتنوع الأسعار وفقا للكمية المباعة فالكميات الأكبر يتاح بيعها بسعر أقل وينتشر هذا النوع بوجه خاص بالنسبة للمستهلك الصناعى بينما نجد أن المشترين بالجملة يتمتعون بخصومات أعلى وفى هذا النوع لن يستطيع البائع أن يميز بين فئات مختلفة وأنواع مختلفة من المستهلكين ومن ثم فسوف يقدم الممولون دوافع للمستهلك لكى يميزوا أنفسهم[2].

النوع الثالث

فى هذا النوع يتم التميز فى السعر عن طريق التفرقة بين فئات المستهلكين فالمستهلك رفيع المستوى سوف يكون لديه رغبة أكبر من الدفع عن المستهلك العادى ومن ثم فإن الممول يضع سعرا أقل للمستهلك بسبب عوائق الميزانية لدى هذا المستهلك بسبب أن هذا المستهلك لديه مزيد من المرونة

Thomas Nagel and Reed Holdlen, "The strategy and tactics of pricing " LONDON 2006" p.p 10. [1]

http://en,wikipedia.org/wiki/price discrimination types of price discrimination. 16/6/2006. [2]

السعرية للطلب. وبالتالى فإن المحتكر قادر على الاستحواذ على مزيد من الفائض فى السوق لا يستطيع الحصول عليه دون تميز فى السعر مثلما تقوم به شركات الطيران عندما تقدم خصومات كبيرة لتجار الجملة والمشتغلين بالسياحة وخصومات موسمية وتشجيعية بينما تفرض أسعارا أخرى للمستهلك العادى[1].

ويتضمن تحريم التميز أيضاً الأحكام والشروط فى توريد أو شراء لسلع أو خدمات وعلى سبيل المثال فإن تقديم تسهيلات ائتمانية أو خدمات تبعية متمايزه فى توريد السلع والخدمات يمكن أن يكون تميزاً أيضاً وفى التشريع الاسترالى لا يقتصر تحريم التميز على جوانب التميز القائمة على الأسعار بل يشير أيضاً إلى الائتمانات وتوفير الخدمات ودفع تكاليف الخدمات المقدمة فيما يتعلق بالسلع.[2]

الفرع الثالث

التنظيم القانونى للتسعير التميزى

يحظر قانون روبنسون باتمان "ROBINSON PATMAN" تميز الأسعار فقد نص فى المادة ٢/أ منه على أن "يحظر على من يعمل بالتجارة وأثناء ممارسته لتلك التجارة أن يقوم بالتميز السعرى سواء بطريقة مباشرة أو غير مباشرة بين اثنين من المشترين المختلفين لبضائع من نفس الدرجة والجودة"[3].

Corts , Keneth "Third degree price discrimination in oligopoly, all about competition and [1] strategic commitment. Rand journal of economics 29, 1998 p.p 306-323."

[2] مؤتمر الأمم المتحدة للتجارة والتنمية – القانون النموذجي بشأن المنافسة – مرجع سابق – ص٤٦.
[3] تم وضع قانون "كلايتون" بتارخ ١٩١٤/١٠/١٥ وتم تعديله بقانون "ربنسون باتمان" بتاريخ ١٩٣٦/٥/١٩م لمزيد من التفاصيل انظر:
The new rules "Robinson Patman Act" at http://www. newrules, org.

ويعد قانون ربنسون باتمان تعديلا لقانون كلايتون الذى نص على تجريم التسعير التمييزى فى المادة ٢/٤ منه. ويهدف هذا القانون إلى منع تميز الأسعار فى الحالات التى ينتج عنها تقلص فى المنافسة أو يخلق نوعاً من الاحتكار وهو ما يؤدى إلى القضاء على المنافسة أو منعها وذلك بالنسبة لأى طرف سواء أكان مانحا للميزة الخاصة بذلك التميز أو متلقياً لها. ويدخل ضمن الحظر المنصوص عليه دفع عمولة أو سمسرة أو أى تعويض يتم دفعه من أجل التأثير على أسعار السوق[١].

فى المقابل تحظر المادة (٨٢) من معاهدة الاتحاد الأورى التسعير التمييزى إذا فرضته شركة مسيطرة أو ذات مركز احتكارى بهدف تقيد المنافسة وبوجه عام "اتخاذ شروط غير متمثلة لصفقات تجارية متكافئة مع أطراف تجارية أخرى ومن ثم وضعهم فى منافسة غير متكافئة" ففى قضية شركة " AKZO. CHEMIE BV." ضد الوكالة الحكومية قضت محكمة العدل الأوربية بمسئولية شركة "AKZO" لأتباعها سياسية التميز السعرى دون مبرر ليس من اجل المنافسة الحرة وإنما من أجل القضاء على منافسيها وأهمها شركة "ESC" حينما خفضت سعر الدقيق لمستهلكى شركة "ESC" بحيث أصبح أقل من متوسط سعر التكلفة وذلك على عكس الأسعار المقدمة لمستهلكيها الذى كان أكبر من متوسط سعر التكلفة فاستنتجت المحكمة أن هذا التميز لم يكن غرضه إلا القضاء على الشركة المدعية واصطياد عملائها[٢].

وفى قضية أخرى قامت المفوضية الأوربية بتغريم شركة السكر الايرلندية وهى شركة مسيطرة فى سوق السكر فى ايرلندا لإساءتها استغلال مركزها الاحتكارى فى سوق السكر الايرلندى وكان قرار اللجنة مبنيا على أن الشركة المدعى عليها سعت لتقيد المنافسة من واردات السكر الفرنسى وكذلك السكر الوارد من شمال

[١] ماجد عمار – قوانين مكافحة الاحتكار فى الولايات المتحدة الأمريكية- مرجع سابق - ص١٠٨-١٠٩.

[٢] Klemperer Paul "The competitiveness of markets with switching costs" Rand journal of economic 1987. p.p 138-150.

ايرلندا عن طريق تميز السعر بوضعها سعر أقل بالنسبة لمستهلكى السكر الفرنسى واحتفاظها بمعدل أسعار مرتفعه لمستهلكيها مما سبب أضرارا بالغة بمنافسيها[1].

وبناء على ذلك فإن التسعير التمييزى الذى تفرضه شركة مسيطرة فى سوق معين إذا كان هدفه تقيد عملية المنافسة بالتعدى على عملاء المنافسـين الآخـرين واصطيادهم فهـو يمثـل حالـة انتهـاك لقـوانين مكافحـة الاحتكار، وفى المقابل فقد نص قانون حماية المنافسة ومنع الممارسات الاحتكارية فى المادة ٥/٨ على أنه .. يحظر على من تكون له السيطرة على سوق معينة القيام بأى مما يأتى:-

أ - ....

هـ- التميز بين بائعين أو مشترين تشابه مراكزهم التجارية فى أسعار البيع أو الشراء أو فى شروط التعامـل ......

وبذلك يكون المشرع فى المادة الثامنة من قانون المنافسة المصرى قد حظر قيام المشروع المسيطر بـالتميز بين بائعين أو مشترين تشابه مراكزهم التجارية فى أسعار البيع أو الشراء أو شروط التعامل فضلاً عن ذلك فلقد اشـترط فى المـادة ١٣ مـن اللائحـة التنفيذيـة للقـانون[2] أن يـؤدى هـذا التميـز إلى أضعاف القـدرة التنافسية للبائعين أو المشترين.

---

[1] Liu, Qihong and Kinstantoons Serfes "Customer information sharing among firms" European economic review forthcoming 2005.

[2] وقد نصت المادة ١٣ من اللائحة التنفيذية على أنه .. يحظر على من تكون له السيطرة فى سوق معينة القيام بـأى مـما يأتى:-
أ- ....
هـ- التميز بين بائعين أو مشترين تشابه مراكزهم التجارية فى أسعار البيع أو الشراء أو فى شروط التعامل وذلك عـلى نحـو يؤدى إلى أضعاف القدرة التنافسية لبعضهم أمام البعض الأخر أو يؤدى إلى إخراج بعضهم من السوق.

بيد أنه لا يعد كل تميز فى الأسعار مخالفًا للقانون فقد يسمح القانون صراحة بالتميزات الناتجة عن الاختلافات فى تكاليف التصنيع أو البيع أو التوزيع وهو ما يسمى "بتبرير التكلفة"[1] كذلك عندما تعمل الظروف المتغيرة للسوق على خفض معدلات الأسعار عندما تصاب بركود فى المبيعات وكذلك المبيعات التى يستلزم بيعها لكونها عرضه للتلف وبغية تقدير طبيعة التميز التى تشجع المنافسة أو تحد منها تقوم سلطات المنافسة بتقييم مدى قانونية الممارسة فيما يتعلق بآثارها الاقتصادية على الأسواق المعنية ووضع أصحاب الشأن فى الأسواق وتخضع التقيدات الرأسية فى العديد من الولايات القضائية إلى تطبيق حكم المنطق مما يعنى أن هذه التقيدات ليست ذات طبيعة ضارة على الدوام بل يمكن أن تعود بالنفع على هياكل السوق أو ظروف سوقية معينة مثل التخلص من المخزون فى مواسم الاوكازيونات أو تشجيع الزبائن الجدد وهو أمر شائع فى مجال الاشتراك بالمجلات لإغراء الزبائن الجدد. [2]

(¹) John, H Shenefield and Irwin M. Stelzer "The antitrust laws" 2001. p.p 9-10.
(²) مؤتمر الأمم المتحدة للتجارة والتنمية - القانون النموذجى للمنافسة - مرجع سابق- ص٤٤.

المطلب الثاني

التسعير العدوانـــى

فى كثير مـن الـدول ومـن بينها الولايـات المتحـدة الأمريكيـة يعتبـر التسـعير العـدوانى مقاوما
للمنافسة وغير قانونى بموجب قوانين مقاومة الاحتكار ولكن من الصعب عادة أن نثبـت أن الانخفـاض فى
الأسعار يرجع إلى "التسعير العدوانى" وليس نتيجة المنافسة الطبيعية وكذلك فإن دعاوى التسعير العـدوانى
من الصعب إثباتها ويرجع ذلك لأن الموانع القانونية الكبيرة قد صممت لحماية المنافسة السعرية ويشبه
قانون الولايات المتحدة الأمريكية "الفيدرالى"[1] إلى حد كبير القانون الفيدرالى الخاص بدولة كنـدا والـذى
يحرم سياسة التسعير العدونى[2] لذلك سوف نحاول التعرف على مفهوم التسعير العدوانى وكيفية إثباتـه
ثم التنظيم القانونى له.

الفرع الأول

تعريف التسعير العدوانى وعناصره

أولا: تعريفه

يقصد بالتعسير العدوانى "قيام الشركة ببيع أحد المنتجات بسعر منخفض جداً بهـدف اسـتبعاد
المنافسين لخارج السوق أو عمـل عائقـاً لـدخول السـوق بالنسـبة للمنافسـين الجـدد والمحتمـل دخـولهم
السـوق"[3] لذلك أصبحت الأسعار المنخفضة هـى الشغل الشـاغل لسياسـة المنافسة وغايـة المسـتهلكين[4]
عندما تصبح هذه الأسعار

---

[1] Calvani and Breidenbach , an introduction to the Robinson Patman Act, its enforcement by the government antitrust USA 1996.

[2] Calvani and Lynch, predatory pricing under the Robinson Patman and Sherman Act: an introduction, antitrust USA . 1985 - p.p 375.

[3] ABA, antitrust section, monograph no,22 , predatory pricing "1996".

[4] Atlantic Richfield co .V. USA petroleum co, 1990 - p.p 326-340.

عائقا للمنافسة الحرة وتمكن الشركات المحتكرة من رفع وتثبيت الأسعار بصورة غير تنافسية تعمل على الأضرار بالمستهلكين خاصة وبالسوق بصفة عامة.

ويشار بوجه عام إلى أن التسعير الافتراسي هو أحد أكثر التصرفات الافتراسية شيوعا وتمارس مؤسسات الأعمال هذه التصرفات لإخراج مؤسسات الأعمال المنافسة لها من النشاط بنية الإبقاء على مركز مهيمن أو تدعيمه وكلما زاد تنوع أنشطة مؤسسة الأعمال من حيث المنتجات والأسواق كلما زادت مواردها المالية وزادت قدرتها على ممارسة التصرفات الافتراسية ، ويرد مثل هذا على الأنظمة المتعلقة بالتسعير الافتراسي في قانون جمهورية الصين الشعبية بشأن مواجهة المنافسة غير المنصفة وهو ينص على أنه لا يجوز للمشتغل (أي مؤسسات الأعمال أو الأفراد) بيع سلعة بسعر أدنى من التكلفة بقصد استبعاد منافسيه وتتبع هنغاريا معياراً مماثلاً فهى تحظر تحديد أسعار منخفضة بشكل مفرط لا ترتكز على تحقق كفاءة أكبر بالمقارنة مع المنافسين ويحتمل أن تؤدى إلى إخراج المنافسين من السوق ذات الصلة أو عرقلة دخولهم إليها. وتتنوع أساليب التسعير الافتراسى مثل التسعير المغالى فيه أو رفض مؤسسة أعمال ما تتمتع بمركز مهيمن توريد مادة لابد منها للأنشطة الإنتاجية لعميل يكون في مركز يسمح بممارسة أنشطة منافسة.[1]

ثانيا: العناصر المكونة للتعسير العدوانى

قد يحدث لبس أو غموض بين التسعير العدوانى "كممارسة غير مشروعة" والبيع بسعر منخفض "ممارسة مشروعة" فكل منهما يستخدم ذات الوسيلة وهو تبنى السعر المنخفض ولكن يختلفان في هدف كلا منهما فبينما يهدف التسعير العدوانى إلى الأضرار بالمنافسين من خلال حرب الأسعار ومن ثم تدمير عملية المنافسة عن طريق خروج المنافسين من السوق أو منع دخول جدد له فإن البيع بسعر منخفض يكون الغرض منه استفادة المشروع من انخفاض تكاليف إنتاجية

---

[1] مؤتمر الأمم المتحدة - القانون النموذجى بشأن المنافسة - مرجع سابق - ص٤٣-٤٤.

مقارنة بمنافسيه. لذلك فإن التسعير العدواني لابد أن يتوافر له عنصرين. [1]

أولا: البيع أقل من مستوى معين وهو أن يقوم المشروع الذى يتبنى ممارسة الأضرار بالمنافسين مـن خـلال الأسعار ببيع منتجاته بأسعار تقل عن تكلفة إنتاجها وقـد فسرت التشريعات المعينـة بالمنافسـة المقصود بتكلفة الإنتاج وحددتها بإنها التكلفة المتوسطة المتغيرة وقد تم الاعتماد على هذا المعيار فى أحكام القضاء فى الولايات المتحدة الأمريكية وفى الاتحاد الأوروبي لتأكيد أو نفى تبنى المشروع لسياسة سعرية ضارة بالمنافسين وذلك لان قيام المشروع ببيع منتجاته بأقل من التكلفة المتوسطة المتغيرة يعتبر تعسفاً فى استعمال الحق. بحيث لا توجد مصلحة للمشروع فى البيع بهذا السعر إلا استبعاد المنافسين من السوق.

ثانيا: إثبات نية المشروع المهاجم للأضرار بالمنافسين ، حيث لا يكفى أن يقوم المشروع بتبنى سـعر ضـار بالمنافسين ولكن لابد أن يكون تبنى المشروع لهذا السعر بغرض الأضرار بالمنافسين الآخرين ورغم أهمية العنصر إلا أن المشكلة تكمن فى كيفية إقامة الدليل على توفر هذا العنصر الثانى – خاصة أنه عنصر ذو طبيعة معنوية ولذلك فإن تشريعات المنافسة تميل إلى إقامة قرينة على توفر هـذه النية فى حالة معينة وفى حـالات أخرى تكـون القرينـة عكسية لـذلك يجـب علـى المشـروعات المتضررة أن تثبت توافر نية الأضرار من جانب المشروع المهاجم.

---

[1] د/ مغاورى شلبى – حماية المنافسة ومنع الاحتكار– مرجع سابق – ص١٥٢-١٥٣.

الفرع الثاني

إثبات تحقق التسعير العدواني وكيفية مواجهته

أولا: إثباته

أن الفرق بين التسعير العدواني وبين البيع بسعر منخفض هو ضرورة توافر نية الأضرار بالمنافسين وحيث أن إثبات النية هو من صعاب الأمور باعتبار أنها لا تعد شيء مادى ملموس بل هى شيء معنوى مستقر فى كيان المشروع المهاجم ومن أجل ذلك فلقد تعددت الآراء حول إثبات التسعير العدواني إلى رأيين:

الرأى الأول

هذا الرأى تتبناه كلاً من "DONALDF - TURNER, PHILIP AREED" ونشر ـ كمقال قانونى حقيقى عن التسعير العدواني [1] وقد اعتمد هذا المقال على قانون يعتمد على التكلفة فى تحديد ما إذا كان التسعير عدوانياً من عدمه ولاحظ كلاً منهما أن التسعير العدواني فى غير عام ومع ذلك فلقد أقرأ بأن التسعير العدواني مازال موضوع اهتمام قانونى لصناع سياسة مكافحة الاحتكار فإذا تم التسعير دون الحد الأدنى من سعر التكلفة فإن هذا يعد سلوكاً استبعاديا واقترح كلا منهما ما يلى:

١- أن التسعير فى حدود تكاليف الحد الأدنى "للمدى القصير" لا يعتبر تسعيرا عدوانيا.

٢- أى سعر أقل من تكلفة الحد الأدنى للمدى القصير يعد تسعيرا عدوانيا إلا إذا كانت فى معدل التكلفة الكلية.

Donald F.Turner & Philp Areed, "predatory pricing and related practices under section 2 of the [1] Sherman Act," 88 harv. l. rev 1975 p.p 697.

كما تأكد هذا المعنى فى:

Koller, "The myth of predatory pricing an empirical study, antitrust " L. & econ rev – 105 "summer 1971".

٣- لأن قاعدة البيانات المتوفرة عن تكاليف الحد الأدنى من الصعب الحصول عليها فإن معدل التكلفة المتعددة هو الأسهل في الحصول عليه أو تستخدمه المحاكم كبديل لتكاليف الحد الأدنى[1].

وعلى الرغم من أن مكتب المنافسة الكندي قد أخذ بمنطق كلا من

"AREEDA , TURNER" إلا أن هناك من يرى صعوبة تطبيق هذا الرأى على أرض الواقع[2].

وقد وصل تأييد هذا الرأى إلى ذروته عندما قضت المحكمة العليا في الولايات المتحدة الأمريكية في قضية "UTAHPIE CO .V. CONTINENTAL BAKING CO" بأن الشركة المدعى عليها قد مارست التسعير العدواني في أسعار منتجاتها لما دون سعر التكلفة وهو ما أدى إلى زيادة حجم نصيبها في السوق بزيادة قدرها ٢٨٪ وفي مقابل ذلك نقص نصيب مبيعات المدعى إلى نسبة ٤٥٪ بعدما كان يستحوذ على نسبة ٦٦٪ من السوق واستكملت المحكمة أن معدل التكلفة الحقيقية هو مستوى التكلفة الكلية المناسب[3].

الرأى الثاني

وهذا الرأى تبنى معيار النية لإمكانية تحديد وجود تسعير عدواني من عدمه وقد تأكد هذا المعنى في قرار محكمة الاستئناف عام ١٩٨٩م في قضية " A.A POULTRY FARMS , INC ROSE ACRE FARMS" وتتضمن هذه القضية معركة تسعير بين منتجى البيض وقد أدركت المحكمة أن أسعار المدعى عليه كانت تحت

---

[1] T. Calvani & Jiegfried "economic analysis & antitrust law, 2d ed 1988 p.p 231-45, 79-82."

[2] ومعنى هذا أن اكتشاف ما قبل المحاكمة والمحاكمة نفسها غالباً ما يتم عمله في قضايا صعبة وشاقة لما يخص شهادة خبراء متخصصين في هذه النقاط ... ولمزيد من التفاصيل أنظر
Aba section – antitrust law – developments , supra note 30 p.p 255.

[3] Brodley & Hay," predatory pricing competing economic theories and the evolution of legal standards,"66 cornell l .rev. "1981" p.p 738.

معدل التكلفة الكلى وأقل من معدلها وتكاليفها المتعددة "البديلة" لفترة من الزمن الأكثر من ذلك فإن قاعدة بيانات التكلفة رافقتها التعليقات التنفيذية والتى تدل على وجود نية تسعير عدوانى واحده من اشهر التعليقات تتضمن "سوف نقوم بطردكم من التجارة وأن ما تبقى لكم أياما معدودات"[1] واستندت المحكمة أن تطبيق معدل التكلفة يعد عمل صعب وأقرت المحكمة أنه يجب أن يوضع فى الاعتبار أن صاحب التعسير العدوانى من المحتمل أن يكون قادرا على استعادة تكليفه العدوانية.

غير أنه لم تلبث أن عدلت المحكمة عن رأيها هذا فى حكم للمحكمة العليا فى الولايات المتحدة الأمريكية فى قضية "MATSUSHITA ELECTRIC INDUSTRIAL CO . V. ZENITH RADIO CORP" وأخذت بالرأى الأول وهو البيع دون سعر التكلفة.

وأقرت المحكمة أن التسعير العدوانى من خلال الخصم الحاد ليس مجدياً للعمل التجارى على المدى القصير لأنه قد يؤدى إلى حرب تسعيرية وسوف تسبب خسائر فى عوائد الدخل أو الأرباح وقد تعمل الأعمال التجارية وتشتعل فى التسعير العدوانى لأنه قد يجلب المكاسب على المدى الطويل ويرجع ذلك لأن المنافسين الذين ليسوا على درجة قوية من المنافسة بنفس قوة المسعر العدوانى سوف يعانون من الخسائر فى أعمالهم التجارية أو انخفاض فى هامش الربح نتيجة للمنافسة السعرية العدوانية الأمر الذى يضطرهم إلى الخروج ومغادرة السوق

وبعد خروج المنافسين سوف يعمل المنافس العدوانى على رفع الأسعار فوق المستويات التنافسية ولكى ينجح المسعر العدوانى لابد أن يكون لديه قوة كافية "احتكارية" أى احتياطى نقدى أو مصادر أخرى من أجل تحمل فترة الخسارة الأولية أو يكون هناك موانع أساسية للدخول[2] وانتهت المحكمة إلى أن البيع دون

Matyushita electric industrial co. v. Zenith radios corp, 475 u.s. 1986 p.p 574, 588-590.   (¹)

Easterbrook , "Predatory stratgies and counterstrategies",48U.chi L rev "1981" p.p 263 , 268.   (²)

سعر التكلفة الحقيقية يجب أن يعامل كتسعير عدوانى وانه يجب على المدعى أن يثبت أن صاحب التسعير العدوانى سيكون قادرا فيما بعد على استعادة الخسائر المرتبطة بتسعيره العدوانى. بالإضافة إلى ضرورة إثبات أن الممارسات التسعرية لن تؤثر فقط على المنافسين ولكنها سوف تؤثر على المنافسة فى السوق كله.

وعلى نفس الاتجاه سار القانون الكندى متبنيا هذا الاتجاه فلقد حظر فى المادة (٥٠) فقرة (ج) من قانون المنافسة بيع المنتجات بأسعار منخفضة بطريقة غير معقولة والتى تكون بغرض التخلص من المنافسة والمنافسين أى أنه اعتد بأن البيع دون سعر التكلفة يعد تسعيراً عدوانياً.

إلا أنه على الرغم من تلك الآراء فلقد وجد رأياً أخر وأن كان يمثل قلة من بعض الاقتصاديين حيث أنهم يعتبرون أن التسعير العدوانى الصحيح يعتبر نادرا لأنه ممارسه غير منطقية والقوانين مصممه لمنع الممارسة التى تعوق المنافسة واستند أصحاب هذا الرأى من قرار المحكمة العليا فى الولايات المتحدة الأمريكية فى قضية [1] "BROOK G. V. WILLIAMSON CORP" حيث أن وكالة التجارة الفيدرالية لم تقاضى أى شركة لسبب التسعير العدوانى وهذا بالإضافة إلى ضرورة اشتغال المسعر العدوانى أكبر قدر ممكن فى السوق حتى تستطيع تحمل الخسائر مدة أطول من منافسيها أو بمعنى أكثر دقه لابد أن تكون محتكرة ولديها أسهم كبيرة من حجم مبيعات السوق.

فضلاً عن كل ذلك فإنها قد لا تستطيع تعويض الخسارة التى لحقت بها لأنها عندما ترفع الأسعار لمستويات عالية فهى بذلك تقدم حافزاً قويا لشركة أخرى لأن المنافس سوف يعلم أن المسعر العدوانى لن يستطيع تخفيض أسعاره للأبد. لذلك فكل ما يلزمهم فقط هو استخدام الألاعيب للبقاء بالسوق فالإفلاس ليس فى حد ذاته يدمر ما يمتلكه المنافس المنهزم فقد ينتهز المنافسين المنهزمين الفرصة

Brook group ltd v. Brown & Williamson tobacco corp, 1993. p.p 2579-2589. [1]

بالعودة إلى العمل التجاري مرة أخرى في شكل اتحادات وتحالفات تمكنهم من الدخول في السوق وممارسة أعمال تجارية تدر عليهم ربحاً[1].

ونحن نعتقد أنه على الرغم من صحة بعض ما جاء به الرأي الأخير إلا أن التسعير العدواني يمكن تحققه على أرض الواقع وأن كان صعباً في إثباته إلا أنه ليس مستحيل الوجود إلا أن تحقيق وجود التسعير العدواني يتطلب توافر مجموعة من الضوابط الآتية:

١- لابد أن تكون المنشأة المسعرة تملك حصة كبيرة من أسهم السوق أو بمعنى أخر لديه قوة احتكارية كبيرة تمكنها من تحمل خسائر النزول بالأسعار إلى ما دون سعر التكلفة مع قدرتها على استعادة تلك الخسائر.[2]

٢- التحقق من قدرة المنافسين الآخرين في مجاراة الشركة المسعرة في نفس الخصم من عدمه وكذلك متابعة أثر التسعير المنخفض على حجم مبيعات الشركات الأخرى المنافسة فإن كان هناك انخفاض بسيط في حجم المبيعات فهذا الانخفاض لا يرجح إرجاعه إلى التسعير العدواني أما إذا كان الانخفاض بالحجم الكبير والذي يؤدي بها في النهاية إلى ترك السوق فهذا يعتبر تسعيرا عدوانيا.

٣- الرغبة في الأضرار بالمنافسين من خلال السعر ويعد هذا الشرط هو العنصر ـ الأساسي المكون للتسعير العدواني وبالتالي فليس كل سعر منخفض ينطوى في حد ذاته على تسعير عدواني. لذلك لابد أن يتضح من خلال تلك الممارسات هل يراد بها إعاقة عملية المنافسة من عدمه.

[1] http://www.forbes.com/ forbes/1999/0503/6309089 a. htm/. 1/6/2006.

[2] Francois Souty: "Competition law and policy: regional integration and regulatory evolutions. some thoughts driving from European Union and French experiences. paper prepared on the Arab regional seminar for capacity building on competition and antitrust "Cairo 25-30 July 2002. p.p 15-30.

وقد نص قانون حماية المنافسة ومنع الممارسات الاحتكارية فى المـادة الثامنـة عـلى أنـه "يحظر عـلى مـن تكون له السيطرة على سوق معينة القيام بأى مما يأتى..[1]

أ- ....

ج- بيع منتجات بسعر يقل عن تكلفتها الحدية أو متوسط تكلفتها المتغيرة وبذلك يكون المشرـع المصرى قد تبنى معيار البيع بأقل من سـعر التكلفة بالإضافة إلى تمتع المشروع المنافس بمركز مسيطر فى السوق.

ونحن نعتقد أن الرأى القائل بأن البيع دون سعر التكلفة هو تسعيراً عـدوانياً هـو الـرأى الـراجح والأولى بالأتباع.

ثانيا: مواجهة التسعير العدوانى

من التحليل الاقتصادى لممارسة الأضرار بالمنافسين من خـلال الأسعار انتهت بعض الدراسـات إلى وضع توصيات بشأن القواعد التى تحد من هذه الممارسة عند تطبيق قانون لحماية المنافسة ومنع الاحتكار ، ومن أهم هذه التوصيات.[2]

١- يفضل أن تحدد سلطات المنافسة سعرا ضاراً بالمنافسين الآخرين يعرف "بالسـعر المحطم أو سـعر الإحالـة" بحيث يتم تتبع المشروعات التى تبيع منتجاتها عند

---

[1] وتنص المادة ١٣ من اللائحة التنفيذية للقانون على أنه " تحظر الاتفاقات والتعاقدات بين أشخاص متنافسة فى أية سوق معينة إذا كان من شأن الاتفاق أو التعاقد إحداث ما يأتى:-
أ- ......
ج- بيع المنتجات بسعر أقل من تكلفتها الحدية أو متوسط تكلفتها المتغيرة بالتكلفة الحدية نصيب الوحدة عـن المنتجـات من إجمالى التكاليف خلال فترة زمنية محددة كما يقصد بالتكلفة المتغيرة التى تتغير بتغير حجم مـا يقدمه الشخص من منتجات خلال فترة زمنية محددة.
[2] د/ مغاورى شلبى – حماية المنافسة ومنع الاحتكار – مرجع سابق – ص١٧٩-١٨٠ ، ولمزيد من التفاصيل راجع د/ عبد الباسط وفا – سياسية تحطيم المشروعات من خلال الأسعار – مرجع سابق- ص١٢٢-١٢٩.

مستوى أقل من هذا السعر طالما كانت لديها نية الأضرار بمنافسيها ، ومن التشريعات المختلفة يتحدد هذا السعر عند مستوى التكاليف المتوسطة المتغيرة.

٢- يجب أن تنبه سلطات المنافسة لعدم الخلط بين السعر المحطم والسعر المحدد الذى قد يتبناه بعض المشروعات لظروف معينة ، دون نية الأضرار بالمنافسين الآخرين وهو سعر لا يترتب عليه خسائر للمشروع الذى يتبناه ويظل دائماً أعلى من أو مساوياً لتكلفة الإنتاج المتوسطة والمتغيرة وذلك بعكس السعر المحطم الذى يترتب عليه خسائر للمشروع ويكون أقل من التكلفة المتوسطة المتغيرة.

٣- أن تستند التفرقة السابقة بين السعر المحطم والسعر المحدد على إلمام سلطات حماية المنافسة بالعديد من المتغيرات مثل خصائص الطلب ودرجة المنافسة وخصائص تكاليف الإنتاج فى مجال هذا النشاط.

٤- أن تفرق سلطات حماية المنافسة بين استهداف حماية المنافسة واستهداف حماية المتنافسين كأن تتبنى قواعد لحماية المشروعات الصغيرة بغض النظر عن مناخ المنافسة فى السوق وعلى حساب المشروعات الكبرى العاملة فى ذات النشاط.

٥- أن تقوم سلطات المنافسة بالدراسة الدقيقة للحالات المتهمة بالأضرار بالمنافسين من خلال الأسعار كل حالة على حده ، وخاصة فى الحالات التى لم يترتب على هذه الممارسة خلق أوضاع احتكارية بالسوق كما لا يجب التماس أعذار للمشروع الذى يثبت توافر نية التحطيم لديه عند القيام بهذه الممارسة غير المشروعة.

٦- ضرورة التفهم الجيد من جانب سلطات حماية المنافسة بأن ممارسة الأضرار بالمنافسين من خلال الأسعار تعتبر سلاحاً ذو حدين ، حيث قد تؤدى إلى الحد من الدخول المفرط من المشروعات للعمل فى النشاط محل هذه الممارسة وهو

ما يحافظ على الفاعلية الاقتصادية العامة ولكن يجب أخذ هـذه الحجـة فى التعامـل مـع هـذه المارسـة
السعرية بحذر شديد ، حتى لا تخل بقواعـد المنافسـة وتحـرم المشروعات مـن الـدخول إلى السـوق
ولذلك يمكن الأخذ بهذه الحجة كمبرر للتغاضى عن ممارسة الأضرار بالمنافسين من خـلال الأسـعار فى
بعض الحالات وخاصة التى يترتب فيها على دخول منافسين جدد مضار على الاقتصاد مثل الآثار عـلى
العمالة أو آثارها على الرفاهية العامة للمستهلكين.

المبحث الخامس

التواطؤ الضمنى – صفقات الربط

من المعلوم أن الاتفاقيات فيما بين المؤسسات تنقسم بصورة أساسية إلى نـوعين أفقيـة ورأسـية فالاتفاقات الأفقية هى التى تبرم بين مؤسسات أعمال تزاول بصفة عامة نفس الأنشطة أى بين المنتجين أو بين تجار البيع بالجملة أو بين تجار البيع بالتجزئة الـذين يتعـاملون فى أنواع مماثلة مـن المنتجات. أمـا الاتفاقيات الرأسية فهى التى تبرم بـين مؤسسات أعمال تعمـل فى مراحـل مختلفة مـن عمليـة التصنيع والتوزيع كالاتفاقيات التى تعقد بين مصنعى مكونات المنتجات التى تشمل على تلك السـلع. والاتفاقيات فيما بين مؤسسات الأعمال محظورة من حيث المبدأ فى مجموعة المبادئ والقواعد باسـتثناء حالة تعامـل مؤسسات الأعمال بعضها مع البعض فى سياق كيان اقتصادى تكـون فيه هـذه المؤسسات تحت سيطرة مشتركة بما فى ذلك عن طريق الملكية وفيما عدا ذلك لا يكون بوسع الواحدة التصرف بصورة مستقلة.

ويسرى الحظر على الاتفاقيات والترتيبات سواء كانت كتابية أو شـفوية رسـمية أو غـير رسـمية وهذا يشمل أى اتفاق سواء كان المقصود به أن يكون ملزماً من الناحية القانونية أم لا..،

ومن المعلوم أنه عندما تكون الترتيبات كتابية لا مكن أن يكون هناك أى جدل قانونى حول وجودها ولـو انه قد يكون هناك جدل حول معناها غير أن مؤسسات الأعمال تمتنع فى الكثير من الأحيـان عـن الـدخول فى ترتيبات كتابية ولا سيما حيثما يكون محظورا بموجب القانون بينما المشكلة الحقيقة فى هذا النوع مـن الاتفاقيات يكمن فى صعوبة إثبات الاتفاقيات الشفوية الغير مكتوبة أو بمعنـى أدق "الضـمنية" إذا يتعين إثبات أن شكل ما من الاتصال أو المعرفة المشتركة بالقرارات

التجارية قد حدث فيما بين مؤسسات الأعمال مما يقضى إلى تفاهم على الإجراءات أو توازى فى السلوك من جانبها[1].

ولعل من أهم صور الاتفاقيات الأفقية والتى تثير صعوبة فى طريقة إثباتها هى التواطؤات الضمنية فيما تعد صفقات الربط مثالاً للاتفاقيات الرأسية وهو ما سوف نبينه تفصيلاً:-

المطلب الأول: التواطؤ الضمنى.

المطلب الثانى: صفقات الربط.

[1] مؤتمر الأمم المتحدة للتجارة والتنمية – القانونى النموذجى للمنافسة – مرجع سابق – ص٢٧.

المطلب الأول

التواطؤ الضمني

في دراسة الاقتصاديات فإن التواطؤ يحدث داخل الصناعة عندما تتعاون الشركات المنافسة من أجل المنفعة المتبادلة وغالبا ما يحدث التواطؤ داخل السوق الخاصة **باحتكار القلة** بحيث يؤدى قرار الشركات القليلة بالقيام بالتواطؤ بالسيطرة على السوق بأكمله بصورة ملحوظة و تعتبر التحالفات حالة خاصة من التواطؤ الصريح وعلى الجانب الأخر فإن التواطؤ غير المعلن يعرف **بالتواطؤ الضمني.**

وطبقا لنظرية لعبة التجارة ، فإن استقلال الموردين يرفع الأسعار إلى حدها الأدنى لترفع بـذلك الكفاءة وتقلل الأسعار التى تحدد قدرة كل شركة على حدة فإذا حدث وخفضت احدى الشركات أسعارها ، فإن الشركات الأخرى سوف تحذو حذوها لكى تحافظ على الأسعار وإذا حدث ورفعـت احـدى الشركات أسعارها ، فإن منافسيها من المحتمل ألا يقتفوا أثرها لأن مبيعاتها سوف تنخفض وهذه القواعد تسـتخدم كأساس لنظرية الطلبات الملتوية فإذا تواطأت الشركات على زيادة الأسعار من بـاب التعـاون فيما بينهما فإن الخسارة فى المبيعات سوف تنخفض إلى الحد الأدنى لان المستهلك لن يجد أمامـه الاختيـارات البديلـة منخفضة الأسعار. [1]

وفيما يلى نعرض لتعريف التواطؤ الضمنى وأهـم السـمات الأساسية للتواطؤ وكيفيـة أثبـات التواطؤ وأخيرا عوامل نجاح أو فشل التواطؤ وذلك على النحو الآتى:

---

[1] collusion – wikipedia, the free encyclopedia
http:// en. wikipedia. org / wiki / tacit – collusion 5/20/2006.

الفرع الأول

تعريف التواطؤ الضمني وخصائصه

أولا: تعريف التواطؤ الضمني

يعرف التواطؤ بأنه "العملية التى تقوم الشركات من خلالها فى السوق المركزية باقتسام قوة احتكاريـة فعليا عن طريق تحديد أسعارهم بناء على الحد الأقصى مـن الأربـاح فـوق المسـتوى التنافسى ـ عـن طريـق إدراك مصالحهم الاقتصادية المشتركة"[1].

لذلك فإن التواطؤ الضمني بين الشركات والمشروعات التجارية المتنافسة يقع بين منطقة وسـط بين الاحتكار المطلق والمنافسة الكاملة[2] لذلك فإن المحتكرين عادة لا يحاولون ألا يشتركوا فى هـذا النـوع من الاتحاد.

ويعتبر التواطؤ تصرفا غير قانونيا بشكل كبير فى الولايات المتحدة الأمريكية[3] والجزء الأكبر مـن الاتحاد الأوربي وذلك يرجع إلى قانون مقاومة الاحتكار ، إلا أن التواطؤ الضمنى الـذى يأخـذ شـكل قيـادة الأسعار والتفاهمات الضمنية ما يزال يحدث ومن بين الأمثلة العديدة الآتى:[4]

---

[1] Joe Harrington: "The collusion chasm reducing the gap between antitrust practice and industrial organization theory" johns hopkins university" csef-lgier symposium on econmics and institutions - june / july 2005.

[2] د/ أحمد يوسف الشحات – الشركات دولية النشاط ونقل التكنولوجيا إلى البلدان النامية – مع دراسة الاقتصاد المصرى – دار الشافعى للطباعة – المنصورة – ١٩٩٩م – ص٢٠.

[3] حيث نصت المادة الأولى من قانون شيرمان (١٨٩٠) على أنه "يتم إعلان ما يلى غير قـانون كـل عقـد أو اتحـاد فـى شـكل احتكار أو غير أو مؤامرة ويعمل على تقيد التجارة أو النشاط التجارى بين العديد من الولايات أو مع الأمم الأجنبية.

[4] Tirole J "hierarchies and bureaucracies" journal of law economics and organization, vol 2- 1986, pp. 181-214.

١- تثبيت الأسعار وتقسيم السوق بين المصنعين للأجهزة الكهربائية الثقيلة.

٢- محاولة كبار أصحاب أندية لعبة البسبول خفض مرتبات اللاعبين.

٣- تثبيت الأسعار بين مصنعى الأغذية والذين يقومون بتوريد الأطعمة للكافيتريات فى المدارس والمنشآت العسكرية.

٤- تقسيم السوق وتحديد أنتاج أعلاف الماشية من جانب الشركات الموجودة فى الولايات المتحدة الأمريكية واليابان وكوريا الجنوبية.

ثانياً: خصائص التواطؤ الضمنى

إن من السمات الملازمة للتواطؤات الضمنية أنها مانعة للمنافسة إذا إنها تتعارض مع نفس الغرض المتوخى من الدعوة إلى تقديم عطاءات وهو شراء السلع والخدمات بأنسب الأسعار والشروط وقد تتخذ العطاءات التواطئية أشكالا مختلفة مثل الاتفاقات على تقديم عطاءات تمويهية والاتفاقات حول الجهة التى ستقدم العطاء الأدنى والاتفاقات على ألا ينافس عطاء أحد عطاء الأخر والاتفاقات على قواعد مشتركة لحساب الأسعار أو تحديد شروط العطاءات والاتفاقات على استبعاد الغير من مقدمى العطاءات والاتفاقات التى تحدد مسبقا الفائزين بالعطاءات على أساس التناوب أو على أساس جغرافى أو على أساس تقاسم العملاء وهذه الاتفاقات يمكن أن تشمل على نظام لتعويض غير الفائزين من مقدمى العطاءات[1].

وأهم ما يميز أسواق التواطؤ الضمنى هو سياسية التفاعل بين الشركات المتنافسة على تثبيت السعر وحجم الإنتاج دون اتفاق بينهم أو حتى اتصال مباشر حيث أن هذه الشركات لا تلتقى للتفاوض والاتفاق ويمكن تلخيص أهم السمات

---

[1] مؤتمر الأمم المتحدة للتجارة والتنمية – القانون النموذجى بشأن المنافسة – مرجع سابق - ص٣٠.

الأساسية فيما يلى: [١]

١- أن التواطؤ الضمني بين الشركات والمشروعات التجارية المتنافسة هـو عبـارة عـن تفاهـم ضـمني عـلى تبنى سياسة واحدة للتسعير وحجم الإنتاج لسلعة ما دون اتفاق صريح أو مكتوب بين هذه الشركات والمشروعات.

٢- أن التواطؤ الضمني يحدث بين عدد قليل جدا مـن الشركات والمشروعات التجاريـة المتنافسـة سـواء كانت هذه الشركات جميعها شركات كبرى أو كانت بعض هذه الشركات شركات كبرى والبعض الآخر شركات أقل حجما وذلك لأن هذا التواطؤ فى الغالب يحدث بين شركات ضخمة إلا أنه قد يحدث بـين شركة ضخمة وعدة شركات صغرى حيث تحذو الأخـيرة حـذو الأولى خوفـا مـن انتقـام الأولى إذا مـا قامت بوضع سياسات مغايرة.

وتعد التواطؤات الضمنية غير قانونيـة فى معظم البلـدان فحتـى البلـدان التـى لا توجـد فيهـا قوانين محددة بشأن الممارسات التجارية التقنية كثيراً ما توجد فيها تشريعات محددة بشأن العطـاءات – وتعامل معظم البلدان التواطؤات معاملـة أشـد مـن معاملـة الاتفاقـات الأفقيـة وذلك لمـا تنطـوى عليـه العطاءات التواطئية من جوانب غش لا سيما أنه يترتب عليها آثار ضارة بالمشـتريات الحكوميـة والإنفـاق العام [٢].

وقد نص قانون حمايـة المنافسـة ومنع الممارسـات الاحتكاريـة رقم ٣ لسـنة ٢٠٠٥ فى المـادة السادسة منه على أنه "يحظر الاتفاق أو التعاقد بين أشخاص متنافسة فى أيـة سـوق معنيـة إذا كان مـن شأنه إحداث أى ما يأتى:-

أ- رفع أو خفض أو تثبيت أسعار البيع أو الشراء للمنتجات محل التعامل.

([١]) أمل شلبى – الحد من آليات الاحتكار – مرجع سابق – ص١٧٠.
([٢]) Dick, A.R. " Identifying contracts combinations and conspiracies in restraint of trade ",
managerial and decision economics L rev–no 17 (2) 1996 p.p 203.

ج- التنسيق فيما يتعلق بالتقدم أو الامتناع عـن الـدخول فى المناقصات والمزايـدات والممارسـات وسـائر عروض التوريد.

وبذلك يكون القانون المصرى قد نص على كافة الأشكال والتصرفات التـى يمكـن أن تتضمنها التواطؤات الضمنية سواء ما تعلقت بخفض أو رفع الأسعار أو الشراء أو وضع عوائق واشـتراطات لـدخول المناقصات والمزايدات.

الفرع الثاني

موانع نجاح التواطؤ وإثباته

أولاً: عوامل فشل التواطؤ:

هناك عدة موانع كبيرة تهدد نجاح واستمرار التواطؤ إذا تحققت فإنها تجعل مـن اسـتمرار التواطؤ أمرا فاشلا ومن هذه الموانع ما يلى: [1]

أولا: عدد المنافسين: فكلما زاد عدد المنافسين فى صناعة معينة ، فإن عملية التنظيم والاتصال يصبح أكـثر صعوبة لتحقيق النجاح.

ثانيا: اختلاف التكلفة والطلب بين الشركات: فكلما تعددت التكلفة وتنوعت بصـورة كبـيرة بـين الشركات فإنه يستحيل معه إيجاد سعر يتم تثبيت المنتجات عليه.

ثالثا: الدخول المحتمل: هناك شركات يحتمل دخولها مجال الصناعة بأسعار جديـدة وبـذلك تقضى ـ علـى التواطؤ.

رابعا: اختلاف السعة الإنتاجية: أن الزيادة فى معدل التكلفة الكلية أو انخفاض الوردات يعتبر بمثابة حافزا وازدياد الطلب على منتجاتها.

خامسا: التعاون بين الشركات: يعد التعاون من أهم عناصر نجاح التواطؤ لأنه

Tirole,J "collusion and the theory of organization" advances in economic theory proceedings of the [1]
sixth world congress of the econometric society "ED 6y L-j Laffont cambridge university press - 1992 -
vol2,p.p 151-206.

يوجد دافع كبير للغش في اتفاقيات التواطؤ وذلك لان خفض الأسعار يولد حرب الأسعار ويزود الشركة التي تقوم بالغش بأرباح كبيرة.

سادسا: قوة التشريعات الحكومية.

* أولا: عدد المنافسين

إن عدد المنافسين بالسوق يعد عاملاً مهما لبقاء ونجاح التواطؤ فالتعاون والتنسيق يعتبر أكثر صعوبة عندما يكون عدد الأطراف المتنافسة كبيراً خاصة عندما يتبنى التنسيق تفهم عام لممارسات السوق ففي الاتحادات التواطؤية فإن الشركات يجب أن تتقاسم الأرباح التواطؤية فيما بينها لان الزيادة في عدد الشركات يجعل كل شركة تحصل على أرباح أقل لو عملت منفردة. وهذا بالطبع له أثره الكبير في خروج الشركات من تلك الاتحادات من أجل الاستحواذ على حصة سوقية أكبر من تلك التي كانت تحصل عليها في ظل هذا الاتحاد ومن ثم جني الكثير من الأرباح باعتبار أن الأرباح قصيرة المدى الناتجة عن الانشقاق تزداد بينما في نفس الوقت تنخفض الفوائد طويلة المدى الناتجة عن استمرار الاتحاد. [1]

* ثانيا: اختلاف التكلفة

إن اختلاف هامش التكلفة بين الشركات المتواطئة له الكثير من الآثار:

١- تجد الشركات صعوبة في الاتفاق على سياسة تسعيرية مشتركة وذلك إذا كان للشركات هامش تكلفة أقل فتعمل على خفض الأسعار بصورة كبيرة مخالفة بذلك التزامات الاتحاد. [2]

٢- حتى لو حدث اتفاق بين الشركات على اتباع سعر تواطؤي معين فإن

Marc Ivaldi, Bruno Jullien patrick rev"The economics of tacit collusion" final report [1] competition, European commission March 2003. p.p12.
Osborne M, and C.Pitchilk "price competition in a capacity constrained duopoly" journal of [2] econonic theory, vol 38. 1983 , p.p 238-260.

الشركات ذات التكلفة المنخفضة سوف تجد صعوبة أكبر في الاشتراك أو بمعنى أدق الاستمرار في التواطؤ أما بسبب أنها قد تربح الكثير من خفض أسعار منافسيها ومن ثم زيادة حصتها السوقية عما كانت تحصل عليه في ظل الاتحاد ومن ناحية أخرى فإن الانتقام سيكون أقل فاعلية عندما تقوم به شركة غير ناجحة ضد شركة قوية.[1]

لذلك فإن أفراد الاتحاد من أجل تفادي انشقاق الشركات عن الاتحاد تعمل على حث الشركة ذات التكلفة المنخفضة في الالتزام بالسعر التواطؤي عن طريق اقتسام الأرباح التواطؤية بطريقة غير متساوية ومنح الشركة ذات التكلفة المنخفضة أكبر عائد من الأرباح إلا أنه وفي المقابل فإن هذه الطريقة يصعب تطبيقها بصورة مستمرة أو متكررة متى كانت التكلفة متماثلة للشركات أعضاء الاتحاد لذلك فإنه في ظل اختلاف هامش التكلفة بين الشركات فمن الصعب البقاء على اتحاد التواطؤ.

* ثالثا: موانع الدخول

يجب أن يكون واضحا أنه من الصعب تدعيم التواطؤ إذا ما انخفضت موانع الدخول لأنه في حالة غياب موانع الدخول فإن أي محاولة للإبقاء على الأسعار فوق المستوى التنافسي سوف تثير عملية الدخول الجديد للأسواق وتقلل من فرصة البقاء على هذا الاتحاد وبعبارة أخرى فإن دخول شركات متنافسة جديدة إلى الأسواق وإنتاجها لنفس أو ذات المنتج سوف يؤدي إلى أهدار الأرباح بغض النظر عن السلوك الماضي للشركات القوية الكبيرة فالشركات عندئذ تقوم بخفض الأسعار تبعا لذلك حتى تستطيع الاحتفاظ بهذا الاتحاد لذلك فلا يمكن مواصلة التواطؤ في حالة غياب موانع الدخول وفي المقابل من الصعب جدا البقاء على

Mason, C.F, or phillips and C Nowell "duopoly behavior in asymmetric markets: an experimental [1] evaluation" review of economics and statistics, 1992 - pp 662-670.

التواطؤ إذا انخفضت موانع الدخول. [١]

* رابعا: اختلاف السعة الإنتاجية

إن سعة الإنتاج الإجمالية للمشاركة في السوق لا تؤثر على نطاق التواطؤ ولكن عندما تستطيع الشركات الصغيرة أن تخدم السوق كلية فإن المستوى الحرج يعتمد على السعة الكلية وليس على مستوى التوزيع بين الشركات لذلك فإن مزيد من الزيادة في سعة الإنتاج يزيد من حوافز لخفض أسعار المنافسين الآخرين ومن ثم تدمير التواطؤ ، أن قيود السعة الإنتاجية تؤثر بشكل ممكن على إمكانية عمل وبقاء التواطؤ بطريقتين. [٢]

الطريقة الأولى: أن الشركة التي تقيدها سعتها الإنتاجية لديها القليل كي تكسبه من خفض أسعار منافسيها. **الطريقة الثانية:** أن قيود السعة الإنتاجية تقيد الشركات وقدرتها على الانتقام ومن ثم فإن زيادة السعة الإنتاجية لدى أحدى الشركات على حساب الشركات الأخرى يعمل على زيادة حافز الشركة الأولى لخفض أسعار الآخرين ووضع قيود على قوة الانتقام لدى الشركات الأخرى. وهذا ما أكدته العديد من الدراسات التي أجريت على أثر السعة الإنتاجية على بقاء التواطؤ من أن اختلاف السعات الإنتاجية يجعل التواطؤ أكثر صعوبة وخاصة في ظل الاحتكارات المزدوجة. [٣]

* خامسا: التعاون بين الشركات

إن التعاون المتكرر بين الشركات يسهل عملية التواطؤ فسوف تجد

Paul Seabright , Jean Tirole "The economics of tacit collusion final report of competition [١] European commission "March 2003. p.p16.

Abreu.D "Extrenal equilibria of oligopolistic super games" journal of economic theory 1986, vol [٢] 39 p.p 191-223.

Lambson, V.E "Some results on optimal penal codes in asymmetric bertrand supergames," [٣] journal of economic theory vol, 62, p.p 444-468.

الشركات أنه من الأسهل البقاء على التواطؤ عندما تتعاون الشركات بشكل متكرر ويرجع هذا السبب نتيجة أن الشركات سوف تتجاوب بسرعة أكثر كرد فعل على الانشقاق الذى تقوم به أى شركة منهم ومن ثم فلا يمكن توقع حدوث التواطؤ بين الشركات إذا لم يكن هناك تعاون بينهم أو أن التعاون لا يتم بشكل غير متكرر.

ويمكن توضيح هذه الفكرة عن طريق ممارسة الحكومة الأمريكية شرائها اللقاحات بالجملة لمنع قيام التواطؤ فعن طريق شرائها بالجملة فإنها تزيد الحصص لكل مزاد علنى وتجعل هذه المزادات أقل تكرارا ومن ثم تقلل التعاون بين أصحاب العطاءات فإن زيادة الحصص فى كل مزاد ، فإن أصحاب العطاءات لديهم الكثير كى يربحوه فى المدى القصير من جراء خفض أسعار منافسيهم وهذا من شأنه أن يعوق التواطؤ بالفعل.[1]

* سادسا: قوة التشريعات الحكومية

تعمل معظم دول العالم على إصدار قوانين تقاوم التجمعات الاحتكارية الأمر الذى يجعل انتهاج سلوك تواطؤى أمرًا ممنوعًا وبالطبع هناك احتمالات لقيام الاتفاقيات السرية وقد ينشأ تعاون أو اتفاق بسيط وغير رسمى وبدون إبرام اتفاقيات تواطؤ وكشأن أى تصرف غير قانونى تعد هذه الاتفاقيات غير ملزمة بالقوة لأية منشأة فالتصرفات القوية المضادة للتجمعات الاحتكارية يمكنها أن تثبط عزم المنشآت عن ممارسة مثل هذه الاتفاقيات غير القانونية فكلما زاد التهديد بالعقاب من مخالفة القانون كلما قلت محاولات القيام باتفاقيات التواطؤ[2].

ثانياً: أثبات التواطؤ الضمنى

أن المتطلبات القانونية لحظر قانون "شيرمان" لتثبيت الأسعار تتضمن

---

[1]   Sherer M. "Industrial market structure and economic performance", Chicago Rand - L.j , 1980.

[2] جيمس جوارتنى - رتشارد ستروب - الاقتصاد الجزئى - مرجع سابق - ص٣٢٨.

العقـد ، الاتحـاد أو المؤامـرة وهذه الكلمـات تعنى أنـه لابـد مـن اتفـاق مـن أجـل تطبيـق قانـون مقاومـة الاحتكار. وحتى تصير هناك مخالفة للقسم من قانون شيرمان فلا يلزم أن يكون الاتفاق كتابيا ويوقع عليه جميع الأطراف بالاتفاق. ومن النادر حقا فى هذا العصر أن يقوم المتنافسون بصياغة الاتفاق وكتابته.

لذلك فإن عنصر الاتفاق يعتبر حقيقة مطلقة يجب إثباتها أحيانا عـن طريـق الـدليل المبـاشر تثبت أن الأطراف قد اتفقوا وأحيانا أخرى غالبًا عن طريق الالمامات التى يـتم اسـتنباطها، لـذلك ففـى أى وقت يتبع المتنافسون تصرفا مماثلا لن يكون ممكنا اتخاذه بصورة عادية فى ظل عدم وجود اتفـاق سـابق مثل إثبات استقرار أنصبة الشركات فى السوق من خلال تثبيت مبيعات كل شركة[1] ففى حالـة قيـام احـد الزعماء الكبار بالسوق بإعلان عن تغير الأسعار وبخطوات محددة ثم تقوم كل الشركات بعد ذلك بأتبـاع هذا الزعيم الكبير فإن الإشارة لوجود اتفاق تكون صحيحة فقط إذا كانت أحوال السوق تنبئ بنتيجة غـير التى يتم التوصل إليها بشكل منتظم[2] كذلك ثبات الأسعار وتجانس السلعة بين عدد من الشركات خـلال فترة زمنية معينة فى السوق يعد أيضا دليلا قضائيا على حدوث التواطؤ الضمنى.

وأخيرًا فإنه ينبغى لإثبات تلك الاتفاقيات التواطئية أن يتم إجراء تحقيـق يتنـاول بـالفحص هيكـل السوق وفوارق الأسعار بالنسبة إلى تكاليف الإنتاج وتوقيت القرارات وغير ذلك من الأدلة التى تبين مدى تماثـل سلوك مؤسسات الأعمال فى سوق منتجات معينة فالانخفـاض المـوازى فى الأسـعار يمكـن أن يكـون دليـلاً عـلى المنافسة السليمة بينما تكون الزيادات الموازية بمثابة دليل على وجود اتفاق ضـمنى أو اتفـاق أو ترتيـب أخـر يكفى لتحويل عبء الإثبات إلى مؤسسات الأعمال المعنية التى يتعين عليها أن تقوم

Richard A.posner, F.M Sherer: "book. reviews antitrust law" an economics perspective L .j vol 86, (1)
no5. 1977. p 979.
RichardM. Steuer "Eexecutive summary of the antitrust laws" find law professionals.L   .J   (2)
6/17/2006.

بدورها في إثبات العكس وفي النهاية فإن تقدير مدى تأثير تلك الاتفاقيات على عملية المنافسة مـن عدمـه هـو أمر متروك لكل حالة على حدا يقدرها قاضي الموضوع.

المطلب الثاني

صفقـات الـربــط

ويشار إلى هذا التصرف عادة بالبيع المتلازم وقد يكون المنتج "المتلازم" لا صلة له البتة بـالمنتج المطلوب أو بمنتج أخر من خط مماثل، وتفرض ترتيبات التلازم عادة من أجـل تـرويج بيع منتجـات أبطأ حركة وخاصة تلك التى تخضع لمنافسة أكبر من منتجات بديلة ويفضل المركز المهيمن للمورد فيما يتعلق بالمنتج المطلوب فهو يتمكن من أن يفرض كشرط لبيع هذا المنتج قبـول منتجـات أخـرى وهـذا مكـن أن يتحقق مثلاً عن طريق توفير خصومات على أساس المشتريات الإجمالية للطائفة الكاملة لمنتجات المؤسسة الموردة.

تعريـف: العقـد الرابـط

ويعرف العقد الرابط بأنه "رفض بيع المنتج أو الخدمة التجارية إذا لم يـتم شراء منـتج أخـر أو خدمة تجارية"[1] ومن المعروف أن اتفاقيات الربط توجد عندما يشترط بائع المنتج الـذى يريـده المشترى "المنتج الرابط" الشراء بناء على شراء المشترى لمنتج أخر "المنتج المربوط" حيـث يـتم بيع المنتج الثانى "المربوط" ليس على أسـاس الجـودة أو السـعر أو الكميـة ولكـن عـلى أسـاس رغبـة المشـترى شراء المنتج "الرابط" ويمثل هذا السلوك عبء على المشترى والذى لا يريد شراء المنتج المربوط كما أن هـذا السـلوك يدمر المنافسة بالنسبة للمنتج المربوط. [2]

لقد عرفت المحكمة العليا فى الولايات المتحدة الأمريكية صفقات الربط بأنها "موافقة طرف ما على بيع أحد المنتجات شريطة أن يشترى المشترى أيضًا

Christopher R. Leslie, "Unilaterally imposed tying arrangement and antitrust's connected action [1] requirement" , antitrust law journal no 1773 (1999).

Lisa Madigan "A guide to the Ilinois antitrust Act" linux journal. - 6/17/2006. [2]

منتجا مختلفا أو "متلازما" أو على الأقل أن يوافق على أنه لن يشترى ذلك المنتج من أى مورد آخر"[1].

ويحرم قانون مقاومة الاحتكار الأمريكى على المصنعين والبائعين أجبار المستهلكين على شراء منتجات لا يرغبون فى شرائها كشرط لشراء المنتج المطلوب شرائه وهو ما يعرف باسم **"العقد الرابط"** ويأتى هذا التحريم ضمن النصوص العامة لقانون "شيرمان" والقسم رقم (٣) من قانون كلايتون والذى يحظر تلك الاتفاقيات إذا كان من المحتمل أن ينتج عنها إعاقة عملية المنافسة فاتفاقيات الربط غير قانونية فى حد ذاتها إذا امتلك البائع قوة سوقية كافية فى المنتج الرابط ويقوم بإكراه المشترى على أخذ المنتج المربوط كشرط للحصول على المنتج الذى يريده.[2]

وقد نصت على حظر هذه الممارسة الاحتكارية المادة رقم ٨ من قانون المنافسة المصرى رقم ٣ لسنة ٢٠٠٥ بقولها "يحظر على من تكون له السيطرة على سوق معينة القيام بتعليق إبرام عقد اتفاق بيع أو شراء لمنتج على شرط قبول التزامات أو منتجات تكون بطبيعتها أو بموجب الاستخدام التجارى للمنتج غير مرتبطة به أو بمحل التعامل الأصلى أو الاتفاق".

وبذلك يكون القانون المصرى قد سار فى اتجاه المشرع الأوروبى الذى جرم هو الآخر البيع المرتبط عندما نص فى المادة ٨٢ من اتفاقية روما على ذلك، ويتمثل هذا الأخير فى حظر قيام المشروع المسيطر بربط إبرام العقد بقبول المتعاقد الآخر المنافس له الالتزام بأداءات أخرى لا تربط بينهما وبين موضوع العقد آية رابطة وبعبارة أخرى لا يجوز للمشروع المسيطر ربط بيع منتج معين أو أداء خدمة معينة ببيع منتج آخر أو أداء خدمة أخرى، بالرغم من غياب آية علاقة

---

[1] Nothern pacry.v United States 356 U.S. 56,78 , 21 ed. 545. 1958.

[2] Walt Pennington "Antitrust tying and computer hardware manufacturers Linux. journal"
3/1/2003.

بين المنتجين أو الخدمتين من حيث الطبيعة[١].

الأساس القانوني لتجريم اتفاقيات الربط

أن أساس تجريم اتفاقيات الربط تكمن في أن نسبة رأس المال التي تسببها القوة الاقتصادية في أحد الأسواق يتم استخدامها لتحقيق مبيعات في سوق أخرى وفي حالة إثبات وجود العقـد الـرابط وأن البـائع لديـه قوة اقتصادية كافية للمنتج المطلوب لإجبار المشترى على الربط فهذه الاتفاقيات تعد محظورة بشكل عـام. وهذا ما قررته المحكمة العليا في الولايات المتحدة أن عقد التلازم المعتاد يجبر العميل على أخذ منتج أو صنف تجاري لا يريده بالضرورة بغية الحصول على المنتج أو الصنف الذى يريده ولما كان هذا الترتيب منافياً بصورة متأصلة لقواعد المنافسة.

فلقد قررت المحكمة العليا أن استعماله من جانب شركة قائمة يحتمل أن يقلل المنافسـة إلى حد كبير ولو أن كمية التجارة المتأثرة صغيرة[٢] وأكدته أيضاً في قضية كوداك والتي نظرتها المحكمة العليا في عام ١٩٩٢م وجدت المحكمة أن كوداك قدمت خدمات وأجزاء آلة النسخ كـوداك وسـعت إلى منـع مكاتب الخدمات المستقلة من استخدام خدمات آلة النسخ ولتحقيـق ذلك الهـدف لـن تسـمح كـوداك باستبدال أجزاء كوداك ولن يتم بيعها لأى ممول خدمات مستقل وبالتالى اختار أصحاب آلة النسخ كوداك دائماً استخدام كوداك لخدمة آلاتهم لأنه لا يحق لمقدم خدمات أخر الحصول على الأجزاء الضرورية لآلـة النسخ ورأت المحكمة أن كوداك ربطت بشكل غير قانونى بيع خدمة آلة النسخ كـوداك "المنتج المربوط" ببيع آلة النسخ كوداك "المنتج الرابط"[٣].

---

[١] د/ سامي عبد الباقي – إساءة استغلال المركز المسيطر – مرجع سابق – ص١٨٨.

[٢] Brown. Shoe co v. United States, 370 U.S. 294, 330, 825. ct 1502. 1926, 8l. ed. 2d 510 (1960).

[٣] Estman Kodak v – Image technical services, 122 s.ct – 2072. 1992.

وفي حكم آخر للمحكمة العليا أكدت هذا المعنى عندما أظهرت أن الصفة الأساسية لترتيب الربط غير القانوني تكمن في قرار البائع استغلال قوة السوق على المنتج الرابط لإجبار المشتري على شراء المنتج المربوط الذي ربما لا يريد شراءه أو على المحتمل أن يفضل شراءه من مكان آخر بأسعار أقل ومواصفات مختلفة وفي هذا الصدد وجدت المحكمة أن ميكروسوفت بداية من الترتيبات الأولى للويندوز ٩٥ قد اشترطت تقديم الرخصة لتوزيع الويندوز على من يشتري الانترنت إكسبلور وهذه الشروط منعت الحاصلين على تلك الرخصة من تعديل أي جزء من الويندوز أو إلغائه على الرغم من رغبة المشتري في القيام بذلك ونتيجة لذلك لم يتم السماح للحاصلين على رخصة التوزيع بإشباع رغبة المستهلك في الحصول على إصدار من ويندوز ٩٥ بدون انترنت إكسبلور. [١]

بيد أنه على الرغم من أن القانون حرم اتفاقيات الربط بجميع أشكالها إلا أن هناك رأي آخر يرى أن اتفاقيات الربط ليست دائما ضارة بالمنافسة ففي حقيقة الأمر فإن الاحتكار في السوق المربوطة نادرا ما يحدث[٢] وأن العديد من اتفاقيات الربط غالبا ما تعود بالنفع على المستهلك لان جملة المبيعات تؤدي إلى خفض كلي في الأسعار[٣].

ومن ناحية أخرى فإن اتفاقيات الربط تمكن المنتجين من فرض سيطرة الجودة على منتجاتهم عن طريق التأكيد على استخدام أفضل عناصر الجودة فقط وذلك بغرض التحكم في السوق والحصول على الفائدة من خلال وفرة حجم الإنتاج المشترك وقلة تكاليف الإنتاج وهو ما أشارت إليه المحكمة في قضية "جيفرسون" عند قررت بأن الربط يكون مسموحا به عندما يكون ضروريا لتمكن العمل

United States v. Microsofat crop. cir a 1998 – 1232 – 98 – 1233, 1998 wl 6/ 1485, 2 (d.d.c sep 14 -   [١]
1998).
United States. v. Microsoft co. 253. f. 3d 34, 87 (d.c.cir 2001)   [٢]
Jofferson Parish hosp dist no. 2v hyde 466 u.s 2.12 (1984).   [٣]

التجارى الجديد من دخول السوق ومن ثم فإن قانون مقاومة الاحتكار لا يمنع اتفاقيات الربط ولكنه يمنع القيود التى تفرض على التجارة. [1]

ولعل من أهم أنصار هذا الرأى هو القاضى روبرت بروك فهو يرى أن قضايا مقاومة الاحتكار بشأن مبيعات الربط والتعامل المتبادل تعتبر مثبطه للمنافسة أن استعراض هذه القضايا يوحى بعدم جدوى منطقية القانون وخطأ معظم قراراته وأن هذه الأمور أشار إليها عدد من المعلقين بشكل متكرر وحاسم ولكن القانون ما يزال غير مكترث بهذه التحليلات فهذه الاتفاقيات لا تهدد المنافسة كما افترضت المحكمة طويلا... إن عرض القضايا والنظم الاقتصادية للربط والتبادل يؤدى إلى استنتاج أن رفع القانون لدعاوى الربط يعتبر عملاً غير مبرراً ويلحق ضرراً بالمستهلك ويرى أن دعاوى واتفاقيات الربط ينبغى أن تكيف على أساس أنها دعاوى "رفض التعامل". [2]

شـروط صفقـات الربـط

توجد تبعية الربط عندما تتوافر أربعة شروط على النحو الآتى: [3]

أولا: وجود منتجين منفصلين.

ثانيا: وجود قوة سوقية ضخمة.

ثالثا: الإجبار على الشراء.

رابعا: منع كمية من التجارة.

خامسا: عدم وجود دليل.

Alison k. hayden. comment patent tying agreements. presumptively illegal 5.j marshall rev intell [1] prop. l94. (2005)./http/www.uscitroj.

Robert Bork "The antitrust paradox: a policy at war with itself" New York. basic books. inc 1978. [2] p.p 365 & 380-381.

Washington post company "Section one of the Sherman Act" at [3] http:// washington post. com. business and technology. 6/18/2006.

الشرط الأول: وجود منتجين منفصلين

يتطلب هذا الشرط أثبات أن المنتجات الرابطة والمربوطة هى فى الحقيقة خدمات أو منتجات منفصلة وهذا البحث عن المنتج المنفصل يختلف من حاله لأخرى ويعتبر بحثا مكثفا بصورة كبيرة والمعيار الأساسى يتمثل فى ضرورة وجود طلب كاف لشراء المنتج المربوط منفصلا عـن طلـب شراء المنتج الـرابط ويجب أن يكون هناك سوق مختلف للمنتجات والذى يكتفى فيه بعرض كلا المنتجين على حدا[(١)].

ويشمل البحث عن المنتج المنفصل على معدل واسع من عوامل السوق وهذه العوامل تشمل ملاحظات المشترى وصفات الطلب التى تساعد على تحديد كون المنتجات جزء من نفس سوق الخـدمات الشاملة من الناحية الاقتصادية (بدون ربط)، أو أنها تقع ضمن الأسواق المختلفة التى يوجـد بهـا طلبـات مختلفة للمستهلك[(٢)].

لقد أقرت المحكمة العليا بالولايات المتحدة هـذا الاتجـاه[(٣)] عنـدما اعتبرت أن أنظمـة تصفح الويب وأنظمة التشغيل تعتبر أنظمة مختلفة فى أعين المشترى وغالبـا مـا يضـع المشـترى اختيـاره لمتصفح الويب على أنظمة التشغيل وحيث أن الصفات المتعلقة بالمتصفح تعد منفصلة مـن الوظـائف المتعلقـة والتى تقدمها أنظمة التشغيل فكلا من المنتجين منفصلين بنـاء عـلى نوعيـة الطلـب لكـلا مـنهما وليسـت العلاقة الوظيفية بينهما.

[(١)] Erik. B.Wulff and Scott A.Mclntosh "The separate product test in franchise tying cases through the Microsoft lens of reason 21". franchise.j. 70-71 Apa law journal 4, spring 2001.

[(٢)] United States v. Microsoft crop.253. f3d 34 . 87. (d.c.cir 2001).

[(٣)] ولقد تأكد هذا ى أيضا فى قضية شركة كوداك ولمزيد من التفاصيل انظر:
Berkey photo inc v. Estman Kodak. co. 603 f.2d. 263 – 287. (2d cir 1979).

الشرط الثاني: الإجبــــار

إن ثاني العناصر المبدئية التى تمثل عدم مشروعية عقد الربط يتطلب إثبات أن صلاحية المنتج الرابط للشراء مشروطة بأخذ المنتج المربوط من المنافسين أو بعبارة أوضح أثبات وجود الإجبار المقاوم للاحتكار [1] ويوجد الإجبار عندما يتم إجبار المشترى على شراء منتجات إضافية من البائع دون غيره وذلك لتمتع البائع بالقوة التسويقية فى سوق المنتجات الرابطة وليس رغبة المشترى فى شراء المنتجات بأكملها أما إذا وجد الاختيار لدى المستهلك لشراء المنتج المربوط من أى مكان فإنه حينئذ لا بوجود إجبار مقاوم للمنافسة.

ففى دعوى شركة "اندبنت انك" فإن أتفاق الربط الذى قامت به الشركة يعتبر نموذجا للاتفاق الذى لا يحتوى على عناصر الإجبار المقاوم للمنافسة فهذا الاتفاق لا يمنع المستخدمين من شراء أحبار إضافية أو سلب الحبر من أى طرف ثالث يقوم بتصنيع الحبر مثل المدعى وهناك أيضا العديد من المصنعين الذين يعرضون أحبارهم للاستخدام فى أجهزة الطباعة الخاصة بالمدعى عليه [2] لذلك فطالما وجد اختيار أمام المستهلك لشراء المنتج المربوط من أى مكان أخر فحينئذ لا يوجد إجبار يقاوم الاحتكار. [3]

الشرط الثالث: إعاقة المنافسة فى السوق المربوطة

يتطلب هذا الشرط ضرورة أثبات أن هناك كمية كبيرة من التجارة فى السوق المربوطة قد تأثرت ولم تتناول المحاكم بوجه خاص ما هى كمية التجارة التى تعتبر كبيرة ولكنها أظهرت أن بعض كمية من دولارات الأعمال التجارية

Queen city pizza inc.v Dommino's pizza inc, 124 f3d 430, 443 (3d cir 1997). [1]

Indep ink i, 210 f. supp. 2d 1155, 1158 (c.d cal 2002). [2]

T. Harris Young & Assocs. inc.v Marquette elec inc 931 f2d 816-821-23 (11 the cir 1991). [3]

(وليس الحصة السوقية) التى يتم منعها عادة ما تكون كافية[1] ففى قضية اندبنت انك فشـل المـدعى فى إثبات ما إذا كانت مبيعات تريدنت من أحبار الطابعة (المنتج المربوط) قد اشتملت على كمية كبـيرة مـن التجارة بشكل كاف[2] من عدمه.

الشرط الرابع: قوة السـوق

يعرف قسم العدل بالولايات المتحدة الأمريكية قوة السوق بأنها " القدرة عـلى المحافظـة عـلى الأسعار وحمايتها من تجاوز المستويات التنافسية أو عدم بلوغها لمدة زمنية محددة "[3].

ويمكن تعريفها أيضا بأنها "القدرة على أجبار المشترى القيام بأعمال لن يقوم بها فى السوق التنافسية"[4].

ويعد هذا الشرط من أهم الشروط الواجب توافرهـا فى العقـد الـرابط وهو ضرورة التـدليل عـلى وجود قوة تسويقية كافية فى سوق المنتج الرابط حتى يؤثر بشكل ملحوظ على المبيعات فى السوق المربوطـة[5] وأنه إذا لم يكن للبائع قوة تسويقيه فى السوق الرابطة فسوف يستمر المشـترون فى الـذهاب إلى مصـادر أخرى للمنتجات الرابطة ومن ثم تكون كل محاولة للربط ليس لها تأثير يذكر وهو ما أكدته المحكمة فى قضية شركة ميكروسوفت عندما وجدت بالفعل أن ميكروسوفت تمتلك قوة احتكارية

Phillip Areeda & Herbert Hovenkamp "Antitrust law and on analysis antitrust principles and (¹) their application" 243 "rev-ed 2000" 2d ed 2000. p.p 1721.

Indep inki, 210 f- supp. 2d 1155,1163 a-7 (c.d. cd. 2002). (²)

U.S dept of justice and fed trade common antitrust guidelines of the licensing of intellectual (³) property 202 . 1995. at

http/ www. usdoj gov/ atr/ public/ guidelines / 0558.hta 6/12/2006.

Further enterprises, inc. v United States steel crop., 394 u.s. 495. 1969. (⁴)

William M.landes & richard a posner "Market power in antitrust cases, 94 Harv.l. rev" New York (⁵) times , August 16, 1994- p.p 937-938.

كبيرة فى السوق العالمى الخاصة بأنظمة التشغيل (سوق المنتج الرابط) وهو ما مكنها من إجبار المستهلكين على شراء الأجزاء الأخرى التى لا يريدونها.[1]

الشرط الخامس: عدم وجود بديل

عدم وجود بديل للمنتج محل السيطرة يستطيع المستهلك طلبه من منافس أخر وذلك بسبب القيود التى وضعتها الشركة لمنع دخول منافسين جدد.

وفى محاولة من شركة "ميكرو سوفت" لنفى الشرط الثانى فقد أقرت بوجود علاقة طبيعية بين المنتجين WINDOWS من ناحية وبين WMP من ناحية أخرى، إلا أن اللجنة الأوربية انتهت إلى غياب هذه العلاقة نظرا لأن هناك طلبا مستقلا من برنامج WMP الذى يعد منتجا مستقلا عن نظام استغلاله كما حاولت الأخيرة تبرير هذه الممارسة الاحتكارية المجسدة لإساءة استغلال مركزها المسيطر بالقول بأن هذا البيع المرتبط يحمل فى طياته فوائد كثيرة على مستوى التوزيع فمن شأنه خفض التكلفة بالنسبة للمستهلك من ناحية ويجنبه إهدار الوقت والمخاطر المصاحبة للتركيب من ناحية أخرى وردا على ذلك فلقد قررت اللجنة أن عدم وجود منافسين من شانه حمل شركة ميكروسوفت إلى التجديد وهو ما سوف يكون ضارا بمصلحة المستهلك[2].

إلا أن هناك مجموعة من الظروف والأيدلوجيات والتى تعمل على ارتفاع قوة السوق بالنسبة لسوق المنتج الرابط، مثل موانع الدخول التى يواجهها المتنافسون الذين يسعون وراء دخول السوق بمنتجات خاصة كذلك التفضيل الشديد للمنتج من جانب المستهلك سوف يكون أيضا مصدرا من مصادر ارتفاع منتجات السوق، ومن ناحية أخرى سوف يصعب الحفاظ على قوة السوق داخل الأسواق التى يوجد بها منتجات بديلة متاحة ومناسبة، وذلك لأنه فى ظل ارتفاع الأسعار

---

[1] United States. v. Microsoft crop., 56. f3d / 448 (d.c cir, 1995).

[2] د/ سامى عبد الباقى - إساءة استغلال المركز المسيطر - مرجع سابق - ص١٨٩-١٩٠.

سوف يختار المستهلك المنتجات البديلة ومن ثم يشجع السوق التنافسية إذا فالقاعدة العامة هـى ضرورة إثبات القوة السوقية لسوق المنتج الرابط وتأثير سوق المنتج المربوط به.

العقد الرابط وبراءة الاختراع

لقد كانت القاعدة العامة تتمثل فى أن الحاصلين على براءات الاختراع يحـق لهـم مـن الناحيـة القانونية فرض أية قيود على استخدام مخترعاتهم وإن ربط بيع احدى المنتجات ببيع منتج أخر ترخيصـه سوف يؤدى إلى تحسين أداء المنتجات الحاصلة على براءة الاختراع فإن ذلك يعتبر وسيلة قانونيـة للوصـول لهدف مشروع وقد دأبت معظم أحكام المحاكم بالولايات المتحدة الأمريكية إلى افتراض القوة الاقتصـادية الكافية من جانب الاحتكار القانونى للحاصلين على بـراءة الاخـتراع فمجرد الحصـول عـلى الحـق القانونى (الاحتكار) لترخيص واستخدام الحق المسجل فهو بذاته دليلا على تلك القوة الاقتصادية. [1]

فقد أدانت محكمة مقاطعة كولومبيا الأمريكية شركة ميكروسوفت سـلوكها المضـاد للمنافسـة عندما ربطت بيع برنامج[2] WINSOWS ببيع برنامج INTERNET EXPLORER.

وتجدر الإشارة إلى أن الولايات المتحدة الأمريكية قد عدلت قانون براءة الاختراع فى عام ١٩٨٨م ليقضى بأن فرض تلازم بين براءة اختراع ما بأخرى. أو بشراء منتج منفصـل لـن يشـكل مّديداً غـير قـانونى لحق البراءة ما لم تكن لصاحب البراءة فى السوق ذات الصلة بالبراءة أو للمنتج المشمول بالبراءة قوة

William Montgomery, "The presumption of economic power for patented and copyrighted [1] products, in tying arrangements', 85. column v.l. rev 1985. p.p 1140-1143.

United States v. Microsoft corp, 87 f. suppl. 2d 30 d.c.c cire 2000. [2]

سوقية يكون الترخيص أو البيع مشروطاً بها وقد ألغى هذا الإجراء التشريعى بالفعل أحكاماً سابقة صادرة من المحاكم الأمريكية[1] مؤداها أنه ينبغى افتراض أن صاحب البراءة يتمتع بقوة سوقية.

ومع ذلك فهناك من يرى عـدم وجـود حاجـة أو سبب قانونى معقول لافتراض قوة السوق بالنسبة لاتفاقيات الربط الخاصة ببراءة الاختراع لان ليس كل منتج حاصل على براءة اختراع يمنح صاحبه قوة السوق هذه واحدة **أما الثانية** فسوف يؤدى تطبيق هـذا المعيار إلى عـدم تشجيع أصحاب بـراءات الاختراع وجعلهم يحجمون عن الدخول فى أية أعمال قانونية تجارية تدعم عملية المنافسة والأمـر الـذى يؤثر بالسلب على النمو والتكنولوجيا الحديثة غـير أنـه لم تلبـث المحـاكم الأمريكية أن عدلت عـن هـذا الاتجاه وصرحت بان قوة السوق المعنية بالمنتجات الحاصلة على براءات الاختراع لا تأتى مباشرة مـن كـون المنتج حاصل على براءة الاختراع لذلك فإن افتراض وجـود قـوة الـسوق فى قضايا الـربط الخـاص ببراءة الاختراع ينبغى إلغاؤه.[2]

ونحن نعتقد أن الاتجاه الثانى هو الأولى بالإتبـاع وأنـه ينبغـى عـلى المحكمـة المطالبـة بإثبـات الدليل على قوة السوق فى اتفاقيات الربط المتعلقة ببراءة الاختراع وينبغـى عـلى المحكمـة أيضـا ان تقيم هذا الدليل وان توازن بين العواقب المقاومة للمنافسة فى مقابل الآثار التى تساند المنافسة وهذا من شانه أن يؤدى إلى حماية امتياز البراءة التى تمنحها الحكومة مكافأة على الابتكار.

---

[1] مؤتمر الأمم المتحدة للتجارة والتنمية – القانون النموذجى للمنافسة – مرجع سابق ص٥١.

[2] Defendants - petitioners illinois tool. works inc and trident, inc v. independent ink. inc, 396 f.3d 1342 (fed. civ. 2005) (ni 04-1196).

الفصـل الثالث

أثر الإغراق والخصخصة فى تحقيق وجود الإحتكار

ويتكون من:

المبحث الأول: دور الإغراق فى تحقيق وجود الاحتكار.

المبحث الثاني: أثر الخصخصة على الاحتكار.

لقد شهدت السياسات التجارية المحلية والدولية تطورات عديدة منذ قديم الزمان، حيث تناوبت بين **"الحرية والحماية"** التجارية لتحقيق المصالح القومية للدول المختلفة، وكان من أهم هذه التطورات ما شهده العقد الأخير من القرن الماضي من ازدياد دور المشروعات الخاصة في النشاط الاقتصادي وما تلاه من تحول الملكية العامة إلى ملكية خاصة وقد عرفت هذه الظاهرة باسم **"الخصخصة"**.

و التي تعد من أهم الأدوات التي تستخدمها الدولة من أجل تخفيف العجز الدائم في موازنتها العامة أو العمل على مواكبة التطور التكنولوجي الكبير, التي ما كانت لتستطيع أن تصل إليه لو ظلت مالكه للمشروعات الاقتصادية الضخمة، وتعد بريطانيا من أوائل الدول التي استخدمت عملية الخصخصة اعتبارا من عام ١٩٧٩م – ١٩٨٠م, وقد أثبتت هذه التجربة نجاحها في الكثير من القطاعات الاقتصادية والخدمية؛ الأمر الذي أدى بكثير من الدول إتباع هذه الطريقة.

بيد أنه وإن كانت الخصخصة من الناحية النظرية والعملية مفيدة, إلا أنها تحمل في طياتها أيضا أضرارا بالغة إذا لم تستخدم بطريقة فعالة, فالخصخصة لم تعد مجرد عملية نقل للدومين العام إلى دومين خاص، بل هي حزمة متكاملة من السياسات ينبغي تطبيقها بحذر خاصة أن الكثير من الدول في الآونة الأخيرة قامت بتخصيص **"الاحتكارات الطبيعية"** والمشروعات ذات النفع العام، وهو ما أدى إلى ظهور احتكارات في أسواقها الداخلية كان لها أكبر الأثر في الإضرار بمصالحها القومية.

إن ما شهده العالم من تطورات اقتصادية خاصة بعد جولة أورجواي, كان له أثر مباشرة في الالتزام بتحرير التجارة الخارجية عن طريق إزالة القيود غير الجمركية والاعتماد فقط على التعريفة الجمركية والعمل على تخفيضها، وقد كان لهاتين السياستين "الحرية والحماية" أدوات عديدة تستخدمها في تحقيق أهدافها .

ومن أبرز تلك الأدوات سياسة "**الإغراق**", والإغراق كمصطلح اقتصادى ليس حديث العهد بالتجارة الدولية فلقد استخدمته الشركات البريطانية فى السوق الأمريكية بقصد إعاقة الصناعات الوليدة فى مستعمراتها القديمة ولتبقى معتمدة على المنتجات البريطانية, وتعد كندا أول دولة تشرع قانونا لمكافحة الإغراق سنة ١٩٠٤م, ولما كان الاستمرار فى استخدام هذه السياسة أثراً ضاراً على اقتصاديات الدول سواء المصدرة أو المستوردة كان من الضرورى عقد اتفاق خاص ينظم هذه المسألة خاصة أن أشباح الانهيار الاقتصادى بدأت تهدد الأسواق المحلية منها والعالمية, وهو ما كان له أكبر الأثر فى ظهور الكثير من "**الاحتكارات**" وخاصة من الشركات متعددة الجنسيات والتى تتميز بضخامة ميزانيتها والتى قد تصل فى بعض الأحيان إلى ميزانية دولة نامية.

لذلك تبدو أهمية هذه الدراسة من بيان أثر كل من "**الخصخصة والإغراق**" فى وجود الاحتكار ومن ثم سوف نقسم هذا الفصل إلى مبحثين:

المبحث الأول: دور الإغراق فى تحقيق وجود الاحتكار.

المبحث الثاني: أثر الخصخصة على الاحتكار

المبحـث الأول

الإغـــــراق

لقد شهدت السياسات التجارية الدولية تطورات عديدة منذ أمد بعيد، وكانت أهم تلك التطورات ما شهدته الحقبة الأخيرة من القرن الماضى من ضرورة الالتزام بتحرير التجارة الخارجية عن طريق إزالة العديد من القيود التجارية والاعتماد فقط على التعريفة الجمركية والعمل على تخفيضها.

و يعد الإغراق أحد الأمثلة الكلاسيكية لممارسات التجارة غير العادلة، حينما يقوم الموردون بخفض أسعارهم لمستويات غير اقتصادية لإخراج الموردين المحليين من سوق العمل، وغالبا ما يتم تطبيق إجراءات مكافحة الإغراق باعتبارها وسيلة فعالة لمنع هذا النوع من المنافسة غير العادلة؛ حيث يتم فرضها عندما يعجز الموردون المحليون من مواجهة جودة المنتجات الأجنبية، فتسعى الحكومات فى هذه الحالة إلى إثبات حدوث إغراق وضرر حتى تستطيع رفع دعاوى مكافحة الإغراق الأمر الذى يترتب عليه حدوث اضطراب فى السير الطبيعى للعملية التجارية, وكذلك ارتفاع التكاليف القانونية المرتبطة بها.

بيد أن مصطلح الإغراق لا يعد من المصطلحات الحديثة فى عالم التجارة الدولية، حيث يعود استخدامه إلى القرن التاسع عشر عندما مارست إنجلترا الإغراق كوسيلة فعالة لإعاقة نمو الصناعات الأمريكية فى ذات الوقت إبان حرب الاستقلال الأمريكية، إلا أنه خلال فترة الستينات انتشر هذا المصطلح بصورة كبيرة حينما استخدمته كل من ألمانيا والنرويج وفرنسا والدنمرك والولايات المتحدة الأمريكية كما سنرى فيما بعد، ولقد استخدم الإغراق فى هذا الوقت بقصد السيطرة على الأسواق وقد مارسته ألمانيا فى الوقت الذى لم تكن أساليب الحماية قد أتبعت فى بريطانيا وفى غيرها من البلاد.

ولم تكن الدول التى يمارس فيها الإغراق لتقف صامته أمام هذه الحرب التسعيرية الشرسة الضارة بصناعتها المحلية ومن ثم اقتصادها القومي، فشهد مطلع القرن العشرين صدور أول قانون لمكافحة الإغراق، وكان ذلك فى كندا عام "١٩٠٤" والذى طبقته كوسيلة للحد من استيراد منتجات معينة وعلى الأخص من صادرات الصلب الرخيص من الولايات المتحدة الأمريكية، ثم ما لبثت أن سارت على نهجها الكثير من البلدان أخصها الولايات المتحدة الأمريكية وبريطانيا واستراليا.

وكان أول قانون لمكافحة الإغراق يصدر فى أمريكا عام ١٩١٦، وذلك فى شكل مد لنظام أحكام مكافحة التميز فى الأثمان فى الداخل، والتى أتى بها قانون كلايتون كجزء من التشريعات المحلية لمقاومة الاحتكار.

وتتعامل قوانين الولايات المتحدة الأمريكية مع تسعير السلع المستوردة لأسواقها بطريق تختلف عما تعامل به تسعير السلع المنتجة محليا، حيث أن قانون مقاومة الإغراق يفرض ضرائب على السلع المستوردة والمباعة فى الولايات المتحدة الأمريكية بصورة مرتفعة، والتى تكون قيمتها أقل من تلك المفروضة عليها فى أسوق بلاد المصدرين الأجانب أو بأسعار أقل من التكلفة.

أما فى الاتحاد الأوروبي فلقد وضع الإتحاد نظاما وآليات كلية لمقاومة الممارسات التجارية غير المشروعة بتوافق مع النظم القانونية والاقتصادية لهذا الاتحاد، فلقد وضعت اتفاقية روما نظاما موحدا لمكافحة الإغراق يطبق داخل الاتحاد الأورى بقصد تقريب المفاهيم الاقتصادية بشأن العناصر المكونة للإغراق وصهرها فى مفاهيم موحدة يتم تطبيقها على جميع أسواق دول الاتحاد الأورى، ولقد صدر أول تشريع لمكافحة الإغراق على مستوى دول الاتحاد الأوروبى عام ١٩٦٨ (Regulation EEc. n. 459/68) ثم أعقبه بعد ذلك صدور اللائحة التنفيذية للتنظيم الأوروبى للإغراق عام ١٩٨٨ (.Regulation EEc. n 2423/88)، إلا أنه ما لبثت أن استبدلت القوانين الحالية للاتحاد بقانون جديد لمكافحة الإغراق وقد سرى العمل به اعتبارا من الأول من يناير ١٩٩٥م، ثم تم تحديث هذا القانون بالقانون

رقم ١٩٩٦/٣٨٤م، والذى تم العمل به اعتبار مـن ٦ مـارس ١٩٩٦م، وهـذا القـانون عـلى التـدابير المتفق عليها فى جولة أروجواى التابعة للجات.

ونحن لا ننكر أن سياسة الإغراق وخاصة الإغراق الدائم تؤثر بالإيجاب على الدول المصدرة لـه؛ لأنه يعنى التوسع فى صادرات الدولة والحصول على العملات الصعبة، وكذلك خلـق فـرص أكـبر للتشـغيل حيث إن التوسع فى التصدير سيدفع إلى التوسع فى حجم الإنتاج، وهذا يتطلب عماله أكثر وكذلك تشغيل الموارد المحلية, إلا أنه ومن ناحية أخرى فإن الآثار ليست دامًا إيجابية فالإغراق غالبا مـا يـؤثر بالسـلب على المستهلك والمواطن فى الدولة المصدرة له؛ حيث يكون فى وضع أسـوء مـن المسـتهلك الأجنـبى حينـما يشترى السلعة المحلية بأعلى من السعر الذى يشتريها به الأجنبى.

لذلك بات من الضرورى عقد اتفاق خاص وجماعى بخصوص محاربة تلك الممارسـات لتنظيم ممارسة الإغراق من ناحية ومنع غش الدول المطبقة لتدابير مكافحة الإغراق.

من ناحية أخرى قد ظهرت أول خطوات هذا الاتفـاق أثنـاء جولـة كينـدى ١٩٦٠م حينـما تـم التفاوض حول وضع اتفاقية لتنفيذ المادة السادسة من الجات والمتعلقة بالإغراق، والتى تعـد مـن أوائـل الاتفاقيات متعددة الأطراف، والتى تضع قواعد استخدام مكافحة الإغراق، ثـم جـاءت بعـد ذلك جولـة طوكيو (١٩٧٣ - ١٩٧٩) وعمدت إلى تفصيل كيفية قيام الحكومات بتحديد وجود الإغراق وكـذلك شروط تحقق الإغراق المقصود.

بيد أن جولة طوكيو لم تحظى بإجماع كافة الدول أعضاء الجات، وخاصة الدول النامية حيـث تمثلت المشكلة الأساسية لهذه الدول فيما يتعلق بإجراءات مكافحـة الإغـراق المحتملـة تجـاه صـادراتها فى ارتفاع الأسعار المحلية للسلع المصنعة فى أسواق الدول النامية، مما يجبر تلك الدول البيع بأسعار قد ترى أنها

مغرقة وفقا للمادة السادسة من الجات بالرغم من عدم وجود نية التسبب فى إحداث ضرر فى سوق التصدير أما الجولة الأخيرة والتى تعد هى المرحلة الأخيرة لتفعيل اتفاقية مكافحة الإغراق فهى جولة أورجواى (١٩٨٦ - ١٩٩٣)، فلقد نتج عنها وضع اتفاقية تنفيذ المادة السادسة والتى دخلت حيز التنفيذ فى ١٩٩٥/١/١م "اتفاقية مكافحة الإغراق" والملزمة لكافة الدول الأعضاء فى منظمة التجارة العالمية.

ومن ناحية أخرى لم تكن مصر بعيدة عن هذه التطورات، وتلك التحولات التى حدثت فى الاقتصاد العالمى, فلقد بدأت فى تنفيذ برنامج الإصلاح الاقتصادى عندما انضمت إلى منظمة التجارة العالمية والاتفاقات التى تضمنتها الوثيقة الختامية المتضمنة لنتائج جولة أورجواى للمفاوضات التجارية المتعددة الأطراف وذلك فى ١٩٩٥/٥/١م, ثم صدور قرار رئيس الجمهورية رقم ٧٢ لسنة ١٩٩٥م، وقد ترتب على هذا الانضمام التزام مصر بتحرير تجارتها الخارجية والالتزام بتطبيق القواعد الدولية المنظمة للسياسة الجديدة للتجارة العالمية التى تهدف إلى فتح الأسواق وحظر استخدام الدول للقيود الإدارية والكمية للحد من الواردات أو لحماية صناعتها الوطنية ووضعت القواعد التى تضمن أقامة ظروف المنافسة الحرة.

وقد بدأت مصر فعليا فى تطبيق تلك النظم حينما صدر القانون رقم ١٦١ لسنة ١٩٩٨م بتاريخ ١٩٩٨/٦/١١م بشأن حماية الاقتصاد القومى من الممارسات الضارة فى التجارة الدولية, ثم صدور اللائحة التنفيذية لهذا القانون بالقرار الوزارى رقم ٥٤٩ لسنة ١٩٩٨م بتاريخ ١٩٩٨/١٠/٢٤م والذى تم نشره بجريدة الوقائع المصرية بالعدد ٢٤١ "تابع" فى ١٩٩٨/١٠/٢٤م. [1]

---

[1] من الجدير بالذكر أن المشرع المصرى قد تنبه منذ الستينات إلى خطورة تلك الظاهرة على الاقتصاد القومى فنص فى المادة ٨ من قانون الجمارك رقم ٦٦ لسنة ١٩٦٣م إلى حماية الإنتاج المصرى من الدعم حينما أجاز إخضاع السلع الأجنبية إلى ضريبة تعويضية بقرار من رئيس الجمهورية إذ كانت تتمتع بإعانة مباشرة أو غير مباشرة عند التصدير.

ونظرا لأهمية تلك الظاهرة سوف نحاول دراسة تلك الظاهرة باعتبارها مـن أهـم الأسـباب المؤدية للاحتكار موضوع دراستنا الأساسي، وذلك مـن خـلال التعـرض لتعريـف الإغـراق وأثـره فى تحقيـق وجود الاحتكار, وكذلك بيان شروط المركز الاحتكار فى السوق المغرقة, وأسبابه وأهدافه وتـدابير مواجهتـه وأخيرا سياسية مكافحة الإغراق فى جمهورية مصر العربية وذلك على النحو الآتى:

المطلب الأول: تعريف الإغراق وأهدافه وأنواعه.

المطلب الثانى: علاقة الإغراق بالاحتكار.

المطلب الثالث: تدابير مقاومة الإغراق.

المطلب الأول

تعريف الإغراق وأهدافه وأنواعه

الفــرع الأول : تعريف الإغــراق

يمكن تعريف الإغراق بصفة عامة على أنه "بيع أو تصدير السلعة بأقل من السعر المعتاد البيـع بـه لنفس السلعة أو للسلع الشبيهة داخل البلاد أو للتصدير بها". [1]

ويعرف أيضا بأنه "الوضع أو الحالة التى يكون فيها سعر السلعة المصدرة يقل عن قيمتها المعتادة عند تصديرها إلى دولة أخرى أو حيث تقل تكاليف إنتاجها". [2]

فالإغراق يفترض قيام دولة بتصدير سلعة معينة وفقا لسعر يقل عـن قيمتـه المعتـادة أو يقـل عن السعر المقابل لمنتج مماثل يباع فى دولة التصدير.

ويعرف كذلك بأنه "القيام بتحمـل سـعر أقـل لأحـد المنتجـات فى السـوق الخارجيـة أقـل مـما يتكلفه لنفس المنتج فى السوق الداخلية أو قيام المصنع فى أحد الدول بتصدير منتج إلى دولة أخرى بسـعر أقل من السعر الذى يتحمله أو يتكلفه فى سوقه الداخلى أو أقل من تكلفة أنتاج المنتج". [3]

وأخيرا يقصد بالإغراق بأنه بيع "السلعة فى أسواق الدول الأخرى بأسعار أقل من السـعر الـذى تباع به نفس السلعة فى السوق المحلى فى نفس الوقت ونفس

([1]) د/ مصطفى عز العرب – سياسات تخطيط التجارة الخارجية – الدار المصرية اللبنانية– ١٩٨٨ – ص١٥٥.
([2]) مجلة الحقوق للبحوث القانونية والاقتصادية – جامعة الإسكندرية – دار الجامعة الجديدة بالإسكندرية – العدد الأول – ٢٠٠٢ – ص٢٣١.
([3]) Wikipeda, the free encyclopedia "Trade policy analysis" no. 26, 2002.
http:// en. wikipedia. org/wiki/dumping . pricing - policy - 26/6/2006.

ظروف الإنتاج مع مراعاة تكاليف النقل".[1]

من ناحية أخرى يذهب البعض إلى القول بأن الإغراق يتحقق في حالة وجود "تسعير تمييزى" فالإغراق يعد أداة مـن أدوات التمييـز السـعرى و الـذى يـؤثر بشـكل ملحـوظ في معـدل التجارة الدولية. عندما يتم التفرقة في الأسعار بين سوقين لدولتين مختلفتين وهو ما يعرف باسم التسعير التمييزى الدولى.[2]

ويقصد به "بيع سلعة ما في أسواق دولة أخرى بثمن يقل عـن سـعر البيع لـنفس السلعة في أسواق دولة ثانية"[3]

ويعرف أيضا "بيع السلعة بسعر يقل عن تكاليف الإنتاج في الأسواق الخارجية عـلى أن تعـوض الخسارة بالبيع بثمن مرتفع في السوق المحلية"[4]

ويذهب البعض إلى تعريفه بأنه "سياسة البيع بأقل من نفقات الإنتاج في الأسواق الأجنبية مـع تعويض الخسارة برفع الأسعار في الداخل"[5]

وهناك من يعتمد على معيارى التكلفة والبيع بأقل من سعر السوق. فيعرفه البعض بأنه "قيام دولة بتصدير منتج معين وبيعه بسعر أقل من قيمتة المعتادة أو أقل من السـعر العادى لمنتج مماثل يبـاع في دولة التصدير".[6]

(¹) د/ حسين كمال حسين – أصول التجارة الدولية – مكتبة النهضة المصرية – ١٩٦٩ – ص١٤٣.

(²) Medechaie. Kreinin ; international economics a policy approach, the Dryden. press, eighth edition, 1996, p.p 152.

(³) د/ عبد الواحد الفار – الإطار القانوني لتنظيم التجارة الدولية في ظل عـالم منقسـم – دار النهضة العربية – ٢٠٠٦ – ص٣٥٠، ٣٥١.

(⁴) د/ جودة عبد الخالق – الاقتصاد الدولي مـن المزايـا النسـبية إلى التبـادل اللامتكافئ – دار النهضة العربية – ١٩٩٠ – ص١٥٧.

(⁵) د/ خالد محمد الجمعة – مكافحة الإغراق وفقا لاتفاقيات منظمة التجارة العالمية – مجلة الحقـوق الكويتيـة – العـدد الثاني – يونيو ٢٠٠٠ – ص١٠٣.

(⁶) د/ على إبراهيم – منظمة التجارة العالمية جولة أورجواى وتقنين نهب العالم الثالث – دار النهضة العربية – ١٩٩٧ – ص٢٢٣.

ومن ثم تعتبر السلعة مغرقة إذا كان سـعر تصـديرها إلى المسـتوردين مـن الخارج أقـل مـن سعرها فى بلدها المصدر.

ومن جهة أخرى فلقد عرفت المادة الثانية والخاصة بتطبيق المـادة السادسـة مـن الاتفاقيـة العامـة للتعريفة الجمركية الجات (١٩٩٤) الإغراق بأنه "فى مفهوم هذا الاتفاق يعتبر منتج ما منتجا مغرقا أى أنه ادخل فى تجارة بلد ما بأقل من قيمته العادية إذا كان سعر تصدير المنتج المصدر من بلد إلى بلد آخر أقل مـن السـعر المماثل فى مجرى التجارة العادية للمنتج المشابه حين يوجه للاستهلاك فى البلد المصدر"[1]

وقد عرف الاتحاد الأوربى الإغراق بأنه "يكون سعر التصدير للمنتج الذى فى سوق الاتحـاد أقـل من سعر بيع سلع المنتجين فى سوقهم المحلى"[2]

أما عن تعريف القانون المصرى للإغراق فلقد عرفته المادة "٣٣" من اللائحة التنفيذية للقانون رقم "١٦١" لسنة ١٩٩٨م الخاص بحماية الاقتصاد القومى على أنه "تصدير منتج مـا إلى مصر ـ بسـعر أقـل من قيمته العادية فى مجرى التجارة العادية ويقصد بسعر التصدير[3] السعر المدفوع أو الواجب دفعـة ثمنـا لهذا المنتج من قبل المستورد ودون تحميله بأى تكاليف أو رسوم أو نفقات عند البيع للاستهلاك المحلى فى دولة المنشأ أو التصدير ولا يدخل فى سعر التصدير أى رسوم أخرى

---

[1] جهاز مكافحة الدعم والإغراق والوقاية - النظام المصرى لمكافحة الإغراق والدعم والرسوم التعويضية والوقايـة فى إطـار اتفاقيات منظمة التجارة العالمية – مطابع الأهرام التجارية – يونيه ٢٠٠٠ - ص ١٥٧.

[2] Mcgovern "Edmond": European community, anti-dumping law and practice, globe field press, March, 1999.
Web, http://www. globe – field. Com/adlp. htm

[3] سعر التصدير: هو السعر الذى يدفعه المستورد مطروحا منه التكاليف والمصروفات والنفقات التى تدفع نظير إعـداد السـلعة للشحن إلى البلد المستورد والتى تعتبر إضافية على تلك التكاليف والمصروفات والنفقات التى تتحملها السلعة عادة عند بيعها للاستهلاك المحلى ببلد التصدير وعلى سبيل المثال تكاليف التعبئة للاستهلاك المحلى ببلد التصدير والتكاليف مـن أجـل التصدير ...إلخ.

يقتضيها تصدير المنتج أو شحنه من دولة التصدير".[1]

ونحن نعتقد من جانبا أن تعريف الإغراق الذى يعتمد على معيارى التكلفة وسعر السوق هو التعريف الصحيح لان هناك بعض الحالات التى يتحقق فيها الإغراق ومع ذلك لا يتم تطبيق تدابير مواجهة كحالة هامش الإغراق أقل من ٢٪ من سعر التصدير ومن الناحية العكسية قد يتم البيع بسعر أقل من سعر التصدير ولكنه أعلى من سعر التكلفة فإن الإغراق لا يتحقق لعدم تحقق معياره وهو البيع بأقل من سعر التكلفة.

الفرع الثانى

أهداف الإغـــراق

مما سبق يتضح أن ممارسة الإغراق له العديد من الأهداف والغايات التى يسعى المغرق إلى تحقيقها. وذلك على النحو التالى:[2]

أولا: المحافظة على أسواق قائمة

تلجأ بعض الشركات لممارسة الإغراق ليس لفتح أسواق جديدة لمنتجاتها بل للمحافظة على أسواق قائمة لظهور منافسة فى هذه الأسواق فتضطر إلى تخفيض أسعار منتجاتها لتستطيع البقاء فى تلك الأسواق والصمود أمام المنافسين الجدد.[3]

ثانيا: فتح أسواق جديدة

[1] جهاز مكافحة الدعم والإغراق والوقاية – النظام المصرى لمكافحة الإغراق والدعم و الرسوم التعويضية والوقاية فى إطار اتفاقية منظمة التجارة – مرجع سابق – ص ٦٢-٦٣.

[2] مجلة الحقوق للمبحوث القانونية والاقتصادية جامعة الإسكندرية – مرجع سابق – ص٢٣١.

[3] د/ إيهاب محمد يونس – سياسة الإغراق فى ظل أو ضاع الاقتصاد المصرى دارسة نظرية وتطبيقية – رسالة دكتوراه– كلية الحقوق قسم الاقتصاد والمالية العامة – جامعة المنصورة – ٢٠٠٢-٢٠٠٣ ص٨٢.

غالبا ما تلجأ بعض المؤسسات الضخمة إلى أتباع سياسة الإغراق من أجل فتح أسواق جديدة لمنتجاتها؛ وبالتالى تحقيق مجموعة من الوفورات الداخلية نتيجة للاستغلال الأمثل للأصول الثابتة كـمـا, أن هذه السياسية تعمل فى المدى الطويل على تخفيض الأسعار فى الأسواق المحلية للشركات أو الـدول التـى تستخدمها نتيجة لتخفيض نصيب الوحدة من التكاليف الثابتة, فضلا عن تحقيق مجموعة من الوفورات فى التكاليف المتغيرة نظراً لتوفير التمويل اللازم لرفع كفـاءة و أسـاليب و طـرق الإنتاج وتطوير عملياته وبالإضافة إلى ذلك فإنه سياسة الإغراق تؤدى إلى تحقيق مجموعة من الوفورات الخارجية للشركات التـى تطبقها نتيجة لاتساع حجم أسواقها وتزايد كميات توزيعها. [1]

ثالثا: السيطرة على الأسواق وتكوين مركز احتكاري

ويعد هذا الهدف من أكـثر الأهـداف أهمـية ويوضح العلاقة الوثيقة بـين كـلا مـن الإغـراق والاحتكار, فهو وسيلة غالبا ما يلجأ إليها المحتكرون من أجل أحكام السيطرة على الأسواق الخارجية, ومن ثم القضاء على المنافسة فى تلك الأسواق, وغالبا استخدمته الدول ليس فقط اقتصاديا ولكن سياسيا عندما تكون هناك دول تابعة سياسيا لـدولاً أخرى وقد مارسته ألمانيا فى الوقت الـذى لم تكن فيه أسـاليب الحماية قد أتبعت فى بريطانيا وفى غيرها من البلاد. [2]

والقاعدة العامة أن يبيع المصدر الأجنبى سلعته فى سوق التصدير بسعر أقل مـن السـوق المحلى لفترة قصيرة يتمكن من خلالها التخلص من المنافسين

---

[1] د/ محمد الغزالى - مشكلة الإغراق دراسة مقارنه - دار الجامعة الجديدة بالإسكندرية - ٢٠٠٧ - ص٥٠.
[2] د/ إيفلين توماس - علم نفسك الاقتصاد - منشور عن طريق لجنة الترجمة بوزارة التربية والتعليم مصر ١٩٥٦ ترجمة أ/ محمد عبد البارى - مراجعة د/ عبد العزيز مرعى ص١٠٠-١٠٦.

المحليين ثم يقوم برفع ثمن سلعته,

ومن هنا يتحقق الإغراق بمعناه الدقيق و هو البيع بسعر منخفض بقصد أضرار الآخرين للقضاء عـلى المنافسة وإزاحة المتنافسين، ومن ثم تكوين مركز احتكارى يتحكم بعد ذلك فى الأسواق وبالتـالى فى كميـة المعروض والأثمان، فالإغراق وأن كان يحقق مصلحة المستهلك على المدى القصير ببيع تلك السلع بأثمـان منخفضة وتمتعه بحرية الاختيار بين تلك السلع إلا أنه وعلى المدى الطويل أو المتوسط سـيكون المسـتهلك هو الخاسر حيث ستفرض عليه السلعة والسعر المرتفـع وسيضـطر إلى شرائها، ومـن ناحيـة أخـرى يـؤدى الاحتكار إضافة إلى الأضرار بالمستهلك إلى الأضرار بالمنتجين لتلك السلع والتجار الذين يتعاملون فيها. مـما يضطرهم فى النهاية إلى القبول ومن ثم وقف إنتاجهم وإشهار إفلاسهم. [1]

الفرع الثالث

أنواع الإغـراق

لقد درج رجال الاقتصاد إلى تقسيم الإغراق إلى أنواع ثلاثة رئيسية وذلك بحسب الأهداف التى يراد تحقيقها من وراء هذا الإغراق وهى كالتالى:

أولا: الإغراق المؤقت [2]

وفى هذا النوع من الإغراق يحدث بغاية التخلص من المخزون السلعى فى نهاية الموسم وليس نتيجة سياسة مرسومة أو خطة محددة تقوم بهـا الشركة أو المنـتج الأجنبـى فى الدولة المصـدرة، [3] فهـذا النوع من الإغراق ليس له أى نطاق

([1]) د/ إيهاب يونس – سياسة الإغراق فى ظل أوضاع الاقتصاد المصرى – مرجع سابق – ص٨٣.

Appleyard. Dennis & Field Alfred "International Economics. The Mcgraw - hill companies New york" ([2])

1998 p.p 308-309.

([3]) د/ عبد الواحد الفار – الإطار القانوني لتنظيم التجارة الدولية – مرجع سابق – ص٣٥٣.

زمنى معين أو محددا, و إنما هو مرتبط دائما بالتخلص وبيع المنتجات الزائدة من الإنتاج وهو غالبا ما يكون قصير جدا لدرجة أنه لا ينتج عنه آثار الإغراق، وغالبا ما يرجع ذلك إلى:

١- عدم إمكانية تخزين المنتجات لاحتمال تعرضها للتلف ومن خسارة المنتجين لها.

٢- احتمال العزوف عنها نتيجة لتغير أذواق المستهلكين من فترة إلى أخرى.

٣- ومن ثم فليس أمام الشركات المصدرة إلا اتباع أسلوب التصفية والذى يحدث فى المحلات التجارية عقب نهاية كل موسم للتخلص من هذا الفائض وبالتالى المحافظة على مستوى التشغيل لديها.[1]

ثانيا: الإغراق قصير المدى

ويقصد بهذا النوع البيع بأسعار منخفضة من وقت لآخر وبأسعار أقل من التكلفة أو أقل من الأسعار المحلية لذلك يطلق عليه الإغراق الهجومى أو الشرس, ويتميز هذا النوع من الإغراق بأنه ينطوى فى بدايته على خسائر كبيرة يتحملها المغرق ولكنه يقبل تحملها حتى يتحقق غرضه ثم يعود محاولا تعويض ما أصابه من خسائر.[2]

وغالبا ما يهدف هذا النوع من أنواع الإغراق إلى تحقيق الأهداف الآتية:[3]

١- الدخول إلى أسواق جديدة أو منع فقدان أسواق قائمة.

٢- القضاء على المنافسين أو تهديدهم.

(¹) د/ عادل أحمد حشيش - "مبادئ الاقتصاد الدولى - مؤسسة الثقافة الجامعية" القاهرة - ١٩٩٦- ص٢٢٢.

(²) د/ راشد البرادعى - الموسوعة الاقتصادية - دار النهضة المصرية -١٩٨٧ - ص٦١.

(³) د/ إيهاب يونس - سياسة الإغراق فى ظل أوضاع الاقتصاد المصرى - مرجع سابق - ص٨٦-٨٧.

٣- منع إقامة مشروعات جديدة.

٤- القضاء على أى ممارسات إغراقية يقوم بها الطرف الأخر.

ثالثا: الإغراق المستمر

عادةً ما يحدث عند قيام منشأة محلية كبيرة بالبيع فى الداخل بأسعار احتكارية مرتفعة وفى ذات الوقت تبيع نفس السلعة فى السوق الخارجى بسعر منخفض للغاية, وذلك بقصد القضاء على المنافسة فى السوق الخارجى وطرد المنافسين ومن ثم التحكم فى السوق, ثم تقوم بعد التأكد من تدمير المنافسين بتقديم نفس السلعة بأسعار مرتفعة مستخدمة فى ذلك قدرتها الاحتكارية وهذا النوع من الإغراق هو أكثر أنواع الإغراق خطورة وقد يؤدى إلى اشتعال حروب تجارية على نطاق واسع[1].

وغالبا ما يتم هذا النوع من خلال الإعانات الحكومية التى يحصل عليها أو الدعم الحكومى المقدم للصادرات المنخفضة الأسعار أو من خلال قدرته على تحقيق زيادة فى الإنتاج المخصص للتصدير بتكاليف متناقصة بحيث يستطيع الاستمرار فى بيع السلعة المغرقة فى الأسواق الخارجية بثمن أقل من سعر التكلفة الحدية للإنتاج, وذلك فى نفس الوقت الذى يتم فيه البيع لذات السلعة داخل السوق المحلى بسعر مرتفع وأعلى من التكلفة الحدية.[2]

---

[1] د/ محمد الغزالى - مشكلة الإغراق - مرجع سابق - ص٦٩.
[2] د/ عبد الواحد الفار - الإطار القانونى لتنظيم التجارة الدولية - مرجع سابق - ص٣٥٣.

المطلب الثاني

أثر الإغراق على وجود الاحتكار

الحقيقة أن العلاقة بين مكافحة الإغراق ومكافحة الاحتكار هى علاقة وثيقة جدا فالإغراق أو الادعاء بوجوده يمثل تدخلا احتكاريا للتجارة الدولية, إذ الأصل أن يتم التبـادل التجـاري بين الـدول وفقـا لتفاعلات العرض والطلب على السلعة ولما كان سعر السلعة هو التعبير النقدى عـن جانب العـرض فإن تدخل الدولة لتغيره بصورة تحكمية باستخدام غير طبيعى يؤثر على القدرة التنافسية للسلعة فى مواجهة مثيلاتها فى السوق المحلية[1].

ومما يؤكد هذه العلاقة أن قانون مقاومة الإغراق لعـام ١٩١٦م فى الولايات المتحـدة الأمريكيـة كـان يعمل خصيصا على مراقبة تسعير الواردات بسعر أقل مـن قيمتـه الطبيعـة فى السـوق بنيـة التـدمير والخسـارة أو محاولات لإخفاق عملية أنشاء الصناعة فى الولايات المتحدة وبمـرور الوقت تشعبت سياسـتى مقاومة الإغـراق ومقاومة الاحتكار بين الشركات بشكل ملفت للنظر عندما تم الاهتمام الزائد بالمستهلكين والسـوق عمومـا, ورغبـة الحكومة وضع حد لاحتكارات الشركات الأمريكيـة ومـن ناحيـة أخـرى قـل الاهـتمام بالشركات التـى عانـت مـن المنافسة الشرسة مع الـواردات كـل هـذا بفضـل تعلـق قـانون مقاومـة الاحتكار بـين الشركات بقـانون التسـعير العدوانى[2].

وعلى الرغم من أن قد يقال أن الإغراق قد يعطى للسوق بعـض المميـزات وخاصـة بالنسبة مجموع المستهلكين من قدرتهم على شراء السلعة

---

[1] أمل محمد شلبى – الحد من آليات الاحتكار الوجهة القانونية -مرجع سابق- ٢٠٠٥ - ص٢٢.

[2] A review of antidumping and countervailing - duty law and policy journal. U.S.A May 1994.

بأسعار أقل نسبيا من سعر بيعها فى دولة المنشأ إلا أنه لابد أن ينظر إلى هذه المميزة على أنها غـير دائمـة، وإنما هى مؤقتة ومحددة إلى حين أن يتحقق للسلعة موضوع الإغراق الوضع الاحتكارى الـذى يسـمح للشركة أو المنتج الأجنبى بالانفراد بالسوق المحلى.(١)

وبالتالى فإن ممارسة الإغراق على ذا النحو وهو الشراء من المنتجين ثم البيع للمستهلك بسـعر أقل يدفع المغرق أن يتحول إلى محتكر شراء يفرض على السوق الأسعار التى يديرها وهو مـا يعمـل علـى الإضرار بالاقتصاد داخل هذه الدولة على النحو التالى.(٢)

١- ارتفاع الأثمان فى ظل الاحتكار مقارنة بالمنافسة إذ يستطيع المحتكر تحديد حجم المنتجات فيعمل على رفع أو أنه يحدد السعر المرتفع وينتج الكمية التى ينتظـر أن يقبل عليها المستهلكون عند هذا السعر.

٢- انخفاض الإنتاج القومى فى ظل الاحتكار عنه فى ظل المنافسة إذ أن المحتكر يميل عادة إلى تقيد إنتاجـه لتقليل التكلفة من ناحية وتحقيق أكبر قدر من الأرباح من ناحية أخر.

٣- إذا ما سيطر المحتكر على السوق فإنه لا يميل إلى تطبيق وسائل الإنتاج الحديثة خاصـة وهـو يسـعى إلى تضيق حجم منتجاته.

٤- لا يتحقق مـع الاحتكـار توزيـع مـوارد الإنتـاج لرغبـات المسـتهلكين لان رؤوس الأمـوال نتيجـة إلى المشروعات التـى بهـا منافسـة رغـم انخفـاض معـدل الأربـاح نظـرا لاسـتمالة دخولهـا الصـناعات الاحتكارية.

وبالتالى فبعدما كان الإغراق هو أحد أشكال سياسة التسعير التمييزى

(١) د/ عبد الواحد الفار - الإطار القانونى لتنظيم التجارة الدولية - مرجع سابق- ص٣٥٢.
(٢) إيهاب يونس - سياسة الإغراق فى ظل أوضاع الاقتصاد المصرى - مرجع سابق - ص١٣١ ، ١٣٢.

أصبح أيضا وسيلة كثيرا ما تلجأ إليها الشركات المحتكرة على الأسواق الأجنبية والقضاء على أى منافسة لها فى الأسواق؛ ومن ثم زيادة الحصة السوقية له والاستفادة من المزايا التى يحققها الإنتاج الضخم، وبالتالى تمتعه بأرباح احتكارية عالية غير أن هذا النوع من الاحتكار لابد من توافر شروط له كالتالى. [١]

أولا: يفترض نظام الإغراق إنتاجًا تسيطر عليه الاحتكارات الصناعية الضخمة ؛ أى يفترض مركزًا مسيطرًا بين المنتجين للمنتج أو السلعة محل الاحتكار فبغير الاحتكار لا يمكن بيع السلعة فى الخارج بثمن يقل عن تكلفة إنتاجها .

ثانيا: يفترض الإغراق إمكانية البيع فى السوق الداخلي بثمن يحقـق أقصى ربـح، مـما يتطلـب إلى جانـب الوضع الاحتكاري فرض الرسوم الجمركية الشديدة على الاستيراد على نحو يمنع الاستيراد يرفع أسعار السلع المحلية .

هذا بالإضافة إلى أنه فى بعض الأحيان لا يكون الإغـراق هـو المـؤثر فى المنافسـة الحـرة وعنـدما تكون رسوم مكافحته من قبل الدولة المستوردة هى التى تـؤثر فى المنافسـة حيـث يسـاء اسـتعمال هـذه الرسوم بهدف الحفاظ على مصالح احتكارية فى هذه الدولة؛ مما يؤدى إلى القضاء علـى المنافسـة الحـرة، ومن ثم فإن إلغاء هذه الرسوم يؤدى إلى كسر هذه المصالح الاحتكارية. [٢]

وقد رأينا فيما سبق أن مصر كانت و تزال التربة الخصبة لظهـور الاحتكـارات الدوليـة الناتجـة عن إغراق السوق المصرية بالمنتجات الأجنبية، وذلك بعـدما توجهـت باقتصـادها إلى نظام السـوق الحـر "النظام العالمى" وفتح الطريق أمام

---

(١) د/ مجدى محمود شهاب – الاقتصاد الدولى – دار الجامعة الجديدة – ٢٠٠٧ – ص١٥١.
(٢) أمل محمد شلبى – الحد من آليات الاحتكار من الوجهة القانونية – مرجع سابق ص٢٣.
لمزيد من التفاصيل انظر كذلك:
Baldwin : the political economy of protectionism ,the political economy of us import policy Cambridge press. 1985. & finger.: antidumping, how it works and who gets hurt , an arbor university of Michigan press. 1993.

الاستثمارات الأجنبية دون أن تهيئ المناخ الملائم واللازم لحماية المنتجات المحلية والوطنية مـن تلـك التكتلات الأجنبية الضخمة الأمر الذى لا يقبله منطق فى ظل الانفتاح الاقتصادى وتحرير التجارة[1] ، وهـو قانون حماية المنافسة ومنع الاحتكار ريثما أن الدور الاقتصادي الأصيل للدولة هو حماية المنافسة ومنـع الاحتكار بطريقة فعالة عن طريق الرقابة والإشراف على دخول أو خروج رؤوس الأموال المحلية والأجنبيـة على السواء.

الفرع الثانى

أسباب زيادة الاحتكار فى ظل الإغـــراق

غالبا ما يقف وراء حدوث الإغراق عدة دوافع وأسباب يريـد المغرق تحقيقهـا مـن إغراقـه السوق, وعادة ما يتبع هذا الأسلوب الدول المتقدمة اقتصاديا، لأنها تستطيع تحمل الخسائر المبدئية التـى تحدث نتيجة بيع المنتجات دون سعر التكلفة وكذلك تستطيع دفع الإعانات والدعم إلى منتجيها المحليـين من اجل مساعدتهم وتتنوع هذه الأسباب إلى ما يآتى:-

أولا: الرغبة فى أحكام السيطرة الاقتصادية على الأسواق الخارجية

إن اقتحام الأسواق وأحكام السـيطرة الاقتصـادية عليهـا مـن حيـث احتكـار العـرض, ومـن ثـم التحكم فى الأثمان هو الهدف الأعظم لكل من يمارس سياسـة الإغـراق، وقـد يتكبـد فى سـبيل ذلـك الكثير الخسائر حتى ولو وصل به الأمر إلى أن يبيع بأقل من التكلفة بما يعود عليه بخسائر كبـيرة حتـى يـتمكن من تحقيق هذا الهدف فيعوض ما لحقه من خسارة وما فاته من كسب خلال فترة المنافسة العادية، ثم

---

[1] محمد المصرى "نعم للمنافسة لا للاحتكار" ندوة الاستثمارات الأجنبية والتجارة الداخلية الأهرام الاقتصادى – العـدد ١٦٢٧ بتاريخ ٢٠٠٠/٣/٣١ - ص٣٩.

يحقق أرباحا لا حصر لها بعد تحكمه فى الأسواق وبدون تحقيق ذلك الهدف، فليست ثمة فائدة اقتصادية عظيمة تعود على من يمارس الإغراق الهجومى المحدد الأهـداف[1]، وهـو مـا يعـرف فى الفكر الاقتصادى بالسيطرة الاقتصادية أو حرب الأسعار، ويعد الإغراق هو احد وأهم أسلحة الحـرب الاقتصادية باعتبارها وسيلة غير مشروعة لغزو الأسواق الخارجيـة يـتم مـن خلالها الأضرار بمصالح المنتجين المحليـن وكذلك المصدرين المنافسين.[2]

بل قد يصل الأمر إلى حدوث الصراع العسكرى بين الـدول نتيجـة الرغبـة فى التوسـع اقتصاديا، ومن ثم السيطرة على الأسواق مثلما حدث عندما أعلنت ألمانيا فى عهد النازية الحرب العالمية الثانيـة أثر فشلها فى تصريف منتجاتها نتيجة ضيق مستعمراتها وأسواقها الداخلية على الـرغم مـن تقدمها اقتصاديا وميلها إلى السيطرة فى الخارج[3].

أن السيطرة الاقتصادية عادة ما ترتبط بفكرة السيطرة الاستعمارية، والتى كانت تمارسها الدول المتقدمة ضد الدول النامية فى مطلع القرن الماضى، فغالبا مـا يتبـع السيطرة الاقتصادية سيطرة سياسية وذلك فى كثير من الأحوال، ويعد ذلك من أهم أهداف الإغراق وذلك لان تلك السياسات سوف تعمل على إخراج الدول النامية ذات الموارد الضعيفة من مجال الأنشطة الاقتصادية الصناعية والتجارية عـلى السـواء و اعتمادها اعتمادا كليا على الاستيراد، والذى غالبا ما يتم بصورة عشوائية مما يعمل على زيادة العجـز فى الميزان التجارى للدولة مثلما حدث فى مصر عام

[1] د/ محمد الغزالى - مشكلة الإغراق - مرجع سابق - ص٤٩.
[2] د/ عمر حسن خير الدين - سياسات الإغراق وإجراءات مكافحتها ووسائل إثباتها ومقترحات مواجهتها فى مصر- فى إطار أحكام اتفاقية الجات - دراسة تحليلية - المجلة العلمية للاقتصاد والتجارة - جامعة عين شمس العدد الأول - ١٩٩٩م - ص٤٢٨.
[3] د/ رفعت المحجوب - الاقتصاد السياسى - الجزء الأول - دار النهضة العربية - ١٩٧٩م - ص٢٦٧.

١٩٩٥م – ١٩٩٦م، حيث قدرت المدفوعات عـن واردات السـلع الاستهلاكية بــ٢١٨٨ مليـون دولار عـام ١٩٩٥م وبنحو ٢١٩٢ مليون دولار عام ٩٦ وفى عام ١٩٩٨م وصلت إلى نحو ٢٦٨٠ مليون دولار.[١]

ومن ناحية أخرى فقد تؤدى هذه الحـرب الاقتصادية إلى وجـود حـرب فى الأسـعار أيضـا عـن طريق ما يسمى بالإغراق العكسي أو المقابل، وذلك عنـدما يمـارس المنتج المحلى حمايـة منتجاتـه داخـل أسواقه الداخلية عن طريق خفض أسعاره بحيث تكون أقل من السعر المستورد أو ربما إلى مـا دون سـعر التكلفة، وفى ذات الوقت يقومون بتصدير منتجاتهم إلى أسواق التصدير بسعرها العـادى، وغالبـا مـا يـتم هذا النوع من الإغراق إذا كان السوق الداخلى غير محمى.[٢]

ثانيا: زيادة الحصة السوقية

إن الرغبة فى توسيع نطاق الأسواق الخارجية عن طريق كسب أكبر حصة سـوقية فى تلـك الأسـواق من ضمن الأسباب والغايات التى يسعى إليها المصدر الأجنبى، ويكون ذلك عن طريق إغراق الأسـواق المستوردة بالمنتجات بأسعار دون سعر التكلفة الأمر الذى يترتب عليه القضاء على المنافسـين فى هـذه الأسـواق ومن ثـم خروجهم من دائرة المنافسة؛ وبالتالى انفراد المصدر الأجنبى بهذه الأسواق، مثلما حدث عندما أغلقت نحو ٥٠٪ من ورش الجلود فى مصر وتوقفت المصانع التى أنشئت فى المدن الجديدة لان السوق المحلية لم تعد قادرة على استيعاب منتجاتهم ويزيد من حدة الموقف دخول المنتجات المستوردة البلاد بأسعار رخيصة.[٣]

وبالإطلاع على التحقيقات المختلفة والتى قامت بها سلطة التحقيق فى

---

[١] وزارة التجارة الخارجية – النشرة الاقتصادية – أغسطس ٢٠٠٢ ص٣٢.

[٢] د/ عمر عبد الحى البيلى – محاضرات فى مبادئ الاقتصاد – دون دار نشر – ١٩٩٦م – ص٨١.

[٣] د/ محمد الغزالى – مشكلة الإغراق – مرجع سابق – ص١٤٤.

جمهورية مصر العربية تبين تراجع الحصة السوقية المحلية فى الكثير مـن الصناعات وذلك عـلى النحـو التالى:

١- ففى قضية إغراق واردات حديد التسليح ذات منشأ رومانيا - أوكرانيا - لاتفيا[1] انخفضت حصة السـوق المحلية لحديد التسليح على الرغم من زيادة الطلب المحلى خلال السنوات ١٩٩٤م - ١٩٩٦م، وفى المقابل ظفرت الواردات المغرقة بزيادة كبيرة فى الحصة السوقية على حساب الصناعات المحلية.

٢- وفى قضية إغراق واردات الإطارات من أو ذات منشأ اليابان - كوريا - فرنسا - الاتحـاد الأورى فقد زادت الحصة السوقية للواردات المغرقة بينما انخفضت للإنتاج المحلى بنسبة ١٧٪ عام ٩٦-٩٧ مقارنـة بعام ٩٦/٩٥ وبنسبة ١٧٪ أخرى عام ٩٨/٩٧ بينما ارتفعت الواردات المغرقة مـن المنتـج المثيـل بنسـبة ١١٪ عام ٩٧/٩٦ وبنسبة ٢٠٪ عام ٩٨/٩٧ بالنسبة لسيارات الركوب والنصف نقل أما بالنسبة للحصـة السوقية للإنتاج المحلى من إطارات النقل والأتوبيس فلقد زادت عام ٩٧/٩٦ بنسبة ٨٪ مقارنـة بعـام ٩٦/٩٥.[2]

٣- وفى قضية واردات ورق الكتابة والطباعة المصدرة من أو ذات منشأ أندونيسا والهند والبرازيل وروسـيا الاتحادية[3] ، فلقد انخفض حجم الإنتاج وحجم المبيعات للصناعة المحلية، ومن ثم الحصة السوقية اعتبارا

اعتبارا

من عام ٩٧/٩٦ ثم عام ٩٨/٩٧ وبلغت ذروتها عام ٩٨/٩٧ وفى المقابل زادت الحصة السوقية للواردات اعتبارا

[1] وزارة الاقتصاد والتجارة الخارجية - ح.م.ع - جهاز مكافحـة الإغـراق - قضية واردات حديد التسليح ذات منشأ رومانيا - أوكرانيا - لاتفيا - القاهرة - ١٩٩٩م - ص١٢ ، ٢٥ - ٤٣.

[2] وزارة التجارة الخارجية ج.م.ع - جهاز مكافحة الإغراق - قضية واردات الإطارات مـن أو ذات منشأ اليابان وكوريا والاتحاد الأورى يوليو ١٩٩٩ - ص ٩-١٠ ، ١٥-١٦.

[3] وزارة الاقتصاد والتجارة الخارجية ج.م.ع - جهاز مكافحة الإغراق - قضية واردات ورق الكتابة والطباعـة مـن أو ذات منشأ اندونيسيا والهند والبرازيل وروسيا الاتحادية - القاهرة سبتمبر ١٩٩٩م - ص٣٠.

من عام ٩٦/٩٥ ووصلت إلى الضعف وهو ما أضطر جهاز مكافحة الإغراق إلى فرض رسوم إغراق عـلى تلك الواردات لحماية الإنتاج الوطنى.

ثالثا: ضعف القوانين المحلية

من المعروف أنه كلما ازدادت درجة الانفتاح الاقتصادى للـدول عـلى الأسـواق العالميـة، كانـت هذه الدول أكثر تعرضا لحالات الإغراق، فحرية السوق والتجارة أصبحت من أساسيات الاقتصـاد العـالمى, غير أن هذه السياسة يمكن أن تكون أكثر ضررا إذا كانت سببا وهدفا لاتباع سياسة الإغراق وذلك فى حالـة إذا ما تركت هذه الحرية التجارية دون ضوابط وقيود تنظمها فلن تسـتطيع دولـة مـا أن تمـارس الإغـراق ضد أخرى فى حالة وجود الحواجز والقيود الحمائية لها, فالمنافسة فى السـوق تـدفع مزيـد مـن الإنتاجيـة والمهارات والتقدم الفنى والتقنى فى إنجاز الأعمال وتقديم الإنتاج والخدمات وبـدون المنافسـة وتـدعيمها فى السوق يصبح الاقتصاد فى حالة احتكار تضر بالمجتمع ككل ويـرى البعـض أن قـوانين الولايـات المتحـدة الأمريكية فى تطوير مستمر وهو ما يعرف باسم الحماية الإدارية والتـى أصبحت أكثر حمايـة للصناعات الأمريكية[1].

عن طريق رفع التعريفة هو ما لم تأخذ به أى نظم أخرى تعتمـد عـلى المحظـورات التجاريـة والتى قد تصل إلى منع دخول المنتجات المستوردة[2]، ولحقبه زمنية نجد أن غالبية الدول الأوربيـة طـورت طورت وأحسنت استخدام قوانينها لحماية منتجاتها ضد الإغراق الخارجى فى الفـترة مـا بـين ١٩٨٠-١٩٨٩ مثل

Cumby R.E and Moran T.H: Testing models of the trade policy process: The case of anti-[1] dunping in the Urguay Round, Washington D.C Georgetown University of Foreign Service (١٩٩٤ a).
Cumby R.E and moran T.H antidumping as a current policy issue "world business policy brief [2] Washingtion D.C Georgetown University center for international business education and research December" ١٩٩٣.

استراليا – الولايات المتحدة – كندا – الاتحاد الأوربي.[1]

وقد لعبت لجنة التجارة بالولايات المتحدة (F.T.C) دور هاما فى حماية المنتجات الأمريكية من الواردات الأجنبية, وذلك عن طريق قيامها بتحديد الأفعال المضادة للإغـراق وهـو مـا يسـاعد المؤسسـات الأمريكية التى تأثرت بالمنافسة بالإضافة إلى رفعها دعاوى مكافحة الإغراق ضد الشركات الأجنبيـة والتى تؤثر على المنتجات الأمريكية، مثل ما حدث ضـد شركة "سـمكس" حيـث كانـت هـذه الشركة مـن أكـبر المنتجين والمصدرين للاسمنت بالولايات المتحدة وتمتلك تسهيلات توزيع فى فلوريدا وكاليفورنيا، الأمر الذى زاد من واردات سمكس وفى المقابل فإن المنتجات الأمريكية من الأسمنت أصبحت فى حالـة هبـوط؛ الأمـر الذى أضطر ثمانية منتجين أمريكيين للاسمنت أن يتقدموا بالتماس مضاد للإغراق ضد الواردات المكسيكية ومنتج عن ذلك أن فرضت ضرائب كبيرة جدا بواقع ٥٨ % على واردات سمكس.[2]

وباستعراض واقع السياسـة الاقتصادية فى مصر نجد أن عدم وجود قانون دعـم المنافسـة ومنـع الاحتكار أتاح الفرصة لممارسات تضر بالمنافسة، والتى قد تؤدى فى النهاية إلى تكوين مراكز احتكارية للبيع ، بل قد يؤدى إلى تكوين مراكز احتكارية للشراء ثم التحكم فى عرضها وهذا ما ظهرت مؤشراته بالسـوق المصرية, كل ذلك بسبب النمو الهائل فى حجم المنتجات وتنوع السلع وشدة الصراع بين الشركات الدوليـة للسيطرة على الأسواق ، ومن ثم أصبحت الأسواق والمستهلكين فريسـة لظـواهر تجاريـة ضـارة يأتى عـلى رأسها الإغراق والاحتكار وتقوم الظـاهرة أو السياسـة الأولى عـلى نظريـة "التهـام السـوق" والتى بـدأتها الشركات

U.S General accounting office . International trade comparison of U.S and foregin antidiming [1] practices Washington D.C - 19-59- November 1990 .

Baron, D.P integrated strategy: market and nonmarket components, California management [2] review no, 37 - 1995. pp 47-65.

الدولية فى الوقت الحالى, وذلك بديلا عن نظرية "توسيع الكعكة حتى يأكل الجميع" والتى كانت سـائدة خلال الفترة الماضية.

والسياسة الثانية: الاحتكار فهـى تقوم عـلى نظرية "دع السوق يتـنفس صناعيا" بمعنى القضاء عـلى المنافسين حتى يستسلم السوق وبالتالى يستطيع هذا المحتكر تقديم السلعة التى يريـدها والسـعر الـذى يحدده وهذا بالفعل ما بدأت ممارسته بالسوق المصرية.[١]

ومن ناحية أخرى فإنه يلاحـظ أن الدولة والإدارة الاقتصـادية منـذ بدايـة الإصـلاح الاقتصـادي تدعم بسياستها الاحتكارات وتحرم المستهلك والمجتمع من مزايا المنافسة التى بنى عـلى أساسـها اقتصـاد السوق, فقد دعمت الدولة الاحتكارات على النحو التالى.[٢]

١- فى مجال الاتصالات كرست الدولة على مدار ثمان سنوات احتكار شركتين للمحمول, ففى دولـة قوامهـا ما يقرب من ٧٠ مليون مواطن لا يجب أن يقل عدد شركات المحمول العاملة فى الاقتصاد المصرى عـن ١٠ شركات.

٢- فى مجال النظافة أيدت الدولة احتكار ثلاث شركات للنظافة فى العاصمة, وفرضت بالمخالفـة للدسـتور رسوم نظافة وكان يتوقع لضخامة المساحة وعدد السكان أن يكون عدد شركات النظافة العاملة فى القاهرة الكبرى ١٥ شركة على الأقل.

٣- فى مجال البناء والتشييد تدعم الدولة سيطرة احدى الشركات للحديد والصلب

(١) د/إيهاب محمد يونس - سياسة الإغراق فى ظل أوضاع الاقتصاد المصرى - مرجع سابق - ص١٠٧.
(٢) معهد التخطيط القومى - تحليل خصائص ومتغيرات السوق المصرى - الجزء الأول - الاطار النظرى و التحليلى - سلسلة قضايا التخطيط والتنمية رقم "١٨٣" - يناير ٢٠٠٥ - ص٨٧-٨٨.

على أكثر من ثلثى حجم السوق مما عمل على تضاعف أسعار حديد التسليح فى سنوات قليلة.

٤- حاول البنك المركزى أن يكرس لعدد صغير من شركات الصرافة السيطرة على أرصدة العملات الأجنبية والاحتياطى الدولى بمصر, لكن القضاء أنقذ الاقتصاد المصرى من هذه الكارثة و منع أن تستمر الشركات ذات رؤوس الأموال الكبيرة من السيطرة على العمليات المصرفية, وكانت الدعوى ستفتح المجال أمام الشركات الكبيرة للسيطرة على عملات مصر الأجنبية خاصة وقت الأزمات.

ومن ناحية ثالثة فإن ضعف القوانين المصرية فى حماية المنافسة الداخلية؛ أدى إلى تعرض السوق إلى الكثير من الهزات الاقتصادية عن طريق اتباع الكثير من الشركات الدولية لسياسة الإغراق, وخير دليل على ذلك ما أدت إليه سياسة شركة **سينسبرى** من إغلاق نحو ٢٥ محلا تجاريا بشارع الهرم, ومن المتوقع إغلاق حوالى ١٥٠٠ محل أيضا[١] , فتلك السياسة تقوم على أساس البيع بأقل من سعر التكلفة ومن ثم إغراق السوق, وبعد ذلك ينفرد بالسوق ليفرض السعر الذى يناسبه بعدما تأكد أنه ليس هناك أى منافسة يخشى منها, لذلك بات الإسراع بإصدار قانون لحماية المنافسة ومنع الاحتكار أمرا ضروريا ريثما بعد تحول الاقتصاد المصرى إلى النظام العالمى, ولا نقصد بإصدار القانون هنا إصداره من الناحية الشكلية ولكننا نعنى تفعيل هذا القانون وتقديم جميع الإمكانيات القانونية والفنية للقائمين على تنفيذه مثلما تفعل معظم الدول المتقدمة فى الخارج, حتى لا ينقلب هذا القانون إلى سيف مسلط على المستهلكين وفى ذات الوقت لحماية من لهم مصالح أو أصحاب رؤوس الأموال والتى يتمتعون باحتكارات عديدة داخل البلاد.

رابعا: الإعانات والدعم

---

[١] مقال منشور بجريدة الأهرام الاقتصادى - بقلم رئيس التحرير تحت عنوان "الديناصورات القادمة لتدمير الاقتصاد المصرى ..." العدد ١٦٢٥ - ٢٨ يناير ٢٠٠٠.

قد تشارك السلطات العامة فى الـدول المصـدرة فى ممارسـة الإغـراق وذلك بـاللجوء إلى القيـام بدعم شركة أو مؤسسة وطنية بواسطة إعطائها مساعدة مالية وفقا لأسـاليب متعـددة، فقـد تكون الإعانة مباشرة بدفع مبالغ نقدية لها تمكنها من التصدير بأسعار قليلة أو عـن طريق اسـتيراد الشركة المصدرة لكـل النفقات والتكاليف التى تكبدتها فى النقل والتأمين، أو استرداد مبلغ أعلى من قيمة الضرائب التى دفعتها الشركة إذا كانت هناك ضرائب على المواد الخام التى استخدمت فى الإنتاج.[1]

وتنقسم أنواع الإعانات إلى نوعين:[2]

النوع الأول: الإعانات المباشرة

وهى التى تقوم فى صورة نقدية للمنتجين المحليين، مثل توفير بعـض مـدخلات الإنتاج بأسعار رمزية تقل كثيرا عن أسعارها السـوقية أو إمـدادهم بـبعض الأمـوال لإعـانتهم عـلى الاسـتمرار فى خطـوط الإنتاج، وابرز مثال على ذلك ما كانت تقوم به مصر فى القطاع الزراعى لسنوات طويلة حيث كانت تقدم التقاوى والمبيدات والرش وغيره بأسعار رمزية للفلاحين، وهو ما تفعله الآن دول الاتحاد الأوروبى وخاصـة بريطانيا مع الفلاحين والقائمين على الإنتاج الحيوانى حيث تقدم لهم الدولة مسـاعدات مادية مباشرة بهدف الحفاظ على استمرارهم فى مواجهة النشاط فى مواجهة المنافسة الدولية.

النوع الثانى: الإعانات غير المباشرة

وهى من أبرز وأكثر أشكال المسـاعدات التـى تقـدمها الـدول إلى منتجيها فى كافـة القطاعـات الزراعية والصناعية والخدمية، كأن تقدم الدولة دعما للتصدير من

([1]) د/ على إبراهيم - منظمة التجارة العالمية - مرجع سابق ص٢٢٧.
([2]) د/ رضا عبد السلام - العلاقات الاقتصادية الدولية بين النظرية والتطبيق - بدون تاريخ نشر أو ناشر - ص١٠٨-١٠٩.

خلال تخفيض الضرائب الجمركية على الصادرات أو توفر الدولة البنية الأساسية للمنتجين مـن ميـاه وكهرباء وطرق بأسعار رمزية وأحيانا بلا مقابل، وقد يكون هذا الدعم **"وتلك صورة هامة"** فى شكل تـوفير الائتمان بأسعار فائدة منخفضة وذلك مثل القروض التى يـوفرها الصـندوق الاجتماعـى للتنميـة لصغار المنتجين وشباب الخريجين، كما تكون الإعانة فى صورة تنظيم المعارض الدولية للمنتجات الوطنيـة فى بـلاد أجنبية مثل معرض المنتجات المصرية فى ألمانيا وإيطاليا والإمارات.

وتشير التجربة المصرية إلى قيام الدولة فى مراحل سابقة بتقديم دعم مباشر لمستلزمات الإنتاج سواء للإنتاج الزراعى أو الصناعة، ومنذ عام ١٩٩١م الغى هـذا الـدعم مـع خصخصة الشركات وفى عـام ١٩٩٥م/١٩٩٦م تركز الدعم المباشر على دعم الأرز والشعير وذلك بنسبة ٥٠٪ مـن تكلفـة ضربـه بقرار وزارى، أما الدعم الغير مباشر فقد صدر قرار وزارى بإلغاء رسوم الصادرات كلها فى عام ١٩٩٧م إلا أنه وفى عام ٢٠٠٢ صدر القانون رقم ١٥٥ بشأن تنمية الصادرات حيـث أنشـئ صـندوق يسـمى "صـندوق تنميـة الصادرات" وتبلغ مـوارد دعم الصادرات ٦٥٠ مليـون جنيهـا تـم زيادتهـا إلى ١٥٠ مليـون جنيهـا إضافية مخصصة لدعم صادرات المنتجات المصرية وتوفير مزيد من فرص العمل مـن خـلال القطاعـات التـى يـتم دعمها من الصندوق مثل قطاعات الحاصلات الزراعية والمنسوجات والملابس وغيرها. [١]

أما فى الولايات المتحدة الأمريكية فإن المساعدات التى تقـدمها الحكومـة للشـركات المتعـثرة [٢] وغير القادرة على المنافسة فتأخذ أشكالا أخرى, مثل التسوية التجارية والحماية الفعالة، وكـذلك تـدريب العمال غير المؤهلين للعمل فى صناعات

---

[١] معهد التخطيط القومى – تحليل خصائص ومتغيرات السوق المصرى – الجزء الأول – مرجع سابق – ص٥٥-٥٦.

[٢] A review of. U.S antidumping and countervailing duty law and policy . journal. U.S.A May. 1994.

غير ملائمة لهم أو تأثره بمزيد من المنافسة مع السلع المستوردة بالإضافة إلى إضفاء المزيد من الحماية التجارية لهذه المشروعات.

ويقصد بالدعم بأنه "مساهمة مالية يتلقاها المستفيد فى صورة منحة تقدمها الحكومة أو جهة عامة . وقد تتخذ الإعانة شكل منحة مالية أو إعفاء من التزام مالى أو شراء أو تقديم سلعة أو خدمة بواسطة الحكومة وتنطوى على إعانة"[1]

وينص القانون المصرى على تعريف الـدعم بأنه "أى مساهمة ماليـة مباشرة أو غـير مباشرة مقدمه من حكومة دولة المنشأ أو من أى هيئة عامة بها وينتج عنها تحقيـق فائـدة لمتلقـى الـدعم سـواء كان منتجا أو مصدرا أو مجموعة من المنتجين أو المصدرين....."[2]

وتعرف الفقرة (١) من المادة من اتفاقية **الجات** الدعم[3] بأنه "تعرض هذا الاتفاق يعتبر الدعم موجودا إذا:

أ- كانت هناك مساهمة مالية من حكومة أو أى هيئة عامة فى أراضى العضو.

ب- تقديم أى شكل من أشكال دعم الدخل أو دعم الثمن فى معنى المادة (١٦)"

---

[1] د/ حسين عبدالله - البترول العربى - دراسة اقتصادية سياسية - دار النهضة العربية - ص٣٦١ .. انظر أيضا د/إبراهيم العيسوى - الجـات وأخواتها . النظام الجديـد للتجـارة العالميـة ومسـتقبل التنميـة العربيـة - مركز دراسات الوحدة العربية - بيروت -١٩٩٥- ص٦٨-٧٠.

[2] جهاز مكافحة الدعم والإغراق والوقاية - النظام المصرى لمكافحة الإغراق والدعم و الرسوم التعويضية والوقاية فى اطار اتفاقية منظمة التجارة العالمية - يونيو ٢٠٠٠ - ص٧٩.

[3] M. Jean Anderson and Greogry Husisian: "The subsidies agreement" inference P. Stewart. The world trade organization the multilateral bar association section of international law and practice. U.S.A 1996- p.p 300.

ومن خلال ما سبق يتضح أنه لابد من توافر شرطين في تدابير ما للقول بأنه دعما:[1]

١- أن يوجد إسهام مالي من الحكومة أو هيئة عامة في البلد العضو.

٢- أن يأخذ التدبير شكل دعم الثمن أو دعم الدخل.

أنواع الدعم

قسم الاتفاق الدعم الذى تمنحه الحكومة للمشروعات والصناعات إلى أنواع ثلاثة تندرج تنازليا في اتجاه التساهل في منحها.

النوع **الأول** وهو الدعم المحظور وخصص له الاتفاق الجزء الثاني، يليـه النـوع **الثاني** وهـو الـدعم القابل لاتخاذ إجراء ضده وافرد له الاتفاق الجزء الثالث منه، و النوع الثالث والأخير هو الدعم غير القابل لاتخاذ إجراء ضده[2] ، وذلك على النحو التالي:-

١- **الدعم المحظور:** وقد تولت المادة الثالثة من الاتفاقية تحديد ماهية هذا النـوع مـن الـدعم المحظـور, وهو الدعم الذى يتوقف عليه الأداء التصديرى سواء بشكل قانوني أو فعلي أو ذلك الدعم الموجه إلى سلعة أو خدمة معينه أو صناعة أو قطاع أو مشروع بذاته.

٢- **الدعم المسموح به:** وهو الدعم الذى تقوم به الدولة دون أن يكون له أى تأثير ضار بالمصالح التجاريـة للدول الأخرى مثل:

---

[1] بهاجيراث لال داس - مقدمة لاتفاقات التجارة العالمية - تعريب أ.د/ احمـد يوسـف الشـحات - مراجعـة. أ.د/ السيد احمد عبد الخالق - دار المريخ للنشر - المملكة العربية السعودية - دون تاريخ نشر ص٨٧.

[2] د/ احمد جامع - اتفاقات التجارة العالمية وشهرتها الجات - دراسـة اقتصـادية تشـريعية - الجـزء الأول - دار النهضة العربية - ٢٠٠١ ص١٩٥ ، منار على محسن مصطفى "اثر انضمام دولة قطر لمنظمة التجارة العالمية على قطاع الصناعات التمويلية" المجلة العلمية لكلية الإدارة والاقتصاد - العدد ٨ قطر ١٩٩٨م - ص٢٩-٣٠.

- الدعم غير المحدد وهو الذى لا يرتبط تقديمه بشركة معينه أو صناعة محددة دون غيرها.

- الدعم الموجه للسلع الضرورية والخدمات الأساسية.

- المساعدات التى تقدمها الحكومة للمناطق الأقل تقدما وتطورا.

٣- الدعم المسموح به ويكون قابلا لاتخاذ إجراء ضده: هذا النوع من الدعم يشمل جميع أنواع الدعم المقدمة للإنتاج المحلى غير المشمول ضمن أنواع الدعم المشار إليه سـابقا, والـذى يسـمح للـدول الأعضـاء باتخـاذ إجراءات مضادة بحق الدولة التى تقدم هذا النوع من الدعم سواء من خلال فـرض رسـوم تعويضية أو اتخاذ إجراءات حمائية.

الفرع الثالث

شروط تحقق المركز الاحتكارى فى السوق المغرقة

ليس كل إغراق يعد إغراقا غير مشروع يسمح للدولة المستوردة للسلعة المصدرة لها والمشمولة بالإغراق اتخاذ تدبير مقاومته, بل لابد أن يكون هذا الفعل غير مشروع, وأن يترتب عـلى هـذا النـوع مـن الإغراق ضررا ماديا يلحق بالصناعات المحلية أو تهديد بوقوع الضرر, وأن تكون هناك رابطـة سـببية بـين فعل الإغراق وبين الضرر المادى الذى حدث, وهـو مـا أقرتـه **محكمـة القضـاء الإدارى بمجلـس الدولـة** فى حكمها من أنه ".... يتعين أن تتضمن الشكوى القرائن والأدلة على تـوافر أحـدى صـور الممارسـات الضـارة والأضرار الناجمة عن هذه الممارسة

وعلاقة السببية بين كل منها وبين الأضرار التى لحقت بالجهة الشاكية...."[1]

من ناحية أخرى فإن قانون الاتحاد الأوروبى الخاص بمكافحة الإغراق والصادر عام ١٩٩٦م يوجب فرض رسوم مكافحة الإغراق لصالح دول الاتحاد عند تحقق الشروط الآتية:[2]

١- **إثبات الإغراق** يتم عن طريق إثبات أن سعر التصدير الذى يتم به بيع المنتج فى سوق الاتحاد الأوروبى أقل من السعر الذى يباع به المنتج فى سوقه الداخلى.

٢- **الضرر** ويكون عن طريق أثبات أن الواردات المغرقة سببت ضررا أو هددت بإلحاق ضرر بجزء كبير من الصناعة الأوربية، مثل خسارة كبيرة فى الحصة السوقية أو انخفاض فى حجم مبيعات دول الاتحاد وفى المقابل ارتفاع مبيعات الواردات المغرقة.

٣- **علاقة السببية** ضرورة إثبات وجود علاقة السببية بين فعل الإغراق وبين الضرر الحاصل لدول الاتحاد لذلك فإن شروط الإغراق تنحصر فى ثلاثة شروط وهى:

---

[1] حكم محكمة القضاء الإدارى بمجلس الدولة المصرى – دائرة منازعات الاستثمار – فى الطعن رقم ٣١٦ لسنة ٥٦ق إصدارات المكتب الفنى عن الفترة من ٢٠٠٢/١٠/١ إلى ٢٠٠٥/٦/٣٠ ص٦٣.

[2] http:// www. ec. Europe. eu / trade / issues / respect rules / antidumpig indes en. htm. 23/1/2007.

= وفى الولايات المتحدة الأمريكية فإن قسم التجارة العالمى حدد شروط الإغراق تبعا للآتى:-
١- سلوك الإغراق: ويحدث عندما يتم بيع المنتج الأجنبى بسعر أقل من سعر بيعه فى سوقه المحلى أو بسعر أقل من سعر التكلفة. ٢- أن تكون المنتجات المتماثلة فى الولايات المتحدة قد أصيبت بالضرر المادى. ٣- علاقة السببية .. ولمزيد من التفاصيل انظر:د

US international trade commission official page concerning trade remedies in the United States.

http:// ia . ita. doc. gov / states / inv – initiations – 2000 – 2005 htm .. 30/7/2006.

١- فعل الإغراق الغير مشروع.

٢- الضرر.

٣- علاقة السببية وهو ما سوف نحاول توضيحه بإيجاز فيما يلى:

الشرط الأول: فعل الإغراق

وفقا للمادة الثانية فقرة ١/٢ فان الاتفاقية العامة (الجات) فإن السلعة تعتبر مغرقة إذا دخلـت إلى سوق دولة أخرى من قيمتها العادية, أو إذا كان سعر تصدير المنتج المصدر مـن دولـة إلى أخرى أقل من السعر المماثل للمنتج المشابهة حين يوجه للاستهلاك المحلى فى دولة التصدير[1] يـتم بسـعر أقل من قيمته الحقيقية أو المعتادة كان فى حد ذاته لتحقق فعل الإغراق.

فالمعيار المعتمد عليه هو المقارنة بين سعر التصدير والسعر الحقيقى فى بلـد التصدير أو ثمـن التصدير إلى بلد ثالث, وهو عبارة عـن تكلفـة الإنتـاج فى بلد المنشأ مضافا إليـه تكـاليف الإدارة والبيـع والأرباح.[2]

ويتم التعرف على فعل الإغراق من خلال المعطيات الآتية:[3]

١- التقدير الحقيقى لحساب التكاليف للسلعة المغرقة, ويعتد فى هذا الصدد بالسجلات التى يحـتفظ بهـا المصدر بشرط تطابقها مـع مبـادئ المحاسـبة المقبولـة عمومـاً فى الدولة المصدرة ولابـد أن يعكـس التقدير شكل معقول للتكاليف المرتبطة بإنتاج وبيع المنتج محل النظر.

(¹) د/ عبد الواحد الفار – الإطار القانوني لتنظيم التجارة الدولية – مرجع سابق – ص٣٥٨.

(²) Raj Krishna: antidumping in law and practice policy research "working paper no" 1823 the world developing bank September. 1997. p.p 18-19.

(³) مجلة الحقوق – للبحوث القانونية والاقتصادية – كلية الحقوق – جامعة الإسكندرية – مرجع سابق – ص ٢٣٥-٢٣٦.

٢- الاعتداد بوقت معين كأساس للمقارنة بين سعر التصدير والقيمة الطبيعية له فتتم المقارنة فى مرحلة أو مستوى ما قبل المصنع عادة وبالنسبة لمبيعات تمت فى نفس الفترة بقدر الإمكان.

٣- تحديد القواعد الخاصة بسعر الصرف, فسعر الصرف لدى التمويل هو ذلك الذى يتم وقت البيع على أن يستخدم سعر الصرف الآجل حين يرتبط بيع عملة أجنبية فى سوق الآجل ارتباطا مباشرا ببيع الصادرات, على أن سلطات دولة الاستيراد تسمح للمصدرين لدى قيامها بالتحقيق بستين يوما يجب فيها على المصدرين تعديل أسعار تصديرهم لمواءمة التحركات المستمرة فى أسعار الصرف.

٤- الاعتداد بوجود دولة وسيطة فى عملية التصدير, ومدى تأثر سعر السلعة المغرقة فى هذه الحالة,

ومن جهة أخرى فإنه يجب أن يكون المنتج المغرق محتكرا للسوق المحلى فبدون احتكار هذا المنتج للسوق المحلية وسيطرته عليه لن يستطيع ممارسة الإغراق بالخارج, لأنه لا يكفل حماية أكيدة لسوقه المحلية, فإذا ما توافر له ذلك استطاع المنتج المحتكر رفع الأسعار فى السوق المحلية دون خشية منافسة الآخرين تخفيض أسعار تلك المنتجات وبالتالى إلحاق خسائر به, فإذا كان المنتج محتكرا فى السوق المحلية فإنه يكون شبه متفرغ للسوق الخارجية فيمكنه ذلك من ممارسة الإغراق.^(١)

الشرط الثانى: الضرر

ويعد العنصر المكمل للشرط الأول, فلكى تستطيع الشركات والمؤسسات المتضررة من فعل الإغراق رفع دعوى مقاومة الإغراق فلابد لها من إثبات أن هناك ضررا ماديا أصاب منتجاتها المحلية أو تهديد بالضرر من المحتمل أن

---

(١) إيهاب يونس – سياسة الإغراق – مرجع سابق – ص ٩١.

يصيب منتجاتها المحلية [1]

والمقصود بالضرر المادى هو الضرر الجسيم، الذى يلحق بأحد فروع الإنتاج الوطنى للدولة المستوردة مـن جراء الانخفاض الكبير فى بيع السعلة الوطنية المماثلة للسعلة المستوردة فى سوق الدولة المستوردة نتيجـة لانخفاض سعر السعلة المستوردة، أما التهديد بأحداث ضرر مادى فيقصد به أن اسـتمرار بيـع السـلعة المغرقة فى الدولة المستوردة بالطريقة والسعر نفسيهما سـيؤدى دون شـك إلى إحداث ضرر مـادى قريبـا بالصناعة المحلية [2] أما عن دلائل معرفة الضرر.

فلقد نصت المـادة ٣٩ مـن اللائحـة التنفيذيـة للقـانون رقـم ١١٦ لسـنة ١٩٩٨م بشـأن حمايـة الاقتصاد القومى من الآثار الناجمة عن الممارسات الضارة فى التجارة الدولية على ما يلى: [3]

Wikipedia, the free encyclopedia (¹)
http:// en. wikipedia . org / wiki / dumping . pricing – policy – 26/6/2006.
(²) أمل شلبى – الحد من آليات الاحتكار – مرجع سابق – ص٣٨.
(³) النظام المصرى لمكافحة الإغراق والدعم والرسوم التعويضية والوقاية فى اطار اتفاقية منظمـة التجارة الدوليـة – مرجع سابق – ص٦٧-٦٨.
وفى المقابل نصت المادة (٣) فقرة (١) من الاتفاق بشأن تطبيق المادة السادسة من الاتفاقية العامة للتعريفة والتجارة بضرورة الاستناد إلى الأدلة الإيجابية عند تحديد الضرر بالإضافة إلى تقيم ما يلى تقيما موضوعيا:
أ- حجم الواردات المغرقة وتأثيرها على أسعار السلع المثيلة فى السـوق المحلى وفى ذلك تقـوم سـلطات التحقيـق بتحديد حجم الزيادة فى الواردات المغرقة سواء على أساس الكميات المطلقة أو نسبة هذه الكميات مـن أجمـالى الإنتاج والاستهلاك فى الدولة المستوردة.
ب-تأثير الواردات المغرقة على المنتجين المحليين للسلعة.
ج- حدوث تخفيض جوهري فى أسعار الواردات مقارنة بأسعار السلع المثيلة المحلية.
أن تؤدى هذه الواردات إلى منع أسعار السلع المحلية فى الدولة المستوردة مـن الارتفاع لمزيد مـن التفاصيل انظـر – أحمد مغاورى – لمياء فخرى – اتفاقيات منظمة التجارة العالمية – مرجع سابق – ص٢١٠ & د/ احمد جامع اتفاقات التجارة الدولية مرجع سابق ص٦٣٤.

تحدد سلطة التحقيق الضرر المادى الواقع على الصناعة المحلية, ولهـا فى سـبيل ذلـك فحـص كافـة الأدلـة الإيجابية منها.

١- زيادة حجم الواردات المغرقة سواء بشكل مطلق أو بالنسبة للإنتاج أو الاستهلاك فى مصر ومدى تأثيرها على ما يلى:

أ- انخفاض أسعار بيع المنتجات المغرقة المستوردة عن أسعار بيع المنتج المحلى المثيل.

ب- خفض أسعار بيع المنتج المحلى المثيل.

ج- منع الأسعار المحلية من الزيادة التى من الممكن حدوثها.

٢- مدى تأثير الواردات المغرقة على اقتصاديات الصناعة المحلية ويستدل عليها مـن خـلال تقيـم العوامـل الآتية:

أ- الانخفاض الفعلى أو المحتمل فى المبيعات والأربـاح أو الإنتـاج أو الحصـة السـوقية أو الإنتاجيـة أو العائد على الاستثمار أو الطاقة المستغلة.

ب- العوامل المؤثرة على الأسعار المحلية.

ج- حجم هامش الإغراق.

د- التأثيرات السلبية الفعلية والمحتملة.

هـ- أى عوامل أخرى مؤ تراها سلطة التحقيق.

أما بشأن التهديد بحدوث الضرر, قد نصت المادة ٣ الفقرة ٧ من اتفاقية

الجات على أنه^(١)

"يستند تحديد التهديد بوجود الضرر المادى على وقائع وليس علـى مجـرد مـزاعم أو تكهنـات أو إمكانيـة بعيدة وينبغى أن يكون تحديد الظروف التى قد تخلـق وضعـاً قـد يسـبب فيـه الإغـراق ضررا متوقعـا ووشيكا وعلى السلطات عند تحديد وجود خطر ضرر مادى أن تبحث بين ما تبحثه عوامل مثل"

١- معدل زيادة كبيرة فى الواردات المغرقة إلى السوق المحلى مما يكشف عن احتمال حدوث زيادة كبيرة فى الاستيراد.

٢- وجود كميات كبيرة متوافرة بحرية أو زيادة كبيرة وشيكة فى قدرة المصـدر, ممـا يكشـف عـن احتمال حدوث زيادة كبيرة فى الصادرات المغرقة فى سوق العضو المستورد.

٣- ما إذا كانت الواردات تدخل بأسعار سيكون لها أثـر انكماشى كبيـر فى الأسـعار المحليـة وتأثيرهـا علـى مخزون المنتج الذى يجرى التحقيق بشأنه.

---

(١) د/ محمد العزالى – مشكلة الإغراق – مرجع سابق ص٥٧.

وفى المقابل نصت على ذلك المادة ٤٠ من اللائحة التنفيذية للقانون رقم ١١٦ لسنة ١٩٩٨ على ما يلى:

مع مراعاة أحكام المادة (٣٩) من هذه اللائحة على سلطة التحقيق عند حدوث التهديد بحدوث ضرر للصناعة المحلية التحقق من أنه واضح ووشيك الوقوع مع الأخذ فى الاعتبار ما يلى:

١- معدل الزيادة الكبيرة فى الواردات المغرقة.

٢- وجود احتمال لحدوث زيادة كبيرة فى الصادرات المغرقة إلى مصر فى ضوء وجود تعاقدات وأوامر شراء مستقبلية.

٣- ما إذا كانت الواردات تدخل بأسعار تؤثر على الأسعار المحلية سواء بالانخفاض أو بعدم القـدرة علـى زيادتها علـى نمـو يؤدى إلى زيادة الطلب على الواردات.

٤- وجود طاقة تصديرية كبيرة أو مخزون كبير من المنتجات الخاضعة لتحقيق لدى الشركات المصدرة.

٥- أى عوامل أخرى مؤثرة تراها سلطة التحقيق ذات دلالة كافية.

إلا أن إثبات وجود فعل الإغراق واثبات الضرر لا يكفى لفرض تدابير مواجهة الإغراق, بـل لابـد مـن الـربط بينهما بعلاقة السببية وهو ما سنبينه فى الشرط الثالث.

الشرط الثالث: رابطة السببية

يتعين إثبات رابطة السببية بين الواردات المغرقة و الضرر الذى أصاب الصناعات المحلية المعنية على أساس بحث لكافة الأدلة ذات الصلة الموجودة لدى السلطات، وستبحث هـذه السـلطات أيضـا فى أيـة عوامـل معروفة أخرى بخلاف الواردات المغرقة يمكنها فى ذات الوقت أن تكون مضرة بهذه الصناعة، ولا يجب أن تعرف أو تثبت الإضرار التى تسببها لتلك العوامل الأخرى لهذه الصناعة إلى الواردات المغرقة، أما العوامل الأخرى غـير الواردات المغرقة التى يمكن أن تكون ذات صلة فى هذا الخصوص فتشمل من جانب أشياء أخرى كحجم وأثمان الواردات التى لا تباع بأثمان ونقص الطلب أو التغيرات فى أنماط الاستهلاك والممارسات المقيـدين للتجارة ومـن جانب المنتجين الأجانب والمحليين والمنافسة فيما بينهم. [1]

وفى ذات المعنى ذهبت الاتفاقية العامة "الجات" إلى ضرورة أثبات علاقة السببية بـين الـواردات المغرقة والضرر الحادث للصناعة المحلية, وأن هذا التوضيح يجب أن يكون مبنيا عـلى فحـص كافـة الـدلائل المتصلة به وبأن الاتفاقية لا تمدد عوامل معينة أو تعطى دليلا على كيف أن الدليل المتصل معه يمكن تقيمه، أن البند ٣٠٥ يستلزم مع ذلك بيان أن العوامل الأخرى غير الواردات المغرقة ربما تسبب الضرر، ويجب أن يـتم فحصها مثل التغيرات فى نمط الطلب, وكذلك تطورات التكنولوجيا التى يكون لها صلة بالموضع [2] , وفى الولايات المتحدة الأمريكية، فإن لجنة التجارة الدولية (I.T.C) تطالب بإثبات علاقة السببية بين الضرر الذى حدث وبين الواردات

([1]) د/ احمد جامع - اتفاقات التجارة الدولية - مرجع سابق - ص ٦٣٨ ، محمد الغزالى - مشكلة الإغراق - مرجع سـابق - ص ٣٩٣.

([2]) Brink Desy and Ikenson "antidumping 101:The devilish details of unfair trade law" trade policy analysis no, 20 . U.S.A November 26, 2006.

المغرقة، أو فعل الإغراق ومن جهة أخرى فليس مجرد وجود واردات تباع أقل من القيمة العادية يعد قرينة على حدوث الضرر.

وبمعنى آخر فإن تطبيق قانون مقاومة الإغراق يتطلب إظهار علاقة السببية المؤكدة بين فعـل الإغراق وبين الضرر الذى أصاب المنتجات المغرقة وليس علاقة السببية المؤقتة[1].

بيد أن التشريع الأنجليزى يسـمح بتطبيـق علاقـة السببية المؤقتة, لأنها بـالطبع سـوق تقـود إلى علاقـة السببية المؤثرة والمؤكدة, وأخيرا فإنه ينبغى أن تتـوافر الشـروط الثلاثـة معـا حتى يمكـن تطبيـق تدابير مواجهة الإغراق.

المطلب الثالث

أساليب مواجهة الإغراق

الفـرع الأول : تدابير مقاومة الإغراق

عند توافر شروط الإغراق فإنه يكون من حق الدولة المتضررة من فعل الإغراق إجراء تحقيقات حول تحقق تلك الشروط, وبيان الأضرار التى أصابت صناعتها المحلية, حتى تستطيع فرض تدابير مقاومـة الإغراق، وهو ما ذهبت إليه الاتفاقية العامة للتعريفة الجمركية "الجات" عندما أقرت بـأن حسـاب مـدى الإغراق

Dan Ikenson "Burdening relations: U.S trade policies continue to flout the rules" free trade [1] bullet in no,5, January 13, 2004.

بشأن منتج ما، لا يعتبر كافيا لتطبيق قوانين مقاومة الإغراق، فلابـد مـن إجـراء تحقيقـات مفصـلة وفقـا لقواعد محددة عن طريق تقيم كل العوامل الاقتصادية المتعلقة والتى يكون لها تأثير على الصناعة المشار إليها فإذا ما أظهرت التحقيقات حدوث الإغراق ووجود ضرر بالصناعة المحلية[1] ، يتم فرض تدابير مقاومة الإغراق فورا، ومن ناحية أخرى فإنه إذا أثبتت التحقيقات أن هامش الإغراق صغير بشكل غـير مـؤثر بـأن يكون أقل من ٢٪ من سعر تصدير المنتج أو ٣٪ من إجمالي الـواردات لـذلك المنتج فـلا يـتم فـرض رسـوم مكافحة الإغراق.[2]

ويتعين أن يراعى عنـد تحديـد رسـوم مكافحـة الإغراق مصـلحة المسـتهلك ومسـتوى الأسـعار النسبية والفرق بين متوسط الأسعار المحلية وأسعار البدائل المستوردة ودرجة التركيز والاحتكار فى السوق، لان عدم المنافسة إذا سادت السوق سيخلق وضعا احتكارياً لبعض المصنعين المحليين، ومن ناحيـة ثالثـة فإن المتضرر النهائى من فرض رسوم مقاومة الإغراق فى الأسواق الخارجيـة هـو المنتج فى حالـة الصـادرات، حيث يحول ذلك دون نفاذ المنتجات المصرية إلى الأسواق الخارجية بفعل الارتفاع النسبى لسـعر المصـدر المصرى مقارنة بمتوسط أسعار البدائل المستوردة داخل الدولـة المعنيـة حيـث يـؤثر سـلبا علـى إمكانيـات التسويق ويضغط للبحث عن أسواق جديدة أخرى.[3]

[1] Brink Lindesy "the U.S antidumping law" institute trade policy analysis no. 7 August 16, 1999.

[2] World Trade organization "2007"
http:// www. wto. org/ english / tratope / adp – states b2 exls 23-4/2007.

[3] معهد التخطيط القومى - تحليل خصائص ومتغيرات السوق المصرى - مرجع سابق ص٥٧-٥٨.

بيد أن فرض رسوم مقاومة الإغراق يتطلب توافر عدة شروط وهى:[1]

1- لا يجوز تطبيق هذه التدابير إلا إذا كان التحقيق فى وجود الإغراق المدعى به قد بدأ وصدر أخطار عام بهذا الشأن من سلطات التحقيق, وأنتجت للإطراف ذات المصلحة فرصا كافية لتقدير المعلومات والتحقيقات والدفوع والدفاع.

2- أن تتوصل سلطات التحقيق إلى تحديد إيجابى بوجود إغراق وما يترتب عليه من أضرار بالمصلحة المحلية للمنتج المشابهة.

3- أن ترى سلطات التحقيق فى الدولة المستوردة أن هذه الإجراءات ضرورية لمنع حدوث الضرر أثناء فترة التحقيق.

4- لا يجوز تطبيق هذه التدابير المؤقتة قبل مرور ستين يوما من تاريخ بدء التحقيق.[2]

أما عن أنواع تدابير مقاومة الإغراق فتنقسم إلى ثلاثة أنواع كالتالى:

النوع الأول: التدابير المؤقتة

يجوز فرض التدابير المؤقتة لمكافحة الإغراق فى صورة رسم مؤقت أو ضمان بوديعة نقدية أو سند يعادل رسم مكافحة الإغراق[3] , ويتعين لفرض هذه

---

[1] أمل شلبى - الحد من آليات الاحتكار - مرجع سابق - ص77.

[2] وقد نص القانون المصرى فى المادة (44) من اللائحة التنفيذية للقانون رقم 161 لسنة 1998م على أنه "يجوز فرض اجراءات مؤقته لمكافحة الإغراق فى صورة ايداع نقدى لا يجاوز هامش الإغراق بشرط مضى ستين يوما على الأقل من بدء التحقيق وتوصل سلطة التحقيق إلى نتائج أولية تثبت وجود إغراق تسبب فى الحاق ضرر بالصناعة المحلية".

[3] وقد نصت على ذلك الفقرة الأولى من المادة 7 من الاتفاقية العامة (الجات) والتى تقضى بإنه يمكن لسلطات التحقيق فرض إجراءات مؤقتة بعد التأكد من الآتى: أ- تم اخطار الأطراف المعنية بالتحقيق ومنحهم الفرصة لتقديم المعلومات والتعليق. ب- تحديد مبدئى إيجابى يؤكد وجود إغراق وضرر بالصناعة المحلية. ج- أن تحكم السلطات المعنية أن هذه الإجراءات المؤقتة ضرورية لمنع الضرر الواقع اثناء فترة التحقيقات.

التدابير توافر عدة شروط **أولا:** أن يكون التحقيق قديرا وتم الإخطار بـه. **ثانيا:** توصل التحقيقـات إلى نتـائج إيجابية بوقوع الإغراق بكامل شروطه. **ثالثا:** أن ترى الدولة المتضررة لازمة لتطبيق هذه التدابير, وتسرى هـذه الإجراءات المؤقتة لمدة لا تجاوز أربعة أشهر ويمكن أن تصل إلى ستة أشهر, أما إذا كانت تلـك الإجراءات أقـل من هامش الإغراق تسرى الإجراءات المؤقتة لمدة ستة أشهر وتسعة أشهر على التوالي. [1]

التعهدات السعرية [2]

و تكون مـن جانـب المصـدرين المتـورطين فـى عمليـة الإغراق يتعهـدون بهـا مـن أجـل وقـف الإجراءات أو إنهائها بعدم فرض أية رسوم مكافحة الإغراق من جانب الدولة المتضررة "المستوردة".

وتقضى الاتفاقية بأنه لابد من تحديد أولى ومبدئى لوجود الإغراق وكذلك ضرورة إثبات الضرر وعلاقـة السـببية، وتتضمن التعهدات السعرية التـى يقـدمها المصـدرون الاتجـاه نحـو مراجعـة الأسـعار أو وقـف الصـادرات إلى المنطقة المعنية بأسعار إغراق، ويلاحظ على هذا النوع من التدابير أنها غير ملزمة سواء بالنسـبة للمصـدرين أو بالنسبة للدولة المستوردة فلها أن تقبلها إذا أحست بأنها سوف تعد رادعا لفعل الإغراق

Prashant - Kumar-: "Antidumping duty levied and imported from U.S.A" notification no. 138, [1] November 2000 p.p 1.

ولمزيد من التفاصيل انظر:

د/ احمد جامع – اتفاقات التجارة العالمية – مرجع سابق ص٦٧٥.

[2] نصت المادة الثانية الفقرة الأولى من الاتفاقية على أنه "يمكن تعليق أو أنهاء إجراءات التحقيق دون فرض رسوم مؤقتة لمكافحة الإغراق وذلك عند تعهد المصدر بمراجعة أسعار أو وقف بيع منتجاته في السوق المعنى بهـذه الأسـعار المغرقة".

ولها أن ترفضها إذا ثبت لها أن تطبيقها غير عملى.[1]

ومن ناحية ثانية, فإنه حتى لو تم قبول التعهدات السعرية، فإن الدولة المستوردة يمكنها الاستمرار فى التحقيق إذا رغب المصدر ذلك أو إذا رأت سلطات الدولة ذلك, على أن يتم وقف العمل بهذه التعهدات عند أثبات عدم وجود إغراق أو ضرر مادى.[2]

النوع الثالث: فرض رسوم نهائية لمكافحة الإغراق

تقوم سلطة التحقيق بتحديد مقدار الرسوم النهائيـة لمكافحـة الإغـراق وبما لا يجـاوز هـامش الإغراق وتفرض هذه الرسوم على الواردات المغرقة من كافة المصادر, متى ثبت أنها تسببت فى حدوث ضرر بالصناعة المحلية, ويستثنى من ذلك الواردات مـن المصادر التـى قبلـت تعهـداتها السـعرية (م ٤٥) وينبغى إلا تزيد مدة سريان الرسوم النهائية لمكافحة الإغـراق عـن خمـس سـنوات تبـدأ مـن تـاريخ نشرـ القرار النهائى بفرضها فى الوقائع المصرية, وفى الأحوال التى تصدر فيها المنتجات الخاضعة للرسوم النهائيـة لمكافحة الإغراق إلى مصر من مصدرين أو منتجين لم يقوم بالتصدير خلال فترة التحقيق على وجه السرـعة بإجراء مراجعة لتحديد هوامش إغراق فردية لهم, بشرط أن يثبتوا عدم ارتبـاطهم بـإى مـن المصـدرين أو المنتجين الخاضعين للرسوم, ولا تفرض أية رسوم مكافحة إغراق عـلى المصـدرين المشـار إلـيهم أثنـاء عمـل هذه المراجعة.[3]

Brink Lindsey and Dan Ikenson. antidumping 101: the devilish detalis of "unfair trade law" USA [1] November 20, 2002.

[2] المادة الثانية – الفقرة الرابعة والخامسة من الاتفاقية.
[3] إيهاب يونس – سياسة الإغراق – مرجع سابق ص ١٥٩-١٠٦.

الفرع الثاني

سياسة مكافحة الإغراق في جمهورية مصر العربية

لقد بدأ الاقتصـاد المصرى اعتبارا من منتصف السبعينات فى أتبـاع سياسـة الانفتـاح الاقتصادي
والتى أدت إلى زيادة الواردات بشكل واسع، ومن ثـم زيادة العجـز فى الميـزان التجارى وتبعـا لـه ميـزان
المدفوعات، وفى تلك الفترة لم يكن هناك قانون يتعامل مع الإغراق، وإنمـا أكتفت مصر۔ بقـانون الجمـارك
رقم ٦٦ لسنة ١٩٦٣م فى هذا الخصوص، والذى نص فى المادة الثامنة منه على أنه "يجوز بقـرار مـن رئـيس
الجمهورية إخضاع البضائع الواردة لضريبة إذا كانت تتمتع فى الخارج بإعانة مباشرة أو غير مباشرة عنـد
التصدير، ويجوز كذلك اتخاذ تدبير مماثل فى الحالات التى تخفض فيهـا بعـض الـدول أسـعار بضـائعها أو
تعمل بإى وسيلة أخرى على كساد منتجات الجمهورية بطريق مباشر أو غير مباشر".

إلا أنه ومنذ أن انضمت مصر إلى منظمة التجارة العالمية عام ١٩٩٥م؛ ارتبطت السياسـة التـى
اتخذتها مصر بالعمل على الإصلاح الاقتصادى عن طريق فتح الأسواق وتحرير التجارة الخارجية، وهـو مـا
سيشكل ضغطا على الصناعات المحلية، وكما تطبق مصر التزاماتها فى منظمة التجارة العالميـة فإنـه مـن
الضرورى أن تستخدم حقوقها التى كفلتها اتفاقيات منظمة التجارة العالمية بكفاءة وفعالية وبصفة خاصة
فى مجال تحقيق المنافسة العادلة للصناعة المحلية والوطنيـة وحمايتهـا مـن المارسـات الضارة بالاقتصـاد
القومى، والتى تتمثل فى ممارسة الإغراق أو الـدعم وكـذلك زيـادة الـواردات التـى تسـبب ضررا للصناعة
الوطنية.

وكمـا تهدف منظمة التجارة العالمية إلى حرية التجارة وفتح الأسواق وإزالـة القيـود والعقبـات
التى تقف أمام انسياب حركة التجارة الدولية، فإنها تكفل أيضا الوسائل المشروعة للدول الأعضـاء لحمايـة
صناعتها الوطنية فى أطار

التوازن بين حقوق والتزامات هذه الدول وبما تحقق المنافسة العادلة.[1]

وتماشيا مع هذه التطورات أصدرت مصر تشريعات موحدة لمكافحة الإغراق وذلك بالقانون رقم ١٦١ لسنة ١٩٩٨م بشأن حماية الاقتصاد القومى من الآثار الناجمة عن الممارسات الضارة للتجارة الدولية وعمل به من ١٢ يونيو ١٩٩٨م[2] , ثم قرار وزير التجارة والتموين رقم ٥٤٩ بإصدار اللائحة التنفيذية للقانون وعمل بها من ١٩٩٨/١٠/٢٥م، ويتكون هذا القانون من ١١ مادة تضمنت القواعد اللازمة لتطبيق وتنفيذ هذا القانون حيث أناط بوزارة التموين والتجارة الخارجية اتخاذ التدابير والإجراءات اللازمة لحماية الاقتصاد القومى مـن الأضرار الناجمة عن الإغراق والدعم وكيفية الوقاية منها، بالإضافة إلى ذلك فأوكل سـلطة النظر فى المنازعـات المتعلقـة بتنفيذ أحكام تلك المواد إلى محكمة القضاء الإدارى، بالإضافة إلى ذلك تضمنت اللائحة التنفيذية لهذا القـانون على ٩٥ مادة مقسمة على ستة أبواب:

١- الباب الأول: التعريفات والأحكام العامة.

٢- الباب الثانى: الشكوى وإجراءات التحقيق.

٣- الباب الثالث: مكافحة الإغراق.

٤- الباب الرابع: الدعم والإجراءات التعويضية.

٥- الباب الخامس: التدابير الوقائية.

٦- الباب السادس: الأحكام الختامية.

وكان من نتيجة اندماج جمهورية مصر العربية فى الاقتصاد العالمى مـن خـلال تحريـر التجـارة الخارجية وإزالة القيود الجمركية المختلفة التى تضمنتها

---

[1] د/ عزة فؤاد إسماعيل – أثر تحرير التجارة الخارجية على التنمية الصناعية فى الاقتصاد النامى – رسالة لنيل درجة الماجستير – كلية الاقتصاد والعلوم السياسية – جامعة القاهرة – ط ٢٠٠٤ ص١٠٠.

[2] الجريدة الرسمية – العدد ١٢٤ تابع (أ) فى ١١ يونيو ١٩٩٨م.

الاتفاقية العامة "الجات"؛ أن تعرضت واردات مصرـ إلى الإغراق مثل المعادن والصناعات الكهربائية وصناعة ورق الكتابة، وغيرها من الصناعات الأخرى ولعل من أهم قضايا الإغراق والتى قامت بها سلطات التحقيق المصرية وانتهت فيها إلى فرض رسوم مكافحة الإغراق ما يلى:

١- إغراق واردات حديد التسليح ذات منشأ رومانيا وأوكرانيا ولاتفيا.[1]

حيث بلغت نسبة الزيادة فى الواردات المغرقة عام ١٩٩٥ إلى ١٢١٪ ونسبة ٣٤١٪ فى عام ١٩٩٦م؛ الأمر الذى أدى إلى إحداث إضرار بالصناعة المحلية حيث ضعفت الأسعار المحلية لمنتج حديد التسليح الوطنى من الزيادة المواكبة الارتفاع الكبير فى تكاليف الإنتاج وهو ما أدى إلى انخفاض الحصة السوقية للصناعة المحلية لحديد التسليح.

٢- إغراق واردات الكوالين المصدرة من أو ذات منشأ الصين.

تعرضت منتجات الكوالين المصرية إلى ضرر بسبب إغراق السوق المصرى بواردات من منتجات جنسية المنشأ, حيث زادت تلك الواردات إلى ٧١٪ ذلك عام ١٩٩٨م وبنسبة ٤٢٪ عام ١٩٩٩م؛ وهو ما أدى إلى انخفاض أسعار الكوالين المصرية الصنع بنسبة ١٢٪ عام ٢٠٠٠،بالإضافة الى حدوث انخفاض فى أسعار البيع بصورة أكبر من انخفاض التكاليف الأمر الذى أدى بجهاز الدعم و الإغراق إلى فرض رسوم مؤقتة لمكافحة الإغراق تبلغ نسبتها ١٠٠٪ لمدة ستة أشهر.[2]

٣- إغراق واردات الإطارات من أو ذات منشأ اليابان، كوريا، فرنسا والاتحاد الأوربى.

[1] وزارة الاقتصاد والتجارة الخارجية ج.م.ع قضية واردات حديد التسليح ذات منشأ رومانيا – أوكرانيا – لاتفيا - القاهرة- مرجع سابق- ص٣٩.
[2] وزارة الاقتصاد والتجارة الخارجية ج.م.ع قضية واردات الكوالين العادة والسلندرات للأبواب والشبابيك المصدرة من أو ذات منشأ الصين الشعبية – القاهرة – نوفمبر ٢٠٠٠ ، ص،٣٦.

حيث إن صناعة الإطارات المحلية قد أصابها ضررا جسيما نتيجة إغراق السوق المصرية بمثيلتها من الإطارات اعتبارا من عام ١٩٩٧م, فلقد وصلت الزيادة في إطارات سيارات الركوب والنصف نقل نسبة ١٨٪ عام ٩٧/٩٦, فيما زادت واردات إطارات سيارات النقل والأتوبيس إلى ١٣٢٪ عام ٩٨/٩٧, وفي المقابل انخفض سعر المنتج المحلي إلى نسبة ٢٪ عام ١٩٩٥م ونسبة ١١٪ عام ١٩٩٧م؛ الأمر الذي انتهى بجهاز الدعم والإغراق إلى فرض رسوم نهائية على المنتجات المغرقة.[1]

وفي المقابل تعرضت مجموعة من المنتجات المحلية "المصرية" لفرض رسوم مكافحة الإغراق نذكر منها على سبيل المثال لا الحصر دعوى جنوب أفريقيا ضد الأدوات المنزلية ودعوى الاتحاد الأوروبي ضد منتجات ملاءات الأسرة ودعوى الاتحاد الأوروبي ضد الأقمشة القطنية.[2]

تقييم جهاز مكافحة الإغراق ج.م.ع

لقد أدى انضمام الدول للاتفاقية العامة "الجات" ١٩٩٤م إلى ضرورة الالتزام ببنود تلك الاتفاقية ووضعها موضع التنفيذ، وهو ما يتطلب إحداث تغيرات جذرية في سياستها الداخلية تمكنها من الصمود ومواجهة التحديات العالمية عن طريق التوفيق بين بنود الاتفاقية وبين تشريعاتها الوطنية.

ولقد كانت مصر خير مثال جيد في العمل من أجل مواجهة هذه التغيرات العالمية، فأصدرت القانون رقم ١٦١ لسنة ١٩٩٨م بشأن مكافحة الدعم والإغراق ثم صدور قرار وزير التجارة والتموين رقم ٥٤٩ بإصدار اللائحة التنفيذية للقانون،

---

[1] وزارة الاقتصاد والتجارة الخارجية ج.م.ع قضية واردات الإطارات من أو ذات منشأ اليابان ، كوريا ، فرنسا ، الاتحاد الأوروبي – يوليو ١٩٩٩ – ص١٢٩..

[2] هشام جاد – الإغراق كلمة السر في الصراع الاقتصادي – تقديم د/ أحمد الجويلي – إهداء مكتبة العلاقات العامة محافظة الإسكندرية –٢٠٠٠ - ص١٠٩..

وأنشأت جهاز مكافحة الإغراق لتكون اختصاصاته على النحو الاتى:[1]

١- تلقى ودراسة الشكاوى المكتوبة وإجراء عمليات البحث والتقصى للشكاوى التى يحيلها إليها الـوزير أو التى تقدمها الصناعة الوطنية أو ممثلوها بشأن التضرر من ممارسات الإغراق والتى تسبب ضررا أو تهدد بحدوث ضرر أو تعوق الصناعة الوليدة فى مصر.

٢- القيام بناء على مبادرة تلقائية من جانبها بإجراء عمليات البحث والتقصى لممارسات الإغراق والتى ينشأ عنها أحد الأضرار السابقة.

٣- القيام بالتحقيقات وجمع الأدلة والبيانات وحسـاب مقـدار الإغـراق ورفع التوصيات إلى الـوزير عـن طريق اللجنة الاستشارية متضمنة نتائج التحقيقات الايجابية والإجراءات المطلوب اتخاذها فى مصر

٤- عقد جلسات استماع إلى الأطراف المعنية لكى تبدى تلك الأطراف ما لديها من حجج ومبررات للـدفاع عن مصالحها.

٥- مراجعة الإجراءات المتخذة وفقا لاتفاق الوقاية.

فسلطة التحقيق "جهاز مكافحة الإغراق" تقوم بعرض النتائج التـى توصلت إليهـا, سـواء فى حالـة حفـظ الشكوى أو اتخاذ إجراءات بدء التحقيق أو إنهائه أو اتخاذ أى تدابير مؤقتة أو نهائية أو قـبول التعهـدات السعرية على اللجنة الاستشارية, والتى تقوم بدورها بعرض ما تنتهى إليه من توصيات على وزير التجـارة الخارجية الذى له إصدار القرار الخاص بأى من تلك الحالات، فسلطة التحقيق هـى المسئولة عـن تحديـد وجود الإغراق والضرر واقتراح التدابير اللازمة، ويتوقف دور اللجنة الاستشارية على الدور الاستشارى فقط حيث تقوم بإعداد توصية بما انتهت إليه

[1] دليل وزارة الاقتصاد والتجارة الخارجية – فبراير ٢٠٠١ – ص٢٥١-٢٥٢ – ولمزيد من التفاصيل انظر هشام جاد – كلمة السرـ فى الصراع الاقتصادي – المرجع السابق ص٨٧-٨٨.

سلطة التحقيق من نتائج وتقدمها لوزير التجارة الخارجية, وفي النهاية يتوقف الأمر على قرار الوزير فلـه أن يأخذ بتلك النتائج من عدمه.[1]

ونحن نرى أهمية الدور الـذى يلعبـه جهـاز مكافحـة الإغـراق فى ج.م.ع فى حمايـة الصـناعات المحلية داخليا, وأيضا يساهم فى حماية الصادرات المصرية إذا ما تم اتهامهـا خارجيـا عـن طريـق تقـديم الخدمات الفنية والقانونية وإعداد الردود على الاستفسارات الموجهة للشركات المصرية المتهمـة بالإغراق وكذلك حضور جلسات الاستماع التى تعقد أثناء التحقيق للدفاع الصادرات المصرية مثلما حدث فى قضية الاتحادات الأوروبى ضد الصادرات القطنية.

---

[1] د/ إيهاب يونس - سياسة الإغراق فى ظل أوضاع الاقتصاد المصرى - مرجع سابق - ص١٦٦.

المبحث الثاني

الخصخصـة والاحتكـار

شهد العالم فى السنوات الأخيرة رواج فكرة الخصخصة كأحدى الركائز الأساسية لـبرامج الإصلاح الاقتصادى, ولم يكن هذا الاتجاه مقصورا على دوله بذاتها بل شمل العالم شرقا وغرباً.

والخصخصة PRIVATIZATION ليست مجرد نقـل ملكيـة القطـاع العـام إلى القطـاع الخـاص فقط, بل هى حزمة متكاملة من السياسات التى تستهدف تحقيق الأهداف التنموية والتوزيعية بفاعليـة أكبر من خلال تحرير عملية المنافسة فى الأسواق ومبادارت القطاع الخاص بالتغير فى نمط الملكية, فينبغـى ألا يكون هدفا فى حد ذاته كما ينبغى ألا يكون الهدف الوحيد بعملية الخصخصة, لأن هـذا مـن شـأنه أن يؤدى إلى استحواذ مجموعة محددة من الملاك من القطاع الخاص على الاقتصاد القومى ومـا يترتـب عـلى ذلك من نتائج ضارة.

وقد بدأت بريطانيا فى عهد تاتشر, وعلى نطاق واسع سياسة الخصخصة أو بيع القطاع العام للقطاع الخاص, إلا أن الولايات المتحدة الأمريكية التى رفعت لواء هذه السياسة قامت بالدور العالمى الأكثر أهمية عن كل ما عداها من أجل تسييد هذه السياسة عالمياً, وبالذات فى الدول النامية وخاصة مصر من أجل تدعيم وضع شركاتها الاحتكارية فى تلك البلدان مستندة فى ذلك إلى قوتها الاقتصادية والمالية والتكنولوجية ونفوذها السياسى و العسكرى العالمى, كما قامت به بشكل غير مباشر من خلال توجيهها للمؤسسـات الماليـة الحكوميـة الدوليـة التى تهيمن على صناعة القرار فيها وتملك أكبر حصة تصويتية فيها ونعنى بذلك صندوق النقد والبنك الدوليين.

وقد نجحت الولايات المتحدة بالفعل فى عولمة سياسة الخصخصة أو جعلها ملجأ أساسياً للبيئة الاقتصادية الدولية منذ ثامنينات القرن العشرين وبالذات

خلال تسعيناته, ولأن البيئة الاقتصادية الدولية معطياتها العامة وبالسمات الخاصة بها و القوى الرئيسية المؤثرة فى صياغتها هى مثابة الوسط التاريخى الذى يتحرك فيه ويتأثر به الاقتصاد المصرى, لذلك فإن الحكومة المصرية تأثرت بالموجة العالمية لخصخصة القطاع العام خاصة, أن هذه السياسة تعبر عن مصالح ومطالب قوى قادرة على التأثير فى صناعة القرار محلياً وتشكل أيضاً مخرجاً لمأزق موضوعى يتعلق بالتناقض الذى يتولد مع الزمن بين المصالح الخاصة لقيادات رأسمالية الدول وبين مصلحة الفئة الطبقية التى ينتمون إليها.

أياً كان الأمر فلقد أصبحت الخصخصة جزء من سياسات الدول وخاصة النامية محاولة منها فى إنعاش ركودها الاقتصادى ولكن بأى من الخسائر وما هى الآثار المتولدة عن هذه السياسة إذا تمت بشكل عشوائى؟.

بالطبع ستكون الإجابة هى تركز رؤوس الأموال المحلية والأجنبية فى شكل احتكارات للمرافق الأساسية للدول وهو ما يأتى فى النهاية بآثار سيئة على المستهلك.

لذلك سوف نحاول تركيز دراستنا فى هذا المبحث على كيفية استخدام برنامج الخصخصة فى السيطرة والهيمنة الاقتصادية ومن ثم تكوين احتكارات وذلك على النحو الآتى بيانه:

المطلب الأول: تعريف الخصخصة ومميزاتها.

المطلب الثانى: أهداف الخصخصة و أساليبها.

المطلب الثالث: أثر الخصخصة فى تحقيق الاحتكار.

المطلب الأول

تعريف الخصخصة ومميزاتها

الفرع الأول : تعريـف الخصخصة

تعرف عملية الخصخصة بأنها "نقل ملكية أو إدارة نشاط اقتصادى ما أمـا جزئيـا أو كليـا مـن القطاع العام إلى القطاع الخاص"[1]

وتعرف أيضا بأنها "توسيع الملكية الخاصة ومنح القطاع الخاص دور متزايد داخل الاقتصاد"[2]

وتعرف كذلك بأنها "وسيلة للتخلص من الوحدات الخاسرة فى القطاع العام والتى تعنى أيضا تحـول هـذه الوحدات إلى القطاع الخاص"

وقد عرفها البعض أيضا بأنها "تحول الاحتكارات العامة إلى احتكارات خاصة"[3]

وقد عرفها الأستاذ – **كويند بأنها** "أداة تستطيع الحكومة بواسطتها توفير المال وتقديم خدمات أفضل"[4]

وتعرف كذلك بأنها "الانتقال بالنشاط الاقتصادى من القطاع العام إلى القطاع الخاص مع التغير فى أشـكال الملكية لهذا النشاط"[5]

[1] مجلة الحقوق الكويتية – السنة التاسعة عشر – العدد الرابع – ديسمبر ١٩٩٥م – ص٢٩١.
[2] د/ محمد صالح الحناوى ، د/ احمد ماهر – الخصخصة بين النظرية والتطبيق المصرى – الدار الجامعية – الإسكندرية – ١٩٩٥ – ص٣٦.
[3] د/ سهير ابو العنين – اثار الخصخصة على الاحتكار فى مصر – مرجع سابق – ص٧ .
[4] Keon.C. Chi "Privatization in state government" public administration review Jul, Aug 1998. vol 58, no, 4 p.p 374.
[5] Ruben Ricupero "Privatization the state and internationl institutions" journal of international affairs, vol 50. 1997.

ومن الجدير بالذكر أن الخصخصة ليست مجرد تحول فى الملكية لتصبح المؤسسات مملوكة للقطاع الخاص, بل هى حزمة متكاملة من السياسات التى تستهدف تحقيق الأهداف التنموية والتوزيعية بفاعلية أكبر من خلال إطلاق آليات السوق ومبادرات القطاع الخاص، وتوسيع نطاق المنافسة؛ من اجل الكفاءة فالخصخصة لا تعد غاية فى حد ذاتها أما هى أداه من برنامج شامل ذى أدوات متعددة يهدف إلى إصلاح الاقتصاد فى دولة ما, لذا غالبا ما تواكب الخصخصة تغيرات جذرية لمفهوم أو فلسفة مسئولية الدولة فى إدارة الاقتصاد ودورها السياسى والاقتصادى.

فمن المعروف أن الاقتصاد القائم على الاستثمار الفردى يكون اقدر على تحقيق الفاعلية والكفاءة الاقتصادية من خلال تفاعل قوى السوق، فالحرية الاقتصادية وزيادة دور الملكية الخاصة وتوسيع نطاق اقتصاد السوق فى تشغيل الاقتصاد القومى يحقق إصلاحات اقتصادية ويحقق التوازن الحركى الفعال الذى يرفع من كفاءة الوحدات الاقتصادية لما تضيفه عوامل المنافسة إلى دراسة احتياجات ورغبات وقدرات المستهلكين والتوافق معها وإنتاج السلع وتقديم الخدمات التى تشبعها, وفى الوقت ذاته تحقيق أعلى ربحية ممكنة أرضاءً لأصحاب رأس المال من حملة الأسهم. (١)

إن التجارب الدولية أكدت على أن الحصول على مزايا الخصخصة لا يأتى من مجرد نقل الملكية من القطاع العام إلى القطاع الخاص، ولكنها تأتى من تحرير إدارة المشروعات من القيود الحكومية وتركها تعمل فى مناخ تنافسى؛ ولذلك فإن تحرير الإدارة وقيامها بأتباع احتياجات السوق ومتابعة تغيراتها والعمل فى سوق تنافسى مفتوح أمام الجميع هى شروط أساسية لازمة لتحقيق فوائد الخصخصة؛ وهنا لا يكفى مجرد نقل الملكية، وذلك لأن الملكية فى حد ذاتها ليست لها أهمية كبيرة.

(١) د/ محسن أحمد خصيرى – الخاصخصة – منهج اقتصادى متكامل لإدارة عمليات التحول إلى القطاع الخاص – مكتبة الأنجلو المصرية –١٩٩٣م – ص١٨.

ولذلك يجب فصل الملكية عـن منـاخ المنافسة وحريـة عمـل الإدارة في عملية الخصخصة، ومـن الناحية النظرية يمكن القول أن تحرير الأسواق وتحرير إدارة المشروعات الحكومية وتفعيل مناخ المنافسة هـى عوامل يمكن أن تكون بديلاً لنقل الملكية العامة إلى القطاع الخاص، ولكن مـن واقع التجربـة العمليـة تـبين أن الحكومات عادة ما تضطر للتدخل مرة أخرى بعد الخصخصة في إدارة المشروعات[1].

إذن فمجرد نجاح عملية الخصخصة يكمن في فك القيـود التـى تكبـل عمليـة المنافسة ومنح مجالات للمنافسة في كل المشروعات حتـى التـى تحتكرهـا الدولة، وخير دليل على ذلك مـا حـدث في قطاعات الكهرباء والاتصالات والغاز الطبيعي بعد خصخصتها من قبل الحكومة البريطانية، حيث فقـدت عملية الخصخصة الكثير من المكاسب نظرا لأن الخصخصة تمت في هذه القطاعات عن طريق نقل الملكية فقط دون فتح بابا للمنافسة فيها.[2]

والخلاصة أن الاعتماد على تحرير السوق وفتحه للمنافسة, لا يكفى وحده لدعم المنافسة بـين المؤسسات الإنتاجية القائمة وتلك التى يحتمل دخولها في السوق؛ بل إنه ينبغى دعم المنافسة بالعديد من الوسائل أهمهما:[3]

١- الإعانات الحكومية المباشرة خصوصًا تلك التى تشكل جزءًا من التكـاليف الثابتـة، مثـل تقـديم الأراضى بالمجان التى تساعد على تحمل جزء من التكاليف الغارقة.

[1] د/ مغاورى شلبى على – حماية المنافسة ومنع الاحتكار بين النظرية والتطبيق – مرجع سابق- ص١٠٠.
Kay J.A and D.J Thompson. "Privatization a policy in search of a National economic journal" vol [2] 96, March 1986 p.p 18-32.
[3] د/ زين العابدين بن عبد الـله – خصخصة المشروعات العامة "منظور اقتصاد" – جامعة الملك سعود – ٢٠٠٥ ص٢٩- .٣٠

٢- قيام الحكومة بتنظيم قطاع المنافسة من حيث الكمية والسعر والجودة بالشكل الـذى يجعله أقـرب للمنافسة.

٣- فى حالة انتقال المشروع إلى القطاع الخاص عن طريق الخصخصـة قـد يكـون فى الإمكان تقسيمه إلى عـدة شركات، يسمح بدخول عدة منتجين للسوق عن طريق أعطاء الامتياز لعدة منتجين بدلا مـن منتج واحـد مما ينتج مجالا أكبر للمنافسة.

٤- فى حالة عدم التمكن من إدخال المنافسة عن طريق منتج السوق أمـام الجميـع يكـون التنـافس عـن طريق الامتياز ويعتبر أتباع أسلوب الامتياز من الأساليب المهمة لتحقيق المنافسة بين مقدمى الخدمة حيث تقوم الدولة بإعطاء الحق بتقديم الخدمة لتلك المؤسسة التى تستطيع تقديم الخدمة بأقل الأسعار.

الفرع الثانى

مميـزات الخصخصة

لقد أثبتت التجـارب أن تحويـل ملكيـة المشـروعات الحكوميـة مـن القطـاع العـام إلى القطـاع الخاص من شأنه أن يحسن الكفاءة الاقتصادية للمشروع، ويسهم فى تأكيد عوامل ربحيته وفى الوقت ذاته يساعد على تخفيف العجز فى الموازنة العامة للدولة، بما ينتج عنه تحقيق الاستغلال الأمثل لهـذه المـوارد، ومن ثم زيادة معدلات النمو وتحسين مستويات الدخول وإنعاش الاقتصاد الوطنى؛ الأمـر الـذى ينعكـس بدوره على تحقيق مناخ اجتماعى أكثر استقرار ودافعيه نحو الإنتاج. [1]

ويضيف آخرون أن الخصخصة تؤدى إلى خفض العجز فى الموازنة العامة للدولة، ومـن ثم تخفـيض عبء الضرائب وعبء التضخم على الجمهور، كما أنها تـؤدى تـدريجيا إلى زيادة الادخـار القـومى والاستثمار القومى نتيجة لفتح أبواب

---

(١) د/ محسن أحمد خضيرى - الخاصخصة- منهج اقتصادي متكامـل لإدارة عمليـات التحـول إلى القطـاع الخـاص - مرجـع سابق - ص٣٣.

الاستثمار أمام المدخرين فيخفف عليهم الاكتناز فى صورة الاحتفاظ بذهب أو عقارات ويتحولون إلى الاستثمار المنتج وارتفاع مستوى جودة السلع والخدمات وازدياد الإنتاجية من شأنه زيادة الصادرات, وتدعيم القدرة على منافسة الواردات ما يساعد على تحسين مركز ميزان المدفوعات[1] وبديهى أن هذا كله من شأنه أن يحقق الآتى:

١- الوصول إلى موارد وعوامل إنتاجية جديدة لم يكن من الممكن استغلالها من قبل وفى ظل اقتصاديات نظم الإنتاج التى كانت سائدة من قبل.

٢- الاستغلال الكفء والإنتاجي جميع عوامل الإنتاج بأتباع أساليب إنتاجية جديدة متقدمه ذات كفاءة عالية.

٣- الحد من تدخل الحكومة فى النشاط الاقتصادى بما يحقق الكفاءة الاقتصادية حيث أكدت معظم التجارب أن بيع ممتلكات القطاع العام أدى إلى تحسين المستويات الإنتاجية.[2]

ولقد أكدت الدراسات التى تم بموجبها دراسة عملية الخصخصة، وخاصة فى الدول النامية أن الصناعات التى تم نقلها إلى القطاع الخاص لازلت تتميز بتركيزها الشديد حتى بعدما تم نقلها للقطاع الخاص.

ومع ذلك فلقد أيدت هذه الدراسات أن الملكية لها أهمية تفوق أهمية السوق فى عدم تحقيق مقدار أكبر من الإنتاجية بناء على ذلك؛ فلقد أثبتت هذه الدراسة أن هذه المنشآت المخصصة التى لازالت تخضع للاحتكار تؤدى نتيجة أفضل من تلك النتيجة التى يتم الحصول عليها فى ظل ملكية الدولة.[3]

[1] د/ محمد صالح الحناوى – الخصخصة "رؤية شخصية" – الدار الجامعية –٢٠٠٤ – ص٢٠.
[2] د/ مغاورى شلبى – حماية المنافسة ومنع الاحتكار – مرجع سابق – ص٩٩.
[3] La porta, Rafael and Florencio Lopez – Silanes – "Benefit of privatization evidence from Mexico"NBER working paper "1997" no – 6216. National Bureau of economic research & world bank, world development bank 1997 p.p 61-63.

وأخيرا فإن عملية الخصخصة تؤدى إلى نشر ملكية الأسهم بين قطاعات كبيرة من صغار المدخرين والمستثمرين بما يحقق عدالة اجتماعية أكبر واستقرار اقتصادى كبير, خاصة أن عنصرا رئيسيا من عناصر تحويل الملكية العامة إلى القطاع الخاص تتمثل فى تسيير امتلاك العاملين لأسهم الشركات العامة التى يعملون بها.

المطلب الثانى

أهداف الخصخصة وأساليبها

الفرع الأول : أهـــداف الخصخصة

هناك أهداف يمكن تحقيقها نتيجة القيام بعملية الخصخصة وتنقسم هذه الأهداف إلى أهداف عامة وأهداف اقتصادية وأهداف اجتماعية وأهداف سياسية.[١]

الأهداف العامة

١- التخلص من احتكار الدولة إلى زيادة الاستثمار فى القطاع الخاص؛ ومن ثم زيادة التشغيل لكافة عناصر الإنتاج المصاحبة وعلى وجه الخصوص عنصر العمل.[٢]

٢- التوسع السريع فى التنمية التحتية حيث ستؤدى الزيادة فى إيرادات الحكومات التى ستحصل عليها من عمليات البيع إلى تمكينها من استغلال هذه الإيرادات فى مشروعات التنمية التحتية.

٣- تحسين كفاءة الصناعة بشكل عام فهناك اعتقاد تقليدى أن القطاع الخاص يمكنه القيام ببعض إدوار القطاع العام بكفاءة أكبر, وذلك بسبب أن هناك الكثير من المشكلات التى تواجهها مؤسسات القطاع العام ومنها التدخل الإدارى من قبل المستويات العليا

(١) د/ زين العابدين - خصخصة المشروعات العامة - مرجع سابق - ص١٥.
(٢) جامعة الدول العربية - المنظمة العربية للتنمية الإدارية - ندوات ومؤتمرات - إصلاح وتطوير مؤسسات المنافع العامة -٢٠٠٠- ص٤٣.

في الحكومة والتركيز فقط على الإجراءات ومحدودية رأس المال.

الأهداف الاقتصادية

تتعدد الأهداف الاقتصادية للخصخصة تبعا لما يلى :

١- رفع الكفاءة

من الثابت بالتجربة في جميع دول العالم أن القطاع الخاص يكون في الغالب أكثر كفاءة في استثمار رأس المال والموارد المتاحة وإدارة وحدات الأعمال بهدف الربح، لأن مالك رأس المال يبذل قصارى جهده لتحقيق المعوقات لنشاطه الاقتصادى[1].

٢- الحصول على التكنولوجيا

هناك أهداف فرعية تمكن في توسيع قاعدة الملكية ومنح الإدارة قدرا من الاستقلال المالى والإدارى والاستثمارى وحرية الحركة بعيدا عن المركزية والبيروقراطية والروتين.

٣- تطوير أسواق المال المحلية

يمكن أن تعمل الخصخصة على تطوير أسواق المال المحلية وذلك من خلال زيادة قاعدة الأسهم والملكية وتعمل أيضا على جذب المستثمرين الذين يبحثون عن تنويع محافظهم المالية، والذين يثقون بالإدارة غير الحكومية.[2]

٤- تعزيز المالية العامة وزيادة الإيرادات

إضافة إلى الزيادة في الضرائب التى ستجنيها الدولة, ستؤدى الخصخصة

---

[1] د/ صلاح عباس - الخصخصة النظرية والتطبيق - مؤسسة شباب الجامعة - إسكندرية - ٢٠٠٣ - ص٩١.
[2] د/ رفعت عبد الحليم الفاعورى - تجارب عربية في الخصخصة - المنظمة العربية للتنمية الإدارة -٢٠٠٤ - ص١٠.

إلى توليد إيرادات كبيرة يمكن استخدامها فى سداد الديون العامة؛ مما سيؤدى إلى تخفيض أعبائها فى حـال استغلال هذه الإيرادات فى التنمية التحتية؛ فإن ذلك سوف يعمل على تقليل الضغط على المالية العامة.[1]

٥- رفع مستويات الجودة مع تقليل التكلفة مما يعطى المنتج ميزة تنافسية فى الأسواق سـواء المحليـة، أو العالمية مما يقضى على المخزون الأكبر ويطور فى الإنتاج ويـؤدى إلى المرونـة والانسيابية فى العمليـة الإنتاجية.[2]

الأهداف السياسية

١- أن عملية الخصخصة تحمل فى طياتها التحول من اقتصاد الدولة إلى الاقتصاد الخاص، وخصوصاً بالنسبة للدول التى كانت تعتنق المبادئ الاشتراكية، أيضا فإن هذا التحول يعنى مقدارا أقل نفوذ الدولة وتقلـيص نفوذ أصحاب المصالح.[3]

٢- تفرغ الحكومة للأنشطة الأساسية

سيؤدى انسحاب الحكومة من بعض الأنشطة الإنتاجية المباشرة إلى تفرغها لزيادة كفـاءة ورفع أداء الأنشطة الأساسية كالتعليم والصحة.

٣- التخلص من التزام الدولة باستمرار دعم الشركات المتعثرة الخاسرة.

الأهداف الاجتماعية

إن التحول إلى القطاع الخاص يعطى مـؤشراً واضـحا لأفراد المجتمـع بوجـوب الاعـتماد عـلى النفس؛ لأن الإعانات الحكومية التى شكلت جزءًا من آلية البقاء لمعظم المشاريع العامة لم تعد قائمة، ومن ناحية أخرى تشغيل العمالة فى

---

[1] د/ رفعت عبد الحليم الفاعورى - تجارب عربية فى الخصخصة- مرجع سابق- ص١١.

[2] د/ صلاح عباس - الخصخصة - النظرية والتطبيق - مرجع سابق - ص١٢.

[3] د/ زين العابدين - خصخصة المشروعات العامة - مرجع سابق- ص١٧.

الدولة أو ما يطلق عليه الأمن الوظيفى، قد تكون قاربت على الانتهاء، ومن ثم تعد الخصخصة وسيلة الدولة إذا أرادت القضاء على التواكل والمحسوبية والتغاضى عن محاسبة المخطئين.^(١)

الفرع الثانى

أساليب وطرق الخصخصة

تحتاج الخصخصة إلى رؤية دقيقة ورشيدة من أجل عمل توليفة متوافقة بين الأسباب والنتائج والظروف والأيدلوجيات من ناحية وبين السلوك اليومى والاستراتيجيات الدائمة من ناحية أخرى، فمن المعروف أن عملية الخصخصة تتم فى ظل سيادة ظروف اقتصادية وسياسية واجتماعية وثقافية معقدة ومركبة تضع بصماتها وطابعها الخاص والعام على آليات وأدوات ومراحل زيادة دور القطاع الخاص فى النشاط الاقتصادى.

فكلما كانت البيئة الاقتصادية والسياسية والاجتماعية تسمح بجو من التنافس؛ كلما كانت قدرة الأفراد على تجميع جهودهم فى مشروعات كبيرة الحجم اكبر، ويتوقف ذلك على عدة اعتبارات كثيرة أهمها نية الدولة فى التحول إلى القطاع الخاص ومدى وضوح هذه النية ومدى السرعة المرغوبة فى التحول، وتختلف الأساليب والطرق التى تتبعها الدول فى تحويل الملكية العامة إلى خاصة إلا أنه يمكن حصر هذه الطرق فى اتجاهين الأول: **أسلوب التصفية "البيع".** الثانى: **أسلوب التعاقد** ولكل منهما مميزاته وعيوبه وهو ما سنوضحه فيما يلى:

أولا: التصفية (البيع) فيها يتم أيضا ملكية الدولة لمشروع أو أكثر من المشروعات

---

(١) د/ أحمد ماهر – دليل المدير فى الخصخصة – مركز التنمية الإدارية – دون دار تاريخ نشر – ص٥٦.

العامة المملوكة لها. وتنوع أساليب البيع التى تتبعها الدولة وذلك تبعا لما يلى:

١- البيع بالمزاد العلنى

يستخدم أسلوب المزاد العلنى فى بيع الأصول المملوكة ملكية عامة، ويتم نشر ـ دعوى فى وسائل الإعلان المختلفة من اجل دعوه أكبر عدد ممكن مـن الـراغبين فى الشراء لزيادة المنافسة بينهم الأمر الـذى ينعكس بصورة إيجابية على السعر.

ولهذا الأسلوب صورتين من صور البيع: [١]

أ-   إذا كان المرغوب هو خصخصة جزء من الشركة، فإنه يمكن التصرف فى هذه الأصول مـع بقـاء الجـزء الرئيسى من الشركة مستمرا فى نشاطه، وبالتالى فإن هـذه الطريقة تكون مفيدة فى حالة الرغبـة فى تقليص حجم الشركة.

ب-   إذا كان الاتجاه هو بيع الشركة بالكامل ولكن لا يمكن تحقيـق ذلك مـن خـلال اسـتمرارها فى ممارسـة نشاطها الطبيعى، فقد تضطر الحكومة إلى حلها وتصفيتها وبيع أصولها مع ديونها أو بدون هـذه الـديون إلى المستثمرين من القطاع الخاص الذين يقومون بدورهم بتكوين شركتهم الجديدة من خـلال السـيطرة على كل أو بعض الأنشطة التى كانت تمارسها الشركات الحكومية المنتهية.

وتتميز هذه الطريقة بدرجة كبيرة من الشفافية كما أنها تمكن الدولـة مـن تعظيـم إيراداتهـا علاوة على أنها سريعة وغير معقدة [٢] ، ولكن يعيبها [٣] أنها لا تسمح للدولة بفرض شروط محددة للبيع كذلك على الدولة أن تقوم بالترتيبات

([١]) د/ محمود صبيح - الخصخصة لمواجهة متطلبات البقاء وتحديات النمو - دون دار نشر - ١٩٩٥م- ص٢٧.

([٢]) د/ رفعت عبد الحليم - تجارب عربية فى الخصخصة - مرجع سابق ص٢٣.

([٣]) ومن أهم عيوب هذه الطريقة: أولا: إنها لا تصلح لكل المشروعات ولكن لبعضها. ثانيا: صعوبة تقييم شركات القطاع العام نظرا لنقص مروجى المشروعات وقلة خبرة مديرى المزايدات. ثالثا: تستبعد هذه الطريقة صغار المستثمرين.

اللازمة للتأكد من وجود عدد كاف من المتنافسين فى المزاد ومن عدم التواطؤ بينهم وهذا الأسلوب من الأساليب التى يندر استخدامها.

٢- طرح المشروع للاكتتاب العام

وفى هذه الطريقة تقوم الحكومة ببيع جميع الأسهم التى تمتلكها فى الشركة أو بيع جزء كبير منها إلى الجمهور من خلال طرح هذه الأسهم فى اكتتاب عام، ومن المفترض أن تكون هذه الشركة شركة مساهمة ومستمرة فى أداء نشاطها الطبيعى، ويتم استخدام أسلوب طرح المشروعات للاكتتاب العام بأسلوب الحصص التدريجية وفقا للقدرة الاستيعابية لسوق الأوراق المالية.[1]

ولنجاح هذه الطريقة يتعين توافر الشروط التالية:[2]

● أن تكون الشركة مستمرة ولها سجل أداء مالى معقول ويبشر فى المستقبل.

● أن يكون هناك قدر كبير ومتاح من المعلومات المالية والإدارية عن الشركات ويتم الإفصاح عنه للمستثمرين.

● توافر قدر محسوس وملموس من السيولة النقدية فى السوق المحلى لتمويل الشراء.

● وجود سوق نشط للأسهم.[3]

إلا أنه وعلى الرغم من المميزات التى تتضمنها هذه الطريقة؛ إلا أنها لا تخلو من العيوب التى تجعلها غير مجدية وخاصة فى البلاد النامية.[4]

---

[1] د/ محسن خضيرى - الخاصخصة - منهج اقتصادى - مرجع سابق - ص٩٧.
[2] د/ محمود صبيح - الخصخصة لمواجهة متطلبات البقاء - مرجع سابق - ص٢٥.
[3] Scottw. Giffith "Managing privatization" Harvard business review. 1993. p.p 152.

[4] ومن الملاحظ صعوبة تطبيق هذه الطريقة فى السوق المصرية وذلك للأسباب الآتية:
أولا: أن سوق المال وعندنا لا يستوعب بيع أو شراء هذه القدر من الأسهم نظرا لما تتسم به السوق المصرية بمحدوديتها وعدم تطورها.
ثانيا: يجب عدم طرح الأسهم مرة واحدة حيث لا يمكن تحصيل أقساط الأسهم دفعه واحده مما يؤدى إلى غرف السوق باصدارات فوق طاقته.

٣- تجزئة المشروع العام والعمل بأسس تجارية

يقصد بهذه الطريقة تقسيم المشروع الحكومي إلى عدة وحدات منفصلة متضمنا العمل بأسس تجارية وتدقيق الحسابات ووضع سياسية أرباح ضمن عمل المشروع، ومن ثم تستطيع الدولة بيع أجزاء منه للقطاع الخاص وتحتفظ هي بالباقي، وتوفر هذه الطريقة إمكان تجزئة مشروع احتكاري ليصبح وحدات إنتاجية تنافسه، حيث إن بعض المشروعات الحكومية لا تبدو حافزا للقطاع الخاص لامتلاكها كوحدة كلية معا ولكن يمكن أن يتوافر الحافز لشرائها إذا تمت تجزئتها.[١]

وقد أثبتت الدراسات العملية التى تمت على المشروعات التى تم إدارتها بنظام الشركات والقائم على أساس تجارب إلى تخفيض النفقات التى تستخدم فى صيانة هذه المشروعات عما كان من قبل.[٢]

بيد أن المشكلة الحقيقية فى تطبيق هذه الطريقة، أن التدخل فى النشاط الاقتصادى من قبل الحكومة قد يكون واردا فى أى وقت طالما أن للحكومة حق الملكية.[٣]

٤- البيع لصغار المستثمرين

([١]) د/ رفعت عبد الحليم – تجارب عربية فى الخصخصة – مرجع سابق ص٢٧.

Heggie G. and. Q. Micheal "Improving management and changing policies for roads an agenda ([٢]) for refinement infrastructure and urban development department report world bank no . 92 . 1990. "

kikeri, sunita n, john and Shirley Mary. "Privatization the lessons of experience Washington, D.C ([٣]) world. bank. 1992."

من أجل تأكيد النواحى الأمنية للاقتصاد القومى، وضمان عدم تكوين احتكارات وكارتلات قوية مسيطرة على الاقتصادى الوطنى، ومن ثم تعمل الحكومات على النزول بالقيمة الاسمية للسهم المطروح إلى الحدود التى تتناسب مع صغار المساهمين، وفرض حدود قصوى على الاكتتاب ويحقق البيع لصغار المساهمين عدة مزايا من أهمها تحقيق الحافز الشعبى على المشاركة فى العمليات الاستثمارية، وتشجيع الأفراد على الاستثمار وزيادة مدخراتهم فى الوقت ذاته كضمان للتأييد الشعبى لبرنامج الخصخصة فضلا عن تكوين وعى استثمارى يزداد بشكل تدريجى لدى الطبقات الدنيا والوسطى [1].

٥- البيع الصناديق المعاشات

تمثل صناديق المعاشات سواء العامة أو الخاصة أحد القواعد الاستثمارية فى الدول ذات الاقتصاد الحر بما تملكه، ويتوافر لديها من أموال سواء فى شكل رصيد أو فى شكل متدفق مستمر باستمرار تدفق الأقساط التى ترد إليها من المشتركين فى النظام؛ وبالتالى فإن هذه الصناديق تقوم باستثمار جانب من هذه الأرصدة التى تتكون لديها فى أوراق مالية فى شراء المشروعات التى تطرح للبيع وبذلك يمكن ان تساهم هذه الصناديق بفاعلية كبيرة فى نجاح برنامج الخصخصة إذا ما تم إقناعها بأهمية المشاركة فى أسهم بعض الشركات المطروحة للبيع لضمان سيطرتها وتأثيرها على مجلس إدارة الشركات [2].

ثانيا: التعاقد

يمكن للدولة أو القطاع العام أن يفوض القطاع الخاص بتقديم أو إنتاج سلعة من خلال تعاقد الطرف الأول مع الطرف الثانى بهذا الخصوص، ولقد انتشر

---

[1] د/ محسن خضيرى - الخاصخصة منهج اقتصادى متكامل - مرجع سابق ص٧٩.
[2] محسن خضيرى - الخاصخصة منهج اقتصادى متكامل - مرجع سابق - ص٨١.

استخدام هذه الطريقة في الولايات المتحدة الأمريكية كطريقة مفضلة في التحول من القطاع العام والحكومي إلى القطاع الخاص.[1]

١- عقود الخدمة

تتضمن تعاقدات الخدمة إبرام تعاقدات لأنشطة صيانة أو تشغيل معنية مع القطاع الخاص لفترة تمتد لعدد قليل من السنوات، ووفقا لهذا الأسلوب يضع المورد العام (الإدارة الحكومية أو الشركة العامة) مجموعات من معايير الأداء للنشاط وأسس تقيم العطاءات والأشراف على المتعهدين ودفع رسوم تنفق عليها الخدمة، ولتحقيق كفاءة أعظم من تلك التعاقدات ينبغي أن تكون التعاقدات في ظل عطاءات تنافسية، بل أن العطاءات الخاصة قد تتم مقارنتها بالعطاءات التي تقدمها هيئات عامة، ولعل من أبرز الأمثلة على ذلك ما حدث في شيلي حينما أدخلت نظام التعاقد عام ١٩٩٦م كجزء من استراتيجية تستهدف تخفيض القوى العاملة، وقد ساهم هذا الأسلوب في تحقيق واحد من معدلات إنتاجية العمالة في أمريكا اللاتينية.[2]

ولقد أثبتت العديد من الدراسات التي أجريت حول مشاركة القطاع الخاص في النشاط الاقتصادي من خلال عقود الخدمة إلى ارتفاع كفاءة بعض القطاعات الاقتصادية، التي تم فيها تطبيق هذا الأسلوب كمجال تجميع القمامة في المحليات.[3]

٢- عقود الامتياز

هو عقد من العقود الإدارية بمقتضاه يعهد احد أشخاص القانون العام

([1]) د/ محمد صالح الحناوي ، احمد ماهر – الخصخصة بين النظرية والتطبيق – مرجع سابق ص٧٥.
([2]) كرستين كسيدر – خصخصة مشروعات البنية التحتيه "المتطلبات والبدائل والخبرات" – تعريب د/ منير إبراهيم هندي – دون دار نشر-١٩٩٩م- ص٦٩.
([3]) Cointreau – Levine, Sandra "Private sector participation in municipal solid waste services in developing countries, the formal sector" Washingtion, D.C "undp" report for the world bank management programme. vol 1, Augus 14, 1992.

"الحكومة" إلى احد أشخاص القانون الخاص بمهمة إشباع حاجة جماعية, عن طريق إنشاء وتشييد مرفق عام على نفقته الخاصة وعلى مسئوليته فى مقابل منحه حق تقاضى مبالغ نقدية من المنتفعين تحت إشرافها ورقابتها.[1]

وفى عقد الامتياز تكون خطط الاستثمار والتنفيذ عرضه للمراجعة من قبل الهيئة المصدرة للعقد هذا, وتعاد الأصول للمالك بعد نهاية الامتياز وتتحدد كذلك مكافأة المتعهد على أساس الرسوم وعادة ما يغطى هذا العقد فترة زمنية تتراوح ما بين ١٥-٣٠ سنة اعتمادا على العمر الاقتصادى للاستثمارات.[2]

ولقد انتشرت هذه العقود فى العديد من بلدان العالم ففى الأرجنتين تم استبدالها لإعادة بناء هيئة السكك الحديدة, وكذلك إدارة مرفق المياه والصرف الصحى؛ وقد أدت استخدام هذه الطريقة إلى نتائج ايجابية تمثلت فى ارتفاع كفاءة المشروع بصورة كبيرة.[3]

ومن أهم مميزات هذه الطريقة أن أصحاب الامتياز يكونوا هم المسئولون على النفقات الرأسمالية والاستثمارات مما يخفف الأعباء المالية على الدولة, بينما مساوئ هذا الأسلوب تكمن فى أعطاء صاحب الامتياز حق احتكار يجعله يمارس نشاطه بمنأى عن المنافسة مما لا يجعله عرضه لقوى السوق من عرض وطلب لهذا فينبغى وجود رقابة وإشراف من قبل الحكومة على أعمال حامل الامتياز.[4]

٣- عقود الإدارة

(¹) د/ رفعت عبدالحليم – تجارب عربية فى الخصخصة – مرجع سابق – ص٢١.
(²) د/ كريستين كسيدر – خصخصة مشروعات البنية التحتية – مرجع سابق – ص٨٠-٨١.
(³) Galenson, and Louis. S. Thepson "Private sector development in transportation railways worldbank, transpontation water and urban development" Washington, D.C February 1993.

ولمزيد من التفاصيل
http:// www. world bank .org / transport / public/ td – rws . htm.
(⁴) د/ رفعت عبد الحليم – تجارب عربية فى الخصخصة – مرجع سابق- ص٢١.

ويقصد بعقود الإدارة تأجير خدمات إدارة محترفة من القطاع الخاص لتضطلع بمسئولية خدمات التشغيل والصيانة وعادة ما تكون فترة العقد من ٣ إلى ٥ سنوات, ووفقا لمفهوم عقود الإدارة يكون جزءً من التعويض المالي الذى يحصل عليه المتعهد مرتبطا بأداء الشركة, وبهذا يشارك المتعهد فى المخاطر التجارية, ففى فرنسا مثلا تشجع عقود الإدارة فى قطاع خدمات التزويد بالمياه وتكون حوافز تحسين الإنتاجية من خلال ربط ما يحصل عليه المتعهد ببعض المؤشرات مثل الحد من تسرب المياه وتقليل عدد التوصيلات وكذلك الحال فى غنيا بيساو.[1]

٤- عقود التأجير

وفى هذه الطريقة تقوم الحكومة بتأجير المشروع العام الذى تملكه إلى مستأجر من القطاع الخاص يقوم بتشغيله مقابل دفعات سنوية إلى الحكومة المؤجرة, وبغض النظر عن مستوى الأرباح التى يحققها المستأجر الذى يتحمل المخاطر التشغيلية حيث نجد أن المستأجر يقوم بدفع نفقات الصيانة والاستهلاك وضريبة الدخل.[2]

وفى عقود التأجير يظل المؤجر مسئولا عن الاستثمار فى الأصول الثابتة وخدمة الدين أما المتعهد أو المستأجر فغالبًا ما يقع عليه مسئولية تمويل رأس المال وإحلال الأصول ذات العمر الاقتصادى القصير, وبالتالي فإن الفترة التى يعطيها العقد تتراوح ما بين ٦ إلى ١٠ سنوات, ومن أهم مميزات هذه الطريقة توفير نفقات التشغيل بدون التخلى عن ملكية المشروع بالإضافة إلى الحصول على دخل ثابت وإلقاء العبء من على كاهل الدولة فى تمويل تلك المشروعات الخاسرة, وقد استعملت هذه الطريقة فى الكثير من

---

[1] د/ كريستين كسيدر - خصخصة مشروعات البنية التحتية - مرجع سابق - ص١٧. ولمزيد من التفاصيل انظر:
From seminar by edf. international on power utility management by performance contracting presented to world bank 1992.
[2] د/ رفعت عبد الحليم الفاورى - تجارب عربية فى الخصخصة - مرجع سابق - ص٢٠ ، مجلة الحقوق الكويتية - السنه ١٩ - العدد الرابع - مرجع سابق - ص٣٠١.

الدول المتقدمة مثل فرنسا وأسبانيا وفى الولايات المتحدة الأمريكية، وخاصة فى قطاعات الخدمات[١] ، كما استخدمت أيضا هذه الطريقة فى الدول التى واجهت صعوبة فى جذب المستثمرين لديها وكذلك الدول النامية مثل تايلاند.[٢]

المطلب الثالث

أثر الخصخصة فى تحقيق وجود الاحتكار

الفـــرع الأول

الاحتكار والخصخصة فى تجارب بعض الدول

عرفنا فيما سبق أن الخصخصة هى عملية تحويل القطاع العام إلى القطاع الخاص وما يترتب عليه تحرير عملية المنافسة إلى أقصى درجة ممكنه، بيد أنه لا يمكن فتح باب المنافسة لبعض الأنشطة الاقتصادية كتلك المسماة بالاحتكارات الطبيعية، فالاحتكارات الطبيعية هـى الاحتكارات التى منحتها الدولة لنفسها فى مجال المرافق والخدمات كإنتاج وتوزيع الكهرباء والمياه والاتصالات والصرف الصحى وخدمات التلفزيون حيث تحتكر هذه الأنشطة بشكل واضح ولفترات زمنيه طويلة[٣] .

وعلى ذلك فإن خصخصة هذه المشروعات وانتقال ملكيتها إلى القطاع

Richard. W Pouder "privatizing services in local government : an empirical assessment of [١] efficiency and international explanation public administration quarterly" no1, vol 20 spring - 1996 - p.p 103-119.

Levy. H, and Menendes Aurelio "Privatization in transport the case of Portkelang" Malaysia [٢] container terminal economic development institute, working paper world bank. Washington. D.C. 1992.

[٣] موريس جرجس – آليات دعم القدرة التنافسية فى القطاع الصناعى فى دول مجلس التعاون لدول الخليج – المعهد العربى للتخطيط – مجلة التنمية والسياسات الاقتصادية – المجلد الثالث العدد الأول – الكويت ٢٠٠٠- ص١٤.

الخاص, تعني تحويل هذه الاحتكارات العامة إلى احتكارات خاصة, وإذا ما تركت بدون تنظيم من جانب الدولة فإنها ستمارس سلوك المحتكرين بكل مساوئه وأضراره على الاقتصاد القومى، بالإضافة إلى ذلك فإن آليات الخصخصة نفسها قد تؤدي إلى قيام مجموعات رأسمالية قليلة تتمكن من شراء حجم كبير من الأصول ينشأ عنها احتكارات ضاره، مثلما حدث فى شيلى حينما واجه بيع المشروعات العامة تكتلات كبيرة يملكها أفراد لديهم القدرة على الحصول على رؤوس الأموال من البنوك، وهو ما أدى إلى تركز فى الصناعات خاصة مع ضعف التدخل الإدارى من جانب الدولة. [1]

ومن هنا يجب أن يظل هناك تواجد للقطاع العام، وهو ما يعنى تواجد الحماية والوقاية من مخاطر الاحتكار, ولتحقيق الفاعلية الديناميكية المؤثرة فى النشاط الاقتصادى فللقطاع العام فى ظل سياسة الخصخصة دورا لازم وضرورى منحصر فى الإرشاد والتوجيه الفعال لوحدات القطاع الخاص وتقديم الخبرة والمشورة الفنية لها، وكذلك التحفيز والتشجيع المؤثر لتشجيع وحدات القطاع الخاص على الإنتاج سواء من خلال فتح الأسواق أمامها لإنتاج السلع الوسطية أو مستلزمات الإنتاج. [2]

ولتفعيل الدور الرقابى للدولة فى مجال اقتصاديات السوق هناك عدة نماذج دولية فى هذا المجال، فالنموذج البريطانى يعد أول تجارب الخصخصة وأكثرها شعبية فى الخصخصة، وقد بدأت هذه التجربة منذ عام ١٩٧٩م، وقد تجمعت أسباب النجاح لتجربة الخصخصة البريطانية لسبب أن الحكومة أخذت دور إيجابى فى اتجاه التحرير الاقتصادى وتشجيع المنافسة كما ركزت على الإعلام الموجه إلى الشعب وإلى العاملين فى المشروعات المحولة [3].

([1]) د/ سهير الو العنين – أثار الخصخصة على الاحتكار – مرجع سابق ص٧-٨.

([2]) د/ محسن احمد الخضيرى – الخصخصة منهج اقتصادى متكامل– مرجع سابق ص١١٢-١١٣.

([3]) د/ محمد صالح الحناوى ، احمد ماهر – الخصخصة بين النظرية والتطبيق المصرى – مرجع سابق – ص٤٤.

وتبدو جوانب التميز فى التجربة البريطانية فى تنوع الطرق التى استخدمت فى خصخصة المشاريع العامة وفى الحدود العليا التى وضعت للملكية الفردية للأسهم المحلية والأجنبية، وأيضا بالنسبة لتحرير سعر بيع عادل سواء بالنسبة للمواطنين أو المستثمرين مع وضع قيود على مشاركة رأس المال الأجنبى فى القطاع التى تتعلق بالأمن القومى, بالإضافة إلى امتلاكها للسهم الذهبى، وهو عبارة عن سهم خاص تحتفظ به الحكومة فى المشروع المحول، وتتمكن الحكومة من خلال هذا السهم الذهبى من حضور الجمعيات العمومية، وبمد لها التصويت ويحق لها تعين ممثل فى مجلس الإدارة[1]، وهو ما يحكم رقابة الدولة على تلك المشروعات المخصخصة، ومن خلال هذا العرض نستنتج أهم الأسس التى راعتها التجربة البريطانية فى عملية الخصخصة.

أولا: ليس معنى تبنى الخصخصة أن تتخلى الحكومة عن مسئوليتها الاجتماعية فى أسلوب وتكلفة السلع لتقديمها إلى الجمهور من جانب الشركات التى تم خصخصتها؛ إذ لا تعنى عملية الخصخصة ترك الحرية للشركات المحولة فى التصرف بصورة مطلقة بما يضر المستهلكين أو فئة منهم كما أن الشركات المخصصة ملتزمة بتقديم الخدمات التى كانت تؤديها قبل الخصخصة بذات الكفاءة.

ثانيا: أن تحويل هذه الشركات لا يعنى إعطاءها كامل الحرية فى تحديد وفرض الأسعار التى تراها، وإنما ينبغى الاهتمام بوضع حدود معنية للأسعار من جانب تلك الشركات، والتى تكفل حماية المستهلكين.

ثالثا: ضرورة إنشاء الأجهزة الرقابية حينما لا تعكس الأسعار قوى العرض

---

[1] د/ فؤاد أبو اسماعيل – احمد جبر – رفاعى محمد رفاعى – محمد سويلم – محمد عبد المتعال – إصلاح وتطوير مؤسسات المنافع العامة – المنظمة العربية للتنمية الإدارية – مرجع سابق – ص١٢٥.

والطلب وتكون مهمتها ضبط سلوك الشركات المخصخصة، وخير دليل على ذلك فكرة السهم الـذهبى أمـا عن تجربة الخصخصة فى شيلى[1] ، فلقـد تـم خصخصـة المشـروعات العامـة وخاصـة فى قطاع الكهربـاء والاتصالات, أما فى قطاع الكهرباء فلقد تم تقسيم الشركة القابضة إلى شركات توليد وشركات توزيع حتى أصبح لديها أحد عشر شركة توليد ولتشجيع المنافسة، فإن الرسوم علـى المستهلكين الكبار تكون غـير محددة وتترك لتحدد فى السوق[2] ، أما فى قطاع التليفونات فلقد ارتفع عدد الخطوط التليفونيـة إلى ثلاثـة أضعاف، إلا أنه على الرغم من ذلك فلقد واجهت شيلى فى المرحلة الأولى مـن تجربـة الخصخصـة مشكلة بيع المشروعات العامة لتكتلات كبيرة يمتلكها أفراد لـديهم القـدرة علـى الحصـول علـى رؤوس أمـوال مـن البنوك الأمر الذى أصاب هذه المشروعات بالكساد، وهو مـا اضطر الحكومـة إلى تملـك المشروعات التـى باعتها مرة أخرى.

أما عن تجربة الولايات المتحدة الأمريكية، فلقد اتبعت النموذج البريطانى وأن كانت أكثر منـه تعقيدا، ولقد بدأت تجربة الخصخصة فى أمريكا منذ فترة الثمانينيـات، وكانـت تلـك السياسـة تقوم عـلى تحرير المنافسة ورفع القيود الحكومية فى التنظيم والإشراف على القطاع الخاص، وقد نـتج عـن اسـتخدام هذه السياسة توفير السيولة النقدية[3] اللازمة، وتزويد المـواطنين بخدمات أفضل، وقد تناولت سياسة الخصخصة مجالات كثيرة مثل النقل والأمن العام والتعليم وكان مـن أفضـل الأسـاليب التـى اسـتخدمت أسلوب التعاقد.

Eduardo Bitran and Pablo Serra "Regulation of privatized utilities, the Chilean experience. world [1]
development bank vol. 26 no 6. June 1998
p.p 946 - 962."
[2] د/ سهير ابو العينين – اثار الخصخصة على الاحتكار – مرجع سابق ص١٠.
John, B.Gary. W, Loveman, "Does privatization serve the public interest?" Harvard business [3]
review issue 6. vol 69, Nov. Dec 1991 p.p 26-28.

ومن ناحية أخرى فإن أسلوب الخصخصة الذى أتبعتـه الولايات المتحـدة داخليًـا اختلـف عـن أسلوبها لتسييد الخصخصة خارجيًـا محاولـة منهـا فى تـدعيم نفوذهـا الاقتصادى والسـياسى عالميًـا، فلقد اعتمدت على آليات مبـاشرة تمـت مـن خـلال ضغوط الإدارة الأمريكيـة أو الشـركات والمؤسسـات الماليـة الأمريكية ذاتها وعلى آليات غيـر مباشرة تـتم خلالها الضغوط والإجراءات لإحداث هـذا التحـول نحـو الخصخصة فى الدول النامية من خلال مؤسسات اقتصادية ومالية حكومية دولية تحتـل الولايات المتحـدة مركزاً مهيمناً فيها مثل صندوق النقد والبنك الدوليين.

وفيما يتعلق بالآليات المباشرة التى استخدمتها الولايات المتحدة لتسييد الخصخصة عالميًا؛ فإنها اشتملت على قدر كبير من الضغوط والقليل من الإغراءات، فقد وظفت الولايات المتحدة وضعها كدولة دائنة رئيسة للدول النامية فى الضغط من أجل تسييد السياسات الاقتصادية، وحتى التوجيهـات السياسية التى تديرها فى الدول النامية التى تتلقى القروض أو المنح منها، وكانت اللحظة المناسبة لتكثيف الضغوط لتحقيق ذلك هى اللحظة التى تتعرض فيها الدول النامية المتلقية للقروض أو المنح الأمريكية لأزمة ماليـة أو اقتصادية تؤدى إلى عجزها عـن الوفاء بالتزاماتهـا الخارجيـة، وبالـذات سـداد أقسـاط وفوائـد ديونهـا الخارجية؛ إذ تشترط الولايات المتحدة إجراء التغيرات التـى تراهـا فى السياسـات الاقتصادية لهـذه الـدول النامية مقابل مساندتها ماليًا أو إعادة جدولة ديونها أو تشجيع الشركات الأمريكيـة على الاستثمار فيهـا، وفيما بعد تكوين مراكز احتكارية بها مثلما حصل أبان الأزمة المالية والاقتصادية فى دول أمريكا اللاتينيـة فى الثمانينات, فتهيأت لها اللحظة المناسبة لفرض سياسات الخصخصة عليها كمقابل لإعادة جدولة ديونها ومدها بقروض جديدة وتشجيع الشركات الأمريكية لضخ أموالها بها.

وفيما يتعلق بالآليات غير المباشرة التى استخدمتها الولايات المتحدة لتسييد سياسة الخصخصة عالمياً، فإنها تركزت فى توظيف هيمنتها على صندوق النقد والبنك الدوليين، من أجل فرض هـذه السياسـة فى الدول النامية التى تلجأ إلى

المؤسستين الدوليتين طلباً للمساندة المالية أو للمساعدة على إعادة جدولة الديون، وتزداد قدرة المؤسستين على فرض السياسات التى تديرها الدول الدائنة عندما تكون الدول النامية المعنية فى حالة أزمة كبيرة, مثلما حدث فى دول شرق وجنوب آسيا التى ضربتها الأزمة فى منتصف عام ١٩٩٧م، حيث طلبت تلك الدول مساندة الصندوق والدول الدائنة، فقدم لها الصندوق برنامجاً اقتصادياً لتنفيذه كشرط لتقديم المساندة إليها وتضمن هذا البرنامج تقليص دور الدولة فى الاقتصاد وتخفيض الإنفاق العام وفتح الاقتصاد وأسواق المال أمام الأجانب بلا قيود.

وقد ساعد الولايات المتحدة الأمريكية فى تضخيم احتكاراتها العالمية فى الدول النامية سعى تلك البلدان الأخرى للتمتع بميزات تفضيلية فى الأسواق الأمريكية، ومنحها الدولة الأولى بالرعاية تجاريًا, وكل هذا مشروط بإتباع هذه الدولة للسياسات الاقتصادية التى تراها الولايات المتحدة الأمريكية ملائمة ومتوافقة مع توجهاتها الأيدلوجية والسياسية.[1]

الفرع الثانى

فاعلية برنامج الخصخصة وأثره فى مصر

أما عن التجربة المصرية فلقد بدأت منذ عام ١٩٩١م عندما تبنت الدولة سياسة الإصلاح الاقتصادى وبرنامج الخصخصة لنقل ملكية القطاع العام تدريجيا إلى القطاع الخاص فى إطار سياسة اقتصادية تعتمد على آليات السوق بالدرجة الأولى، ولقد وضعت الحكومة إستراتيجية عمل برنامج الخصخصة مراعية فى ذلك تشجيع المنافسة وتفادى انتقال الاحتكارات إلى القطاع الخاص وقد تمثلت هذه

---

[1] احمد السيد النجار – الاقتصاد المصرى من تجربة يوليو إلى نموذج المستقبل – مركز الدراسات السياسية والاستراتيجية بالأهرام – القاهرة – ٢٠٠٢ – ص ١٤٢-١٤٣.

المبادئ فيما يلى: ^(١)

١- لا يجوز أن يتمتع مشترى وحدات قطاع الأعمال العام بأى شكل من أشكال الاحتكار كما يجب عـدم منحه حماية أو مزايا خاصة مثل الحماية من المنافسة أو امتيازات أو أسـعار تفضيله للمـدخلات أو تمويل حكومى فى صورة قروض مباشرة أو ضمانات حكومية للقروض المصرفية.

٢- يمنح مشترى وحدات قطاع الأعمال العام جميع الحقوق والحريات المتاحـة لشركات القطاع الخاص والتى تحددها القوانين والتشريعات السائدة.

٣- وضع الإجراءات والقواعد التنظيمية اللازمة قبل تحويل الملكية للقطاع الخاص أو بصـورة متزامنـة مـع التنفيذ، وبصفة خاصة فى القطاعات ذات الطبيعة التجارية، والتى يتم تـداول منتجاتها فى الأسـواق حيث يتم تحرير الواردات والأسعار وإزالة العوائق الأخرى عـن طريق المنافسـة فى السـوق, أمـا فى القطاعات التى لا يتم تداول منتجاتها فى الأسواق قبـل المرافق العامـة والتـى تتطلب بوجه عـام استثمارات ضخمة كمحطات الكهرباء ومحطات إمداد المياه، فإن الأمر يتطلب إنشاء إطار تنظيمـى وجهة محايدة ومستقلة لتأكيد الكفاءة الاقتصادية للتشغيل فى المدى الطويل.

٤- فى الحالات التى تباع فيها أغلبية الشركة التابعة لمشترين من القطاع الخاص وتبقى للشركة القابضة حصـة تمثل الأقلية ، لا يجوز أن تشترط هذه الأخيرة التمتع بحقوق تصويت خاصة إذا كانت الشركة التابعة ذات أهمية خاصة للدولة.

(١) د/ سهير ابو العنين - اثار الخصخصة على الاحتكار فى مصر - مرجع سابق ص٢٢-٢٣ ولمزيد مـن التفاصيل انظـر: دليـل الإجراءات والإرشادات العامة لبرنامج الحكومة لتوسيع قاعـدة الملكية وإعادة الهيكلـة وحوافز العاملين والإدارة – المكتب الفنى - وزير قطاع الاعمال - الجزء الأول – ١٩٩٣ وكذلك د/ احمد ماهر – دليل المدير فى الخصخصة – مرجع سابق – ص٤١-٤٢.

٥- حظر البيع المباشر أو المفاوضات مع طرف دون غيره والإعداد المسبق لإجراءات المنافسة بين المتقدمين للشراء وضمان العدالة بين المتنافسين.

وقد مر برنامج الخصخصة فى مصر بثلاثة مراحل كالتالى: [١]

المرحلة الأولى: بدأت من عام ١٩٩٣م حتى نهاية عام ١٩٩٥م، وقد بدأت مباشرة بعد الانتهاء من تهيئة الرأى العام وتحضير الإطار القانونى، وخلال هذه الفترة بلغ عدد الشركات التى تم التعامل فيها ٣١ شركة.

المرحلة الثانية: اعتبارا من عام ١٩٩٦م حتى عام ١٩٩٨م، وشملت انطلاقة جديدة فى مسيرة برنامج الخصخصة تميزت بالقوة والاستمرارية، وخلال هذه الفترة بلغ عدد الشركات التى تم التعامل فيها من خلال برنامج الخصخصة ٨٥ شركة.

المرحلة الثالثة: من عام ١٩٩٩م حتى عام ٢٠٠١م وخلال هذه الفترة بلغ عدد الشركات والوحدات الإنتاجية التى تم التعامل فيها ٦٤ شركة.

إلا أنه وعلى الرغم من الضوابط التى تم وضعها التنفيذ برنامج الخصخصة بصورة فعالة، فلقد تعرض السوق المصرى للكثير من الاحتكارات، وذلك فى قطاعات عديدة نذكر منها على سبيل المثال لا الحصر قطاع السلع مثل السكر والقطن والحديد والصلب وقطاع الخدمات مثل الاتصالات وغيرها ويرجع ظهور هذه الاحتكارات فى ظل الخصخصة إلى الآتى: [٢]

١- إن مصر وهى تطبيق برنامج الخصخصة اتبعت أسلوب مواجهة الاحتكارات أثناء عملية الخصخصة وليس قبلها، حيث إن القواعد التى تم وضعها لضمان عدم تحول الاحتكارات من القطاع العام إلى الخاص لم يتم تطبيقها إلا أثناء

---

[١] المكتب الفنى لوزير قطاع الأعمال – تقرير انجازات برنامج الخصخصة – ٢٠٠١.
[٢] د/ مغاورى شلبى على – حماية المنافسة ومع الاحتكار – مرجع سابق ص٣١٧.

عملية نقل الملكية، وهذا الأسلوب رغم ما له من مزايا إلا إن فاعليته تتوقف على الدقة فى التنفيذ، وربما لو قامت الدولة بوضع السياسات والإجراءات اللازمة لمواجهة الاحتكارات قبل الخصخصة, لكان الأمر مختلف أى كان من الأفضل أن تقوم الحكومة بتدعيم المنافسة فى الأسواق.

٢- اضطرار الحكومة فى ظل عدم الإقبال على شراء الأسهم أو الشركات المعروضة للخصخصة وفى ظل انخفاض القيم المعروضة للشراء إلى إلغاء بعض القيود التى كانت موضوع بشأن عدد الأسهم التى يمكن أن يشتريها الفرد الواحد أو المؤسسة الواحدة وزيادة عملية البيع لمستثمر رئيسى وذلك تشجيعا للشراء، وكذلك تساهل الحكومة فى تطبيق المبادئ الأساسية التى وضعتها لعملية الخصخصة لضمان عدم تركز رؤوس الأموال وتكوين الاحتكارات.

٣- استخدام بعض الشركات لاستخدام حقها القانونى فى منح عقود الامتياز استخدام العلامات التجارية، حيث استخدمت ذلك كوسيلة للضغط وإبعاد المنافسين لها فى الشراء وقد تم الانفراد وحدها بالسوق وتكوين تكتلات احتكارية لها.

٤- غياب التشريعات أو الأجهزة التى تدرس وتراقب عمليات الاندماج والاستحواذ فى السوق المصرى مما سهل إتمام هذه العمليات حتى ولو كانت ضارة بالمنافسة.

٥- عدم وجود قيود على التداول فى البورصة مما مكن قليل من الأفراد من أصحاب رؤوس الأموال الكبيرة من الاستحواذ على القدر الأكبر من الأسهم والمطروح للبيع.

٦- غياب التشريعات أو الأجهزة المعنية بحماية المستهلك والتى تهدف إلى ضمان حق المستهلك فى منتج جيد وبسعر عادل.

ومما سبق يمكننا القول أن برنامج الخصخصة المصرى قد جاء تحت ضغط التناقضات الداخلية لرأسمالية الدولة المصرية، وتحت الضغوط الأكثر فعالية للدول الدائنة وصندوق النقد الدولى على رأسمالية الدولة المأزومة اقتصادياً مقابل

إسقاط جزء من الديون الخارجية المصرية وجدولة الجزء الباقى، أما البرنامج نفسه فإنه ما يكون اقرب إلى استهلاك رصيد الأصول الذى نبته الأجيال والحكومات السابقة لصالح تمويل الإنفاق الجارى للحكومة الراهنة لتغطية عجزها عن توفير التمويل الضرورى لهذا الإنفاق، وبخاصة بسبب التهرب الضريبى لرجال الأعمال، كذلك فإن برنامج الخصخصة الحكومى قد وضع الأجانب فى مواقع سيطرة فى الاقتصاد المصرى.

وبالذات فى قطاع الاسمنت والمشروبات فضلاً عما أدى إليه من تدمير بعض القواعد المهمة فى الاقتصاد المصرى, مثل شركة النصر للغلايات "المراجل البخارية" كذلك فإن برنامج الخصخصة الحكومى فى مصر قد انطوى على درجة عالية من الفساد وإهدار المال العام، وهو ما يظهر فى بعض الصفقات نذكر منها على سبيل المثال صفقة **بيبسى كولا** وصفقة بيع شركة النصر للغلايات وصفقة **الأهرام للمشروبات** وشركة **أسمنت أسيوط وفندق المرديان** وغيرها من الصفقات الأخرى، وهناك مؤشر أخر يدلل على حجم إهدار المال العام الذى أنطوى عليه عملية الخصخصة، وهو ما يتعلق بالفارق بين التقديرات الخاصة بالقيمة السوقية لقطاع الأعمال وبين القيمة الفعلية التى بيعت شركاته بها وفضلاً عن كل ما سبق، فإن برنامج الخصخصة أدى إلى قطع الطريق على تنفيذ استثمارات خاصة جديدة يحتاجها الاقتصاد، حيث أن الأموال التى دفعها القطاع الخاص لشراء أصول القطاع العام هى فى النهاية أموال ستتحول كلياً أو جزئياً لبناء استثمارات جديدة، فتحولت إلى تمويل شراء أصول قائمة فعلياً مما يعنى المساهمة فى دفع الاقتصاد لحالة من الجمود وربما الركود، على عكس الاستثمارات الجديدة التى هى رافعة النمو السريع لأى اقتصاد.

وأخيرًا فإنه يمكن القول أن عملية الخصخصة فى مصر- ساهمت فى تكريس السمة الأساسية للطبقة الرأسمالية التقليدية المصرية كطبقة تفتقد لروح الاقتحام والمبادرة، حيث إن عملية الخصخصة برمتها هو بيع لمشروعات جاهزة

وغالبيتها الساحقة تحقق أرباحًا، ولها سوقها المختلفة فعليًا ولا تنطوى على مخاطرة؛ وبالتالى فإن شراء القطاع الخاص لمثل هذه المشروعات لا يساهم فى بناء خبرات استثمارية ملهمة للقطاع الخاص.[1]

الفــرع الثالــث

الأساليب المقترحة للحد من الاحتكارات

فى ظل الخصخصة

عرفنا فيما سبق أن الخصخصة لا تعنى فقط تحويل الدومين العام إلى دومين الخاص، وإنما هى حزمة متكاملة من الاستراتيجيات والأيدلوجيات، والتى ينبغى أن تطبق بصورة أكثر حرصا، وذلك حتى لا تتحول تلك الاحتكارات العامة إلى احتكارات خاصة وهو ما يؤدى إلى تركز رؤوس الأموال فى أيدى مجموعة رأسمالية قليلة العدد تتمكن من شراء حجم كبير من الأصول؛ فينشأ عنه احتكارات الأمر الذى يؤثر بالسلب على اقتصاديات السوق عامة وعلى المستهلكين خاصة, والواقع إن تجربة دولة شيلى يجب أن تكون نموذجا لجميع الدول، وخاصة الدول النامية ذلك أنها توضح مخاطر الخصخصة التى تعتمد بشدة على الديون للمجموعات الاقتصادية القوية الأمر الذى حدا بالحكومة إلى تملك المشروعات التى قامت بخصخصتها فيما قبل، لذلك يكون لدى الحكومات العديد من الطرق والتى يمكن عن طريقها مراقبة وتوجيه وتنظيم الاحتكارات الطبيعية بعد خصخصتها ذلك على النحو التالى:

[1] احمد السيد النجار - الاقتصاد المصرى - مرجع سابق - ص١٦٣-١٦٥.

أولا: التركيز على هيكل السوق أو على السلوك الضار [1]

في حالة التركيز على هيكل السوق فإن هذا المنهج يمكن أن يأخذ شكل تحديد وتقييد شروط الاندماج ، أو تحديد سقف للنصيب من السوق أو عن طريق تفكيك المشروعات ذات الأوضاع الاحتكارية أو شبه الاحتكارية, أما التنظيم لمنع لسلوك الضار فيعتمد عادة على تحديد الأسعار والأنشطة الأخرى التي تؤثر بشكل مباشر على المنافسة وكذلك قيود الدخول إلى الصناعة والتميز في الأسعار, مع ملاحظة أن هذين المنهجين ليس متعارضين بل أن متابعة أحدهما بقوة تجعل الآخر غير ضروري وهذه الميزة الأساسية من منهج التركيز على هيكل السوق, لأن منع الاحتكارات من التكون والنمو يجعل من غير الضروري المتابعة المستمرة لسلوك المشرع لتحديد ما إذا كان هناك سلوك ضار غير قانوني.

أما بالنسبة لمنهج التركيز على تنظيم السلوك الضار الذي اتبعته ألمانيا وانجلترا لمواجهة ممارسات السلوك الاحتكاري بالنسبة لسعر وحجم الناتج وتقيد الدخول إلى الصناعة وإزالة المنافسة وغيره من الممارسات، فإن العيب الأساسي لهذا المنهج يتمثل في أن تحديد ما إذا كانت الأسعار مبالغ فيها أم لا، وما هو المستوى المعقول للأسعار يتطلب أحكاما تتطلب معلومات لا تتوافر بشكل كاف في أجهزة التنظيم.

ثانيا: تنظيم الاحتكارات الطبيعية

ينبغي على الدولة أن تقوم بتنظيم عملية خصخصة المشروعات العامة عن طريق تحرير المشروعات التي سوف تتناولها الخصخصة, خاصة أن الاحتكارات الطبيعة تشمل قطاعات عديدة مثل الكهرباء - المياه - النقل - والغاز الطبيعي،

([1]) د/ سهير ابو العنين - أثار الخصخصة على الاحتكار في مصر - مرجع سابق ص١٥.

فينبغى على الحكومة مراقبة الأسعار، وكذلك شروط الربط حتى لا تلحق أضرارا بالمنافسين الجدد بالإضافة إلى التدخل لمنع حدوث تواطؤ بين المتنافسين فى الأسواق. [1]

ثالثا: تفكيك المشروعات الاحتكارية الكبيرة [2]

يتم تفكيك الاحتكارات الطبيعية عن طريق تقسيم مشروعات الاحتكارات العامة مع اتخاذ إجراءات من جانب الدولة لتشجيع المنافسة فى أسواق هذه المشروعات على أنه لابد أن يبدء ببيع المشروعات الصغيرة التنافسية، أما بيع

---

[1] Unctade. "Design implementation results privatization progarms". Cross country analysis of national experiences Geneve, 1993 p.p 22-24.

http:// www. unctade. org/ teplates / start. page. asp?

[2] والمعروف ان تفكيك الاحتكارات الطبيعية يأتى على ثلاثة صور:-

أولا: تفكيك الاحتكارات الطبيعية قبل خصخصتها وذلك عن طريق تقسيم المشروع إلى عدد من الشركات الأخرى مع اتخاذ إجراءات تحرير عملية المنافسة ويتميز هذا الأسلوب بإتاحة الفرصة للمؤسسة العامة للاستعداد لمواجهة المنافسة تسهيل مهمة الحكومة فى تشجيع المنافسة فى الأجل الطويل أما عن عيوبه قد يعمل هذا التقسيم إلى التقليل من ثمن هذه المشروعات مما يعزف المستثمرين عن شرائها.

ثانيا: تفكيك الاحتكارات الطبيعية أثناء الخصخصة فى هذه الصورة يتم التقسيم أثناء عملية الخصخصة ذاتها بطريقة تدعم المنافسة مع تضمين عقود التقسيم شروطا تمنع حدوث أية تقيدات لعملية المنافسة مثل شرط عدم رفع السعر بأكثر من ٥٠٪ ولكن يعيب هذا الطريقة إنها تزيد من نسبة تركز السوق وهيمنة بعد الشركات على القطاع المخصص.

ثالثا: التقسيم بعد الخصخصة: وهذه الطريقة تستخدمها الدول إذا أرادت أن تحكم سيطرتها الفعلية على عملية الخصخصة ويشترط لنجاح هذه العملية أن تكون ضوابط الإجراءات التقيدية المطبقة على الشركات العامة المخصخصة هى نفسها التى تطبق على غيرها من الشركات... لمزيد من التفاصيل أنظر: مؤتمر الأمم المتحدة للتجارة والتنمية – سياسة المنافسة فى الإصلاحات الاقتصادية فى البلدان النامية وبلدان أخرى – الاونكتاد – ١٩٩٥ – ص٣٠-٣٣.

المشروعات الكبيرة فينبغى أن تدرس بعناية خاصة لأن هـذه المشروعات قد تكون ضرورية للمستهلكين أو متعلقة بالأمن القومى للبلاد, وخير مثال على ذلك هو تجربة دولة شيلى عندما قامت إلى تقسيم قطاع الكهرباء إلى شركات توليد وشركات توزيع حتى أصبح لديها أحد عشر شركة.

رابعا: مشاركة الحكومة للقطاع الخاص فى النشاط التجارى

يتعين على السلطة العامة عند إدارة عملية الخصخصة أن يكون أسلوب البيع هو آخر ما يمكن أن تلجأ إليه، وخاصة بالنسبة للمشروعات العامة أو الاحتكارات الطبيعية فيمكنها استخدام طـرق أخرى للخصخصة، وفى ذات الوقت تستطيع عن طريق هذه الأسـاليب أحكام سيطرتها ومراقبتها للمشروعات الخاصة وكذلك تدعيم المنافسة، ومن الأساليب الأخرى التى يمكن للدولة استخدام أسـلوب الامتياز أو التعاقد القطاع الخاص أو عقود الخـدمات أو عقـود التـأجير أو عقـود الإدارة، وقـد سبق الحـديث عنهـا تفصيليا فيما سبق.

وأخيرًا نعتقد أنه ينبغى على المشرع فى ظل التغيرات الاقتصادية التى حدثت فى الأسواق المصرية فى الآونة الأخيرة أن يغطى كافة المستويات السابقة ووضع قواعد ووضع تفصيله لإجراءات الخصخصة, وعدم الاكتفاء بوضع مبادئ بصورة عامة وتنظيم الحالات التى تتمتع فيهـا الحكومـة بحقـوق تصويت خاصـة فى الشركات المشتركة, كذلك عدم استخدام الخصخصة بطريقة عشوائية لمجرد أن بعض المشروعات العامـة قـد تعرضت لبعض الخسائر فهذا وارد فى ظل اقتصاديات السوق.

وإذا نظرنا إلى الواقع فى مصر نجد أن هناك بعض المشروعات العامة قد تم تخصيصها لمجرد أنها حققت بعض الخسارة لبعض الوقت والأدهى من ذلك أن الحكومة لم تعتمـد علـى أى طريقـة مـن طرق إدارة المشروعات بصورة مبدئية, وإنما لجأت إلى البيع مباشرة الأمر الذى جعل المستثمرين يشترون هذه المشروعات بأقل من سعرها الطبيعى بل أقل من قيمة أصولها الموجودة بالفعل.

ولعل أبرز مثال يطالعنا في هذا الوقت هو صفقة بيع شركة "**عمر أفندى**" حيث تم بيعها بأقل من سعرها الأساسى؛ الأمر الذى أدى إلى تسريح العديد من العمال والموظفين بالشركة فبدلاً من أن تكون خصخصة المشروعات بديلاً جيداً لإنعاش حالة الركود أصبحت مظهراً من مظاهر تدعيم التضخم والبطالة ونأمل من الحكومة المصرية أن تبدأ أولاً بطرق الإدارة ثم تلجأ إلى البيع كحل أخير عن خصخصتها لأى من المشروعات الأخرى وإذا اضطرتها الظروف إلى البيع فينبغى أن تراعى احتفاظها بالجزء الأكبر لما يخولها من الرقابة والإشراف.

الباب الثانى

التنظيـم القانـونى للاحتكار

ويتكون من:

الفصل الأول: صور الاحتكار القانونى

الفصل الثانى: الحد من آليات الاحتكار

تعرضنا في الباب السابق لتعريف الاحتكار وبيان أهم أركانه من

وجود مركز مسيطر بالإضافة إلى استخدام أساليب غير مشروعة لتدعيم هذا المركز المسيطر، وقد انتهينا

إلى نتيجة مؤداها أن الاحتكار ليس محظوراً بذاته، وإنما المحظور هي الوسائل التي يستخدمها المحتكر

من أجل تكوين أو تدعيم هذا المركز المسيطر، والتي غالبًا ما تكون وسائل غير مشروعة يكون الهدف

منها إعاقة عملية المنافسة وتثبيط همم المنافسين الآخرين في السوق، بالإضافة إلى وضع الكثير من

العوائق والموانع سواء القانونية أو الاقتصادية

لمنع دخول أو خروج منافسين من السوق كل ذلك من أجل الانفراد كليًا بالسوق أو على الأقل الاستحواذ

على أكبر قدر ممكن من الحصة السوقية تمكّنه من حرية المنافسة دون أن يضع في اعتباره ردود فعل

المنافسين الآخرين، أو بمعنى آخر التصرف باستقلالية في السوق عن الآخرين وهذه المسألة لا تشكل أدنى

صعوبة لوضوحها.

بيد أن الصعوبة الحقيقية تتمثل فيما إذا كان المشروع المسيطر يكون قد تحصل على هـذا

المركز بصفة قانونية، أو بمعنى أوضح تمتعه باحتكار قانوني فهل له ممارسة هـذا الحق دون مراعاة

للآخرين أو بمعنى أدق، هل تعد إساءته لمركزه المسيطر إساءة مبررة قانونا؟.

في الحقيقة فلقد تضمنت العديد من التشريعات النص على حق المشروع المسيطر التمتع

باحتكار قانوني في ممارسة حقه المشروع حتى لو نشأ عنه إساءة للآخرين، أو عمل علـى إعاقة عمليـة

المنافسة في السوق إلا أن هذه التشريعات اشترطت أن تكون هذه الإساءة ناشئة عن تطبيق نص تشريعي

أو لائحي،

بالإضافة أن يكون من شأن الإساءة تحقيق تقدم اقتصادي يحصل من ورائه مستهلكو المنتج أو مستخدمو الخدمة محل السيطرة على حصة عادلة من الفائدة المرجوة منه بشرط ألا يترتب على ذلك استبعاد المنافسة من جزء كبير في السوق المعتبرة قانونًا.

إلا أنه وفي بعض الحالات يوسع المشروع المحتكر احتكاره، رغبة في جني أرباح أكثر وذلك عـن طريق احتكار أنشطة اقتصادية إلى جانب ممارسته للنشاط محل الاحتكار، ففي هـذه الحالـة يوجد تعايش بين أنشطة احتكارية و أنشطة اقتصادية يقـوم بممارستها نفس المشـروع، وهذا التعايش يجد طريقة عندما يوجه المشروع المسيطر الموارد المالية المتولدة عن النشاط الاحتكاري الـذى يمارسه لتمويل أنشطة اقتصادية تنافسيه، والواقع أن المشكلة لا تكمن في النشاط محل الاحتكار القانوني إنما في الأنشطة المرتبطة به فإنه أن كان محظوراً على المشروعات الأخرى ممارسة النشاط محل الاحتكار القانوني، فإنه لـيس محظـوراً عليهـا ممارسـة الأنشطـة المرتبطـة بهـذا النشـاط والحـال هكـذا فـإن أيـة ممارسات احتكارية يباشرها هذا المشروع المسيطر قانوناً وتكون متعلقة بهذه الأنشطة المرتبطة تخضع لقواعد المنافسة، ويرجع هذا إلى أن المشروع المتمتع بالاحتكار لا يجوز له مباشرة أنشطة مرتبطة بالنشاط الرئيسى محل الاحتكار بدون الحصول على تصريح تشريعى، وكل خرق لهذا الالتزام يشكل أضرارًا بمبدأ حرية التجارة.

وفي المقابل فإن الفقه الأمريكي لا يأخذ بمبدأ الإساءة المبررة، فهو يأخذ في اعتباره أثار الاحتكار على المنافسة، فإن كان يقيدها أو يعطلها؛ فهى إساءة أو

احتكار محظور وإن كان غير ذلك، فهى إساءة أو احتكار مبرر، ومـن ثـم لا يمكـن تبريـر الإسـاءة بأيـة اعتبارات اقتصادية أو اجتماعية، وأن المحاكم الأمريكية أخذت بهذا المبدأ فى أحكامها كما سنرى فيما بعد.

وقد أخذ القانون المصرى بمبدأ الإساءة المبررة، وذلك عندما نص فى المادة التاسعة مـن القانون على إخراج بعض الأفعال أو التصرفات من نطاق الحظر إذا كانت هـذه التصرفات متعلقـة بمرافـق عامـة تديرها شركات خاضعة لأحكام القانون الخـاص، وبخصـوص تحقيـق مصـلحة عامـة أو منافـع للمسـتهلك تفوق أثار الحد من حرية المنافسة.

وفى هذا الباب سوف نحاول التعرض لأهم صور الاحتكار القانوني، والتى تخول صـاحبها الحـق فى احتكارها مثل براءة الاختراع والعلامة التجارية والاسم التجارى.

وأخيرًا الرسوم والنماذج الصناعية والتى لاقت اهتمامـا كبيرا خـلال الفتـرة الأخيـرة باعتبارهـا تشكل رأس مال فكرى باتت كل الأنشطة الاقتصادية تحاول تنميته من أجل تدعيم مراكزها الاحتكارية فى الأسواق الداخلية والخارجية على السواء، ومن ثم فرض الهيمنة الاقتصادية على الدول الأقل نموا اقتصاديا عن طريق ربط استخدام هذا الحق بغيره من الأنشطة الموازية له، ثم نختم هـذا البـاب ببيـان التنظيم القانوني للاحتكار عن طريق الحد من آليات عمله، وكيفية التصدى له مع بيان موقف المجتمع الـدولى فى محاربة هذا الفعل الضار مع تقديم أهم الحلول المقترحـة، والـذى يجـب عـلى المجتمـع الـدولى إتباعهـا للوصول إلى أفضل النتائج كل

هذا مع بيان موقف المشرع المصرى مع التعليق على نصوص قانون حماية المنافسة رقم ٣ لسنة ٢٠٠٥ وذلك وفقاً لما يلى:

الفصل الأول: صور الاحتكار القانونى.

الفصل الثانى: الحد من آليات الاحتكار.

الفصـل الأول

صـــور الاحتكار القانــونى

ويتكون من:

المبحث الأول: براءة الاختراع.

المبحث الثانى: العلامة التجارية.

المبحث الثالث: الاسم التجارى والرسوم والنماذج الصناعية.

أصبحت الملكية الفكرية تمثل جزءاً لا يتجزءا من عالم التجارة والأعمال بدرجة جعلتنا نعتقد أنها ظاهرة طبيعية فى المجتمع, ومع ذلك لا تزال هناك مجتمعات أو ثقافات عديدة لديها فكرة بسيطة أو حتى ليس لديها أدنى فكرة على الإطلاق عن مفهوم الملكية الفكرية فالأرميون الاستراليون على سبيل المثال عاشوا لقرون عديدة ولم تصلهم أى معرفة عن مفهوم الملكية الفكرية, وبالإضافة إلى كونهم احدى وأقدم القبائل التى عاشت قديماً فقد كانوا مخترعين بارعين ، حيث تمكنوا من اختراع كل شئ يحتاجونه يكفل لهم استمرار الحياة.

ومع ذلك لم يستحوذوا على تلك الاختراعات أو حاولوا من خلالها الوصول لمراكز السلطة والنفوذ فلقد كانت لهم مجرد شئ يفى بغرض معين فى وقت معين, والذى بعد انقضائه سيعيدون المواد التى استخدموها فيها إلى الطبيعة ثانية[1] ، غير أنه ترتب على ظهور الاختراعات الحديثة وقيام الثورة الصناعية خلال النصف الأخير من القرن التاسع عشر وبداية من القرن العشرين حدوث تغيرات اقتصادية هائلة, إذ تدفق الإنتاج الكبير واتسعت حركة التجارة الداخلية والخارجية وظهرت علاقات اقتصادية جديدة استلزمت قيام أنظمة قانونية مستحدثه تبلورت من خلالها حقوق الملكية الفكرية.

لقد أصبح الابتكار والمنافسة عاملان مهمان لأى مجتمع, ولا ريب أن من عوامل الازدهار والنمو الاقتصادى للدولة وجود نظام قانونى قوى ومتكامل يكفل الحماية القانونية للمبتكرين على اختراعاتهم وللمؤمنين على صفقاتهم وحماية المشروعات المتنافسة من خطر التقليد أو السطو على عناصر الملكية الفكرية بوجه عام[2] ، ولقد

---

[1] كريتسن كوك - حقوق الملكية الفكرية ، مهارات الإدارة الحديثة - كوجن بيدج - ترجم بقسم الترجمة بدار الفاروق - ٢٠٠٦ - ص٢١.

[2] د/ سميحة القليوبى - "الملكية الصناعية" الطبعة الثانية - ١٩٩٦م - دار النهضة العربية - ص١٠-١٢.

أصبحت هذه الفكرة محل اهتمام كلا من الدول الصناعية الكبرى باعتبارها هى الدول الأكثر نشاطاً صناعيا[1].

وكذلك الدول النامية، وإن اختلف الفكر لدى الدول النامية حيث يرى البعض أن النظم القانونية التى تمس الملكية الفكرية مجرد أنظمة لتدعيم ولإرساء احتكارات من اجل استمرار واستغلال القوى للضعيف ومن ثم هيمنة الدول الصناعية الكبرى على الدول النامية[2] , فهذه الآراء ترى أن هناك أغراضا خفية وراء إصرار الدول المتقدمة وفى مقدمتها الولايات المتحدة الأمريكية على تطبيق الاتفاقية ومنها الهيمنة على المعرفة والتكنولوجيا بما يضمن لها تبعية الدول النامية لها, وعدم انتقال مستحدثات التكنولوجيا إليها، وذلك بعد توقيع الدول على اتفاقية التجارة العالمية "الجات"، وكذلك اتفاقيات الجوانب التجارية الخاصة بحقوق الملكية الفكرية "التربس".

إن حماية الملكية الفكرية تمثل إحدى وسائل التنمية التكنولوجية باعتبار أن تلك الحماية تؤدى إلى المزيد من الإبداع والابتكار وتشجيع نقل التكنولوجيا وجذب الاستثمارات، وكذلك تكوين كيانات اقتصادية للدول وخاصة المتقدمة تمكنها من السيطرة والهيمنة الاقتصادية على الأسواق العالمية، ففى دراسة تمت حول أثر حماية حقوق الملكية الفكرية فى الولايات المتحدة الأمريكية على الدخل وجد أن أكثر من ٢٠ مليون دولار أمريكى سنوى زائد نتج عن نقل الثروات من الدول المستوردة للتكنولوجيا وكثيرا منها دولاً نامية[3].

---

[1] R. Michael Gadbaw, Intellectual property and international trade merger or marriage of convenience. Vanderbilt journal of transitional law - 1989 - vol 22 . no2 . p.p 223-242 - 224-225.

[2] د/ نبيل حشاد – الجات وانعكاساتها على اقتصاديات الدول العربية – سلسلة رسائل البنك الصناعى – بنك الكويت الصناعى – ١٩٩٦م – ص٧٨.

[3] Trebilcock, Michael J. and Eobert Howse, The regulation of international trade, 2nd ed "London: Routledgo" 1999. p.p 314 & World bank, global economic prospect, and the developing countries 2002 "Washington D.C World bank" 2001.

ونتيجة إلى تحول العـالم إلى حماية رأس المـال الفكرى فقد تبلـور التشـريع المصرى لحمايـة الملكية الفكرية تمشيًا مع مقتضيات إنماء الإبداع بالبيئة الاقتصادية والقانونية فى مصر، مع الاستفادة مـن تجارب الدول الأخرى؛ إذ أن حماية الملكية الفكرية الخاصة بالتكنولوجيا ونواتجها هى إحدى الوسائل إلى بيئة صحية لتشجيع التنمية التكنولوجية من خلال نقل التكنولوجيا أو من خلال تنمية الموارد البشرية فى مجال التنمية التكنولوجية.

وقد وقعت مصر اتفاقية التجارة العالمية عام ١٩٩٤م بما فيها الجزء الخاص بحمايـة الملكيـة الفكرية؛ حيث اتسعت مجالات حماية حقوق الملكية الفكرية؛ ولم تعد تقتصر عـلى التزامـات مصرـ عـلى حماية حقوق المؤلف بل امتدت إلى الحقوق المجاورة لحق المؤلف, بالإضافة لبراءات الاختراع ونمـاذج المنفعة و العلامات التجارية والمؤشرات الجغرافية والتصميمات التخطيطية للدوائر المتكاملـة والمعلومـات غير الموضح عنها والأصناف النباتية[1].

وتنقسم حقوق الملكية الفكرية إلى فرعين رئيسيين وهما **الملكية الصنـاعية، والملكيـة الفكريـة** حيث ترد حقوق الملكية الصناعية على المبتكرات الجديـدة كالاختراعـات والرسـوم والـنماذج الصناعية أو على شارات مميزة تستخدم إما فى تمييز المنتجات وهى العلامات التجارية أو تمييز المنشآت التجارية وهى الاسم التجارى.

ويتضح من هذا التعريف أن حقوق الملكية الصناعية إلى قسمين[2] :

---

[1] معهد التخطيط القومى – بجمهوريـة مصرـ العربيـة – الملكيـة الفكريـة والتنميـة فى مصرـ – سلسـلة قضايا التخطيط والتنمية رقم ١٨٦ – أغسطس ٢٠٠٥ – ص٢٣-٢٤.
[2] د/ سميحة القليوبى – الملامح الرئيسية لمشروع قانون الملكية الفكرية فى شـأن العلامـات التجاريـة والرسوم والـنماذج الصناعية – ورشة عمل – حماية الملكية الفكرية فى إطار القانون المصرى الجديد – الواقع والمستقبل – ١٨ أكتـوبر ٢٠٠٠ – ص٦٩.

القسم الأول: وهى حقوق ترد على ابتكارات جديدة وتمكن صاحبها مـن احتكار ابتكاره قبـل الكافـة, فهـى الحقوق التى ترد على ابتكار فى الموضوع وينصب الابتكار على صناعة منتجـات أو استعمال طـرق صناعية مبتكرة مثل محرك سيارة أو ثلاجة أو صاروخ، وهذا النوع من الابتكارات يطلق عليه بـراءة الاختراع، وقد تتعلق الابتكارات الجديدة بابتكار ينصب على الشكل أو المظهر الخارجى للمنتجـات ومثل ذلك ابتكارات نموذج أو شكل خارجى معين لسيارة أو ثلاجـة وهـو مـا يطلـق عليـه الرسـوم والنماذج الصناعية.

القسم الثانى: من الحقوق الصناعية يرد على شـارات مميـزة تمكـن صاحبها مـن احتكار استغلال علامـة مميزة وهى شارات أما أن تستخدم فى تمييز المنتجات أو تمييز المنشآت.

وتختلف الملكية الفكرية بفرعيها عن ملكية الأموال المادية, لأن محل الحق فى كل صور الملكية الفكريـة لا يـرد على مال مادى عقار أو منقول, بل يرد على شئ غير ملموس هـو الإنتـاج الـذهنى للإنشـاء يختلف صوره وأشكاله، وهو مال معنوى له قيمة مالية، كما تختلف حقوق الملكية الفكرية عـن الحقـوق الشخصية لأن الحقوق تمثل رابطة قانونية بين دائن ومدين وهذه الرابطة لا وجـود لهـا فى مختلـف صـور الملكية الفكرية[1].

ويعترف قانون حماية الملكية المصرى رقم ٨٢ لسنة ٢٠٠٢ بثلاثة أنواع من الحقوق وهى:

الأول: حقوق الملكية العينية وهنا يحمى القانون سلطة الشخص على شيء مـا مثل العقـارات والمنقولات والأموال والمركبات ... إلخ

---

[1] د/ حسام الدين الصغير – مدخل إلى حقوق الملكية الفكريـة – نـدوة الويبـو الوطنيـة عـن الملكيـة الفكريـة – المنظمـة العالمية للملكية الفكرية – الويبو – المنامة ١٦ يونيه/حزيران ٢٠٠٤– ص٣.

والثانى: الحقوق الشخصية وهى التى يكون للشخص "طبيعى أم اعتبارى" حق لـدى شـخص أخر مثل الديون بين الأشخاص، فالقانون يحمى الشخص ويسانده فى الحصول على حقه من الآخرين.

والثالث: وهى الحقوق الذهنية وهى أحدث الحقوق ويعبر عن حماية القانون لحق الشخص فى نواتجه المنبثقة عن التفكير والإبداع والاختراع والتأليف وغيرها من إبداعات الذهن البشرى[1].

وبناء على ذلك فإن حقوق الملكية الفكرية المعترف بها ودلياً تتكون حالياً مما يلى[2]:

براءات الاختراع وحقوق الطبع، التصميمات الصناعية، الماركات التجارية، الأسرار التجارية، المؤشرات الجغرافية حقوق إعداد تصميمات الدوائر المترابطة ، حقوق المربين فى المزارع.

وتعتبر بـراءات الاختراع وحقـوق الملكيـة الفكريـة والعلامـات التجاريـة مـن أهـم الأشـياء الاقتصادية وتعد هذه الحقوق هى نفس الحقوق التى تضمنتها اتفاقية التجارة المتعلقـة بحقوق الملكيـة الفكرية موزعة فى ٧٣ مادة على سبعة أجزاء.

وبعد أن انتهينا من استعراض حقوق الملكية الفكرية بصفة عامة سوف نتناول فى هذا الفصـل حقوق الملكية الصناعية باعتبارها الأكثر أهمية فى ظل الانفتاح الاقتصادى الذى اجتاح معظم دول العـالم فى الوقت الراهن بعد توقيع معظم الدول على اتفاقية التجارة العالمية "الجـات" واتفاقيـة حمايـة حقـوق الملكية الفكرية "التربس"، فلقد أصبحت هذه الحقوق تمثل رأس مال تتصارع معظم الدول

---

[1] معهد التخطيط القومى - ج.م.ع - الملكية الفكرية والتنمية فى مصر - مرجع سابق ص١٦.
[2] Graham Dutfield, Turning knowledge into power: intellectual property and the world trade system "Australian journal of international affairs. December 2005. vole, 59, no 4 , p.p 533-547.

من أجل وضع نظم حماية أفضل لهذه الحقوق، بعدما أصحبت تستخدم كوسائل احتكارية من جانب الدول المسيطرة على اقتصاديات الأسواق العالمية الأمر الذي دعا البعض إلى التساؤل هل حماية الملكية الفكرية أصبح حق أم احتكاراً ؟، مع بيان متى تعد هذه الحقوق حق يحميه القانون باعتبارها نوعًا من الاحتكار الذي يسمح به القانون أو الاحتكار المرخص به قانونًا.

ومن ثم فإننا سوف نقسم هذا الفصل إلى ثلاثة مباحث وذلك على النحو التالي:

المبحث الأول: براءة الاختراع.

المبحث الثاني: العلامة التجارية.

المبحث الثالث: الاسم التجاري والنماذج والرسوم الصناعية.

المبحث الأول

بـراءة الاختـراع

إن الحديث عن الاختراع أو الابتكار يوحى بفكرة مؤداها, أن ثمة جدة فى نظام تقنى أو علمى معين وفى مجال الاختراع نبتعد عن العلوم الطبيعية أو العلوم الأساسية للاقتراب من المجال التقنى, وحتى أن الاختراع غالبا ما يخلط بينه وبين الابتكار وفى كلتا الحالتين نتوصل فى واقع الأمر إلى نتيجة تبدو كما لو كانت جديدة.

بناء على ذلك فأنه يمكن تعريف **الاختراع** بأنه "فكرة جديدة تسمح بحل مشكلة تقنيه محدودة من الناحية العلمية"[1] ، ومن ناحية أخرى يعرف بأنه "إيجاد شئ جديد له ذاتية خاصة تميزه عن نظائره من الأشياء، ولابد من تميز هذا الشيء بصفات معينه يختلف بها عن بقية الأشياء الأخرى فلا يختلط بما يشابهه وتتحدد هـذه الصفات الخاصة إما بهيكلـة ميكانيكيـة متميـزة وإمـا بتركبـه كيمائيـة خاصة"[2].

لذلك أضحت حماية الاختراعات والابتكارات هى شرط أساسي لوجودها، ففى الواقع لا يمكن أن نتوقع أن يستمر الباحثون وبخاصة المؤسسات فى الأبحاث دون التأكد من أن الابتكارات الناجمة عنها لـن يستغلها منافسوهم مبـاشرة, لـذلك ظهر نظـام بـراءة الاخـتراع، وتبلـورت أشـكاله وسـعت القـوى الاقتصادية العالمية للاهتمام بمجال الملكية الفكرية عموما وذلك من أجل الحفاظ على المحفزات

(¹) عزيز بوعزاوى - وقع نظام البراءات الدولى على البلدان النامية - المنظمة العالمية للملكية الفكرية - سلسة الاجتماعات التاسعة والثلاثون من ٢٢ سبتمبر/ أيلول إلى الأول من أكتوبر/ تشرين الأول عام ٢٠٠٣ - ص١.
(²) د/ سميحة القليوبى - الملكية الصناعية ، براءات الاختراع - الرسوم والنماذج الصناعية - العلامات التجارية والصناعية الاسم و العنوان التجارى - دار النهضة العربية - القاهرة ١٩٩٦م - ص ٦٥.

للابتكارات الصناعية[1] .

حيث تتوافق المصلحة العامة مع الأفراد وهو ما دفع الكاتب الأمريكي **"أبراهـام لنيكـولن"** إلى تشبيه براءة الاختراع بأنها مهمة للجنس البشرى مثل الاختراعات فى الكتابة والطباعة لأنها تضيف الوقـود "المصلحة" إلى النار "العبقرية"[2] ، لذلك نجد أن الاهتمام بحقوق الملكية الفكرية قـد انتقـل مـن المرحلـة المحلية لكل دولة إلى مرحلة العالمية، فلقد تعددت الاتفاقيات التى نظمت حقوق الملكية الفكرية عمومـا وبراءة الاختراع بصفة خاصة الصناعية منها والتجارية, بداية من اتفاقيـة بـرن (Bern Convention) انتقالاً إلى اتفاقية المنظمة العالمية للملكية الفكرية (Wipo) وأخيرا اتفاقية التربس (Trips).

ونظراً لأن موضوع براءات الاختراع من الموضوعات الموسعة للغاية والتى كانت ومازالت هدفاً للعديد من الدراسات القانونية والأكاديمية، وحتى لا يأخذ منا البحث مجالاً أوسـع فإننا سـوف نحـاول أن نقصر موضوع بحثنا هنا عـلى دراسـة التأصيل القانونى لحـق احتكـار البـراءة وبيـان الضـوابط المنظمـة لاستعمال هذا الحق.

تعريـف البـراءة

تعرف براءة الاختراع بأنها "صك تصدره الدولة للمخترع الذى يستوفى اختراعه الشروط اللازمـة لمنح براءة اختراع صحيحة يمكنه بموجبه أن يتمسك بالحماية التى يسبغها القانون على الاختراع"[3].

---

[1] د/ ناصر جلال. حقوق الملكية الفكرية وأثارها عـلى اقتصـاديات الثقافـة و الاتصـال والعلـوم – الهيئـة المصـرية العامـة للكتاب –ط ٢٠٠٥ ص٢٠٧.
[2] William Kingston genius' faction and rescuing intellectual property rights journal. vol. 23, no1, March 2005.
[3] د/ حسام الدين الصغير – مدخل إلى حقوق الملكية الفكرية - ندوة الويبو للملكية الفكرية – مرجع سابق – ص٣.

وتعرف أيضا بأنها "الشهادة التى تمنحها الدولة ومؤداها منح صاحب البراءة احتكار استغلال اختراعه لمدة محدودة وبأوضاع معينة"[1].

وإذا نظرنا إلى الأساس أو البداية التاريخية لظهور شهادات براءات الاختراع، نجد أنها بدأت اعتباراً من القرنين الرابع والخامس عشر ـ حيث " أثبتت الدراسات أن الملوك فى أوربا دأبوا على منح "امتيازات" للمخترعين تخولهم احتكار استغلال اختراعاتهم لمدة كانت تختلف فى كل حالة عن الأخرى إذا لم تكن ثم قواعد محدده سلفاً تتسم بالعموم يمكن للمخترع أن يتمسك بها، وإنما كان الأمر رهن إرادة الحاكم سواء بشأن مبدأ الحماية أو تحديد شروطها وآثارها، وسواء أخذت الحماية القانونية للمخترع شكل الامتياز أو البراءة وكلاهما يرتب احتكاراً باستغلال الاختراع لمدة معينة.

ولاشك فى تلاؤم هذا الشكل من الحماية مع النظم الاقتصادية الحرة التى يتسنى فيها للفرد وللأشخاص القانونية الخاصة تملك الإنتاج واستغلال اختراعاتهم، ويختلف الأمر فى ظل النظم الاشتراكية التى تدين بالماركسية، حيث أن "الملكية الخاصة فى كل صورها نوعاً من الرجس الذى يتعين إلغاؤه لاجتثاث شرور استغلال مالك وسيلة الإنتاج للعاملين، ولا يخفى أنه لا يتصور منح المخترع احتكارا بالاستغلال".

فى ظل هذا النظام إذا يصبح هذا "الاحتكار" بلا فائدة نظرا لاستحالة تملك المخترع للوسائل التى تتيح له استغلال اختراعه ولما كانت الدولة وحدها هى المالكة لوسائل الإنتاج فإنها وحدها القادرة على "استغلال الاختراع" من خلال المشروعات العامة، لذلك ظهر شكل جديد للحماية يتفق والأسس التى يقوم عليها النظام الاقتصادى ويتمثل هذا الشكل فى منح المخترع "شهادة اختراع" تثبت أبوته

(¹) د/ هانى دويدار ـ نطاق احتكار المعرفة التكنولوجية بواسطة السرية ـ ١٩٩٦ ـ دار الجامعة الجديدة ـ ص٩٩.

للاختراع وتخوله الحصول على مكافآت تتفاوت قيمتها تبعاً لتفاوت الوفورات الاقتصادية التى تتحقـق نتيجـة استغلال الاختراع"[1] ؛ ومن ثم باتت براءة الاختراع هى المستند الذى ينهض قرينة على أن صاحب الـبراءة قـد استوفى الإجراءات الشكلية والموضوعية التى فرضها القانون أو الاتفاق الـدولى للحصـول علـى بـراءة اخـتراع صحيحة؛ ومن ثم له بالتالى أن يتمسك بالحماية التى أضفاها القانون غير أن هذه القرينة ليسـت قاطعـة، بـل أنها قرينة قانونية مؤقتة تقبل إثبات العكس فيجوز لمن له مصلحة أو لإدارة براءات الاختراع نفسها أن تطعـن ببطلان براءة الاختراع، وذلك بتقديم الدليل على أن البراءة صدرت من غير أن تتوافر لها شروط صحتها[2] .

ونحن لا ننكر أهمية الحصول على شهادة براءة الاختراع فلقـد دلـت الدراسـات والإحصائيات التى طبقت فى هذا الشأن تحقيق أرباح خيالية من قبل الشركات التى حصلت على تلـك الـبراءة لحمايـة منتجاتها نذكر منها على سبيل المثال لا الحصر[3] :

١- حصلت شركة أى بى أم فى عام ٢٠٠٠ على حوالى ٢٨٠٠ براءة اختراع، وبذلك تصبح الرائدة فى هذا المجال عـلى مستوى العالم للسنة الثامنة، وتمتلك الشركة الآن أكثر من ١٩٠٠٠ براءة اختراع بالولايات المتحدة و ٣٤٠٠٠ براءة اختراع أخرى عالمية بل، ووصل صافى أرباح ترخيص براءات الاختراع والتقنيات التكنولوجية فى هذه الشركة وحدها ١,٥ مليار دولار أمريكى عام ٢٠٠٠.

[1] د/ محمود مختار بريرى – قانون المعاملات التجارية – الأعمال التجارية والتاجر الأموال التجارية وفقاً لقـانون التجـارة رقم ١٧ لسنة ١٩٩٩م الجزء الأول – دار النهضة العربية – ٢٠٠٠ – ص١٧٥-١٧٧.
[2] مستشار د/ على رضا – مضمون الملكية الفكرية وتطوره وتنوع الاتفاقيات الدولية المعنية بها – مجلـة مجلـس الدولـة – السنة ٢٩ – ٢٠٠١-٢٠٠٢ – ص٩١.
[3] كريستين كوك – حقوق الملكية الفكرية – الناشر الأجنبى – كوجن بيدج – مرجع سابق– ص٢٨/٢٧.

٢- أثبتت الإحصائيات أن صناعة الأدوية بالولايات المتحدة تخسر ٥٠٠ مليون دولار أمريكى سنوياً فى الهند وحدها؛ بسبب سوء حماية براءة الاختراع فى حين أن الصناعة نفسها تحقق أرباحاً تقـدر بنحو ٣٦ مليار دولار أمريكى على مستوى العالم فى صوره عوائد على براءات الاختراع وترخيصات أخرى.

٣- زادت الطلبات المقدمة لتسجيل براءات الاختراع بموجب معاهـدة التعـاون لـبراءات الاختراع الخاصـة بمنظمة الملكية الفكرية "world intellectual property organizations , patent competition" مـن ٢٦٠٠ طلب فى عام ١٩٧٩م إلى ٩١٠٠٠ طلباً تقريبا فى عام ٢٠٠٠.

وتشمل الحماية التى يقررها القانون لصاحب البراءة الحق فى أن يستأثر وحده باستعمال الاختراع واستغلاله ماليا, ومن ثم ترخيص براءة اختراعه للآخرين وبالتالى تمكينه مـن جنى أرباح مـن وراء هـذا الاستغلال فى مقابل كشف سر الاختراع للمجتمع.

فمن المعروف أن الإبداع الفردى أو العمـل الإبداعي لا يحتـاج إلى حمايـة, إلا أنـه كلـما كـان العمل أكثر إبداعا كلما قل اعتماده على الأموال, ولكن الـذى بحاجـة إلى الحمايـة هـو نشرـ هـذا الإبداع فبدون حمايته لن يوجد الحافز للاهتمام لتبرير التكلفة والمخـاطر التى تـتمخض عـن النتـائج العكسية للعبقرية الأدبية لقد لعب "جورج برناردشو" دورا أساسيا فى عمل قانون حقـوق الطبـع البريطانى عـام ١٩١١م, وقد كتب أنه "نظرا لكون تولستوى كان مالكا ثريا ، فلم يعتقد أنه من الصواب أن يحصل عـلى الأموال أيضا من رواياته لذلك تخلى عن حقوقه للطبع وكانت النتيجة ، إلى أن استطاعت زوجة تولسـتوى أن تغير رأيه[1] ، ومن ناحية أخرى فإن أرباح الاحتكار (monopoly profits) تمكن المبدعين من ضمان

Quoted G.H. thring the marketing of literary property, constable, London, 1933 , p.20.   [1]

عوائدهم الاقتصادية لتغطية التكلفة وتحقيق الربح, وذلك يجدد الحوافز الاقتصادية لإنتاج السلع الفنية [1] ، كما أن عدم منح قوة احتكار لبراءة الاختراع قد يؤدى إلى تدنى معدلات الإنتاج للأعمال الجديدة والابتكارات ومواجهة التحريف والتشويه.

فضلا عن كل ذلك فإن الاختراع يعطى حماية ضعيفة للابتكار, لذلك من اللازم توفير حماية أكبر لبعض الصناعات، وخاصة الصناعات الدوائية والتكنولوجية المعقدة والتى تحتاج إلى حشد كمية كبيرة من الأموال التى يتم استثمارها فى مرحلة الابتكار, كما ينبغى أن تكون قادرة على الاستحواذ على المعرفة الفنية المهمة جدا فى تلك الصناعات, وبدلا من الخطوة الإبداعية المستخدمة حاليا فى الاختراع بفحص قليل، أو عدم فحص للاختراع السابق غير الممنوح براءة الاختراع فإن عدم إمكانية توفره فى التجارة قد تم اقتراحها من اجل نظام الحماية المباشرة. [2]

حق احتكار براءة الاختراع

أساس حق احتكار البراءة

تعد براءة الاختراع ليست سوى مكافأة يمنحها المجتمع للمخترع, وذلك فى شكل احتكار مؤقت لاستغلال الابتكار أو الاختراع الذى توصل إليه فالاختراع وليد عمل المخترع وثمرة جهده الذهنية فلا أقل أن يقوم المجتمع بمكافأة المخترع ومنحه استئثاراً مؤقتاً لاستغلال ابتكاره وفقاً للشروط التى يقررها المجتمع نفسه, وذلك كله فى مقابل قيام المخترع بالإفصاح عن الابتكار حتى يصبح من حق أى شخص متخصص فى الفن الصناعى موضوع الابتكار, وبعد انقضاء فترة

Charles E. Walker and Mark Abloom field, Lanham university press of America Washington [1]
D.C.1991. p.p.28.

Willim Kingston. direct protection of innovation, Kluwar academic / European commission, [2]
Dordracht. 1988. p 10.

الاستئثار المقررة للمخترع ، القيام باستغلال أو استعمال هـذا الاختـراع دون أذن مـن المخـترع ودون أن يشكل ذلك أى تعدى على حقوق هذا الأخير [1].

ومن ثم فإن حق الملكية فى براءة الاختراع يمنح صاحبه امتيازًا فرديًا مقصورًا عليه وحده وتكون لـه سلطة احتكار استغلال اختراعه, وذلك فى ظل نظام اقتصادي يقوم على الحرية الفردية وكذلك الحرية التجارية، ومن ناحية أخرى فإن هذا الحق يتقرر بصفة مبدئية باعتراف القانون به وحمايته من اعتداء الغير والاحتجـاج به من قبل الكافة, ويؤدى هذا الحق بلا شك إلى جذب عملاء لصاحب الحق ، ولكن لا يمنع هذا الحق من ممارسة نشاط مماثل فى الطبيعة يستحق حماية القانون.

ونتيجة لذلك فإن من صدر البراءة لصالحه يهيمن علـى "الاختـراع" موضوع البـراءة فلا يملـك سواه استغلال الاختراع إلا بإذنه ويكون له وحده اختيار الوسيلة التى تـروق لـه فى مبـاشرة حـق الانتفـاع فهو يستطيع إنشاء مشروع لتصنيع اختراعه وتسويقه ويستطيع تقديم براءته كحصة فى شركة، ويستطيع أن يعطى ترخيصاً باستغلال اختراعه للغير، ولما كان مالك البراءة حراً فى استغلال ملكيته والتصرف فيها، فإنه يملك بيع البراءة أو رهنها وبعبارة أخرى يستطيع صاحب البراءة التصرف فى حقه بكافة صور التصرف القانونى المتاحة للمالك باعتباره حقًا ماديًا منقولا، ويظل صاحب البـراءة متمتعـاً بحقـه الاستئثارى لمـدة تصل إلى عشرون عاماً[2] ، تحسب من تاريخ تقديم طلب البراءة ولعل السبب فى توقيت الحماية المترتبة على البراءة تكمن فى رغبة المشرع فى إنهاء الاحتكار الناشئ عنها، ليصبح استعمال واستغلال الاختراع متاحاً للكافة، فضلاً عن أن مدة عشرون عاما كافية لحصول المخترع على التعويض الكـافى عـما بذلـه مـن جهـد وتجارب

---

[1] د/ كمال محمد ابو سريع – حق الملكية فى براءات الاختراع – مجلة إدارة قضايا الحكومة – السنة السادسة والعشرون – العدد الأول – ١٩٨٢م – ص ٣٧- ٣٩.

[2] وتنص المادة ٣٣ من اتفاقية التربس على أنه "لا يجوز أن تنتهى مدة الحماية الممنوحة قبل انقضاء عشرين سنة تحسب اعتبارًا من تاريخ التقدم بطلب الحصول على البراءة".

وأبحاث وما تكبده في ذلك من نفقات[1].

ومن الجدير بالذكر أن منح المخترع حق الاستئثار باستغلال اختراعـه هـو استثناء عـلى مبـدأ تحريم الاحتكارات وهو استثناء فرضته طبيعة الحق نفسه وأملته حاجات المجتمع ولقد قننت أغلبية الدساتير والتشريعات الحديثة ذلك الاستثناء حتى أصبح مبدأ معترفاً به، فالدستور الامريكي يعطى الكونجرس السلطة في تشجيع تقدم العلوم والقانون وذلك بمنح المخترعـين والمـؤلفين ولفترة محددوه الحقوق الاستئثارية على اختراعاتهم ومؤلفاتهم، ومن ثم فإن براءة الاختراع وفقاً للدستور الأمريكي ما هى إلا احتكار مؤقت للمخترع[2].

ولا أحد ينكر الدور الفعال الذى تقوم به حماية براءات الاختراع عن طريق الترخيص بالاحتكار القانوني من حيث إيجاد حوافز متزايدة للابتكار، وإنعاش الأسواق وما يصاحبه ذلك مـن آثـار تتمثـل في استمرار تدفق روؤس الأموال إلى السوق، إلا أنه ومن ناحية أخرى فإن الحماية الشـديدة لنظـام البـراءات قد يؤدي إلى ممارسة سيئة نتيجة للاحتكار، وفى ظل بعض الظروف فإن الاحتكار قد يؤدي إلى تـراكم براءات الاختراع للمحافظة على الاحتكار[3] ، وهو ما دعا الكثيرين إلى الاعتقاد بأن بـراءات الاختـراع تجور على حقوق الإنسان الأساسية فالمعترضون الحاملون لافتات مكتوباً عليها "براءات الاختراع تـؤدى بحياتنـا"، ربما يكون اعتراضهم في أغلب الظن على الحماية التى تمنحها براءات الاختراع

[1] د/ مختار بريري - قانون المعاملات التجارية - مرجع سابق - ص٢١٣ ، د/ سميحة القليـوبي - تـأجير استغلال المحـل التجارى "الإدارة الحرة للمتجر" - دار النهضة العربية - ١٩٨٤ - ص٦٥-٦٦.
[2] د/ جلال وفا محمدين - الحماية القانونية للملكية الصناعية وفقاً لاتفاقية الجوانب المتصلة بالتجارة من حقوق الملكيـة الفكرية "تربس" - دار الجامعة الجديدة - ٢٠٠٤ - ص٥٠
[3] Gilbert T. and Newberry. "preemotive patenting and the persistence of monopoly" American economic rev. June 1982 p.p 514.

لشركات الأدوية والتى بموجبها يسمح لهذه الشركات المبالغة فى أسعار الأدوية إلى الحد الذى قد لا تكون فى متناول السواد الأعظم من سكان العالم, فضلاً عن كل ذلك فإن احتكار الاختراع لمدة عشرين سنة يؤدى إلى غرس صفة التواكل ويقضى على المنافسة كما أنه يشجع على التكالب لجمع المال[1].

غير أن حق الاحتكار الذى يتمتع به فى العادة صاحب براءة الاختراع على اختراعه مقيد فى الواقع بعدة أوجه من القيود تتمثل فى[2]:

أولا: المطالبة بالاحتكار يمكن أن تخضع للتعديل أو الأبطال بأحكام المحاكم متى تحققت بالاحتكار مثالب للاختراع لم تكن معروفة قبل منح البراءة.

ثانيا: كذلك حيثما يكون الاختراع عبارة عن تقدم أو تحسين لبراءة اختراع سابقة فإن صاحب الاختراع يتعين عليه الحصول على ترخيص صاحب الاختراع الأول ودفع عائداته.

ثالثا: وهو بصرف النظر عما يتعلق بصحة البراءة، كذلك مقيد بما يقرره المشرع فى القانون الذى يلزم المخترع, أما استخدام اختراعه بمعرفته ولصالحة بحيث يصبح مصنعاً بنفسه لاختراعه أو الترخيص بذلك للغير لاستخدام الاختراع, إذا ما أراد الاحتفاظ باحتكاره وذلك عن طريق بيعه براءة الاختراع أو الاحتفاظ مع الترخيص الاتفاقى للغير باستخدام الاختراع بحسب شروط الاتفاق المعقود بينهما.

رابعاً: غير أنه فضلاً عن الترخيص الاتفاقى الذى يلجأ إليه المخترع مع طرف ثالث قد يخضع لترخيص إجبارى من قبل القانون للغير فى بعض الحالات.

خامساً: قد يخضع صاحب البراءة لقيد يتمثل فى أن تلك الاختراعات قد تستخدم

(١) كريتس كوك – حقوق الملكية الفكرية – مرجع سابق – ص٥٢-٥٣.
(٢) م.د/ على رضا – مضمون الملكية الفكرية – مرجع سابق – ص٩٤-٩٥.

حيثما تكن هناك مصلحة عامة من قبل الدولة, أو بواسطة طرف ثالث مرخص له من قبل الدولة بموجب اتفاق محدد الشروط من قبلها أو بواسطة المحاكم, ويمكن جمع حالات الترخيص الإجبارى المفروضة على مالك البراءة تحت مجموعتين.

١- حالات إساءة استخدام ويخضع بيان عدم التشغيل على وجه العموم للقانون الوطنى للدولة التى تخضع ذلك لتقديرها باعتبارها من المسائل الداخلية.

٢- حالات تطلب المصلحة العامة كحالة الترخيص الاجبارى لأسباب تتعلق بالصحة العمومية, فمثلاً إذا دخل السوق مستحضر صيدلانى جديد يعد من المبتكرات المهمة أو يرى أنه يؤدى دوراً أساسياً فى السياسة الصحية كأن يكون هذا المستحضر لقاحاً مضاداً للإيدز أو الملاريا فإنه يجوز للقانون الوطنى النص على منح ترخيص إجبارى على هذا الأساس.

تقيد إساءة احتكار البراءة

من المعلوم أن براءة الاختراع تعطى صاحبها حق احتكار قانونى مؤقت بمدة معينة تمكنه خلالها من احتكار اختراعه والتصرف فيه باستقلال عن منافسيه, وتعد هذه البراءة شهادة أو مكافأة لتشجيع الابتكارات والاختراعات ولتحفيز الطاقات المكبوته من اجل دفع عجلة التنمية إلى أقصى حدودها, إلا أنه وفى ظل الظروف الاقتصادية التى سادت العالم فى الوقت الراهن وما صاحبها من ظهور تكتلات اقتصادية ضخمة, بدأ يحل رأس المال الفكرى محل رأس المال المادى بشكل سريع وفعال باعتباره أساس ثروات الشعوب ومنتجيه, لذلك ظهرت العديد من التصرفات والممارسات الاحتكارية والتى اعتمدت بشكل أساسى على احتكار براءة الاختراع من أجل تكوين مراكز وقوى احتكارية لها فى الأسواق المحلية والعالمية الأمر الذى صار من الضرورى عمل توازن بين كلاً من قانون مقاومة الاحتكار وقانون براءة الاختراع.

لقد وضع النظام الاقتصادي الحر قيدًا هامًا على المنافسة بالنسبة لبراءات الاختراع عـن طريـق استخدام المخترعين للعمل لحسابهم والتمتع بالاحتكار القانوني, والذي اعترف به القانون لبراءة الاختراع عن طريق إذعان المخترعين للشروط المجحفة التـى كـان يضـعها هـؤلاء المحتكرين, وكـانوا يقبلـون ذلك مضطرين إلى التنازل عن اختراعاتهم مقابل تعويض عادل لا يتناسب تماما مـع المجهـود والنفقـات التـى تكبدوها في التوصل إلى مخترعاتهم.

وغالبا ما كان يتم ذلك عن طريق تكتلات ضخمة واتحادات اقتصادية تتم بـين المشـروعات الصناعية والتجارية ، يكون الغرض منها السيطرة على حقوق احتكار بـراءات اختراع بهـدف الوصـول إلى قتل منافسيهم أو على الأقل تقليص مساحة المنافسة المتاحة في السوق ، كل ذلك سوف يؤثر بالسلب على المصلحة العامة للدولة, فمن ناحية سوف تتحقق مصلحته الشخصية عـن طريق احتكار سـوق بـراءات الاختراع ومن ناحية أخرى تفوت الغرض الذي أراده المشرع مـن مـنح بـراءة الاختراع للمخترعـين نظير سقوط هذه الاختراعات بعد انتهاء مدتها[1].

لقد أدرك الكونجرس الأمريكي والمحاكم والوكالات الحكومية الحاجة إلى عمل توازن بين قـانون مكافحة الاحتكار وقانون بـراءة الاختراع عـلى أن يتضمن مـدى قـدرة صاحب الاختراع بسـط حقوقـه باستبعاد الآخرين من استخدام بضائعهم المسجلة[2].

وقد يبدو للوهلة الأولى أن هناك تعارض بين كلا مـن قـانون مقاومـة الاحتكار وقانون بـراءة الاختراع, في حين أن لكلا منهما هدفا واحدا وهو لتشجيع الإبداع والمنافسة مع وجود هدف جوهري وهو إفادة المستهلكين في البلاد كما هو

[1] د/ كمال أبو سريع - حق الملكية في براءة الاختراع- مجلة إدارة قضايا الدولة - مرجع سابق - ص ١١.
[2] U.S department of justice & fed trade common, antitrust guidelines for the licensing of intellectual property. 1995.

كـائن فى قـانون "شـيرمان", فـإن قـوانين مكافحـة الاحتكـار يهـدف إلى حمايـة المنافسـة الحـرة واختيـار المستهلك, وذلك عن طريق عدم تشجيع السلوك الاحتكـارى والأنمـاط الأخرى الغـير تنافسـية, وبالمقارنـة بـذلك فقانون براءة الاختراع يهدف إلى الارتقاء بالإبداع وذلك عن طريق مكافأة أصحاب بـراءات الاختـراع بإعطائهم حقا احتكاريا يحميـه الدسـتور باسـتبعاد الآخرين مـن اسـتخدام اختراعـاتهم المسـجلة لوقـت محدود[1].

وفى أول محاولة قامت بهـا الولايات المتحدة لعمـل هـذا التـوازن اتجهـت الولايات المتحـدة الأمريكية إلى الأخذ بنموذج ناجح وفعال للحمايـة المباشـرة للابتكار فى التشريع الخـاص بالعقـاقير اليتيمـة, وذلك فضلا عن حماية البراءة وهذا استبدال مباشر لبراءة الاختراع كوسيلة من وسائل الحمايـة وخلفياتهـا هى أن هناك أمراضا تؤثر على عدد قليل جـدا مـن البشـر لدرجـة أنهـا لا تكـون محـل اهتمـام بالنسـبة للبحث والتنمية لدى شركات الأدوية إذا لم يكن هناك شئ أفضل من حماية بـراءة الاختـراع يعتـبر متاحـا من اجل النتائج, وهذه الشركات لا تستطيع أن تبرر الاستثمار الضرورى لإنتاج منتج مربح إذا كـان هنـاك أى خطر على الإطلاق من نسخ المنتج.

إن قانون ١٩٨٣م فى الولايات المتحدة قد خول السـلطة لـوزارة الصحة أن تقـدم حـافزا بـديلا لإنتاج الأدوية, من حيـث أنه فور اعتمادها احد المنتجات لإحدى الأمراض النادرة من اجل بيعة فلـن يـتم إصدار ترخيص للمنتج المنافس لمدة سبع سنوات, وحيث إنه لا يمكن بيع عقـار بـدون موافقـة مـن وزارة الصحة فهذا يعد احتكارا فعالا هو أفضل بكثير من براءة الاختراع لأنه غـير قابـل للتحـدى؛ وكانـت نتـائج هذا التشريع ايجابية تماما حيث إنه كانت هناك زيادة سنوية ١٢ مرة فى

(1)   Richmond, journal of law, technology volume 1, issue
http://www. law. Richmond. edu / jot / vol 12 / 15/5/2006.

العقاقير الجديدة للإمراض النادرة, وقد انخفضت معدلات الوفيات الفعلية والمرتبطة بهذه الأمراض النادرة بشكل كبير[1].

وإزاء الاختلاف الظاهرى والتعارض بين قانون مقاومة الاحتكار وبين قانون براءة الاختراع فلقد تعددت الآراء ما بين مؤيد ومعارض حول إمكانية وقوع صاحب الحق المسجل تحت طائلة قوانين مقاومة الاحتكار إذ رفض التخصيص للآخرين, وقد استند الرأى الرافض إلى أن صاحب الملكية الفكرية لا يوجد ما يلزمه بترخيص الملكية الفكرية الخاصة به للآخرين ويعتد بهذا المبدأ بشكل عام ليصبح سارى المفعول يعمل به حتى تحقق الشركة مكانة احتكارية فى السوق كنتيجة لامتلاكها ملكية فكرية.

حقا لقد تم الاعتراف بهذا المبدأ من كلا من قسم العدالة والغرفة التجارية الفيدرالية فى نشرة التوجيهات والإرشادات العامة الخاصة بترخيص الملكية الفكرية الصادرة عام ١٩٤٥م[2] , ويذكر بوضوح البند ٢/٢ من هذه النشرة أن صاحب الملكية الفكرية غير ملزم بشكل عام بترخيص ملكيته الفكرية ولكن هناك حدود لهذا المبدأ إذا تم استعمالها بطريقة غير تنافسية وفى هذه الحالة يتم إجبار صاحب البراءة على الترخيص باستعمالها للآخرين فقد يحدث تجمع لمجموعة متنافسين فى السوق كاتحاد احتكارى بين التجار المنتجين أو القيام بتبادل ترخيص براءة الاختراع[3] .

Frank R. Lichtenberg, the effect of new drugs on mortality from rare disease . Columbia [1] University, New York. 2001 p20.

لمزيد من التفاصيل انظر:

see the website of the consumer project on technology. http / www . cp tech . org / lp /health/ orphan.
guide lines for the licensing of intellectual property issued in U.S.A April - 6 1995. [2]

United States v. Aluninum co. of am; 91f . supp 333 & s.d.n. y 6 April 1995. [3]

خير دليل على ذلك أنه فى غضون عام ١٩٨٨م قام الكونجرس الامريكى بتعديل قانون براءة الاختراع ليضيف للجزء الخامس والثلاثون من دستور الولايات المتحدة الأمريكية فى القسم 27 الفقرة D رقم 4 أن رفض صاحب براءة الاختراع بترخيص براءة الاختراع لا يمكن اعتباره إساءة استخدام حيث إن قانون إساءة الاستخدام لا يمتد إلى حقوق الطبع والنشر ـ أو بـاللفظ الـدقيق لقضايا مكافحة الاحتكار المتضمنة براءة الاختراع[١].

بيد أنه يظهر جليا وفقا لهذا الاتجاه أنه لم يحدد أو يوضح (منطقة الأمان) والتى يكون فيها حامل الحق المسجل بعيدا عن متناول قوانين مكافحة الاحتكار, حيث إنه جاء عاما وضيق مـن نطاق تطبيق تلك القوانين استنادا إلى أن هذا الاحتكار يحميه ويباركه القـانون, وإزاء هـذا الغموض ظهر تيـار أخر أراد أن يخفف من حدة الصراع بين مكافحة الاحتكار وقانون براءة الاختراع وهذا الاتجاه يتبنى ثلاثة معايير بموجبها يمكن التعرف هل حامل البراءة إذا رفض التعامـل بشـكل قانونى أم لا وذلك علـى النحـو التالى:

المعيار الأول: الاختلاف غير المبرد فى نمط التعامل

لا يستطيع المحتكر الذى خلق نمط تداوله فى بيئة تنافسية أن يتخلى عن هذا النمط دون مبرر تجارى و موضوعى, ولقد أطلقوا على ذلك اسم "معيار النوايا"[٢] وإذ استطاع المدعى عليه أن يقـدم سـببا تجاريا شرعيا لرفضه التعامل ففى تلك الحالة لن يصبح هنـاك أى انتهـاك لقـوانين مكافحـة الاحتكـار[٣] , ويعتبر تغير تصميم المنتج كجعله يتفوق على منتجات المنافسين الآخرين مثال كلاسيكى للإدارة

[١] Aba, section of antitust laq, 1995. federal antitrust guidelines for the licensing of intellectual property & text 48. 1990.
[٢] Aba section of antitrust law, antitrust law development (4th ed 1997) p. 271-276.
[٣] Oahcau gas Serv, inc. v. pacific res, inc, 838 f. 2d 366 (9 the cir 1988).

التى تم تطبيق هذه النظرية عليها؛ لأنهم استطلعوا أن تطويرها تطورا معقولا فى المنتج ، على الرغم من تأييد محكمة الاستئناف العامة لسبق براءة الاختراع فى الدائرة الفيدرالية لحكم هيئة المحلفين للمدعى بأن التصميم يغير النظرية[1].

المعيار الثانى: مبدأ التسهيلات الملحة

ويفرض هذا المبدأ مسئولية قانونية على الشركة الأولى, والتى تتحكم فى التسهيلات الأساسية عندما تنكر حق الامتياز المعقول للمنتج أو الخدمة التى يلزم أن تحصل عليه الشركة الثانية لكى تتنافس مع الشركة الأولى[2], ويفرض هذا المبدأ مسئولية قانونية على المحتكر الذى يقوم بإدارة التسهيلات الأساسية لكى يقدم حق امتياز معقول لتلك التسهيلات إلى منافسيه, ويعتمد هذا المبدأ على أن إدارة المحتكر لأحد التسهيلات الجوهرية والذى يطلق عليه فى بعض الأحيان مسمى (عنق الزجاجة) يستطيع أن ينقل قوة الاحتكار من مرحلة إنتاج إلى أخرى ومن سوق إلى آخر, ويوجد هناك أربعة عوامل ضرورية لتطبيق المسئولية القانونية الموجودة التى ينص عليها مبدأ التسهيلات الأساسية وهى:

١- التحكم فى التسهيلات الأساسية التى يستطيع بها القضاء على المنافسة فى السوق الجارية.

٢- عدم قدرة المنافس عمليا أو عقليا على مضاعفة التسهيلات الأساسية.

٣- عدم إتاحة استخدام التسهيلات الأساسية للمنافس بناء على شروط معقولة[3].

---

[1] وجاء فى حيثات الحكم أنه (مما هو واضح بالادلة أن المدعى عليه كان على علم بالتغيرات الموجودة بتصميم الجهاز المسجل ببراءة الاختراع والذى لا يعمل بالفعل ولكن يؤدى لاستبعاد المنافسه بين الصانعين فى السوق بسبب الابر المستخدمة فى هذا الجهاز) .... لمزيد من التفاصيل انظر:
C.R bard inc .v m3 sus., inc 157 f. 3d 1340 (fed. cir. 1998).
[2] Alaska air lines, inc v. United air lines, inc; 948 f.2d 536, 542 (9th cir .1991).
[3] Areeda & Hoven Kamp," antitrust law" antitrust law journal vol. 70. 2003. p.p 700-01.

تسهيل منح التسهيلات الأساسية يكـون إجباريـا علـى صـاحب التسـهيلات الأساسية أن يكون منافسا للحزب المعتدى عليه فى سوق ذلك الحزب من أجل تطبيق هذا المبدأ.

المعيار الثالث: تفعيل قوة الاحتكار

عرفنا فى البند الثانى انه تم فرض مسئولية قانونية على تفعيل قوة الاحتكار الغير قانونية "حتى ولو تم الحصول على تلك القوة بشكل قانونى شرعى"[1] فى سوق معين من أجل الحصول علـى ميـزة تنافسـية غـير عادلة فى سوق أخرى, والآن تطالب جميع المحاكم على أن هذا التفعيل لقوى الاحتكار لا يؤدى فقط إلى ميـزة نظرية فحسب, ولكنه أيضا يوافق المستويات الطبيعية للبند الثانى فى السوق الذى يظهر خلالهـا هـذا التفعيـل وأن هذا التفعيل سيؤدى إلى قوة احتكار أو على الأقل فإن ذلك يعـد احـتمال خطـير لاكتسـاب قـوة احتكار السوق الثانية.

ولقد حاول البعض البعد عن حلقة الصراع بـين قـوانين مكافحـة الاحتكـار وبـين قـانون بـراءة الاختراع إذ رفض صاحب براءة الاختراع الترخيص للآخرين باستخدام الحق المسـجل, **ويـرى أصـحاب هـذا الرأى** أن العقبة الأساسية والتى تقف أمام الكثيرين من رافعى دعوى مقاومة الاحتكار وآثارت تلك العقبة تطورا هاما وجديد فى دعـوى بـراءة الاخـتراع, وذلك عنـدما يقـوم المـدعى عليـه بالمخالفة برفـع دعـوى (المنافسة غير العادلة). الفيدرالية أو القومية فى حالات معينه وتلك الدعاوى أمـا بالتـداخل مـع الـدعاوى المضادة لمقاومة الاحتكار أو بدلا منها وتلك الدعاوى القانونية ليست مبينه على قوانين مقاومـة الاحتكـار, ولكنها مبينه على مبادئ المنافسة غير العادلة التى تحميها قوانين الدولة وتلك الدعاوى الخاصة "المنافسـة غير العادلة" لا تتطلب إثبات الدليل على قوة السوق لدى صاحب براءة

James B.Kobak, antitrust treatment of refusal to licensing intellectual property, the licensing [1]
journal. volume 22,n.i January 2002.

الاختراع ولا أية متطلبات أخرى ضرورية للتأكيد على انتهاك مقاومة الاحتكار؛ ونتيجة لـذلك تصـبح تلـك الدعاوى ذات جذب متزايد للمخالفين المزعومين الذين قد لا يكونوا قادرين إلا على النجاح فى رفع دعوى مضادة لمقاومة الاحتكار[1].

ومما شك فيه أن المحاكم الأمريكية قد لعبت دوراً أهماماً فى تخفيف التوتر القائم بـين قـوانين مكافحة الاحتكار قانون براءة الاختراع، لذلك قامت بعمل ربط بـين قـانون "شـيرمان" وبـين قـانون بـراءة الاختراع فى الحالة التى يستغل فيها حامل البراءة حق الامتياز المخول لـه عـن طريـق (ربط) بيـع بضـاعة بشراء أخرى, أو بمعنى أخر رفض التعامل فى منتجاته المسجلة ما لم يشترى المسـتهلك منتج أخر؛ فبـذلك يعد منتهكا للمادة الأولى من قانون "شيرمان"[2], كذلك فأن قيام صاحب الامتيـاز الـذى يحتكـر حقـوق براءة الاختراع لمنتج أخر من أجل تأمين وضع احتكار لمنتج منفصل يعد منتهكا للمادة الثانيـة مـن قـانون "شيرمان".

إلا أنه على الرغم من ذلك, فلقد ظهرت أحكام المحاكم الأمريكية متضاربة فى هـذا الشـأن مـا بـين مؤيـد ومعارض ولعل من أهم الأحكام والتى صدرت فى هذا الشأن الحكم الصـادر مـن الـدائرة التاسعة بشـأن قضية شركة كوداك والثانى صادر من الدائرة الفيدرالية بشأن شركة زيروكس فلكل منهما حيثياته القانونية وهو ما سوف نحاول تناوله بشئ من التفصيل.

القضية الأولى

وتخلص وقائع القضية فى أن شركة كوداك تبيع أجهزة تصوير مستندات فى سوق تنافسيه عالية وبالتنافس مع XERX – CONON – IBM [3], وقد قدمت قطع

John H, Shene field and Irwin Mstelzer, the antitrust law. 2001. p 10-107. [1]
Eastman Kodak co. v, Image technical services. 504 U.S 451, 41 - 62 . 1992. [2]
Image technical services., inc. v, Eastman Kodak, 125f 3d 1195-1200 [3]
(9 the cir. 1997).

غيار وخدمات لأجهزتها وكانت إما تقوم بصنع قطع الغيار هذه وإما أن تشـترى الأجـزاء الضـرورية مـن أحـدى المصـنعين المستقلين للأجهـزة الأصـلية [1] CORIGINAL - EQUIPMENT MAN AFACTUNERS OEMS. إلا أنه فى أوائل الثمانيات برز ما يسمى بـ SERVICE ORGANIZATION واختصارها (ISOS) وهـى تعنى منظمات الخدمة المستقلة لأجهزة كوداك, والتى تنافست مع كوداك بشكل كبير من أجل فرصـة تقـديم خدمة تجهيز معدات تصوير المستندات وحصلت (ISOS) على قطع الغيار التى تحتاجها من كوداك, وحيث إن (ISOS) ازدادت فى منافستها لكوداك ونتيجة لذلك امتنعت كوداك عن توريد منتجاتها لـ(ISOS), بـل أكـثر مـن ذلك أقنعت شركة OEMS بالا تبيع قطع غيارها إلى (ISOS)؛ الأمر الذى يترتب عليه حرمان (ISOS) مـن القـدرة على المنافسة مع كوداك حول عقود تجهيز المعدات بشكل مؤثر.

وفى عام ١٩٨٧م قامت شركة (ISOS) برفع دعوى أمام القضاء ضد شركة كوداك اتهمتها بأنها:

أولا: ربطت بشكل غير قانونى مبيعات أجهزة كوداك بمبيعات خدمات تلك الأجهزة.

ثانيا: احتكرت أو حاولت احتكار مبيعات خدمات الأجهزة تصوير المستندات برفضـها غـير قـانونى البيـع أو ترخيص قطع غيارها لشركة (ISOS).

وقد قامت محكمة المقاطعة بإصدار حكم عاجل لكـوداك دون سـماع الـدعوى, إلا أن الـدائرة التاسعة أبطلت حكم محكمة المقاطعة [2], وقد استأنفت كوداك القضية إلى المحكمة العليـا والتـى أيـدت حكم الدائرة التاسعة, وقد جاء فى منطـوق حكمها بـأن كـوداك قـد انتهكـت المـادة الثانيـة مـن قـانون "شيرمان" لأن رفض كوداك ترخيص قطع غيارها المسجلة إلى ISOS غير قانونى, وأضافت المحكمة أن

---

[1] Id at 1201.

[2] Eastman Kodak co. v, image technical servs. inc, 504 us 451, 464-65, 477-79 , 481, 483-86 (1992).

رفض المحتكر بترخيص منتجاته المسجلة لكى يستبعد المنافسة فى منتج مستقل فى سوق مستقلة يمكن أن يُصنف كسلوك احتكارى يقع تحت طائلة المادة الثانية من قانون "شيرمان"[1].

وقد تنبهت المحكمة إلى حقيقة أن كوداك لم يقوم بعمل تمييز بين المنتجات التى لها حق الطباعة والمسجلة وتلك التى ليست مسجلة، ولكنها أظهرت رفض غير ظاهر لبيع آية أجزاء إلى ISOS وقد انتهت المحكمة فى حكمها، أن صاحب براءة الاختراع لدية فى العادة الحق لرفض ترخيص أو بيع عملهم المسجل[2] وفى ذات الوقت أدركت المحكمة أن رفض التداول كان غير قانونى ما لم يؤيد بمبرر تجارى شرعى وهو ما لم تحاول كوداك أن تثبته أو تحاول إثباته.

القضية الثانية

وتتخلص وقائع القضية فى أن زيروكس (XEROX) هى الشركة المصنعة الكبرى لأجهزة الطباعة والتصوير والمورد لخدمات التصليح لكل تلك المنتجات، وأسست نظرية مفادها إلا تبيع الشركة قطع غيارها المسجلة إلى منافسيها من ISOS فى سوق خدمة الطابعات ما لم يكن هؤلاء المنافسون مستخدمين نهائيين لطباعات زيروكس[3]، مما اضطر ISOS إلى رفع دعوى قضائية ضد (XEROX) مدعية بأن سياسة زيروكس غير قانونية حيث قامت بتوسيع زيادة احتكار الشركة للسوق الخاصة بقطع غيارها، وقد نظرت محكمة المقاطعة الدعوى وأصدرت حكما عاجلا لصالح زيروكس مفاده أن رفض حامل البراءة لترخيص منتجاته المسجلة لا يعد انتهاكا، حتى ولو كان هذا الرفض للترخيص يؤثر على المنافسة فى أكثر من سوق، ثم نظرت الدائرة الفيدرالية (FEDERAL CIRCUIT PAND)،

Image technical serves., inc .v, Eastman co., 125f 3d 1209 (9th cir - 1997). (1)
Eastman Kodak co. v, Image technical servs. 504. us 1215. (2)
Csu.l.l.c v. xerox corp. 203f 3d, 1324 (fed.cir.2000). (3)

واقرت بأن التزام صاحب الحق المسجل في تقديم المبرر التجاري (الشرعي) لرفضه التعامل ليس له أساس موضوعي وإنما ينبغي أن يكون أساس المدعى عليه ماديا بحتا و اعتبرت أن مقياس المبرر التجاري هو مبرر[1], وتابعت الدائرة أنه في حالة غياب أي دليل لوجود تكتل (برابط) غير مشروع أو احتيال على مكتب براءات الاختراع والعلامات التجارية (PATENT AND TRADEMARK OFFICE) أو وجود مقاضاة غير عادلة عندها يقوم صاحب براءة الاختراع بفرض حق قانوني من عمل واستخدام أو بيع الاختراع المزعوم دون أي مسئولية قانونية تفرضها قوانين مكافحة الاحتكار؛ وبناء عليه فلما يتم السؤال عن دافع صاحب براءة الاختراع الشخصي في ممارسة حقوقه القانونية حتى ولو رفض البيع أو ترخيص اختراعه المسجل كان له تأثير معاكس على المنافسة طالما أن هذا التأثير لا يمتد بشكل غير شرعي ويتحمل المدعى عليه عبء توضيح أن هذه المواقف الاستثنائية موجودة ولا يتحمل هذا العبء صاحب براءة الاختراع وانه في حالة غياب هذا الدليل سوف لن تحقق في دوافع صاحب براءة الاختراع[2].

وقد تناولت الغرفة التجارية الفيدرالية قرار الدائرة الفيدرالية (FTC) في قضية زيروكس وقد قام رئيس الغرفة التجارية السابق "روبرت بيتوفسكي" بمناقشة موضوع القرار في خطاب له تم نشره تباعا كمقال قال فيه:

إن الأهم من القرار الخاص بقضية زيروكس نفسها هو الأسئلة والاستفسارات التي برزت بخصوص ما ينذر به نهج الدائرة الفيدرالية فعلى سبيل المثال, المبدأ الذي يبدو عليه أنه يعزز حماية حقوق الملكية الفكرية مع المحافظة على استمرار التوازن الشرعي المستمر بين مكافحة الاحتكار والملكية الفكرية في الدائرة الفيدرالية واسمحوا لي أن أكون أكثر وضوحا فإنه ليس لدى آية مشكلة مع

Independent services,org. antitrust litig., 203 f.3d, 1322 fed cir 2000.   [1]

"The story of United States patent of trademark. office" journal of the patent trademark office   [2]
society no 523 Aug - 17-2001.

القانون الذى ينص على أن صاحب براءة الاختراع غير ملزم ببيع ترخيص آى شيئ فى المقام الأول ولا يتعهد بشكل عام بخلق منافسه ضد نفسه. ولكن كيف ستكون صفته القانونية عندما يشترط صاحب براءة الاختراع إتاحة منتجاته المسجلة عن طريق فرض شروط تؤثر على المنافسة[1]؟.

وفى ظل تحليل الحكمين السابقين رأت المحكمة العليا أن صاحب براءة الاختراع الذى لديه سلطة فى أحدى الأسواق ليس بالضرورة أن تكون لديه حصانه ضد مسئولية مكافحة الاحتكار للسلوك الذى يؤثر فى سوق آخر[2], وأنه يجب أن ندقق النظر فى المبررات التجارية التى تبرر رفض المحتكر التداول لهذه البضائع[3], و يعد ذلك هو نفس الاتجاه الذى نهجته الدائرة التاسعة فى قضية كوداك وتجاهلته الدائرة الفيدرالية فى قضية زيروكس.

من كل ما سبق يتضح لنا أن التساؤل حول ما إذا كان حامل براءة الاختراع الذى يرفض ترخيص ملكيته المسجلة محصنا ضد مسئولية مكافحة الاحتكار يبدو تساؤلا صعبا لم يصل الفقه اوالقضاء الامريكى إلى قرار موحد بشأنه بل تضاربت الآراء فيه, إلا أن هذه المصعوبة لم تمنع المحاكم من وضع بعض القواعد التى عن طريقها يمكن التعرف مما إذا كان حامل البراءة يعد منتهكا لقانون مقاومة الاحتكار وذلك وفقا للأوضاع الآتية[4]:

أولا: صاحب الامتياز الذى يشترك فى إساءة استخدام حق مسجل بتأكيد الحق المسجل عن طريق الغش أو النصب على (USPTO).

Robert Pitofsky "the new economy issues at the intersection of antitrust and intellectual (1) property," no 68 antitrust l.j (2001) p.p 913, 921- 922.

Eastman Kodak co. v. Image technical services 504 u.s. 451, 479 (1992). (2)

R. Hewittpate, "refusals to deal and intellectual property rights, Geomasonz rev.no 10 2002 - p.p (3) 429, 439-440.

Intergraph crop. v .Intel crop, 195f.199 3d 1346, 1362 (fed cir - 1999). (4)

ثانيا: المشروع فى قضية ملفقة ضد المدعى عليه محاولا أن يقحم نفسه فى العلاقات الخاصة للمدعى عليه يكون عرضه لمسئولية مكافحة الاحتكار إذا ما استطاع خصم صاحب الامتياز أن عنصرى المادة الثانية لادعاء الاحتكار قد تلاقيا.

ثالثا: صاحب الامتياز الذى يربط بيع منتجاته المسجلة بشراء منتج مختلف فى سوق منفصلة **ونحن نعتقد** من جانبنا أنه فضلا عن الشروط السابقة فلابد من توافر مجموعة من الشروط الأخرى لامكانية القول بإساءة استخدام براءة الاختراع على النحو التالى:-

١- وجود قوة احتكارية فى سوق معين.

٢- استعمال حقه المسجل فى تدعيم سلوكه الاحتكارى فى السوق.

٣- أن يؤدى هذا العمل إلى إعاقة عملية المنافسة ومن ثم إقصاء المنافسين من السوق.

المبحث الثاني

العلامـة التجاريـة

لقد استعملت العلامات التجارية منذ القدم لتمييز المنتجات الصناعية تأكيداً لجودة الصنع وانتشر استعمال العلامات المميزة في العصور الوسطى كدليل لضمان جودة المنتجات, فمنذ الثورة الصناعية والعالم يشهد إنتاجا تزداد غزارته يوماً بعد يوم بحيث أصبح في الأسواق مئات السلع والخدمات المتماثلة وتتولى إشباع احتياجات متماثلة وكل مُنتج أو تاجر يبذل جهده كي تبلغ سلعته أكبر قـدر ممكن من أيدى المستهلكين ويحرص أن تكون علاقته مميزة على نحو واضح.

ومن ثم أصبحت العلامة التجارية ذات مصلحة مزدوجة, فهى أيضاً وسيلة المستهلك للتعرف على السلعة أو الخدمة التى يفضلها لأسباب شخصية وموضوعية, ولما كانت العلامة التجارية من الحقوق الصناعية فقد عاصر استعمال العلامات التجارية قيام بعض المنافسـين للتجار بوضع علامـات تجاريـة متشابهة مما أقتضى صدور تشريعات تهدف إلى حماية العلامات الصناعية ومنع الغير من الاعتداء عليها و حيث أن ملكية العلامة التجارية تعطى لصاحبها حق احتكار استعمال واستخدام علامته دون غيره؛ لـذلك سوف نحاول التعرف على طبيعة هذا الحق وشروطه وحالات انتهاء احتكار العلامة .

تعريف العلامة التجارية ووظيفتها

تعرف العلامة التجارية بأنها "كل إشارة مميزة لمنتجات صناعية، استثمارية،أو لبيت تجارى"(¹)

(¹) محمد حسين اسماعيل – الحماية الدولية للعلامة التجارية – رسالة للحصول على درجة الدكتوراه في الحقوق – جامعـة الحقوق – ١٩٧٨ – ص٤٣.

وتعرف أيضا بأنها "المظهر المادى الذى يربط التاجر أو الصانع ببضائعه أو منتجاته فى أى زمان أو مكان انتقلت من يد لآخر وتعدد ملكيتها"[1].

وتعرف كذلك بأنها "علامة مميزة توضع على المنتجات أو الخدمات لتشير إلى أنها مصنعة أو مقدمة من قبل شخص أو مجموعة أو مؤسسة بعينها"[2].

وقد عرف قانون الملكية الفكرية رقم ٨٢ لسنة ٢٠٠٢ بأنها "كل ما يميز منتجاً سلعة كان أو خدمة عن غيره"[3].

وقد عرفت اتفاقية الجات ١٩٩٤م فى المادة (١٥) العلامة التجارية بأنها "تعتبر أى علامة أو مجموعة علامات تسمح بتمييز السلع أو الخدمات التى تنتجها منشأة ما عن تلك التى تنتجها المنشآت الأخرى صالحة لأن تكون علامة تجارية ......)

ومن مجمل ما تقدم فإن العلامة على عكس الاسم التجارى لا تهدف إلى تمييز المنشأة المنتجة, وإنما إلى تمييز منتجات المشروع أو خدمة أو ما تنتجه هذه المنشأة، وتختلف العلامة عن الرسوم أو النموذج لأنها لا تتجسد فى المنتج، وإنما هى مجرد رمز يوضع على هذا المنتج أيا كان رسمهأو قالبه الذى يظهر به[4].

---

[1] هشام زوين – الحماية الجنائية والمدنية للعلامات التجارية والبيانات والأسماء التجارية والمؤشرات الجغرافية كما حددتها قواعد قانون حماية الملكية الفكرية ٨٢ لسنة ٢٠٠٢م – الطبعة الأولى ٢٠٠٤ – ص٥٢.

[2] Trademark. basics.
Html http:// www. registering a trademark. com 9/8/2007 & Nicholas , economics "The economics of trademarks, trademark report Stern school of business, New York university September 1997.

[3] ولقد كانت المادة ١ من القانون رقم ٥٧ لسنة ١٩٣٩ – الخاص بالبيانات والعلامات التجارية "تنص" على أنه "فيما يتعلق بهذا القانون تعتبر علامات تجارية الأسماء المتخذة شكلا مميزا أو الإمضاءات أو الكلمات والحروف والأرقام والرسوم والرموز وعناوين المحال والدفعات والاختام والتصاوير ...."

[4] د/ مختار بريرى – قانون المعاملات التجارية – الجزء الأول – مرجع سابق- ص٢٣٦.

وظيفة العلامة التجارية ودورها في المنافسة

تعد العلامة التجارية أحد أهم الوسائل التى تمكن المستهلك من التعرف على منتجات أو بضائع أو خدمات صانع أو تاجر؛ فهى بمثابة شهادة للجودة والسمعة الجيدة للمنتجات التى تحملها كما قد تكون سبباً فعالاً لإقبال المستهلكين على شراء المنتج [1].

بالإضافة إلى ذلك تحدد العلامات التجارية ملكية وحقوق المصدر التجارى للمنتج أو الخدمة إذا أنها تحمى صاحبها عن طريق ضمان حقه فى اقتصار استغلالها عليه, أو السماح له وحده بمنح طرف أخر حق استغلالها مقابل مبلغ مالى, وهو نفس ما استقرت عليه أحكام **محكمة النقض** عندما أقرت بأن "الغرض من العلامة التجارية تمييز منتجات مصنع أو بضائع محل تجارى ويتحقق هذا الغرض بالمغايرة بين العلامات التى تستخدم فى تمييز سلعة معينة بحيث يرتفع اللبس ولا يقع جمهور المستهلكين فى الخلط والتضليل" [2] , ويمكن بصفة عامة إيضاح أهم أهداف العلامة التجارية فيما يلى [3]:

أولا: تمييز بضائع المنتج أو التاجر عن بضائع المنتجين أو التجار الآخرين, وتقوم بدور هام فى جذب العملاء ولفت نظرهم إلى التاجر الذى يتولى ترويج البضائع التى تحملها, وتساعدهم على التعرف على ما يفضلونه من سلع وبضائع وبالتالى لا يحدث خلط مع البضائع المماثلة.

ثانيا: يستخدم المُنتج علامة لتمييز البضائع التى ينتجها وتعرف حينئذ بالعلامة الصناعية.

---

[1] Economics, the economics of trademarks, trademark report USA trademark office no 78, 1988. p.p 523-539.

[2] حكم محكمة النقض فى الطعن رقم ٤٥ لسنة ٣٣ق والصادر بجلسة ١٩٦٧/١/٢٦م - الموسوعة التجارية الحديثة فى أحكام محكمة النقض السنة الثامنة عشر - ص٢٥٦.

[3] د/ نبيل صبيح - حماية العلامات التجارية والصناعية فى التشريع المصرى وفى ظل اتفاقية الجات - دار النهضة العربية - ١٩٩٩م - ص٢٥.

ثالثا: تستخدم المنشآت التجارية علامة لتمييز الخدمات التى تؤديها للجمهور وتسمى بعلامة الخدمة.

ملكية العلامة التجارية

لقد اختلفت أراء الفقهاء فى ملكية العلامة التجارية هـل تثبت بالتسجيل فى مكتب تسجيل العلامات التجارية أم تثبت لسبق استعمالها؟.

ولقد انقسمت الآراء فى ذلك إلى رأيين:

الرأى الأول: ويرى أن ملكية العلامة التجارية تثبت بالتسجيل, فهـو أثـر منشـئ لملكيـة العلامة التجارة واستند أصحاب هذا الرأى إلى نص المادة ٣ من قانون العلامات التجارية الملغى رقم ٥٧ لسـنة ١٩٣٩م [١] ، حيث اعتبرت هذه المادة أن التسجيل هو المنشـئ للملكية, ولا ينفى مبـدأ الأثـر المنشئ للتسجيل فى القانون المصرى أن المشرع أورد قيودا على هذا المبدأ.

والواقع أن المشرع أورد قيدين عـلى مبـدأ الأثر المنشـئ للتسجيل؛ حيـث جـاء القيـد الأول فى الفقرة الأخيرة من المادة الثالثة حماية لصاحب أولوية العلامة بينما جاء القيد الثانى فى المادة ٢٥ حين أباح المشرع شطب التسجيل متى كانت العلامة المسجلة فاقدة شرطاً من شروط صحة التسجيل, بـأن كانت غير مشروعة ، أو كانت فاقدة الصفة المميزة إلزامية أو كانت فاقدة الصفة المميزة الخارجيـة متـى كانت العلامة التجارية المسجلة مطابقة أو مشابهة لعلامة سبق تسجيلها أو سبق استعمالها استعمالاً مشهوراً [٢].

[١] د/ حسام الدين الصغير – الترخيص باستعمال العلامة التجارية – مرجع سابق – ص٢٦.
[٢] د/ وتنص المادة ٣ من قانون العلامات التجارية الملغى رقم ٥٧ لسنة ١٩٣٩م على أنه "ويعتبر من قام بتسجيل العلامـة مالكا لها دون سواه ولا تجوز المنازعة فى ملكية العلامة من قام بتسجيلها إذا استعملها بصفة مستمرة خمس سنوات على الأقل من تاريخ التسجيل دون أن ترفع عليه دعوى حكم بصحتها" .

غير أن أحكام **محكمة النقض** قد سارت عكس هذا الرأى عندما قررت فى حكم لها "بان ملكية العلامة التجارية لا تسند إلى مجرد التسجيل بل أن التسجيل لا ينشأ بذاته حقاً فى ملكية العلامة التجارية إذ أن هذا الحق وليد استعمال العلامة ولا يقوم التسجيل إلا قرينة على هـذا الحـق يجـوز دحضها لمـن يدعى أسبقيته فى استعمال العلامة, إلا أن تكون قد استعملت بصفة مستمرة خمس سـنوات عـلى الأقل من تاريخ التسجيل دون ترفع بشأنها دعوى حكم بصحتها[1].

الرأى الثانى: ويذهب أنصار هذا الرأى إلى أن ملكية العلامة تنشأ أصلاً بالاستعمال فالتسجيل لـيس شرطـاً للاستعمال كما أنه لا يمنع المنازعة فى ملكية العلامة فيظل ممكناً رغـم التسجيل المجادلة فى أمـر الملكية على أساس الأسبقية فى الاستعمال, ويخضع الأمر لتقدير القضاء ولا تستقر ملكية العلامـة المسجلة إلا إذا أثرت التسجيل باستعمال العلامة استعمالا مستمرا لمدة خمس سنوات عـلى الأقل, تحسب من تاريخ التسجيل[2]" وتنص المادة (٦٥) من قانون حماية الملكية الفكرية رقم ٨٢ لسنة ٢٠٠٢ على أنه "يعتبر من قام بتسجيل العلامة التجارية مالكاً لها متى اقترن ذلك باستعمالها خـلال الخمس سنوات التالية للتسجيل ما لم يثبت أولوية الاستعمال كانت لغيره".

ومن ناحية أخرى فإذا كان المشرع المصرى قد اعتد بواقعة استعمال العلامة التجارية لاكتساب ملكيتها كقاعدة عامة, إلا أنه لم يأخذ بها بصورة مطلقة حيث نص فى الفقرة الثانية مـن المـادة ٦٥ عـلى أنه" يحق لمن كان اسبق إلى استعمال العلامة ممن سجلت باسمه الطعن ببطلان التسجيل خـلال الخمـس سنوات

---

[1] د/ حسنى المصرى – الملكية الصناعية – المصرى – مرجع سابق – ص٣٣٨ "حكم محكمة النقض فى الطعن رقم ٤٣١ لسنة ٢٩ قضائية – جلسة ١٩٦٤/٤/٩م – مجموعة أحكام محكمة النقض – السنة الخامسة عشر– ص٥٣٥ – وكذلك الطعن الصادر بتاريخ ١٤ مارس ١٩٥٦م – مجموعة أحكام محكمة النقض السنة السابعة- ص٣٤١".

[2] د/ مختاربريرى – قانون المعاملات التجارية – مرجع سابق – ص ٢٤٢-٢٤٣.

المذكورة ", وتضيف الفقرة الأخيرة من المادة ذاتها أنه ومع ذلك " يجوز الطعن ببطلان تسجيل العلامة دون التقييد بأى مدة متى اقترن التسجيل بسوء نية "، ويفهم من حكم هذه المادة أن القانون اعتبر استعمال من قام بتسجيل علامة تجارية طوال الخمس سنوات التالية قرينة قاطعة على ملكيته للعلامة محل التسجيل وبالتالى لا يحق للغير منازعة من قام بالتسجيل والاستعمال طوال مدة الخمس سنوات بعد التسجيل.

ويتضح مما تقدم أن القانون المصرى لم يعتد بمبدأ الأثر المنشئ للتسجيل فى اكتساب ملكية العلامة التجارية الذى بمقتضاه تعتبر واقعة التسجيل دون سواها، والواقع أن ما أخذ به المشرع المصرى يعتبر حلاً وسطاً تفادى به عيوب النظام القائم على الأثر المنشئ للتسجيل والذى يهدر فى الحقيقة حقوق من قام باستعمال العلامة فعلاً قبل من قام بإجراء التسجيل كما تفادى من جهة أخرى عيوب النظام الآخر الذى يترك باب المنازعة فى ملكية العلامة التجارية إلا ما لا نهاية(١).

غير أن اتفاقية التربس قد جاءت بحكم مغاير لذلك عندما أجازت للدول الأعضاء أن تجعل تسجيل العلامة معلقاً على الاستخدام الفعلى لها، وهذا أمر جوازى؛ وعليه فقد يجيز قانون إحدى الدول الأعضاء تسجيل العلامة التجارية دون اشتراط استخدامها فعليا من جانب المتقدم للتسجيل، فالاستعمال الفعلى للعلامة التجارية قد لا يكون شرطاً للتقدم بطلب التسجيل، أى أنه لا يشترط وجود استخدام فعلى وقت التقدم بطلب التسجيل؛ إذ يتعين وفقاً لاتفاقية التربس منح طالب التسجيل فترة ثلاث سنوات اعتباراً من تاريخ تقديم الطلب للقيام باستعمال العلامة، وذلك قبل قيام مكتب العلامات برفض طلب التسجيل، فإذا لم يقم طالب التسجيل باستعمال العلامة التجارية خلال تلك المدة فإنه ينبغى شطب تسجيل العلامة(٢) ، وقد تبنى الفقه الأمريكى بأن ملكية العلامة

(١) د/ سميحة القليوبى – الملكية الصناعية – مرجع سابق- ٢٠٠٣ – ص٤٧٨-٤٧٩.

(٢) د/ جلال محمدين – الحماية القانونية للملكية الصناعية – مرجع سابق- ص١٠٩ ، لمزيد من التفاصيل أنظر العلامات التجارية فى اتفاق جوانب حقوق الملكية الفكرية المتصلة بالتجارة "تربس" وثيقة إعداد الويبو رقم :
wipo-gui/ dup/ 98-wo,inf/ 133-4-1997 p.p.48.

التجارية تثبت عن طريق ١- الاستخدام الفعلي للعلامة ٢- ملأ طلب صحيح لتسجيل علامة في مكتب العلامات التجارية والتوثيق (P.T.O)؛ حيث إن التسجيل لا ينشئ حق الملكية بصورة مبدئية، وإنما يساعد على حق استعمال العلامة، ودفع الغير من الاعتداء عليها وإقامة أدعاء أمام المحكمة الفيدرالية وأخيرا منع استيراد البضائع الأجنبية الغير قانونية[(١)].

الآثار المترتبة على ملكية العلامة

إذا ما وجدت العلامة التجارية على التفصيل الذي قدمناه وثبت الحق عليها لمستعملها فإن هذا الشخص يتمتع بحق مانع على العلامة وهو حق ملكيتها ويتفرع حق ملكية العلامة إلى حقين كبيرين: **الأول:** هو الحق على العلامة باعتبارها قيمة مالية "حق الاحتكار"، **والثاني:** وهو حق صاحب العلامة أن يمنع الغير من الاعتداء عليها واستعمالها.

أولا : احتكار العلامة

يترتب على اكتساب ملكية العلامة التجارية أن يصبح لمالكها حق احتكار استغلالها دون غيره في تمييز المنتجات والسلع المقرر وضعها عليها لتميزها، ومقتضى حق احتكار العلامة أنه يحق لمالكها منع الغير من استيراد أو استخدام أو بيع أو توزيع المنتجات محل تمييز هذه العلامة، بمعنى أنه لا يحق لغير مالك العلامة التعامل على المنتجات التي تستخدم العلامة لتمييزها بأى نوع من أنواع

[(١)] Trade mark library "establishing trade mark rights"
http:// www. legalzoom. com / laq – library / trademarks / establish – html 9k. 9/8/2007.

وأنظر كذلك :
Janet Logan, trademark law, esq. fort
http:// www. cafelaw.com / trademark. html. 29k 9/8/2007

التعامل إلا عن طريق مالك العلامة، ويعد ذلك نتيجة طبيعية للحق الاستئثارى ترتبه ملكية العلامة، كما يترتب على الحق الاستئثارى لمالك العلامة حقه فى التنازل عن ملكية العلامة أو تقرير اى حـق عليها، أو منح الغير ترخيص باستعمالها وذلك فى حـدود نصـوص القـانون[1] ؛ وعليـه فإن صـاحب العلامة يحتكر علامته دون غيره فى الأغراض التجارية، وهذا ما أكدته اتفاقية التربس، ويعنى ذلك إمكانية استخدام الغير للعلامة فى غير الأغراض التجارية .

فقد يحتفظ شخص بنسخة منها أو يستخدمها كمنظر جمالى, وعليه ففى المعاملات التجاريـة فإنه يحظر على الغير استخدام العلامة نفسـها أو تقليدها أو اسـتخدام العلامـة المقلدة وهـذا مـا أكـده القانون الفرنسى حيث حظر استخدام العلامة نفسها أو تقليدها أو استخدام العلامة المنسوخة أو المقلـدة فى غير منتجات سلعية أو خدمية مماثلة أو شبيهة لتلك التى تميز العلامة الأصلية, فقـد يـؤدى ذلك إلى إحداث نوع من اللبس لدى الجمهور[2].

وفى المقابل فلقد نص القانون الأمريكى بأن ملكية العلامـة التجاريـة تمـنح صـاحبها حزمة مـن الحقوق الحصرية, بما فى ذلك الحق فى الاستخدام الحصرى للعلامة عـلى المنتجـات والخـدمات التـى تـم تسجيلها من اجلها, ويسمح القانون فى العديد من الدوائر القضائية لصاحب العلامة التجاريـة المسـجلة بمنع الاستخدام غير المسموح به للعلامة على المنتجات والخدمات الشبيهة بالمنتجات والخدمات المسجلة, وفى بعض الحالات يقوم بمنع الاستخدام فيما يتعلق بالمنتجات أو الخدمات غير المشابهة[3].

---

[1] د/ سميحة القليوبى – الملكية الصناعية – مرجع سابق – ٢٠٠٣ – ص١٨٠.
[2] ولاء الدين محمد – الحماية القانونية للعلامات التجارية – مرجع سابق – ص١٢٠.
[3] Landis W. and Posner.R "The economic of trademark law trademark report USA trademark office no 78, 1988. p.p 267. & economics ." the economics of trademarks report 78. 1988 p.p 523
=

وقد تضمنت اتفاقية التربس في المادة السادسة عشر منها على أن حق مالك العلامة التجارية هو حق مطلق في منع الغير من استخدام ذات العلامة أو علامة مشابهة في أعماله التجارية بالنسبة لنفس نوع السلعة أو الخدمات المتماثلة لتلك التي سجلت العلامة بشأنها.

وطالما أن استخدام الغير قد وقع بدون ترخيص أو موافقه من مالك العلامة المسجلة عندما يسفر هذا الاستخدام عن احتمال وقوع المستهلكين في اللبس حول مصدر السلعة، ويفترض احتمال حدوث اللبس في حالة استعمال علامة تجارية مطابقة بالنسبة لنفس نوع السلع أو الخدمات التي تستعمل لها العلامة المسجلة، وفي كل الأحوال يحظر أن تضرـ تلك الحقوق الممنوحة لصاحب العلامة المسجلة بأية حقوق سابقة قائماً حالياً أو أن تؤثر في إمكانية منح البلدان الأعضاء حقوق على العلامات التجارية على أساس الاستخدام[1].

خصائص حق احتكار العلامة

هناك علاقة ارتباط وثيقة بين كلا من المشروع والعلامة التجارية, من بينها احتكار المشروع للعلامة مما يقتضى تبعية العلامة للمشروع، وطبيعة تلك العلاقة تعد بمثابة علاقة السبب بالنتيجة؛ فهى تعد علاقة سببية، والأصل أن تنقضى العلامة بانقضاء المشروع كما أن ملكية العلامة لا تنتقل إلا تبعا لإنتقال ملكية المحل التجارى التابع للمشروع؛ لذلك يتميز حق الاحتكار بالمميزات الآتية:

= وقد أيدت محكمة النقض هذا المعنى من أنه "يترتب على كسب ملكية العلامة التجارية حق خاص لصاحبها يخوله وحده استعمال العلامة ومنع الغير من استعمالها إلا أن الاعتداء على هذا الحق لا يتحقق إلا بتزوير العلامة أو تقليدها من المزاحمين لصاحبها في صناعة أو تجارية "الطعن رقم ٤٣٥ سنة ٣٤ق - جلسة ١٩٦٨/١٢/٢٦م - شرح أحكام المنازعات التجارية - مرجع سابق - ص٢٥٦"

[1] د/ جلال محمدين - الحماية القانونية للملكية الصناعية - مرجع سابق - ص١١٥-١١٦.

١) حق دائم

حيث أنه يميز أنه حق صاحب العلامة أنه حق دائم، بمعنى أن تسجيل العلامة قابل للتجديد، ذلك أن العلامة تكتسب شهرة وتزداد قيمتها بمرور الزمن، مما يبرر استمرار الاحتفاظ بها رمزاً لمنتجات المشروع[1].

وبالمثل يعد احتكار العلامة الدولية حقا دائماً، بمعنى أنه لا يغني بل يتمتع به صاحب العلامة وخلفه العام أو الخاص، طالما أنه يقوم بتجديد التسجيل في نهاية السنة الأخيرة من مدة التسجيل وفقا لاتفاقية مدريد أو برتوكول مدريد[2] ، وذلك على عكس بعض عناصر الملكية الصناعية الأخرى كالنماذج الصناعية، حيث تحدد الحماية بمدة معينة بعدها تسقط في الملك العام، فنرى أن اتفاقية التربس قد حددت مدة الحماية للنماذج الصناعية بألا تقل عن عشر سنوات، أما العلامات التجارية فيتم تجديد حمايتها لمرات غير محددة[3].

٢) حق احتكار العلامة حق نسبي

يتميز حق احتكار العلامة التجارية بأنه حق نسبي, إذ أن هذا الحق لا يمنع الغير من استعمال نفس العلامة المميزة لتمييز نوع آخر من البضائع, كما

---

[1] د/ حسني عباس - الملكية الصناعية والمحل التجاري - مرجع سابق - ص٣٤٣.

[2] وتعد الميزة الأساسية لنظام مدريد في أنه يسمح لصاحب العلامة التجارية في حماية حق احتكار علامته في العديد من الدوائر القضائية عن طريق قيامه بملئ استمارة واحدة في احدى الدوائر مع دفع مجموعة واحدة من الاتعاب أو المصروفات وله أن يقوم بتجديد التسجيل من خلال جميع الدوائر القضائية المعمول بها واستخدام عملية إدارية واحدة والأكثر من ذلك أن نظام التسجيل الدولي يمتد إلى دوائر قضائية إضافية بها هذه الخدمة في أي وقت. ولمزيد من التفصيل أنظر:

wikipedia, the encyclopedia "The Madrid system for the international registration of marks.
http:// www. en. wikipedia . arg / wiki / trademark. 9/8/2006

[3] ولاء الدين محمد - الحماية القانونية للعلامات التجارية - مرجع سابق - ص١٢٥.

أن الحقوق الواردة على العلامة التجارية ليست محددة بفترة معينة، فهى تتميز بالنسبة من حيث نـوع التجارة ـ ويقصد بنوع التجارة الميدان الذى تستخدم فيه العلامة ـ فإذا استخدم تاجر علامة تجارية سـبق أن استخدمها تاجر آخر فى فرع آخر من فروع التجارة فلا يعتبر خطأ يؤدى إلى وقوع خلـط أو لبس بـين المنتجات التى تحمل نفس العلامة.

فالعبرة هى باستعمال العلامة على ذات السلع المماثلة، ومن ثم لا مانع مـن اسـتعمال علامـة تجارية لنوع معين مـن السيارات كعلامة مميـزة لنـوع مـن الأجهـزة الكهربائيـة, أو الأدوات المنزليـة أو السجائر[1] ، أما النسبة من حيث الزمان فانه يجوز استعمال علامة سبق اسـتعمالها مـن جانـب شـخص آخر ثم ترك هذا الاستعمال فترة طويلة أو انتهت مدة الحمايـة القانونيـة المترتبـة عـلى التسـجيل دون أن يطالب بتجديد تسجيل العلامة[2] ؛ ونتيجة لذلك ليس لصاحب العلامة حق احتكار لون معين دخل ضمن تكوين العلامة ولا رسم أو رمـز معـين مـن عناصرهـا، ويكـون لكـل شـخص اسـتعمال عنصرـ أو أكـثر مـن عناصرها، ولكن لا يجوز للغير استخدام مجموعة العناصر أو الألوان التى تكون العلامة.

وفى الولايات المتحدة الأمريكية فإن مكتب تسجيل العلامات التجارية يمنح صـاحب العلامـة التجارية حق منع استخدام علامته المسجلة من قبل الغير إذا وضعـت عـلى منتجـات مشـابهة، ولا يسرى هذا المنع فيما يخص المنتجات أو الخدمات الغير مشابها كليا[3].

---

[1] وفى هذا المعنى قضت محكمة النقض برفض دعوى شركة كاد يلاك للسيارات ضد شركة لإنتاج الأحبـار " حكم محكمـة النقض والصادر بتاريخ ١٩٦١/١٢/٢٦ - الموسوعة الذهبية - الجزء السابع- ص ٩١٠" .

[2] د/ نبيل صبيح - حماية العلامات التجارية والصناعية - مرجع سابق - ص٣٨-٣٩.

[3] wikipedia, the free encyclopedia "intellectual property law primary rights - trade mark.

http:// www. wikipedia . arg / wiki / trademarks. 9/8/2006

٣) حق احتكار العلامة حق إقليمى

متى سجلت علامة فى دولة ما رتب التسجيل أثره فى حدود إقليم الدولة التى سجلت فيها العلامة، فيحتكر المالك استعمالها فى نطاق الإقليم ولا يمتد احتكاره للعلامة خارج إقليم الدولة، إلا إذا استعمل العلامة فى الخارج، وكانت الدولة الأجنبية تعتد فى حماية العلامة بأولوية الاستعمال، أو كانت العلامة ذات شهرة وكانت الدولة الأجنبية عضوا فى الاتحاد الدولى للملكية الصناعية[1]، ويعرف هذا المبدأ "مبدأ النسبية من حيث المكان" وهو مبدأ مطبق عالميا، وقد طبقه النظام السعودى فى المادة (٩)، حيث أجاز لصاحب العلامة الذى يرغب فى إثبات سبق استعمالها فى دولة أخرى، تقديم مستند موثق من سلطات الدولة الأجنبية يفيد تقديم الطلب لديها، ويشترط معاملة هذه الأخيرة للملكية بالمثل وتقديم هذا المستند خلال ستة أشهر من طلب التسجيل[2] إلا أنه يرد على تلك القاعدة استثناءان أهمهما[3]:

١- يجب الاعتداد بأحكام الاتفاقيات الدولية التى تكفل لرعايا الدول المتعاقدة حماية علاماتهم فى بلد كل منهم، وبصفة خاصة اتفاقية باريس التى تحقق حماية علامات كل دولة من دول الاتحاد.

٢- يجب إلا يكون هناك غش أو سوء نية من جانب التاجر فى استعمال العلامة الأجنبية بقصد تضليل الجمهور لان الغش يفسد كل شيء.

إساءة استعمال حق احتكار العلامة

أشرنا فيما سبق إلى أن الاحتكار القانونى أو المركز المسيطر القانونى هو المركز الذى يتم تكريسه بموجب نصوص تشريعية أو قواعد لائحية, هذه النصوص

(¹) د/ حسنى عباس - الملكية الصناعية - مرجع سابق - ص٣٤٤.

(²) احمد منير فهمى - دراسة للقواعد القانونية المستقرة للمحل التجارى - مرجع سابق - ص٧٩.

(³) د/ نبيل صبيح - حماية العلامات التجارية والصناعية - مرجع سابق - ص٤٠.

وتلك القواعد تسند إلى شخص من أشخاص القانون العام أو الخاص حق احتكار مباشرة أنشطة معينة وتسهيل ممارسة هذا الحق, فإنها تمنح هذه الأشخاص حق ممارسة بعض سلطات وامتيازات السلطة العامة ومنح هذه السلطات وتلك الإمتيازات لا تخضع هذه الأشخاص لقواعد المنافسة عند ممارستها للنشاط محل الاحتكار[(1)].

وفى مجال استخدام العلامات التجارية فإنه لا يجوز منع أو تقيد صاحب العلامة التجارية مـن استعمال علامته كيفما يشاء, طالما التزام مقتضيات النظام العام, الآداب العامة المرعبة فى الدولة[(2)].

حتى ولو أدى استعمال تلك العلامة إلى أحداث أضرار بعملية المنافسة فهذه الإساءة تعتبر مـبرره, غير أنه فى بعض الحالات قد يعمد صاحب العلامة المسجلة إلى إساءة حق احتكار علامته التجارية مـن أجل تدعيم مركزه المسيطر أو المهيمن فى السوق بطريقة فى ذاتها غير مشروعة عن طريق فرض مجموعة من القيود التقيدية على موزعى المنتجات التى تحمل علامته التجارية سواء كان ذلك عـن طريـق عقـد ترتيبـات تعامـل حصرية من أجل استبعاد واردات أجنبية أو تقاسم أسواق.

وفيما يتعلق بتقييد استيراد السلع يمكن لمالك العلامة أن يسعى إلى منع واردات المنتج الـذى يحمل نفس علامته التجارية, وأن يمنع أى شخص آخر غير موزعه من استيراد "الواردات الموازية" وان يمنع استيراد منتجات مماثلة تحمل نفس علامتـه التجاريـة وتنـافس منتجاتـه الخاصـة, وأن يستخدم علامـات تجارية مختلفة لنفس المنتج فى بلدان مختلفة وبذلك يمنع الواردات من بلد إلى آخر، ففـى دعـوى شركـة "أولدبار" حققت اللجنة اليابانية للتجارة المشروعة فى الدعوى، وانتهـت إلى عـدم مشـروعية فعـل الشركة حيث إنها قيدت عملية التجارة بفرضها

(1) د/ سامى عبد الباقى – إساءة استغلال المركز المسيطر – مرجع سابق – ص٢١٥.
Kennth Sutherlin D. "Trademark lost is cyberspace, trademark protection for internet addresses, (2)
Harvard journal of law vol.9, n,2 , 1996. p.p 486.

قيودا على موزعيها بعدم توريد الويسكى الخاص بها لاستيرادهم ذات النوع مـن الويسكى مـن مصـادر أخرى وبيعه بأقل من السعر العادى للشركة واستحدثت فى ذلك علامة خاصة توضح علـى مـادة التغلـيـف ويوردها وكلائها لكى تكتشف أى موزع لا يتقيد بشروطها[1].

ويعرف هذا المبدأ فى القانون المصرى بمبدأ "استنفاد الحقوق لصاحب الحق فى العلامة، ويقصد به سقوط حق مالك العلامة التجارية فى منع الغير مـن استيراد أو استخدام أو بيـع المنتجـات أو البضائع محل العلامة التجارية؛ إذا ثبت طرح هذه المنتجات أو البضائع فى أسواق أخرى, سواء كان الطرح بواسطة صاحب العلامة نفسه كـأن يكـون صـاحب مصنع لصـنع هـذه المنتجـات, أو توزيعهـا أو كان بناء على ترخيص منحة لأحد الأشفاص فى التصنيع أو البيـع والاستنفاذ بهـذا المعنى ليس معنـاه انقضاء لحقوق صاحب العلامة أو مساس بها.

بل هو قائم على أساس أن صاحب العلامة نفسه قد سمح بتصنيع أو توزيع المنتجـات محـل العلامة المحمية فى السوق أو أسواق تجارية أخرى, فلا معنى مـن حرمانـه الغير داخل الدولة مـن هـذا التعامل على العلامة، بمعنى أن حكمة تمتعه باحتكار استيراد المنتجـات أو البضائع محـل الحمايـة نتيجـة تملكه للعلامة يضحى دون سبب وغير منطقى طالما هو نفسه سمح بطرح هذه المنتجات أو السلـع فى دولة أخرى. ويطلق علـى هـذا الاستنفاد الـوطنى لحقوق مالك العلامة فى الـحـق وحـده فى احتكار استيرادها[2] ".

وفى نفس الاتجاه حكمت المحكمة العليا فى ألمانيا الاتحادية فى قضية "سـنيزانو" بـأن مالك العلامة المحمية حينما يـأذن لكيانـات أخرى ولجهات مستقلة تابعـة لـه فى استخدام علامتـه التجاريـة المسجلة وبيع السلع والمنتجات المثبت عليها

---

[1] مؤتمر الأمم المتحدة للتجارة والتنمية – القانون النموذجى للمنافسة – مرجع سابق – ص٤٧-٤٨.
[2] د/ سميحة القليوبى – الملكية الصناعية – مرجع سابق – ٢٠٠٥ – ص٥٤٠-٥٤١.

العلامة, فأنه لا يجوز للمالك فى هذه الظروف حظر استيراد المنتجات حينما يتم طرحها فى السوق مـن جانب تلك الجهات[1].

ومن ناحية أخرى فأنه يترتب على ذلك إمكانية بيع المنتجات أو السلع داخل الـوطن, وفى أى دولة مسجلة بها العلامة عن طريق غير مالكها دون أن يعد ذلك انتهاكًا أو اعتداء علـى حقوق مالك العلامة.

كـذلك قــد يســتخدم صـاحب أو مالــك العلامـة هــذا الحــق فى تفتيــت السوق عندما يتعلق الأمر باستخدام علامتين تجاريتين مختلفتين لـنفس المنتـج فى بـلدان مختلفة, ففـى دعـوى رفعتها شركة (CENTRA. FARM. B.V) ضد شركة (AMERICAN HOME. PRODUCTS) أدعت هذه الشركة أنه يحق لها كمستورد أن تبيع دون تـرخيص فى هولنـدا منتـج "اوكسـازيباموم" تحت اسـم تجارى "SERESTA" والتى منشؤه شركة المنتجات المنزلية الأمريكية والتى عرضت فى البيع بالمملكة المتحدة منتجاتها تحت اسم تجارى "SERENID. D", باعتبار أن العقارين متطابقين، وقد انتهت المحكمة إلى أن هذا الحق يمكن أن يشكل قيداً على عملية التجارة إذا ما ثبت أنه تـم الأخـذ بـه مـن أجـل تجزئـة السوق أو فرض أسعار مبالغ منها[2].

ومن هذا المنطلق أخذ التشريع المصرى فى المادة (٧١) من قانون حماية حقوق الملكية الفكرية رقم ٨٢ لسنة ٢٠٠٢ حيث تقضى بأنه "يستنفد حق مالك العلامة فى منع الغير مـن اسـتيراد أو اسـتخدام أو بيـع أو توزيع المنتجات التى تميزها هذه العلامة إذا قام بتسويق تلك المنتجات فى آية دولة أو رخص للغير بذلك".

وقد قصد المشرع من هذا النص الاستفادة قدر الإمكان بالاستثناءات التى منحتها اتفاقيـة التربس لصالح الدول النامية للتخفيف من حدة الآثار الملزمة لهذه

[1] Cinzano C. and Gmbh. v. Jaraka ffec Gresch. ppe gmbll and co design no. 2 - February. 1973.

[2] مؤتمر الأمم المتحدة للتجارة والتنمية – القانون النموذجى للمنافسة – مرجع سابق – ص٤٨.

الدول، والتى لها آثار اقتصادية سيئة عليها، حيث يترتب على المبدأ كما هو واضح كسر احتكار صاحب الحق على العلامة فى التعامل مع المنتجات أو السلع التى تميزها استغلالاً أو استيراداً أو استعمالاً طالما قام صاحبها بتسويقها بنفسه أو بواسطة الغير فى أى دولة أخرى وبناء على ما سبق وحكم المادة ٧١ سالف الذكر لا يعتبر اعتداء على حقوق صاحب العلامة التجارية عند قيام الغير باستيراد سلع تميزها العلامة طالما أن هذا العمل كان بترخيص من مالك العلامة أو بإذن منه[1].

انتهاء حق احتكار العلامة

ينقضى الحق الاستئثارى المترتب على تسجيل العلامة بأحد الأسباب الآتية[2]:

١- انتهاء هذه الحماية وعدم قيام المالك بطلب تجديدها خلال ثلاثة أشهر من تاريخ أخطاره بانتهاء المدة وتقوم الإدارة بشطب العلامة تلقائياً بعد مضى هذه المدة.

٢- عدم استعمال العلامة بصفة جدية لمدة خمس سنوات متتالية دون عذر مقبول ويجب أن يصدر حكم قضائى بالشطب فى هذه الحالة.

٣- صدور حكم قضائى حائز لقوة الأمر المقضى به يقضى بأن تسجيل العلامة تم دون وجه حق، ويجوز أن يصدر الحكم بناء على طلب أى صاحب مصلحة أو بناء على طلب الإدارة.

الحالة الأولى: عدم استغلال العلامة

" قد يقال أنه من المنطقى أن تزول ملكية العلامة التجارية بعدم استعمالها خاصة أن ملكيتها تكتسب وفقاً للتشريع المصرى بناء على استعمالها، ولكن فى الواقع أن الحق على العلامة التجارية يجب ألا يزول لمجرد عدم الاستعمال فملكية العلامة التى تثبت لشخص تظل دائماً له حتى ولو لم يقم باستعمالها فعلاً، فالتسجيل

(¹) سميحة القليوبى – الملكية الصناعية – مرجع سابق – ٢٠٠٥ – ص٥٤٢.
(²) د/ مختار بريرى – قانون المعاملات التجارية – مرجع سابق – ص٢٥٢.

ليس شرطاً لكسب الملكية على العلامة، وإنما فائدته تنحصر فى حماية هذا الحق جنائياً علاوة على الحماية الزمنية التى يتمتع بها صاحب الحق على العلامة المسجلة أو غـير المسجلة, ولكن إذا مـا تبـين أن عـدم الاستعمال هو أحد القرائن الدالة على التنازل الضمنى مـن صـاحب العلامة فإنـه فى هـذه الحالـة تعتـبر العلامة من الأموال المباحة على أساس الترك[1].

وقد نص قانون حماية حقوق الملكية الفكرية رقم ٨٢ لسنة ٢٠٠٢ فى المـادة ٩١ منـه عـلى أنـه "يجوز للمحكمة المختصة بناء على طلب كل ذى شأنـ أن تقضىـ بشـطب تسجيل العلامة بحكم قضائى واجب النفاذ، إذا ثبت لديها إنها لم تستعمل بصفة جدية، دون مبرر تقدره ولمدة خمس سنوات متتالية".

ويفهم من هذا النص على أن عدم استعمال العلامة لمدة خمس سنوات بصفة غير جدية لا ينم بذاته عن توقف المسجل، التاجر أو المصنع عن استعمال العلامة؛ لذلك أوجب المشرـع وقبـل الحكـم بالشطب أن يثبت للمحكمة من أسباب عـدم الاستعمال أو الاستعمال غـير الجـدى فـإذا قدم صاحب العلامة مبرراً كاضطراب أصاب مركزه المالى فإن تبحثه وتقدره وتلتزم بالرد عليه[2].

ويتفق مع هذا المبدأ القانونى الأمريكى, حيث قـرر بـأن حمايـة حقـوق العلامـة التجاريـة مـن خلال الاستخدام الفعلى للعلامة التجاريـة، وتلـك الحقـوق سـوف تـتلاش عـلى مـدار الوقـت إذا لم يـتم استخدامها بصورة فعالة وإيجابية، وأن الفشل فى استخدام العلامة سـوف يعـرض عمليـة التسـجيل ذاتهـا لمحوها وإزالتها من السجلات بعد فترة زمنية معينة، وأن كـل الـدوائر القضائية التى لهـا نظـام تسـجيل العلامات التجارية تقرر إزالتها فى حالة عدم الاستعمال خلال فترة تتراوح ما بـين ثـلاث سـنوات إلى خمـس سنوات .

[1] سميحة القليوبى – الملكية الصناعية – مرجع سابق – ٢٠٠٣ – ص٥١٦-٥١٧.
[2] هشام زوين – الحماية الجنائية – للعلامات والبيانات الاسماء التجارية – مرجع سابق – ص٦٥.

إن نية استخدام العلامة التجارية يمكن إثباتها فى ظل عدة قوانين ومن ناحية أخرى سوف يؤدى ذلك إلى إتاحة الفرصة لأى طرف استخدام العلامة المتروكة لاعتبارها من أملاك الدولة مثلما حدث عندما ألغيت العلامة التجارية "أسبرين" الخاصة بشركة "باير" وقضى بعموميتها، وسمح لباقى الشركات الأخرى استخدام تلك العلامة على الرغم من أنها مازالت علامة تجارية محمية فى كندا[1].

ويتولى مكتب العلامات وبراءات الاختراع "USPTO"[2]، الحق فى شطب العلامة التجارية طالما أنها لم تستعمل خلال الفترة المحددة والتى حددها قانون لانهام الأمريكى LANHAMACT بفترة ستة سنوات بعدها تشطب العلامة[3]، ويأخذ بذات الحكم مكتب العلامات التجارية وبراءات الاختراع الكندى.

وبذلك تكون القوانين الوطنية المقارنة قد اتبعت ما اشترطته اتفاقية باريس من مرور مدة معقولة كشرط أو معياراً مميزا ودليلاً على حالة عدم استعمال العلامة, سواء بمعرفة مالكها أو لغير بموافقته الأول, ولا يكتفى بمرور مدة زمنية فقط بل يجب أن تكون متصلة لا انقطاع فيها فإذا ما استعملت العلامة التجارية فى أحد الصفقات فإن حالة عدم الاستعمال تنتفى[4].

---

[1] wikipedia, the free encyclopedia "maintaining trademark rights, abandonment and genericide

http:// www. wikipedia. org/wiki/trademark. 15/5/2006

[2] uspto stop fakes. gov – anti – piracy and resources for small business.
http"// www. uspto.go / small business. 15/5/2006

[3] Jeffrey. Samules.M "patent, trademark and copyright laws, the bureau of national affairs, Washington D.C 1997. p.p 134.

[4] ولاء الدين محمد – الحماية القانونية للعلامات التجارية – مرجع سابق – ص١٣٤.

وقد حددت اتفاقية التربس فى المادة ١/١٩ المدة التى يجوز بعدها الغاء التسجيل بثلاث سنوات متواصلة من عدم استخدامها وتحسب هذه المدة من يوم تسجيل العلامة، ويجوز استمرار تسجيل العلامة التجارية حتى بعد انقضاء الثلاث سنوات المنصوص عليها فى الاتفاقية إذا ما اثبت مالك العلامة قيام أسباب مبررة تستند إلى وجود عقبات تحول دون هذا الاستخدام طالما كانت لا ترجع إلى صاحب العلامة نفسه وبذلك يلاحظ أن اتفاقية التربس كانت أكثر تحديداً وانضباطاً من اتفاقية باريس فى هذه المسألة.

الحالة الثانية: الترك

تزول ملكية العلامة التجارية بتركها والترك قد يكون صريحاً وقد يكون ضمنيًا،أما الترك الصريح فإنه يكون فى صورة تنازل صريح عن ملكيتها، وأما الضمنى يكون بإهمال صاحبها استعمالها واستغلالها وعدم مباشرة حقوقه عليها فى حالة إذا ما حدث الاعتداء عليها من الغير وترك العلامة لا يفترض لمجرد عدم الاستعمال, إذ لابد من وجود قرائن قوية تؤكده وتقيم الدليل عليه حتى يمكن الجزم بنية صاحب العلامة فى تركها نهائياً, وتقدير ترك العلامة أو عدم تركها مسألة موضوعية يختص بها قاضى الموضوع, وغالبا ما تتشدد المحاكم فى استنتاج ترك العلامة, ويعد من قبيل القرائن الدالة على ترك العلامة التجارية تصفية الشركة التى كانت تستعمل العلامة التجارية فى تمييز منتجاتها, أو اعتزال التجارة كلية من صاحب المنشأة, بالإضافة إلى مرور وقت كاف لعدم عودته إلى ذات التجارة واستعمال ذات العلامة, كما أن العلامة تعتبر فى حكم العدم إذا ما توفى صاحبها وكان قد باع محله التجارى دون العلامة ولم يستمر ورثته فى استعمالها, ويعتبر تساهل صاحب العلامة فى المحافظة على حقه فى العلامة عن اغتصاب الغير استعمالها واستغلالها من قبيل القرائن القانونية القوية على تركها.

كما إذا اغتصبها تاجر أو عدة تجار فى تمييز منتجات مماثلة بذات العلامة دون أن يتخذ صاحبها أى إجراء للمطالبة بحقوقه عليها ومرور فترة كافية على هذا الاغتصاب[1], وفى القانون الأمريكي فإن العلامات التجارية تظل سارية المفعول وقانونية, طالما أن صاحبها يقوم باستخدامها بشكل إيجابى وفعال ويدافع عنها ويحافظ على تسجيلها فى مكاتب العلامات التجارية التابعة للدوائر القضائية المعمول بها، ولأن العلامة التجارية يجب استخدامها لضمان الحقوق المرتبطة بها فإنه يمكن تركها أو

---

[1] د/ سميحة القليوبي - الملكية الصناعية - مرجع سابق - ٢٠٠٥ - ص ٥٧٩-٥٨٠.

يمكن إلغاء تسجيلها, أو إبطالها إذا لم يتم استخدامها بشكل مستمر[1].

الحالة الثالثة: الشطب

تشطب العلامة التجارية في الأحوال الآتية[2]:

أولا: إذا لم يقم مالكها باستعمالها لمدة خمس سنوات متوالية دون عذر مقبول.

ثانيا: إذا كان قد تم تسجيل العلامة بالمخالفة للنظام العام أو الآداب العامة.

ثالثا: إذا ثبت استخدام الغش في تسجيل العلامة.

وللمحكمة بناء على طلب إدارة العلامات التجارية, أو أي صاحب شأن أن تقضي ببطلان العلامة وشطبها متى سجلت دون وجه حق , ولما كان تسجيل العلامة يستند إلى بطلان العلامة تعين التميز بين حالات البطلان[3].

١- **البطلان المطلق:** يقع تسجيل العلامة باطلاً متى كان شكل العلامة يتكون من عنصر حظر القانون اتخاذه علامة تجارية, أو متى كانت العلامة غير ذات صفة مميزة خارجية, ويستند هذا التبرير لبطلان العلامة المطابقة لعلامة سبق تسجيلها إلى خاصية احتكار المشروع الاقتصادي للعلامة نتيجة تملكه العلامة, أو الترخيص باستعمال العلامة وهذا البطلان لا يسقط الحق فيه بمضى المدة.

٢- **البطلان النسبي:** أما إذا كانت العلامة فاقدة الصفة المميزة الخارجية لسبق شخصى أخر في استعمالها لتميز منتجات مماثلة, أو مشابهة أقتصر الحق في طلب الإبطال على من له أسبقية استعمال العلامة, ويسقط حقه في طلب الإبطال

wikipedia the free encyclopedia "comparison with patents, designs, copyrights and trademarks" (1)

http:// www. wikipedia. org/ wiki/ trademarks. ١٥/١٠/٢٠٠٦

(2) احمد منير فهمى - دراسة للقواعد المستقرة للمحل التجاري - مرجع سابق - ص١٠٠.

(3) د/ حسنى عباس - الملكية الصناعية - مرجع سابق - ص٣٤٨ - ٣٤٩.

وشطب التسجيل إذا ما قام من بتسجيلها بصفة مستمرة مدة خمس سنوات متتالية على الأقل من تاريخ التسجيل دون أن ترفع عليه دعوى حكم بصحتها.

ثانيا: حماية العلامة التجارية

تتنوع الحماية القانونية للعلامات التجارية والصناعية بالنظر إلى تسجيل العلامات من عدمه فنجدها حماية قانونية كاملة فى حالة تسجيلها، فضلاً عن ذلك يقتضى ـ تحقيق هذه الحماية الجنائية المقررة لصالح مالك العلامة اتخاذ بعض الإجراءات التحفظية لمنع تداول السلع والبضائع التى تحمل علامات مزورة أو مقلده فى الأسواق أما إذا كانت العلامة غير مسجلة فإنها لا تتمتع إلا بحماية مدنية عن طريق دعوى المنافسة غير المشروعة[1].

١) الحماية المدنية

"يقصد بالحماية المدنية للعلامات التجارية فى هذا المجال ، الحماية العامة المقررة طبقاً لأحكام المنافسة غير المشروعة, واعتبر المشرع فى قانون التجارة رقم ١٩٩٩/١٧م فى المادة (١/٦٦) الفعل مكوناً لمنافسة غير مشروعة, كل فعل يخالف العادات, والأصول المرعية فى العلامات التجارية ويدخل فى ذلك على وجه الخصوص الاعتداء على علامات الغير، أو على اسمه التجارى أو على براءات الاختراع, أو على أسراره التجارية التى يملك حق استئثارها وتحريض العاملين فى متجرة على إذاعة أسراره, أو ترك العمل وكل فعل اعتداء من شأنه إحداث اللبس فى المتجر أو فى منتجاته ، وقرر المشرع التجارى حماية قانونية

---

[1] وقد تضمنت اتفاقية التربس وجوب اتخاذ إجراءات فعالة ضد أى انتهاك لحقوق الملكية الفكرية بمقتضى هذه الاتفاقية بما فى ذلك حلول عاجلة للحد من الانتهاكات وبما يشكل ردعاً للمزيد من الانتهاكات- ولمزيد من التفصيل أنظر:

Hoda Barakat "Overview of negative practices and financial difficulties related to the enforcement of copyright in the Arab world b.s.a Cairo ٢٠٠٠.

عن الاعتداء على أى من العناصر المشار إليها حيث أجاز[1] لصاحب الحق المعتدى عليه رفع دعـوى المنافسة غير المشروعة ضد المعتدى طالباً منع الاعتداء وطلب التعـويض عـما أصابه مـن أضرار أدبيـة ومادية أصابته[2].

ولا يتوقف الأمر عند هذا الحد بل يجوز للمحكمة الحكم بإتلاف العلامات المخالفة حتى لو تطلب الأمر إتلاف المنتجات, أو البضائع أو عناوين المحال أو الأغلفه أو الفواتير أو المكاتبات أو رسائل الإعـلان أو غـير ذلك, مما يجعل تلك العلامة وأكثر من ذلك إتلاف الأدوات والآلات التى استعملت بصفة خاصة فى ارتكاب العمل غير المشروع, مع إلزام المدعى عليه بمصاريف الدعوى, إضافة إلى ذلك يجوز للمحكمـة أن تـأمر بنشر الحكم فى جريدة واحدة أو أكثر على نفقة المحكوم عليه ويتوافق القانون المصرى فى فرض الحمايـة المدنيـة للعلامات التجارية[3].

وتظهر أهمية الحماية المؤسسة على المنافسة الغير مشروعة بالنسبة للعلامة المسجلة فى حالة عدم توافر شروط الدعوى الجنائية, إذ أن الجزاء المقرر لجرائم الاعتداء على الحـق فى العلامة يتطلب القصد الجنائى الخاص لدى المقلد أو المستعمل أو البائع أى سوء نية إى ارتكاب مثل هـذه الأفعال, فإذا حدث وحكم بالبراءة على أساس انتفاء القصد الجنائى, فإن ذلك لا يمنع مـن الحكم بالتعويض لصاحب العلامة على أساس الفعل الضار الذى يمثل منافسة غير مشروعة سواء كان خطأ المعتدى عمدياً أم غير عمدى, ذلك لان الالتزام بالتعويض فى هـذه الحالة أساسـه الأفعـال الضـارة سـواء تـوافرت أركـان جرائم التقليد بكافة صورها أم لا[4].

([1]) د/ سميحة القليوبى – الملكية الفكرية الصناعية – مرجع سابق – ٢٠٠٥ – ص٥٨٥.
([2]) د/ على يونس – المحل التجارى – مرجع سابق – ص١٢٨.
([3]) ولاء الدين محمد – الحماية القانونية للعلامة التجارية – مرجع سابق – ص٢١٣.
([4]) د/ سميحة القليوبى – الملكية الصناعية – مرجع سابق – ٢٠٠٣ – ص ٥٢٣ ، وفى ذات المعنى "حكم محكمة النقض رقم ١٧٨ لسنة ٢٢ قضائية والصادر بجلسة ١٩٦٦/١٢/١٥م – منشور بمؤلف – هشام زوين المرجع السابق – ص١٤٤"

جواز الحكم بالمصادرة والإتلاف من المحكمة المدنية: يجوز للمحكمة أن تأمر بمصادرة لأشياء المحجوزة, أو التى يحتجزها فيما بعد لاستنزال ثمنها من التعويضات أو الغرامات أو التصرف فيها بأى طريقة تراها المحكمة (مادة ١/١١٧) ,ويجوز للمحكمة أن تأمر بإتلاف العلامات غير القانونية أو أن تأمر عند الاقتضاء بإتلاف المنتجات ومعدات الحزم وعنوانات المحال والكتالوجات, وغيرها من الأشياء التى تحمل تلك العلامة أو تحمل بيانات غير قانونية (مادة ٢/١١٧), ويجوز للمحكمة أيضاً أن تأمر بنشر الحكم فى جريدة واحدة أو أكثر على نفقة المحكوم عليه؛ وذلك فى سبيل كشف أمر المتهم للجمهور وتحذيرهم من التعامل مع مرتكب الجريمة, كما أن النشر ينطوى على تعويض معنوى لمالك العلامة عن الأضرار الأدبية التى نالت من شهرة العلامة التجارية (مادة ٣/١١٧) والحكم بالمصادرة والإتلاف والنشر هو أمر جوازى للمحكمة وللمحكمة أن تقضى بهذه الجزاءات لو حكمت بالبراءة (مادة ٤/١١٧) [١].

اتخاذ الإجراءات التحفظية

أجاز المشرع فى قانون حماية حقوق الملكية الفكرية فى مادته (١١٥) حق كل ذى شأن فى اتخاذ الإجراءات التحفظية لإثبات الاعتداء على حقه فى العلامة التجارية بتقليدها أو تزويرها أو اغتصابها قبل رفع الدعوى, وهذا الحق فى اتخاذ الإجراءات التحفظية يمكن اتخاذه من مالك العلامة التجارية أو غير سواء رغب فى رفع المنافسة غير المشروعة أم يرغب فى رفع الدعوى الجنائية [٢].

ولا يشترط أن تكون العلامة محل الاعتداء مسجلة, ويتم إثبات واقعة الاعتداء على العلامة عن طريق عريضة تقدم إلى المحكمة المختصة بنظر النزاع, ولرئيس المحكمة أن يأمر بندب خبير, كما يكون لصاحب الشأن عمل

---

[١] د/ حسنى المصرى – الملكية الصناعية – مرجع سابق – ص٣٩١.
[٢] ولاء الدين محمد – الحماية القانونية للعلامات التجارية – مرجع سابق – ص ٢١٤ – ٢١٥ ، ٢١٦–٢١٧.

محضر حصر ووصف تفصيلي عـن الآلات والأدوات التـى تستخدم أو تكون قـد اسـتخدمت فى ارتكـاب الجريمة والمنتجات أو البضائع أو عناوين المحل التجارى أو الأغلبية أو غيرها مما تكون العلامة قد وضعت عليه, وينبغى إقامة دعوى المنافسة غير المشروعة خلال خمس عشر يوماً من تاريخ صدور الأمر.

٢) الحماية الجنائية

تتمتع العلامات التجارية المسجلة فقط بالحماية الجنائية والتى قررتها المواد ١١٣ إلى ١١٧ مـن قانون حماية حقوق الملكية الفكرية رقم ٨٢ لسنة ٢٠٠٢, ويمكن تقسيم الجرائم المتعلقة بالاعتـداء عـلى العلامة التجارية إلى الآتى:

- تقليد أو تزوير العلامة: يعنى تزوير العلامة نسخها حرفياً؛ بحيث يكون هناك تطابق تام لا يسـهل بيانـه أمـا التقليد, وأن استوعب حالة المطابقة, فإنه يمتد ليشمل كل حالات التشابه والتى مـن شأنها إيقاع العملاء فى الخلط حتى لو لم تكن هناك تطابق، طالما أن الاختلافات تتسـم بطابع ثـانوى، لا ينال مـن التشـابه بـين العلامتين إذا نظر إليها نظرة إجمالية, والعبرة فى تقدير ذلك بالمستهلك العادة وما يترتب لديه مـن انطبـاع عام وتقدير التشابه من عدمه يستقل به قاضى الموضوع[1].

ويلاحظ أن جريمة التزوير أو التقليد لا يلزم بشأنها إثبات قصد الغش أو سوء النية، فالجريمـة تقـع بمجـرد توافر الفعل المادى, وعلى ذلك أنه يصعب تصور حسن نيـة المـزور أو المقلـد، كـما أن الاسـتناد بخصـوص جريمة التقليد إلى ما ورد بالنص متعلقاً بتضليل الجمهور استناد محل نظر ، لأن المراد أن يكون التقليد على جانب من الأهمية بحيث يكون من شأنه تضليل الجمهور, وهذا لا يعنى إلا وصف الفعل المادى تطلب من الجسامة بشأنه ولكن لا يفى استلزام سوء نية المقلد[2].

[1] حكم محكمـة النقض فى الطعن رقم ١٢٩٧ لسنة ٢٢ قضائية – جلسة ٤ مايو ١٩٥٤م – مجدى محمود حافظ – موسوعة تشريعات الغش والتدليس – ص٦٦٥.
[2] د/ مختار بريرى – قانون المعاملات التجارية – مرجع سابق – ص٢٤٧.

- جريمة استعمال علامة مزورة أو مقلدة: يشترط لقيام هذه الجريمة توافر الركن المادى لها, وهو استعمال العلامة المزورة أو المقلدة والركن المعنوى, وهو سوء نية المستعمل أى العلم بتزوير العلامة أو تقليدها وقصد إحداث اللبس وتضليل الجمهور, سواء كان من استعملها هو من قام بتزويرها أو تقليدها أو شخص من الغير كمشترى محل تجارى من علامة مزورة ومقلده[1], ويكفى لوقوع الجريمة استعمال العلامة المزورة أو المقلدة على المنتجات بقصد بيعها أو من أجل عمل دعاية وإعلان عنها أو رفعها على واجهة المحل[2].

- جريمة استعمال علامة مزورة أو مقلدة: وفى هذه الجريمة يقوم الجانى باستعمال علامة مزورة أو مقلدة فى تمييزه لمنتجاته فى أى شكل من الأشكال سواء بوضعها على منتجاته أو أثناء عرضه للإعلان عنها, فالمشرع لم يوضح صور استعمال العلامة المزورة بل أطلقها دون تحديد إلا أنه اشترط سوء نية الجانى " القصد الجنائى" أى علمه بأن العلامة التى يستعملها مزورة[3].

- استعمال علامات محظورة قانوناً: وهى العلامات التى حظرها المشرع, سواء لمخالفتها للنظام العام والآداب العامة أو لتقليدها شعارات عامة أو رموز دينية أو تقليد علامات الصليب الأحمر أو الهلال الأحمر أو وضع ما يفيد على غير الحقيقة استحقاق من درجات الشرف أو استعمال علامات مضللة[4].

---

[1] د/ نبيل صبيح – حماية العلامات التجارية والصناعية – مرجع سابق – ص٧٢.

[2] حكم محكمة النقض فى الطعن رقم ١٢٩٧ لسنة ٢٢ قضائية – جلسة ٤ مايو ١٩٥٤م – مجدى محمود حافظ – مرجع سابق – ص٦٦٦.

[3] حكم المحكمة التجارية – الجديدة باليمن – فى القضية رقم ٧٤ لسنة ١٥هـ- جلسة ١٩٩٦/١١/٤م – المجموعة التجارية فى الأحكام التجارية – القاضى عبد الجليل نعمان – ص٩١.

[4] د/ مختار بريرى – قانون المعاملات التجارية – مرجع سابق – ص ٢٥٠ وفى ذات المعنى د/ سميحة القليوبى – الملكية الصناعية – مرجع سابق – ٢٠٠٥ – ص٦١٨.

- **اغتصاب علامة مملوكة للغير:** وتقوم هذه الجريمة إذا قام المغتصب بوضع علامة حقيقة "ليست مزورة أو مقلده" ومسجلة مملوكه للغير على منتجاته, ويجب أذن لقيام الجريمة توافر أركانها المادى وهو وضع علامة الغير والمعنوى وهو سوء نية المغتصب ورغبته فى تضليل المستهلكين وغالباً ما تتم هذه الجريمة عن طريق القيام بملء أوانى أو زجاجات أو صناديق أو أكياس فارغة تحمل علامات مميزة مملوكه للغير ، بمواد أو سوائل أو محاليل أخرى ، لذلك يطلق عليها جريمة التعبئة ويجوز أن تتوافر أركان هذه الجريمة عن طريق لصق العلامة الحقيقة على البضائع المماثلة للبضائع الحقيقة والأصلية [1]

وأخيراً فلقد ألزمت اتفاقية التربس الدول الأعضاء بها إلى عقوبات جنائية على منتهكى العلامات التجارية تتدرج فى أدناها من توقيع الغرامات المالية إلى عقوبة الحبس مع إمكانية الجمع بينهما.

---

[1] د/ نبيل صبيح - حماية العلامات التجارية - والصناعية - مرجع سابق - ص٧٣.

يعد كلٌّ من الاسم التجارى والرسـوم الصناعية مـن حقـوق الملكية الصناعية، ومـن الأمـوال والعناصر المادية للمحل التجارى، وتدور معه وجودًا وعدمًا، ويتمتع صاحبها بحق استغلال واستعمال، أو بمعنى أدق احتكار الاستعمال والاستغلال ومنع الغير من استخدام احتكاره دون إذن منه وقد كفل قانون الأسماء التجارية وقانون حماية حقوق الملكية الفكرية رقم ٨٢ لسنة ٢٠٠٢ حماية هذا الحق ومنع الغـير من استعماله، ورتب على ذلك جزاءات وعقوبات فى حالة مخالفة النص القانونى لـذلك فمحـور دراسـاتنا هو الاسم التجارى والرسوم الصناعية كلٌّ فى مطلب مستقل.

المطلب الأول

الاسم التجــارى

تعد فكرة الاسم التجارى فكرة حديثة النشـأة، حيـث نشـأت فى العصر- الحـديث مقترنـة بفكرة المنافسة الحرة بين المشروعات التجارية والصناعية، وذلك مع الثورة الفرنسية التى أقرت حرية الأسواق ومن ثم حرية التجارة والصناعة، وهو الأمر الذى بدا واضحاً فى ظل قانون chapelier الصادر عام ١٧٩١م، الذى أقر هـذه الحرية وما يترتب عليها من حاجة المشروعات التجارية والصناعية إلى اتخاذ اسماء تجارية تميزها عن غيرها من المشروعات المماثلة وتم استخدام مصطلح "الاسم التجارى" لأول مرة فى فرنسا ضمن نصوص القانون الفرنسي- الصادر فى ٢٨ ليوليو ١٨٢٤ الخاص بالحماية الجنائية الجزئية للاسم التجارى، ثم انتشرت فكرة الاسم التجارى فى اوروبا مع بزوغ فجر الثورة الصناعية والتقدم الصناعى التجارى المذهل، وقد توافقت مع الرأسمالية الحديثـة التى تستخدم التمييز بين المشروعات المختلفة فى سوق المنافسة الحرة، وقد كان الاهـتمام بالاسـم التجـارى فى بداية ظهور فكرته مرتبطاً بالمصلحة الخاصة للتاجر صاحب الاسم خاصة عندما يتخذه مـن اسـمه المـدنى، ثم تطور الأمر بعد ذلك ليضحى مصلحة عامة لحماية الاقتصاد الوطنى المتمثل فى حماية

المشروعات التجارية في حد ذاتها وليس التاجر الذي يملكه أو الشركة التي تباشرها فأصبحت الفكـرة موضوعـاً قانونياً يحتاج إلى تنظيم قانوني يحدد مضمونه وشروط حمايته ونطاق هذه الحماية فضلاً عن آلياتها[1].

ويعرف الاسم التجاري[2] بأنه "التسمية التـى يطلقها التـاجر شخصـا طبيعيا أو معنويـا عـلى المنشاة أو الشركة التى يباشر نشاطه من خلالها، وذلك بقصد تمييز هذه المنشاة أو الشركة عن غيرها"[3].

ويعرف الاسم التجاري في القـانون الأمـريكى بأنه "الأسـماء والتوقيعـات التـى تسـتخدم بواسـطة الشركات أفرادا أو جماعات لتعريف أنفسهم وتمييز منتجاتهم" وعادة ما تستخدم تلك الأسماء بواسطة الهيئات الخيرية وغير الخيرية والمنظمات الدينية والسياسية والصناعية والمنتجين والمصـنعين وبـائعى الجملـة والتجزئـة والمشروعات المشتركة والشركات والمؤسسات وأصحاب الجمعيات الأخرى، وقد يكون الاسم التجارى هو الاسم الحقيقى أو أي اسم أخر مزعوم أو غير حقيقى يعلمه الجمهور[4].

ومن ثم فإذا مارس التاجر تجارته واكتسب مشروعه التجارى سـمعه طيبـه في مجـال المنافسـة المشروعة، فإن هذه السمعة الطيبة تلازم المشروع، ومن ثم تلازم الاسم التجارى الذى يميزه، فيصير الاسـم التجارى والمشروع شيئاً واحدا في

---

[1] د/ عاطف محمد الفقي- الحماية القانونية للإسم التجاري – دراسة ومقارنة – دار النهضة العربيـة دون تـاريخ نشرـ – ص١١-١٢ .

[2] لم يعرف القانون ٥٥ لسنة ١٩٥١م الاسم التجاري وإن كان نص في المادة الأولى منه على أنه "على من يملك بمفرده محلاً تجارياً أن يتخذ أسمه الشخصي عنصراً أساسياً في تكوين إسمه التجاري ولا يجـوز في هـذه الحالـة أن يتضمن الاسم بيانات تدعو للاعتقاد بأن المحل التجاري مملوك لشركة "

[3] د/ مختار بريرى - قانون المعاملات التجارية الجزء الأول – ١٩٨٧م - مرجع سابق ص ٦٩٧ .

[4] Trade name . registration

http://www.revenuse.state.co.us/Fyi/htm 2/25/2005l

أذهان العملاء تماما كما يختلط اسم الشخص بذات الشخص ويترتب على هذه الصلة الوثيقة بين المشروع والاسم التجارى تأثير كل منهما على الأخر فكلما طابت السـمعة التجارية للمشروع كلما ازدادت قيمـة الاسم التجارى، وكلما ازدادت قيمة الاسم التجارى كلما طابت السمعة التجارية للمشروع باعتبار الاسـم التجارى احد عناصره الجوهرية[1].

وظيفة الاسم التجارى والفرق بينه وبين الأنظمة المشابهة

تعتبر الوظيفة الأولى والأساسـية للاسم التجارى هـى تمييز المنشاة التجارية عن غيرهـا مـن المنشات المماثلة، ليسهل التعرف عليها من خلال عملائها الذين يفضـلونها حتى لا يحـدث الخلـط بينهـا وبـين غيرها، ولتحقيق هذه الوظيفة الأساسية يضع التاجر اسمه التجارى على لافته محله بكتابة واضحة وظاهرة كما يكتبه على فروع هذا المحل فى أي مكان، كذلك يضع التاجر الاسم التجارى الخاص بالمتجر علـى فـواتير المحـل وخطاباته وإعلاناته، كما قد يحفره على بضائعه ومنتجاته كما هو الحال فى بعض صناعات الموبيليات مثل لفظ "العفى" على نوع من الكراسى[2].

كذلك قد يستخدم الاسم كعلامة تجارية تعد لتمييز السلع التى تنتجها أو تبيعها المؤسسة، غير أنه يجب أن تضاف إلى الاسم ليستطيع أداء هذه الوظيفة رسوم أو صـور أو أشـكال تجعلـه متميـزا، فـإذا اُستخدم مجرداً من كل إضافة فـلا يعتبر علامـة تجاريـة, ولا تشـمله الحمايـة المنصوص عليهـا فى قـانون العلامات والبيانات التجارية.[3]

[1] د/ عاطف الفقي – الحماية القانونية للإسم التجارى – مرجع سابق – ص٧
[2] د/ سميحة القليوبي – الملكية الصناعية – ٢٠٠٥ – مرجع سابق – ص ٧٨٣-٧٨٤ .
[3] د/ محسن شفيق – الوسيط فى القانون التجارى المصري – الجزء الأول – ط٢ مكتبة النهضة المصرية ١٩٥٥ .ص ٢٤٥ .

وتأخذ بعض التشريعات الأجنبية بمبدأ استعمال الاسـم التجاري للتوقيـع بـه علـى التعهـدات التجارية فيرتب على قيد المحل أو المتجر فى السجل التجاري, أن ينتقـل إلى مشترى المتجر حـق التوقيع بالاسم التجاري من غير إضافة عبارة "خلفاء" ، إذا قبل البائع عدم ذكر صفة خلف بجوار الاسـم، ويهدف المشروع إلى دعم الثقة فى المشروع التجاري, بحيث يبقى الاسم التجاري للمتجر بدون أي تغيير ولا يشعر من يتعامل مع التاجر الجديد بتغيير المالك ، وتستمر المعـاملات مع المـالك الجديد مـن غـير اضطراب, وهذه القاعدة مفيدة من غير شك للبيوت التجارية التـى تبـاشر عمليات التجارة الخارجيـة كالاستيراد والتصدير، فلا يشعر التجار الأجانب فى الخارج بانتقال ملكية المتجر من شخص إلى آخر وتبقى الثقة قائمة فى المشروع، وهذا المبدأ الذي أخذت به بعض التشريعات يتفق تماما مع الاتجاه الحديث فى القانون المقارن , ولم يعترف القانون المصري للاسم التجاري بهذه الوظيفة ، وتبعا لذلك لا يستعمل الاسم التجاري للتوقيع على التعهدات ويباشر التاجر الفرد التوقيع عـلى التعهدات باسمه المـدني أمـا الشركة التجاريـة فينوب عنها فى التوقيع عن تصرفاتها القانونية مدير الشركة وهو لا يوقع بالاسم التجاري للمحل ولكن يوقع عقود الشركة نيابة عنها وباسم الشركة[1]، ومن ناحية أخرى فـان تنظيـم استعمال الاسم التجاري بالولايات المتحدة الأمريكية يهدف إلى تحقيق أربعة أغراض كالتالى.[2]

أولا: حماية الاستثمارات الابتكارية والفكرية والاقتصادية التـى تقـوم بهـا مؤسسـات الأعمال والشركات التجارية لتمييز منتجاتهم.

ثانيا: الحفاظ على الرغبة الجيدة والسمعة الطيبة والتى غالبا ما ترتبط فى أذهان المستهلكين باسم تجاري معين.

---

[1] د/ حسني عباس - الملكية الصناعية - مرجع سابق ص ٤١٢-٤١٣ .

[2] wvsos . Business organization. trade name registration
http://www.wvsos.com/business/Filing/Tradename.htm2/25/2005.

ثالثا: دعم الوضوح والثبات فى السوق بتشجيع العملاء للاعتماد على الاسم التجارى للتاجر عند تقييم جودة بضائعه.

رابعا: زيادة المنافسة بطلب الأعمال التجارية لربط أسمائهم التجارية مع قيمة وجودة بضائعهم وخدماتهم.

ومن كل ما سبق يتضح أن **الاسم التجارى** يختلف عن **الاسم المدنى**, فالاسم المدنى هو وسيلة للتمييز بين الشخص وغيره، ويتركب من اللقب أو الاسم العائلى أو اسم الأسرة التى ينتمى إليها الشخص ويسبقه اسم الشخص الذى يميزه عن باقى أفراد الأسرة، أما الاسم التجارى فهو الذى يستخدمه التاجر لتمييز متجره عن غيره، والاسم المدنى هو حق من الحقوق اللصيقة بالشخصية والتى لا تقوم بمال ولا تدخل فى الذمة، ومن ثم لا يجوز التصرف فيه ولا يرد عليه التقادم المسقط أو المكسب، أما الاسم التجارى فلا يعتبر الحق فيه حقا لصيقا بالشخصية، بل هو حق مالى يمثل قيمة مالية ويجوز التعامل فيه ويكتسب بسبق الاستعمال كما يسقط بعدم الاستعمال[1]، لذلك فإنه يعتبر عنصرا من عناصر المحل التجارى, فإذا بيع المتجر انتقل إلى المشترى بعناصره وخاصة الاسم التجارى ولا يعنى هذا القول إنه يترتب على انتقال الاسم التجارى إلى مشترى المتجر أن ينتقل أليه أيضا الاسم المدنى للتاجر بائع المتجر ، فلا يجوز لمشترى المحل التجارى أن يوقع بالاسم المدنى للبائع والذى انتقل إلى ذمة المشترى هو حق الاستثمار باستعمال الاسم التجارى لتمييز المنشاة مثل "عمر افندي" مضافا إليه ما يدل على انتقال الملكية مثل سابقا[2]

كذلك يختلف **الاسم التجارى** عن **العلامة التجارية**, فالأول يهدف إلى تمييز

---

[1] د/ مصطفى كمال طه , وائل أنور بندق - أصول القانون التجاري - دار الفكر الجامعي - ٢٠٠٥ ص٧٢٥ .
[2] د/ حسني عباس - الملكية الصناعية - مرجع سابق - ص ٤١٥ .

المحل التجارى عن غيره, فى حين أن العلامة وظيفتها تمييز البضاعة التى ينتجها أو يبيعها المحل , فالعلامة التجارية المسجلة تتكون من رموز وشعارات وأدوات أخرى تلازم البضائع لتحديدها للجمهور وتمييز الخدمات كما انه يختلف عن **الرسوم الصناعية**, فى أن الأخيرة تستخدم بواسطة المتنافسين لتمييز منتجاتهم, عن طريق الشكل المرئى كالحجم أو اللون أو الحيز والغلاف الخارجى للسلعة.[1]

ويختلف أيضا **الاسم التجارى** عن **السمة التجارية**, فيقصد بالسمة التجارية التسمية المبتكرة التى يطلقها التاجر على محله, كالصالون الأخضر أو الكيت كات, أما الاسم التجارى فيجب أن يتضمن الاسم الشخصى للتاجر فالاسم التجارى أذن هو اسم التاجر الذى يباشر تحته التجارة ويستخدمه لتمييز محله التجارى, أما السمة التجارية فهى مجرد كلمة قد لا يكون لها معنى, تطلق على المحل بالإضافة إلى الاسم التجارى, ولا يجبر التاجر على استخدام سمة أو عنوان لمحله, وإذا أراد التاجر إطلاق سمة أو عنوان لمحله فله حرية اختياره وابتكاره كما يشاء أما الاسم فلا حرية له فى اختياره إذ هناك قواعد ملزمة تراعى فى تركيبه, وهناك فرق هام بين الاسم وبين العنوان أو السمة فالاسم لا يجوز التصرف فيه وحده دون المحل, أما العنوان أو السمة فيمكن التصرف فيها مع المحل أو بدونه أي منفردة[2].

وأخيرا فانه يجب الفصل بين الاسم التجارى وبين اسم الشركة **"عنوان الشركة"** هذا فيما يتعلق بشركات الأشخاص, إذ يتكون اسم الشركة من اسم شريك متضامن أو أكثر, أما الشركة المساهمة فليس لها عنوان شركة ولكن يُستمد اسمها

---

[1] A guide to intellectual property "trade name"U.S.A
http://www.bermuda.com/.html- 2/25/2008 .

[2] د/ علي جمال الدين عوض – القانون التجاري – دار النهضة العربية – دون تاريخ نشر – ص٣١٨ .

من الغرض الذى انشأ من اجله, وبينما يجوز التنازل عـن الاسم التجارى ، بشرط إلا يكون التنازل عنه مستقلا عن المحل التجارى حتى لا يترتب على ذلك تضليل العملاء ، فأنـه علـى العكس مـن ذلك ، لا يجـوز للشركة أن تتنازل عن اسمها فتصبح بلا اسم؛ و يترتب على ذلك الخلط بين الاسم التجارى الذى تميز به الشركة محلاتها التجارية وبين اسم الشركة لأن نفس العبارة التى يتكون منها اسم الشركة تستعمل عادة اسما تجاريا ، لذلك يتعين الفصل بين الاسم التجارى فهو مال قابل للتعامل, بينما اسم الشركة فهـو اسم شخصى ـ غير قابل للتعامل وتحمى الاسم التجارى دعوى المنافسة غير المشروعة كما أنه يتمتع بالحماية الخاصة التى نـص عليهـا قانون الأسماء التجارية متى كان الاسم مقيدا فى السجل التجارى, أما حماية الشركة فى استعمال اسمها فانه يخضع للقواعد العامة فيما يتعلق بحماية الشخصية. [١]

الطبيعة القانونية للاسم التجارى

الاسم التجارى حق وواجب، فهو حق للتاجر، وموضوع هذا الحق أن يستأثر التاجر باستعمال الاسم التجارى لتمييز منشاته التجارية، وهو حق شبيه بالحقوق العينية لأنه يعطى صاحبه حق الاحتجـاج بـه قبـل الكافة، غير انه ليس حقا عينيا لأنه لا يرد على شئ مادى، والحق فى الاسم التجارى من المنقولات المعنوية مثـل حقوق الملكية الصناعية الأخرى كما انه عنصر من عناصر المحل التجارى. [٢]

الأمر الذى يكون من حق صاحب الاسم التجارى استعمال واستغلال اسـمه ومنع الغير مـن الاستعمال دون إذن منه، وهو ما يعرف بحق صاحب الاسم فى احتكار اسـمه التجـارى، ولكـن مـا هـى طبيعة هذا الحق وشروطه ومدته وهو ما سنقوم بتوضيحه فيما يلى:

(¹) د/ حسنى عباس – الملكية الصناعية – مرجع سابق – ص ٤١٥-٤١٦ .
(²) د/ حسنى عباس – الملكية الصناعية – مرجع سابق – ص٤١٧ .

احتكار ملكية الاسم التجاري

يقصد باحتكار ملكية الاسم التجاري الاحتكار القانوني الـذي يحميه القـانون, وينشـأ احتكار الاسم التجاري , بواقعة مسجلة في السجل التجاري ومشهرة, وقد نصت المادة الثالثة مـن قـانون الأسمـاء التجارية رقم ٥٥ لسنة ١٩٥١م على أنه "إذا قُيد الاسم التجاري في السـجل التجاري وأُشهر وفقاً لأحكـام اللائحة التي تصدر لهذا الغرض فلا يجوز لتاجر آخر استعمال هذا الاسم ....." و هـذا يعنـى أن مـن قيد اسمه التجاري في السجل وشهره في جريدة الأسماء التجاريـة , تقرر لـه حق الملكية علـى هـذا الاسم أى احتكاره , ويمتنع على غيره استعمال نفس الاسم في حدود معينة وهذا يعني أن القيد في السجل التجاري هو السبب المنشئ للملكية على الاسم التجاري, وفي هـذا الخصوص يختلـف الاسـم التجاري مـع بـراءة الاختراع والتي ينشأ الحق في تملكها بتقديم طلب البراءة , وليس بسبب الاستعمال , بخلاف الحال بالنسبة للحق على العلامة, الذي يتقرر بمجرد الأسبقية في الاستعمال كقاعـدة عامة, فـإذا لم يقيـد التـاجر إسمه التجاري وفقاً لقانون السجل وقام تاجر آخر بتسجيل الاسم نفسه عـن تجارة مماثلة فالمفاضلة بيـنهما تكون على أساس من أن من قام بالتسجيل هو صاحب الحق على الاسم التجاري فالتسجيل يعتبـر قرينـة قانونية على أن من قام به هو المالك, وهي قرينة قانونية قاطعة لا تقبل إثبات العكس[1].

و يتضح مما سبق أنه لابد من توافر شرطين لحماية احتكار الاسم التجاري هما[2]:

الشرط الأول: القيد في السجل التجاري

حيث يوجب قانون السجل التجاري أن يشتمل طلب القيد على بيان الاسـم التجاري لطالـب القيد,ولما كان لمكتب السجل التجاري سلطة التحقق من ضمه

[1] د/ سميحة القليوبي - الملكية الصناعية- ٢٠٠٥ - مرجع سابق - ص٨٠١-٨٠٢.
[2] د/ أكثم الخولي - الموجز في القانون - التجاري - مرجع سابق - ص ٣٠٨.

البيانات الواردة في طلب القيد, وله أن يرفض القيد إذا لم تتوافر في الاسم الشروط السابقة التي يوجبها قانون الأسماء التجارية, هذا وتوجب المادة (١١) من قانون السجل التجاري على التاجر أن يثبت باللغة العربية على واجهة المحل اسمه التجاري مشفوعاً برقم القيد .

الشرط الثاني: الشهر في جريدة الأسماء التجارية

أما الإجراء الثاني الذي يجب استيفائه لحماية الاسم التجاري فهو شهر الاسم طبقاً لأحكام اللائحة الخاصة بالشهر, وقد صدرت هذه اللائحة بقرار وزير التجارة رقم ٢٧٩ لسنة ١٩٥١م, وهي تقضي بإشهار الأسماء التجارية التي يتم قيدها في السجل التجاري في جريدة خاصة تسمى "جريدة الأسماء التجارية", وتصدر في الأسبوع الأول من كل شهر والمقصود من هذه الجريدة هو إحاطة الجمهور علماً أولاً بأول حتى يتم تفادي الوقوع في الغلط عند اختيار أسماء جديدة, وفي ذات المعنى يتطلب **القانون الأمريكي** من أي شخص أو شركة أو مؤسسة تمارس عملاً تجارياً أن تستخدم إسماً تجارياً أياً كان نوعه وأن يتم تسجيل هذا الاسم خلال ٣٠ يوماً من بداية العمل التجاري, عن طريق تقديم طلب بالاسم التجاري إلى موظف المحكمة العليا للمقاطعة التي يتم فيها العمل التجاري أو يوجد بها مقر الشركة أو المحل التجاري , ويتم تسجيل الأسماء التجارية في سجل الأسماء التجارية مبيناً به أسماء وعناوين الأشخاص والشركات وطبيعة العمل التجاري وأي تغيير في ملكية الأسماء التجارية ويتم نشر هذا الطلب في الصحف مرة واحدة أسبوعياً ولمدة أسبوعين ومتى سجل هذا الطلب يكون من حق صاحب الاسم استعمال واستغلال واحتكار الاسم ومنع الغير من الاعتداء عليه[1] .

F Barry Wilkes office of the clerk of courts liberty county trade name Registration"   (١)

http://www.liperty.co.com/tradename. Registration..htm2/24/2008.

ضوابط احتكار ملكية الاسم التجاري

إن حق التاجر في احتكار استعمال إسمه التجاري ليس حقاً مطلقاً, إنما هو حق نسبي من حيث نوع التجارة , ومقيد بدائرة مكتب السجل التجاري من حيث المكان أو على مستوى الدولة أو الشركات الخاضعة لقانون ١٩٨١/١٥٩م , كما سبق القول وهو ما سوف نوضحه فيما يلي:

أولاً: من حيث نوع التجارة

يعتبر حق التاجر على إسمه حقاً نسبياً فيما يتعلق بنوع النشاط الذي يمارسه , وذلك انطلاقاً من معيار ثابت ومستقر يقضي بحماية الاسم التجاري عند وجود منافسة ببند المشروعات التجارية سببها الخلط واللبس الناشئ في أذهان العملاء, ولهذا فإن المنطق يقضي بوجود هذا الخلط عند تماثل أو تشابه المشروعات التجارية التي تحمل نفس الاسم أو إسم متشابه, الأمر الذي يوجب الحماية والعكس يقضي بعدم وجود مثل هذا الخلط عند اختلاف نوع النشاط التجاري الذي تمارسه مثل هذه المشروعات, الأمر الذي يوجب رفض طلب الحماية وعلى هذا فإذا استخدم أحد التجار إسما معيناً لتمييز متجره لتجارة الأقمشة فإنه يمتنع على غيره من التجار استعمال نفس الاسم في نفس النوع من التجارة, في حين يجوز للغير استعمال ذات الاسم في تمييز متجره إذا كان يمارس تجارة غير مماثلة أو غير مشابهة لتجارة الأول كتجارة الجلود أو الموبيليات .

فمركز الخلط إذن يكمن في وجود الخلط واللبس في أذهان العملاء نتيجة تماثل التجارتين أو تشابههما وهو الأمر الذي تنبه له قانون الأسماء التجارية رقم ٥٩ لسنة ١٩٥١م [1] , فإذا كان هناك تطابق أو تشابه بين النشاط التجاري الذي تمارسه كلاً من المنشأتين المتنافستين, فإن لصاحب هذا الحق في الاسم التجاري أن يرفع الأمر إلى القضاء طالباً الحماية القانونية للإسم التجاري نتيجة وجود

---

[1] وتنص المادة ٣ من قانون الأسماء التجارية على أنه "إذا قيد الاسم التجاري في السجل التجاري .... فلا يجوز لتاجر آخر استعمال هذا الاسم في نوع التجارة التي يزاوله ".

الخلط أو اللبس في أذهان العملاء من جراء استخدام نفس الاسم في تجارة مماثلة ولا صعوبة في الأمر عندما يكون النشاط متطابقاً أو متماثلاً, أما إذا كان النشاط متماثلاً فهذا يقع في نطاق السلطة التقديرية لقاضي الموضوع الذي يقدر النشاط متشابهاً واحتمال وجود الخلط و اللبس في ذهن العميل العادي أو متوسط الحرص نتيجة لهذا التشابه في نوع النشاط التجاري فاتحاد موضوع النشاط التجاري المجرد للحماية لا ينصرف فقط إلى تطابق أو تماثل التجارتين بل ينطبق كذلك على تشابه النشاطين[1] هذا والقانون الأمريكي مستقر على إضفاء الحماية للإسم التجاري للمنشآت التي تمارس نفس النوع من النشاط التجاري, أو نشاطاً متشابهاً منعاً لحدوث الخلط أو اللبس في أذهان العملاء فيمكن منح منشأتين تجاريتين مختلفتين في نوعية النشاط ذات الاسم التجاري, وذلك إذا استخدمته كلاً منهما في نوع مختلف من التجارة وفي أسواق جغرافية مختلفة, وذلك بما لا يدع مجالاً لحدوث اللبس أو الغلط في طبيعة الاسم التجاري وما تعارف عليه الجمهور[2].

ثانياً: من حيث المكان

إذا قُيد الاسم في دائرة مكتب السجل التجاري, فلا يجوز للغير استعمال ذات الاسم في دائرة ذات المكتب, وإنما يكون من حقه استعماله خارج هذه الدائرة , مثال ذلك إذا كان اسم التاجر"محمد الإسكندراني" وقيده في مكتب الإسكندرية, فلا يجوز لتاجر آخر مباشرة ذات النشاط في دائرة مكتب الاسكندرية مستخدماً ذات الاسم, وإنما من حقه استخدامه خارج هذه الدائرة في " دمنهور أو طنطا مثلاً", إذ لا ضرر من ذلك ولا يسري هذا الحظر إلا إذا أُريد استخدام الاسم ذات النوع من التجارة أو في تجارة شبيهة لها[3].

---

[1] د/ عاطف الفقي - الحماية القانونية للإسم التجاري - مرجع سابق- ص٦٤-٦٥ .
[2] google answers : "trade name"
http://www.answers.google.com/answers/treadview2/25/2008 .
[3] د/ محسن شفيق - الوسيط في القانون التجاري المصري - مرجع سابق- ص٢٥٢ .

هذا وقد اختلف الفقه المصري حول جواز امتداد الحماية القانونية للإسـم التجاري بناء عـلى رغبة التاجر إلى أبعد من هذه الحدود المقررة في القانون وقد انقسم الفقه إلى رأيين :- ^(١)

الرأي الأول

ذهب إلى أنه يجوز للتاجر أن يمد الحماية القانونية لاسمه التجاري إلى أبعد من دائرة مكتـب السجل التجاري الذي قيد فيه الاسم التجاري لمتجره، وذلك بتقييد هـذا الاسم التجاري في عـدة مكاتب للسجل التجاري، فحينئذ تكون للإسم التجاري حماية في دائرة كل مكتب حصل فيه القيد حتى ولو كانت جميع مكاتب الجمهورية بمعنى امتداد الحماية القانونية للإسم التجاري إلى هذه الحدود .

الرأي الثاني

يذهب إلى أن مبدأ قصر الحماية على دائرة مكتب السجل التجاري, هو مبدأ رُوعـي فيـه وجـوب اقتصار الحماية على الدائرة التي تباشر فيها التجارة بالفعل مـن صاحب الاسم، وذلك لأن القيد في السجل التجاري يقتصر على مكاتب السجل التي يقع بدائرتها المركز الرئيسي أو أحد الفـروع أو الوكالات ومن هنا لا يجوز مد الحماية إلى دائرة أوسع بتعدد القيود في السجلات التجارية كما يرى الرأي الأول لأن هناك تلازم بـين القيد في السجل التجاري ومباشرة النشاط التجاري, فلا يتم القيد إلا حيث يباشر هذا النشاط، وهكذا لا يناط أمر توسيع دائرة حماية الاسم التجاري بمحض إرادة صاحبه وإلا صارت هـذه الحمايـة تحكميـة انتقلـت عـن الحكمة من تقريرها .

ثالثاً: من حيث المدة

إذا كان حق التاجر على إسمه مقيد بنوع من التجارة أو بدائرة مكتب السجل الـذي تـم فيـه القيد, فإنه من ناحية أخرى يستطيع التاجر أن يحتفظ بملكيته

(¹) د/ عاطف الفقي – الحماية القانونية للإسم التجاري – مرجع سابق ص ٤٣-٤٧ , د/ سـميحة القليوبي – ٢٠٠٥– الملكيـة الصناعية – مرجع سابق- ص ٨٠٤ .

على إسمه التجاري دائماً "وبالتالي الحماية القانونية لهذا الحق" وذلك عـن طريـق قيـد الاسم التجاري في السجل كل خمس سنوات عند انتهاء كـل مـدة حيـث إنـه طبقاً للـمادة التاسـعة مـن قانون السجل التجاري رقم ١٩٧٦/٣٤م, يجب على التاجر تجديد قيده في السجل التجاري كل خمس سنوات من تاريخ القيد أو من تاريخ أخر تجديد خلال الشهر السـابق لانتهاء المدة, ويُقبـل الطلب إذا قدم خلال التسعين يوماً التالية, على أن يؤدي الرسم في هذه الحالة مضاعفاً ويراعى عند تقديم طلب التجديد إتبـاع الأحكام المنصوص عليها في الباب الثالث من اللائحة رقم (١) للائحة التنفيذية لقانون السجل التجاري[1].

أما عن مدة احتكار الاسم التجاري في القانون الأمريكي فقد حـدده بخمـس سـنوات يبـدأ مـن تاريخ تقديم الطلب على أنه يجوز تجديد هذا الحـق في نهايـة فتـرة التجديـدات, وذلك قبـل انتهـاء مـدة التسجيل الأولية بنحو ستة أشهر؛ ويترتب على ذلك حق صاحب الاسم المسجل بألا يستأثر وحـده في اسـتعمال إسمه التجاري دون غيره وله أن يمنع الغير من استعمال واستخدام إسمه التجاري, وذلك طيلة مـدة تسـجيله ورتب جزاءاً جنائياً يتمثل في الغرامة لكل من استخدم اسماً تجارياً لم يسجله[2] .

وتنطبق الأحكام السابقة على الأسماء التجاريـة الخاصـة بشـركات التضـامن وشركات التوصـية البسيطة والتوصية بالاسم والشركات ذات المسئولية المحدودة, إذا تضـمن عنوانهـا اسـم شريـك أو أكـثر (مادة ١/٤), فإذا قيد اسم شركة من هذه الشركات في السجل التجاري وشُـهر فى جريـدة الأسـماء التجاريـة فلا يجوز لشركة أخرى استعمال هذا الاسم في نـوع التجـارة التـى تزاولها الشركة الأولى فى دائـرة مكتـب التسجيل الذى حصل فيه القيد, وإذا كانت أسماء الشركاء وألقابهم التى تدخل

---

[1] د/ سميحة القليوبي – الملكية الصناعية- مرجع سابق – ط٥ – ص٨٠٥-٨٠٦ .

[2] United States patent and trade mark office , basic facts about registration a trade name

http://www.uspto.go/web/ offices/doc/ basic/ trade define.htm. 2/24/2008

في اسم الشركة الثانية مشابهة للاسم التجاري المقيد في السجل وجب على الشركة الثانية أن تضيف إلى هذا الاسم بيانا يميزه عن الاسم السابق قيده .

أما شركات المساهمة والشركات ذات المسئولية المحدودة التي يكون اسمها مستمدا من غرضها, فيجب أن تتميز أسمائها عن أسماء مثيلاتها المقيدة بجميع مكاتب السجل التجاري (م ٤ فقره ٢), أي أن ملكية الاسم التجاري لا تقتصر في هذه الحالة على دائرة مكتب التسجيل الذى حصل فيه القيد بل تشمل إقليم الدولة بأسره, لذلك فإن المادة ١٣ من اللائحة التنفيذية لقانون السجل التجاري الجديد رقم ٣٤ لسنة ١٩٧٦م, تقضى بأن تعد مكاتب السجل التجاري فهارس بالأسماء التجارية للمقيدين بسجلاتها كل نوع منها على حده و ذلك بجانب الفهارس التى تعدها إدارة السجل التجاري بالأسماء التجارية لشركات المساهمة والشركات ذات المسئولية المحدودة والمقيدة لدى جميع مكاتب السجل التجاري. [1]

وأخيرا فإذا كانت ملكية الاسم التجاري تنشأ بتسجيله وتمام شهره وفقا للتفصيل السابق، فإنها تزول بانتهاء هذا التسجيل سواء بعدم تجديد تسجيله أو بمحوه أو شطبه، حقيقة أن صاحب الاسم التجاري يستطيع الاحتفاظ بملكيته على الاسم التجاري طوال فترة الخمس سنوات وما بعدها عند التجديد في كل مرة إلا انه قد يهمل في تجديد هذا التسجيل أو لا يرغبه، فإذا أهمل إعادة القيد في السجل التجاري في الميعاد المحدد زال حقه على الاسم التجاري حيث إن مكتب التسجيل يقوم بمحو هذا القيد بعد التحقق من السبب الموجب لذلك.

كما أنه يجوز شطب الاسم التجاري من مكتب السجل التجاري بناء على طلب صاحبه إذا ما اعتزل التجارة أو طلب ذلك ورثته في حالة وفاته، وإذا ما تم الشطب تنتهى الملكية على الاسم التجاري ويصبح هذا الاسم من الأموال العامة يجوز تسجيله لصالح تاجر آخر دون أن يعتبر هذا اعتداء على حق التاجر الأول.

([1]) د/ مصطفى كمال طه - وائل بندق -أصول القانون التجاري - مرجع سابق -ص٧٥٠-٧٥١.

الحماية القانونية لاحتكار الاسم التجارى

يتمتع الاسم التجارى بحماية القانون كبقية حقوق الملكية الصناعية السابقة وذلك عن طريـق الحماية المدنية والحماية الجنائية.

أولا: الحماية المدنية

تعتبر هذه الحماية العامة المؤسسة على المنافسة غير المشروعة أوسع وأعم نطاقا عن الحمايـة الجنائية الخاصة التى يقررها القانون للاسم التجارى باعتباره حقا من حقوق التاجر التجاريـة، وذلك أنـه يجوز لصاحب الاسم التجارى حق رفع هذه الـدعوى والمطالبـة بـالتعويض عـلى أسـاس قواعـد المسئولية التقصيرية إذا ما توافرت شروطها وهى الخطأ والضرر وعلاقة السببية بين الخطأ والضرر.

ولا أهمية لما إذا كان الاسم التجارى قد تم تسجيله وشهره فى جريـدة الأسـماء التجاريـة وفقـا لأحكام قانون الأسماء التجارية وقانون السجل التجارى من عدمه، فيمكن لصاحب الاسم التجارى الـذى بدأ فعلا فى استعماله ثم اعتدى عليه بفعل يكون منافسة غير مشروعة، أن يرفع دعـوى التعـويض عـلى المعتدى رغم أنه لم يتم إجراءات تسجيل وشهر اسمه التجارى، كما أنه لا أهمية عند رفع دعوى التعويض المدنى إلا إذا كانت أعمال المنافسة تكون اعتداء بالتقليد أو بالاغتصاب للاسم التجارى داخل نطـاق دائـرة مكتب التسجيل الذى تم فيه القيد أو خارجه، طالما أنها أفعال تضر صاحب الاسم التجارى.

وتضمَّن قانون التجارة رقم ١٩٩٩/١٧ نصا خاصا بتعريف المنافسة غير المشروعة وحقوق المعتدى عليه حيث تنص المادة (١/٦٦) على أنه (يعتبر منافسة غـير مشروعـة كـل فعـل يخالف العـادات والأصـول المرعيـة فى المعاملات التجارية ، ويدخل فى ذلك على وجه الخصوص الاعتداء على علامات الغير أو على اسمه التجارى أو عـلى براءات الاختراع أو على أسراره الصناعية التى يملك حق استثمارها .....)

وتضيف الفقرة الثانية من المادة ذاتها "أن كل منافسة غير مشروعة تلزم فاعلها بتعويض الضرر الناجم عنها ، وللمحكمة أن تقضى فضلا عن التعويض – بإزالة الضرر وبنشر ملخص الحكم على نفقة المحكوم عليه فى احدى الصحف اليومية" .

وللمحكمة فى دعوى المنافسة غير المشروعة أن تحكم بما تراه لازمًا لجبر الضرر ، كما لها أن تقتضى بإضافة أي بيان أو تعديل للاسم التجارى حتى تميزه عن غيره، وذلك منعاً للبس أو الخلط بين جمهور العملاء.

ويلاحظ أنه إذا كان دائماً يجوز رفع هذه الدعوى بناء على الحماية المدنية ولو لم يكن المتعدى على اسمه التجارى قد أتم إجراءات القيد والشهر وفقاً لدعوى المنافسة الغير مشروعة، إلا أننا نلاحظ أن من قام بهذه الإجراءات يكون دائماً في مركز أفضل بالنسبة لهذه الحماية المدنية، إذ أنه يعتبر صاحب الحق بمجرد قيامه بالقيد والنشر ويعتبر هذا الإجراء قرينة قانونية قاطعة غير قابلة لإثبات العكس على ملكية الاسم التجاري وبناء عليه، لا يكلف بإثبات خطأ الطرف المعتدي " الطرف الآخر"[1].

ثانياً: الحماية الجنائية

أما عن الوسائل التي يحقق بها الحماية للإسم التجاري فهي طبقاً لأحكام قانون الأسماء التجارية الحماية الجنائية للإسم وهي حماية تقوم إلى جانب الحماية العامة التي تكفلها دعوى المنافسة غير المشروعة.

وقد نصت على هذه الحماية المادة (٩) من القانون "يعاقب بالحبس مدة لا تزيد عن سنة وبغرامة لا تقل عن خمسة جنيهات ولا تزيد على مائة جنيه أو بإحدى هاتين العقوبتين كل من استعمل عمداً اسماً تجارياً على خلاف أحكام هذا القانون أو القرارات الصادرة تنفيذاً له".

(¹) د/ سميحة القليوبي – الملكية الصناعية – مرجع سابق – ص٨١٣-٨١٥, ولمزيد من التفاصيل راجع د/ محسن شفيق – الوسيط في القانون التجاري المصري – مرجع سابق- ص٢٥٧ .

وكما يتضح من النص , تصيب هذه العقوبة كل من يتعدى على الاسم التجاري للغير بشرط أن تتوافر فيه الشروط السابقة للحماية وهي القيد في السجل التجاري والشهر في جريدة الأسماء التجارية.

وما دام هناك ارتباط بين هذه الشروط مـن جهـة وتجـريم الفعـل مـن جهـة أخرى , فإنه لا يستهدف للعقوبة سوى من استعمل الاسم التجاري للغير في تجارة مماثلة تباشر في دائرة مكتب التسجيل الذي قيد فيه الاسم المعتدى عليه، ولما كان كل استعمال الاسم التجاري خلافاً لأحكام القانون يعتبر فعـلاً معاقباً عليه , فأنه يجب القول بأن مباشرة التجارة بالاسم الشخصي تقع تحت طائلة النص إذا كان الاسم يشبه الاسم التجاري المقيد في السجل لتاجر آخر وكان التاجر لم يضـف عمـداً إلى اسـمه بيانـاً يميـزه عـن الاسم السابق قيده وذلك طبقاً لحكم المادة ٣ من القانون.

والواقع أن المادة (٩) من قانون الأسماء لا تقتصر علـى تقريـر حمايـة جنائيـة الاسـم التجـاري المقيد في السجل على التفصيل السابق، بل هي تضع جزاءً جنائياً عامـاً علـى كـل مخالفـة لأحكـام هـذا القانون ولو لم تتضمن المخالفة اعتداء على إسم تجاري آخر.

وهكذا تستهدف العقوبة مـن لا يتخذ مـن اسـمه الشخصيـ عنصراً أساسياً في تكوين إسـمه التجاري، ومن يضيف إلى الاسم بيانات غير مطابقة للحقيقة أو مضللة، ومن يقع عليه الإلتزام يلتزم برفع اسم الشريك الذي خرج من شركة التضامن من عنوان هـذه الشركة علـى غيـر ذلك مـن صـور المخالفـة لأحكام قانون الأسماء التجارية, ثم أنه يقابل هذا التوسع في التجريم أن القانون لا يعاقب علـى اسـتعمال إسم تجاري على خلاف أحكام القانون إلا إذا كان هذا الاستعمال عمداً، والمقصود بالعمد هنا فيما نعتقـد هو في حالة استعمال إسم للغير قصد به الإضرار بصاحب الاسم أو قصد إيجاد اللبس وتضليل الجمهور [١].

---

[١] د/ أكثم الخولي - الموجز في القانون التجاري - مرجع سابق - ص ٢١٢-٢١٣ .

المطلب الثانى

الرسوم والنماذج الصناعية

الرسوم والنماذج الصناعية عبارة عن مبتكرات جديدة تستهدف عرض السلعة فى شكل جديـد فالرسم أو النموذج الصناعى يتمثل فى الإنتاج الفكرى الجديد الذى توصل إليه مبتكره لتقديم منتجـات معروفه فى شكل جديد، يكون له أثر فى رواج السلعة وتداولها لما تستهدفه من رونـق وبهجـة لهـا، يـدفع من يراها إلى الرغبة فى اقتنائها، ومن أجل ذلك يهتم رجال الصناعة ويبذلون جهـودهم فى ابتكار الرسـوم والنماذج الصناعية التى تضفى على منتجاتهم رونقـا يزيـد مـن قيمتها وتعمـل علـى رواجهـا، لـذلك أقر المشرع حماية الرسوم والنماذج الصناعية بداية من القانون رقم ١٣٢ لسنة ١٩٤٩م بشان براءات الاختراع والرسوم والنماذج الصناعية (الملغى) انتهاءً بقانون حماية الملكيـة الفكريـة رقم ٨٢ لسـنة ٢٠٠٢ ، بعـدما كانت هذه الحماية من اجتهادات القضاء.

ويعرف الرسم الصناعى بأنه "كل تنسيق جديد للخطوط على سطح المنتجات".

أما النموذج الصناعى فيعرف بأنه "القالب الخـارجى الجديد الـذى يتخـذه حجـم المنتجـات فيعطيها رونقا مبتكرا" [١] .

وقد عرفته **المادة ١١٩** من قانون حماية الملكية الفكرية رقم ٨٢ لسـنة ٢٠٠٢ علـى أنـه "يعتبر تصميما أو نموذجا صناعيا كل ترتيب للخطوط وكل شكل مجسم بألوان أو بغير ألـوان ، إذا اتخـذ مظهـرا مميزا يتسم بالجدية وكان قابلا للاستخدام الصناعى " .

---

[١] د/ محمد الأمير يوسف - الوجيز فى القانون التجارى - المبادئ العامة والشركات - مجموعـة جـ - دار النصر- للتوزيـع والنشر - ٢٠٠٢ ص ١٩٦ .

فالرسم فى معنى هذه المادة يُقصد به كل ترتيب للخطوط يكسب السلعة طابعا مميزا ويضفى عليها خصيصة الإفراد بذاتها يفرقها عما عداها من السلع التى تنتمى إلى فصيلتها، وذلك بما يثيره الرسم فى ذهن من يراه بحقيقة هذه السلعة وذاتيتها، أما النموذج فهو عبارة عن القالب الذى تصب فيه السلعة فى شكل جسم يسبغ على السلعة مظهرا يميزها عن السلع المماثلة كهياكل السيارات وزجاجات المشروبات والعطور [1].

يُستخلص من ذلك أن للرسوم والنماذج الصناعية وظيفتان أساسيتان:

أولهما: جعل المنتج أو السلعة أكثر جاذبية من الناحية الجمالية

وثانيهما: تمييزه عن غيره من المنتجات الأخرى المتنافسة فمتى تساوى صنف من سلعتين متماثلين كان الرسم أو النموذج هو المقياس الذى يهتدى به المستهلك للتفضيل بينهما، فإذا أردت شراء قطعة من القماش مثلا وعرض عليك البائع قطعتين من صنف واحد وتحققت من أنهما متساويتان من حيث الجودة والمتانة فانك تختار منهما القطعة التى يروقك رسمها وتعجبك الألوان المستخدمة فيها [2].

وتتميز الرسوم والنماذج الصناعية بمجموعة من الخصائص التى تميزها وهى كالتالى [3]:-

١- يخصص الرسم والنموذج لتمييز منتجات صناعية كالمنسوجات والسجاد والأوانى، أما الرسم الذى ينشر ـ فى كتالوج أو يستخدم فى الإعلانات فلا يدخل فى نطاق القانون لان المقصود هو الرسم الـذى يهدي العملاء إلى المنتجات

[1] د/ احمد محمد محرز – القانون التجارى – دون دار نشر – ١٩٩٤م – ص ٤٥٤.
[2] د/ محمد السيد الفقي – دروس فى القانون التجارى الجديد – الأعمال التجارية – التجار – الأموال التجارية – دار المطبوعات الجامعية – ٢٠٠٠ – ص ٣٣٣.
[3] د/ علي جمال الدين عوض- القانون التجاري – مرجع سابق ص٢٥٠-٢٥١.

بمجرد النظر إليه، فالرسم المقصود هو الذى يوضع على المنتجات ويلتصق بها ويصير جزءا منها.

٢- يتفرع عن الخصيصة الأولى أنه يجب أن يكون النموذج أو الرسم طابع خاص بحيث يُقصد به تمييز السلعة من غيرها من السلع من ذات الصنف وأن يميزها عنها بالفعل، أما إذا لم يتوافر فيه هذا الشرط تعثرت حمايته؛ لأن الحماية تنصب على الرسم أو النموذج باعتباره وسيله لتمييز منتجات صاحبه عن غيرها وجذب العملاء إليها بما يعود عليه بالمنفعة.

ويجدر بنا فى هذا المقام التفرقة بين النموذج الصناعي والعلامة التجارية التى تقوم بوظيفة "الربط الذهنى" بين شكل العلامة والمنتج أو السلعة ويمكن الاستعانة فى هذه التفرقة، بإمكانية "الفصل المادى" بين المنتج من ناحية والشكل المراد تكييفه، فحيثما يكون هذا الفصل متاحا فإننا نكون بصدد علامة إما حيث تعسر هذا الفصل وإننا نكون بصدد "نموذج" يصاغ المنتج ذاته فيه، وتطبيقا لذلك فإن الشكل الخارجى لزجاجات المياه الغازية أو المعدنية أو العطور، لا يعد نموذجا صناعيا "لأن النموذج الصناعى هو الشكل الذى تبرز فيه المنتجات ذاتها وليس هو الغلاف الخارجى للمنتجات".

وإذا كان هذا هو شأن التفرقة بين العلامة من ناحية والرسم أو النموذج الصناعيين من ناحية أخرى ، فإن هناك تفرقة أخرى يجب ألا تغيب عن الذهن، ويعنى بذلك وضع الفواصل بين هذه الرسوم والنماذج وبين الفن البحت، ففى هذا الأخير، لا توجد أى صلة بين "الفنان" وبين السلع أو عروض التجارة ، فهو تحقيق ذاته من خلال فنه وعملية الإبداع الفنى تبتغي تحقيق قيم جمالية محضة على عكس مصمم الرسم أو النموذج الصناعى، الذى يضع نصب عينيه المنتج أو السلعة المستهدفة بهذا الرسم أو النموذج وهو يضع ويرتب الخطوط أو يصمم النماذج، ومن ثم فإن حق الفنان البحت يمكن حمايته طبقا لقوانين حماية الملكية الأدبية

والفنية ولا يمتاز بالحماية من خلال قوانين الملكية الصناعية التى لا تكسب قيمتها إلا فى مجـال إنتـاج أو تداول السلع وعروض التجارة.[1]

احتكار الرسم والنموذج الصناعى

تنشأ ملكية مبتكر الرسم أو النموذج الصناعى بمجرد ابتكاره فلا يشـترط القـانون التسجيل لكسب الملكية، وذلك على خلاف الحال فى براءة الاختراع حيـث لا يكتسب المختـرع حـق ملكيتـه علـى اختراعه إلا بصدور البراءة وبالأسبقية فى طلبها، ومن ثم يتفرع عن هذا مبدأين[2]:

الأول: أنه إذا سرق شخص الرسم أو النموذج وأجرى تسجيله باسمه، فإن هذا التسجيل لا يكسب ملكيته فيكون للمالك الحقيقى أن يسترده.

الثانى: أنه إذا لم يقم المالك بتسجيل الرسم أو النموذج واحتفظ به سرا لنفسه، ظلت له الملكية على الرغم من عدم التسجيل، ومع ذلك إذا أذاعه قبل التسجيل فالمفروض أنه تنازل عن ملكيته، فيصير الرسم أو النموذج والحال كذلك من الأموال المباحة، ومن ناحية أخرى فإنه ولـئن كان صحيحا أنه لا شـأن للتسجيل فى إنشاء حق الملكية على الرسم أو النموذج، فإنه يعود بفائـدة كبيـرة علـى مـن يجريه أو ينشئ فى صالحه قرينة على الملكية متى نشب النزاع بشأنها فالمفروض أن المسجل مالك للرسم أو النموذج الذى قام بتسجيله إلى أن يثبت العكس، وعلى مـن ينازعـه فى أمـر الملكيـة أن يقـوض هـذه القرينة بإثبات أن المسجل غير مالك وهو إثبات عسير فى كثير من الأحيان.

ويفيد التسجيل من ناحية أخرى إذا أراد الشارع حماية الرسوم والنماذج

(¹) د/ مختار البريري - قانون المعاملات التجارية - الجزء الأول - مرجع سابق - ص٦٩٠ .
(²) د/ محسن شفيق - الوسيط فى القانون التجارى المصرى - الجزء الأول - الطبعة الثانية - مكتبه النهضة المصرية ١٩٥٥ - ص ٢٦٨.

فاعتبر تقليدها جريمة وسن عقوبة خاصة عليه ، غير أن الرسم أو النموذج لا يكون محلاً لهذه الحماية إلا إذا كان مسجلاً ، فإذا أراد المالك أن يفيد من هذه الحماية فعليه أن يقوم بالتسجيل.

ولقد نصت المادة (١٢٧/١) من قانون حماية الملكية الفكرية رقم ٨٢ لسنة ٢٠٠٢ على أنه "يترتب على تسجيل التصميم أو النموذج الصناعي حق صاحبه في منع الغير من صنع أو بيع أو استيراد المنتجات المتخذة شكل هذا التصميم أو النموذج أو تتضمنه".[1]

وبذلك أكد المشرِّع على مفهوم حق صاحب التصميم أو النموذج الصناعي الناشئ في احتكار استغلال واستعمال تصميمه أو نموذجه الصناعي دون غيره كأثر من آثار ملكيته طوال مدة حمايته ومتى تم تسجيل الرسوم أو النماذج الصناعية، فأنه ينشأ لصاحب هذا الرسم أو النموذج حق احتكار يمكِّنه من أن يصنع المنتجات الصناعية ذات الرسم أو النموذج المُسجل، وأن يحتكر بيعها واستيرادها كما يحتكر صناعه القوالب واللوحات التي تستعمل في صب النموذج أو طبع الرسوم، ولغير مالك الرسوم والنماذج الصناعية المسجلة صناعة المنتجات من غير تجميلها بتلك الرسوم والنماذج المسجلة ما دامت المنتجات لا تحميها براءة اختراع.[2]

ومن ناحية أخرى فإنه ولئن كان لصاحب الرسم أو النموذج منع الغير من استخدام الرسم أو النموذج فهناك **بعض الحالات** التي لا تعد اعتداء على هذا الحق

---

[1] في المقابل فلقد تضمنت المادة (٣٨) من القانون الملغى رقم ٣٢ لسنة ١٩٤٩م بشان براءات الاختراع والرسوم والنماذج الصناعية ذات المعنى من اشتراطها وجوب تسجيل الرسوم والنماذج الصناعية في السجل المعد لذلك بوزارة التموين والتجارة وتمسك هذا السجل إدارة الرسوم والنماذج الصناعية و بين تلك المادة أهمية هذا التسجيل سواء في إضفاء الحماية الجنائية عليها أو من كونها تعد قرينة بسيطة على ملكية الرسم أو النموذج لصاحب الاسم الذى سجل به.

[2] د/ حسني عباس - الملكية الصناعية - مرجع سابق - ص ٢٥٤.

إذا استعمل من قبل الغير دون إذن من مالك الرسم أو النموذج ذلك فى الأعمال الآتية:[1]

١- الأعمال المتصلة بأغراض البحث العلمى.

٢- أغراض التعليم أو التدريب.

٣- الأنشطة غير التجارية.

٤- تصنيع أو بيع المنتجات المشار إليها. وذلك بقصد إصلاحها مقابل أداء تعويض عادل

٥- الاستخدامات الأخرى التى لا تتعارض بشكل غير معقول مع الاستغلال العادى للتصميم أو النموذج الصناعى المحمى ولا تضر بصورة غير معقولة بالمصالح المشروعة لصاحبه مع مراعاة المصالح المشروعة للغير.

والواقع أن الحالات المشار إليها[2] لا تمثل فى أساسها اعتداء على حقوق صاحب التصميم أو النموذج فمما لاشك فيه أن الاستخدامات العلمية والبحث العلمى والتدريب والأنشطة غير التجارية، لا يجوز تجريمها للتقدم العلمى فى مجالات الصناعة المختلفة، وبالنسبة لإجازة الغير فى تصنيع أو بيع أجزاء فقط من التصميم أو النموذج الصناعى وليس بكامله، بهدف الإصلاح مقابل تعويض عادل يعود على المجتمع بالفائدة فى المجال الصناعى حيث يمثل الإصلاح وفرا فى شراء الجديد.[3]

---

[1] د/ صفوت بهنساوي- مبادئ القانون التجاري - الجزء الأول - الأعمال التجارية - التاجر - الأموال التجارية - دار النهضة العربية ببني سويف - ٢٠٠٧ ص٣٥٦ .

[2] مادة ١٢٧ من قانون حماية حقوق الملكية الفكرية رقم ٨٢ لسنة ٢٠٠٢ .

[3] د/ سميحة القليوبي - الملكية الصناعية - ط١- ٢٠٠٥ - مرجع سابق ص ٧٠٧.

النطاق الزمني لحماية احتكار الرسم أو النموذج الصناعى

ذكرنا فيما سبق أن ملكية الرسم أو النموذج تنشأ من الابتكار، ومن ثم تخول مالكه الحق فى احتكار الرسم أو النموذج، ولكن هذه الملكية لا تمنع الغير من استخدام الرسم أو النموذج، لذلك اشترط القانون لحماية هذا الحق ضرورة قيام المالك بتسجيل الرسم أو النموذج الصناعى فى السجل المعد بذلك، رغبة منه فى إسباغ الحماية القانونية على هذا الحق، واتخاذ الوسائل القانونية لمنع الاعتداء عليه باعتباره من القيم المادية الملموسة.

ولقد حدد القانون رقم ١٣٢ لسنة ١٩٤٩ (الملغى) مدة الحماية القانونية للرسوم والنماذج الصناعية بخمس سنوات[1]، تبدأ من تاريخ تقديم طلب التسجيل ويجوز تجديد هذه المدة لمدتين جديدتين متتاليتين إذا قدم مالك الرسم أو النموذج طلبات بالتجديد خلال السنة الأخيرة من كل مدة وفقا للطريقة التى حددتها اللائحة التنفيذية.

أما فى قانون حماية الملكية الفكرية رقم ٨٢ لسنة ٢٠٠٢[2]، فقد حدد مدة الحماية القانونية المترتبة على تسجيل التصميم أو النموذج الصناعى عشر سنوات تبدأ من تاريخ تقديم طلب التسجيل فى جمهورية مصر العربية، وتجدد الحماية لمدة خمس سنوات أخرى إذا قدم مالك التصميم أو النموذج طلبا بالتجديد فى خلال السنة الأخيرة من المدة، ومع ذلك يحق للمالك أن يقدم طلبا بالتجديد خلال الثلاثة اشهر التالية لتاريخ انتهاء مدة الحماية وإلا قامت المصلحة بشطب التسجيل.[3]

---

[1] وقد نصت المادة ٤٤ من القانون ١٣٢ لسنة ١٩٤٩م على انه "مدة الحماية القانونية المترتبة على تسجيل الرسوم أو النماذج الصناعية خمس سنوات تبدا من تاريخ تقديم طلب التسجيل ٢- يمكن ان تستمر الحماية مرتين جديدتين على التوالى اذا ما قدم الرسم أو النموذج طلبا بالتجديد فى خلال السنة الاخيرة من كل مدة وذلك بالكيفية التى تعينها اللائحة التنفيذية لهذا القانون".
[2] مادة ١٢٦ من القانون ٨٢ لسنة ٢٠٠٢.
[3] صفوت بهنساوى - القانون التجارى - مرجع سابق - ص ٣٥٧.

وقد نظمت المواد من (١٣٨ إلى ١٤٠) من اللائحة التنفيذية إجراءات تجديد مدة الحماية القانونية للتصميم أو النموذج الصناعى و التأشير به السجل والنشر عنه، وبناء على ذلك يمكن أن تستمر الحماية القانونية للتصميمات أو النماذج الصناعية مدة خمس عشرة سنة بشرط أن يتقدم صاحب التصميم أو النموذج بطلب التجديد فى المواعيد، ووفقا للأوضاع المنصوص عليها فى القانون سالف البيان ولائحته التنفيذية وبانتهاء مدة التسجيل تلزم مصلحة التسجيل التجارى بشطب التسجيل وبذلك تنقضى ـ الحماية القانونية الخاصة التى يقرها المُشرع للتصميمات والنماذج الصناعية الأمر الذى يترتب عليه عدم أحقية صاحب التصميم أو النموذج فى حماية حقه فى احتكار استغلال التصميم أو النموذج بعد انتهاء مدة التسجيل وشطبه ومن ثم يسقط فى الدومين العام وتقوم الإدارة بالتأشير فى السجل بما يفيد تجديد مدة حماية التصميم أو النموذج الصناعى ويعطى الطالب شهادة بناء على طلبه بعد سداد الرسم المقرر وفقا لفئته الواردة بالجدول المرفق بإملائه.[١]

بمجرد طلب التجديد على النموذج المعد لذلك أو ما يتضمن بيانه.

وطبقا للمادة (١٤٠) من اللائحة ينشر عن تجديد مدة الحماية القانونية للتصميم أو النموذج الصناعى فى الجريدة ويشترط أن يتضمن النشر البيانات الآتية:

١- الرقم المتتابع للتصميم أو النموذج الصناعى.

٢- اسم مالك النموذج أو التصميم الصناعى.

٣- تاريخ التسجيل ورقم وتاريخ وعدد الجريدة التى نشر بها عن هذا التسجيل.

٤- تاريخ طلب تجديد الحماية.[٢]

---

[١] مادة ١٣٩ من اللائحة .
[٢] د/ سميحة القليوبى ـ الملكية الصناعية ـ ٢٠٠٣ ـ مرجع سابق ـ ص ٦١٣ .

الحماية القانونية لاحتكار الرسم و النموذج الصناعى

لقد أضفى المشرع الحماية القانونية لصالح مالك الرسم أو النموذج الصناعى طوال فترة احتكاره القانونية للرسم أو النموذج الصناعى سواء كانت عن طريق الحماية المدنية أو الحماية الجنائية كما سيتبين فيما يلى:-

أولا: الحماية المدنية

لمالك الرسم أو النموذج المسجل حق ملكية عليه باعتباره مالا منقولا معنويا، وله أن يقاضى كل شخص يغتصب هذا الحق بأن يستعمل الرسم أو النموذج دون رضا أو إذن من صاحبه كأن يضعه على سلعة ما يصنعها، وللمالك فى هذه الحالة أن يبادر برفع دعوى المنافسة غير المشروعة ويطلب تعويضه استنادا إلى نص المادة ٦٦/٢ من قانون التجارة الجديد رقم ١٧ لسنة ١٩٩٩م. [١]

و الذى يميز دعوى المنافسة غير المشروعة أنها تحمى جميع المراكز القانونية، سواء ارتقت إلى مستوى الحق الكامل لجميع عناصره أم لا، بخلاف الدعوى الجنائية التى هى دعوى حماية خاصة للتصميمات والنماذج الصناعية التى تم تسجيلها فعلا طبقا لأحكام قانون حماية حقوق الملكية الفكرية رقم ٨٢ لسنة ٢٠٠٢م، فجوهر دعوى المنافسة غير المشروعة هى الإخلال بأصول العرف التجارى وعدم إتباع طرق شريفة للمنافسة، ومن ثم فأن هذه الدعوى أوسع نطاقا من الحماية القانونية الخاصة للنموذج أو الرسم بعد تسجيله. [٢]

ومن ناحية أخرى فإذا لم يكن الخلط بين السلع بسبب التقليد ممكنا لم نكن بصدد منافسة غير مشروعة لأن المنافسة تشترط التزاحم بين السلع بسبب تزاحم تجارها على تصريفها، ومع ذلك يكون لمالك الرسم أو النموذج أن يمنع تقليد

[١] د/ علي جمال الدين عوض- القانون التجاري- مرجع سابق- ص ٢٥٩ .
[٢] د/ سميحة القليوبي - الملكية الصناعية – ٢٠٠٥ – مرجع سابق – ص٧١٩ .

رسومه ونماذجه، لأن هذا التقليد مجردا من كل ضرر يلحق بالمالك ويعتبر اعتداء على حق ملكيته واجبا دفعه ولو لم يصبه منه أى ضرر لذا حكم أنه لا يعتبر نقل رسومات شخص آخر وبالضرورة وفى كل الأحوال عملا من أعمال المنافسة غير المشروعة وخاصة إذا لم يصطحب هذا النقل بأعمال تهدف إلى إيقاع الجمهور فى غلط حول معرفة مصدر الصناعة، ولا يعتبر ذلك سوى مجرد اعتداء على حق المالك للرسوم الصناعية.

فإذا وضعت على قماش رسومات مشابهة تماما لرسومات شخص آخر منافس، فلا يعتبر ذلك منافسة غير مشروعة، ما دام الخلط بين القماشين غير ممكن، لا من قِبل تجار الجملة الـذين يميـزون الصنفين حسب الماركة الموضوعة على كلا منهما، ولا من قبل المستهلك الـذى لا يهمه تحديـد مصـدر القماش، وكون الرسومات عنصرا له دور هام فى توجيه إختيار المشترى فإن ذلك لا شأن لـه بالمنافسة غير المشروعة وكل ما هناك أن الاعتداء على الرسومات يعتبر مجرد اعتداء على ملكيـة الرسم، كـذلك إذا لم يكن الرسم أو النموذج مسجلا، بعد وسرقة شخص آخر وسارع إلى تسجيله باسمه فإن للمبتكر الحقيقى أن يستصدر حكما مـن محكمة القضاء الإدارى بشطب هذا التسجيل وإعادة تسجيل الرسم أو النموذج باسمه هو، وقد يكون الرسم أو النموذج عملا فنيا مما يدخل فى نطاق قانون حماية المؤلف فيكون لمالكه فضلا عـلى الحماية السابقة أن يطلب تطبيق حماية هذا القانون كذلك . [1]

الإجراءات التحفظية

تسهيلا على صاحب الرسم أو النموذج الصناعى فى إثبات الاعتداء على حقه فى احتكار استغلال ابتكاره، أن يطلب من المحكمة المختصة أثناء نظر أيـة دعوى مدنيـة أو جنائيـة، إصـدار أمـر بـالحجز التحفظى على الرسم أو النموذج أو المنشأة أو جزئها الذي يستعمل أو يستغل أي نوع مـن أنـواع الملكيـة الصناعية،

---

[1] د/ علي جمال الدين عوض- القانون التجاري- مرجع سابق- ص ٢٥٩- ٢٦٠ .

وذلك فى حالة وقوع أى فعل من أفعال التعدي أو الأعمال غير المشروعة بالمخالفة لهذا القانون أو العقود أو التراخيص الممنوحة وفقا لأحكام هذا القانون[1] ، ولرئيس المحكمة المختصة بأصل النزاع وبناء على طلب كل ذوى الشأن ومقتضى أمر يصدر على عريضة أن يأمر بإجراء أو أكثر من الإجراءات التحفظية المناسبة، وعلى وجه الخصوص.[2]

١- إثبات واقعة الاعتداء على الحق محل الحماية.

٢- إجراء حصر ووصف تفصيلى للمنتجات المخالفة والأدوات التى أُستخدمت أو تُستخدم فى ارتكاب الجريمة.

٣- توقيع الحجز على الأشياء المذكورة فى البند (٢).

ولرئيس المحكمة فى جميع الأحوال أن يـأمر بنـدب خبير أو أكثـر، لمعاونـة المحضر- المكلـف بالتنفيـذ وأن يفرض على الطالب إيداع كفالة مناسبة، ويجب أن يرفع الطالب أصل النزاع إلى المحكمة المختصة خـلال خمسة عشر يوما من تاريخ صدور الأمر وإلا زال كل اثر له.[3]

يجوز لمن صدر ضده الأمر أن يتظلم منه إلى رئيس المحكمة الذي أصدر الأمر خلال ثلاثين يوما من تاريخ صدوره أو إعلانه به على حسب الأحوال ويكون لرئيس المحكمة تأييد الأمـر أو إلغائه كليا أو جزئيا.[4]

ويجوز للمحكمة المختصة أن تحكم بمصادره الأشياء المحجوزة وهى عقوبات تبعية، وذلك لاستنزال ثمنها من الغرامات والتعويضات أو التصرف فيها بأية

[1] د/ فايز نعيم - مبادئ القانون التجاري - مرجع سابق - ص ٣٩٧ .
[2] د/ صفوت بهنساوى - القانون التجارى - مرجع سابق - ص٣٥٩ .
[3] مادة ١٣٥ من قانون حماية حقوق الملكية الفكرية رقم ٨٢ لسنة ٢٠٠٢ .
[4] مادة ١٣٦ من قانون حماية حقوق الملكية الفكرية رقم ٨٢ لسنة ٢٠٠٢ .

طريقة أخرى تراها المحكمة مناسبة وكذلك لها الأمر بإتلاف هـذه الأشـياء المحجـوزة, بالإضافة إلى نشر الحكم فى جريدة واحده أو أكثر على نفقة المحكوم عليه.[1]

ثانيا: الحماية الجنائية

تنص المادة (١٣٤) من القانون على أنه "مع عدم الإخلال بأية عقوبة .. منصوص عليها فى أي قانون آخر يعاقب بالغرامة لا تقل عن أربعة آلاف جنية ولا تجاوز عشرة آلاف جنيه.[2]

١- كل من قلد تصميما أو نموذجا صناعيا محميا تم تسجيله وفقا لأحكام هذا القانون .

٢- كل من صنع أو باع أو عرض للبيع أو حاز بقصد الاتجـار أو التـداول منتجـات .. تصميما أو نموذجا صناعيا مقلدا مع علمه بذلك.

٣- كل من وضع بغير حق على منتجات أو إعلانات أو علامات تجارية أو أدوات معينة أو غيرها بيانـات تـؤدى إلى الاعتقاد وبتسجيله تصميما أو نموذجا صناعيا.

وفى حالة العود تكون العقوبة الحبس مدة لا تقل عن شهر والغرامة التى لا تقـل عـن ثمانيـة آلاف جنيـه ولا تجاوز عشرين ألف جنيه.

انتهاء حق احتكار الرسم و النموذج الصناعى

رأينا فيما سبق أنه يترتب عـلى تسجيل الرسـم أو النموذج أو النموذج حـق صـاحب الرسـم أو النمـوذج الصناعى فى احتكار ابتكاره دون غيره ومنع الغير مـن اسـتخدام أو اسـتعمال هـذا الابتكار, بيـد أن هـذا الاحتكار لا يتسم بالديمومة فهو مؤقت بمدة معينة إضافة إلى وجود بعض حالات انتهاء هـذا الحـق كـما سنعرضه فيما يلى.

[1] د/ محمد أنور حمادة – النظام القانوني لبراءات الاخـتراع والرسـوم والـنماذج الصناعية- دار الفكـر الجامعي – ٢٠٠٢- ص٢٩٠ .
[2] د/ صفوت بهنساوى – القانون التجارى – مرجع سابق – ص ٣٥٨-٣٥٩ .

أولا: استنفاد حق صاحب الرسم أو النموذج الصناعى فى احتكار استعماله

أخذ المشرع المصرى فى قانون حماية الملكية الفكرية بمبدأ استنفاد الحقوق والذى أجازته اتفاقية التربس, للحد من الآثار السلبية الناشئة عن احتكار استغلال واستعمال حقوق الملكية الصناعية ونص عليه فى شأن براءة الاختراع بالمادة (١٠/٢) من القانون وفى شان العلامة التجارية بالمادة (٧١) منه, كما تضمنت المادة (١٢٧/٢) من القانون ذاته مبدأ استنفاد حق مالك التصميم أو النموذج محل الحماية القانونية إذا قام صاحبه بتسويق المنتجات فى أية دولة أخرى أو منح الغير ترخيصا بذلك, وفى ذلك تنص المادة (١٢٧/٢) على أنه "٠٠ الحق فى منع الغير من استيراد أو بيع أو توزيع المنتجات المشار إليها إذا قام صاحبه بتسويق تلك المنتجات فى أية دولة أو رخص للغير بذلك".

ويعد استنفاد حق صاحب التصميم أو النموذج الصناعى فى منع الغير من التعامل على المنتجات محل التصميم أو النموذج منطقيا وعادلا, حيث يمثل الاستنفاد الحد من الحقوق المطلقة لصاحب التصميم أو النموذج الصناعى إذا وافق صاحب التصميم للغير بتسويقه فى بلد آخر أو قام هو شخصيا بتسويقه. [1]

ثانيا: شطب التسجيل

إذا انتهت مدة الحماية القانونية المترتبة على تسجيل الرسم أو النموذج الصناعى دون أن يطلب مالك الرسم أو النموذج تجديدها, وجب على إدارة الرسوم والنماذج الصناعية إخطاره كتابة بذلك خلال الشهر التالى لانتهاء مدة الحماية, وفى هذه الحالة إذا لم يتقدم المالك بطلب التجديد خلال ثلاثة أشهر من تاريخ انتهاء المدة كان على الإدارة أن تقوم بشطب التسجيل من تلقاء نفسها [2], وهنا لا ينسحب أثر الشطب على الماضى بل يقتصر على المستقبل, وهناك حالة يكون للشطب فيها

---

[1] د/ سميحة القليوبي – الملكية الصناعية – ٢٠٠٥ – مرجع سابق – ص٧٠٦.

[2] د/ محمد السيد الفقى – دروس فى القانون التجارى الجديد – مرجع سابق ص ٣٣٦.

أثر رجعي أي يهدم حقوق المالك فى الماضى أو المستقبل على السواء ، وهى حالة ما يكون الرسم فاقدا أحد العناصر التى تجعله جديرا بالحماية القانونية[1].

وذلك فى حالة ما إذا كان الرسم أو النموذج فاقدا لعنصر الجده ومتى حكم بالبطلان فى هذا الفرض ، وعاد الرسم أو النموذج إلى الأموال المباحة فيجوز لكل شخص نقله واستعماله, ويجوز لكل ذى مصلحة أن يطلب بطلان التسجيل بسبب عدم الجده للرسم أو النموذج, و يشترط أن تكون المصلحة جدية وهو أمر يترك تقديره للمحكمة, ومن المقرر انه يجوز للمتهم فى جريمة التقليد أن يدفع ببطلان التسجيل لينفى عنه صفة الجريمة, كذلك يجوز شطب التسجيل إذا كان المسجل غير مالك فيجوز للمالك أن يطلب البطلان ويعيد التسجيل باسمه إذا شاء، ونعتقد أن التسجيل الواقع من غير المالك لا يفقد الرسم أو النموذج عنصر الجده ولا يحول والحال كذلك دون صحة إعادة التسجيل من المالك، كما يجوز لإدارة الرسوم والنماذج أن تطلب بطلان التسجيل متى تبين لها سببه سواء فى ذلك كان البطلان يستند إلى فقدان عنصر الجده أم أن المسجل غير مالك.[2]

ثالثا: الترخيص الإجباري للرسم أو النموذج الصناعى

قرر المُشرع فى المادة (١٢٩) من قانون حماية عقد الملكية الفكرية حق مصلحة التسجيل التجارى على منح الغير ترخيص إجبارى للرسم أو النموذج الصناعى، وذلك إذا اقتضت دواعى المصلحة مثل هذا الأمر وذلك بعد موافقة لجنة وزارية يصدر قرار تشكيلها من رئيس مجلس الوزراء. وقد نظمت المواد من (١٥١ ، ١٥٣) من اللائحة التنفيذية شروط منح الترخيص الإجباري للرسم أو النموذج الصناعى وذلك على الأتى بيانه[3] :

(¹) د/ علي جمال الدين عوض- القانون التجارى- مرجع سابق- ص٢٥٦ .
(²) د/ محسن شفيق – الوسيط فى القانون التجارى – مرجع سابق – ص ٢٧٠ .
(³) د/سميحة القليوبي – الملكية الصناعية – ٢٠٠٥ – مرجع سابق ص٧١٢-٧١٧ .

١- أن يثبت طالب الترخيص سبق تفاوضه مع صاحب التصميم أو النموذج الصناعى بشروط مناسبة وعائد عادى.

يشترط المشرِّع لمنح الطالب ترخيصاً باستغلال التصميم أو النموذج الصناعى أن يثبت أنه تفاوض مـع صاحب التصميم أو النموذج الصناعى وأنه قام بمحاولات جديه للحصول على الترخيص الإجباري منه كـذلك عليه إثبات قيامه بعرض شروط مناسبة لتحقيق الاستغلال الاختياري، بالإضافة إلى انقضاء فـترة تفـاوض معقولة[1] ، وهدف المشرِّع من هذا الشرط أن يثبت قيام الطالب بمحاولات جديه للحصول على ترخيص اختياري من صـاحب التصميم أو النموذج الصناعى وأن المفاوضات استمرت المدة المعقولـة والمناسبة لتبـادل الـرأي فى شروط وحـالات الترخيص الاختياري وذلك لإظهار تعنت وتعسف صاحب التصميم أو الرسم الصناعى.

ووضعت المادة (١٥١) من اللائحة ضوابط لتقـدير مـدى مناسبة الشروط سالفة الـذكر عـلى النحو التالى:

١- نوعية التصميم أو النموذج الصناعى.

٢- الفترة المتبقية من مدة الحماية المقررة له.

٣- المقابل المعروض أمام الترخيص الإجباري.

٢- أن يكون طالب الترخيص الإجباري قادرا على استغلال التصميم أو النموذج الصناعى.

قرر المشرِّع فى المادة (١٥٢) من اللائحة أنه "لا يجوز منح الترخيص الإجباري إلا لمن كان قـادرا على استغلال التصميم أو النموذج الصناعى بصفة جدية، وذلك فى النطاق والحدود والمدة التـى يحـددها قرار منح الترخيص

---

[1] المادة ١٥١/١ من اللائحة التنفيذية .

وبالشروط الواردة به، واشترط المشرِّع أن تكون هذه القدرة على الاستغلال من خلال منشاة عاملة في مصر".

ومفاد حكم المادة (١٥٢) سالفة الإشارة أنه لابد من توافر قدرة طالب الترخيص الإجباري على استغلال التصميم أو النموذج الصناعى، بالإضافة إلى قدرته على هذا الاستغلال من خلال منشاة أو مشروع قائم فعلا وداخل جمهورية مصر العربية.

وهذا الشرط يعد منطقيا، إذ القصد من الحصول على ترخيص إجباري هو الاستفادة الكبرى من التصميم أو النموذج الصناعى داخل مصر، بهدف النفع للمجتمع وسد احتياجاته، فيجب أن يكون طالب الترخيص قادرا على ذلك.

ويترتب على ذلك الشرط أن الترخيص الإجباري لا يمنح لغير القادر صناعيا وماليا على استغلال التصميم أو النموذج الصناعى، أو كان قادرا في حدود لا يستحق معها إصدار الترخيص لعدم جدواه، كما لا يمنح الترخيص للاستغلال خارج مصر ولو كان الطالب قادرا على الاستغلال لعدم تحقق الحكمة والغاية من منح الترخيص الإجباري.

وقد أقر المشرِّع لصاحب التصميم والنموذج الصناعى الذى يمنح بشأنه ترخيص إجباري حق في الحصول على تعويض عادل مقابل استغلال التصميم أو النموذج الصناعى.

وقد حدد المشرِّع في المادة (١٥٣)(١) من اللائحة التنفيذية لقانون حماية

---

(١) ومن أهم هذه الضوابط ١- الفترة المتبقية من مدة الحماية ٢- حجم وقيمة الإنتاج المرخص به ٣- التناسب بين سعر المنتج ومتوسط الدخل العام للفرد ٤- حجم الاستثمارات الآية الإنتاج ٥- حجم الاستثمارات المطلوبة للبحوث اللازمة للطرح التجاري ٦- مدى توافر منتج متماثل في السوق ٧- الأضرار التي تسببها الممارسات التعرضية لصاحب التصميم أو النموذج الصناعي أو تلك المضادة للتنافس.

حقوق الملكية الفكرية رقم ٨٢ لسنة ٢٠٠٢ م مجموعة من الضوابط لضـمان تقـدير هـذا المقابـل العـادل وألزم المُشرِّع مصلحة التسجيل العقاري إخطار صاحب الرسم أو النموذج الصـناعي بصـورة فوريـة بقـرار منح الترخيص الإجباري وكذلك بالقرار الصادر بتقدير التعويض وذلك بكتاب موصى عليـه مصـحوباً بعلـم الوصول[١].

_____

[١] المادة (١٥٤) من اللائحة .

الفصـل الثانى

الحــد من آليــات الاحتكار

ويتكون من:

المبحث الأول: تنظيم وحماية المنافسة فى القانون الأمريكى

المبحث الثانى: تنظيم وحماية المنافسة فى القانونى الأوربى

المبحث الثالث: تنظيم وحماية المنافسة فى القانون المصرى

مما لا شك فيه أن المنافسة أصبحت اليوم أساسا ومحركا للحياة الاقتصادية، وأن الأسواق التنافسية هى المحققة لمصالح المستهلكين المنتجين على حد سواء، فمن المعروف أن الأسواق التنافسية هى التى تسمح للمستهلك بالحصول على السلع ذات الجودة العالية بأفضل سعر، ومن ناحية أخرى فأن توافر عنصر المنافسة هو الذى يعطى للمنتج الدافع أو الحافز لرفع مستويات إنتاجه ، لإدخال التقنيات الحديثة فى الإنتاج ولتحسين ورفع درجة الجودة للسلع.

وفى ظل الاقتصاد الحر الذى يسود أغلب دول العالم حاليا أقتضى ـ تشجيع المنافسة عموما ودعمها بين التجار والمنتجين والمصّنعين وغيرهم من العاملين فى الوسط التجارى وغيره من الأنشطة الأساسية ويهدف تشجيع المنافسة إلى تحسين المنتجات والبضائع والخدمات من حيث النوع، وتوفيرها من حيث الكم، وتمكين المستهلكين والمعنيين أو المهتمين من الحصول عليها، وذلك بإعطائهم القدرة على شرائها بأسعار تنافسية، بعيدا عن الاحتكار والتحكم بالأسعار، وهذا كله يساهم فى تنمية وازدهار تلك الأنشطة لاسيما النشاط التجارى والصناعى والذى يعتمد بدوره على الثقة و الائتمان فضلا عن حرية التبادل التجارى والمالى. [1]

فالمنافسة تستوجب تعدد المنتجين أو الموزعين فى سوق السلعة أو الخدمة وهذا التعدد شئ لازم، حتى يكون هناك عدد كاف من الأشخاص ليتنافسوا فى الحصول على أكبر قدر من العملاء، وإلا كنا بصدد احتكار ممّكن صاحبه من التحكم فى الأسعار، كما يؤدى هذا التعدد إلى إحداث نوع من التوازن بين قوى العرض والطلب، كما تستلزم المنافسة تمتع كل شخص بالحرية والاستقلال فى رسم سياسته التجارية وتحديد سعر إعادة بيع السلعة التى يبيعها أو ينتجها فى ظل تكلفة الإنتاج أو التوزيع، ودون التقيد بالسعر الذى يفرضه منتج السلعة أو غالبية الأشخاص الذين حددوا سعر غير حقيقى للسلعة نتيجة إتفاق بينهم على ذلك، ونحن

[1] مجلة الحقوق الكويتية – السنة التاسعة عشر العدد الأول – مارس ١٩٩٥م ص٧٠.

لا ننكر النتائج الايجابية والتى تترتب على المنافسة حيث يكون خفض السعر وتحسين الجودة هما المعياران الرئيسيان للتنافس بين الأشخاص فى سوق السلعة، أى أن التاجر أو المنتج لا يجد سبيلاً لزيادة عدد عملائه، وبالتالى تكون أى ممارسة أخرى مخالفة لهذا المبدأ أو روحه من قبيل الممارسات الضارة أو مخالفة للممارسة الحرة، ومن ثم تعد المنافسة الحرة إحدى دعائم السوق الحر [1] .

من أجل الحصول على تلك النتائج الايجابية لعملية المنافسة، يشكل الدور الحكومى الداعم للتنافسية فى توفير بيئات الأعمال المواتية من خلال السياسات والممارسات الاقتصادية وأدواتها المختلفة التى تدعم تنافسية الأنشطة الإنتاجية والخدمية للسياسات المالية والنقدية، وسياسات الاستثمار وتهيئة المناخ الاستثمارى، وسياسات تعزيز القدرات التكنولوجية الذاتية، و السياسات التصديرية سياسات تنمية المهارات التسويقية هذا وتتنافس الحكومات فيما بينها فى توفير بيئات الأعمال المواتية من خلال اختياراتها للسياسات المؤسسات الاقتصادية الداعمة لقدراتها التنافسية، التى تمكّنها من بلوغ معدلات نمو اقتصادية مطردة ، فالحكومات تخلق المناخ الملائم لكى تستطيع وحدات الأعمال أن تحسن من أدائها وذلك من خلال [2] ما يأتى :-

١- وجود بيئة اقتصادية كاملة مستقرة تستند إلى معدلات تضخم منخفضة وتمويل عام ملموس و معدلات ضريبية تنافسية التى تكون أساسية لإعطاء الثقة لوحدات الأعمال على الاستثمار.

٢- المحافظة على تطوير أسواق عالمية مفتوحة تنافسية وإزالة كافة معوقات التجارة.

[1] د/ كمال عبد الرحمن – حول المبادئ القانونية التى تحكم المنافسة دفع الاحتكار – مجلس الشعب الأمانة العامة – مارس ٢٠٠٤ ص٦٠٥ .

[2] د/ طارق فريد – دور الحكومة الداعم للتنافسية "حالة مصر" API – wps 0302 – دون تاريخ أو دار نشر ص٣-١٣.

٣- إزالة كافة الأعباء غير الضرورية على الأنشطة الاقتصادية وخاصة المنشآت المتوسطة وصغيرة الحجم.

٤- جعل الأسواق تعمل بكفاءة من خلال التحرير الاقتصادى وتقديم الحوافز من خلال اصطلاحات الضرائب المفروضة على الدخول الشخصية وعلى المنشآت.

٥- ضمان بيئة مراقبة للاستثمار المحلى وتحسين الخدمات المقدمة من الحكومة مثل التعليم، ومن ناحية أخرى النظام الاقتصادى إقليمياً أو دولياً يوجب ألا تكون حرية المنافسة على إطلاقها، إنما تقتضى ـ وجود نظام قانونى يرتب قيودا على هذه الحرية ويمليه حماية المنافسة الحرة ذاتها باتخاذ الوسائل التشريعية التى تؤدى إلى التوازن بين المشروعات التنافسية، عن طريق تشريعات حماية المنافسة اللازمة لضبط العملية التنافسية يقصد بها حماية الحرية الاقتصادية والمنافسة الحرة، تحقيقا لفكرة النظام العام الاقتصادى سواء الاقتصاد الحر أو الاقتصاد المقيد [1].

فالقانون الذى يحمى المنافسة ويجسدها من خلال مبدأين جوهريين **هما مبدأ حرية التجارة والصناعة ومبدأ الحرية التعاقدية** ، هو ذاته الذى يلجأ لتقيدها بوسائل قانونية صارمة رادعة تتجسد فيها بحق الحضارة القانونية، **وذلك لضمان** القضاء على الممارسات التى يمكن أن يلجأ إليها كل من تسول له نفسه من التجار والصناع إستغلال حرية المنافسة، لتحقيق مصالحه الشخصية ولو على حساب الاقتصاد الوطنى.

فإذا كان المبدأ هو حرية المنافسة، فإن التشريعات التى تنظم المنافسة هى بمثابة الحدود التى تقف عندها تلك الحرية، فهى التشريعات التى تمنع المتنافسين من الجنوح نحو غايات غير مشروعة ومن ثم فإن قانون المنافسة يمكن أن يُنظر إليه من منظورين يتضمن **أحدهما قانون** المنافسة بمفهومه الضيق الذى يشتمل على الآليات القانونية اللازمة للقضاء على كل الممارسات التى يمكن أن تعوق

---

[1] د/ أحمد محرز – الحق فى المنافسة المشروعة – مرجع سابق ص١٠-٣٠ .

المنافسة فى السوق، وهى الممارسات التى تتشمل فى الاتفاقات المحظورة وإساءة استخدام المركز المسيطر والاحتكارات، وهى ممارسات تؤدى إلى الأضرار بالاقتصاد الوطنى، **ثانيهما** قانون المنافسة بمفهومه الواسع فهو يشمل على كل القواعد القانونية التى يكون محلها المباشر المنافسة[1].

بيد أنه؛ نظراً لسرعة وتيرة التحولات المجتمعية وما صاحبها من ظهور أنماط جديدة من الجرائم الاقتصادية، أفرزت مفاهيم جديدة متباينة الملامح للجريمة الاقتصادية حيث كانت فى شكلها التقليدى تمثل انتهاكا للسياسة الاقتصادية المبنية على التوجيه والرقابة بما أفرزته من جرائم الخروج على نظام التسعير الجبرى والقيود على التعامل فى الصرف الأجنبى للاستيراد والتصدير، الأمر الذى باتت معه قواعد قانون العقوبات الاقتصادية التقليدية غير قادرة على حماية السياسة الاقتصادية الجديدة القائمة على مبدأ الحرية الاقتصادية، ويرجع ذلك إلى أن التطور الحادث فى السياسة الحمائية لم يكن بنفس القدر من السرعة فى التكيف مع التطور والتغير فى السياسات الاقتصادية[2] ؛ لذلك دأبت الدول وخاصة الدول المتقدمة منذ مطلع القرن الماضى على تضمن قوانينها ما يواجهه هذه الجرائم الجديدة وتعتبر تشريعات الولايات المتحدة الأمريكية من أولى التشريعات التى اهتمت بتجريم الاحتكار وذلك نظرا لما تميز به النظام الاقتصادى الأمريكى من حركة كاملة ومعدلات عالية من النمو والتركيز منذ زمن مبكر – وفى هذا الصدد صدرت مجموعة من القوانين الأساسية لمحاربة الاحتكار **وهى قانون "شيرمان" لسنة ١٨٩٠م ، قانون لجنة التجارة الفيدرالية لسنة ١٩٥٠ وقانون كلايتون بالإضافة إلى الدور الإنشائى الذى قامت به المحاكم الأمريكية فى إرساء العديد من القواعد التى تحرم هذا النوع من الجرائم الاقتصادية.**

[1] لينا حسن زكى – الممارسات المقيدة للمنافسة والوسائل القانونية اللازمة لمواجهتها رسالة لنيل درجة الدكتورة – كلية الحقوق – جامعة حلوان – ٢٠٠٤ – ص٩ -١٠.
[2] د/ أحمد الجويلى – الاحتكار سهم فى قلب المسيرة الاقتصادية – مرجع سابق ص٢٠ .

أما في القانون الفرنسي فلقد وضع المشَرع الفرنسي القواعد التي تنظم المنافسة داخل السوق الفرنسية في المادة (٤٢٠) من القانون التجاري الفرنسي؛ فطبقا لهذه المادة فإن أي اتفاق ينشأ بين شخصين أو أكثر طبيعيين أو معنويين، وثبت أنه يؤثر على المنافسة في السوق ويحد منها، فتعتبر أحكامه مخالفة لنصوص القانون ويجب إبطالها، ويلعب مجلس المنافسة الفرنسي- دورا مهما في حماية الأسواق من الممارسات التقييدية لها.

أما القانون الأوربي فهو يضم صنفين من القواعد الخاصة بالمنافسة:

القواعد المنظمة للمنافسة فيما بين المشروعات

القواعد المنظمة للمنافسة فيما بين الدول الأعضاء وفي الاتحاد

وتجد هذه القواعد أساسها في المواد ٨١- ٨٢ – ٨٣ من معاهدة روما والتي أنشأت الاتحاد الأوربي، وقد شهد أول مايو عام ٢٠٠٤م إصلاحا قانونيا لم يسبق إليه القانون الأوربي المنظم للمنافسة وخاصة المادتين ٨١ ، ٨٢ من اتفاقية روما، ففي أول بداية شهر مايو عام ٢٠٠٤م أصدر الاتحاد الأوربي اللائحة رقم ١/٢٠٠٣ والخاصة بتطبيق قواعد المنافسة، والتي نصت عليها المادتين ٨١ ، ٨٢، وقد تم تكملة هذه اللائحة بلائحة تنفيذية وست نشرات صادرة من لجنة الاتحاد الأوربي وتمثل هاتان اللائحتان والست نشرات الأساس التشريعي للقانون الخاص بتنظيم المنافسة ومقاومة الممارسات الاحتكارية، وقد استند الإصلاح القانوني لقواعد المنافسة ومناهضة الممارسات الاحتكارية في القانون على ثلاثة محاور أساسية.

المحور الأول : هو المرور من نظام الأخطار المسبق إلى نظام الاستثناء القانوني.

أما المحور الثاني : فيجد في تبني نظام اللامركزية عند تطبيق المادتين ٨١ ، ٨٢ اتفاقية روما.

أما المحور الثالث : فهو تدعيم سلطات لجنة الاتحاد الأوربي [1] .

---

(1) د/ سامي عبد الباقي – إساءة استغلال المركز المسيطر – مرجع سابق ص ١٣ – ١٤ .

ثم تواترت بعد ذلك تشريعات الدول التى تنظم المنافسة وتمنع الممارسات الاحتكارية، كما سنرى فيما بعد.

أما فى مصر فلقد تنبه المشرع المصرى منذ زمن بعيد إلى خطورة الاحتكار وتأثيره السلبى السيئ على الاقتصاد الوطنى؛ لذلك وضع مجموعة من النصوص التى تحارب هذه الجريمة، بيد أن هذه النصوص وإن كانت تتناسب فى الوقت التى صيغت فيها إلا أنها أصبحت فيما بعد نصوصا مهجورة لعدم قدرتها على مجاراة التطورات الاقتصادية التى حدثت فى الآونة الأخيرة نتيجة تغيير المناخ الاقتصادى فى مصر من تدخل الدولة فى الأنشطة الاقتصادية إلى نظام السوق المفتوح وما صاحبه ذلك من اضطراب السوق المصرية نتيجة عدة عوامل منها، اجتذاب رؤوس الأموال الأجنبية عن طريق تهيئة مناخ الاستثمار، بالإضافة إلى عمليات الخصخصة من قبل الحكومة؛ لذلك بات الأمر ضروريا من أجل إعداد وتهيئة بيئة قانونية تتماشى مع تلك التطورات وهو ما أفرز فى النهاية قانون حماية المنافسة ورفع الممارسات الاحتكارية وبيان مدى فاعليته فى مواجهة التكتلات الاقتصادية وهو ما سوف نعرضه فيما بعد.

ومن ثم فإن محور دراستنا فى هذا الفصل هو التركيز على الأنظمة الدولية كحماية المنافسة للحد من آليات الاحتكار مع آخذ التجربة المصرية منذ بدايتها للتعرف على مدى تأثرها بما سبقها من القوانين وذلك على النحو التالى:

المبحث الأول: سياسية تنظيم المنافسة فى القانون الأمريكى.

المبحث الثانى: سياسية تنظيم المنافسة فى القانون الأوربى.

المبحث الثالث: سياسية تنظيم المنافسة فى القانون المصرى.

المبحث الأول

تنظيم المنافسة في القانون الأمريكي

لقد كانت كندا والولايات المتحدة الأمريكية من أولى البلدان في إدخال قانون وطني لحماية المنافسة ومنع الممارسات الاحتكارية، وذلك في غضون عامي ١٨٨٩م ، ١٨٩٠م على الترتيب، كما قامت العديد من البلدان الأوربية بإدخال هذه القوانين خلال الخمسينيات مـن القرن المـاضى، ولقد تأثرت طبيعة الاهتمام بالمنافسة في الولايات المتحدة الأمريكية بالنظريات الاقتصادية التى سـادت في مراحـل مختلفة ، والتى تأثرت بدورها بعوامل كثيرة سياسية واجتماعية واقتصـادية، ولكـن بصـفة عامة وبـدأت الولايات المتحدة بصفة عامة في اتخاذ إجراءات لحماية المنافسة ومنع الممارسات الاحتكارية بعد أن زادت ظاهرة الاحتكار التى تكونت نتيجة أفكار الداروينية الاجتماعية التى روج لها "هر برت سبنسر-" "وهـنرى وارد".

وقد تزايد الهجوم وقتها ضد أولئك الذين ساعدهم انتشار هذه الأفكار على تكوين ثـروات كـبيرة بأوضاع مسيطرة على الأسواق، في نفس الوقت أدى تزايد الاتجاه نحو تحقيق الاندماجات الصناعية بالولايات المتحدة الأمريكية في أواخر القرن التاسع عشر إلى بزوغ احتكار القلة في صناعات معينة؛ الأمـر الـذى أدى إلى ظهور ردود الفعل التسعيرية بطريقة واضحة أمام رجال الصناعة البارزين الذين تمَّكنوا من تحقيق أربـاح عالية من خلال الاتفاقيات فيما بينهم وليس من خلال المنافسة، ورغـم الأربـاح التـى حققتهـا هـذه الشركات إلا أن الاحتكارات لم تكن مرغوبة اجتماعيا؛ وذلك لأن ممارسات الشركات في هذا المجـال كانـت لا تتوافق مـع فكـر النظرية الكلاسيكية التى سادت في المجتمع الأمريكي في ذلك الوقت واعتبرت الاحتكارات ظاهرة خطيرة

تجعل المستهلك يدفع ثمن أكبر من السعر الأمثل الذى يغطى التكلفة الحدية[1] .

ولقد كان لأهمية المجالات التى تكونت بها الاحتكارات فى الولايات المتحدة الأمريكية دورا كبيرا فى التعجيل بإصدار تشريعات لمحاربة هذه الاحتكارات، ولقد بدأ الاهتمام بذلك الأمر عند صدور أول قانون لها والمعروف باسم قانون "شيرمان " عام ١٨٩٠م، وكان لهذا القانون فى الولايات المتحدة الأمريكية أثره الواسع على تطور قانون المنافسة إلا أن قانون "شيرمان" لم يحقق نتائجه المرجوة والتى أرادها واضعوه خلال فترة حكم الرئيس "روزفلت"، الأمر والذى على أثره صدر قانون كلايتون ١٩١٤م لدعم قانون شيرمان حيث تم وضع قائمة بأنواع محددة من السلوك السيئ كتثبيت الأسعار (مادة ٢) التعاملات الحصرية (مادة ٣) الاندماجات التى تقلل المنافسة بشكل أساسى (مادة ٧) ويمثل قانون شيرمان وقانون كلايتون التصنيف رقم ١٥ من كود الولايات المتحدة الأمريكية[2].

إلا أنه وقبل بيان شرح القوانين الأمريكية المقاومة للاحتكار فلابد أن نشير إلى أن السمة المميزة للتشريعات الأمريكية تتمثل فى إتباع نهج الشئ فى ذاته، ففى حين أن المبدأ التوجيهى للحكم على السلوك المانع للمنافسة هو (قاعدة المعقول) "حيث يكون التقييد غير المعقول هدفا للمكافحة التى تتقرر استنادا إلى التحقيق فى الغرض من التقييد المدعي وآثاره"، ورأت **المحكمة العليا** أن هناك اتفاقات وممارسات معينة يفترض على نحو قاطع أثرها الضار بالمنافسة وافتقارها لآلية ميزة تعويضية أنها اتفاقات وممارسات غير معقولة، ومن ثم غير قانونية دون الحاجة إلى إجراء تحقيق مستفيض فيما يتعلق بالضرر المحدد الذى سببته أو المبرر التجارى لاستخدامها والقيود التى تعتبر انتهاكات فى ذاتها تسجل

[1] د/ مغاوري شلبي – حماية المنافسة ومنع الممارسات الاحتكارية - التجارب الدولية – مرجع سابق ص٤٨-٤٩ .
[2] Wikipedia the free encyclopedia "competition law "
http//www .en. wikipedia. org/wiki /competition- law" 1/6/2008 .

بصورة عامة الاتفاق على تحديد الأسعار أو التقسيم الأفقي للأسواق والمستهلكين فضلا عن حالات الاتفاق الأفقي على رفض التعامل والتلاعب في العطاءات [1] .

تطور تشريعات حماية المنافسة في القانون الأمريكي

لقد بدأت الولايات المتحدة الأمريكية في اتخاذ موقف حازم من الاحتكارات وذلك بوضع إطار قانوني؛ لتحجيم هـذه الاحتكـارات ولحمايـة المنافسـة العامة وحماية المنافسـين المحتملـين للشـركات الاحتكارية، وقد خضع هذا الإطار القانوني للعديد من عمليات التحديث والتطوير وذلك على النحو الآتي بيانه:-

أولا: قانون شيرمان

صـدر تشريع "شـيرمان" المناهض للاحتكار في مستهل القرن الحالي، حيث كانت السـوق الأمريكية حينذاك تتخذ مركز التركز المبالغ فيه لدواعي الممارسـات التـي تـتم بـين المؤسسـات الاقتصادية الكبرى، التـي كانت في الغالب غير مشروعة ولا تلتزم بأية مبادئ وتعتمد على سياسـات تحطيم المنافسـين فلقد عالج المشرّع حالات الافتراس التنافسي والتي أدت إلى خروج ١٧٠ شركة من مجال صناعات الصلب حيث انحصر هذا الإنتاج في ثلاث شركات كبرى بنسبة ٦٥٪ من إجمالي صناعة الصلب الأمريكية، وانتهى نشاط ١٦٢ شركة في مجال صناعة التبغ حيث سيطرت أربع شركات على نسبة إنتـاج ٩٠٪[2] ، لذلك فـإن قانون "شيرمان" بحظر السلوك الفردي للاحتكار و ذلك بمعاقبـة كـل شـخص سـوف يحتكر أو يحاول أن يحتكر أي جزء من التجارة بين الولايات المختلفة، وهـذا الحظر لا يـدين الاحتكار المطلـق إنما الاحتكار المكتسب أو الذي تم من خلال السلوك المجرم، وكذلك يحظر

[1] مؤتمر الأمم المتحدة للتجارة والتنمية - القانون النموذجي للمنافسة - مرجع سابق ص٢٨ .
[2] د/ أحمـد الجـويلي - الاحتكـار سـهم - في قلـب المسـيرة الاقتصـادية - مرجـع سـابق ص١٢١-١٢٢ .

السلوك الجماعي وذلك بتجريم كل عقد مرتبط بشكل عمدي أو بأسلوب المؤامرة من أجل تقييد عملية المنافسة[1].

وهذا هو ذات المعنى الذي أكدته المحكمة العليا بالولايات المتحدة الأمريكية بأن الغرض من قانون شيرمان هو حظر الاحتكارات أو العقود أو الاتحادات التي ربما ستدخل بلا مبرر في ممارسة العاملين أو الذين يؤدون العمل في التجارة لحقوقهم عن طريق ممارسة حرة، وبعبارة موجزة "الحفاظ على حق حرية التجارة"، وفي حالة عدم وجود أي قصد لإنشاء احتكار ما أو المحافظة عليه فإن هذا القانون لا يقيد الحق المعترف به منذ زمن طويل للتاجر أو المصنع الذي يقوم بأعمال تجارية وله سلطة تقديرية في ممارسة تلك الأعمال التجارية إزاء الأطراف الذي سيتعامل معهم ممارسة حرة[2].

ومن ثم فإن قانون شيرمان تضمن قسمين رئيسين حددا أهداف هذا القانون والممارسات المحظورة أو ضمنته كلا من المادة الأولى والثانية من القانون وذلك على النحو التالي:[3]

المادة الأولى: كل عقد أو اتحاد في صورة احتكار أو ما يشابهه أو مؤامرة لتقييد التجارة بين الولايات المتحدة الأمريكية أو مع الدول الأجنبية يعلن أنه غير قانوني كل شخص سوف يوقع أي عقد أو يشترك في أي اتحاد أو مؤامرة يعلن أنها غير

Olympia equipment leasing co. v. Western Union telegraph - co., 797 f.2d 370 , 379 (7 the cir [1] 1986)

[2] مؤتمر الأمم المتحدة للتجارة والتنمية – القانون النموذجي بشأن المنافسة – مرجع سابق ص٥٠.

William E. Kovaic "General counsel U.S federal trade commission economics politics and [3] competition policy in transition perspectives from experience in the United States paper prepared for Arab regional seminar for capacity building on competition and antitrust Cairo : 23/3/July. 2007 p.p. 9.

قانونية سوف يصبح متهم بجناية وبالتالي يعاقب بالغرامة[1].

المادة الثانية: كل شخص سوف يحتكر أو يحاول أن يحتكر أو يتحد أو يتآمر مع أي شخص أو مجموعة أشخاص لكي يحتكر أي جزء من التجارة بين الولايات المتحدة الأمريكية أو مع الدول الأجنبية سوف يصبح متهم بجناية وبالتالي يعاقب بالغرامة[2].

ويلاحظ من خلال النصوص السابقة أن قانون شيرمان قد تضمن تجريم الاحتكار بصورة مطلقة مساويا في ذلك بين الشروع والاتفاق أو مجرد التآمر فيما بين الأفراد أو الشركات، بالإضافة إلى حظر كافة التعاملات المؤدية لذلك سواء داخليا أو خارجيا، كذلك ويتضمن القانون مبدأ تجريم الاحتكار من خلال التعاقدات والارتباطات وكافة أشكال التعاون بغرض تقييد التجارة أو التبادل التجاري مع الدول الأخرى، ورتب على مخالفة هذه التصرفات عقوبات جسيمة ومؤثرة مثل تغريم المنتهكين مبالغ قد تصل إلى مليون دولار إذا كانت مؤسسة، ومائة ألف دولار للأفراد بجانب العقوبات البدنية والتي قد تصل إلى السجن لمدة ثلاث سنوات.

ثانيا: قانون كلايتون

ويعد قانونا مدنيا حيث إنه لا ينطوي على جزاءات جنائية وذلك طبقا للقواعد القانونية للنظام الأمريكي ولقد تم إدخال عدة تعديلات جوهرية على هذا

Section 1 : Every contract , combination in the form of trust or other wise or conspiracy (¹) inrestraint of trade or commerce among the several states or with foreign nations is declared to be illegal every person who shall make any contractor engage in any combination or conspiracy hereby declared to be illegal shall be deemed guilty of a felony and on conviction there of shall be punished by fines.

Section 2 : Every person who shall monopolize or attempt to monopolize or combine or conspire (²) with any other person or persons to monopolize any part of trade or commerce among the several states or with foreign shall be deemed guilty of a felony and on conviction there of shall be punished by fines.

القانون عام ١٩٥٠م، من أجل سد النقص التشريعى الذى شاب قانون شيرمان وقد تمثلت تلك التعديلات فيما يلى:

١- جرم هذا القانون عمليات الاندماج والاستحواذ التى من شأنها إضعاف المنافسة ومن ثم فإن الحكومة في ظل هذا القانون استطاعت تحدى من قاموا بمثل هذه العمليات والتى يظهر التحليل الاقتصادى لها أنها سوف تؤدى إلى رفع الأسعار بالنسبة للمستهلكين وألزم القانون كل من يقوم بعملية اندماج أو استحواذ فوق حجم معين أن يخطر بها قسم مكافحة الاحتكار بوزارة العدل الأمريكية ولجنة التجارة الفيدرالية، بالإضافة إلى تجريم بعض الممارسات الاقتصادية التى من شانها الأضرار بالمنافسة تحت ظروف معينة(١).

٢- العمل على إنشاء إطار مؤسسى- ممول يختص بتقديم مبادرات تمنع وتعاقب الممارسات المضادة للمنافسة، وهذا الإطار المؤسسى ممثل في لجنة التجارة الفيدرالية FTC -Federal Trade Commission وقد جاء ذلك انطلاقا من رأى اللجنة الفيدرالية للتجارة بأن هناك صعوبة لوضع إطار معين يقدم تعريفات محددة لكل الممارسات الغير المشروعة ضد المنافسة، وأن هذا لا يجعل هناك حدودا للتدخل البشرى بالتجديدات في هذا المجال، بالإضافة إلى إدخال بعض التعديلات التى تقيد عقود التوريد التى تقوم على نظام التحميل بمعنى تحميل وربط شراء منتج مع منتج آخر أو خدمة ما وهو ما يعرف باسم **صفقات الربط**, حيث أجبرت هذه التعديلات الشركات على عدم اللجوء إلى هذه الممارسة لأنها تضر بالمنافسة وتحمل مستهلك هذه السلعة أو الخدمة بأعباء إضافية بطريقة إجبارية(٢).

(١) د/ عاطف حسن التقلى – الأطر التحليلية لقانون حماية المنافسة ومنع الاحتكار - الأمانة العامة بمجلس الشعب - يناير ٢٠٠٥ ص٣٢.
(٢) د/ مغاورى شلبى – حماية المنافسة ومنع الممارسات الاحتكارية - مرجع سابق ص٥١ .

ثالثا: قانون لجنة التجارة الفيدرالية F.T.C

حيث يجرِّم هذا القانون الوسائل غير العادلة والضارة بالمنافسة في التجارة بين الولايات وهذا القانون لا يتضمن أية عقوبة جنائية لمخالفته.

هذا بالإضافة إلى مجموعة من القوانين الأخرى التي أصدرتها الإدارة الأمريكية من أجل ضمان حماية فعالية ومؤثرة لعملية المنافسة مثل قانون "هارت سكوت رودينو" (H.S.R) ١٩٧٦م والخاص بتحسينات مكافحة الاتحادات الاحتكارية، وأبرز ما يتضمنه هذا القانون مجموعة من الإجراءات الخاصة بتقسيم التأثيرات التنافسية عن طريق مراقبة مشروعات الدمج والحيازة، وذلك بوضع إلزام على راغبي هذه الأنشطة في تقديم معلومات عن تفاصيل الاتفاقات وعدم اعتبارها نافذة إلا بعد فترة محددة من الإخطار. وكذلك قانون "ويب بومرين" والذي يمنح تصريحات بالإعفاء من نظم مكافحة الاتحادات الاحتكارية إلى المؤسسات المتنافسة عند اشتراكها معا في عقود تصدير منتجات إلى خارج الولايات المتحدة الأمريكية والإعفاء محدد بالتصدير إلى الخارج ولا أثر له في داخل الدولة، كما يضع هذا القانون نظاما لحفظ المستندات والمعلومات الخاصة بالنشاط الممنوح له الإعفاء.

وأخيرا قانون خاص بالشركات التجارية التي تستهدف التصدير (E.T.S) بتاريخ ١٩٨٢م ويهدف ذلك إلى زيادة الصادرات من خلال تقليل القيود المفروضة على المؤسسات لتدبير التمويل حيث يمكن للأشخاص المشتركين في تجارة التصدير الأمريكية الحصول على شهادات التصدير تتضمن إعفاء "محدود" من قوانين مكافحة الاحتكار الفيدرالية[1].

ومن خلال ما سبق يتضح لنا أن قوانين حماية المنافسة ومنع الاحتكارات الأمريكية قد ارتكز على عدة محاور رئيسية ساهمت بشكل كبير في فعالية تلك

---

[1] د/ أحمد الجويلي – الاحتكار سهم في قلب المسيرة الاقتصادية – مرجع سابق ص١٢٤-١٢٥.

القوانين وهى كالتالى [1] :-

١- تجريم الاتفاقات والممارسات التى تقيد التجارة الحرة والمنافسة بين الهيئات التجارية وبخاصة الاتحادات الاحتكارية.

٢- منع السلوك السيئ من قبل الشركات التى تسيطر على السوق أو الممارسات المضادة للمنافسة والتى تبدو أنها تؤدى إلى هذا الوضع السائد، وتشمل تلك الممارسات على سبيل المثال لا الحصر- تحديد السعر المسبق وتثبيت السعر ورفض التعامل وأشياء أخرى.

٣- الإشراف على حالات الاندماج وامتلاك المؤسسات الكبرى للمشروعات الأخرى المنافسة لها والتى تعتبر مهددة لعملية المنافسة.

ومن الجدير بالذكر أن الإدارة الأمريكية قد راعت من إصدار تلك التشريعات المتعاقبة تحقيق عدة أهداف جعلت من تلك القوانين الغاية المنشودة منها أهمها:-

أولاً: الحد من الاستقطابات الضخمة للطاقة الاقتصادية والفصل بين القوة الاقتصادية والقوة السياسية [2] .

ثانيا: حماية الأعمال الصغيرة باعتبار أن المؤسسات العملاقة تتمتع بالقدرة على احتكار كل شئ يقوم بإنتاجه فعليا "هو ما يؤدى إلى القضاء على طائفة عريضة أفنت حياتها فى تلك الأعمال وربما يكون البعض منهم غير قادر على مسايرة المستجدات التى تحيط بهم فإن مجرد خفض أسعار السلع التى يتعامل بها هؤلاء الناس من شأنه تدمير تلك الفئة بأكملها" [3] .

[1]   Richard Wish "competition law" London 5th ed 2003 p.p 448 .
[2]   51 cong . rec. 14,222 (1914).
[3] The modernization of antitrust: a new equilibrium "66 cornell -l- rev. 1981 p.p 1140, 1150"
(describing legislative history).
ولمزيد من التفاصيل انظر :   http://www.ftc.gov/specches/olhu.

ثالثا: حماية الاستقلالية الفردية وإيجاد العديد مـن الفرص الاقتصادية، وقـد لاحـظ أعضـاء الكونجرس الأمريكي أن المنافسة ما هـى إلا "إيجاد البيئة الأفضل لتطور الجنس البشرى، والعمل عـلى تحقيـق رفاهية والارتقاء به فى ضوء الاعـتراف باستقلال الفـرد، وتشـجيع الاسـتثمار، وإيجـاد العديـد مـن الفرص وتوافر الأعمال الذكية، ولكن ذلك كله يتم فى إطار الديمقراطية القديمة التى تكفل الحقوق المتساوية للجميع مع عدم وجود امتيازات خاصة لأحد.

وقد اتضحت هذه الأمور عام ١٩٥٠م عندما كان اختفـاء الشركات الصـغيرة بمثابـة تهديـد لكيـان الديمقراطية اللامركزية وحرمان الأفراد من الحق فى السيطرة على مجريات حياتهم" [1] .

رابعا: الحرص على ضمان وجود أسواق تنافسية عن طريـق حمايـة المنافسـة و لـيس المتنافسـين وقـد جـاء فى التوجيهات الدولية لوكالة التجارة الفيدرالية ما نصه "وقفت قوانين مكافحة الاحتكار الأمريكيـة لفـترة من الزمان وكأنها الحق المطلق لبقاء استمرار المنافسة التى تقيد الأساس الاقتصادى للأسواق الحرة ومن خلال المنافسة التى تعمل على الارتقاء باختيار المستهلك وتعدم الأسعار فأن المجتمع بأسره سوف يتبع هو الأخر من أفضل الموارد الممكنة" [2] .

بيد أن هناك مجموعة من الكُتَّاب الأمريكيين يروا أن من أهم أهداف قوانين مقاومة الاحتكار هـو حماية العمل فنظرا للقوة الاقتصادية التى يتمتع بها المحتكرون فقد حصلوا على درجة عالية من الحماية ضـد الأزمات مثل الإضراب وغيره من

The Pacific economic cooperation council (pecc) conference on trade and competitian policy [1]
chateau champlain Marriott Monterial Canada, may 13-14, 1997.

DOG- FTC, antitrust enforcement guidelines for international operations at (April 1995).   [2]

http:// www. ftc. gov. com.

الأزمات. وما هو أثر بدوره على حقوق العمال التى تعنى بمصالحهم بل أن البعض نادى بمحاولة لتوسيع نطاق حماية الشركات الصغيرة والتى تضررت من فعل الشركات المحتكرة إلى إعفائها مـن أن يطبـق عليهـا قـوانين المنافسة الصارمة[1].

الإطار المؤسسى لتنفيذ القوانين الأمريكية

لقد تطلبت عملية تنفيذ قوانين حماية المنافسة في الولايـات المتحـدة الأمريكيـة إنشـاء إطـار مؤسسى تمثل في تكوين هيئات ومؤسسات مهمتها الأساسية وضع القوانين الأمريكية موضع التنفيذ وفرض هذه القوانين يأخذ الأشكال الآتية:[2]

أولا: الحكومة الفيدرالية بواسطة كلا من قسم حماية الاحتكار بوزارة العدل الأمريكية واللجنة الفيدرالية F.T.C ، وتعد وزارة العدل الأمريكية وحدها هى التى تقيم الدعاوى القضائية ضد مكافحـة الاحتكار، ولعل من أشهر الدعاوى القضائية التى أقامتها وزارة العدل الأمريكية تلـك التـى أقامتهـا ضـد شركـة T.A.T للخدمات التليفونية في أوائل الثمانينات وميكروسوفت في نهاية التسعينيات.

ثانيا: المحامى العام في الولاية بما يتقدم به من دعاوى لفرض كلا من القوانين القومية والفيدرالية لمكافحة الاحتكار.

ثالثا: الدعاوى المدنية الخاصة والتى ربما تقام في كلا من المحاكم القومية والفيدرالية ضـد منـتهكى قـوانين مقاومة الاحتكار القومية والفيدرالية، والتى يتم فيها تعويض المتضررين من السلوك غير المشروع بمبالغ أكبر بكثير من المبالغ التى كبدتها لهم الشركة المحتكرة.[3]

Anticipating the 21st century: competition policy in the new high tech, global market place, ftc [1] staff report, vol, chap. 3 (1996) p.p14, 17.

Wikipedia, the free encyclopedia "United States antitrust law" [2] http//www .en. wikipedia. org/wiki / United States - antitrust – law 1/16/2008

Hawaii v. Standard oil co. v. United States of cal . 405 u.s 251-226-1972. [3]

أما عن أهم المبادئ التى راعتها الهيئات الأمريكية عند تطبيقها لتلك القوانين فهى كالتالى:[1]

١- مراعاة ألا تتحول سياسة حماية المنافسة إلى معوقات لحرية التجارة أو لكبح القوى المتنافسة مـن التوسيـع المعقول فى نشاطها أو لكبت عمليات الابتكار والتطوير.

٢- إتباع أسلوب بحث كل حالة على حده لتحديد مدى معارضتها لقواعد المنافسة وعـدم الاستغراق فـى تحليل التعاقدات.

٣- التمسك بتطبيق قاعدة السببية عند بحث الممارسات والعقود بما يسـمح للشركات المتنافسة بزيادة الإنتاج وتحسين الجودة ورفع الكفاءة الاقتصادية وبما يـنعكس فى النهايـة علـى خفـض السـعر الـذى يدفعه المستهلك.

٤- أن الاحتكار المجرّم يجب أن يتوافر فيه عنصران:

الأول: امتلاك قوة الاحتكار فى سوق ما.

الثانى: اكتساب هذه القوة أو الحفاظ عليها مـن خـلال سـلوك غيـر تنافسى- يتعـارض مـع القانون ومتطلبات النمو والتنمية.

٥- إن تجريم الممارسات المضادة للمنافسة يجب أن يـتم بعـد توفـر عـدد مـن العناصـر مـن وجود نيـة محددة للاحتكار، واستخدام وسائل غير تنافسية وتوفر مؤشرات لوجود أضرار فى حالة نجاح محاولـة تحقيق وضع احتكارى.

٦- قيام أجهزة حماية المنافسة بعمليات التقصي- عـن الممارسـات الاحتكارية وفقا لعـدة معايير أهمهـا التحليل الدقيق لسلوك المتنافس وتاريخـه السـابق ومسـتوى كفائتة وحصته مـن السـوق والقيـام بعمليات الفحص باعتبارها مطلبا لتحديد النوايا ومعيارا لتدخل سلطات المنافسة ولكن ليس فـى سياق التجريم منذ البداية.

---

[1] د/ مغاوري شلبي - حماية المنافسة ومنع الممارسات الاحتكارية - مرجع سابق ص٥٢ .

ومن ناحية أخرى فلقد أظهر التطبيق العملي أن كلا من هيئتي **قسم مكافحة الاحتكار بوزارة العدل الأمريكية ولجنة التجارة الفيدرالية** F.T.C, يضطلعان بالدور الأساسى والرئيسى ـ من أجل حماية المنافسة فى الأسواق الأمريكية ومنع أية محاولات من أجل تقويض حريتى التجارة والمنافسة داخل الولايات المتحدة الأمريكية أو خارجها، وهو ذات المعنى الذى أكده التقرير الصادر من وزارة العدل الأمريكية من أن الهدف الأساسى لكل من قسمى مكافحة الاحتكار ولجنة التجارة الفيدرالية هو فتح أسواق وضمان أنها تنافسية من أجل مصلحة المستهلكين والأعمال، ولتطوير هذا الهدف فلقد واجهتها عوائق تمثلت فى مدى قدرة وسيطرة الشركات الأمريكية على قطاع السوق داخليا وخارجيا، بالإضافة إلى سيطرتها السياسية على صُنّاع القرار السياسى إلا أنها استطاعت إفساد العديد من تلك المؤامرات التى تزيد من أسعار المستهلكين الأمريكيين؛ بل وحصلت على العديد من الأحكام القضائية التى ساهمت بشكل كبير فى تخفيض الأسعار وتحسين جودة المنتجات وضمان وصول تلك المنتجات بأعلى جودة ممكنة وأقل سعر ممكن للمستهلك الأمريكى مثل:-

تخفيضها لتعريفه ركوب الطائرات A.T.M والمبيدات الحشرية المنزلية ورعاية الأسنان والاتصالات وكثير من هذه الإنجازات تمت بمستوى غير مسبوق من التعاون والتنسيق مع وكالات تنفيذ مكافحة الاحتكار الأجنبية ومع المحامى العام للدولة[1] .

ولم تقتصر جهود هاتين الهيئتين فى حماية المنافسة على قطاع معين فقط بل شملت جميع القطاعات داخل الولايات المتحدة الأمريكية الخدمية والإنتاجية ففى عام ١٩٩٤م حصلت الهيئة على ١٠١ مخالفة جنائية وغرامات جنائية وصلت إلى

U.S department of justice antitrust division "opening markets and protecting competition for America's [1] businesses and consumers April , 7/1995 .

٤٠,٢ مليون دولار ورفعت الهيئة ٥٧ قضية جنائية ضد ٥٥ شركة و ٥٠ فرد وتم فتح ٩٩ محكمة كبرى في نهاية عام ١٩٩٤م وبعض من تلك القضايا الجنائية الهامة بما فيها مؤامرات تثبيت الأسعار للمبيدات الحشرية والرعاية الصحية والاتصالات الخلوية.

ففي مجال المبيدات اتهمت الهيئة سبع شركات وأربع أفراد في أكتوبر ١٩٩٣م لقيامهم بتثبيت أدنى الأسعار لبيع فوسفات الألمونيوم في الولايات المتحدة الأمريكية، وهذه المادة تستخدم لحماية الدقيق والحبوب والتبغ وجوز الهند والأطعمة المعلبة من الحشرات، والاتحاد الدولي المكون من الولايات المتحدة الأمريكية وألمانيا والمؤسسات الهندية والبرازيلية تآمروا لزيادة الأسعار في الولايات المتحدة الأمريكية مـن خلال اجتماعات مختلفة ومحادثات تليفونية وانتهت الهيئة إلى فرض عقوبـات جنائية وتعويضية علـى خمس أشخاص ثبت تورطهم[1].

وفي مجالات الاتصالات الدولية تحدت الهيئة في يونيه ١٩٩٤م صفقة اقترضت فيها شركة MEI أن يكُونوا مشروع مشترك لتوفير خدمات الاتصالات الدولية وسعت الشركة B.T لامتلاك ٢٠٪ مـن شركة MCI مقابل ٤,٣ بليون دولار وتعد شركة B.T هـي رابع مـزود للاتصالات في العالم والشركة المسيطرة في المملكة المتحدة وتعد شركة MCI هي خامس أكبر مزود لخدمات الاتصالات داخل الولايـات المتحدة الأمريكية وتنقل حوالي ٢٠٪ من مرور الاتصالات بين كلا من الولايات المتحدة الأمريكية والمملكة المتحدة الهيئة عملت بشكل كبير مـع المسئولين في المملكة المتحدة في تقيم الآثار التنافسية للصفقة المقترحة وقد توصلت الهيئة F.T.C إلى أن هذا الأمر سوف يهدد المنافسة في سوق الاتصالات بين الولايات

Issues before the justice department U.S chamber of commerce Washington. D.C report [1] (October. 6.1993) .

المتحدة الأمريكية والمملكة المتحدة[1]

أما في تنظيم مجال عمليات الاندماج في الأسواق الأمريكية والتي تعد أكثر الممارسات شيوعا داخل الولايات الأمريكية لما يتسم به الاقتصاد الأمريكي من عمليات التركيز الاقتصادي القوى, فلقد أعلن قسم مقاومة الاحتكار بالاشتراك مع لجنة التجارة الفيدرالية F.T.C ثماني تحسينات كبيرة تتعلق بإجراءات مراجعة عمليات الاندماج المقترحة من قبل الشركات وذلك على النحو التالي:[2]

١- سوف يتم تحديد الوكالة التي ستكون مهمتها مراجعة عمليات الاندماج المقترحة خلال ٩ أيام من تاريخ الطلب وتضع الإجراءات اللازمة لضمان عدم مخالفة الاندماجات لقانون مقاومة الاحتكار.

٢- الوكالات أصدرت نموذج مشترك معلق الحواشي "الطلب الثاني" الذى يزيد التجانس بين الوكالات ويقلل أعباء الإذعان بالنسبة لرجال الأعمال.

٣- الوكالات وضعت خطوة من أجل التعاون الواضح والمبدئى من قبل الوكالات والآليات لتقليل الأعباء غير الضرورية أثناء تلك الفترة الزمنية.

٤- الوكالات تبنت عملية نداء داخلية رسمية من أجل الطلبات الثانية التى صممت لتقليل الأعباء الغير ضرورية ولكى تضمن التجانس فى القرارات.

٥- الوكالات وسعت من برامجها الخاصة بمراجعة الاندماجات قليلة التكلفة المعجلة بواسطة دعوة الأطراف للصفقات المقترحة للمساعدة فى التعرف على

David Turetsky "antitrust developments New York city bar association New York city June, [1] 14.1994.

U.S department of justice guidelines hard –Scott–rodino "premerger program improvements [2] with FTC March , 23,1995) & Developments in merger analysis at the FTC and DOJ BAB section of antitrust law 42 nd annual spring meeting Washington. D.C. report (April, 7,1994).

القضايا وتوفير البيانات والتحليل الذي قد يمكّن الوكالات من إنهاء أبحاثهم مبكراً في العملية المقترحة.

٦- الوكالات تسعى إلى عمل مشروع مشترك مع قسم مكافحة الاحتكار للهيئة الأمريكية لدراسة قضايا ممارسة الطلب الثاني.

٧- الوكالات تطور عروض للأنواع الموسعة من الصفقات التي سوف تعفى من متطلبات الإخطار H.S.R.

٨- الوكالات تزيد من جهودها لكي تعمل معا من خلال تدريب مشترك.

أما على المستوى الدولي فنجد أن لجنة التجارة الفيدرالية قد سعت إلى تأكيد تنفيذ قوانين مقاومة الاحتكار وذلك من خلال التعاون مع مسئولي مكافحة الاحتكار الأجنبي, وذلك بإنشاء علاقات ثنائية على وكالات التنفيذ الأجنبية خاصة الاتحاد الأوربي وكندا واليابان, فعلى سبيل المثال تعاونت الهيئة مع الاتحاد الأوربي في قضية "ميكروسوفت" والتي لم يكن لها سابقة في طبيعتها وكانت مفيدة في تحقيق تسوية سريعة للقضية, ومثلما حدث في قضية ورق الفاكس الحراري مع الحكومة الكندية والتي قامت بالاشتراك مع الهيئة بتوقيع غرامات جنائية ضد اتحاد دولي قام بتثبيت الأسعار في سوق ورق الفاكس الحراري بما قيمته ١٢٠ مليون دولار سنويا عن طريق شركة يابانية فرعها في الولايات المتحدة الأمريكية وقد جاءت هذه الجهود طبقا لمعاهدة التعاون المتبادل بين الولايات المتحدة الأمريكية وكندا وهذه القضية تعد أول حكم جنائي لمؤسسة يابانية كبرى مقرها مدينة طوكيو كما أنها الأولى بالتنسيق مع المسئولين الكنديين [١]

كذلك أسفرت الجهود المشتركة بين الولايات المتحدة الأمريكية وبين الحكومة البريطانية عن حماية الصادرات الأمريكية في مجال صناعة الزجاج

U.S department of justice antitrust division "opening markets and protecting competition for America's [١] businesses and consumers April , 7/1995 .

المسطح ففي مايو ١٩٩٤م, اتهمت الهيئة بالتعاون مع قسم مكافحة الاحتكار بالمملكة البريطانية شركة Pilkington وهي شركة بريطانية وفرعها في الولايات المتحدة الأمريكية بالاحتكار في سوق الزجاج المسطح, الشكوى ادعت أن هذه الشركة تتحكم في صناعة الزجاج المسطح الدولي بما يساوي ١٥ بليون دولار سنويا وهو ما أدى إلى إبعاد الشركات الأمريكية عن الأسواق الخارجية الحكم القضائي الذي صدر ضد تلك الشركة أتاح الفرصة للشركات الأمريكية والأجنبية إلى ترغب في تسويق التكنولوجيا خارج الولايات المتحدة الأمريكية ومن ثم سوف تكون قادرة على المنافسة في سوق الزجاج المسطح, وهو ما سوف يؤدي إلى زيادة الصادرات الأمريكية إلى حوالي ١,٢٠ بليون دولار سنويا[1]

ومن ناحية أخرى فلم يقتصر دور هاتين الهيئتين على عملية المواجهة المباشرة لمنتهكي قوانين مقاومة الاحتكار داخل الولايات المتحدة الأمريكية أو خارجها, بل تعمل على ضمان تنفيذ تلك القوانين بطريقة غير مباشرة ففي ابريل ١٩٩٥م أصدر قسم مكافحة الاحتكار ولجنة التجارة الفيدرالية إرشادات لمكافحة الاحتكار في نطاق حقوق الملكية الفكرية, وتلك الإرشادات تبرز أن سياسة مكافحة الاحتكار وقوانين حماية الملكية الفكرية يشتركان في الهدف العام لدعم الابتكار كوسيلة لدعم رفاهية المستهلك وان تحليل مكافحة الاحتكار قابل بشكل كاف أن يحدد الصفات الخاصة للملكية الفكرية وهم يذكرون أن ترخيص الملكية الفكرية ليس قيدا على المنافسة بشكل عام إذا ما استطاع صاحب الحق الاستحواذ بشكل كبير على حصة كبيرة في السوق, كما أن الإرشادات حددت منطقة الأمان التي فيها لن تتحدى الهيئة معظم اتفاقات الترخيص إذا ما امتلكت بشكل جماعي ما لا

U.S department of justice guidelines "Digest of businesses reviews , 1993 (update), May , 4,1994 " [1]

يزيد عن ٢٠٪ من إجمالى السوق [١].

وكثير من جهود التنفيذ للهيئة تدعم الابتكار بمهاجمة القيود التى تحرم المبـدعين مـن السـوق أو تضع قيودا على ذلك الإبداع, ففى ابريل ١٩٩٤م اتهمت الهيئة شركة "ميكروسوفت" والتـى تعـد اكبـر شركة برامج حاسب آلى فى العالم مخالفتها للبنـد ٢ مـن قـانون "شـيرمان"؛ وذلـك لأنهـا مـن خـلال عقـود الترخيص تربط مصنعى الكمبيوتر بعقود لفـترة كبـيرة مـن الـزمن بشـكل غـير مناسـب, وبالتـالى فهـذه الممارسات أدت إلى جعل الابتكار يسير بطيئا ومن ثم كان اختيار المسـتهلك محـددا ، الشـركة أيضـا فرضت اتفاقيات صارمة غير مكشوفة على الشركات المتخصصة فى تصنيع البرامج الجديدة ومـن ثـم تعـوق قـدرة هذه الشركات على العمل مع نظام التشغيل لميكروسوفت [٢].

الدور التشريعى لأجهزة حماية المنافسة فى الولايات المتحدة الأمريكية [٣] .

لسنوات عديدة سعى الكونجرس الأمـريكي إلى تطـوير الأهـداف الاجتماعيـة والاقتصـادية مـن خلال التشريع الحكومى, وقد اسند ذلك إلى كـلا مـن قسـمي مكافحـة الاحتكـار بـوزارة العـدل واللجنـة الفيدرالية F.T.C مهمة المشاركة فى توجيه التشريع الحكومى بما يخدم السوق الأمريكي, فمن ناحية أعطى الهيئة المسئولية الفردية لمحاكمة المخالفات الفيدرالية القوية مثل عمليـات تثبيت الأسـعار والتلاعـب فى المناقصات وعمليات تقسيم الأسواق, وقد شاركت الهيئة فى هذه الإجراءات

U.S department of justice guidelines antitrust enforcement guidelines for the licensing of the [١]
intellectual property (with FTC April , 6,1995)
The role of antitrust in intellectual property "federal circuit judicial conference" Washington. [٢]
D.C report (June, 16,1994)
U.S department of justice antitrust division "Opening markets and protecting competition for [٣]
America's   businesses   and   consumers   April   ,   7/1995.

التشريعية بفاعلية من أجل دعم المنافسة عن طريق إجراءاتها السابقة في قضايا التليفونات والطرق والشحن والألبان, كل ذلك بسبب خبرتها مع عملية المنافسة بشكل خاص ومع القضايا الاقتصادية الواسعة بشكل عام, ويطلب منها غالبا أن تضع السياسة الاقتصادية عن طريق التعاون المشترك مع غيرها من الوكالات الحكومية المحلية والدولية على السواء .

ونظرا لان مهمة الهيئة في حماية ودعم المنافسة تزداد حدة كل يوم نظرا لزيادة حجم الاقتصاد الأمريكي من آن لآخر, لذلك عملت الهيئة على المشاركة بفاعلية في الإجراءات أمام الوكالات الفيدرالية من أجل تقليل التشريع الحكومي الذي يحمي الشركات المسيطرة مما يزيد المساحة التنافسية داخل الأسواق الحكومية؛ لذلك ألزمت الهيئة نفسها أن تزيد من مواردها من أجل تنفيذ قوانين مكافحة الاحتكار بشكل فعّال ووضعت عدد من الإصلاحات أهمها:

١- زيادة الكفاءة من خلال التخصص بدلا من أن كل وحدة تتعامل في فرع مستقل من الاندماجات الجنائية كذلك القضايا المدنية فكل وحدة الآن تركز على نوع من القضايا وبالتالي زيادة الخبرة في المهارات والتحليل وثيق الصلة لهذا النوع من القضايا كذلك مسئولية المحام العام المساعد ومكتب العمليات أيضا يعاد ترتيبهم للاستفادة من التخصص .

٢- التدريب الموجه للعاملين بالهيئة من اجل تحسين مهارات التقاضى .

٣- سوف تستمر الهيئة بشكل عدواني أن تفرض قوانين مكافحة الاحتكار؛ لحماية المستهلكين والأعمال التجارية والاقتصاد الأمريكي من الآثار الخبيثة للسلوك المضاد للمنافسة داخليا وخارجيا .

٤- الهيئة سوف تبقى نشيطة في تزويد الناس ومجتمع العمل بمعلومات تتعلق بسياساتها في تنفيذ قوانين مقاومة الاحتكار.

٥- الهيئة سوف تبذل ما فى وسعها لتقليل الوقت التى تستغرقه؛ لتوفير أحكام نوايا التنفيذ مع احترام السلوك المقترح طبقا لإجراءات مراجعه العمل .

٦- الهيئة سوف تخاطب فورا اهتمامات الأشخاص الذين يعتقدون أنهم قد يكونون ضحايا لمخالفة قوانين مكافحة الاحتكار .

٧- الهيئة سوف تعد نسخ متوافرة لوثائق الهيئة العامة مثل الخطابات والإرشادات وأحكام السياسة ونشرات المعلومات والاتهامات الجنائية والشكاوى المدنية وخطابات مراجعة العمل والأحكام .

أهم الدروس المستفادة من التجربة الأمريكية لحماية المنافسة

إن الاختلاف فى الظروف الاقتصادية السياسية والاجتماعية من دولة إلى أخرى قد يجعل هناك أهمية لتوخى الحذر عند محاولة النقل أو الاستفادة من بعض التجارب الدولية فى مجال حماية المنافسة ومنع الاحتكار، وهذا لا يمنع من أن الدراسات المقارنة لبعض التجارب الدولية قد تساهم فى ترشيد محاولات الدول الأخرى التى تسعى إلى وضع نظام قانونى ومؤسسى لحماية المنافسة ومنع الممارسات الاحتكارية مثل مصر، ومن خلال التجربة الأمريكية فى هذا المجال يلاحظ أن هناك عدد من الدروس المستفادة أهمها:[1]

١- أن الدول غالبا تستهدف من وضع نظام تشريعى لحماية المنافسة؛ من أجل تحقيق حزمة من الأهداف الاقتصادية والسياسية والاجتماعية وأن التجربة الأمريكية تؤكد أن هناك صعوبة فى استهداف تحقيق بعض الأهداف على حساب الأهداف الأخرى مثل استهداف تحقيق تحسن فى مستوى بعض الفئات الفقيرة أو التركيز على تحقيق تحسن فى الكفاءة الاقتصادية .

٢- أن نصوص قوانين حماية المنافسة ومنع الاحتكار تلعب الدور الرئيسى فى

(¹) د/ مغاورى شلبى - حماية المنافسة ومنع الممارسات الاحتكارية - مرجع سابق - ص٢٥٨ ، ٢٥٩.

تحقيـق التـوازن بيـن الأهـداف المتعلقـة بالكفـاءة الاقتصاديـة وتلـك المتعلقـة بحمايـة بعـض الفئـات فى المجتمع، وهو ما يعنى ضرورة التدقيق فى نصوص هذه القوانين لتحقيق التـوازن المطلـوب وذلـك حسـب الأحوال الاقتصادية والسياسية والاجتماعية الخاصة بكل دولة .

٣- أن التجربة الأمريكية تظهر بوضوح التعارض الوارد غالبـا عنـد التطبيـق بيـن تحقيـق أهـداف الكفـاءة الاقتصاديـة وغيرهـا مـن الأهـداف الأخـرى, وأن هـذا يتطلـب بـذل جهـود مـن جانـب الحكومـات لترتيـب أهدافها حسب الأولوية، وأن يكون هناك شفافية فى السعى لتحقيق هذه الأهداف حسب أولوياتها، وأن هذا فى الغالب هو الذى يحدد المنافع والتكاليف المترتبـة علـى إنفـاذ النظـام القانونى الحـاكم لحماية المنافسة ومنع الممارسات الاحتكارية .

٤- أن تطبيق قوانين وسياسات حماية المنافسة دون تحديد دقيق للأهداف من حيث أولوياتها، مكن أن يُحدث آثارا غير متوقعة حتى على الممارسات المشروعة, وأن استخدام نظام حماية المنافسـة ومنع الاحتكار كآليـة لإعادة توزيع الدخل والثروة أو لتحقيق أهداف سياسية فى المقام الأول مكن أن يتعرض لانتقادات حادة .

٥- أن أهمية قانون حماية المنافسـة ومنع الممارسات الاحتكاريـة تـزداد كلـما زاد تحـول دور الدولـة فى النشاط الاقتصادى من لاعب رئيسى إلى منظم للنشاط الاقتصادى .

٦- أهمية الجانب التعليمى فى مجال حماية المنافسة ومنع الاحتكار سواء مـا يتعلـق بـدور جهـاز حمايـة المنافسة فى تثقيف مجتمع الأعمال عموما فى هذا المجال، أو ما يتعلق بأهمية تعلم جهـاز المنافسـة ذاته فن التطبيق الفعلى لقانون المنافسة والاستفادة مـن الجوانـب الايجابيـة والسـلبية التـى تظهرهـا عملية التطبيق الفعلى فى البيئة الوطنية والدولية.

٧- أن استحداث نظام حماية المنافسة ومنع الاحتكار لإطار مؤسسى فعَّال لتنفيذ

قانون المنافسة يكون صعباً, خاصة إذا كان هذا الإطار يعمل على إعادة توزيـع الاختصاصات والسـلطات بين الأجهزة الحكومية القائمة بالفعل .

٨- أن صياغة تشريع وطني لحماية المنافسة ومنع الاحتكار يتطلـب أن يتضمـن هـذا التشريـع قواعـد قانونية صارمة وعقوبات رادعة ومستوى رقابي وتحليلي, إلا أن التطبيق الفعلي لهـذه القواعد يجـب أن يتم من خلال مرونة موضوعية, وان ذلك كله يتم بغرض زيادة الرفاهيـة وليس لمجـرد الملاحقـة القانونية للشركات.

٩- يجب عند تنفيذ تشريعات حماية المنافسة ومنع الاحتكار مراعاة عدم انحياز جهاز حماية المنافسـة في مصر ضد الشركات الأجنبية لصالح الشركات الوطنية, حيث إن المردود الأخير الـذى يجـب أن يسـعى إليه جهاز حماية المنافسـة هـو مصـالح المسـتهلكين في الحصـول عـلى السـلعة والخدمـات بـالجودة والسعر المناسبين .

١٠- أن نموذج الممارسات التى يجب رصدها وملاحقتها قانونيا وإداريـا مـن أجهـزة حمايـة المنافسـة هـى الممارسات التى تشكل جريمة الاحتكار غير المشروع, وأن الاحتكار الطبيعى لا مجال لتجريمه باعتباره لا يعوق المتنافسين المحتملين في ذات النشاط, وذلك مثل الاحتكار الناجم عن استغلال جهود البحث العلمى والابتكار لدى بعض الشركات, حيث إن المستفيد من مثل هـذه النوعيـة مـن الاحتكار هـو المستهلك حيث تمت المنافسة سعيا لجذبه من خلال التنوع في المنتج والوفرة في الجـودة والانخفـاض في الأسعار وكلها أمور مستحبة لتحقيق مصلحة المستهلك ورفاهيته.

المبحث الثاني

تنظيم المنافسة في الاتحاد الأوروبي

لقد ظل أمل إنشاء أوروبا المتحدة يداعب خيال الساسة والفلاسفة والكتّاب الأوروبيين خمسة عشر قرنا منذ نهاية عصر الإمبراطورية الرومانية، إلى أن تحققت أولى الخطوات العملية بإنشاء الجماعة الأوروبية للفحم عام ١٩٥١م، ثم إنشاء الجماعة الاقتصادية الأوروبية للطاقة الذرية عام ١٩٥٧م .

لقد حاول البعض مثل "هتلر" و "كارل ماركس" تحقيق هذا الحكم بالقوة ولكن باءت محاولتهم بالفشل ، كما حاول البعض وضع مشاريع لتحقيقه بالوسائل السلمية، ولكن لم يكتب لأى من هذه الأفكار والمشاريع النجاح وتتمثل الصعوبة في أن معظم الدول الأوروبية متوسطة فلا هى كبيرة لدرجة تمكّنها من حماية استقلالها ولا هى صغيرة لدرجة تجعلها تقبل الخضوع لحكومة فيدرالية ، وغنى عن الذكر أن الدوافع وراء السعى نحو الوحدة الأوروبية تمثلت في الدفاع ضد أي هجوم خارجى والاستقرار الداخلى والإنعاش الاقتصادى والرخاء والتنمية الاجتماعية و الهيبة و الاقتناع بأن الدولة ليست قادرة وحدها على ضمان الاستقرار وتوفير الرخاء[1] .

لقد كان الهدف من السعى حثيثا إلى إقامة تعاون بين الدول الأوروبية بعضها البعض عن طريق توقيع اتفاقات مختلفة ومتتالية (بدءا من اتفاقية الاتحاد الأوروبي "للحديد والكربون" الموقعة عام ١٩٥١م ، تدرجا باتفاقية "روما" عام ١٩٥٧م والتى بموجبها تم إنشاء المجتمع الاقتصادى الأوروبي " CEE " يليها توقيع اتفاقيه "ميونخ" لعام ١٩٥٨م، ولاحقا "لوكسمبرج" والتى أسفرت عن إنشاء السوق

---

[1] د/ عبد العظيم الجنزوري - الأسواق الأوروبية المشتركة والوحدة الأوروبية - دار المعارف دون تاريخ نشر ص٩ .

الأوروبية المشتركة والتي دخلت حيز التنفيذ عام ١٩٩٢م، وأخيرا اتفاقية "ماستر يخت" والتى أنشأت التكامل الاقتصادى الأوروبى وهى إقامة نوع من الاتحاد بين الدول الأوروبية بجعلها تكون بمثابة دولة واحدة بكافة مؤسساتها وبكل جوانبها [السياسية – الاقتصادية - الاجتماعية] وهو ما يعرف باسم الاتحاد الأوروبي ، ويعد قانون الاتحاد الأوروبي هو اسم القانون الأساسى والاقتصادى الذى يحكم العمليات الاقتصادية والتنافسية في سوق دول الاتحاد لذلك سوف نحاول التعرف على الملامح الرئيسية لهذا القانون وأهم المحاور التي ارتكز عليها وما هي المؤسسات التي تضطلع بتنفيذ هذا القانون وذلك تبعاً لما سيأتي بيانه .

الملامح الرئيسية لقانون حماية المنافسة

في الاتحاد الأوروبي

في سبيل تحقيق التكامل الأوروبي الاقتصادى اتخذت الدول الأوروبية وسائل عديدة ولكن كان أهمها على الإطلاق تكوين قواعد تعد بمثابة الدستور "لتحكم العلاقات التى تنشا بين الدول الأعضاء لذلك فلقد حرصت هذه الدول منذ الوهلة الأولى على تضمين اتفاقياتهم المختلفة هـذه القواعد والتى تعرف الآن باسم "القانون الأوروبي" .

فالقانون الأوروبي هو ذلك التشريع الذى ينظم العلاقات فيما بـين الـدول الأوروبيـة أعضاء الاتحاد الأوروبي ، وإذا كان القانون الأوروبي تتعدد جوانبه سواء فيما يتعلق منها بالسياسـة ، علـى سبيل المثال الوسائل التى يتم فيها انتخاب أعضاء البرلمان الأوروبي أو الاجتماعية كالقواعد التى تنص على حقوق الإنسان أو غيرها ..... ، فإن أهم جانب فى ذلك القانون والـذى لقـى عنايـة خاصـة مـن الـدول الأوروبيـة يتمثل فى القواعد التى تنظم حرية التجارة بين الدول الأعضاء سواء بالنص على إزالـة كافة العوائـق التـى تفرض على حركة الأموال والأشخاص والبضائع فيما بين الدول الأعضاء .

أو تجريم كافة الاتفاقات التى قد تؤثر على المنافسة فى السوق الأوروبية, وقد جـاءت اتفاقيـة روما كخطوة مهمة فى سبيل تحقيق ذلك ، حيث نصت علـى تجـريم أي اتفاقيـات تتم بـين الشركات المنافسة فى السوق الأوروبية يكون الهدف منه احتكار هـذه السـوق, كـذلك جرمت الوسـائل التـى قـد تتبعها احدى الشركات ويكون الغرض منها إخضاع السوق الأوروبية لسلطتها[1] .

---

[1] د/ ياسر سالي قرني "دور حقوق الامتياز التجاري في نقل المعرفة الفنيـة ودراسـة مقارنـة رسـالة مقدمـة للحصـول علـى رسالة الدكتوراه " – جامعة القاهرة ٢٠٠٥- ص٢٥ .

ولما كانت حماية المنافسة هي الضمان الفعَّال لممارسة الحريات التي تركز عليها السوق الأوروبية المشتركة لذلك حرصت المعاهدة في المواد من ٨٥ إلى ٩٤ على النص على بطلان أي اتفاق بين مشروعات أو قرارات لاتحاد مشروعات أو ممارسات متفق عليها تؤثر على التجارة بين الدول الأعضاء ويكون الهدف منها منع أو تقيد أو تحريف المنافسة في نطاق السوق الأوروبية المشتركة . كما نصت المعاهدة على منع مشروع أو أكثر من إساءة استخدام مركز مهيمن في السوق المشتركة أو جزء كبير منها وقد نصت المعاهدة أيضا على تبني اللجنة اللوائح والتوجيهات المناسبة لوضع المبادئ السابقة حيز التنفيذ.

ونظرا لان الدول الأعضاء قد تسلك سبيلا تؤثر في المنافسة لذلك حرصت المعاهدة بموجب المادة ٣٧ على أن تلتزم الدول الأعضاء أن تعدل تدريجيا أي احتكارات تديرها وتكون ذات طبيعة تجارية بحيث يتم إلغاء أي تمييز بين مواطني الدول الأعضاء بخصوص شروط تسويق البضائع أو توريدها كما نصت المادة كذلك على التزام الدول الأعضاء بالا تطبق مؤسسات القطاع العام التي تديرها الدولة أو تمنحها مزايا خاصة أي قواعد تتنافى مع المنافسة, وفضلا عما تقدم فقد جرمت المساعدات التي تقدمها الدول الأعضاء لمشروعات معينة أو لإنتاج بضائع حقيقية تتنافى مع السوق المشتركة ما دامت تشوه المنافسة.[1]

فضلا عن ذلك فإن للاتحاد الأوروبي قواعد منافسة فوق وطنية " فيما يتعلق بالممارسات التقيدية والمشاريع العامة التي تتمتع بحقوق خاصة أو حصرية" تربطها معاهدة روما والهدف الأساسي المتمثل في إقامة سوق مشتركة هو تطبيق هذه القواعد على الممارسات التي تمس التجارة بين الدول الأعضاء وذلك حتى إذا حصلت في بلد واحد من بلدان الاتحاد الأوروبي أو في منطقة داخل بلد ما ويرد النص في ذلك على تواجد قوانين المنافسة الوطنية وقوانين الاتحاد الأوروبي ، هنا

---

[1] د/ عبد العظيم الجنزوري - الأسواق الأوروبية المشتركة - مرجع سابق ص ٤٠-٤١ .

بأولوية قانون الاتحاد الأوروبي, ووجود نظام لتوزيع الاختصاص على سلطات ومحاكم المنافسة فى الاتحـاد الأوروبي والسلطات والمحاكم الوطنية (التى يجوز لها أيضا أن تطبـق قـانون الاتحـاد الأوروبي) يرمـى إلى تحقيق التوازن بين التكامل والاتساق فى نظام المنافسة داخل الاتحاد الأوروبي, والتعاون فى الممارسات مـن حيث التحرى والتقييم وتبادل الوثائق (بمـا فى ذلك المعلومـات السرية), والتمثيل فى جلسـات الاسـتماع وإبلاغ وجهات النظر حول مشاريع القرارات من اجل الحصـول عـلى تعليقـات وقيـام مؤسسات الاتحاد الأوروبي بمد المؤسسات الوطنية بالمعلومات عن الأحكام المتعلقة بوقائع قانون الاتحاد الأوروبي.[1]

من الملاحظ أن الإطار القانونى لحماية المنافسة ومنع الممارسات الاحتكارية فى الاتحاد الأوروبي تكَّون بطريقة تراكمية عبر الوقت, وبصورة واكبت التطور فى هيكل الاتحـاد الأوروبي مـن حيث مراحـل التكامل أو عدد الأعضاء أو غيرها من الأمور التى قد تـؤثر عـلى فاعليـة هـذا الإطار القانونى وإجـراءات تنفيذه ويمكن تلخيص هذا الإطار القانونى فيما يلى:- [2]

أولاً: إلتزام الدول الأعضاء بمراقبة الاحتكارات التجارية والحكومية والعمل على اتخـاذ الإجـراءات اللازمـة لتعديلها ، حتى لا يكون هناك تمييز بالنسبة لشروط إنتاج وتسويق السلع بين الدول الأعضاء ، وأن يتم ذلك من خلال السلطات المعنيـة بحمايـة المنافسـة فى الـدول الأعضـاء بشـكل مبـاشر أو غـير مباشر؛ لمنع الآثار السلبية للممارسات الاحتكارية على الصادرات والواردات بين الدول الأعضاء.[3]

([1]) د/ أحمد الجويلي - الاحتكار سهم فى مكب المسيرة الاقتصادية - مرجع سابق - ص١٣٨-١٣٩.
([2]) د/ مغاوري شلبي - حماية المنافسة ومنع الممارسات الاحتكارية - مرجع سابق - ص ٦٨-٦٩.
([3]) المادة رقم (١٦) من اتفاقية المفوضية الأوروبية للمنافسة
The European Commission Agreement for competition

ثانيا: أن تمتنع الدول الأعضاء عن تطبيق إجراءات مكافحة الإغراق والرسوم ذات الأثر المماثل وغيرها مـن الإجراءات والمعايير التى تطبقها الدول الأعضاء ضد الممارسات التجارية لـدول العـالم الثالـث بـين الدول الأعضاء فى الاتحاد الأوروبي ما لم يرد نصوص تخالف ذلك.[1]

ثالثا: حظر الاتفاقيات والقرارات التى تستخدمها المؤسسات فيما بينها والتى يمكن أن تؤثر على تدفق التجارة أو تحد أو تعوق المنافسة فى أسواق الدول الأعضاء واعتبار هذه الاتفاقيات والقرارات غير سارية المفعول إذا تم إبداءها.[2]

رابعا: حظر أي استغلال سيئ للوضع المسيطر فى السوق من جانب احدى الشركات فى الدول الأعضـاء لأن هذا النوع من الاستغلال لا يتسق مـع أهـداف التكتـل الاقتصـادى والأوروبي بـسبب تـأثيره عـلى تدفق التجارة بين الدول الأعضاء.[3]

خامسا: الاتفاق على أن تتولى تنفيذ الأحكام الخاصة بحماية المنافسة ومنع الممارسـات الاحتكاريـة فى الاتحاد الأوروبي سلطة فوق قومية تكون معنيـة بحمايـة المنافسة, عـلى أن تقـوم هـذه السـلطة بالتحقيق فى الحالات المخالفة أو المشتبه فيها ، سواء بمبادرة منها أو بناء عـلى طلب مقـدم مـن إحدى الدول الأعضاء أو من السلطة الوطنية لحماية المنافسة فى إحدى الدول الأعضاء, وأن تقـوم سلطة المنافسة فوق القومية بإجراء التحقيقات بالتعاون مع السلطات الوطنية لحماية المنافسة ، وتصدر قرارها الذى يكون ملزما فى هذا الصدد لإلغاء الممارسة المحظورة أو تصـدر قرار بتعـويض السلطة الوطنية لحماية المنافسة باتخاذ الإجراءات اللازمة لتنفيذ القرار.

---

[1] المادة رقم (٢٦) من اتفاقية المفوضية الأوروبية للمنافسة .

[2] المادة رقم (٥٣) من اتفاقية مجموعة الفحم والصلب .

The European Community of Coal and Steel

[3] المادة رقم (٥٤) من اتفاقية مجموعة الفحم والصلب .

سادساً: وضع مجموعة من القواعد الملزمة الخاصة بالتعامل مع الاحتكارات الحكومية لبعض السلع في الدول الأعضاء وذلك مثل الملح والأسمدة والبارود والمنتجات البحرية ومنتجات الفحم والحديد والصلب بحيث لا تؤثر على التجارة بين الدول الأعضاء.

سابعا: حظر المنح والمعونات التي تقدمها حكومات الدول الأعضاء للشركات والتي يمكن أن تعوق المنافسة في أسواق الدول الأعضاء عن طريق تفضيل شركات معينة أو إنتاج سلع معينة يمكن أن تؤثر على تدفق التجارة بين الدول الأعضاء.

ثامناً: التزام الدول الأعضاء بالعمل على منع أي إجراءات أو ممارسات لا تتفق مع أحكام حماية المنافسة وخاصة فيما يتعلق منها بالأنشطة الحكومية ذات الطابع الاقتصادي أو التجاري والتي تمنح فيها الدول الأعضاء بعض الحقوق التمييزية أو حقوق احتكارية مربحة بما في ذلك الأنشطة الخدمية.

تاسعاً: التحكم في درجة التركز في الأسواق وذلك بمنع أي إجراءات أو ممارسات تعزز هذا التركيز بدرجة تؤثر على المنافسة في أسواق الدول الأعضاء, وأن تتولى المفوضية الأوروبية التحقيق في مثل هذه الممارسات على أن تخضع لعملية مراجعة من جانب محكمة العدل التابعة للمفوضية الأوروبية مع إلزام الدول الأعضاء وسلطات حماية المنافسة بها بالتعاون معها وفقا لهذه الأحكام؛ وذلك من اجل الحفاظ على نسق موحد للرقابة والتنفيذ في مجال المنافسة في التكتل الأوروبي.

المحاور الرئيسية التي يرتكز عليها قانون حماية المنافسة في الاتحاد الأوروبي

لقد شهد أول مايو عام ٢٠٠٤م إصلاحاً قانونيا غير مسبوق لقواعد القانون الأوروبي المنظم للمنافسة وخاصة المادتين ٨١، ٨٢ من اتفاقية روما ، وقد ارتكز الإصلاح القانوني لقواعد المنافسة ومناهضة الممارسات الاحتكارية في القانون

على ثلاث محاور كالآتي:[1]

المحور الأول : فقبل صدور اللائحة الجديدة فقد كان باستطاعة الأطراف في أي اتفاق يمكن أن يقع تحت طائلة المادة ٨٢ من الاتفاقية إخبار اللجنة به لكي يطمئنوا إلى صحته والحصول على شهادة بعدم جواز تطبيق المادة المشار إليها أو بإعفائه من هذا التطبيق, أما بعد صدور اللائحة الجديدة فان كل اتفاق تتوافر فيه الشروط المنصوص عليها في المادة ٣/٨١ من الاتفاقية يعد صحيحا بمجرد إبرامه، وبعبارة أخرى فإن الاتفاقات المنصوص عليها في الفقرة الأولى من المادة ٨١ والتي لا تتوافر فيها الشروط الواردة في الفقرة الثالثة من نفس المادة وكذا التصرفات التي تعد إساءة لاستعمال المركز المسيطر الذي تضمنته المادة ٨٢ من الاتفاقية فإنها تكون محظورة دونما حاجة إلى صدور قرار بذلك من اللجنة , أما الاتفاقات التي تتوافر فيها الشروط المفروضة في الفقرة الثالثة من المادة ٨٢ تكون غير محظورة دون حاجة أيضا إلى صدور قرار بذلك , وفي حالة المنازعة في صحتها فعلى الأطراف في الاتفاق أن يثبتوا توافر الشروط الواردة في الفقرة رقم ٣ من المادة ٨١، وعلى من يدعى مخالفة الاتفاق للمادة المذكورة أن يثبت هذه المخالفة .

المحور الثاني وهو الخاص بعدم المركزية في تطبيق المادتين ٨١ ، ٨٢ فقد أصبح من حق سلطة المحاكم الوطنية في الدول الأعضاء تطبيق المادتين المشار إليهما بعد أن كان هذا التطبيق محجوز لمحاكم وسلطات الاتحاد الأوروبي؛ ومن أجل تطبيق موحد ومتوافق لقواعد المنافسة فإن اللائحة الجديدة تستوجب التطبيق المتوازى لقواعد القانون الأوروبي والقواعد الوطنية المتعلقة بالمنافسة وتقرر قواعد للتنسيق بين السلطات القضائية الوطنية والسلطات القضائية التابعة للاتحاد على السواء.

أما المحور الثالث والأخير فهو يدعم سلطات اللجنة فيما يتعلق بمراقبة تطبيق المادتين ٨١ ، ٨٢ ومدى توافر شروطها من عدمه, ولم يقتصر هذا التدعيم

(¹) د/ سامي عبد الباقي – إساءة إستغلال المركز المسيطر – مرجع سابق ص ١٦-١٧ .

على مرحلة البحث وإنما امتد إلى اتخاذ القرار النهائي في النزاع المعروض.

وبناء على ذلك فلقد ارتكزت سياسة حماية المنافسة في القانون الأوروبي على تحقيق مبدأين هامين هما:- [1]

أولاً: حماية المنافسة بصورة عامة

ثانياً : حظر أي تكتلات أو تركزات اقتصادية "اندماجات" تضر بعملية المنافسة.

أما عن المبدأ الأول فلقد نصت عليه المادتين ٨٢،٨١ من الاتفاقية, فالمادة ٨١ نصت على أن "تعتبر الأمور التالية متناقضة مع السوق المشترك , يحظر بموجب المعاهدة إبرام أي اتفاق بين الشركات أو اتخاذ أي قرار باندماجها أو أي ممارسات متضافرة يحتمل أن تؤثر على التجارة بين الدول الأعضاء ويكون غرضها أو نتيجتها منع أو تقيد المنافسة داخل السوق المشتركة لاسيما الأفعال الآتية":- [2]

١- الاتفاق على جعل أسعار البيع أو الشراء ثابتة بشكل مباشر أو غير مباشر أو أية ظروف تجارية أخرى تهدف إلى منع أو تقيد أو تشويه المنافسة.

٢- الاتفاق على تقيد بيع منتج بآخر مثل الصفقات الشاملة سواء كان "أفقيا مع المنافسين " أو "راسيا مع الموردين والعملاء" .

٣- الاتفاق على تقسيم الأسواق كالاتفاق على عدم البيع أو الشراء من وإلى أي عميل.

٤- أي اتفاق يكون الهدف منه الحفاظ على الوضع المسيطر في السوق عن طريق خنق عملية المنافسة أو تقيدها ومن ثم التأثير على قرارات المستهلكين في اختياراتهم للسلع أو المنتجات.

---

[1] European Union antitrust competition policy
http://www.eurunion.org/policyareas/antitrust.htm.2/6/2008
[2] Norris Mclaughlin "Competition laws in the European union" issues of the New Jersey law journal , May 29,2000 .

٥- الاتفاق على التمييز بين العملاء كإعطاء خصومات أو هدايا إضافية لا تعكس التكلفة الحقيقية من أجل التأثير على قراراتهم بالشراء للوصول إلى نتيجة مؤداها السيطرة على السوق بإقصاء اكبر عدد ممكن من المنافسين.

٦- تحديد أو مراقبة الإنتاج أو الأسواق أو التطوير التقني أو الاستثمار.

لذلك فان المادة (٨١) من ميثاق الاتحاد الأوروبي تحرم جميع التصرفات والممارسات المنظمة التي تشوه وتقيد عملية المنافسة, [١] وهذه المادة تقابل نظيرتها المنصوص عليها في المادة رقم (١) من قانون "شيرمان" الأمريكي والتي تجرم الإجراء المتفق عليه لتقيد التجارة[٢] , سواء ما تعلق ذلك بعملية تثبيت الأسعار أو تقسيم الأسواق أو تنظيم المزايدات أو أي إجراءات أو عمليات يكون الغرض منها تقيد المنافسة.

أما المادة (٨٢) من اللائحة فإنها تحظر ممارسات تفريق الأسعار أو التعامل الحصري أو رفض التعامل وتقابل المادتين (٢ - ٣) من قانون "كلايتون" الأمريكي بالإضافة إلى دورها في مراقبة جميع الاتفاقيات التقيدية سواء تلك الأفقية أو الرأسية كعمليات الاندماج أو الاستحواذ والتي تهدد السوق الأوروبية والتي تعرف باسم التشريع ٢٠٠٤/١٣٩[٣] , وقد جاء نص المادة (٨٢) من اللائحة على

Treaty Establishing the European community "consolidated text" official journal c, 325. of 24 [١]
December 2002 p.p.64.
وللمزيد من التفاصيل انظر
http://europoa.ue.int/comm./competition/legislation/Treaties/ec/ant_en.htm
Section I of the Sherman Act States "every contract , combination in the form of trust or otherwise , or [٢]
conspiracy , in restraint of trade of commerce among the several states , or with foreign nations" 15
U.S 2004.
Wikipeda the free encyclopedia "competition law" [٣]
http// www .en. Wikibeda.org/wiki/ competition_law 2/6/2008
European community treaty, supranote,9,9 at 65.   ولمزيد من التفاصيل انظر
http//europa.ue.int/comm./competition/legislation/treaties/ese/art_82_htm 1/6/2008

انه "أي سوء استخدام من قبل فرد أو أكثر مما يكون وضع مسيطر في السوق سوف يجرم لأنه ليس له منافس آخر في السوق العامة مما يؤثر على التجارة بين الدول الأعضاء وعلى الأخص ما يأتي":[1]

١- الاتفاق على فرض أسعار البيع أو الشراء بطريقة غير مناسبة على العملاء سواء تمت بطريقة مباشرة أو غير مباشرة.

٢- تطبيق ظروف غير متشابهة للصفقات المتناظرة مع الأطراف التجارية الأخرى .

٣- الاتفاق على تضمين العقود بالتزامات إضافية ليس لها علاقة بموضوع العقد وذلك كشرط الحصول على المنتج أو الخدمة المباشرة.

٤- معاملة العملاء معاملة تمييزية وغير عادلة.

ومن ناحية أخرى فقد فطنت الدول الأوروبية إلى أن بعض الاتفاقات المنصوص على تجريمها في المادة (٨١/١) قد تعود بالفائدة على المستهلك الأوروبي فتكون الفائدة المرجوة منها أكثر من الأضرار التي تسببها، وبالتالي يكون من الأجدر تأييد تلك الاتفاقات وليس تجريمها وهو ما نصت عليها الفقرة الثالثة من المادة (٨١) المشار إليها بعاليه ، وذلك عندما قررت استثناء بعض الاتفاقات من الخضوع للفقرة الأولى من ذات المادة[2] , وذلك إذا ساهمت تلك الاتفاقيات في تحقيق الآتي:-[3]

[1] Norris Mclaughlin "competition laws in the European union" issues of the new Jersey law journal , May 29, 2000.

[2] وقد نصت المادة (٨١/أ) من اللائحة على أنه "ومع ذلك يجوز إعلان الفقرة الأولى غير قابلة للتطبيق في حالة : ١- أية اتفاقات بين الشركات ٢- أي قرارات تتخذها ٣- أي ممارسات متضافرة تسهم في تحسين الإنتاج أو توزيع السلع أو تعزيز التقدم التف\قني والاقتصادي مع تخويلها للمستهلكين نصيب عادل من الأرباح الناتجة عناه وبدون :- أ) أن تفرض على الشركات المعنية أي قيود لا تكون حتمية لبلوغ الأهداف المذكورة أعلاه . ب) أن تمنح هذه الشركات القدرة على استبعاد المنافسة فيما يتعلق بنسبة كبيرة من المنتجات المعنية "

[3] د/ ياسر قرني - حقوق الامتياز التجاري - مرجع سابق ص ٢٧-٢٨ .

١- أن تسهم فى تحسين الإنتاج أو زيادة وتحسين توزيع المنتجات او تساعد على تحقيق تقدم اقتصادى.

٢- أن تعود بالفائدة على المستهلكين.

٣- ألا تتضمن شروطا تؤدى إلى تقيد المنافسة دون وجود ما يستلزم ذلك .

٤- ألا تؤدى هذه الاتفاقات إلى القضاء على المنافسة بصفة مطلقة.

وهذا يعنى أن التمتع بالاستثناء يكون شخصيا وليس موضوعيا ، فكل اتفاق يبحث على حده ليتم التأكد عما إذا كانت تتوافر فيها الشروط المذكورة من عدمه وعلى ضوء ذلك إبطاله أو تمتعه بالاستثناء المنصوص عليه فى المادة (٣/٨١).

أما المبدأ الثانى من المبادئ التى ارتكز عليها قانون حماية المنافسة فى الاتحاد الأوروبي:

فهو مراقبة وحظر تكوين الاندماجات الضارة بالمنافسة, فالاتحاد الأوروبي له سلطة حازمة فى مراقبة عمليات الاندماج والاستحواذ التى قد تؤثر على أكثر من دولة عضو من دول الاتحاد وتتجاوز مستويات محدده, [١] ففى الأول من مايو عام ٢٠٠٤م أصبح لدى الاتحاد الأوروبي سلطة مراقبة عمليات الاندماج وذلك بصرف النظر عن جنسية الشركات المشتركة فى عملية الاندماج, وذلك إذا ما تجاوز رأسمال الشركات المندمجة أكثر من ٥ بليون يورو أو كان لديها عائد ربح سنوى يتجاوز ٢٥٠ مليون يورو داخل نطاق الاتحاد ، كذلك يتصدى الاتحاد لحالات الاندماج حتى ولو لم تكن الشركات المندمجة لها سيطرة فعلية على السوق إذا أدى هذا الاندماج المقترح إلى جعل الكيان المندمج الجديد من اكبر المنافسين فى السوق, وبذلك يختلف قانون مراقبة عمليات الاندماج فى الولايات المتحدة الأمريكية عنه فى الاتحاد

(¹) European Union antitrust competition policy
http://.www.eurunion.org/policyareas/antitrust.htm2/6/2008

الأوروبي ففي حين يلزم على مسئولي مكافحة الاندماج في الولايات المتحدة الأمريكية أن يطلبوا حكم قضائي لإعلان رفض أو إغلاق الاندماج فعلى النقيض من ذلك فمفوضية الاتحاد الأوروبي يمكن أن تغلق ملف الاندماج المقترح دونما حاجة إلى حكم قضائي.[1]

ولقد اشترطت لائحة الاتحاد الأوروبي ضرورة الإخطار بكافة الاندماجات أو عمليات الاختيار بين الشركات التي يبلغ مجموع أعمالها ٥ مليارات يورو ويبلغ حجم أعمال كل منها ٢٥ مليون يورو على الأقل في الاتحاد الأوروبي ما لم يحقق كل طرف من الأطراف أكثر من ثلثي إجمالي رقم أعماله على نطاق الاتحاد في دولة عضو واحدة دون سواها, وبدأت لائحة الاندماجات منذ مارس ١٩٩٨م تطبق أيضا على التركيزات الأصغر حجما التي تترك أثراً ذا شان على ثلاث دول أعضاء على الأقل وتنطبق هذه اللائحة على التركيزات التي يتجاوز فيها إجمالي رقم الأعمال على نطاق الاتحاد كله لكل طرف من الطرفين على الأقل بمبلغ ١٠ مليون يورو.

ويزيد في كل واحدة من الدول الأعضاء الأنفة الذكر على الأقل بمبلغ ٢٫٥ مليون يورو.[2]

لقد تصدى الاتحاد الأوروبي للكثير من قضايا الاندماج ففي مستهل عام ٢٠٠١م قام الاتحاد الأوروبي باستصدار أمر بإعلان ملف اندماج شركتين من الشركات الأمريكية وهما شركتي " General electric international & Honeywell" لأنه قد تبين لسلطات حماية المنافسة في الاتحاد أن هذا الاندماج سوف يكون له أثرا كبيرا على المنافسة في سوق دول الاتحاد على الرغم من أن هذا الاندماج كان مستحسنا من قبل الحكومة الأمريكية.[3]

[1] Antitrust law in European union, Grazidio business report journal of relevant business information and analysis , vol , 8, issues 3 2005.

[2] مؤتمر الأمم المتحدة للتجارة والتنمية – القانون النموذجي للمناقشة – مرجع سابق – ص٥٦ .

[3] William Drozdiak," European union kills deal", Wash post journal, July 4.2004.

كذلك ما قام به الاتحاد الأوروبي عام ٢٠٠٤م من فرض عقوبـات ماليـة (غرامات) كبيـرة عـلى شركة "ميكروسوفت" العالمية والتى تعد اكبر شركة كمبيوتر فى العالم فلقد وصلت قيمة الغرامات إلى نحو ٦٠٠ مليون دولار, بالإضافة إلى إجبار الشركة على تغير طريقة تعاملها مع الشركات الأخرى.

ومن خلال ما سبق يتضح أن الأهداف التى أرادها واضعو لائحة الاتحاد تمثلت فيما يأتى:- [١]

١- العمل على تحقيق سياسة لحماية المنافسة والتـى مـن شـأنها أن تعمـل عـلى تشجيع زيـادة الكفـاءة الاقتصادية من خلال خلق المناخ الملائم للابتكار والتقدم الفنى والتكنولوجى.

٢- حماية مصالح المستهلكين من خلال تمكينهم والسـماح لهـم بشراء السـلع والخـدمات فى أفضـل الظروف الممكنة.

٣- التأكيد على أن أيـة ممارسـات مخالفـة لقواعـد المنافسـة أو منتهكـة لحريتها مـن خـلال الشركات أو السلطات الوطنية يجب ألا تكون ضاره بالمنافسة أو مانعه للمنافسة السليمة.

٤- ضرورة ضمان وحدة الأسـواق الداخليـة وتجنـب حـدوث احتكـارات لـبعض الأسـواق مـن خـلال منع المشروعات من تقسيم السوق والاستيلاء على حصص فيه من خلال اتفاقيات حماية.

٥- منع حكومات الدول الأعضاء من مخالفة وهدم قواعد المنافسة من خلال التمييـز لصالح المشروعات العامة أو من خلال منح المساعدات لشركات القطاع الخاص التابعة لدولهم.

---

[١] د/ عاطف النقلي – الأطر التحليلية لقانون حماية المنافسة ومنع الاحتكار – مرجع سابق – ص ١٥-١٦ .

الإطار المؤسسي لحماية المنافسة في الاتحاد الأوروبي

يسعى الاتحاد الأوروبي دائماً إلى تأكيد تنفيذ قوانين الاتحاد فموظفو الاتحاد دائماً يقومون بحملات تفتيش مفاجئة للمكاتب التجارية؛ وذلك من أجل البحث عن دليل للسلوك المضاد للمنافسة وذلك بغض النظر عن جنسية الشركات[1], ولقد تطلبت عملية التنفيذ القانوني لحماية المنافسة ومنع الممارسات الاحتكارية في الاتحاد الأوروبي إقرار إطار مؤسسي فعَّال, بجانب سلطات الحماية في الدول الأعضاء على المستوى الوطني تم إنشاء سلطات لحماية المنافسة على المستوى الإقليمي, وهذه السلطات تمثلت في الآتي:-[2]

أولاً: المجلس الوزاري الأوروبي

رغم أن المجلس الوزاري الأوروبي غير مختص بمباشرة سياسات حماية المنافسة ومنع الممارسات الاحتكارية في الاتحاد الأوروبي, إلا أن هذا المجلس غالبا ما يتابع ويدعم الدول الأعضاء على إنفاذ تطبيق القوانين الوطنية لحماية المنافسة, وخاصة الممارسات المتعلقة بالاندماجات الاقتصادية وتطوير وإنفاذ القواعد الخاصة بالتحكم فيها في إطار الاتفاقية الأوروبية, وكذلك للتأكد من أن الاستثناءات التي تقدم في مجال المنافسة تحترم قواعد الاتفاقية وتحقق أهداف التكتل, ولذلك يعد المجلس هو الجهاز التشريعي الفعلي للاتحاد الأوروبي في مجال سياسة حماية المنافسة، ومناهضة الممارسات الاحتكارية.

ثانيا: محكمة العدل الأوروبية

طبقا لنصوص المعاهدة تتكون محكمة العدل من:[3]

Philip Shishkil" European regulators spark controversy with pawn raids" wall street journal, [1]
March , 1,2002 .

[2] د/ مغاوري شلبي - حماية المنافسة ومنع الممارسات الاحتكارية مرجع سابق .ص٧٠-٧١.

[3] د/ عبد العظيم - الجنزوري - السوق الأوروبية - المشتركة - مرجع سابق - ص٧٩-٨٠.

١- تسعة قضاة يجوز زيادة عددهم بقرار بالإجماع من المجلس بناء على طلب المحكمة.

٢- يساعد المحكمة أربعة من المحامين العامين advocates general يجوز زيادة عددهم بقرار بالإجماع مـن المجلس بناء على طلب المحكمة.

٣- يتم اختيار القضاة والمحامين لمدة ست سنوات.

٤- يتم تغيير جزئى للقضاة والمحامين العامين الذين تنتهى مـدة خـدمتهم ويتـولى القضاة اختيار رئيس المحكمة لمدة ثلاث سنوات.

٥- يتم اختيار القضاة والمحامين العامين بالاتفاق بـين الـدول الأعضـاء مـن بـين الأشـخاص المسـتقلين الحـائزين للصفات اللازمة للتعيين فى اعلى المناصب القضائية فى دولهم, أو من المستشارين القانونيين ذوي الكفـاءة العالية ومؤدى هذا أنه لا يشترط أن يحوز القضاة درجة قانونية ومن ثم يجوز اختيار قضاة ذوي خبرة فى مجالات أخرى يتولون مراقبة تطبيق وتنفيذ قانون اقتصادى وقانونى.

٦- تعقد المحكمة جلساتها علنا ويجوز للمحكمة أن تشكل شـعب قضائية تتكون مـن ثلاثة أو خمسـة قضاة للقيام بتحقيقات معينة أو الحكم فى نوع معين من القضايا طبقا للقواعد التى يتم وضعها فى هذا الخصوص.

وتعتبر محكمة العدل الأوروبية بمثابة محكمة الاستئناف للأحكام الصادرة من محـاكم الدرجـة الأولى وتختص بسماع طلبات الاستئناف بشان قرارات المفوضين الأوربيين, وكذلك النقـاط القانونيـة التـى تثيرها المحاكم الوطنية للدول الأعضاء, وتلجـأ هـذه المحكمـة فى عملها إلى ثلاث أدوات تشريعية تعد الضوابط اللازمة لإنفاذ القانون وهى ملزمه للدول الأعضاء, والتوجيهات وهى ملزمه للـدول المعنيـة بهـا فقط أما التوجيهات فهى غير ملزمه, كما تلجأ المحكمة إلى القرارات كأداة تنفيذية وتكون قرارات ملزمة.

ثالثا: وحدة مراقبة المنافسة فى المفوضية الأوروبية ووحدة مراقبة المنافسة فى منطقة التجارة الحرة الأوروبية

تتولى كل من هاتين الوحدتين مهام حماية المنافسة ومنع الممارسات الاحتكارية فى الدول الأعضاء فى المفوضية الأوروبية والدول الأعضاء فى منطقة التجارة الحرة الأوروبية, وتتولى المفوضية الأوروبية التحقيق فى الحالات التى تؤثر على التجارة أو المنافسة بين الدول الأعضاء فى المفوضية الأوروبية فى حين تتولى سلطات المراقبة لمنطقة التجارة الحرة التحقيق فى الحالات الفردية المناهضة للمنافسة و التى تتأثر فيها التجارة بين دول هذه المنطقة .

وتعتبر وحده المنافسة فى المفوضية الأوروبية هى الهيكل الرئيسى فى إنفاذ وتطوير سياسات حماية المنافسة ومنع الممارسات الاحتكارية, كما تتولى هذه الوحدة منح التراخيص والاستثناءات من تطبيق أحكام الإطار القانونى لحماية المنافسة فى الاتحاد الأوروبي والهيكل الإداري لهذه الوحدة يقسم إلى ما يوازى ثمانية إدارات متخصصة فى مختلف أنواع الممارسات والقطاعات التى تشملها, مثل قطاع شئون السياسة العامة للمنافسة ، قطاع التكنولوجيا المعلوماتية وقطاع التحكم فى الاندماجات ، قطاع الخدمات ، قطاع المعونات الحكومية .... الخ ، وهناك تطبيع بين هذه الوحدة ووحدة مراقبة المنافسة لمنطقة التجارة الحرة الأوروبية ، حيث تتولى سلطات المنافسة فى كل من منطقة التجارة الحرة الأوروبية والمفوضية الأوروبية تنفيذ قواعد المنافسة فى كل من منطقة التجارة الحرة الأوروبية والمفوضية الأوروبية وذلك عن طريق التعاون والتشاور معاً, ويتم اتخاذ القرار بشان القضايا المطروحة على كل منها بالإجماع.

وأخيرا ومن أجل دعم التعاون فيما بين الاتحاد الأوروبي وغيره من البلدان والمنظمات الأخرى, ومن اجل تطبيق سياسة حماية المنافسة وإزالة القيود التى ترتكز فيها بعض الدول على المنافسة مما يؤثر بالتبعية على دول الاتحاد الأوروبي دخل فى

العديد من اتفاقيات التعاون, وذلك من أجل تدويل وعولمة قوانينه عـن طريق السـماح لانضـمام أكـبر عـدد ممكن من الدول الأوربية لتوسيع دائرة ومساحة تطبيق قوانين حماية المنافسة ومنع المارسات الاحتكارية فى الأسواق العالمية.

ففى تقرير صادر عن منظمة التجارة العالمية عن جهود الاتحاد الأوربى بشأن حمايـة المنافسـة ومنع المارسات الاحتكارية فى سبتمبر ١٩٩٥م ، ١٩٩٦م دخل الاتحاد الأوربى فى اتفاقية تعاون وتنسيق مع منظمة التجارة العالمية؛ من أجل دعم الآلية المؤسسية فى الاتحاد من ناحية وبين منظمة الجمارك العالميـة ومنظمة التجارة العالمية من ناحية أخرى, عن طريق تبادل المعلومات والخبرات الفنية والتكنولوجية التى تساعد على تخليص الأسواق من المارسات الضارة بعمليـة المنافسـة [١] , ومـن ناحيـة ثالثـة فإنـه بموجـب الاتفاقات الأوربية بين الاتحاد الأوربى ومعظم بلدان أوربا الشرقية ودول البلطيـق فلقـد استطاع الاتحـاد الأوروبي تطبيق القواعد الخاصة بحماية المنافسة في السوق الأوروبيـة المشـتركة عـلى الإعانـات الحكوميـة متى انطبقت معايير المنافسة القامة عـلى قواعـد المنافسـة في الاتحـاد الأوربى في حالـة تـأثر التجـارة بـين الاتحاد الأوربى والطرف الموقع والأخر, بالإضافة إلى ذلك فإن الأطراف الموقعة الأخرى ملزمة بالعمل عـلى التقريب بين تشريعها الداخلي القائم والمقبل فى مجال المنافسة وقانون منافسة الاتحاد الأوربى, عن طريق تضمين تشريعها الداخلي ما يعد لازماً لإنفـاذ قـوانين الاتحـاد الأوروبي ذلـك عـن طريـق موافقـة مجـالس الانتساب المنشأة بموجب هذه الاتفاقات, وفى الحالات التى تندرج ضمن اختصاص الطرفين يكون الاتحـاد الأوربى والطرف الثانى مطالبين بإعلام بعضهما البعض بأى إجراء مزمع ما لم يحظر القانون نقل المعلومـات أو ما لم يكن ذلك متنافيا مع مصالح كلا منهما,

World Trade organization "trade policy review- European union November 1997" report   (¹)

http//www.wto.org/English/tratop_e/tpr_e/tp65_e.htm. 2/6/2008

والإعلام مطلوب أيضا حيثما يكون مـن شـأن حالـة تنـدرج ضـمن الاختصـاص الحصـرى لأحـد الطرفين على المصالح العامة للطرف الثانى, ويرد النص على إجراء المشاورات مع مجالس الانتساب فى حالة تقدم أحد الطرفين إلى الطرف الثانى بطلب اتخاذ إجراء تصحيحى لتـدارك الممارسـات التجاريـة التقييديـة المناهضة للمنافسة والتى لها أثار ضارة عابرة للحدود وذلك قبل اتخاذ أي إجراء ضد أي ممارسـة ضـارة لم تعالج على نحو ملائم.

ولا تنص الاتفاقات الأوربية على سلطات المنافسة فوق الوطنية ولا تنطبق علـى التجـارة فيمـا بين بلدان أوربا الشرقية نفسها خلافا للتجارة فيمـا بـين أعضـاء الرابطـة الأوربيـة, كمـا أنـه يجـوز تقـديم الإعانات لمؤسسات بلدان أوربا الشرقية المعنية بموجب قواعد مماثلة لقواعد الاتحاد الأوربى المنطبق علـى أقل مناطق الاتحاد الأوربى انتعاشاً.

على عكس ذلك تسمح بمنح إعفاءات لِمنَح إعانـات حكوميـة وذلـك فيمـا يتصـل بالسياسـات الزراعية المشتركة, وكذلك المعاهد المنشئة لاتحاد الفحم والصلب الأوربى أو للممارسات التى هـى ضرورة لتحقيق أهداف هذين الصكين(¹) , ولا يمكن للمؤسسات التى لها حقـوق خاصـة أو حصرية المشـاركة فى الممارسات التى تُمكِّنَهَا من تقييد التجارة, أو من التمييز بين رعايا الاتحاد الأوربى ورعايا غيره مـن البلـدان, وعلى كل واحد من الطرفين إبلاغ الطرف الثانى قبـل فـرض تـدابير لمكافحـة الإغـراق أو تـدابير فى مجـال الرسوم التعويضية, وقد قدمت تعهدات مماثلة لكل مـن تركيا وقبـرص بموجـب اتفاقـات التجـارة الحـرة وكذلك الاتفاقات الأوربية المتوسطية والأفريقية والتى سـعى الاتحـاد الأوربـى إلى الـدخول فيهـا مـن أجـل تفعيل أعمق لقانون حماية المنافسة ومنع الممارسات الاحتكارية فى الاتحاد.

(¹) د/ أحمد الجويلى - الاحتكار سهم فى قلب المسيرة الاقتصادية - مرجع سابق - ص-١٤٠، ١٤١.

المبحث الثالث

تنظيم المنافسة فى القانون المصرى

لقد بدأت مصر منذ عام ١٩٩٠م فى تبنى برنامج لإعادة الهيكلـة الاقتصادية, ويعتـد بالأسـاس علـى التحول من النظام الاقتصادي الموجه إلى اقتصاد السوق الحر لمواكبة الاقتصاد العالمى الـذى يرتكـز علـى حريـة المنافسة, وفى هذا الإطار انتهجت الدولة العديد من البرامج التى تهدف إلى تنمية القطاعات الاقتصادية وجذب الاستثمارات الأجنبية المباشرة وتحقيق الرخاء الاقتصادى بصفة عامة.

غير أن التنافس بين المؤسسات التى تمارس نشاطاً اقتصادياً فى السوق لزيادة حصتها السـوقية أو لتنظيم عائد استثماراتها, أو جذب أكبر عدد ممكن من المستهلكين؛ قد ينتج عنه بعض التشوهات التى قد تمنع حرية المنافسة أو تقيدها أو تضربها, وكذلك قد تـؤدى سياسـة تحريـر التجارة جـذب الاستثمار والخصخصة التى تنتهجها الحكومة إلى زيادة التركيز الاقتصادى, أو خلق وضع مسيطر لأحد الأشخاص فى السوق مما يؤثر سلبيا على النشاط الاقتصادى.

تطور الأوضاع الاقتصادية فى مصر

لقد مرت السياسة الاقتصادية فى مصر منذ النصف الأخير من القرن الماضى بعدة مراحل, فلقـد كانت الحرية الاقتصادية هى النظام السائد فى النظام قبـل عـام ١٩٥٢م أى مـا قبـل ثـورة يوليـو, حيـث شهدت هذه الفترة أنماطا ودرجات متفاوتة مـن الاحتكار بمعناه الاقتصادى؛ نتيجـة مـا ترسخ فى ذهـن المصريين منذ القديم بأن الحاكم أو الفرعون سلطان متوج لكل وسائل وأدوات الإنتاج, ولا يجوز أن يكون هناك ملكا لآخر غيره, ثم تلت هذه الفترة فترة النهضة الزراعيـة والصناعية التـى شهدتها البلاد فى عصر محمد على باشا حيث احتكر الزراعة والصناعة بشتى صورها, ولكن إلى جانب هذا الاحتكار الحكومى ظهرت أنواع

من الاحتكارات الخاصة تمثلت فى قطاع التجارة الخارجية سواء الاستيراد والتصدير التى سيطرت عليها بعض المكاتب الأجنبية وعموما فإن الفترة تميزت بعدة خصائص:[1]

١- عدم وجود جهاز على المستوى القومى لمتابعة الأسعار العالمية.

٢- احتكار عدد من الشركات لاستيراد بعض السلع الأساسية فى الأسواق المصرية.

٣- القصور الشديد فى البيانات المتاحة عن السوق المصرى واحتياجاته وعن الأسواق العالمية ومستوى الأسعار بها.

٤- تركيز نشاط الوسطاء الوكلاء على الترويج للسلع الأجنبية دون الاهتمام بالتصدير أو تنمية القدرات التصديرية للاقتصاد المصرى.

وبعد هذا الفترة أصبحت هناك توجيهات لدعم القطاع العام وتزايد هذا الدور منذ نهاية عام ١٩٥٦م إلى أن سيطر على كثير من الأنشطة الاقتصادية فى عام ١٩٦٤م, جاء ذلك من خلال تزكية نظام رأسمالية الدولة لينتقل الاحتكار من احتكار الرأسمالية الحاكمة إلى احتكار الدولة فقد تتابعت القرارات الاشتراكية مع بداية الستينيات وكان أهمها قرارات التأميم وفى ظل توجيهات الدولة خلال هذه المرحلة أخذت سيطرة الدولة على النشاط الاقتصادى من خلال القطاع العام تتزايد بمرور السنوات حيث أصبحت الدولة تحتكر بشكل كامل المرافق العامة من كهرباء ومياه وغاز واتصالات وسكك حديدية وطرق, وكما أصبح القطاع العام المسيطر على حوالى ٧٠٪ من النشاط الصناعى من ٧٥٪ من قطاع البترول

[1] معهد التخطيط القومي – إدارة التجارة الخارجية فى ظل سياسات التحرير الاقتصادى سلسلة قضايا التخطيط والتنمية رقم ١٢٧ القاهرة سبتمبر ١٩٩٩ – ص٣٨ & وفى ذات المعنى – مجلة التشريع بوزارة العدل العدد الثالث- السنة الأولى – أكتوبر ٢٠٠٤م- ص ٨٦.

٤١٨

وعلى أكثر من ٧٠٪ من قطاع المال والتأمين[1].

وفى قطاع التجار الداخلية أصبحت الدولة تحتكر التجارة والتوزيع حيث أصبح أكـثر مـن ٩٠٪ من جملة المبيعات فى قطاع التجارة تتم من خلال القطاع العام[2], تم بدأ التحول إلى دعـم الخـاص منـذ منتصف السبعينيات حيث قررت الحكومة المصرية التركيز على سياسات التنمية الاقتصاد وانتهاج سياسـة الإنتاج الاقتصادية على ألا يتعارض دور القطاع العام مع القطاع الخـاص بـل يتكامـل معـه, وفى أواخـر الثمانينات وبداية السبعينيات وبعد إعلان التحرر الاقتصادى تحولت سياسة الدولـة مـن نظـام التخطيـط المركزى إلى نظام السوق, ومن سيطرة القطاع العام إلى وضع يقوم فيه القطاع الخاص بالـدور الرئيسـى، وأصبح الدافع للنشاط الاقتصادى هو حافز الـربح أساسا وليـس القـرار الإدارى, وكذلك تغيرت سياسـة الأسعار من نظام الأسعار الإدارية إلى نظام تتحدد الأسعار بقوى السوق وهو ما يتطلب انسجاما وتعاونـا كاملين بين الحكومة و القطاع الخاص[3] , وقد وصلت هـذه المرحلـة إلى ذروتهـا منـذ بدايـة عـام ١٩٩١م, عندما بدأت مصر تطبيق سياسة الإصلاح الاقتصادية التـى ركـزت علـى أعمال آليات السـوق التنفيذيـة التدريجى لعملية نقل ملكية القطاع العام إلى القطاع الخاص من خـلال برنـامج الخصخصة, حيث أحـل نظام الشركات القابضة محل كل هيئات القطاع العام وأعطى الشركات القابضة حـق تقريـر بيـع كـل أو بعض أسهم الشركات الثابتة لها.

أسباب ظهور الاحتكار فى السوق المصرى

على الرغم من انتهاج مصر لسياسة الإصلاح الاقتصادى بعد انضمامها

١

[1] د/ مغاورى شلبى على – حماية المنافسـة ورفع الممارسـات الاحتكاريـة – التجـارة الدوليـة العـدد ٢١٢ – يوليـو ٢٠٠٥ مطابع الأهرام – ص٨٣.
[2] د/ سهير أبو العنين – أثار الخصخصة على الاحتكار فى مصر – مرجع سابق ص١٩.
[3] د/ أحمد الجويلى – الاحتكار سهم فى قلب المسيرة الاقتصادية – مرجع سابق ص١٦

لاتفاقية تحرير التجارة العالمية[1] , إلا أن المناخ الاقتصادى مازال يعانى من ركود شـديد وعـدم قـدرة عـلى مواجهة التحديات الاقتصادية العالميـة ومـا صـاحبها مـن سـيطرة مجموعـة مـن الشـركات الأجنبيـة عـلى الاقتصاد الوطنى وتكوين احتكارات أثرت على البيئة التنافسية، ففى التقرير الذى أصدره مجلس الشورى عن الصناعة الوطنية فى ظل النظام التجارى الدولى الجديد أوضح أن هناك العديد مـن المعوقـات التـى تواجه تنفيذ السياسة الصناعية فى مصر والتى تؤثر بالتالى على بيئة الأعمال الصناعية المصريـة ومـن أهـم هذه المعوقات[2].

١- ارتفاع تكاليف المنتج المصرى مقارنة بمثيله فى الأسواق الخارجية ، نتيجة ارتفاع تكـاليف اسـتيراد المـواد الخام ومستلزمات الإنتاج المستوردة وارتفـاع معـدلات الضـرائب والجمـارك والأعبـاء المحملـة عليهـا وانخفاض الكفاءة الإنتاجية.

٢-عدم تناسب الخفض فى الحد الأعلى للتعريفة على المنتجات النهائية المستوردة التـى تبلـغ حـوالى ٤٠٪ مع التعريفة العالمية المفروضة على مدخلات الإنتاج المستوردة والتى تتراوح بـين ٢٠-٣٠٪ مـما يقلـل من فرصة الإنتاج المحلى على المنافسة محليا وعالميا.

٣- ارتفاع سعر الفائدة على القروض والذى بلغ حوالى ١٤٪ فى حين تحصل هذه النسبة إلى ١٠٪ فى المغرب ومن ٦٪ إلى ٨٪ فى ماليزيا ومن ٤,٥٪ إلى ٧٪ فى سـنغافورة, هـذا إلى جانـب ارتفاع أسـعار الخـدمات المصرية المقدمة للمصدرين وارتفاع تكلفة السحب عـلى المكشـوف بمـا يـؤدى فى النهايـة إلى ارتفـاع التكلفة الائتمانية والتى تسهم فى رفع تكلفة الإنتاج.

[1] انضمت مصر إلى اتفاقية الجات بموجب قرار رئيس الجمهورية رقم ٧٢ بتـاريخ ٢٠ مـارس ١٩٩٥م التـى صـدق عليهـا مجلس الشعب بجلستها المنعقدة بتاريخ ١٦ أبريل ١٩٩٥م.
[2] د/ طارق نوير - دور الحكومة الدعم للتنافسية "حالة مصر"- مرجع سابق - ص ٢٠-٢١،

٤- ارتفاع ضريبة المبيعات والتى تتراوح ما بين (٥-٢٥٪) بمتوسط ١٠٪ على كافة مستلزمات الإنتاج المحلية والمستوردة.

٥- ارتفاع أسعار الأراضى المخصصة للأغراض الصناعية وأسعار الطاقة للمصانع.

٦- ارتفاع الضريبة الموحدة والتى تبدأ من ٢٠٪ وتنتهى إلى ٤٨٪.

٧- ارتفاع ضريبة التأمينات الاجتماعية على الأجور والتى تبلغ حوالى ٤٠٪ (منها ٢٦٪ على صاحب العمل و١٤٪ للعامل).

٨- المعاناة الشديدة التى يواجهها المصدرون من المشاكل الإجرائية الخاصة بنظام الـدروبـاك والسـماح المؤقت والبطء فى تطبيق الاسترداد الضريبى.

٩- عدم توافر العمالة المصرية والكوادر الفنية.

ومن كل ما سبق من أعباء وغيرها يجعل من بيئة الأعمال المصرية ، بيئة تتسم بالجباية ، أكثر من كونها بيئة أعمال جاذبة وحافزة للتنافسية وهو ما يسهم فى النهاية إلى ارتفاع تكلفـة المنتج المحلى وانخفاض قدراته التنافسية فى السوق الدولى, وهذا ما دفع الكثير من المنتجين إلى الإحجام عـن التصدير وتفضيل السوق المحلى الذى يتميز بمحدودية المنافسة وارتفاع هامش الربح.

فضلا عن فشل الأسواق المصرية فى منافسة السوق العالمية فإن الدولة قد ساعدت على ظهور الكثير من الاحتكارات فى السوق المصرية فالسياسة المصرية، تهدف إلى جعل عملية التحولات تسير بجـد على نحو ترضى المؤسسات الدولية ومن أن تأخذ فى الاعتبار مصالح الفئات العريضة من المجتمع المصرى الـذى يتعرض لمخاطر عدة من جراء هذه التحولات, والواضح أن الدولة تدعم الطرف القوى متمثلة فى المستثمرين الأجانب والمحليين على أساس أن هذا الطرف هو الطرف الرئيسى فى التحولات الاقتصادية[١].

(¹) د/ أحمد الجويلى - الاحتكار سهم فى قلب المسيرة الاقتصادية - المرجع السابق - ص ٣٧.

ويمكن تلخيص أهم الأسباب التى ساعدت على ظهور الاحتكار فى مصر فيما يلى:

أولا: الخصخصة

يمكن إرجاع ظهور الاحتكارات فى ظل الخصخصة على الرغم مـن الضوابط التـى وضعتها إلى مجموعة من الأسباب الآتية:[1]

١- إن مصر وهى تطبق برنامج الخصخصة اتبعت أسلوب مواجهة الاحتكار أثناء عملية الخصخصة وليس قبلها ، حيـث إن القواعد التى تم وضعها لضمان عدم تحول الاحتكار مـن القطاع العـام إلى القطاع الخـاص لم يـتم تطبيقها إلا أثنـاء عمليـة نقـل الملكيـة, وربمـا لـو قامـت الدولـة بوضـع السياسـات والإجراءات اللازمة لمواجهة الاحتكارات قبل الخصخصة لكان الأمر مختلفا.

٢- لجوء بعض الشركات دولية النشاط لاستخدام حقها القانونى فى صنع عقود الامتياز واستخدام العلاقات التجارية للضغط والعمل على إبعاد المنافسين لها فى شراء بعض الشركات العامـة, وهـو مـا أثـر عـلى فاعلية التطبيق لمجموعة المبادئ الأساسية التى وضعتها الدولة لعمليـة الخصخصـة ولضـمان عـدم تكوين الاحتكارات.

٣- غياب التشريعات أو الأجهزة المعنية بحماية المستهلك التى تهدف إلى ضـمان حـق المستهلك فى منتج جيد وبسعر عادل وترك هذا الدور للجمعيات الأهلية التى غالبـاً لم يكن لـديها الرؤيـة الشـاملة أو الإمكانيات اللازمة لتحقيق هذه الحماية بعد تراجع دور الدولة وتحمل دورها الرقابى عـلى الأسـعار والمواصفات إلى رقابة شكلية تشوبها العديد من آليات الفساد التى تستطيع التحايل على القوانين.

---

[1] د/ مغاورى شلبى على – حماية المنافسة وضع الممارسات الاحتكارية بين النظرية والتطبيق – التجارب العالميـة – ص ٣١٧-٣١٩.

٤- غياب التشريعات أو الأجهزة التى تدرس وتراقب عملية الاندماج والاستقرار فى السوق المصرية مما يسهل إتمام هذه العمليات حتى لو كانت ضارة بالمنافسة، ووجود اتجاهات رسمية لتشجيع هـذه الاندماجات بحجية تكوين شركات كبيرة قادرة على المنافسة فى الأسواق المحلية والدولية.

ثانياً: التوكيلات الأجنبية والإمتيازات الحكومية [1]

لقد ساهمت كل من التوكيلات الأجنبية والإمتيازات الحكومية فى ظهور الاحتكار فى السوق المصرى خاصة التوكيلات والإمتيازات الحصرية، فبالنسبة للتوكيلات الأجنبية يلاحظ أنها ساهمت فى ظهور الاحتكار فى السوق المصرى فى حقبتى السبعينات والثمانينات حيث تـم مـنح العديد مـن التوكيلات مـن الشركات الدولية لشركات مصرية بصورة حصرية.

ومن الأمثلة على ذلك توكيل "جنرال موتورز" الذى حصل عليه وكيل مصرى، بعد أن كان تابعا لشركة المحاريث والهندسة وهو توكيل تم تطويره إلى مساهمة فى مصنع محلى لتصنيع السيارات تـديره شركة "جنرال موتورز"، وكذلك حصول نفس الوكيل المصرى عـلى توكيـل لتوزيـع الأغذيـة وبعـض السـلع الأخرى عام ١٩٩١م، وذلك من بعض الشركات الدولية مثل شركات "فيليب مورس" و "كرافت"، ومـن الأمثلة الواضحة أيضا فى مجال التوكيلات التوكيل الذى ينتجه "شركة جولد ستار" الكورية لوكيل مصرى وهى الشركة العالمية للالكترونيات، وقد حصلت هذه الأخيرة على توكيل شركات أخرى ألمانيـة وهولنديـة حيث أصبحت تستحوذ على حوالى ٣١٪ من سوق أجهزة التلفزيون فى مصر.

أما بالنسبة للإمتيازات الحكومية فقد منحت الحكومة المصرية امتيازا فى

---

[1] د/ مغاورى شلبى على - حماية المنافسة ومنع الممارسات الاحتكارية - مرجع سابق ص٣٢١ & ولمزيـد مـن التفصيـل انظر د/ عبد الفتاح الجبالى - الاحتكار والمنافسة فى السوق المصرى - مرجع سابق - ص ٣٧-٣٩.

مجال التليفون المحمول إلى شركتين وتعهدت بعدم السامح لأى كيان أخر بالدخول إلى السوق لمدة معينة وهو ما ساهم فى تكوين وضع احتكارى فى هذا المجال وإلى جانب هذه الإمتيازات التى تمنحها الحكومة المصرية باتخاذ قرارات تساعد على تكوين الاحتكار مثل قرارات قصر استيراد السكر على عدد معين من الشركات.

التطور التشريعى لقانون حماية المنافسة فى مصر

إزاء كل ما سبق بات من الضرورى الإسراع بإصدار قانون ينظم عملية المنافسة ويحد من الممارسات الاحتكارية التى تتعرض لها الأسواق المصرية فى الآونة الأخيرة وما تلاه من حدوث خلل اقتصادى فيها، وهو ما فطن إليه المُشَرِّع المصرى بالإسراع إلى إصدار القانون رقم ٣ لسنة ٢٠٠٥ بحماية المنافسة ومنع الممارسات الاحتكارية ولكن قبل التعرض لهذا القانون ينبغى أولا التعرض لأهم التشريعات التى جرمت الاحتكار فيما قبل، لقد أدرك المُشَرِّع المصرى مبكرا الخطورة التى تنطوى عليها الممارسات المقيدة لحرية المنافسة فمن أهم النصوص التى عالجت الاحتكار فى التشريع المصرى ما يلى:

أولاً: أورد المُشَرِّع المصرى فى قانون العقوبات مادتين تنطبق كل منهما على الممارسات المقيدة للمنافسة.

أولهما المادة "٣٤٥"[1]، والتى تنص على أن "الأشخاص الذين تسببوا فى علو أو انحطاط أسعار غلال أو بضائع أو بونات أو سندات مالية معدة للتداول عن القيمة المقررة لها فى المعاملات التجارية بنشرهم عمداً بين الناس أخباراً أو إعلانات مزورة أو مفتراه أو بإعطائهم للبائع ثمنا أزيد مما طلبه بتواطئهم مع مشاهير التجار الحائزين لصنف واحد من بضاعة على عدم بيعها أصلا أو على منع بيعها بثمن أقل من الثمن المتفق عليه فيما بينهم أو بأية طريقة احتيالية أخرى، يعاقبون بالحبس مدة لا تزيد على سنة وبغرامة لا تتجاوز خمسمائة جنية أو إحدى هاتين العقوبتين فقط".

---

[1] نصوص قانون العقوبات المصرى - الجريدة الرسمية العدد ١٦ - ٢٢ أبريل ، ١٩٨٢م.

وثانيهما المادة "٣٤٦" والتى تنص على أنه "يضاعف الحد الأقصى المقرر لعقوبة الحبس المنصوص عليها فى المادة السابقة إذا حصلت تلك الحيلة فيما يتعلق بسعر اللحوم أو الخبز أو حطب الوقود أو الفحم أو نحو ذلك من الحاجات الضرورية".

وأول ما يتم ملاحظته على هاتين المادتين هو مدى ركاكة اللغة التى استخدمت فى صياغة النصين وثانيهما هو أن المادة ٣٤٥ هى فى حقيقتها ترجمة سيئة للمادة "٤١٩" من قانون العقوبات الفرنسى بالإضافة, إلى أن المُشَرع المصرى أتجه إلى تجريم التلاعب بالأثمان فى هذه المادة على اعتبار أنها تكفى للقضاء على التلاعب بقواعد حرية التجارة ولحماية السوق المصرية من أى ممارسات تهدف إلى رفع أثمان السلع أو خفضها ارتفاعا وانخفاضا لا يبرره قواعد العرض والطلب, إلا أن المعالجة التشريعية وكما يلاحظ الأستاذ الدكتور "مصطفى منير" جاءت قاصرة عن تحقيق الحماية التشريعية التى يجب أن يضفيها على ذلك الموضوع نظرا لتأثيره الجوهرى على الاقتصاد الوطنى لحماية نظام السوق لا تتأت من مجرد تجريم التلاعب بالأثمان, والذى يعد عرضا لسلوك أكثر خطورة إلا وهو تحريف قواعد العرض والطلب إذا ما عقدنا مقارنة بين المادة "٣٤٥" من تقنين العقوبات المصرى والمادة ٤١٩من تقنين العقوبات الفرنسى, نجد أن النص الفرنسى تميز بالدقة والشمول لتشمل كل الأحوال التى تؤدى إلى التلاعب بقوانين العرض والطلب بصفه عامة, وليس لأحوال التلاعب فى الأثمان فقط [1] .

ثانياً: جَرَّم القانون المصرى الاحتكار "احتكار التوزيع" وذلك بموجب المادة الأولى من القانون رقم "٢٤١" لسنة ١٩٥٩م [2] والتى تنص على أنه "لا

---

[1] د/ لينا حسن ذكى - قانون حماية المنافسة ومنع الاحتكار - دراسة مقارنة فى القانون المصرى والفرنسى والأوربى - ٢٠٠٦/٢٠٠٥ ص٥٢-٥٣.

[2] نصوص القانون رقم ٢٤١ لسنة ١٩٥٩م - الجريدة الرسمية العدد رقم ٢١٧ - أكتوبر ١٩٥٩.

يجوز فى أى إقليم من أقاليم الجمهورية أن يحتكر موزع واحد توزيع سلعة محليا محظورا استيراد مثيلتها من الخارج" .

يلاحظ فى هذه المادة أنها لم تشترط أن يحتكر الموزع توزيع السلعة محل الاحتكار بالكامـل, ولكنها اكتفت باشتراط أن يكون هامش التوزيع فى يد باقى الموزعين مـن الضـآلة, بحيـث لا يكفى لقيـام منافسة حقيقية, أى أنها أخذت بالوضع الغالب فى السوق فى تجريم الاحتكار وهو احتكار القلة وليس الاحتكار المطلق, وقد كانت معالجة هـذه المـادة للاحتكار فى ذلك الوقت ملائمـة للظـروف الاقتصادية والدولية حيث كانت مصر لا تتبنى اقتصاديات السوق [1].

ثالثاً: نص المادة الثانية من الأمر العسكرى رقم ٥ لسنة ١٩٧٣م [2] والتى نصت على أنه "يعاقب كـل من اتفق مع غيره على الامتناع عن بيع سلعة ما أو على فرض حد أدنى لسعر بيعها, وكذلك كل من كان محرضا على مثل هذا الاتفاق سواء من منتجى السلعة أو الموزعين لها أو تجار الجملة التجزئة أو السماسرة".

والملاحظ فى هذا التشريع أنه صدر فى ظل اقتصاديات الحرب بتجريمه أفعال الامتناع عن البيع أو لم يتم ذلك الامتناع.

رابعاً: ما نصت عليه المـادة الأولى مـن القـانون رقم ٤٣٢ لسنة ١٩٥٥م [3] علـى أنـه "كـل مـن تسبب بسوء نية فى التأثير على أسعار القطن بقصد رفعها أو خفضها وذلك بنشر أخبـار أو إعلانـات غيـر صحيحة أو بدخوله لهذا الغرض مضاربا فى السوق القطنية وبقصد احتكار أى صنف من أصناف القطن أو أى استحقاق من استحقاقات العقود أو الشروع فى ذلك" .

[1] د/ ليلى الخواجة - تشجيع المنافسة وضع الاحتكار - ورقـة عمل ترتب إلى منتـدى الحـوار الاقتصادى كليـة الاقتصاد والعلوم السياسية ٣١ مايو ١٩٩٧م ص١٥.
[2] الجريدة الرسمية عدد ٩ مارس ١٩٧٣م.
[3] القانون رقم ٤٣٢ لسنة ١٩٩٥م.

خامساً: ما نـص عليـه المشرـع المصرى فى المـواد ٩- ١٣ مـن المرسـوم بقانـون رقـم ١٦٣ لسـنة ١٩٥٠م[١] بشأن التسعير الجبرى وتحديد الأرباح حيث جرم هذا المرسوم عملية الامتناع عـن البيع عند طلب السلعة " ولم يقف الأمر عند هذا الحد إذ أن هذا المرسوم قد جرم الاتفاقات على الامتناع عـن البيع ومجرد الامتناع عن البيع يكفى لتقرير التحريم حتى ولو لم يرتبط بهـذا الامتناع طلب الشراء مـن جانب المستهلكين.

سادساً: ما نص علبه المشرـع المصرى بموجب قانون حمايـة الملكيـة الفكريـة رقـم ٨٢ لسـنة ٢٠٠٢[٢] ومن قبله قانون العلاقات التجاريـة والرسـوم والـنماذج الصـناعية وحـق المؤلـف وكذلك قانـون حماية براءات الاختراع[٣]

إلا أنه على الرغم من التدخل التشريعى المحمود مـن جانب المشرـع المصرى فإنـه لا يـزال هنـاك فـراغ تشريعى فى تجريم صور التلاعب بنظام السوق ويؤخذ على النصوص السابقة على **الملاحظات الآتية:**

١- الحماية الجنائية فى ظل هذه التشريعات تجرى بطريقة جزئيـة تفتقـد إلى الفاعليـة لتصبح فى النهايـة نصوصاً مهجورة لا تجـد سـبيلها إلى التطبيـق مـع العلـم بـأن أغلـب التشريـعات الموحـدة حاليـا كتشريعات التموين وتحديد التسعيرة تشريعات لا تنطبق على الوضع الراهن من سوق حرة[٤] .

---

[١] المرسوم بقانون ١٦٣ لسنة ١٩٥٠ الجريدة الرسمية العدد رقم ٩٠ مكرر ١٤ سبتمبر ١٩٥٠ وقد تم تعديل هذا المرسـوم بالقانون رقم ١٠٩ لسنة ١٩٨٠ الجريدة الرسمية العدد ٢٢ مكرر فى ٣١ مايو ١٩٨٠.
[٢] الجريد الرسمية العدد ٢٢ مكرر بتاريخ ٢٠٠٢/٦/٢.
[٣] القانون ٥٧ لسنة ١٩٣٩ لبيان العلامات والبيانات التجارية.
القانون ١٣٢ لسنة ١٩٤٩ بشان براءات الاختراع والرسوم الصناعية.
[٤] د/ أحمد الجويلى - الاحتكار سهم فى قلب المسيرة الاقتصادية - مرجع سابق - ص٤١.

٢- تركيز المشرع المصرى على الممارسات الاحتكارية المتعلقة بالأسعار وإغفاله للممارسات الاحتكارية الأخرى والتى لا تقل خطورة ولا تتعلق بالأسعار نذكر منها اتفاقات تقسيم أسواق المنتجات و تقييـد عمليات التوزيع أو التسويق أو التصنيع ، وكذلك الاتفاقات التى يُهْدَف مـن إبرامها التنسـيق فيما يتعلق بالتقدم أو الإنتاج عن الدخول فى المنافسات والمزايدات[١] .

٣- يلاحظ أن الأحكام المقاومة للممارسات الضارة فى التشريعات المصرية تعرضت لبعض الممارسات غير المشروعة بمعناها التقليدى ولعدد محدد من هذه الممارسات, ولكنها لا تعتبر أحكاماً شـاملة, إنما هـى مجرد أحكام متفرقة تفتقد إلى الشمولية ولا تضع تصوراً متكاملاً لمواجهة خطورة وقسـوة الاحتكار بما يتناسب مع الظروف الحالية للاقتصاد المصرى بعد إجراءات إعادة الهيكلة[٢] .

٤- تبنى المشرع المصرى فى بعـض الأحيان معيـاراً شخصياً وليس معياراً موضـوعاً عنـد تجريم وحظر الممارسات الاحتكارية الضارة بالمنافسة فقد رأينا المشرع لا يجرم المضاربة علـى أسـعار القطـن إلا إذا ارتبطت هذه المضاربة بسوء نية, مـن جانـب مـن أرتكبها وهـو بـذلك يكـون قـد خـالف معظم التشريعات للمنافسة والمانعة للممارسات الاحتكارية الضارة, والتى تبنت معياراً موضوعياً فى تحديـد الممارسات الاحتكارية المحظورة, فهذه التشريعات تهتم بكون الممارسة ذاتها سـتؤدى أولا إلى الأضرار بالمنافسة, ولا تعير أى اهتمام لنية مرتكبها وما إذا كان قد تـوافر لديـه نيـة الإضرار مـن عدمـه وقـد تفادى المشرع المصرى هـذا النقد فى القانون الجديد بتبنيه للمعيار الموضوعى محاكياً فى ذلك التشريعات المتقدمة والمتكاملة فى هذا الصدد[٣] .

[١] د/ سامى عبد الباقى – إساءة استغلال المركز المسيطر مرجع سابق ص٢١.
[٢] د/ مغاورى شلبى – حماية المنافسة ومنع الممارسات الاحتكارية –مرجع سابق ص٣٢٦.
[٣] د/ سامى عبد الباقى – إساءة استغلال المركز المسيطر – مرجع سابق – ص٢٢.

مبررات صدور قانون حماية المنافسة ومنع الاحتكار

إن صدور قانون لحماية المنافسة ومنع الممارسات الاحتكارية الضارة بالمنافسة في اقتصادنا المصري يمكن الدولة من إرساء القواعد العادلة لحماية المنافسة و تعظيم قدر الفوائـد المرجوة والمتوقعـة مـن عمـل السوق في ظل الحرية الاقتصادية , والتي تمثل حجر الزاوية في سياسة مصرـ الاقتصـادية كمـا أنـه يشـجع عـلى تكوين كيانات كبيرة الحجم على نحو يمكن من خلاله الاستفادة من اقتصاديات الحجم الكبير, وهو الأمر اللازم لترشيد التكاليف والأسعار على نحو يخدم المستهلك المحلي ويُمَكّن الاقتصاد المصري مـن التواجـد عـلى خريطـة التصدير العالمية .

وتزداد أهمية ذلك في ظل التطورات المحلية والدوليـة الراهنـة التـي تتطلـب سياسـة فعالـة للمنافسة يكون أساسها هذا التشريع, وتُسْتَكْمَل بالتطبيق الكفء مـن قبـل مؤسسـة تتمتـع بالمصـداقية والفاعلية والاستقلال في تنفيذ أحكام كل ذلك في إطار منظومـة متكاملـة لحمايـة السـوق وضمـان عمـل آلياته بكفاءة .

وتتركز أهم الاعتبارات التي تدعم هذا القانون فيما يلي :- [١]

١- تزايد دور القطاع الخاص والذي أصبح يمثل نسبة ٧٥٪ من إجمالي الناتج المحلي .

٢- تزايد ظهور شبهات لممارسات احتكارية .

٣- وجود ثغرات يَنْفُذ منها المتلاعبون بآليات السوق

٤- تزايد حالات الدمج والاستحواذ التي أثرت تباعاً على هيكل السوق وأوضاع المنافسة به .

٥- المبالغات في تسعير بعض السلع "الحديد" مثلاً استغلالاً لتطورات حدثت في سوق النقد الأجنبي .

---

[١] مجلة التشريع بوزارة العدل السنة الأولى - العدد الثالث - أكتوبر ٢٠٠٤م - مرجع سابق - ص٨٩ .

٦- الاقتراحات المقدمة من بعض الدول المتقدمة التي تستهدف جعل سياسة حماية المنافسة ومنع الاحتكار من التشريعات الملزمة للدول الأعضاء في منظمة التجارة العالمية .

٧- ما يتطلبه التعامل مع شركات دولية النشاط وكذلك ما تفرضه حالات الاندماج بين هذه الشركات من تأثير على أوضاع السوق المحلية مما يتطلب وجود سياسة للمنافسة ومنع الاحتكار .

٨- منا أبرزته التجربة الدولية من انتهاك الكارتلات الدولية لقواعد المنافسة الحرة.

٩- ما يتعلق باتفاقات التجارة الحرة التي تملي وجود قواعد منظمة للمنافسة .

الإطار القانونى لقانون حماية المنافسة ومنع الممارسات الاحتكارية

لقد كان الهدف من اتجاه نية المُشَرِّع المصرى إلى إصدار قانون حماية المنافسة ومنع الممارسات الاحتكارية, كما جاء فى تقرير اللجنة المشتركة بمجلس الشعب هو العمل على ملاحقة التطورات الاقتصادية العالمية, والتى تمثلت فى ظواهر الخصخصة وتعظيم دور القطاع الخاص فى تحقيق التنمية الاقتصادية, وتهافت الدولة لجذب مزيد من رؤوس الأموال الأجنبية عن طريق الاستثمارات الأجنبية, واتجاه الحكومة المصرية إلى الأخذ بنظام سياسة الاقتصاد الحر الذى يعتمد بشكل أساسي على قوى العرض والطلب فى تحديد الأسعار وحجم السلع, بالإضافة إلى ذلك وبعد تنامي ظهور الكيانات الاقتصادية أساسا تنطلق منه السيطرة على السوق وارتكاب الممارسات الاحتكارية التي تضر- بالمنافسة تسعى إلى تعطيلها أو استبعادها تماماً وكذلك معاناة السوق المصرية من النقص التشريعى فى مجال حماية المستهلك, فقد أدى كل ذلك المشرع المصرى إلى الاتجاه نحو إصدار قانون متكامل لحماية المنافسة ومنع الممارسات الاحتكارية[1] , ومن

(¹) د/ سامي عبد الباقى - إساءة استغلال المركز المسيطر - مرجع سابق ص١٨-١٩.

المعروف أن هذا القانون قد جاء تأكيداً على الالتزامات المرتبطة بتنفيذ اتفاقات الجات التى وقعت عليها مصر بتاريخ ٢٠ مارس ١٩٩٥م نحو تحرير التجارة الدولية عن طريق إزالة الحواجز على التجارة سواء كانت جمركيـة أو غير جمركية وفى ذات الوقت حماية عملية المنافسة داخل الدول الأعضاء الملتزمة ببنود هـذه الاتفاقيـة, بمـا يعمل على إيجاد نوع من التوازن بيـن حريـة التجارة وإزالـة القيـود عليها وفى ذات الوقت حمايـة الأسواق الداخلية من تكوين أو عقد أية ممارسات احتكارية ضارة لها وهو يجعل مـن جميـع نصـوص هـذه الاتفاقيـة جزءاً من تشريعنا الوطنى.

أهداف قانون حماية المنافسة

رددت المذكرة الإيضاحية للقانون بأن الهدف من إصدار هـذا القـانون هـو حمايـة المستهلك, وتحقيق مصالحه فى الحصول على سلعة أكثر جودة وبسعر أقل يعبر عـن التكلفـة الحقيقـة للإنتاج دون استغلال وعلى ذلك فإذا ما اتفقت المشروعات العاملة فى مجال معين على تثبيت الأسعار أو التلاعب ضـد الطلب أو الالتفاف حوله أو تقسيم المستهلكين, فإن ذلك سـوف يـؤدى إلى الإضرار بمصـالح المستهلكين و من ثم يمكن القول أن أعمال آليات السوق تهدف إلى تحقيق رفاهية المواطن وزيادة مستوى معيشته من خلال تقديم سلع خدمات ذات جودة عالية بأسعار تعبر عن التكلفة الحقيقة للإنتاج فيما يـترك مسـاحة اختيار جيدة للمستهلك للاختيار والمفاضلة بين البدائل المتاحة فى السوق[1] .

بالإضافة إلى ذلك, فهناك عدد من الأهداف الرئيسية من تنفيذ هذا القانون التى سعت الإدارة التشريعية نحو تحقيقها مـن خـلال سـن هـذا القـانون, وتتمثل أهمهـا فى المحافظـة علـى حريـة دخـول الشركات والأفراد إلى الأسواق وحرية تعاملها داخل الصناعات المختلفة, ومنع أيـة تحركـات أو سـلوكيات من قبل الشركات قد

---

[1] د/ عاطف حسن النقلى – الأطر التحليلية لقانون حماية المنافسة ومنع الاحتكار – مرجع سابق -ص٦-٧.

تؤدي إلى زيادة معدلات التضخم, وبالتالى تنعكس على قدرة الاقتصاد المصرى على النمو والازدهار.

وسيعمل هذا القانون على تجريم سلوك بعض الشركات فى التفرقة السعريه بين عملائهم وكذلك تجريم سلوك الشركات لبعضها لبعض, فالقانون سيؤكد على عدم تأثير هذا النشاط على حرية المنافسة ومنع الاحتكار, وفى حالة ثبوت مثل هذا الهدف الاحتكارى من الاقتناء والشراء فدور القانون هو إجبار الشركات على تجريد نفسها من أصول أخرى للوصول إلى الحجم المناسب الذى يساعد على المحافظة على حرية المنافسة والتجارية[1].

ومن ناحية أخرى فإن هدف القانون هو تحقيق حماية المنتجين المنافسين خاصة فى ظل انتهاج سياسة التحرير الاقتصادي وإتاحة الفرصة أمام القطاع الخاص ليلعب دور أكبر فى التنمية, وقد أكد وزير التموين "حاليا وزير التجارة والصناعة" أن هناك مظاهر استجدت على السوق المصرية للسلع والخدمات لعل من أهمها المبالغة فى تسعير بعض السلع استغلالا لتطورات حدثت فى سوق النقد الأجنبى, وتزايد حالات حجب بعض السلع من الأسواق وغيرها, كما أنه على الصعيد الدولي هناك بعض الممارسات الاحتكارية لشركات عالمية فى الخارج قد يكون لها تأثير على السوق المحلى مؤكدا أن توفير المنافسة يقى من بعض الممارسات الاحتكارية, مثل تقسيم الأسواق وحجب السلع فضلا عن تزايد حالات الاندماج والاستحواذ مؤكدا أن هذا القانون هو آلية هامة وتوجه وأعد لتنظيم السوق بصورة غير مشوهه للأسعار خاصة فى ظل العمل بآليات السوق[2].

(1) د/ أحمد الجويلي - الاحتكار سهم فى قلب المسيرة الاقتصادية - مرجع سابق - ص49.
(2) د/ قدرى عبد الفتاح الشهاوى - شرح قانون حماية المنافسة ومنع الممارسات الاحتكارية وقانون حماية المستهلك ومذكرته الإيضاحية فى التشريع المصرى - العربى - الأجنبى - دراسات مقارنة - دار النهضة العربية - دون تاريخ ص18 - 19.

المحاور الأساسية التى أرتكز عليها القانون

لقد تضمن القانون المصرى لحماية المنافسة ومنع الممارسات الاحتكارية عـدة محـاور رئيسية تلبي احتياجات الاقتصاد الوطنى, وتضمن توافقه مع الإطار الدولى تمثلت فيما يلى: [١]

١- تأكيد دعم المنافسة باعتبارها المدخل الصحيح لاقتصاديات السوق فى كل دول العالم المتقدمة وعنصر ـ الحماية الفعال فى مواجهة التقلبات الاقتصادية.

٢- مشروعية استخدام الحق فى المنافسة داخل السوق دون أية عوائق أو قيود إلا ما كـان منهـا يـؤدى إلى منع حرية المنافسة أو تقييدها أو الأضرار بها, فقـد نصت المـادة الأولى مـن القـانون المصـرى عـلى مشروعية استخدام الحق فى المنافسة فى التجارة باعتبار أن المنافسة الشريفة حق للجميع اسـتخدامه .

بيد أن استخدام هذا الحق مشروط بالا يؤدى إلى منع حرية المنافسة وتقيـدها أو الأضرار بهـا, وهـو مـا يـؤدى فى النهايـة إلى الإضرار بالاقتصـاد الـوطنى والإخـلال بقواعـد التـوازن بـين مصـلحة المنتـج والمستهلك.

٣- إنشاء جهاز تنظيمى لتنفيذ القانون يسمى بجهاز تنظيم المنافسة ومنع الاحتكـار يتـولى تنظيم بـرامج تدريبية وتثقيفية, بهدف التوعية بأحكام القانون ومبادئ السوق الحر بوجه عام.

٤- امتداد نطاق تطبيق أحكام هذا القانون على الممارسات التى ترتكب خارج مصر, وتشكل جرائم طبقـا لهذه الأحكام, وذلك بشرط أن يكون من آثار هذه الممارسـات الحـد مـن المنافسة أو الإضرار بها فى أسواق مصر.

٥- سريان العقوبات التى أقرها القانون على المسئول عن الإدارة الفعليـة فى حالـة كـون المخـالف شخصـا اعتباريا إذا ما ثبت علمه بالمخالفة وكان إخلاله

(¹) د/ لينا حسن ذكى - قانون حماية المنافسة الاحتكارية - مرجع سابق - ص٦ - ٧.

بالواجبات التى تفرضها عليه الأوامر قد أسهمت فى وقوع الجريمة، مع النص على المسئولية التضامنية للشخص الاعتبارى عن الوفاء بما يحكم به من عقوبات مالية وتعويضه, إذا كانت المخالفة قد ارتكبت من أحد العاملين به باسمه أو لصالحه[١]

مدى تأثر القانون المصرى بالقوانين الأخرى

لا ننكر أن واضعى القانون رقم ٣ لسنة ٢٠٠٥ بشان حماية المنافسة ومنع الممارسات الاحتكارية قد تأثروا بشكل واضح وكبير بالقوانين الأخرى وخاصة القانون الأمريكى, وذلك لما يتميز هذا القانون من مرونة عالية, باعتبار أن النظام الاقتصادى الأمريكى هو نظام رأسمالى من الدرجة الأولى وتزداد فيه التكتلات الاقتصادية بصورة كبيرة, بالإضافة إلى كونه من أوائل التشريعات التى عالجت الاحتكار ولا نبالغ إن قلنا أنه يعد اللبنة الأولى لتشريع أى قانون درج فيما بعد على تنظيم تلك الظاهرة ويظهر تأثير القانون المصرى بالقانون الأمريكى على النحو التالى:

أولا: نصت المادة الأولى من القانون رقم لسنة ٢٠٠٥[٢] على أنه "تكون ممارسة النشاط الاقتصادى على النحو الذي لا يؤدى إلى منع حرية المنافسة أو تقيدها أو الأضرار بها وذلك كله وفق أحكام القانون", وبذلك يكون القانون قد وضع قاعدة عامة لتجريم كل فعل اقتصادى أو نشاط تجارى يقيد عملية المنافسة أو يضرها, وتبعاً لذلك يكون قد أتبع منهج نص المادة الأولى من قانون شيرمان[٣]

(١) د/ مغاورى شلبى - حماية المنافسة ومنع الممارسات الاحتكارية - مرجع سابق - ص ٣٣١.

(٢) وتنص المادة الثانية من اللائحة التنفيذية للقانون على أنه "تكون ممارسة النشاط الاقتصادى على النحو الذى لا يؤدى إلى منع حرية المنافسة أو تقيدها أو الأضرار بها ذلك كله وفق أحكام هذا القانون وهذه اللائحة".

(٣) Walt Pennington "Antitrust tying and computer, Harvard manufacturers Linux. Journal 1/3/2003.

التى نصت على أنه "يتم إعلان ما يلى غير قانونى كل عقد أو اتحاد فى شكل احتكار أو مؤامرة ويعمل على تقييد التجارة أو النشاط التجارى بين العديد من الولايات أو مع الأمم الأجنبية", ويلاحظ على هـذا الـنص أنه يجرم الاحتكار تجريما مطلقا مساوياً فى ذلك بين الشروع أو التآمر أو الاتفاق فيما بين الأفراد أو الشركات, إذا كان الغرض هو خلق وضع احتكاري فى السوق.

ومن ناحية أخرى فإن هذا النص لم يضع تعريفا دقيقا ومحددا للممارسات الضارة والمقيدة للمنافسة وكيفية التأكيد منها, لذلك ظهر وتجلى الدور الإنشائي للمحاكم فى وضع القواعد المنظمة لبيان ماهية تلك الأفعال, فضلا عن تعاقب القوانين الأخرى لتكملة هذا النـص, وهـو مـا أختلـف عنـه القانـون المصرى حينما أورد على سبيل المثال لا الحصر بعض الأفعال المقيدة والمؤدية إلى الاحتكار[1] حسـناً فعـل المشرع المصرى حينما أورد هذه الأفعال على سبيل الحصر باعتبار أن هناك تطوراً مستمرا فى الحياة الاقتصادية وما يستتبعه ذلك من ظهور أنماط جديدة من الممارسات المقيدة للعملية التنافسية, وبـذلك يكون المشرع المصرى قد استفاد من تجارب الدول فى حظر هـذه الممارسـات وبخاصة الولايـات المتحدة الأمريكية, بالإضافة إلى ذلك فقد استفاد المشرع المصرى من لائحة الاتحاد الأوروبي حيث أن المادة "1/81" من معاهد روما تحظر جميع الترتيبات بين الشركات والقرارات التى تتخذها رابطات الشركات, و كـذلك الممارسات المتفاهم عليها بينهم و التى قد تؤثر على التجارة بين الدول الأعضاء ويكون الهدف منها منـع أو تقييد أو تشويه المنافسة داخل السوق المشتركة"[2].

[1] المادة 6 – 8 من القانون 3 لسنة 2005 ويقابلها المادة 10 – 13 من اللائحة التنفيذية للقانون.
[2] مؤتمر الأمم المتحدة للتجارة والتنمية القانون النموذجى للمنافسة – مرجع سابق ص34.

ثانيا: نص القانون فى المادة الرابعة [1] منه على أنه "السيطرة على سوق معينة فى تطبيق أحكام هذا القانون هى قدرة الشخص الذى تزيد حصته على ٢٥٪" من تلك السوق على أحداث تأثير فعال على الأسعار أو حجم المعروض بها دون أن تكون لمنافسيه القدرة على الحد من ذلك"، والواضح من هذا النص أن هذه النسبة هى النسبة التى تعد فيها المؤسسة فى وضع أو مركز مسيطر وليس مركز محتكر، ويبدو أن القانون المصرى قد اتفق مع الرأى القائل بأنه لابد من أن يصاحب هذا المركز المسيطر إساءة لاستعماله، أو يرتبط بمجموعة من العوامل الأخرى التى تجعل صاحب المركز المسيطر هو ذات مركز محتكر.

ونص فى المادة الثانية من اللائحة التنفيذية من القانون على أنه "يكون الشخص ذا تأثير فعال على أسعار المنتجات أو حجم المعروض منها بهذه السوق دون أن تكون لمنافسيه القدرة على منع هذه الممارسات"، ويعد هذا المعيار هو ذات المعيار الذى تبناه القانون الأمريكى من أنه لا ينبغى النظر إلى نسبة ما تمتلكه المنشاة وإنما بالنتيجة النهائية، وهى القدرة على رفع الأسعار وتفادى المنافسة من الآخرين حينئذ يمكن القول بأن المنشاة ذات مركز مسيطر، وإلا أعتبر مجرد امتلاك منشأة على حصة سوقية كبيرة تكون قد وصلت إليها عن طريق امتلاكها لوسائل تكنولوجيا عالية أو براءة اختراع أو علامة تجارية هي وسيلة عقاب لها دون النظر إلى ما سوف تسفر عنه عملية المنافسة ومدى قدرتها على بسط

---

[1] وقد نصت (٧) من اللائحة التنفيذية للقانون على أنه تتحقق سيطرة شخص على معينة بتوافر العناصر الآتية: ١- زيادة حصة الشخص على ٢٥٪ من السوق المعنية ويكون حساب هذه الحصة على أساس عنصرى هذا السوق من المنتجات المعنية النطاق الجغرافية معا وذلك خلال فترة معينة. ٢- قدرة الشخص على أحداث تأثير فعال فى أسعار المنتجات أسعار المنتجات أو فى حجم المعروض منها بالسوق المعنية. ٣- عدم قدرة الأشخاص المنافسين للشخص على الحد من تأثير الفعال على الأسعار على حجم المعروض من المنتجات بالسوق المعنية.

سيطرتها على الأسواق^(١).

وهو ذا   ت المبدأ التى تبنته المادة (٨٦) مـن معاهـدة الاتحـاد الأوروبى حيـنما تصـل نسـبة المنشأة من السوق ما بين ٤٠% ٥٠%, وقد طبقت محكمة العدل الأوربية هـذا المبـدأ وزادت عليـه ضرورة أن يصاحب هذا المركز المسيطر إساءة لاستغلال هذا المركز.

ثالثا: وتنص المادة الحادية عشر من قانون حماية المنافسة على أنه^(٢) "ينشا جهاز يسمى جهـاز حماية المنافسة ومنع الممارسات الاحتكارية .... ويتولى على الأخص ما يأتى .."

.... -١

٢- تلقى الإخطارات من الأشخاص فور اكتسابها أى أصول أو حقـوق ملكيـة أو انتفـاع أو أسـهم أو إقامـة إتحادات أو اندماجات أو دمج أو الجمع بين إدارة شخصين أو أكثر, وتعد هذه المادة ترديدا للنظـام المعمول به فى كلاً من الولايات المتحدة الأمريكية والجماعة الأوربيـة وبعـض البلـدان الأخـرى حيـث يكون نظام الأخطار قبل أن تتم عملية الاندماج, وذلك كما هو الحال فى الولايات المتحـدة الأمريكيـة والاتحاد الأوروبى واخضع عدد قليل من البلدان مراقبـة الانـدماجات لعمليـة إخطـار طـوعى فقـط, وهناك مجموعة من العوامل والتى تؤخذ فى الاعتبار عند تقييم أثار هذه الاندماجات تشمل الهيكـل العام للسوق ودرجة التركز السوقى القائمة والحواجز أمام الدخول والمركز التنافسى

William Kolasky "what is the competition: A Comparison of us and European perspectives the antitrust (^١) Ballertin, journal summer 2004- p: 40 - 41."

(^٢) وتنص المادة (٤٤) من اللائحة التنفيذية لهذا القانون على أنه "يكون تلقى الجهاز الإخطارات من خلال ثلاثين يوما مـن اكتسابها أى أصول أو حقوق ملكية أو انتفاع أو أسهم أو إقامة اتحـادات أو انـدماجات أو دمج أو الجمع بين إدارة شخصين أو أكثر.

لمؤسسات الأعمال الأخرى في السوق ذات الصلة [1].

رابعا: تنص المادة (٢٢) من قانون حماية المنافسة على أنه "مع عدم الإخلال بأية عقوبة أشد ينص عليها أي قانون أخر يعاقب على كل مخالفة لأحكام أي من المواد (٦، ٧، ٨) من هذا القانون بغرامة لا تقل عن ثلاثين ألف جنيه ولا تجاوز عشرة ملايين جنيها وللمحكمة بدلا من الحكم بالمصادرة أي تقضي بغرامة بديلة تعادل قيمة المنتج محل النشاط المخالف" [2]، ويتماثل هذا النص مع ما نص عليه قانون "شيرمان" حيث نص على تغريم المنتهكين لأحكام هذا القانون بغرامة تصل إلى مليون دولار إذا كانت مؤسسة ومائة ألف دولار للأفراد بالإضافة إلى عقوبة السجن مدة قد تصل إلى ثلاث سنوات مع الحكم عليه بغرامات إضافية تصل إلى ضعف إجمالي الخسائر المالية التي تلحق بالمجنى عليه أو ضعف قيمة المكسب المالي المتحصل للشخص المخالف [3].

وفي عام ١٩٩٠ سُن تشريع يقضي بزيادة الحد الأقصى للغرامات المفروضة على الشركات فيما يتعلق بالانتهاكات المتصلة بمكافحة الاحتكار من مليون دولار إلى عشر ملايين دولار، وفي الاتحاد الأوروبي تعد الغرامة الكبيرة هي وسيلة ردع للشركات المنتهكة للمادة (٨٦) من لائحة الاتحاد الأوروبي والتي قد تصل إلى مقدار ١٠٪ من رقم الأعمال السنوي لجميع المنتجات لمؤسسات الأعمال المخالفة.

---

[1] مؤتمر الأمم المتحدة للتجارة والتنمية – القانون النموذجي للمنافسة – مرجع سابق – ص ٥٥ -٥٦.

[2] وإن كان هناك مشروع قانون لتعديل قانون حماية المنافسة تقدم به عدد من أعضاء البرلمان المصري يطالبون فيه بزيادة قيمة الغرامة بحيث لا تقل عن مائة ألف جنيها ولا تتجاوز مليار جنيه وذلك لأن عقوبة الغرامة المنصوص عليها بالمادة (٢٢) من القانون لا تتناسب مع ما يربحه المحتكرون في الكثير من القطاعات ومن ثم فإن عدم التناسب لن يكون رادعا لحماية الأسواق المصري مثلما حدث في قطاع الأسمنت حيث أن ربح شركات الاسمنت يصل إلى ٢٠٠ جنيه في الطن الواحد والذي وصل إلى ٢٦٠ جنيها – مقال منشور بجريدة الدستور بتاريخ ٢٠٠٨/١/١١- ص٤.

[3] د/ أحمد الجويلي – الاحتكار سهم في قلب المسيرة الاقتصادية – مرجع سابق – ص١٢٢.

ومن ناحية أخرى فلم يدرج قانون حماية المنافسة العقوبات المقيدة للحرية والمنصوص عليها فى أغلب تشريعات الدول، على الرغم من أهميتها فالحبس يشتمل على خسائر مكلفة فى الإنتاج، حيث أن قدرة المديرين على الإنتاج تقل أثناء فترة حبسهم؛ لذلك فإن الحبس وما يترتب عليه من فقد الحرية والسمعة والمركز الاجتماعى والمكاسب المالية هو الوسيلة الوحيدة للقضاء على التحالفات التجارية غير المشروعة ويمكن تفسير عدم إدراج مثل هذه العقوبات هو خشية المشرع المصرى من استخدام مثل هذه العقوبات دون ضوابط لمجرد الشروع فيها ريثما أن الجهاز المعنى بحماية المنافسة ومنع الاحتكار فى الغالب لن تكون لديه الخبرة الكافية التى تضمن سلامة قراره منذ البداية.

ومن ناحية ثالثة لم يفرد قانون حماية المنافسة نصاً لتخفيف العقوبة للأشخاص والشركات المتعاونة والمتورطة فى ذات الوقت فى أحدى الممارسات المقيدة للمنافسة، مثلما فعل القانون الأمريكى عن طريق ما يعرف باسم "التساهل المشترك" والذى بمقتضاه يتم تخفيف العقوبات عن المؤسسات التى تقدم للسلطات المعنية معلومات عن الممارسات المقيدة للحرية التى قامت بها، وقد بدأ هذا البرنامج من عام ١٩٧٨م، وكان له أكبر الأثر فى الحد من الكثير من قضايا مقاومة الاحتكار فى بداياتها حيث دلت الإحصائيات إلى زيادة عدد طلبات التعاون إلى أكثر من طلب فى الشهر [1].

خامسا: وأخيرا يرى الباحث أنه وأن كان المشرع المصرى قد استفاد من تجارب بعض الدول فى حماية وتنظيم عملية المنافسة وهذا أمرا محموداً من جانبه، إلا أنه اخفق فى معالجة بعض الحالات الهامة والتى تعد من أهم الوسائل التقييدية فى الوقت الراهن والتى كثيرا ما يلجأ إليها مؤسسات الأعمال من اجل

Belinda A. Barnett "Status report on international at cartels Enforcement Department of justice [1] Nov, 30, 2000.

تكوين أو تدعيم مراكزها والاحتكارية ألا وهى عملية الاندماج, فلم يهتم القانون بإفراد نـص خـاص بـه وإنما أكتفى بما نص عليه فى المادة الرابعة والمادة السادسة والمادة السابعة والثامنة من أفعال وممارسـات تقييدية, على الرغم من أن معظم التشريعات المنظمة للمنافسة لم تتجاهل النـص علـى ذلـك, فالمـادة السابعة من قانون "كلايتون" نصت على أنه "يحظر على أى شخص يمارس العمل التجارى الاستيلاء بطريق مباشر أو غير مباشر على كل أو بعض أسهم أو أصول شخص أخر يمارس العمل التجارى إذا كان مـن المحتمل أن يكون أثر هـذا التصرف التقييد الجوهرى للمنافسـة أو يعمل علـى تكـوين احتكـار"[1] وفى المقابل نصت المادة ٢/١ من لائحة السوق الأوربية المشتركة على أنه "الاندماج أو السـيطرة الـذى يـؤدى إلى الإعاقة المهمة للمنافسة الفعالة فى السوق الأوربيـة أو فى جـزء جـوهرى منـه يعتـبر غـير متنـاغم مـع السوق المشتركة"[2]

لذلك كان من الواجب على المشرع المصرى أن يفرد نصاً خاصاً لمراقبة والحد مـن عمليـات الاندماج خاصة, أنها تعد أحد المحاور الأساسية التى لجأت إليها العديد مـن القـوى الاقتصادية فى الآونـة الأخيرة لتدعيم مراكزها الاحتكارية فى السوق المصرية فى العديد مـن القطاعـات الأساسـية, مـما أحـدث خلخلة واضحة فى اقتصاديات السوق المصرية والتى أنعكس أثارها بالطبع فى النهاية على المستهلك.

تفعيل قانون حماية المنافسة

بعد إصدار قانون حماية المنافسـة ومنع الممارسـات الاحتكارية يبقى الأمـر مرهونـا بكيفيـة تطبيق القانون تطبيقاً صحيحاً من أجل الوصول إلى أفضل النتائج وحتى يتحقق ذلك يجب إتباع الآتى:

Commentary on the horizontal merger guidelines U.S Department of justice Federal trade [1]
commission March 2006 p.p 5.
Richard whish "Competition law. London. 1985 p.p.718. [2]

١- ضرورة استقلال جهاز حماية المنافسة من تبعية الوزير المختص لما فى ذلك من تأثير علـى قراراتـه فيمـا يتعلق بالشكاوى المقدمة, والتى قد تكون الحكومة طرفا فيها خاصة أن هـذا القـانون يطبـق علـى المؤسسات والمرافق العامة المملوكة للدول, ومن ثم فإن استمرار تبعية هذا الجهاز للوزير المختص سوف يفرغ استقلاله من معناه؛ مما يفقده المصداقية أمام المستهلك من أن هذا الجهاز يتصرف بحيدة ونزاهـة، كذلك لابد أن يتم تشكيل هذا الجهاز بما يتوافق ومتطلبات السوق المصرى وبعيداً عن قواعد المجاملات و المحسوبية حتى يستطيع أداء الدور المنوط به.

٢- ضرورة إنشاء لجان وإدارات فنية تابعة للجهاز تكون مهمتها دراسة أحـوال السـوق المصـرية والعالميـة على السواء، عن طريق استطلاع أراء المشتغلين بالعمل التجارى, وكذلك أراء المسـتهلكين أنفسـهم هذا, بالإضافة إلى متابعة الإحصائيات التى تصدر من الجهـات الحكوميـة أو غـير الحكوميـة المعنيـة بالعمل التجارى من تطور أو أى تغيرات بالسوق المصرية.

٣- ضرورة مراقبة عمليات الاندماج والخصخصة عن طريق إدارات تنشا خصيصاً لهذا الغـرض مـع التركيـز على دراسة التجارب والخبرات الأجنبية المماثلة وإعداد قواعد موضوعية يتم تطبيقها بما يتوافق مـع متطلبات السوق المصرية عن طريق إعداد قاعدة بيانات عن هيكل الأسواق فى مصر وذلك على غرار لجنة التجارة الفيدرالية بالولايات المتحدة الأمريكية .

٤- أن يبدأ الجهاز فى الوقوف بدقة على التزامات مصر الخارجية فى إطار الاتفاقيـات متعـددة الأطراف أو الأطراف الثنائية وأن يشارك فى تمثيل مصر أمام المؤسسات والمنتديات المهتمة بموضوع المنافسة مثـل منظمة التجارة العالمية أو الاونكتاد .

٥- عقد دورات تدريبية وتأهيلية للعاملين بالجهاز, للتعريف بمضمون عمل الجهاز

وأهم القواعد الموضوعة وبالتالى الحصول على أفضل النتائج الممكنة, ونظراً لان الجهاز مـا زال فى دور المهد فإنه يمكن الاستعانة بالخبرات الاقتصادية والقانونية الأجنبية, وذلـك لتـدريب الكـوادر المصرية مـع إطلاعهم على أحداث التطورات التى تحدث فى هذا المجال على المستوى الإقليمى والدولى.

ولما كان من الصعب إسناد تطبيق هـذا القانون إلى محـاكم متخصصة فى الوقت الراهن لحداثة القانون وعدم وجود السوابق القضائية, وحيث أنه قـد تـم إسناد الفصل فى النزاع المتعلـق بهذا القانون إلى محاكم مجلس الدولة, فإنه ينبغى أن يتم عقد دورات تدريبية وتثقيفية يشرف عليها أساتذة القانون والاقتصاد المتخصصين فى هـذا المجال لقضاة مجلس الدولة علـى أن يتم فى البداية عرض التجارب العربية فى هذا الشأن تيسيراً عليهم ثم متابعة عرض التجارب الدولية لهم مـع متابعة مدى استيعابهم لتلك الدورات واستمرارها حتـى يتم التأكـد مـن نجـاح تلـك التجربة, مـع التنسيق فى هذا الشأن مع كل الهيئات بالعمل القانونى والقضائى كنقابة المحامين.

٧- أن يقوم الجهاز بالتنسيق مع الأجهزة المصرية الأخرى ذات الصلة بعمله, مثل الجهاز المصرى لمكافحة الـدعم والإغـراق ووحـدة حمايـة حقـوق الملكية الفكرية والأجهـزة والجمعيـات المعنيـة بحمايـة المستهلك, والأجهزة المعنية بتنظيم القطاعات المختلفة مثل جهاز تنظيم قطاع الاتصالات وغيره مـن الأجهزة.

٨- مراعاة القواعد العربية الموحدة لحماية المنافسة وأيضا تلك القواعد المشتركة للكوميسا, وكذلك مراعاة القواعد المعمول بها فى الاتحاد الأوروبى وذلك فى ظل عضوية مصر فى كل من منظمـة التجـارة الحرة العربية الكبرى ومنظمة التجارة الحرة للكوميسا, وكذا فى ظل اتفاقية المشاركة بين مصر- والاتحاد الأوروبى وهل هناك استهداف لإنشاء سوق موحدة مع التكتل العربى أو مـع التكتـل الأوروبى أم مـع غيرها حيث يجب غض النظر عن نسب السيطرة التى

تتجاوز النسبة المحددة فى القانون إذا كانت تخدم هذا الغرض.[1]

٩- ضرورة تضمين القانون للعقوبات البدنية والمقيدة للحرية بجانب زيادة قيمة الغرامـات المالية, حتى تحقق الهدف المنشود من وراء تلك العقوبات وهو تحقيق الردع الكافى لمنتهكى أحكام هـذا القـانون من ناحية أخرى العمل كوسيلة وقائية لكل من يحاول أن ينتهك أو يحاول مخالفة أحكام القانون.

آلية تنفيذ قانون حماية المنافسة فى ج م ع.

يعد قانون حماية المنافسة ومنع الممارسات الاحتكارية الصادر بالقانون ٣ لسنة ٢٠٠٥م أحد الركائز الأساسية التى يستند عليها اقتصاد السوق الحر القائم على حرية المنافسة بين مختلف الوحدات الاقتصادية, بما يضمن حرية دخول الأشخاص إلى السوق أو الخروج منه وفقاً للقواعد التى تحكم السوق, ومـن ناحيـة أخـرى نص القانون على إنشاء جهاز مستقل لحماية المنافسة ومنع الممارسات الاحتكارية يتولى مراقبة الأسواق وفحص الحالات الضارة بالمنافسة ، وهو ما سنتعرض له فيما يلى:

اختصاصات جهاز المنافسة

منح القانون صلاحيات خطيرة جداً لجهاز حماية المنافسة ومنع الممارسات الاحتكارية, حيـث قرر أنه يجوز للجهاز أن يخرج عن نطاق الحظر الموضوع عليه فى المواد (٦- ٧- ٨) [2] إذا كان من شـانها أن تحقق منافع

---

[1] د/ مغاورى شلبى - حماية المنافسة ومنع الممارسات الاحتكارية - مرجع سابق - ص٣٩٤.

[2] وقد نصت المادة ٩ من القانون على أنه "لا تسرى أحكام هـذا القـانون بالنسبة للمرافـق العامـة التـى تـديرها الدولـة وللجهاز بناء على طلب ذوى الشأن أن يخرج من نطاق الخطر كل أو بعض الأفعال المنصوص عليها فى المـواد (٦-٧-٨) المرافق العامة إلى تديرها شركات خاضعة لأحكام القانون الخاص إذا كان مـن شـان ذلك تحقيق المصلحة العامـة أو تحقيق منافع للمستهلك تفرق أثار الحد من المنافسة وذلك وفقا للضوابط والإجراءات التى تحددها اللائحة التنفيذية لهذا القانون.

للمستهلك تفوق أثار الحد من حرية المنافسة, وقد تبين المادة (١١) من القانون اختصاصات الجهاز على النحو التالى:

١- تلقى الطلبات باتخاذ إجراءات التقصي والبحث وجمع الاستدلالات, والأمر باتخاذ هذه الإجراءات بالنسبة لحالات الاتفاقات والممارسات الضارة بالمنافسة، وذلك طبقا للإجراءات التى تحددها اللائحة التنفيذية لهذا القانون.

٢- تلقى الإخطارات من الأشخاص فور اكتسابها أى أصول أو حقوق ملكية أو انتفاع أو أسهم أو أقامة اتحاد أو اندماجات أو دمج أو الجمع بين إدارة شخصين أو أكثر, وتحدد اللائحة التنفيذية لهذا القانون ميعاد وبيانات الأخطار والمستندات التى يجب إرفاقها به.

٣- إعداد قاعدة بيانات ومعلومات متكاملة عن النشاط الاقتصادى وتحديثها وتطويرها بصورة دائمة بما يخدم عمل الجهاز فى كافة المجالات المرتبطة بحماية المنافسة, وإنشاء قاعدة بيانات وإجراء الدراسات والبحوث اللازمة لكشف الحالات الضارة بالمنافسة.

٤- اتخاذ التدابير المنصوص عليها فى المادة (٢٠) من هذا القانون.

٥- إبداء الرأى فى مشروعات القوانين واللوائح المتعلقة بتنظيم المنافسة.

٦- التنسيق مع الأجهزة النظيرة فى الدول الأخرى بالنسبة للأمور ذات الاهتمام المشترك.

٧- تنظيم برامج تدريبية وتثقيفية بهدف التوعية بأحكام هذا القانون ومبادئ السوق الحرة بوجه عام.

٨- إصدار نشرات دورية تتضمن القرارات والتوصيات والإجراءات والتدابير التى يتخذها الجهاز وغير ذلك مما يتصل بشئونه.

٩- إعداد تقرير سنوى عن أنشطة الجهاز وخطته المستقبلية ومقترحاته, لُيعرض على الوزير المختص بعـد اعتماده من مجلس الإدارة وترسل نسخة منه إلى مجلسي الشعب والشورى.

تشكيل مجلس إدارة الجهاز

بين القانون^(١) تشكيل الجهاز والذى يصدر به قرار من الوزير المختص, وهو عبارة عـن خمسـة عشر عضواً على الأوجه الآتي:

١- رئيس متفرغ من ذوى الخبرة المتميزة.

٢- مستشار من مجلس الدولة بدرجة نائب رئيس يختاره رئيس مجلس الدولة.

٣- أربعة يمثلون الوزارات المعنية يرشحهم الوزير المختص.

٤- ثلاثة من المتخصصين وذوى الخبرة.

٥- ستة يمثلون الاتحاد العام للغرف التجارية واتحاد الصناعات المصرية واتحاد البنـوك والاتحاد العـام للجمعيات الأهلية والاتحاد العام لحماية المستهلك والاتحاد العام لعمال مصر ــ علـى أن يختـار كـل اتحاد من يمثله.

وتكون مدة المجلس أربع سنوات قابلة للتجديد لمدة واحده, ويجتمع المجلس بدعوة من رئيسه على الأقل مرة كل شهر, وكلما دعت الضرورة وتكون اجتماعاته صحيحة بحضور عشرة من أعضائه وتصدر قرارته بأغلبية أعضائه وتصدر قراراته بأغلبية أعضائه, وللمجلس أن يدعو لحضور اجتماعاته من يرى الاستعانة به من المتخصصين وذلك دون أن يكون له صوت معدد فى التصويت^(٢).

---

(١) المادة ١٢ من القانون ٣ لسنة ٢٠٠٥.
(٢) المادة (١٣) من القانون ٣ لسنة ٢٠٠٥.

كيفية قيام الجهاز بعمله[1]

وفقا للمادة رقم (١١) مـن القانون هناك طريقـان لضبط الاتفاقيـات والممارسـات المخالفـة للقانون.

أولا: مبادرة الجهاز بالفحص

يجـوز للجهـاز القيـام بالدراسـات والأبحـاث لكشـف حـالات الاتفاقـات والممارسـات الضـارة بالمنافسة والمبادرة باتخاذ إجراءات التقصي والبحث وجمع الاستدلالات وفى حالة ثبوت إحـدى المخالفـات التى ورد بها نص بالقانون. يقوم الجهاز باتخاذ التدابير المناسبة بشأنها ويرفع تقريـرا إلى الـوزير المختص بطلب تحريك الدعوى الجنائية.

ثانيا: التبليغات

يجـوز لأى شخص إبلاغ الجهاز بأية مخالفات لأحكام هذا القانون، وعلى الجهاز إذا ثبـت مخالفـة الشخص لأحكام المواد "٦-٧-٨" من القانون أن يكلف المخالف بتبديل أوضاعه وإزالة المخالفـة فـورا أو خـلال فتـرة يحددها مجلس إدارة الجهاز، وأن يرفع تقرير إلى الوزير المختص لتحريك الدعوى الجنائيـة ضـد المخالفين للقانون.

وقد وضعت اللائحة التنفيذية فى الجزء السابع منها خطوات فحص البلاغ كالآتى:

١- يُقدم البلاغ على النموذج المعد من الجهاز ويتم قيـده فى السجل بخـاص بالتبليغات ويعطى المبلغ إيصالاً برقم وتاريخ قيد البلاغ.

٢- تعرض التبليغات على المدير التنفيذى للجهاز للتحقق مـن اسـتيفائها للبيانـات والمسـتندات المنصوص عليها فى المادة (٣٢) من اللائحة التنفيذية، وإحالة ما يكون مستوفياً منها إلى الإدارة المختصة وأخطار رئيس الجهاز بذلك.

٣- تتولى الإدارة المختصة بالجهاز اتخاذ إجراءات التقصى والبحث وجمع الاستدلالات فى البلاغات المحالة إليها من المدير التنفيذى، ويكون للعاملين بالجهاز ممـن لهـم صفة الضبطية القضائية[1] اتخـاذ الإجراءات التالية وذلك بعد الكشف عن هويتهم وإطلاع صاحب الشأن عليها.

- الإطلاع لدى أى جهة حكومية أو غير حكومية على الدفاتر والمستندات والحصول على المعلومات والبيانات اللازمة لفحص الحالات المعروضة على الجهاز.

- الدخول خلال ساعات العمل الرسمية إلى أماكن أو مقار عمل الأشخاص الخاضعين للفحص وذلك بعد الحصول على أذن كتابي من المدير التنفيذى، ويجوز لهم الاستعانة برجـال السـلطة العامة إذا تطلب الأمر ذلك.

- اتحاد إجراءات جمع الاستدلالات اللازمة للفحص وسؤال أى شخص فى شأن ارتكابه أية مخالفات لأحكام القانون.

- تقوم الإدارة المختصة بعد إتمام إجراءات التقصى- والبحث وجمع الاستدلالات، بإعداد تقرير بالرأي تقدمه إلى المدير التنفيذى للجهاز ويقوم المدير التنفيذى بعرضه على مجلس الإدارة مشفوعا برأيه فى أول جلسة تالية لتقديم التقرير له.

---

[1] وقد تم تخويل بعض العاملين بجهاز حماية المنافسة ومنع الممارسات الاحتكارية صفة مأمورى الضبط القضائى بموجب قرار وزير العدل رقم ٨٤٨٣ لسنة ٢٠٠٦ والذى نص فى مادته الأولى .. يخول العاملون فى جهاز حماية المنافسة ومنع الممارسات الاحتكارية المعنية وظائفهم فيما يلى - كل فى دائرة اختصاصه - صفة مأمور الضبط القضائى بذلك بالنسبة للجرائم التى تقع بالمخالفة لأحكام القانون رقم (٣) لسنة ٢٠٠٥ ... وهم:
- المدير التنفيذى لجهاز حماية المنافسة ومنع الممارسات الاحتكارية.
- مدير الإدارتين القانونية والاقتصادية بجهاز حماية المنافسة ومنع الممارسات الاحتكارية.
- الباحثون الاقتصاديون بجهاز حماية المنافسة ومنع الممارسات الاحتكارية.
- الباحثون القانونيون بجهاز حماية المنافسة ومنع الممارسات الاحتكارية.
- أخصائى تكنولوجيا المعلومات.

- على مجلس إدارة الجهاز عند ثبـوت مخالفـة لأحـد الأحكـام المنصوص عليهـا فى المـواد ٦-٧-٨ تكليـف المخالف بتعديل أوضاعه وإزالة المخالفة فورا أو خلال فترة زمنيـة يحـددها المجلس ويرفع التقريـر بالحالة إلى الوزير المختص أو من يفوضه لاتخاذ إجراءات رفع الدعوى الجنائية.

إنجازات جهاز حماية المنافسة منذ إنشائه [1]

حقق الجهاز منذ إنشائه العديد من الإنجازات وفيما يلى أهـم مـا أنجـزه الجهاز خلال هـذه الفترة:

أولاً: قرار مجلس إدارة الجهاز بتاريخ ٦ مارس ٢٠٠٧م

* موضوع البلاغ

تقدمت أحد شركات قطاع الأعمال العام ببلاغ فى ٢٦ يونيو ٢٠٠٦م ضد إحدى شركات القطاع العام بقيام الشركة الأخيرة ببيع منتجات الكلور السائل وحامض الهيدروكلوريـد وهيدروكلوريـد الصـوديوم بسعر يقل عن التكلفة بالمخالفة لقانون حماية المنافسة ومنع الممارسات الاحتكارية.

* فحص البلاغ

بناء علـى الفحـص الـذى أجـراه الجهـاز لمستندات الشركة المشكو فى حقهـا ومراجعة قائمـة التكاليف الخاصة بالمنتجات محل الشكوى ومقارنتها بأسعار البيـع مـن واقـع فـواتير البيـع الخاصـة بتلك العقود فى خلال الفترة محل الدراسة, انتهى الجهاز إلى أن الشركة المشكو فى حقها تتوافر لها عناصـر السيطرة على السوق المعنية، إلا أنه لم يثبت من الفحص قيامها ببيع المنتجات محل الشكوى بأقل مـن تكلفتها الحدية أو متوسط تكلفتها المتغيرة، الأمر الذى لا تعتبر معه الشركة مخالفة لـنص المـادة ٨/ح مـن قانون حماية المنافسة.

[1] جهاز حماية المنافسة ومنع الممارسات الاحتكارية   www.Eca.org.egy.

* قرار الجهاز

قرر مجلس إدارة الجهاز بجلسته المنعقدة بتاريخ ٦ مارس ٢٠٠٧ بعد الإطلاع على التقرير المعد من الجهاز حفظ الأوراق مع إخطار كل من الشركة الشاكية والمشكو فى حقها بما انتهى إليه الفحص.

ثانيا: قرار مجلس الإدارة بتاريخ ١٥ أبريل ٢٠٠٧

* موضوع البلاغ

تقدم رئيس مجلس إدارة إحدى شركات القطاع الخاص العاملة فى مجال إنتاج المواد العازلة ببلاغ للجهاز مرفقا به المستندات المؤيدة له, وقد ورد البلاغ بقيام الشركة بإبرام عقد مع شركة منافسة من شركات القطاع الخاص عام ٢٠٠٣ تتضمن بنود تنص على عدم المنافسة بين الشركتين فى إنتاج وتسويق عدد من المنتجات, ومن ثم فأنه بعد صدور قانون حماية المنافسة ومنع الممارسات الاحتكارية عام ٢٠٠٥ م يمكن أن تمثل مخالفة للبنود, الأمر الذى دعاه للتقدم بهذا البلاغ للتأكد من مدى قانونية هذه النصوص وسلامة موقف الشركة القانونى.

* فحص البلاغ

قام الجهاز بفحص البلاغ المقدم وبيان ما إذا كان هناك مخالفة للمادة ٦ من القانون وكيفية إثباتها, وأجرى فى هذا الشأن عدة مقابلات مع أطراف العقد للحصول على البيانات والمعلومات والوقوف على وقائع الاتفاق بينهما, وقد أظهر الأطراف تعاوناً مع الجهاز من ناحية تقديم المعلومات المطلوبة مؤيدة بجميع المستندات وأظهر الفحص أن العقد أُبرم عام ٢٠٠٣ قبل صدور القانون فى فبراير ٢٠٠٥م, إلا أنه منذ صدور القانون يتعين على كافة الأشخاص الالتزام بالأحكام الواردة فيه خاصة فيما يتعلق بالمخالفات التى تمثل جرائم جنائية وهى من القواعد الآمرة التى لا يجوز الاتفاق على مخالفاتها.

* قرار الجهاز

قرر مجلس إدارة الجهاز بجلستة المنعقدة بتاريخ ١٥ أبريـل ٢٠٠٧ بعـد الإطـلاع علـى التقريـر المعد من الجهاز مخالفة الشركة محل الفحص للمادة (٦) مـن قـانون حمايـة المنافسة ومنع الممارسـات الاحتكارية, وذلك منذ تاريخ العمل بقانون حماية المنافسة فى ٢٠٠٥/٥/١٦, وهـو مـا اتخذ معـه المجلس تدبيراً يقضى بتحلل أطراف العقد من البنود المخالفة للعقد, وإخطار الجهاز بـذلك خـلال ٣٠ يومـا مـن إخطارهم بقرار الجهاز, وفى حالة عدم الالتزام بقرار الجهاز يتم إحالة الأوراق إلى الوزير المختص لتحريـك الدعوى الجنائية, وقد أخطرت كل من الشركتين بالتزامها بالقرار الصادر من الجهاز.

ثالثا: قرار مجلس إدارة الجهاز بتاريخ ١٥ أبريل ٢٠٠٧.

ورد لجهاز حماية المنافسـة ومنع الممارسـات الاحتكارية البـلاغ المقـدم مـن إحـدى الشـركات العاملة فى مجال الشبكات وتأمين المعلومات تتضرر فيه من قرار رئيس الهيئة العامة لسوق المال رقم ٥٠ لسنة ٢٠٠٦ (بشأن تداول الأوراق المالية من خلال شبكة المعلومات الدوليـة) لإخلالهـا بمبـدأ المسـاواة فى مجال شركات المعلومات وخاصة تلك الحاصلة على ترخيص خدمات التوزيع الالكترونى بما يضر ـ المنافسـة, وذلك باشتراط القرار فى المادة الثانية البند ٣ منه تقديم شهادة مـن شركة مصر ـ للمقاصة (وهـى إحـدى الشركات الأربع المصرح لها بتقديم خدمات التوزيع الالكترونى) تفيد توفير شركات السمسرة للبنديـن (١ , ٢), مما يعطى شركة مصر للمقاصة دور المراجع ومقدم الخدمة فى ذات الوقت.

* فحص البلاغ

قام الجهاز بفحص الشكوى للتأكد من اختصاصه بنظر موضوع الشكوى فى ضوء المادة (٣) من القانون كما قـام الجهاز بمراجعـة قـانون التوزيع الالكترونى ولائحتـه التنفيذيـة, وكـذلك كافـة القوانيـن والقرارات المتعلقة بسوق رأس المال التى تخضع لها أطراف الشكوى.

انتهى الجهاز إلى أن موضوع البلاغ ينصب أساساً على القرار الإدارى رقم ٥٠ لسنة ٢٠٠٦ الصادر عن رئيس الهيئة العامة لسوق المال الذى رسم له القانون طريق التظلم فيه وفقا لنص المادة (٥١) من قانون ٩٥ لسنة ١٩٩٣م أمام لجنة التظلمات المشكلة بوزارة الاستثمار, حيث أن هذه اللجنة هى المختصة أصلا بنظر التظلمات المشكلة بوزارة الاستثمار والقرارات الإدارية التى تصدر من الوزير أو رئيس الهيئة, ولم تشر المستندات المرفقة بالبلاغ إلى وجود آية ممارسات احتكارية من جانب الشركات العاملة فى السوق؛ الأمر الذى يكون معه الجهاز غير مختص بنظر موضوع البلاغ.

* قرار الجهاز

قرر مجلس إدارة الجهاز بجلسته المنعقدة بتاريخ ١٥ أبريل ٢٠٠٧ بعد الإطلاع على التقرير المعد من الجهاز عدم اختصاص الجهاز بنظر موضوع الشكوى, لكونه ينصب على قرار رئيس الهيئة العامة لسوق المال رقم ٥٠ لسنة ٢٠٠٦م, وليس على أية ممارسات احتكارية من قبل أى شركة من الشركات العامة فى السوق.

رابعا: قرار مجلس إدارة الجهاز بتاريخ ٢٧ مايو ٢٠٠٧

* موضوع البلاغ

تقدمت إحدى الجمعيات العامة فى مجال الباركود ببلاغ للجهاز ضد الشركات لقيامها بالمغالاة فى رسوم الباركود ولتمثيلها الخاطئ لجمعية الباركود الأوربية فى جمهورية مصر العربية.

* فحص البلاغ

انتهى الجهاز بعد الفحص الذى أجراه إلى أن الشركة المشكو فى حقها لا تتوافر فى شانها عناصر المخالفات الوارد ذكرها فى المادين ٧-٦ من القانون بالنظر إلى المادة (٨) من القانون, فعلى الرغم من أن الشركة المشكو فى حقها

تتوافر فى شأنها عناصر السيطرة على السوق المعنية, فإنه لم يثبت قيام الشركة بإساءة استخدام هـذه السيطرة بإتيان أى من الأفعال التى عددتها المادة على سبيل الحصر, فضلا عن ذلك فإن المغالاة فى أسعار المنتج ليست من ضمن الأفعال المحظورة فى حكم المادة ٨ من القانون.

* قرار الجهاز

صدر قرار مجلس الإدارة بتاريخ ٢٧ مايو ٢٠٠٧ بعد الإطلاع على التقرير الذى أعده الجهاز حفـظ الأوراق لعدم وجود مخالفة لقانون حماية المنافسة ومنع الممارسات الاحتكارية مع إخطار الشاكى والمشكو فى حقه بما انتهى إليه الفحص.

خامسا: رأى استشارى بتاريخ ٧ نوفمبر ٢٠٠٦.

* موضوع الطلب

ورد لجهاز حماية المنافسة ومنع الممارسـات الاحتكارية الطلب المقـدم مـن إحـدى الشركات القابضة التابعة لوزارة الاستثمار بتاريخ ٥ فبراير ٢٠٠٦م لدراسة موقف إحدى الشركات التابعة من حيـث الحصة السـوقية فى ضـوء أحكـام القـانون رقم ٣ لسـنة ٢٠٠٥ بشـان حمايـة المنافسـة ومنـع الممارسـات الاحتكارية.

* إجراءات دراسة الطلب

قام الجهاز بدراسة الطلب فى ضوء المادة ٤ من القانون والتى تـنص علـى أن "السـيطرة علـى سوق معينة هى قدرة الشخص الذى تزيد حصته على ٢٥٪ من تلك السوق على إحداث تـأثير فعـال علـى الأسعار أو حجم المعروض بها دون أن تكون لمنافسيه القدرة على الحد من ذلك", وتطلـب ذلـك تحديـد الأسواق المعنية بعنصريها المنتج المعنى للنطاق الجغرافى ثم النظر إلى وضع الشركة محل الفحص بالسوق, وتمت دراسة عناصر السيطرة على السوق حيث تبين سيطرة الشركة محـل الفحـص علـى حـوالى ٧٠٪ مـن حجم المبيعات فى ٢٠٠٦/٢٠٠٥م, ما

يقرب من ٨٠٪ حجم الإنتاج ٢٠٠٥/٢٠٠٤ (وفقا للبيانات المتاحة), بالإضافة إلى قدرتها على تحيد الأسعار وحجم نظرا لزيادة السعر العالمى عن السعر المحلى مما يمثل عائقا أمام دخول الواردات.

* رأى الجهاز

انتهى قرار مجلس الإدارة بجلسته المنعقدة بتاريخ ٧ نوفمبر ٢٠٠٦م بعد الإطلاع على التقرير الذى أعده الجهاز إلى أن الشركة محل الفحص تتمتع بوضع مسيطر فى السوق المصرى.

سادسا: جهاز حماية المنافسة ينتهى مـن دراسـة سـوق الأسـمنت فى جمهورية مصر- العربية ٣ أكتوبر ٢٠٠٧.

أحال جهاز حماية المنافسة ومنع الممارسات الاحتكارية التقرير الخاص بدراسة سوق الأسمنت فى جمهورية مصر العربية إلى المهندس- رشيد محمد رشيد – وزير التجارة والصناعة.

تلقى جهاز حماية المنافسة ومنع الممارسات الاحتكارية الطلب المحال مـن وزير التجارة والصناعة بتاريخ ١٦ يوليو ٢٠٠٦م بشأن إعداد الدراسات والبحوث اللازمة فيما يتعلق بقطاع الأسمنت فى السوق المصرى, باعتبار منتج الأسمنت من المنتجات الهامة على المستويين المحلى والعالمى, حيث تساهم صناعته فى أكثر الأنشطة الاقتصادية حيوية, وارتباطاً بالتنمية الاقتصادية والبنية التحتية لكافة المشروعات والاستثمارات, وطلب الكشف عما إذا كان هناك اتفاقات أو ممارسة ضارة بالمنافسة فى هـذا القطاع الحيوى نظراً لما تكشّف عنه الواقع العملى فى الفترة الماضية من الزيادة غير المبررة فى أسعار الأسـمنت, وذلك فى ضوء الأحكام الواردة فى قانون حماية المنافسة ومنع الممارسات الاحتكارية رقم ٣ لسنة ٢٠٠٥.

وقد أعد الجهـاز دراسـة كاملـة عـن سـوق الأسـمنت البورتلانـدى العـادى فى جمهورية مصر- العربية عن الفترة من ٢٠٠٢م إلى نهاية ٢٠٠٦م شملت الإطلاع

على كافة الدراسات والأبحاث المتاحة وجميع البيانات من المصادر المختلفة حكوميـة أو غـير حكوميـة, كذلك قام الجهاز بزيارة مقار الشركات المنتجة للأسمنت للحصول على كافة البيانـات المتعلقـة بالدراسـة والتأكد من دقة البيانات والمعلومات التى تـم الحصـول عليهـا, بالإضافـة إلى إجـراء مقـابلات مـع التجـار والمقاولين والمستثمرين فى ١٥ محافظة تغطى كافة أنحاء الجمهورية.

وقد قام الجهاز عقب ذلك بإجراء التحليل القانونى والاقتصـادى للبيانـات وأطلـع علـى خـبرات أجهزة المنافسة فى الدول الأخرى فى القضايا المماثلة, وانتهى إلى وجود اتفاق بين الشركات المنتجة على رفع الأسعار بالمخالفة للمادة (١/٦), وكذلك اتفاق على تقيـد عمليـات التسـويق بالمخالفـة للـمادة (٦/د) مـن قانون حماية المنافسة؛ وبناء على النتائج التى انتهى إليها التقرير أحال التقرير إلى وزير التجارة والصناعة باعتباره الوزير المختص بطلب تحريك الدعوى الجنائية وفقا للمادة (٢١) من قانون حماية المنافسة.

وكانت نتيجة هذا التقرير أن تقدم الوزير المختص ببلاغ إلى النيابة العامـة لتحريـك الـدعوى الجنائية ضد المخالفين وقد باشرت النيابة التحقيقات؛ التى انتهـت إلى إدانـة شركـات الأسـمنت بمحاولتهـا تقسيم الأسواق فيما بينها ومحاولة رفع السعر و فى النهاية تم إحالتهم إلى المحاكمة الجنائية.

جهود جهاز حماية المنافسة فى القيام بدوره [1]

لما كان الغرض الأساسى الذى انُشأ من أجله جهاز حماية المنافسة ومنع الممارسات الاحتكاريـة هو نشر ثقافة المنافسة وتطوير وإرساء قواعـد المنافسـة الحـرة مـن خـلال مراقبـة ممارسـات ومعـاملات الأشخاص التى تمارس نشاطا اقتصادياً فى السوق المصرى, بما يضمن الكفـاءة الاقتصـادية مـن حيـث تـوافر جودة

---

[1] جهاز حماية المنافسة ومنع الممارسات الاحتكارية   www.Eca.org.egy.

المنتجات والأسعار المنافسة مما يعود فى النهاية بالنفع على المستهلك، لـذلك سعى الجهاز خـلال فترتـه الوجيزة منذ إنشائه إلى عقد المؤتمرات العربية أو الدولية أو المشاركة فيهـا مـن أجـل تعزيـز الـدور الـذى يقوم به. وفيما يلى أهـم المـؤتمرات التـى شـارك فيهـا الجهاز لتنميـة قدراتـه التثقيفيـة فى مجال حمايـة المنافسة.

أولا: اتفاق تعاون بين جهاز حماية المنافسة ومركز معلومات مجلس الوزراء.

بتاريخ ٢ أكتوبر ٢٠٠٦م وقع جهاز حماية المنافسة اتفاق تعاون مع مركز المعلومات ودعـم اتخاذ القرار بمجلس الوزراء بهدف منح الجهاز ترخيص استخدام نظام إدارة المؤسسة الالكترونى والنظام المالى المتكامل، مع تدريب موظفى الجهاز على استخدام النظامين، ويأتى هذا تواكباً لفكرة التحديث الـذى تبناه الجهاز والذى يعتمد بدرجة كبيرة على تطوير الفكر الإدارى اعتمادا على تكنولوجيا المعلومـات و وسائل الإتصال المتطورة، الأمر الذى يعد من أحد العناصر الأساسية لبناء المؤسسة العصرية ومن ثـم القدرة على المضى قدما فى تحقيق تنمية شاملة فى جميع الخدمات التى يقدمها الجهاز وذلك مـع القـدرة على التعامل مع المستجدات المستقبلية.

ثانياً: ورشة عمل عن الاتفاقات الأفقية الضارة بالمنافسة.

٢٨ أكتوبر – ٢ نوفمبر ٢٠٠٧ السلفادور

ثالثا: المؤتمر السنوى لجامعة فورد هام عن قانون وسياسية المنافسة

٢٨-٢٧ سبتمبر ٢٠٠٧ الولايات المتحدة الأمريكية

رابعاً: مؤتمر عن الجوانب المختلفة لتطبيق قانون المنافسة

١٠ سبتمبر ٢٠٠٧ القاهرة – مصر

خامساً: الاجتماع السنوى الثامن لجنة الخبراء الحكومية حول قانون وسياسة المنافسة

١٩-١٧ يوليو ٢٠٠٧ جنيف سويسرا

سادساً: المؤتمر السنوى السادس لتشكيلة المنافسة الدولية

٣٠ مايو ١ يونيو ٢٠٠٧ موسكو – روسيا

سابعاً: تعاون بين جهاز حماية المنافسة والأكاديمية العربية للعلوم والتكنولوجيا ونقل البحرى ٢٧ أكتوبر ٢٠٠٧.

فى إطار برنامج التوعية بأحكام قانون حماية المنافسة ومنع الممارسات الاحتكار شارك الجهاز فى المؤتمر الذى نظمته الأكاديمية العربية للعلوم والتكنولوجيا والنقل البحرى بالاشتراك مع جامعة انديانا بالولايات المتحدة الأمريكية يوم السبت الموافق ٢٧ أكتوبر ٢٠٠٧م، وناقش المؤتمر الذى عقد تحت عنوان (قطاع النيل البحرى وقانون المنافسة) بمقر الأكاديمية بالإسكندرية الوضع التنافسى لقطاع النقل البحرى وعلاقته بقانون حمايـة المنافسـة المصرية باعتبـاره أحـد القطاعـات الخدميـة التـى تـدخل ضـمن نطـاق القانون.

الـخـاتـمـة

لقد تناولنا في هذا البحث ظاهرة من أهم و أخطر الظواهر التي منيت بها الأسواق العالمية والمحلية في الوقت الراهن وهي ظاهرة الاحتكار فدراسة تلك الظاهرة كانت الشغل الشاغل لجميع المؤتمرات والندوات والأنظمة القانونية فبعد أن كان اهتمام تلك الأنظمة ينصب فقط على تحرير التجارة العالمية وفتح الأسواق دون قيود وإزالة الحواجز الجمركية بات من الضروري الاهتمام بهذه الظاهرة خاصة بعد حدوث التطورات الاقتصادية التي كان لها أثرها السلبي على الأسواق العالمية فلقد تغير مفهوم الاحتكار من مجرد فعل تمارسه المنشآت و المؤسسات منفردة إلى عملية منظمة من قبل الدول المتقدمة تمارسها وتدعمها عن طريق شركاتها الكبرى من أجل فرض سيطرتها الاقتصادية والسياسية على الدول الفقيرة , وخاصة دول العالم الثالث .

ومن هذا المنطلق قمنا بتناول تلك الظاهرة من الناحية القانونية فبعد تمهيد مفصل عن ظاهرة الاحتكار استعرضنا فيه فلسفة عملية المنافسة من كونها حق لكل فرد يمارسه على النحو الذي يختاره ويديره إلا أنه في ذات الوقت ليس خطأ مطلقاً بل له ضوابط وقيود منتظمة فالتشريع الذي يمنح هذا الحق هو ذاته الذي يقيده وبناءاً على ذلك قمنا بتعريف هيكل السوق مع بيان درجاته من المنافسة وذلك من أجل الوصول إلى تعريف الاحتكار آخذين في الاعتبار صعوبة وضع تعريف جامع مانع للاحتكار ومسترشدين في ذلك بالنموذج الأمريكي باعتباره أولى التشريعات التي نظمت عملية الاحتكار اعتباراً من عام ١٨٩٠م بالإضافة إلى مجموعة من الأحكام القضائية التي أسهمت بشكل كبير في سد النقص في القوانين الأمريكية .. وانتهينا في هذا التمهيد إلى نتيجة مؤداها ما يأتي :-

أولاً : أن الاحتكار ليس محظوراً لذاته فقد تصل المنشأة أو المؤسسة إلى وضع المسيطر عن طريق الخبرة العالمية وامتلاكها وسائل التكنولوجيا أو براءة الاختراع .

ثانياً : أنه ينبغي للقول بأن مؤسسة ما ذات وضع مسيطر ضرورة توافر ركنين :

١- وضع مسيطر.

٢- إساءة استعمال المركز المسيطر.

أما عن بيان ماهية المركز المسيطر فلقد اقتضت منا طبيعة البحث بالتبعية دراسة ثلاثة محاور رئيسية يمكن عن طريقها التعرف على الوضع المسيطر أما عن المحور الأول فيتمثل في الحصة السوقية التي يمتلكها المحتكر والتي تعبر من قدرته على رفع الأسعار وإبقائها على نحو مـربح يمكنـه مـن التأثير في الأسعار من خلال اعماله ومشروعاته وذلك ببيان نسبة ما يمتلكه من إجمالي الناتج الكلي من السوق بينما يتمثل المحور الثاني فيما يعرف باسم موانع الدخول . فلا يكفي أن تتمتع الشركة التجارية بحجـم كبـر في السوق حتى تتوافر لها القوة الاحتكارية ولكي تستطيع الشركة المحافظة على تلك القوة فإنها تعمل عـلى حصر المنافسة بينها وبين المنافسين الموجودين بالفعل في السوق من ناحية ومنع دخول منافسين جدد من ناحية أخرى عن طريق سعيها جاهدة في استخدام الموانع والعوائق بما يمكنها مـن الانفراد بالسـوق , والتصرف باستقلال عن بقية المنافسين إلا أنه لا يكفى لتحديد المركز المسيطر بيان حجم الحصة السوقية التي يمتلكها أو تحديد موانع الدخول والتي تساعده على تدعيم مركزه المسيطر بل لابد من تحديد نطـاق السوق الذي يمارس فيه سيطرته وهو ما يعرف باسم السوق ذات الصلة وهو المحور الثالث وتشير السوق ذات الصلة أو سـوق المنتجـات البديلـة إلى نـوع التجـارة التي تـم فيهـا تقيـد المنافسـة وكذلك المنطقـة الجغرافية المعينة بحيث تشمل جميع المنتجات والخدمات التي يمكن الحصول عـلى بـدائل لها بتكـاليف معقولة ومن ثم فإن وجود المنتج البديل سوف يؤثر بالضرورة على قدرة المشروع المسيطر عـلى إحـداث تأثير فعال في الأسعار وحجم المعروض من المنتجات كما أنه سوف يسـلب مـن المشـروع المسيطر القـدرة على التصرف باستقلال .

ويأتي بعد ذلك الركن الثاني من أركان الاحتكار لقد استعرضنا من خلاله أشكال وصور الإساءة التي يستند إليها المحتكر من أجل تـدعيم وتقوية مركزه المسيطر ويأتي الانـدماج أولى أشكال الاساءة وأكثرهـا شـيوعا فلقـد بـدأت هـذه الظـاهرة في الظهـور عـلى المسـتوى الـدولي خـلال فـترة الثمانينـات و التسعينات وهو ما أدى إلى زيادة حالات الاحتكار وزيادة الممارسات الاحتكارية دولياً وخاصة مـن جانب الشركات متعددة الجنسيات ومن جهة أخرى لم تكـن السـوق المصرية بعيـدة عـن حـدوث العديد مـن حالات الاندماج والاستحواز التي أثرت بدورها على نمو الأوضاع الاحتكارية مثلما حـدث في قطاع السـلع الغذائية و الحديد والصلب و الأدوية لذلك آثرنا إلقاء الضوء بشكل مفصل على تلك الظـاهرة مـع بيـان آثارها السلبية وتجارب الدول في تقنين أوضاع عمليات الاندماج وكيفية مراقبتهـا كـل كـذلك مـع التعليـق على القانون المصري رقم ٣ لسنة ٢٠٠٥ ويأتي الكارتل كثاني صور الاساءة . وهو يعد نوعاً من أنواع احتكار القلة وفيه يتم التنسيق المباشر بين مجموعـة مـن المنتجـين المنافسـين لتنسيق قـرارات الانتـاج والتسـعير بينهم لإيقاف عملية المنافسة , ونظراً لخطورة هذا النوع مـن الاتفاقات والتي طالما تـتم في إطار مـن السرية الشديدة تم تناوله بشئ دقيق استعرضنا من خلاله تعريفه وهدفه وعوامل نجاحه وعوائق ومنع تكوينه وأنواعه وكيفية إثباته والعقوبة المفروضة على من ثبت تورطه في هـذا النـوع مـن الاتفاقيـات ولا ننكر أن السوابق القضائية الأمريكية والتي استعنا بها كانت خير ملهم لنا في الوصول إلى توضيح مفصل لهذا النوع من الاتفاقيات .

بينما يحتل رفض التعامل المركز الثالث مـن صـور الإسـاءة التي أوضحنا مـن خلاله أن رفض التعامل لا يعد دوما إساءة لاستغلال المركز المسيطر بينما يعد هذا الامتناع غير المبرر الذي يكون الغرض منه تقسيم الأسواق أو الحد من حرية دخول المشروعات المتنافسة في السوق أو الخروج منه هو المؤثم قانوناً ثم انتقلنا بعد ذلك إلى الصورة الرابعة من صور الإساءة والتي يكون فيها السعر هو الوسيلة

المستخدمة لإعاقة عملية المنافسة وهو ما يعرف باسم "التسعير التمييزى أو التسعير العدواني" وفيه يستخدم المشروع المسيطر السعر كوسيلة فعالة للضغط بها على المتنافسين من أجل الانصياع لقراراته التجارية والتي تؤدي في النهاية إلى انفراده الكامل بالسوق أو على الأقل الاطمئنان إلى عدم جدوى منافسة أحد له سواء تم ذلك عن طريق البيع دون سعر التكلفة وهو ما يعرف **باسم التسعير العدواني أو** البيع على نحو تمييزي بين المتعاملين مع المشروع وهو ما يعرف باسم البيع التسعيري .

وأخيراً تناولنا في الصورة الخامسة نموذجاً آخراً من نماذج الإساءة غير المبررة والمعرفة باسم التواطؤ الضمني وصفقات الربط وقسمناها إلى فرعين أوضحنا في أولها ماهية التواطؤ وكيفية حدوثه وكيفية إثباته وانتهينا إلى أنه يعد من أنواع احتكار القلة ويقع بين منطقة وسط بين الاحتكار المطلق والمنافسة الكاملة بينما يأتي الفرع الثاني فيما يعرف باسم صفقات الربط أو العقد الرابط والذي يربط فيها المشتري بين السلعة التي يحتكرها وبين سلعة أخرى حيث لايستطيع المشتري الحصول على هذه الخدمة إلا بشرائه للمنتج المربوط وقمنا بالتعليق على أكثر من حكم قضائي من أجل بيان وتوضيح مفهوم هذا النوع من العقود.

ومن خلال دراسة تلك الظاهرة وجدنا أن هناك ارتباط وثيق بين فعل الاحتكار وبين غيره من الظواهر الأخرى والتي حدثت في الآونة الأخيرة ولا تقل عنه أهمية بل تعد في ذات الوقت دعامة قوية عادة ما يستخدمها المحتكرون لتدعيم وبسط نفوذهم الاحتكارية ألا وهي الإغراق والخصخصة وقمنا بإفراد بحث مستقل لكل منهما لبيان الدور التفصيلي الذي يلعبه كلاً منهما في تحديد وجود احتكار فبدأنا بفعل الإغراق أوضحنا من خلاله التطور التشريعي له والقوانين التي نظمته كذلك تعريفه و أنواعه وأهدافه والعلاقة الطردية التي بينه وبين الاحتكار وشروط تحققه مع تطبيق ذلك على السوق المصرية متناولين حالات الإغراق التي حدثت في الأسواق المحلية وما نتج عنه من تكوين مراكز احتكارية واختتمنا هذا البحث

ببحث التدابير الوقائية والعلاجية لعلاج تلك الظاهرة بينما استعرضنا فى بحثنا للخصخصة التعريف العام
للخصخصة مع الإشارة إلى نبـذة تاريخيـة إلى بداية تطبيـق برنامج الخصخصة فى تجارب بعض الـدول
وعرضنا كذلك لأهداف البرنامج وأساليبه وعيوبه وكذلك بيان العلاقة الطردية بينه وبين فعل الاحتكار من
خلال دراسة تجارب بعض الدول الأسبق إلى تطبيق هذا البرنامج مقارنة بين فاعلية تطبيق هـذا البرنامج
فى بعض الدول وبين فاعلية تطبيقه فى جمهوريـة مصر- العربيـة مختتمين هـذا البحث ببيان الأساليب
المقترحة لعلاج هذه الظاهرة .

- وإمعاناً فى دراسة مستفيضة لظاهرة الإحتكار فضلنا تناول صور الاحتكار المرخص قانوناً وفى
ذات الوقت حق يحميه القانون ويؤكد على أحقية المحتكر فى احتكاره مؤكدين على النتيجة التى توصلنا
إليها فى مهد بحثنا ودراستنا بأن الاحتكار ليس محظوراً لذاته وإنما يكون محظوراً عن طريق استخدام
الوسائل والأساليب الغير مشروعة منافياً بذلك لأصول وأعراف التجـارة السـائدة فى السوق وبدأنا ببراءة
الاختراع باعتبارها الصورة الأكثر شيوعا عرفنا من خلالها البراءة وأهم شروطها والطبيعة القانونية لملكية البراءة
وأهم الاستثناءات على هذا الحق متى يضحى هذا الحق سبباً من أسباب ظهور الاحتكار غير المشروع وكيفية
تعامل الأنظمة الخارجية مع هذا الحق باعتباره مشروعاً وغير مشروع فى ذات الوقت ولا ننكر الدور التى لعبته
المحاكم الأمريكية فى بيان ذلك سواء الأحكام الصادرة من المحكمة العليا أو الأحكام الصادرة من محاكم
الولايات المختلفة والمقاطعات .

أما الصورة الثانية من صور الاحتكار القانونى فكانت العلامة التجارية واستعرضنا من خلالها تعريف
العلامة وأهم شروطها وملكيتها ومتى يكون إحتكار العلامة حق يحميه القانون ومتى ينتهي احتكار هـذا
الحق وبنفس الخطوات عرضنا للإسم التجارى والرسوم النماذج الصناعية .

وأخيراً ختمنا بحثنا المتواضع هـذا بعرض وتحليـل لأهـم التجـارب الدوليـة فى مجـال حمايـة
المنافسة ومنع الاحتكار وبيان ماهية تلك الآليات التى استخدمتها

تلك الدول من أجل الحفاظ على العملية التنافسية من خلال عمل كنترول على أية أفعال من شأنها عمل خلل في التوازن بين العرض والطلب وقد اعتمـدنا في ذلك عـلى تحليـل نمـوذجين هـم النمـوذج الأمـريكي والنموذج الأوروبي باعتبارهما الأكثر ثراءً في هذا المجال مـع عـرض للتجربـة المصريـة الأحـدث في النشـأة والتي فيها قمنا بعرض لتطور البيئة الاقتصادية في مصر ـ مـع بيـان لأهـم التشريـعات التي نظمـت هـذه العملية منتهين إلى التعليق على قانون حماية المنافسة ومنع الممارسات الاحتكارية مع بيـان آليـات تنفيـذ هذا القانون من خلال جهاز حماية المنافسة ودوره وأهم الجهود التي قام بها.

الباحث

عمر محمد حماد

الملاحق

قانون حماية المنافسة ومنع الممارسات الاحتكارية

قانون رقم ٣ لسنة ٢٠٠٥

بإصدار قانون حماية المنافسة ومنع الممارسات الاحتكارية.

باسم الشعب

رئيس الجمهورية

قرر مجلس الشعب القانون الاتى نصه ، وقد أصدرناه:

المادة الأولى

يعمل بأحكام القانون المرافق فى شأن حماية المنافسة ومنع الممارسات الأحتكارية.

المادة الثانية

رئيس مجلس الوزراء هو الوزير المختص بتطبيق أحكام القانون المرافق.

المادة الثالثة

تصدر اللائحة التنفيذية للقانون المرافق بقرار من رئيس مجلس الوزراء وذلك خلال شهر من تاريخ العمل بهذا القانون.

المادة الرابعة

ينشر هذا القانون فى الجريدة الرسمية ، ويعمل به بعد ثلاثة أشهر من اليوم التالى لتاريخ نشره.

يبصم خذا القانون بخاتم الدولة ، وينفذ كقانون من قوانينها .

صدر برئاسة الجمهورية فى ٦ المحرم سنة ١٤٢٦هـ (الموافق ١٥ فبراير سنة ٢٠٠٥م).

قانون حماية المنافسة ومنع الممارسات الاحتكارية

مادة (١)

تكون ممارسة النشاط الاقتصادى على النحو الذى لا يؤدى إلى منع حرية المنافسة أو تقييدها أو الإضرار بها ، وذلك كله وفق أحكام القانون.

مادة (٢)

فى تطبيق أحكام هذا القانون يقصد بالكلمات الآتية المعنى المبين قرين كل منها:

أ- الأشخاص: الأشخاص الطبيعيون والأشخاص الاعتبارية ، والكيانات الاقتصادية ، والاتحادات ، والروابط والتجمعات المالية وتجمعات الأشخاص على اختلاف طرق تأسيسها ، وغيرها من الأطراف المرتبطة على النحو الذى تحدده اللائحة التنفيذية بما يتفق مع أهداف وأحكام هذا القانون.

ب- المنتجات: السلع والخدمات.

ج- الجهاز: جهاز حماية المنافسة ومنع الممارسات الاحتكارية المنشأ طبقا لأحكام هذا القانون.

د- المجلس: مجلس إدارة جهاز حماية المنافسة ومنع الممارسات الاحتكارية.

مادة(٣)

السوق المعنية فى تطبيق أحكام هذا القانون هو السوق التى تقوم على عنصرين هـما المنتجات المعنيـة والنطاق الجغرافية ، وتكون المنتجات المعنية تلك التى يعد كل منها بديلا عمليـا وموضوعيا عـن الآخـر ، ويعنى النطاق الجغرافية منطقة جغرافية معينة تتجانس فيها ظروف التنـافس مـع أخـذ فرص التنـافس المحتملة فى الاعتبار ، وذلك كله وفقا للمعايير التى تبينها اللائحة التنفيذية بما يتفق مـع أهـداف وأحكام هذا القانون.

مادة (٤)

السيطرة على سوق معنية فى تطبيق أحكام هذا القانون هى قدرة الشخص الذى تزيد حصته على (٢٥%) من تلك السوق على إحداث تأثير فعال على الأسعار أو حجم المعروض بها دون أن تكون لمنافسيه القـدرة على الحد من ذلك.

ويحدد الجهاز حالات السيطرة وفقا للإجراءات التى تبينها اللائحة التنفيذية لهذا القانون.

مادة (٥)

تسرى أحكام هذا القانون على الأفعال التى ترتكب فى الخارج إذا ترتب عليهـا منع المنافسـة او تقييدها أو الإضرار بها فى مصر والتى تشكل جرائم طبقا لهذا القانون.

مادة (٦)

يحظر الاتفاق أو التعاقد بين أشخاص متنافسة فى أية سوق معينة إذا كان من شأنه إحداث أى مما يأتى:

أ- رفع أو خفض او تثبيت أسعار البيع او الشراء للمنتجات محل التعامل.

ب- اقتسام أسواق المنتجات او تخصيصها على أساس من المناطق الجغرافيـة أو مراكـز التوزيـع أو نوعيـة العملاء او السلع او المواسم أو الفترات الزمنية.

ج- التنسيق فيما يتعلق بالتقـدم أو الامتنـاع عـن الـدخول فى المناقصـات والمزايدات والممارسـات وسـائر عروض التوريد.

د- تقييد عمليات التصنيع او التوزيع او التسويق او الحد مـن توزيع الخـدمات أو نوعهـا أو حجمهـا او وضع شروط أو قيود على توفيرها.

مادة (٧)

يحظر الاتفاق أو التعاقد بين الشخص وأى مـن مورديه أو مـن عملائه ، إذا كـان مـن شـأنه الحد مـن المنافسة.

مادة (٨)

يحظر على من تكون له السيطرة على سوق معينة القيام بأى مما يأتى:

أ- فعل من شأنه أو يؤدى إلى عدم التصنيع أو الإنتاج أو التوزيع لمنتج لفترة أو فترات محددة.

ب- الامتناع عن إبرام صفقات بيع أو شراء منتج مع أى شخص أو وقف التعامل معه على نحو يؤدى إلى الحد من حريته فى دخول السوق أو الخروج منه فى أى وقت.

ج- فعل من شانه أن يؤدى إلى الاقتصار على توزيع منتج دون غيره ، على أساس مناطق جغرافية أو مراكز توزيع أو عملاء أو مواسم أو فترات زمنية وذلك بين أشخاص ذوى علاقة رأسية.

د- تعليق إبرام عقد أو اتفاق بيع أو شراء لمنتج على شرط قبول التزامات أو منتجات تكون بطبيعتها أو بموجب الاستخدام التجارى للمنتج غير مرتبطة به أو بمحل التعامل الأصلى أو الاتفاق.

هـ- التمييز بين بائعين أو مشترين تتشابه مراكزهم التجارية فى أسعار البيع أو الشراء أو فى شروط التعامل.

و- الامتناع عن إنتاج أو إتاحة منتج شحيح متى كان إنتاجه أو إتاحته ممكنه اقتصادياً.

ز- أن يشترط على المتعاملين معه ألا يتيحوا لشخص منافس له استخدام ما يحتاجه من مرافقهم أو خدامتهم ، رغم أن إتاحة هذا الاستخدام ممكن اقتصادياً.

ح- بيع منتجات بسعر يقل عن تكلفتها الحدية أو متوسط تكلفتها المتغيرة.

ط- إلزام مورد بعدم التعامل مع منافس.

وتبين اللائحة التنفيذية لهذا القانون شروط وإجراءات تطبيق أحكام هذه المادة.

مادة (٩)

لا تسرى أحكام هذا القانون بالنسبة للمرافق العامة التى تديرها الدولة.

وللجهاز بناء على طلب ذوى الشأن أن يخرج من نطاق الحظر كـل أو بعـض الأفعـال المنصوص عليهـا فى المواد (٦، ٧، ٨) المرافق العامة التى تديرها شركات خاضعة لأحكام القانون الخاص إذا كان من شأن ذلك تحقيق المصلحة العامة أو تحقيق منافع للمستهلك تفوق آثار الحد مـن حرية المنافسـة ، وذلك وفقـاً للضوابط والإجراءات التى تحددها اللائحة التنفيذية لهذا القانون.

مادة (١٠)

يجوز بقرار من مجلس الوزراء تحديد سعر بيع منتج أساسى أو أكثر لفترة زمنية محددة وذلك بعد أخـذ رأى الجهاز.

ولا يعتبر نشاطاً ضاراً بالمنافسة أى اتفاق تبرمه الحكومة بقصد تطبيق الأسعار التى يتم تحديدها.

مادة (١١)

ينشأ جهاز يسمى جهاز حماية المنافسة ومنع الممارسات الاحتكارية يكون مقره القاهرة الكبرى وتكون له الشخصية الاعتبارية العامة ، ويتبع الوزير المختص ، ويتولى على الأخص ما يلى:

١- تلقى الطلبات باتخاذ إجراءات التقصى والبحث وجمع الاستدلالات والأمر باتخاذ هذه الإجراءات بالنسبة لحالات الاتفاقات والممارسات الضارة بالمنافسة ، وذلك طبقاً للإجراءات التى تحددها اللائحة التنفيذية لهذا القانون.

٢- تلقى الإخطارات من الأشخاص ، فور اكتسابها أى أصول أو حقوق ملكية أو انتفاع أو أسـهم أو إقامـة اتحادات أو اندماجات أو دمج ، أو جمع بين إدارة شخصين أو أكثر.

وتحدد اللائحة التنفيذية لهذا القانون ميعاد وبيانات الإخطار والمستندات التى يجب إرفاقها به وإجراءات تقديمه.

٣- إعداد قاعدة بيانات ومعلومات متكاملة عن النشاط الاقتصادى وتحديثها وتطويرها بصورة دائمة بما يخدم عمل الجهاز فى كافة المجالات المرتبطة بحماية المنافسة وإنشاء قاعدة بيانات وإجراء الدراسات والبحوث اللازمة لكشف الحالات الضارة بالمنافسة.

٤- اتخاذ التدابير المنصوص عليها فى المادة (٢٠) من هذا القانون.

٥- إبداء الرأى فى مشروعات القوانين واللوائح المتعلقة بتنظيم المنافسة.

٦- التنسيق مع الأجهزة النظيرة فى الدول الأخرى بالنسبة للأمور ذات الاهتمام المشترك.

٧- تنظيم برامج تدريبية وتثقيفية بهدف التوعية بأحكام هذا القانون ومبادئ السوق الحرة بوجه عام.

٨- إصدار نشرة دورية تتضمن القرارات والتوصيات والإجراءات والتدابير التى يتخذها الجهاز وغير ذلك مما يتصل بشئونه.

٩- إعداد تقرير سنوى عن أنشطة الجهاز وخطته المستقبلية ومقترحاته ليعرض على الوزير المختص بعد اعتماده من مجلس الإدارة ، وترسل نسخة منه إلى مجلسى الشعب والشورى.

وتحدد اللائحة التنفيذية لهذا القانون الإجراءات التى يتبعها الجهاز لتحقيق وإثبات الأفعال التى تتضمن أو تشكل مخالفة لأحكام هذا القانون.

مادة (١٢)

يتولى إدارة جهاز مجلس إدارة يصدر بتشكيله قرار من الوزير المختص وذلك على الوجه الآتى:

١- رئيس متفرغ من ذوى الخبرة المتميزة.

٢- مستشار من مجلس الدولة بدرجة نائب رئيس يختاره رئيس مجلس الدولة.

٣- أربعة ممثلون الوزارات المعنية يرشحهم الوزير المختص.

٤- ثلاثة من المتخصصين وذوى الخبرة.

٥- ستة ممثلون الاتحاد العام للغرف التجارية ، واتحاد الصناعات المصرية واتحاد العام لعمال مصر ، وعلى أن يختار كل اتحاد من يمثله.

وتكون مدة المجلس أربع سنوات قابلة للتجديد لمدة واحدة.

ويتضمن قرار التشكيل تحديد المعاملة المالية لرئيس وأعضاء المجلس.

مادة(١٣)

يجتمع المجلس بدعوة من رئيسه مرة على الأقل كل شهر وكلما دعت الضرورة ، وتكون اجتماعاته صحيحة بحضور عشرة من أعضائه ، وتصدر قراراته بأغلبيه أعضائه.

ولا يجوز لأى عضو فى المجلس أن يشارك فى المداولات أو التصويت فى حالة معروضة على المجلس تكون له فيها مصلحة أو بينه وبين أحد أطرافها صلة قرابة إلى الدرجة الرابعة أو يكون قد مثل أو يمثل أحد الأطراف.

وللمجلس أن يدعو لحضور اجتماعاته من يرى الاستعانة به من المتخصصين ، وذلك دون أن يكون له صوت معدود فى التصويت.

وتحدد اللائحة التنفيذية اختصاصات المجلس بما يتفق مع أحكام هذا القانون وإجراءات الدعوة إلى اجتماعاته ونظام العمل فيه.

مادة (١٤)

يكون للجهاز موازنة مستقلة تعد على نمط موازنات الهيئات العامة الخدمية ويرحل الفائض منها من سنة مالية إلى أخرى ، وتتكون موارد الجهاز مما يأتى:

١- ما يخصص للجهاز في الموازنة العامة للدولة.

٢- المنح والهبات وأية موارد أخرى يقبلها مجلس إدارة الجهاز بما لا يتعارض مع أهدافه.

٣- حصيلة الرسوم المنصوص عليها في هذا القانون.

مادة (١٥)

يكون للجهاز مدير تنفيذى متفرغ يصدر بتعيينه وبتحديد معاملته المالية واختصاصاته قرار مـن الـوزير المختص بناء على ترشيح من رئيس الجهاز.

ويمثل المدير التنفيذى الجهاز لدى الغير وأمام القضاء.

يحضر المدير التنفيذى اجتماعات مجلس الإدارة دون أن يكون له صوت معدود.

ويضع مجلس إدارة الجهاز اللوائح المتعلقة بتنظيم العمل فيه وبالشئون المالية والإدارية للعاملين به دون التقيد بالقواعد والنظم المقررة للعاملين المدنيين بالدولة وتصدر هذه اللوائح بقرار من الوزير المختص.

مادة (١٦)

يحظر على العاملين بالجهاز إفشاء المعلومات أو البيانات المتعلقة بالحالات الخاصة بتطبيـق أحكـام هـذا القانون أو الكشـف عـن مصـادرها ، والتـى يـتم تقـديمها أو تـداولها أثنـاء فحـص هـذه الحـالات واتخـاذ الإجراءات وإصدار القرارات الخاصة بها.

ولا يجوز استخدام هذه المعلومات والبيانات ومصادرها لغير الأغراض التى قدمت من أجلها.

ويحظر على العاملين بالجهاز القيام بأى عمل ، لمدة عامين من تاريخ تركهم للخدمة لدى الأشخاص الـذين يخضعوا للفحص أو الخاضعين له في ذلك التاريخ.

مادة (١٧)

يكون للعاملين بالجهاز الذين يصدر بتحديدهم قرار من وزير العدل بالاتفاق مع الوزير المختص بناء على اقتراح المجلس صفة الضبطية القضائية فى تطبيق أحكام هذا القانون.

ويكون لهؤلاء العاملين الحق فى الإطلاع لدى أية جهة حكومية أو غير حكوميـة عـلى الـدفاتر والمسـتندات والحصول على المعلومات والبيانات اللازمة لفحص الحالات المعروضة على الجهاز.

مادة(١٨)

تحدد اللائحة التنفيذية لهذا القانون فئات الرسوم التى يستحقها الجهاز مقابل مـا يؤديـه مـن خـدمات ، وذلك بما لا يجاوز عشرة آلاف جنية لكل حالة.

مادة (١٩)

يجوز لأى شخص إبلاغ بأية مخالفة تقع لأحكام هذا القانون.

مادة (٢٠)

على الجهاز عند ثبوت مخالفة أحد الأحكام الواردة بالمواد (٦ ، ٧ ، ٨) من هذا القـانون تكليـف المخـالف بتعديل أوضاعه وإزالة المخالفة فوراً أو خلال فترة زمنية يحددها مجلس إدارة الجهاز وإلا يقع الاتفاق أو التعاقد المخالف للمادتين (٦، ٧) من هذا القانون باطلاً.

وللمجلس أن يصدر قراراً بوقف الممارسات المحظورة فوراً ، أو بعد انقضاء الفترة الزمنية المشار إليها دون تعديل الأوضاع وإزالة المخالفة.

وذلك كله دون الإخلال بأحكام المسئولية الناشئة عن هذه المخالفات.

مادة (٢١)

لا يجوز رفع الدعوى الجنائية أو اتخاذ إجراءات فيها بالنسبة إلى الأفعال المخالفة لأحكام هذا القـانون إلا بطلب كتابي من الوزير المختص أو من يفوضه.

وللوزير المختص أو من يفوضه التصالح فى أى من تلك الأفعال قبل صدور حكم بات فيها ، وذلك مقابل أداء مبلغ لا يقل عن مثلى الحد الأدنى للغرامة ولا يجاوز مثلى حدها الأقصى.

ويعتبر التصالح بمثابة تنازل عن طلب رفع الدعوى الجنائية ويترتب عليه انقضاء الـدعوى الجنائية عـن ذات الواقعة التى صر بشأنها طلب رفع الدعوى.

ويعتبر التصالح بمثابة تنازل عن طلب رفع الدعوى الجنائية ويترتب عليه انقضاء الـدعوى الجنائية عـن ذات الواقعة التى صدر بشأنها طلب رفع الدعوى.

مادة (٢٢)

مع عدم الإخلال بأية عقوبة أشد ينص عليها أى قانون آخر يعاقب على كل مخالفة لأحكام أى مـن المـواد (٦، ٧، ٨) من هذا القانون بغرامة لا تقل عن ثلاثين ألف جنية ولا تجاوز عشرة ملايين جنية.

وللمحكمة بدلاً من الحكم بالمصادرة أن تقضى بغرامة بديلة تعادل قيمة المنتج محل النشاط المخالف.

مادة (٢٣)

مع عدم الإخلال بأية عقوبة أشد ينص عليها القانون آخر يعاقب على مخالفة أى مـن أحكام المـادة (١٦) من هذا القانون بغرامة لا تقل عن عشرة آلاف جنية ولا تجاوز خمسين ألف جنية.

مادة (٢٤)

يحكم بنشر الأحكام النهائية الصادر بالإدانة فى الأفعال المشار إليها فى المـادة (٢٢) مـن هـذا القانون فى الجريدة الرسمية وفى جريدتين يوميتين واسعتى الانتشار على نفقة المحكوم عليه.

مادة (٢٥)

يعاقب المسئول على الإدارة الفعلية للشخص الاعتبار المخالف بذات العقوبات المقررة عـن الأفعـال التـى ترتكب بالمخالفة لأحكام هذا القانون ، إذ ثبت علمه بها وكان إخلالـه بالواجبـات التـى تفرضـها عليه تلـك الإدارة قد أسهم فى وقوع الجريمة ، ويكون الشخص الاعتبارى مسئولاً بالتضامن عن الوفاء بما يحكم به مـن عقوبات مالية وتعويضات إذا كانت المخالفة قد ارتكبت من أحد العاملين به باسم الشـخص الاعتبـارى أو لصالحه.

اللائحة التنفيذية لقانون حماية المنافسة ومنع الممارسات الاحتكارية

قرار رئيس مجلس الوزراء

رقم ١٣١٦ لسنة ٢٠٠٥

بإصدار اللائحة التنفيذية

لقانون حماية المنافسة ومنع الممارسات الاحتكارية الصادر بالقانون رقم ٣ لسنة ٢٠٠٥

رئيس مجلس الوزراء :

بعد الإطلاع على الدستور :

وعلى قانون حماية المنافسة ومنع الممارسات الاحتكارية الصادر بالقانون رقم ٣ لسنة ٢٠٠٥:

وبناء على ما ارتآه مجلس الدولة :

قـــرر

(المادة الأولى)

يعمل بأحكام اللائحة التنفيذية لقانون حماية المنافسة ومنع الممارسات الاحتكارية الصادر بقانون رقم ٣ لسنة ٢٠٠٥ المرفقة.

(المادة الثانية)

ينشر هذا القرار في الجريدة الرسمية ، ويعمل به اعتباراً من اليوم التالى لتاريخ نشره.

صدر برئاسة مجلس الوزراء في ١١ رجب سنة ١٤٢٦ هـ (الموافق ١٦ أغسطس سنة ٢٠٠٥م).

رئيس مجلس الوزراء

دكتور/ أحمد نظيف

اللائحة التنفيذية

لقانون حماية المنافسة ومنع الممارسات الاحتكارية

الصادر بالقانون رقم ٣ لسنة ٢٠٠٥

الباب الأول

أحكام عامة وتعاريف

الفصل الأول

أحكام عامة

مادة (١)

فى تطبيق أحكام هذه اللائحة يقصد بالقانون حماية المنافسة ومنع الممارسات الاحتكارية الصادر بالقانون رقم ٣ لسنة ٢٠٠٥ ، وبالوزير المختص رئيس مجلس الوزراء.

كما يقصد بالجهاز جهاز حماية المنافسة ومنع الممارسات الاحتكارية المنشأ طبقا لأحكام القانون ، وبمجلس الإدارة مجلس إدارة جهاز حماية المنافسة ومنع الممارسات الاحتكارية.

مادة (٢)

تكون ممارسة النشاط الاقتصادى على النحو الذى لا يؤدى إلى منع حرية المنافسة أو تقييدها أو الإضرار بها ، وذلك كله وفق أحكام القانون وهذه اللائحة.

مادة (٣)

تسرى أحكام القانون وهذه اللائحة على الأفعال ، بما فيها الممارسات أو العقود أو الاتفاقات ، التى تشكل جرائم طبقا للقانون والتى ترتكب فى الخارج إذا ترتب عليها منع حرية المنافسة أو تقييدها أو الإضرار بها فى مصر.

الفصل الثانى

تعاريف

مادة (٤)

فى تطبيق أحكام القانون وهذه اللائحة ، يقصد بكل من العبارات والكلمات الواردة فى المواد التالية المعنى المبين لها فى هذه المواد.

مادة (٥)

الأشخاص

يقصد بالأشخاص ، الأشخاص الطبيعيون والأشخاص الاعتبارية والكيانات الاقتصادية والاتحادات والروابط والتجمعات المالية وتجمعات الأشخاص على اختلاف طرق تأسيسها. وذلك أيا كانت طرق تمويل هذه الأشخاص أو جنسياتها أو مراكز إدارتها أو المراكز الرئيسية لأنشطتها.

ويعد من الأشخاص المشار إليها فى الفقرة الأولى ، الأطراف المرتبطة المكونة من شخصين أو أكثر لكل منها شخصية قانونية مستقلة ، تكون غالبية أسهم أو حصص أحدها مملوكة مباشرة أو بطريق غير مباشر للطرف الآخر أو تكون مملوكة لطرف واحد.

كما يعد من هذه الأطراف المرتبطة الشخص الخاضع أو الأشخاص الخاضعون للسيطرة الفعلية لشخص آخر. يقصد بهذه السيطرة الفعلية كل وضع أو اتفاق أو ملكية لأسهم أو حصص أيا كانت نسبتها ، وذلك على نحو يؤدى إلى التحكم فى الإدارة أو فى اتخاذ القرارات.

مادة (٦)

السوق المعنية

يقصد بالسوق المعنية السوق التى تقوم على عنصرين هما المنتجات المعنية والنطاق الجغرافية. ويتحدد كل منهما على النحو الآتى:

أولاً: المنتجات المعنية : هى المنتجات التى يعد كل منها ، من وجهة نظر المستهلك بديلاً عملياً وموضوعياً للآخر. ويؤخذ فى هذا التحديد ، على الأخص ، بأى من المعايير الآتية:

١- تماثل المنتجات فى الخواص وفى الاستخدام.

٢- مدى إمكانية تحول المشترين عن المنتج إلى منتج آخر نتيجة للتغير النسبى فى السعر أو فى أية عوامل تنافسية أخرى.

٣- ما إذا كان البائعون يتخذون قراراتهم التجارية على أساس تحول المشترين عن المنتجات إلى منتجات أخرى نتيجة التغير النسبى فى السعر أو فى العوامل التنافسية الأخرى.

٤- السهولة النسبية التى يمكن بها للأشخاص الأخرى دخول سوق المنتج.

٥- مدى توافر المنتجات البديلة أمام المستهلك.

ثانياً: النطاق الجغرافى: هو المنطقة الجغرافية التى تتجانس فيها ظروف التنافس وفى هذا الصدد يؤخذ فى الاعتبار فرص التنافس المحتملة ، وأى من المعايير الآتية:

١- مدى القدرة على انتقال المشترين بين مناطق جغرافية نتيجة التغيرات النسبية فى الأسعار أو فى العوامل التنافسية الأخرى.

٢- ما إذا كان البائعون يتخذون قراراتهم التجارية على أساس انتقال المشترين بين المناطق الجغرافية المختلفة نتيجة التغيرات النسبية فى الأسعار أو فى العوامل التنافسية الأخرى.

٣- السهولة النسبية التى يستطيع بمقتضاها أشخاص آخرون دخول السوق المعنية.

٤- تكاليف النقل بين المناطق الجغرافية ، بما فى ذلك تكلفة التأمين والوقت اللازم لتزويد المنطقة الجغرافية بالمنتجات المعنية من أسواق أو من مناطق جغرافية أخرى او من الخارج.

٥- الرسوم الجمركية والقيود غير الجمركية على المستويين المحلى والخارجى.

مادة (٧)

السيطرة

تتحقق سيطرة شخص على سوق معينة بتوافر العناصر الآتية:

١- زيادة حصة الشخص على (٢٥%) من السوق المعنية ، ويكون حساب هذه الحصة على أساس عنصرى هذا السوق من المنتجات المعنية والنطاق الجغرافية معاً ، وذلك خلال فترة معينة.

٢- قدرة الشخص على إحداث تأثير فعال فى أسعار المنتجات أو فى حجم المعروض منها بالسوق المعنية.

٣- عدم قدرة الأشخاص المنافسين للشخص على الحد من تأثيره الفعال على الأسعار أو على حجم المعروض من المنتجات بالسوق المعنية.

مادة (٨)

يكون الشخص ذا تأثير فعال على أسعار المنتجات أو حجم المعروض منها بالسوق المعنية إذا كانت له القدرة من خلال ممارساته المنفردة على تحديد أسعار تلك المنتجات أو حجم المعروض منها بهذه السوق دون أن تكون لمنافسيه القدرة على منع هذه الممارسات وذلك لمراعاة العوامل الآتية:

أ- حصة الشخص فى السوق المعنية ووضعه بالنسبة لباقى المتنافسين.

ب- تصرفات الشخص فى السوق المعنية فى الفترة السابقة.

ج- عدد الأشخاص المتنافسة فى السوق المعنية وتأثيرها النسبى على هيكل هذه السوق.

د- مدى قدرة كل من الشخص ومنافسيه على الوصول إلى المواد اللازمة للإنتاج.

هـ- وجود عقبات لدخول أشخاص آخرين إلى السوق المعنية.

مادة (٩)

الأشخاص المتنافسة

يقصد بالأشخاص المتنافسة ، الأشخاص الـذين يكـون بمقـدور أي مـنهم ممارسـة ذات النشـاط في السـوق المعنية في الحال أو في المستقبل.

الباب الثاني

الاتفاقات والتعاقدات بين أشخاص متنافسة

مادة (١٠)

تشمل الاتفاقات والتعاقدات بين أشخاص متنافسة في أية سوق معنية إذا كان من شأن الاتفاق أو التعاقد إحداث أي ما يأتي:

أ- رفع أو خفض أو تثبيت أسعار البيـع أو الشـراء للمنتجـات محـل التعامـل ويـدخل في تحديـد السـعر ، العائد المستحق على الأقساط ومدة الضمان وخدمات ما بعد البيع وغيرهـا مـن الشـروط التعاقديـة المؤثرة في قرار الشراء أو البيع.

ب- اقتسام أسواق المنتجات أو تخصيصها على أساس من المناطق الجغرافيـة أو مراكـز التوزيـع أو نوعيـة العملاء او السلع أو المواسم أو الفترات الزمنية.

ج- التنسيق فيما يتعلق بالتقـدم أو الامتنـاع عـن الـدخول في المناقصـات والمزايـدات والممارسـات وسـائر عروض التوريد.

ويسترشد في قيام التنسيق ، على الأخص ، بما يأتي:

١- تقديم عطاءات متطابقة ، ويشمل ذلك ، الاتفاق على قواعد مشتركة لحساب الأسعار او تحديد شروط العطاءات.

٢- الاتفاق حول الشخص الذي سيتقدم بالعطاء ، ويشمل ذلك ، الاتفاق مسبقاً على الشخص الـذي يرسـو عليه العطاء سواء بالتناوب او على أساس جغرافي أو على أساس تقاسم العملاء.

٣- الاتفاق حول تقديم عطاءات صورية.

٤- الاتفاق على منع شخص من الدخول أو المشاركة فى تقديم عطاءات.

د- تقييد عمليات التصنيع أو التوزيع أو التسويق او الحد مـن توزيـع الخـدمات أو نوعهـا او حجمهـا أو وضع شروط أو قيود على توفيرها.

الباب الثالث

الاتفاق أو التعاقد بين شخص وأى من مورديه او من عملائه

يحظر الاتفاق أو التعاقد بين الشخص وأى من مورديه أو من عملائه ، إذا كان من شأن الاتفاق أو التعاقد الحد من المنافسة.

ويكون تقدير ما إذا كان الاتفاق أو التعاقد بين الشخص وأى من مورديه أو عملائه مـن شـأنه الحد مـن المنافسة ، بناء على الفحص الذى يجريه لكل حالة على حدة ، وذلك فى ضوء العوامل الآتية:

١- تأثير الاتفاق أو التعاقد على حرية المنافسة فى السوق.

٢- وجود فوائد تعود على المستهلك من الاتفاق أو التعاقد.

٣- اعتبارات المحافظة على جوده المنتج أو سمعته ، ومقتضيات الأمـن والسـلامة وذلك كلـه عـلى النحـو الذى لا يضر بالمنافسة.

٤- مدى توافر شروط الاتفاق أو التعاقد مع الأعراف التجارية المستقرة فى النشاط محل الفحص.

الباب الرابع

إساءة استخدام السيطرة على سوق معنية

مادة (١٣)

يحظر على من تكون له السيطرة على سوق معنية القيام بأى مما يأتى:

أ- أى فعل من شأنه أن يؤدى إلى عدم التصنيع أو الإنتاج أو التوزيع لمنتج بصورة كلية او جزئية ، لفترة أو فترات محددة ويقصد بالفترة أو الفترات المحددة تلك التى تكفى لحدوث منع لحرية المنافسة أو تقييدها أو الإضرار بها.

ب- الامتناع عن إبرام صفقات بيع أو شراء منتج مع أى شخص أو وقف التعامل معه على نحو يؤدى إلى الحد من حريته فى دخول السوق أو الخروج منه فى أى وقت ، بما فى ذلك فرض شروط مالية او التزامات أو شروط تعاقدية تعسفية أو غير مألوفة فى النشاط محل التعامل.

ولا يعد الامتناع عن إبرام الصفقات مع أى شخص أو وقف التعامل معه محظوراً إذا وجدت له مبررات تتعلق بعدم قدرة هذا الشخص على الوفاء بالتزاماته الناشئة عن العقد.

ج- أى فعل من شأنه أن يؤدى إلى الاقتصار على توزيع منتج دون غيره ، على أساس مناطق جغرافية أو مراكز توزيع أو عملاء أو مواسم أو فترات زمنية وذلك بين أشخاص ذوى علاقة رأسية ويقصد بالعلاقة الرأسية العلاقة بين الشخص المسيطر وأى من مورديه أو بينه وبين أى من عملائه.

د- تعليق إبرام عقد أو اتفاق بيع أو شراء لمنتج على شرط قبول التزامات أو منتجات تكون بطبيعتها أو بموجب الاستخدام التجارى للمنتج غير مرتبطة به أو بمحل التعامل الأصلى أو الاتفاق.

هـ- التمييز بين بائعين أو مشترين تتشابه مراكزهم التجارية فى أسعار البيع او الشراء أو فى شروط التعامل ، وذلك على نحو يؤدى إلى إضعاف القدرة التنافسية لبعضهم أمام البعض الآخر أو يؤدى إلى إخراج بعضهم من السوق.

و- الامتناع بصفة كلية أو جزئية عن إنتاج أو إتاحة منتج شحيح ، متى كان إنتاجه أو إتاحته ممكناً اقتصادياً.

ويقصد بالمنتج الشحيح المنتج الذى لا يلبى المتاح منه سوى جزء ضئيل من حجم الطلب فى السوق المعنية.

ز- أن يشترط الشخص المسيطر على المتعاملين معه ألا يتيحوا لشخص منافس له استخدام ما يحتاجه من مرافقهم أو خدماتهم ، رغم أن اتاحه هذا الاستخدام ممكن اقتصادياً.

ويعد من هذه المرافق والخدمات تلك المملوكة للمتعاملين مع الشخص المسيطر ملكية خاصة ، وتكون لا غنى عنها للأشخاص المنافسين له للدخول أو البقاء في السوق.

ح- بيع المنتجات بسعر أقل عن تكلفتها الحدية او متوسط تكلفتها المتغيرة ، ويقصد بالتكلفة الحدية نصيب الوحدة من المنتجات من إجمالي التكاليف خلال فترة زمنية محددة. كما يقصد بالتكلفة المتغيرة التكلفة التي تتغير بتغير حجم ما يقدمه الشخص من منتجات خلال فترة زمنية محددة.

كما يقصد بمتوسط التكلفة المتغيرة إجمالي التكاليف المتغيرة مقسوماً على عدد وحدات من المنتجات.

ويراعى عند تحديد ما إذا كان المنتج يتم بيعه بسعر أقل عن تكلفته الحدية او متوسط تكلفته المتغيرة ما يأتي:

١- ما إذا كان البيع يؤدى إلى إخراج أشخاص منافسين للشخص المسيطر من السوق.

٢- ما إذا كان البيع يؤدى إلى منع أشخاص منافسين للشخص المسيطر من الدخول إلى السوق.

٣- ما إذا كان يترتب على البيع قدرة الشخص المسيطر على رفع الأسعار بعد إخراج الأشخاص المنافسين له من السوق.

٤- ما إذا كانت الفترة الزمنية لبيع المنتج بسعر يقل عن تكلفته الحدية أو متوسط تكلفته المتغيرة تؤدى إلى تحقيق أى مما سبق.

ط- إلزام الشخص المسيطر لأى مورد بعدم التعامل مع شخص منافس له.

ويقصد بعدم التعامل امتناع المورد عـن التعامل مـع الشـخص المنـافس بصـورة كليـة أو تخفيض حجم التعامل معه إلى الحد الذى يؤدى إلى إخراجه من السوق أو إلى منع المنافسين المحتملين مـن الـدخول إلى السوق.

الباب الخامس

المرافقة العامة والمنتجات الأساسية

(الفصل الأول)

المرافق العامة

مادة (١٤)

لا تسرى أحكام القانون وهذه اللائحة بالنسبة للمرافق العامة التى تديرها الدولة ، ولا تخضع القـرارات والاتفاقات والعقود والأعمال بالنسبة إلى هذه المرافق العامة التى تديرها الدولة لأى مـن أحكـام الحظر المنصوص عليها فى المواد (٦) ، (٧) ، (٨) من القانون.

مادة (١٥)

لكل شركة من الشركات الخاضعة لأحكام القانون الخاص تتـولى إدارة مرفـق عـام قبـل إبـرام اتفاقات أو عقود أو القيام بأعمال تتعلق بنشاط هذا المرفق وتدخل فى نطاق حالات الحظر المنصوص عليها فى المـواد (٦) ، (٧) ، (٨) من القانون ، أن تطلب من الجهاز إخراج كـل هـذه الاتفاقات أو العقـود أو الأعمـال أو بعضها من الحظر إذا كان من شانها تحقيق المصلحة العامة او تحقيق منافع للمستهلك تفوق آثـار الحـد من حرية المنافسة.

مادة (١٦)

يكون تقديم الطلب المشار إليه فى المادة (١٥) من هذه اللائحة والبـت فيـه وفقـاً للضـوابط والإجـراءات الآتية:

١- يقدم الطلب كتابة إلى رئيس مجلس إدارة الجهاز ، وذلك قبل إبرام الاتفاق أو

العقد أو القيام بالعمل محل الطلب ، على أن يتضمن الطلب عرضاً وافياً وبياناً للمصلحة العامة التى يحققها الاتفاق أو العقد أو العمل ، أو ما يؤدى إليه من منافع للمستهلك ، ويكون الطلب مشفوعاً بالأسانيد المؤيدة له.

٢- يعرض رئيس مجلس الإدارة الطلب على المجلس لنظره فى أول اجتماع ... أو فى الاجتماع الـذى يحدده رئيس المجلس عند الاقتضاء.

٣- لمجلس الإدارة أن يحيل الطلب إلى الإدارة المختصة بالجهاز لدراسته واعداد تقرير بشانه خلال المـدة التى يحددها بما لا يجاوز ثلاثين يوماً ، ويجوز للمجلس مد هذه المدة بما لا يجاوز ثلاثين يوماً أخـرى بناء على عرض المدير التنفيذى للجهاز.

٤- للإدارة المختصة طلب معلومات وبيانات إضافية من ذوى الشأن أو من غيرهم وعقد جلسات استماع يدعى مقدم الطلب لحضورها.

٥- تقوم الإدارة المختصة بتقديم تقريرها فى شأن الطلب إلى المدير التنفيذى لعرضه على مجلس الإدارة فى أول جلسة تالية لانتهاء التقرير ، وعلى مجلس الإدارة أن يبت فى الطلب خلال ثلاثين يوماً من تـاريخ عرضه عليه.

٦- يجب أن يستند قرار مجلس إدارة الجهاز بالموافقة على الإخراج من نطاق الحظر إلى تحقيـق مصـلحة عامة أم منافع للمستهلك تفوق آثار الحد من حرية المنافسة ، وألا تعـين رفض الطلـب ، ويجـوز أن يتضمن القرار بالموافقة تكليف الطالب بأمر أو امتناع.

٧- يتولى المدير التنفيذى للجهاز إبلاغ الطالب بقرار المجلس وذلك بموجب كتاب موصى عليه مصحوب بعلم الوصول ويتعين أن يكون القرار الصادر بالرفض مسبباً.

مادة (١٧)

تكون موافقة الجهاز على الإخراج من نطاق الحظر سارية لمدة سنتين ، ويجوز

تجديدها بناء على طلب يتقدم به صاحب الشأن للجهاز قبل ستين يوماً من نهاية المدة. وينظر الجهاز طلب التجديد وفقاً لذات الأحكام والإجراءات المنصوص عليها في المادة (١٦) من هذه اللائحة.

الفصل الثاني

المنتجات الأساسية

مادة (١٨)

يجوز بقرار من مجلس الوزراء تحديد سعر بيع منتج أساسى أو أكثر لفترة زمنية محددة وذلك بعد أخذ رأى الجهاز.

مادة (١٩)

يتولى الجهاز إجراء الدراسات اللازمة لممارسة مجلس الوزراء اختصاصه المنصوص عليه في المادة (١٠) من القانون في شأن تحديد أسعار بيع المنتجات الأساسية وإعداد التقارير الخاصة برأى في هذا الشأن.

مادة (٢٠)

لا يعتبر أى اتفاق تبرمه الحكومة بقصد تطبيق أسعار بيع المنتجات الأساسية التى يتم تحديدها وفقاً لأحكام المادة (١٠) من القانون نشاطاً ضاراً بالمنافسة.

الباب السادس

جهاز حماية المنافسة منع الممارسات الاحتكارية

الفصل الأول

اجتماعات مجلس إدارة الجهاز ونظام العمل فيه.

مادة (٢١)

يتولى إدارة الجهاز مجلس إدارة يتكون من رئيس وأربعة عشر عضواً، يشكل

وفقاً لأحكام المادة (١٢) من القانون ، ويكون لمجلس الإدارة أمانة يصدر بتشكيلها وبنظام العمل فيها قرار من المجلس.

مادة (٢٢)

يجتمع مجلس الإدارة بدعوة من رئيسه مرة على الأقل كل شهر وكلما دعت الضرورة وتوجه الدعوة إلى الاجتماع كتابة ، وذلك قبل اليوم المحدد له بأربعة أيام على الأقل ويرفق بالدعوة جدول الأعمال.

وتكون اجتماعات المجلس صحيحة بحضور عشرة من أعضائه على الأقل ، وتصدر قراراته بأغلبية أعضائه.

مادة (٢٣)

لا يجوز لأى عضو فى المجلس أن يشارك فى المداولات أو التصويت فى حالة معروضة على المجلس تكون له فيها مصلحة شخصية مباشرة ، أو غير مباشرة ، أو تكون بينه وبين أحد أطرافها صلة قرابة إلى الدرجة الرابعة أو يكون قد مثل أو يمثل أحد الأطراف فيها. ويلتزم عضو مجلس الإدارة بالإفصاح كتابة عن قيام أى من الدواعى المذكورة لديه ، وذلك قبل البدء فى المداولات أو التصويت بشأن الحالة المعروضة.

مادة (٢٤)

لمجلس الإدارة أن يدعو لحضور اجتماعاته من يرى الاستعانة به من المتخصصين وذلك دون أن يكون له صوت معدود فى التصويت.

مادة (٢٥)

تدون محاضر اجتماعات مجلس الإدارة بصفة منتظمة فى دفتر خاص ، عقب كل جلسة ، ويوقع على هذه المحاضر من رئيس المجلس وأمين السر.

الفصل الثاني

اختصاصات مجلس الإدارة

مادة (٢٦)

يختص مجلس الإدارة بما يأتي:

أ- إبداء الرأي لمجلس الوزراء في تحديد سعر بيع منتج أساسي أو أكثر لفترة زمنية محددة ، إعمالاً لحكم المادة (١٠) من القانون.

ب- قبول المنح والهبات وأية موارد أخرى تقدم إلى الجهاز وذلك بما لا يتعارض مع أهدافه.

ج- وضع اللوائح المتعلقة بتنظيم العمل في الجهاز وبالشئون المالية والإدارية للعاملين به ، دون التقيد بالقواعد والنظم المقررة للعاملين المدنيين بالدولة ورفعها إلى الوزير المختص لإصدارها.

د- اقتراح أسماء العاملين بالجهاز المطلوب منحهم صفة الضبطية القضائية في تطبيق أحكام القانون ، والذين يصدر بتحديدهم قرار من وزير العدل بالاتفاق مع الوزير المختص.

هـ- اعتماد التقرير السنوي عن أنشطة الجهاز وخطته المستقبلية ومقترحاته.

و- إبداء الرأي في مشروعات القوانين واللوائح المتعلقة بتنظيم المنافسة.

وذلك فضلاً عن الاختصاص المنصوص عليها في القانون ، وفي المواد الأخرى من هذه اللائحة.

مادة (٢٧)

لمجلس الإدارة أن يكلف أحد أعضائه او لجنة تشكل من بينهم بالقيام بعمل معين أو بالإشراف على وجه من وجوه نشاط الجهاز وفي هذه الأحوال تعد تقارير عن العمل أو الإشراف تعرض على المجلس.

مادة (٢٨)

يختص رئيس مجلس الإدارة بما يأتي:-

أ- التنسيق مع الأجهزة النظيرة في الدول الأخرى بالنسبة للأمور ذات الاهتمام المشترك ، وعرض التقارير المتصلة بذلك على مجلس الإدارة.

ب- إعداد تقرير سنوى عن أنشطة الجهاز ، وخطته المستقبلية ومقترحاته وعرضه على مجلس الإدارة لاعتماده.

ج- ترشيح المدير التفنيذى ، ورفع الترشيح إلى الوزير المختص.

د- الإشراف على تنظيم البرامج التدريبية والتثقيفية المتعلقة بالتوعية بأحكام القانون ومبادئ السوق الحر بوجه عام.

هـ- الإشراف على إصدار النشرات الدورية التى تتضمن القرارات والتوصيات والإجراءات والتدابير التى يتخذها الجهاز وغير ذلك مما يتصل بشئونه.

الفصل الثالث

الـرســـوم

مادة (٢٩)

يؤدى عن الطلب الخاص بالإخراج من نطاق الحظر المنصوص عليه في المادة (٩) من القانون ، وكذا الخاص بتجديد مدة سريان هذا الإخراج رسم مقداره عشرة آلاف جنية ، ويتم سداد الرسم وإرفاق الإيصال الدال على السداد عند تقديم الطلب.

مادة (٣٠)

يؤدى عن كل طلب من طلبات الإطلاع أو الحصول على شهادة أو صورة رسمية من أحد المستندات المسموح للجهاز بتداولها رسم مقداره مائة جنية.

الباب السابع

تقديم التبليغات وإجراءات التقصى والبحث

وجمع الاستدلالات وتلقى الإخطارات

الفصل الأول

تقديم التبليغات

مادة (٣١)

يجوز لأى شخص إبلاغ الجهاز بأية مخالفة لأحكام القانون ولا يستحق الجهاز أيـة رسـوم أو مقابـل نظير تلقى البلاغ أو القيام بفحصه.

مادة (٣٢)

يقدم البلاغ إلى الجهاز كتابة مشفوعاً بالبيانات والمستندات الآتية:

١- اسم مقدم البلاغ وعنوانه وعمله وصفته ومصلحته فى تقديمه والمستندات المؤيدة لهذه البيانات.

٢- اسم المبلغ ضده وعنوانه وطبيعة نشاطه.

٣- نوع المخالفة المبلغ عنها.

٤- الدلائل التى يستند إليها البلاغ ، والمستندات المتصلة بها إن وجدت.

٥- بيان الضرر الواقع على المبلغ إن وجد.

وللجهاز أن يلتفت عن فحص أى بلاغ غير مستوف البيانات والمستندات المشار إليها.

الفصل الثاني

إجراءات التقصى والبحث وجمع الاستدلال

مادة (٣٣)

يتولى الجهاز فحص ما يقدم إليه من تبليغات وله دون حاجة لتقديم بلاغ اتخاذ إجراءات التقصى والبحث وجمع الاستدلالات وكذلك الأمر باتخاذ هذه الإجراءات

وذلك بالنسبة لحالات الاتفاقات والممارسات الضارة بالمنافسة.

مادة (٣٤)

تكون إجراءات التقصى والبحث وجمع الاستدلالات بالنسبة لحالات الاتفاقات والممارسات الضارة بالمنافسة أو لأى مخالفة أخرى لأحكام القانون على النحو المبين فى المواد الآتية:-

مادة (٣٥)

يتم قيد البلاغ عند تقديمه فى السجل المعد لذلك ، ويعطى المبلغ إيصالا برقم وتاريخ قيد البلاغ.

ويتم قيد الحالات التى يتولى الجهاز من تلقاء نفسه اتخاذ إجراءات التقصى والبحث وجمع الاستدلالات أو يأمر باتخاذ هذه الإجراءات فيها ، فى سجل آخر يعد لهذا الغرض.

ويثبت فى كل من السجلين بصفة منتظمة ما يتخذ من إجراءات فى الحالات المقيدة فيه ، وما يصدر فيها من قرارات أو أحكام.

مادة (٣٧)

تتولى الإدارة المختصة بالجهاز اتخاذ إجراءات التقصى والبحث وجمع الاستدلالات فى التبليغات المحالة إليها من المدير التنفيذى ، وذلك فى خلال مدة لا تجاوز تسعين يوماً من تاريخ الإحالة ، ويحرر محضر بجميع الإجراءات التى يتم اتخاذها.

ويكلف المدير التنفيذى الإدارة المذكورة باتخاذ الإجراءات المشار إليها فى الحالات التى يقرر فيها رئيس مجلس إدارة الجهاز ذلك.

مادة (٣٨)

يكون للعاملين بالجهاز ممن لهم صفة الضبطية القضائية القيام بالإجراءات التالية وذلك بعد الكشف عن هويتهم وإطلاع صاحب الشأن عليها:

١- الإطلاع لدى أية جهة حكومية أو غير حكومية على الدفاتر والمستندات والحصول على المعلومات والبيانات اللازمة لفحص الحالات المعروضة على الجهاز.

٢- الدخول خلال ساعات العمل الرسمية إلى أماكن أو مقار عمل الأشخاص الخاضعين للفحص وذلك بعد الحصول على إذن كتابي من المدير التنفيذى ، ويجوز لهم الاستعانة برجال السلطة العامة إذا تطلب الأمر ذلك.

٣- اتخاذ إجراءات مع الاستدلالات اللازمة للفحص وسؤال أى شخص فى شأن ارتكابه أية مخالفة لأحكام القانون.

مادة (٣٩)

تقوم الإدارة المختصة بعد إتمام إجراءات التقصى والبحث وجمع الاستدلالات بإعداد تقرير بالرأى تقدمه إلى المدير التنفيذى للجهاز. ويقوم المدير التنفيذى بعرضه على مجلس الإدارة مشفوعاً برأيه ، فى أول جلسة تالية لتقديم التقرير إليه.

مادة (٤٠)

على مجلس إدارة الجهاز عند ثبوت مخالفة لأحد الأحكام المنصوص عليها فى المواد (٦) ، (٧) ، (٨) تكليف المخالف بتعديل أوضاعه وإزالة المخالفة فوراً أو خلال فترة زمنية يحددها المجلس.

ويتولى المدير التنفيذى للجهاز إخطار المخالف بهذا التكليف بموجب خطاب موصى عليه مصحوب بعلم الوصول.

وللمجلس أن يصدر قراراً بوقف الممارسات المحظورة فوراً ، أو بعد انقضاء الفترة الزمنية المشار إليها دون تعديل الأوضاع وإزالة المخالفة.

مادة (٤٢)

مع عدم الإخلال بحكم المادة (٤٠) من هذه اللائحة يكون لمجلس الإدارة رفع التقرير الخاص بالحالة المعروضة إلى الوزير المختص أو من يفوضه لاتخاذ إجراءات طلب رفع الدعوى الجنائية.

اللائحة التنفيذية لقانون حماية المنافسة ومنع الممارسات الاحتكارية

مادة (٤٣)

يتولى المدير التنفيذي للجهاز إخطار الشخص أو الأشخاص ذوى الشأن بالقرار الـذى ينتهـى إليـه مجلـس الإدارة بشأن التبليغ أو الحالة المعروضة وذلك بموجب كتاب موصى عليه مصحوب بعلم الوصول.

الفصل الثالث

تلقى الإخطارات

مادة (٤٤)

يكون تلقى الجهاز الإخطارات من الأشخاص من خلال ثلاثين يوماً من اكتسابها أى أصول أو حقوق ملكية أو انتفاع أو أسهم أو إقامة إتحادات أو اندماجات أو دمج أو الجمع بين إدارة شخصين أو أكثر.

مادة (٤٥)

يكون تقديم الإخطار إلى الجهاز كتابة ، ويجب أن يتضمن البيانات الآتية:

١- أسماء مقدم الإخطار والأشخاص ذوى الصلة وجنسياتهم ومراكز إداراتهم والمراكز الرئيسية لأنشطتهم.

٢- التصرف القانوني المخطر به وتاريخه والوضع القانوني الناشئ عنه.

٣- بيان التراخيص والموافقات التى تم الحصول عليها.

ويجب أن يرفق بالإخطار كافة المستندات المؤيدة للبيانات المشار إليها.

قائمة المراجع والمصادر

أولا: المراجع العربية

الكتب العامة

١- احمد الجويلي - الإحتكار سهم في قلب المسيرة الاقتصادية - تحقيق هشام جاد - دون دار نشر - الطبعة الثانية - ٢٠٠١م.

٢- احمد السيد النجار - الاقتصاد المصري من تجربة يوليو إلى نموذج المستقبل - مركز الدراسات السياسية والاستراتيجية بالأهرام - ٢٠٠٢م.

٣- احمد بركات مصطفى، كيلاني عبد الراضي - القانون التجاري الجديد رقم ١٧ لسنة ١٩٩٩م - الجزء الأول - دون دار نشر - ٢٠٠١-٢٠٠٢م.

٤- احمد جامع - اتفاقات التجارة العالمية وشهرتها الجات دراسة اقتصادية تشريعية - الجزء الأول - دار النهضة العربية - ٢٠٠١م.

٥- احمد عبد الرحمن الملحم - الإحتكار والأفعال الاحتكارية - دراسة تحليلية مقارنة في القانون الأمريكي والأوربي والكويتي - دون دار نشر - ١٩٩٧م.

٦- احمد ماهر - دليل المدير في الخصخصة - مركز التنمية الإدارية - دون دار نشر أو تاريخ نشر.

٧- احمد محمد محرز - الحق في المنافسة المشروعة - في مجالات النشاط الاقتصادي والصناعة والتجارة والخدمات - دون دار نشر - ١٩٩٤م.

٨- احمد محمد محرز - القانون التجاري - دون دار نشر - ١٩٩٤م

٩- احمد محمد محرز - اندماج الشركات بين الوجهة القانونية دراسة مقارنة - دار النهضة العربية - ١٩٨٦م.

١٠- احمد منير فهمى - دراسة للقواعد القانونية المستقرة للمحل التجارى - مجلس الغرف التجارية والصناعية بالسعودية الرياض - ١٩٩٦م.

١١- احمد يوسف الشحات - الشركات دولية النشاط ونقل التكنولوجيا إلى البلدان النامية مع دراسة الاقتصاد المصرى - دار الشافعى للطباعة المنصورة - ١٩٩٩م.

١٢- أكثم أمين الخولى - الموجز فى القانون التجارى - الجزء الأول - دون دار نشر - ١٩٧٠م.

١٣- أكثم أمين الخولى - الوسيط فى القانون التجارى - الجزء الثالث - الأموال التجارية - دار نهضة مصر - ١٩٦٤م.

١٤- بهاجيراث لال داس - مقدمة لاتفاقات التجارة العالمية - تعريب د/ احمد يوسف الشحات - مراجعة د/ السيد احمد عبد الخالق - دار المريخ للنشر المملكة العربية السعودية الرياض - دون تاريخ نشر.

١٥- جلال وفا محمدين - الحماية القانونية للملكية الصناعية وفقا لاتفاقية الجوانب المتصلة بالتجارة الملكية الفكرية التربس - دار الجامعة الجديدة - ٢٠٠٤م.

١٦- جودة عبد الخالق - الاقتصاد الدولى من المزايا النسبية إلى التبادل اللامتكافئ - دار النهضة العربية - ١٩٩٠م.

١٧- جى هولتون ولسون - الاقتصاد الجزئى المفاهيم والتطبيقات - ترجمة د/ كامل سليمان العاڨ - مراجعة د/ محمد إبراهيم منصور ، د/ سلطان المحمد سلطان - دار المريخ الرياض - ١٩٨٧م.

١٨- جيمس جوارتنى و ريتشارد ستروب - الاقتصاد الجزئى الاختيار الخاص العام - ترجمة د/ محمد عبد الصبور محمد - مراجعة د/ محمد إبراهيم منصور ، د/ عبد العظيم محمد مصطفى - دار المريخ للنشر - دون تاريخ نشر.

١٩- حسام الدين الصغير - الترخيص باستعمال العلامة التجارية - القاهرة - دون دار نشر - ١٩٩٣م.

٢٠- حسنى المصرى – اندماج الشركات وانقسامها - دراسة مقارنة بين القانون الفرنسى والقانون المصرى - الطبعة الأولى - دون دار نشر - ١٩٨٦م.

٢١- حسين عبد الله - البترول العربى دراسة اقتصادية سياسية - دار النهضة العربية - دون تاريخ نشر.

٢٢- حسين عمر - المنافسة والاحتكار - دراسة تحليلية مقارنة – دار النهضة العربية - ١٩٦٠م.

٢٣- حسين عمر – الموسوعة الاقتصادية – دار الفكر العربى- ١٩٩٢م.

٢٤- حسين كمال حسين - أصول التجارة الدولية - مكتبة النهضة المصرية - ١٩٦٩م.

٢٥- حسين محمد فتحى - الممارسات الاحتكارية والتحالفات التجارية لتقويض حريتى التجارة والمنافسة - دراسة لنظام الإنتيترست الأمريكى - دون تاريخ نشر أو دار نشر.

٢٦- خلاف عبد الجابر خلاف - احتكار أجهزة النفط والأزمة الراهنة - دار النهضة العربية - ١٩٨٥م.

٢٧- راشد البرادعى - الموسوعة الاقتصادية - دار النهضة المصرية - ١٩٨٧م.

٢٨- رضا عبد السلام - العلاقات الاقتصادية الدولية بين النظرية والتطبيق - دون تاريخ نشر أو دار نشر.

٢٩- رفعت المحجوب - الاقتصاد السياسى - الجزء الأول - دار النهضة العربية - ١٩٨٢م.

۳۰- زين العابدين عبد الله - خصخصة المشروعات العامة منظور اقتصادى - جامعة الملك سعود المملكة العربية السعودية - ٢٠٠٥.

۳۱- سامى عبد الباقى – قانون الأعمال التجارية - الأعمال التجاريـة التـاجر المحـل التجـارى - دار النهضة العربية - ٢٠٠٤م.

۳۲- سامى عبد الباقى أبو صالح - إساءة إستغلال المركز المسيطر فى العلاقات التجارية القانون ۳ لسنة ٢٠٠٥ الخاص بحماية المنافسة ومنع الممارسات الاحتكاريـة دراسـة تحليليـة مقارنـة - دار النهضـة العربية - ٢٠٠٥م.

۳۳- سميحة القليوبى - الملكية الصناعية - الطبعة الثانية - دار النهضة العربية - ١٩٩٦م.

۳٤- سميحة القليوبى - الملكية الصناعية - بـراءات الاختراع والرسـوم والنمـاذج الصـناعية العلامـات التجارية والصناعية الاسم والعنوان التجارى - دار النهضة العربية - ٢٠٠٣م.

۳٥- سميحة القليوبى - الملكية الصناعية - بـراءات الاختراع والرسـوم والنمـاذج الصـناعية العلامـات التجارية والصناعية الاسم والعنوان التجارى - دار النهضة العربية - ٢٠٠٥م.

۳٦- سميحة القليوبى - تأجير إستغلال المحل التجارى الإدارة الحرة للمتجر - دار النهضة العربيـة - ١٩٨٤م.

۳۷- صفوت بهنساوي- مبـادئ القـانون التجـاري – الجـزء الأول – الأعمـال التجاريـة – التـاجر – الأموال التجارية – دار النهضة العربية ببني سويف – ٢٠٠٧م.

۳۸- طارق نوير – دور الحكومة الدعم للتنافسية "حالة مصر" API/wps- مركز المعلومات ودعـم اتخاذ القرار – مجلس الوزراء – القاهرة – دون تاريخ نشر.

٣٩- عادل احمد حشيش - مبادئ الاقتصاد الدولى - مؤسسة الثقافة الجامعية - ١٩٩٦م.

٤٠- عاطف حسن النقلي – الأطر التحليلية لقانون حماية المنافسة ومنع الإحتكار - الأمانة العامة بمجلس الشعب - يناير ٢٠٠٥.

٤١- عاطف محمد الفقي- الحماية القانونية للإسم التجاري – دراسة مقارنة – دار النهضة العربية - دون تاريخ نشر.

٤٢- عبد الباسط وفا - سياسة تحطيم المشروعات من خلال الأسعار وانعكاساتها على الأسواق التنافسية - دار النهضة العربية - ٢٠٠١م.

٤٣- عبد الحليم كراجه ، محمد الباشا ، عبد الناصر العبادى - مبادئ الاقتصاد الجزئى - دار صفا للنشر والتوزيع عمان - ١٩٩٩م.

٤٤- عبد العظيم الجنزوري – الأسواق الأوروبية المشتركة والوحدة الأوروبية – دار المعارف دون تاريخ نشر.

٤٥- عبد القادر محمد عبد القادر - التحليل الاقتصادى الجزئى بين النظرية والتطبيق - الدار الجامعة - ٢٠٠٥م.

٤٦- عبد الواحد محمد الفار - الإطار القانونى لتنظيم التجارة الدولية فى ظل عالم منقسم - دار النهضة العربية - ٢٠٠٦م.

٤٧- عصام الدين عبد الغنى - النظام القانونى لاندماج الشركات - الطبعة الأولى - دون دار نشر- ١٩٨٧م.

٤٨- على إبراهيم - منظمة التجارة العالمية جولة أورجواى وتقنين نهب العالم الثالث - دار النهضة العربية - ١٩٩٧م.

٤٩- علي جمال الدين عوض – القانون التجاري – دار النهضة العربية – دون تاريخ نشر.

٥٠- على حسن يونس – المحل التجارى - دار الفكر العربى - ١٩٩٣م.

٥١- عمر عبد الحى البيلى - محاضرات فى مبادئ الاقتصاد - دون دار نشر - ١٩٩٦م.

٥٢- فايز نعيم رضوان - مبادئ القانون التجارى طبقا لأحكام قانون التجارة الجديد رقم ١٧ لسنة ١٩٩٩م – دار النهضة العربية - ٢٠٠٠ – ٢٠٠١.

٥٣- قدرى عبد الفتاح الشهاوى – شرح قانون حماية المنافسة ومنع الممارسات الاحتكارية وقانون حماية المستهلك ومذكرته الإيضاحية فى التشريع المصرى – العربى – الأجنبى – دراسات مقارنة – دار النهضة العربية – دون تاريخ نشر.

٥٤- كرستين كسيدر – خصخصة مشروعات البنية التحتية المتطلبات والبدائل والخبرات - تعريب د/ منير إبراهيم هندى - دون دار نشر - ١٩٩٧م.

٥٥- كرستين كوك - حقوق الملكية الفكرية مهارات الإدارة الحديثة - كوجن بيدج - دار الفاروق القاهرة - ٢٠٠٦م.

٥٦- كمال عبد الرحمن – حول المبادئ القانونية التى تحكم المنافسة دفع الاحتكار – مجلس الشعب الأمانة العامة – مارس ٢٠٠٤ .

٥٧- لينا حسن ذكى – قانون حماية المنافسة ومنع الإحتكار – دراسة مقارنة فى القانون المصرى والفرنسى والأوربى – ٢٠٠٥/٢٠٠٦ .

٥٨- مجدى محمود شهاب - الاقتصاد الدولى - دار المعرفة الجامعية - ١٩٩٦م.

٥٩- محسن احمد الخضرى - الخاصخصة منهج اقتصادى متكامل لإدارة عمليات التحول إلى القطاع الخاص - مكتبة الأنجلو مصرية - ١٩٩٣م.

٦٠- محسن شفيق - الموجز فى القانون التجارى - الجزء الأول - دار النهضة العربية - ١٩٦٧م - ١٩٦٨م.

٦١- محسن شفيق – الوسيط في القانون التجاري المصري – الجزء الأول – الطبعة الثانية – مكتبة النهضة المصرية – ١٩٥٥م.

٦٢- محمد الأمير يوسف – الوجيز في القانون التجاري – المبادئ العامة والشركات – مجموعة جـ - دار النصر للتوزيع والنشر – ٢٠٠٢

٦٣- محمد السيد الفقي – دروس في القانون التجاري الجديد - الأعمال التجارية – التجار – الأموال التجارية – دار المطبوعات الجامعية – ٢٠٠٠.

٦٤- محمد الغزالي – مشكلة الإغراق دراسة مقارنة - دار الجامعة الجديدة بالإسكندرية - ٢٠٠٧م.

٦٥- محمد أنور حماده – النظام القانوني لبراءات الاختراع والرسوم والنماذج الصناعية- دار الفكر الجامعي – ٢٠٠٢م.

٦٦- محمد سلمان الغريب – الإحتكار والمنافسة غير المشروعة - دار النهضة العربية - ٢٠٠٤م.

٦٧- محمد صالح الحناوى - الخصخصة النظرية والتطبيق - مؤسسة شباب الجامعة إسكندرية - ٢٠٠٣.

٦٨- محمد صالح الحناوى ، احمد ماهر - الخصخصة بين النظرية والتطبيق المصري - الدار الجامعية الإسكندرية - ١٩٩٥م.

٦٩- محمود حسني عباس - الملكية الصناعية والمحل التجاري - دار النهضة العربية - ١٩٧١م.

٧٠- محمود سمير الشرقاوي - القانون التجاري - الطبعة الثانية - دار النهضة العربية - ١٩٨٦م.

٧١- محمود صبيح - الخصخصة لمواجهة متطلبات البقاء وتحديات النمو - دون دار نشرـ - ١٩٩٥م.

٧٢- محمود مختار بريري - قانون المعاملات التجارية الأعمال التجارية والتاجر والأموال التجارية وفقا لقانون التجارة رقم ١٧ لسنة ١٩٩٩م - الجزء الأول - دار النهضة العربية – ٢٠٠٠م.

٧٣- محمود مختار بريري - قانون المعاملات التجارية - الجزء الأول – دار النهضة العربية - ١٩٨٧م.

٧٤- مصطفى عز العرب - سياسات وتخطيط التجارة الخارجية - الدار المصرية اللبنانية - ١٩٩٨م.

٧٥- مصطفى كمال طه , وائل أنور بندق – أصول القانون التجاري – دار الفكر الجامعي – ٢٠٠٥.

٧٦- مغاورى شلبى على - حماية المنافسة ومنع الإحتكار - بين النظرية والتطبيق تحليل لأهم التجارب الدولية والعربية - دون دار نشر - ٢٠٠٥م.

٧٧- مغاورى شلبى على – حماية المنافسة ومنع الممارسات الاحتكارية – التجارب الدولية - مطابع الأهرام - العدد ٢١٢ – يوليو ٢٠٠٥.

٧٨- ناصر جلال - حقوق الملكية الفكرية وأثارها على اقتصاديات الثقافة والاتصال والعلوم - الهيئة المصرية العامة للكتاب - ٢٠٠٥م.

٧٩- نبيل صبيح – حماية العلامات التجارية والصناعية في التشريع المصرى في ظل اتفاقية الجات - دار النهضة العربية - ١٩٩٩م.

٨٠- هانى محمد دويدار - نطاق احتكار المعرفة التكنولوجية بواسطة السرية - دار الجامعة الجديدة - ١٩٩٦م.

٨١- هشام جاد - الإغراق كلمة السر في الصراع الاقتصادى - تقديم د/ احمد الجويلى - مكتبه العلاقات الاقتصادية الإسكندرية - ٢٠٠٠م.

٨٢- هشام زوين - الحماية الجنائية والمدنية للعلامات التجارية والبيانات والأسماء التجارية والمؤشرات الجغرافية كما حددتها قواعد قانون حماية الملكية الفكرية ٨٢ لسنة ٢٠٠٢ - ط١ - المكتب الثقافي للنشر والتوزيع - دار السماح للنشر والتوزيع - ٢٠٠٤م.

الدوريات

١- احمد عبد الرحمن الملحم - الإحتكار ومحظورات الإحتكار في ظل نظرية المنافسة التجارية - مجلة القانون والاقتصاد للبحوث القانونية والاقتصادية - العدد الثالث والستون - ١٩٩٣م - مركز جامعة القاهرة للطباعة والنشر - ١٩٩٦م.

٢- أشرف وفا - المنافسة غير المشروعة في القانون الدولي الخاص - مجلة القانون والاقتصاد – العدد الثاني والسبعون - ٢٠٠٢.

٣- خالد محمد الجمعة - مكافحة الإغراق وفقا لاتفاقيات منظمة التجارة العالمية - مجلة الحقوق الكويتية - العدد الثاني يونيو - ٢٠٠٠م.

٤- علي رضا - مضمون الملكية الفكرية وتطورها وتنوع الاتفاقات الدولية المعنية بها - مجلة مجلس الدولة السنة ٢٩ – ٢٠٠١، ٢٠٠٢م.

٥- عمر حسن خير الدين - سياسات الإغراق وإجراءات مكافحتها ووسائل إثباتها ومقترحاتها مواجهتها في مصر في إطار أحكام اتفاقية الجات - دراسة تحليلية - المجلة العلمية للاقتصاد والتجارة - العدد الأول - جامعة عين شمس - ١٩٩٩م.

٦- كمال محمد أبو سريع – حق الملكية في براءات الاختراع - مجلة إدارة قضايا الحكومة - السنة السادسة والعشرون – العدد الأول - ١٩٨٢م.

٧- ماجد عمار - قوانين مكافحة الاحتكار في الولايات المتحدة الأمريكية دراسة في مدى سريان هذه القوانين على الشركات الأمريكية العاملة في الخارج - مجلة القانون و الاقتصاد - العدد الثالث السنة ٣٩ سبتمبر - ١٩٩٦م.

٨- مجلة الحقوق الكويتية - السنة التاسعة عشر - العدد الرابع ديسمبر - ١٩٩٥م.

٩- مجلة الحقوق للبحوث القانونية والاقتصادية - جامعة إسكندرية - دار الجامعة الجديدة بالإسكندرية - العدد الأول - ٢٠٠٢م.

١٠- مجلة الحقوق للبحوث القانونية والاقتصادية - كلية الحقوق - جامعة إسكندرية - ٢٠٠٢م.

١١- محمود سمير الشرقاوي - بحث بعنوان المشروع متعدد الطلب - مجلة القانون والاقتصاد - السنة ٤١ العدد ٣، ٤ - ١٩٧٥م.

١٢- منار على محسن مصطفى - أثر انضمام دولة قطر لمنظمة التجارة العالمية على قطاع الصناعات التمويلية – المجلة العلمية لكلية الإدارة ولاقتصاد - العدد الثامن قطر - ١٩٩٨م.

١٣- موريس جرجس - آليات دعم القدرة التنافسية في القطاع الصناعى في دول مجلس التعاون لدول الخليج - المعهد العربى للتخطيط - مجلة التنمية للسياسات الاقتصادية – المجلد الثالث - العدد الأول الكويت - ٢٠٠٠م.

١٤- هشام طه - سياسات منع الاحتكار بين النظرية والتطبيق - مجلة السياسة الدولية - العدد ١٤٠ أبريل - ٢٠٠٠م.

الرسائل العلمية

١- أمل محمد شلبى – الحد من آليات الإحتكار من الوجهة القانونية - رسالة لنيل درجة الـدكتوراه - كلية الحقوق - جامعة إسكندرية - ٢٠٠٥م.

٢- أيهاب محمد يونس - سياسة الإغراق فى ظل أوضاع الاقتصاد المصرى دراسة نظرية تطبيقية - رسالة لنيل درجة الدكتوراه - قسم الاقتصاد والمالية العامة كلية الحقوق - جامعة المنصورة ٢٠٠٢ – ٢٠٠٣م.

٣- عزة فؤاد إسماعيل – أثر تحرير التجارة الخارجية على التنمية الصناعية فى الاقتصاد النامى رسالة لنيل درجة الماجستير - كلية الاقتصاد والعلوم السياسية - جامعة القاهرة ٢٠٠٤م.

٤- لينا حسن زكى – الممارسات المقيدة للمنافسة والوسائل القانونية اللازمة لمواجهتها - رسالة لنيل درجة الدكتورة - كلية الحقوق – جامعة حلوان – ٢٠٠٤.

٥- محمد الأمير يوسف - صور الخطأ فى دعوى المنافسة غير المشروعة - رسالة لنيل درجة الـدكتوراه - كلية الحقوق - جامعة القاهرة - ١٩٩٠م.

٦- محمد حسين إسماعيل - الحماية الدولية للعلامة التجارية - رسالة لنيل درجة الـدكتوراه - كلية الحقوق - جامعة حلوان - ١٩٧٨م.

٧- ولاء الدين محمد - الحماية القانونية للعلامات التجارية فى القانون الـدولى الخـاص - رسـالة لنيـل درجة الدكتوراه - كلية الحقوق - جامعة عين شمس - ٢٠٠٦م.

٨- ياسر سامى قرنى - دور عقود الامتياز التجارى فى نقل المعرفة الفنيـة دراسـة مقارنـة - رسالة لنيل درجة الدكتوراه - كلية الحقوق - جامعة القاهرة - ٢٠٠٥م

ندوات ومؤتمرات

١- جامعة الدول العربية المنظمة العربية للتنمية الإدارية ندوات ومؤتمرات إصلاح وتطوير مؤسسات المناخ العامة ٢٠٠٠م.

٢- حسام الدين الصغير - مدخل إلى حقوق الملكية الفكرية - ندوة الويبو الوطنية عن الملكية الفكرية المنظمة العالمية للمكلية الفكرية الويبو - المنامة ١٦ يونيه - ٢٠٠٤م.

٣- رفعت عبد الحليم الفاعورى - تجارب عربية فى الخصخصة - المنظمة العربية للتنمية الإدارية - ٢٠٠٤م.

٤- سميحة القليوبى - الملامح الرئيسية لمشروع قانون الملكية الفكرية فى شأن العلاقات التجارية والرسوم والنماذج الصناعية أوراق عمل - ورشة حماية الملكية الفكرية فى إطار القانون المصرى الجديد الواقع والمستقبل ١٨ أكتوبر - ٢٠٠٠م.

٥- عزيز بوعزاوى - وقع نظام البراءات الدولى على البلدان النامية - المنظمة العالمية للملكية الفكرية سلسلة الاجتماعات التاسعة والثلاثون من ٢٢ سبتمبر حتى الأول من أكتوبر - ٢٠٠٣م.

٦- على سيد قاسم - دراسة انتقاديه لمشروع قانون حماية المنافسة ومنع الممارسات الاحتكارية الضارة - المؤتمر السنوى التاسع بعنوان تنظيم المنافسة ومنع الممارسات الاحتكارية الضارة – كلية الحقوق - جامعة المنصورة من الفترة من ٢٩-٣٠ مارس - ٢٠٠٥م.

٧- مؤتمر الأمم المتحدة للتجارة والتنمية القانون النموذجى بشأن المنافسة سلسلة دراسة الأونكتاد بشأن قضايا المنافسة - جينيف - ٢٠٠٠م.

٨- مؤتمر الأمم المتحدة للتجارة والتنمية سياسة المنافسة في الإصلاحات الاقتصادية في البلدان النامية وبلدان أخرى - الأونكتاد - ١٩٩٥م.

٩- محمد المصرى - نعم للمنافسة لا للاحتكار ندوه الاستثمارات الأجنبية والتجارية الداخلية - الأهرام الاقتصادى - العدد ١٦٢٧ - ٢٠٠٠م.

تقارير رسمية

١- إبراهيم العيسوى - الجات وأخواتها النظام الجديد للتجارة العالمية ومستقبل التنمية العربية - مركز دراسات الوحدة العربية بيروت - ١٩٩٥م.

٢- تقرير إنجازات برنامج الخصخصة - المكتب الفني لوزير قطاع الأعمال - القاهرة -٢٠٠١م.

٣- جهاز مكافحة الدعم والإغراق والوقاية النظام المصرى لمكافحة الإغراق والدعم والرسوم التعويضية والوقاية في إطار اتفاقيات - منظمة التجارة العالمية - مطابع الأهرام التجارية يونيه - ٢٠٠٠م.

٤- دليل الإجراءات والإرشادات العامة لبرنامج الحكومة لتوسيع قاعدة الملكية وإعادة الهيكلة وحوافز العاملين والإدارة - المكتب الفني لوزير قطاع الأعمال - الجزء الأول - ١٩٩٣م.

٥- دليل وزارة الاقتصاد والتجارة الخارجية - القاهرة - فبراير - ٢٠٠٠م.

٦- سهير أبو العنين آثار الخصخصة على الاحتكار في مصر - معهد التخطيط القومى - سبتمبر -١٩٩٥م.

٧- معهد التخطيط القومى ج.م.ع الملكية الفكرية والتنمية في مصر سلسلة قضايا التخطيط والتنمية - رقم ١٨٦ أغسطس - ٢٠٠٥م.

٨- معهد التخطيط القومى ج.م.ع تحليل خصائص السوق المصرية - الجزء الأول الإطار النظرى والتحليلى سلسلة قضايا التخطيط والتنمية - رقم ١٨٣ يناير - ٢٠٠٥.

٩- وزارة الاقتصاد والتجارة الخارجية ج. م. ع جهاز مكافحة الإغراق قضية واردات الإطارات مـن أو ذات منشأ اليابان كوريا الاتحاد الأوربى - القاهرة - يوليو - ١٩٩٩م.

١٠- وزارة الاقتصاد والتجارة الخارجيـة ج.م.ع جهـاز مكافحـة الإغـراق قضـية واردات ورق الكتابـة والطباعة مـن أو ذات منشأ اندونيسـيا الهنـد البرازيـل روسـيا الاتحاديـة - القـاهرة - سـبتمبر - ١٩٩٩م.

١١- وزارة الاقتصاد والتجارة ج. م. ع جهاز مكافحة الإغراق قضية واردات الكوالين والسلندرات للأبواب والشبابيك المصرية من أو ذات منشأ الصين الشعبية - القاهرة - نوفمبر -٢٠٠٠م.

١٢- وزارة الاقتصاد والتجارية الخارجية ج.م.ع جهاز مكافحـة الإغـراق قضية واردات حديد التسـليح ذات منشأ رومانيا وأوكرانيا ولا تفيا - القاهرة - ١٩٩٩م.

الأحكام القضائية

١- حكـم المحكمـة التجاريـة الجديـدة بـاليمن فى القضـية رقـم ٧٤ لسـنة ١٥ ق بجلسـة ١٩٩٦/١٠/٤م المجموعة التجارية فى الأحكام التجارية للقاضى عبد الجليـل النعمانى صنعاء ٢٠٠٠.

٢- حكم محكمة القاهرة الابتدائية. جلسة ٣ نوفمبر ١٩٥٣م. مجلة التشريع والقضاء السنة السابعة.

٣- حكم محكمة القضاء الإدارى بمجلس الدولة المصرى فى الطعن رقم ٣١٩ لسنة ٥٩ قضائية – دائرة منازعات الاستثمار. إصدارات المكتب الفنى من الفترة من ٢٠٠٢/١٠/١ إلى ٢٠٠٥/٦/٣٠م.

٤- حكم محكمة النقض فى الطعن ١٢٩٧ لسنة ٢٢ قضائية الصادر بجلسة ١٩٥٤/٥/٤ منشور بمؤلف د- مجدى محمود حافظ موسوعة تشريعات الغش والتدليس دون تاريخ أو دار نشر.

٥- حكم محكمة النقض فى الطعن ١٧٨ لسنة ٢٢ قضائية الصادر بجلسة ١٩٦٦/١٢/١٥ منشور بمؤلف الأستاذ- هشام زوين "الحماية الجنائية المدينة للعلاقات التجارية والبيانات الأسماء التجارية والمؤشرات الجغرافية كما حددتها قواعد قانون حماية الملكية الفكرية رقم ٨٢ لسنة ٢٠٠٢" الطبعة الأولى المكتب الثقافى للنشر والتوزيع دار السماح للنشر والتوزيع ٢٠٠٤م.

٦- حكم محكمة النقض فى الطعن رقم ٢٢٧٤ لسنة ٥٥ قضائية بجلسة ١٩٨٦/١٢/٢م منشور بمؤلف الأستاذ- عزت عبد القادر شرح أحكام المنازعات التجارية طبقا لقانون التجارة رقم ١٧ لسنة ١٩٩٩م والقوانين المكملة له دار الكتب القانونية ٢٠٠١م.

٧- حكم محكمة النقض فى الطعن رقم ٣٠١٢ لسنة ٥٧ قضائية بجلسة ١٩٨٩/٣/٦م منشور بمؤلف الأستاذ- عزت عبد القادر شرح أحكام المنازعات التجارية طبقا لقانون التجارة رقم ١٧ لسنة ١٩٩٩م والقوانين المكملة له دار الكتب القانونية ٢٠٠١م.

٨- حكم محكمة النقض فى الطعن رقم ٤٣١ لسنة ٢٩ قضائية الصادر بجلسة ١٩٦٤/٤/٩م مجموعة أحكام محكمة النقض السنة الخامسة عشر.

٩- حكم محكمة النقض فى الطعن رقم ٤٥ لسنة ٣٣ قضائية الصادر بجلسة ١٩٦٧/١/٢٦م منشور بمؤلف الأستاذ- عزت عبد القادر شرح أحكتم

المنازعات التجارية طبقا لقانون التجارة رقم ١٧ لسنة ١٩٩٩م والقوانين المكملة له دار الكتب

المنازعات التجارية طبقا لقانون التجارة رقم ١٧ لسنة ١٩٩٩م والقوانين المكملة له دار الكتب القانونية ٢٠٠١م.

١٠- حكم محكمة النقض في الطعن رقم ٤٥ لسنة ٣٣ قضائية جلسة ١٩٦٧/١/٢٦م الموسوعة التجارية الحديثة في أحكام النقض السنة الثامنة عشر.

١١- حكم محكمة النقض في الطعن رقم ٦٦٥ لسنة ٤١ ق جلسة ١٩٧١/١٢/٦ – مجموعة أحكام محكمة النقض السنة ٢٢ ص٧٠٧ .

المقالات

١- تقرير بنك التنمية الصناعية المصرى - منشور بجريدة المساء - بتاريخ ٢٠٠٤/٨/١٢م.

٢- مقال منشور بجريدة الدستور بتاريخ ٢٠٠٨/١/١١ -٤.

٣- مقال منشور بجريدة الوفد بتاريخ ٥ مايو ٢٠٠٦م.

ثانيا: المراجع الأجنبية

الكتب العامة

1- Aba, section of antitust laq, 1995. federal antitrust guidelines for the licensing of intellectual property USA & text 48. 1990.

2- Appleyard. Dennis & Field Alfred "International Economics. the McGraw – hill companies New York" 1998.

3- Baldwin : the political economy of protectionism ,the political economy of U.S import policy Cambridge press. 1985. & finger.: antidumping, how it works and who gets hurt , an arbor university of Michigan press. 1993.

4- Brink Lindesy "The U.S antidumping law" institute trade policy analysis no. 7 August 16, 1999.

5- Brink Lindsey and Dan Ikenson. antidumping 101: the devilish details of "unfair trade law" November 20, 2002.

6- Calvani and Breidenbach , an introduction to the Robinson Patman Act, its enforcement by the government antitrust 1996.

7- Calvani and Lynch, predatory pricing under the Robinson Patman and Sherman Act: an introduction, antitrust . 1985

8- Christopher R. Leslie, "Unilaterally imposed tying arrangement and antitrust connected action requirement" , antitrust law no 1773 (1999).

9- D. Carlton and J. Perloff, "Modern industrial organization Harper Collins College Publishers" New York, ny, 1994.

10- David Ncgawan," networks and intention in antitrust and intellectual property", 24 j. corp l 485. 1999.

11- David Turetsky "antitrust developments New York city bar association New York city June, 14.1994.

12- Debra A. Valentin "The goals of competition law. 1997

13- Dominick Armentano . "Barriers to entry'. posted on Wednesday, September 20, 2000".

14- Fishwick, F," definition of the relevant market in community competition policy commission of the European community " 1986.

15- Francois Souty: "Competition law and policy: regional integration and regulatory evolutions. some thoughts driving from European Union and French experiences. paper prepared on the Arab regional seminar for capacity building on competition and antitrust "Cairo 25-30 July 2002.

16- Frank R. Lichtenberg, the effect of new drugs on mortality from rare disease . Columbia University, New York. 2001.

17- G. Stiglet, "The organization industry:" "University of Chicago Press, Chicago ii" 1968.

18- Guide lines for the licensing of intellectual property issued in April - 6 1995.

19- Hammonds. "lessons common to detecting and deterring cartel activity" Speech made to the 3 Nordic competition policy conference (12 September, Stockholm) 2000.

20- Herbert Hovenkamp, "Economics and federal antitrust law" London 1985

21- Hoda Barakat "Overview of negative practices and financial difficulties related to the enforcement of copyright in the Arab world b.s.a Cairo 2000.

22- J. Tirole, "The theory of industrial organization," The Mit Press Cambridge, MA, 1988.

23- J.M. Ferguson "advertising and theory, measurement, fact, Ballinger Cambridge,"1974.

24- J.S Bain, "Barriers to new competition":" Harvard University Press, Cambridge" MA, 1956.

25- Joe Harrington: "The collusion chasm reducing the gap between antitrust practice and industrial organization theory" johns Hopkins university" csef-lgier symposium on economics and institutions – June / July 2005.

26- John H- Shene field antitrust M. Stelzer "The antitrust laws" 2001.

27- Kit Sims Taylor Haman "Society and the global economy" chapter.12: the arthritic hand of oligopoly. 1996.

28- La porta, Rafael and Florencio Lopez – Silanes – "Benefit of privatization evidence from Mexico"NBER working paper "1997" no – 6216. National Bureau of economic research & world bank, world development bank 1997.

29- Lawerence Anthony Sallivan , The law of Antitrust, west publishing new York 1977.

30- Lawrence Anthony Sullivan " Antitrust west publishing, defining the relevant market. part B: ch.2 New York 1977.

31- Levenstein M.C: and V.Y Suslow "What determines cartels success?" version – January, 13 2002.

32- M. Jean Anderson and Greogry Husisian: "The subsidies agreement" inference P. Stewart. The world trade organization the multilateral bar association section of international law and practice. U.S.A 1996

33- M.Jean Anderson and Greogry Husisian: "The subsidies agreement" inference P. Stewart. The world trade   organization the multilateral bar association section of international law and practice. U.S.A 1996.

34- Marc Ivaldi, Bruno Jullien patrick rev "The economics of tacit collusion" final report competition, European commission March 2003.

35- Marenco L "legal monopolies in case – law of the court of justice of the European Communities," (1991)

36- Mcgovern "Edmond": European community, anti-dumping law and practice, globe field press, March, 1999.

37- Medechaie. Kreinin ; international economics a policy approach, the Dryden. press, eighth edition, 1996.

38- Organization for economic co-operation and development (oecd). "oligopoly, competition policy roundtable 25. Paris" 1999.

39- Prashant –Kumar-: "Antidumping duty levied and imported from U.S.A" notification no. 138, November 2000.

40- Quoted G.H. Thring" the marketing of literary property, constable", London, 1933.

41- R Preston Mcafee and Hugo M. Mialon "Barriers to entry in antitrust analysis "working paper October 20 , 2004"

42- Rich M Steuer "Find law professional executive summary of the antitrust law – 2006.

43- Richard Whish , Brenda Safrin. "competition law" London. 1993.

44- Richard whish, Competition Law London 1983.

45- Robert Bork "The antitrust paradox: a policy at war with itself" New York. basic books. inc 197

46- Simon J. Eventt Margaret C .Levensten and Valerie Y .Suslow. "International cartel enforcement: lessons from the 1990"

47- Suslow V. "Cartel contract duration; empirical evidence from international cartels" working paper" Ann, Arbor. Michigan 2001.

48- The trips agreement and developing countries, United Nation publications 1996.

49- Thomas Nagel and Reed Holdlen, "The strategy and tactics of pricing "2006"

50- Trade mark library "establishing trade mark rights.

51- William E. Kovaic "General counsel U.S federal trade commission economics politics and competition policy in transition perspectives from experience in the United States paper prepared for Arab regional seminar for capacity building on competition and antitrust Cairo : 23/3/July . 2007

52- William Kolasky " What is the competition" a comparison of U.S and European perspectives the antitrust bulletin – summer 2004

53- William Kolasky "What is the competition: A Comparison of U.S and European perspectives the antitrust Ballertin, summer 2004.

المقالات

1- A review of antidumping and countervailing – duty law and policy May 1994

2- A review of antidumping and countervailing – duty law and policy May 1994

3- A review of. U.S antidumping and countervailing duty law and policy. May. 1994

4- A review of. U.S antidumping and countervailing duty law and policy. May. 1994

5- Abreu.D "External equilibrium of oligopolistic super games" journal of economic theory vol 39, 1986

6- Alix M. Freeman. and Richard Jibson. "a Philip Morris merger with Kraft may limited product innovation "wall street journal October 20, 1988.

7- Andrew Pollack. "Motorola joins competitors in international "The New York times October 19, 1995

8- Anticipating the 21st century: competition policy in the new high tech, global market place, ftc staff report, vol, chap. 3 (1996)

9- Antitrust law in European union , Grazidio business report journal of relevant business information and analysis , vole , 8, issues 3 2005

10- Areeda & Hoven Kamp," antitrust law" antitrust law journal vol. 70. 2003

11- Baron,D.P integrated strategy: market and non market components, California management review no,37 – 1995.

12- Baron,D.P integrated strategy: market and non market components, California management review no,37 – 1995

13- Brodley & Hay," predatory pricing competing economic theories and the evolution of legal standards,"66 Cornell l .rev. "1981"

14- Carle Shapiro "aftermarket and consumer welfare making sense of kodak, 63" antitrust L.J no, 483. 1995

15- Commission notice on definition of the relevant market for the purposes of community competition law "only published test authentic, published in the official journal" on 9/12/2007 no,372

16- Corts, Keneth "Third degree price discrimination in oligopoly, all about competition and strategic commitment. Rand journal of economics 29, 1998

17- Dan Ikenson "Burdening relations: U.S trade policies continue to flout the rules" free trade bullet in no,5, January 13, 2004.

18- Dick, A.R. " Identifying contracts combinations and conspiracies in restraint of trade ", managerial and decision economics L rev–no 17 , 1996

19- Dick. A "are export cartels efficiency enhancing or monoply promoting?" evidence from the webb-pomerene experience research in law and economics journal ,vol 14. 1992

20- Donald F.Turner & Philp Areed, "predatory pricing and related practices under section 2 of the Sherman Act," 88 harv. L. rev 1975

21- Easterbrook, "Predatory strategies and counterstrategies", 48U.chi L rev "1981"

22- Eduardo Bitran and Pablo Serra "Regulation of privatized utilities, the Chilean experience. world development bank vol. 26 no 6. June 1998.

23- Eduardo Bitran and Pablo Serra "Regulation of privatized utilities, the Chilean experience. world development bank vol. 26 no 6. June 1998.

24- Erik. B.Wulff and Scott A.McIntosh "The separate product test in franchise tying cases through the Microsoft lens of reason 21". franchise's. 70-71 Apa law journal 4, spring 2001

25- Eventt, S.J and V.Y Suslow "Precondition on private restraints on market access and international cartels" journal of international economic law 3 . 4 ,2000

26- First.K "The vitamins case: cartel prosecution and coming of international competition law" antitrust law journal 68:3,2001

27- Fudenbery Drew and Jean Tirole "Customer poaching and brand switching. Rand journal of economics 5/31/ 2000

28- Graham Dutfield, Turning knowledge into power: intellectual property and the world trade system "Australian journal of international affairs. vol, 59, no 4. December 2005.

29- Grant, H, and H. Thille "Tariffs strategy and structure: competition and collusion in the Ontario petroleum industry, 1870. 1880." journal of economic history 2001

30- Harbent Hovenkamp: "market power in aftermarket: antitrust policy and the Kodak." case, 40. ucla rev no, 1447 (1993)

31- Helene cooper and Wendy bounds "U.S, unable to budge Japan may take Kodak – Fuji film dispute to the WTO". The wall street journal February 22. 1996."

32- Holmes , Thomas "The effects of third – degree price discrimination in oligopoly" American economic review no 70 , 1989

33- Horowitz, 1 "Market definition in antitrust analysis an egression based approach" Southern economic journal no 46 – vol 1981

34- Hugin. Liptons "case commission decision December 1977 "Official journal of the European communities" 17 January 1978"

35- James B.Kobak, antitrust treatment of refusal to licensing intellectual property, the licensing journal. volume 22,n.i January 2002.

36- John, B.Gary. W, Loveman, "Does privatization serve the public interest?" Harvard business review issue 6. vol 69, Nov. Dec 1991

37- John, B.Gary. W, Loveman, "Does privatization serve the public interest?" Harvard business review issue 6. vole 69, Nov. Dec 1991

38- Kay J.A and D.J Thompson. "Privatization a policy in search of a National economic journal" vol 96, March 1986

39- Kay J.A and D.J Thompson. "Privatization a policy in search of a National economic journal" vole 96, March 1986

40- Kennth Sutherlin D. "Trademark lost is cyberspace, trademark protection for internet addresses, Harvard journal of law vol.9, n,2 , 1996.

41- Keon.C. Chi "Privatization in state government" public administration review . vol 58, no, 4 Jul, Aug 1998

42- Keon.C. Chi "Privatization in state government" public administration review . vol 58 no, 4 Jul, Aug 1998

43- Klemperer Paul "The competitiveness of markets with switching costs" Rand journal of economic 1987.

44- Koller, "The myth of predatory pricing an empirical study, antitrust " L. & econ rev –no, 105 "summer 1971".

45- Lambson, V.E "Some results on optimal penal codes in asymmetric Bertrand super games," journal of economic theory vol, 62 2000

46- Landes, W.M. "Optimal sanctions for antitrust violations" University of Chicago law review no 50:2. 1983.

47- Lisa Madigan "A guide to the Ilinois antitrust Act" linux journal. – 6/17/2006.

48- Liu, Qihong and Kinstantoons Serfes "Customer information sharing among firms" European economic review forthcoming 2005.

49- Marina Lao," Unilateral refusals to sell or license intellectual property and the antitrust duty to deal" 9 , Cornell L J pub policy 11 – 3 - 1999.

50- Mark A. Glik and Duncan J. Cameron "When do proprietary aftermarket benefit consumers?" no 67 antitrust L. J "1999".

51- Mark R. Patterson, "When is property intellectual? the leveraging problem, "7350 call. L.rev 1133 Jun. 15 - 2000

52- Mason, C.F, or Phillips and C Nowell "duopoly behavior in asymmetric markets: an experimental evaluation" review of economics and statistics, 1992

53- Mich Elle M. Burtis & Bruce H Koboyashi "Intellectual property, the antitrust refusal to deal" forth coming vol 9 supreme court economic review 2001

54- Nate unclogging the battleneck –a new essential facility doctrine, w, 83 calun L .rev., (1983).

55- Norris McLaughlin "Competition laws in the European union" issues of the New Jersey law journal , May 29,2000

56- Norris McLaughlin "competition laws in the European union" issues of the new Jersey law journal , May 29,2000

57- Osborne M, and C.Pitchilk "price competition in a capacity constrained duopoly" journal of economic theory, vol 38. 1983

58- Pauline Newman "The federal circuit: judicial stability or judicial activism 42mu.l rev no, 683 (1993).

59- Philip Shishkil" European regulators spark controversy with pawn raids" wall street journal ,March , 1,2002

60- Phillip Areeda & Herbert Hovenkamp "Antitrust law and on analysis antitrust principles and their application" 243 "rev-ed 2000"

61- Pierce R.J. "Antidumping law as a means of facilitating cartelization" antitrust law. Journal no, 67:3, 2000.

62- Prashant – Kumar-: "Antidumping duty levied and imported from U.S.A" notification no. 138, November 2000

63- R. Micheal Gadbaw, Intellectual property and international trade merger or marriage of convenience. Vanderbilt journal of transitional law– vole 22 no2 – 1989

64- R.P. Mcafee, H.M. Mialon, and M. Williams, "What is a barrier to entry?" American economic review vol 94, no2, no2, May 2004.

65- Richard A.posner, F.M Sherer: "book reviews antitrust law" an economics perspective L .j vol 86, no5. 1977.

66- Richard M. Steuer"Executive summary of the antitrust laws" Find law professionals. L.J 6/17/2006.

67- Richard. W Pouder "privatizing services in local government: an empirical assessment of efficiency and international explanation public administration quarterly" no1, vol 20 spring –1996.

68- Richmond, journal of law, technology volume 1, issue 2 2000

69- Robert Pitofsky "The new economy issues at the intersection of antitrust and intellectual property," antitrust L.J no 68 (2001)

70- Ruben Ricupero "Privatization the state and international institutions" journal of international affairs, vol 50. 1997

71- Ruben Ricupero "Privatization the state and international institutions" journal of international affairs, vol 50. 1997. .(

72- Scottw. Giffith "Managing privatization" Harvard business review. 1993.

73- Scottw. Giffith "Managing privatization" Harvard business review. 1993.

74- Sherer M. "Industrial market structure and economic performance", Chicago Rand – L.j , 1980.

75- The modernization of antitrust: a new equilibrium "66 Cornell –L rev. 1981" (describing legislative history)

76- The modernization of antitrust: a new equilibrium "66 cornell –L. rev. " (1981). (describing legislative history).

77- The Pacific economic cooperation council (PECC) conference on trade and competition policy chateau Champlain Marriott Montreal Canada, May 13-14, 1997.

78- The story of United States patent of trademark. office" journal of the patent trademark office society no 523 Aug – 17-2001

79- Timothy J.Murise "California dental association" federal commission: the revenge of footnote 17 , 8 econ rev 255. (2000)

80- Tirole J "hierarchies and bureaucracies" journal of law economics and organization, vol 2- 1986

81- Tirole,J "collusion and the theory of organization" advances in economic theory proceedings of the sixth world congress of the econometric society "ED 6y L-j Laffont cambridge university press – 1992 – vol2

82- Treaty Establishing the European community "consolidated text" official journal c, 325. of 24 December2002

83- Von Weizsacker, "A walfare analysis of barriers to entry" Bell journal of economics, vol 11, no.2, autumn 1980

84- Walt Pennington "Antitrust tying and computer hardware manufacturers Linux. journal" 3/1/2003

85- Walt Pennington "Antitrust tying and computer, Harvard manufacturers Linux. Journal 1/3/2003.

86- William Drozdiak ," European union kills deal" , Wash post journal , July 4.2004

87- William Kingston genius' faction and rescuing intellectual property rights. vol. 23, no 1, March 2005.

88- William M.landes & Richard A Posner "Market power in antitrust cases, 94 Harv.l. rev" New York times , August 16, 1994-

89- William Montgomery, "The presumption of economic power for patented and copyrighted products, in tying arrangements", 85. column vole. rev 1985.

التقارير

1- Alison k. hayden. comment patent tying agreements. presumptively illegal 5.J Marshall rev intell prop. l94. (2005).

2- American bar association:-"Special committee report on international antitrust" Washington D.C 1991.

3- Anticipating the 21st century: competition policy in the new high tech, global market place, FTC staff report, vol. l chap. 3 (1996)

4- Antitrust enforcement guidelines for international operations (April 1995).

5- Belinda A, Barnett "Status report on international cartel enforcement. department of justice. November 30. 2000"

6- Belinda A. Barnett "Status report on international at cartels Enforcement Department of justice Nov,30,2000

7- Charles E. Walker and Mark Abloom field, Lanham university press of America Washington D.C.1991.

8- Cointreau – Levine, Sandra "Private sector participation in municipal solid waste services in developing countries, the formal sector" Washingtion, D.C "undp" report for the world bank management programme. vol 1, Augus 14, 1992.

9- Commentary in the horizontal merger guidelines U.S department of justice – federal trade. commission April 12. 1992.

10- Commentary on the horizontal merger guidelines U.S Department of justice Federal trade commission March 2006

11- Commentary on The Horizontal manager guidelines U.S. Department of Justice – Federal Trade Commission March 2006.

12- Commentary on the horizontal merger guidelines U.S department of justice federal trade commission March. 20 – 2006.

13- Cumby R.E and Moran T.H: Testing models of the trade policy process: The case of anti–dumping in the Uruguay Round, Washington D.C Georgetown University of Foreign Service (1994 a)

14- Cumby R.E and Moran T.H antidumping as a current policy issue "world business policy brief Washington D.C Georgetown University center for international business education and research   December" 1993 .

15- Dan Ikenson "Burdening relations: U.S trade policies continue to flout the rules" free trade bullet in no,5, January 13, 2004.

16- Department of justice antitrust division statement on the closing of its investigation of Whirlpool's acquisition of Maytag. March 29, 2006.

17- Department of Justice, Competition memo, market definition in the pharmaceutical sector, November, 2006.

18- DOG – FTC, antitrust enforcement guidelines for international operations at (April 1995).

19- Economics, the economics of trademarks, trademark report USA trademark office no 78, 1988.

20- From seminar by edf. international on power utility management by performance contracting presented to world bank 1992.

21- Galenson, and Louis. S. Thepson "Private sector development in transportation railways world bank, transportation water and urban development" Washington, D.C February 1993.

22- Galenson, and Louis. S. Thepson "Private sector development in transportation railways world bank, transportation water and urban development" Washington, D.C February 1993. (3)

23- Heggie G. and. Q. Micheal "Improving management and changing policies for roads an agenda for refinement infrastructure and urban development department report world bank. 1990. no inu. 92".

24- Heggie G. and. Q. Micheal "Improving management and changing policies for roads an agenda for refinement infrastructure and urban development department report world bank. 1990. no inu. 92"

25- Inre insurance antitrust litigation , d.k.t 89- 16530 , reported Ingo , banat r.r , 909 – June 27 - 1991.

26- Issues before the justice department U.S chamber of commerce Washington. D.C report (October. 6.1993) .

27- Jeffrey. Samules. M "patent, trademark and copyright laws, the bureau of national affairs, Washington D.C 1997.

28- John. H. Shene Filed and Irwin. M. Stelzer"The antitrust laws" Washingtin D.C 2001.

29- Kikeri, Sunita N, John and Shirley Mary. "Privatization the lessons of experience Washington, D.C world bank. 1992."

30- Landis W. and Posner.R "The economic of trademark law trademark report USA trademark office no 78, 1988

31- Levenstein M.C. and V.Y. Suslow "Private internationl cartels and their effect on developing countries" background paper for the world bank's world development report 2001.

32- Levy. H, and Menendes Aurelio "Privatization in transport the case of Portkelang" Malaysia container terminal economic development institute ,working paper world bank. Washington. D.C. 1992

33- Levy. H, and Menendes Aurelio "Privatization in transport the case of Portkelang" Malaysia container terminal economic development institute ,working paper world bank. Washington. D.C. 1992.

34- Oecd., annual reports on competition law and policy in Oecd countries "Paris – 2000 b"

35- Paul Seabright , Jean Tirole "The economics of tacit collusion final report of competition European commission "March 2003.

36- Raj Krishna: antidumping in law and practice policy research "working paper no" 1823 the world developing bank September. 1997.

37- Stark C "Improving bilateral antitrust co-operation" speech made at a conference on competition policy in the global trading system: perspectives from Japan, the United States and European Union (23 Jan, Washington D.C. 2000)

38- The role of antitrust in intellectual property "federal circuit judicial conference" Washington. D.C report (June, 16,1994).

39- Trebilcock, Michael J . and Eobert Howse, The regulation of international trade, 2nd ed "London: Routledgo" 1999. & World bank , global economic prospect, and the developing countries 2002 "Washington D.C World banK" 2001.

40- U.S department of justice & fed trade common, antitrust guidelines for the licensing of intellectual property. 1995

41- U.S department of justice antitrust division "opening markets and protecting competition for America's businesses and consumers April , 7/1995 .

42- U.S department of justice antitrust division "opening markets and protecting competition for America's businesses and consumers April , 7/1995 .

43- U.S department of justice antitrust division "Opening markets and protecting competition for America's businesses and consumers April , 7/1995.

44- U.S department of justice guidelines "Digest of businesses reviews , 1993 (update), May , 4,1994.

45- U.S department of justice guidelines antitrust enforcement guidelines for the licensing of the intellectual property with FTC April , 6,1995) .

46- U.S department of justice guidelines hard –Scott–rodino "pre merger program improvements (with FTC March, 23,1995) & Developments in merger analysis at the FTC and DOJ BAB section of antitrust law 42 nd annual spring meeting Washington. D.C. report (April, 7,1994) .

47- U.S General accounting office . International trade comparison of U.S and foreign antidumping practices Washington D.C – 19-59- November 1990 .

48- U.S General accounting office . International trade comparison of U.S and foregin antiduming practices Washington D.C – 19-59- November 1990

49- Unctade. "Design implementation results privatization progarms". Cross country analysis of national experiences Geneve, 1993.

50- Unctade. "Design implementation results privatization progarms". Cross country analysis of national experiences Geneve, 1993

51- Waller, S.W. "anti cartel co-operation" in S.J and Eventt A. Lehmann, and B. Steil antitrust goes global" what future for transatlantic co-operation? " Washington D,C: The Brookings institution press 2000.

52- World Trade organization "Trade policy review- European union November 1997" report

الأحكام القضائية

1- Akzo chenie bv.v. commission "judgment of 3 July 1991 c- 62/86. at Paris 60"

2- Alaska air lines, inc v. United air lines, inc; 948 f.2d 536, 542 (9th cir .1991)

3- Application goals, inc. v- United States, 288 U.S. 344, (1933).

4- Arch, coal, inc, Go, (2004), 329F. supp 20l (D.D.c 2004) 2004, 2 Trade case (CCH) 174, 513.

5- Atlantic Richfield co .V. USA petroleum co, 1990.

6- Berkey photo inc v. Estman Kodak. co. 603 f.2d. 263 – 287. (2d cir 1979)

7- Brook group ltd v. Brown & Williamson tobacco corp, 1993.

8- Brown. Shoe co v. United States, 370 U.S. 294, 330, 825. ct 1502. 1926, 8l. ed. 2d 510 (1960)

9- C.R bard inc .v m3 sus., inc 157 f. 3d 1340 (fed. cir. 1998)

10- Cinzano C. and Gmbh. v. Jaraka ffec Gresch. ppe gmbll and co design no 2 – February. 1973.

11- Defendants – petitioners Illinois tool. works inc and trident, inc v. independent ink. inc, 396 f.3d 1342 (fed. civ. 2005) (ni 04-1196)

12- Eastman Kodak co. v, Image technical services. 504 U.S 451, 41 – 62 . 1992.

13- Eastman Kodak co. v, image technical servs. inc, 504 u.s 451 , 464-65, 477-79 , 481, 483-86 (1992)

14- Eastman Kodak co. v. Image technical services 504 u.s. 451, 479 (1992)

15- Eastman Kodak v – Image technical services, 122 s.ct – 2072. 1992

16- Eastman Kodak. co.v Image technical services, 504 us 451 . 1992

17- Further enterprises, inc. v United States steel crop., 394 u.s. 495. 1969

18- Hawaii v. Standard oil co. v. United States of cal . 405 u.s 251-226-1972

19- Image technical serves., inc .v, Eastman co., 125f 3d 1209 (9th cir - 1997)

20- Image technical services. inc. v Eastman Kodak co. 1988. wl 156332 (nd cal 1988)

21- Image technical services., inc. v, Eastman Kodak, 125f 3d 1195-1200 (9 the cir. 1997)

22- Image tehnical services v. Eastman kodak co. 1996. wl. 101173 (no cal. 1996)

23- Intergraph crop. v .Intel crop, 195f.199 3d 1346, 1362 (fed cir - 1999)

24- Jofferson Parish hosp dist no. 2 v hyde 466 U.S 2.12 (1984)

25- Matyushita electric industrial co. v. Zenith radios corp.475 u.s. 1986

26- Michael H.Kauffman, Image techincal services inc v. Estman kodak. co. taking one step forward two steps back in reconciling intellectual property rights and antitrust liability 34 wake forest l rev 471 (1999)

27- Mold 8 tool co. u great lakes plastics inc 75 f3d 1568, 1574 (fed cir 1996) & see dso-nobelpharma abv implant innovations inc., 141 f3d 1059, 1068 (fed cir 1998) & xerox , 203 f3d at 1328-1329.

28- Nederlands che banden –industry Michelin v. commission case 322/81 - 1983.ecr. 3461. 1985 icmir 282.

29- Nothern pacry. v United States 356 U.S. 56,78 , 21 ed. 545. 1958

30- Oahcau gas Serv, inc. v. pacific res, inc, 838 f. 2d 366 (9 the cir 1988)

31- Olympia equipment leasing co. v. Western Union telegraph – co. , 797 f.2d 370 , 379 (7 the cir 1986)

32- Queen city pizza inc.v Dommino's pizza inc, 124 f3d 430, 443 (3d cir 1997)

33- R. Hewittpate, "refusals to deal and intellectual property rights,

34- Southern pacific communicatian .V. TA.&T (940 – f.2d 980 , 1001-02 d.c. cor 1984)

35- Standard oil co, of California and stand stations inc,v. United States, supreme court 1949, 337 , US , 293, s.ci 1051, 931, l.ed. 1771.

36- Supreme court urged to decide joint ventures' antitrust liability "Texaco inc. v Dagher, Shell oil co. v Dagher, nos" 04,805 and 814 January 13, 2005

37- T. Harris Young & Assocs. inc.v Marquette elec inc 931 f2d 816-821-23 (11 the cir 1991)

38- Union Pacific Corp Inc Southern Pacific Rail Crop 4/12/96 & United States V. American Skinning company And S.K.I Limited 4/11/96

39- United Brands "bananas case 1985 & blue oross" Blue Shield v. MarshField Clinic 65 f. 3d 1606 (7 th cir 1995)

40- United States (Georgia – pacific corp and Font fames corp (D.D.C) Filed Nov. 21, 2000)

41- United States Inc Davita And Gambaro crop. FT.C 2005

42- United States v .E.L Dupont Denemours & co, 351. u.s 377. 76. s.ct 94, 100 l.e 1264 "1956".

43- United States v. Aluninum co. of am; 91f . supp 333 & s.d.n. y 6 April 1995

44- United States v. Ingersoll – Dresser pump co. and Flowserve corp (D.D.C, Filed Jan 24, 2001)

45- United States v. Microsofat crop. cir a 1998 – 1232 – 98 – 1233, 1998 wl 6/ 1485, 2 (d.d.c sep 14 - 1998)

46- United States v. Microsoft corp, 87 f. suppl. 2d 30 d.c.c cire 2000

47- United States v. Microsoft crop.253. f3d 34 . 87. (d.c.cir 2001)

48- United States. v Aluminum co of America 148 f.2d 416 (2d cir 1945)

49- United States. v. Cooper Cameron corp and Ingram cactus. co 6/13/1996.

50- United States. v. Grinell crop ,389 U.S 563,570-71 (1966)

51- United States. v. Microsoft co. 253. f. 3d 34, 87 (d.c.cir 2001)

52- United States. v. Microsoft crop., 56. f3d / 448 (d.c cir, 1995

53- W.M. Wrigley and Altria Group, Inc (Kraft Foods) 70 Fed Reg 28, 44 (May 19, 2005)

54- Wik v. American Medical Association 1987 – 2 cch . trade case, section 67,721, "n.d.h. 1987".

مواقع الانترنت

1- Aguide to intellectual property "tradename"

http://www.bermuda.com/.html-

2- Antitrust enforcement guidelines for international operations at (April 1995). http:// www. ftc. gov. com.

3- at http://www. answer. com / topic/ monoply.

4- Bishop, Simon and M. Darcey: "A relevant market is something worth monopolizing unpublished mimco – retrieved from"

http:// en. wikipedia. org / wiki / relevant market

5- collusion – wikipedia, the free encyclopedia

http:// en. wikipedia. org / wiki / tacit – collusion

6- Definition of relevant market

http:// www. usdij.gov / atr / public / guidelines / horis – book /

7- Definition of relevant market.

http:// www. usdoj. gov/ atr / public / guidelines / horis – bool / 10 . htm.

8- European   community   treaty,   supranote,9,9   at   65   "

http//europa.ue.int/comm./competition/legislation/treaties/ese/art_82_htm 1/6/2008

9- European Union antitrust competition policy

http://www.eurunion.org/policyareas/antitrust.htm .

10- European Union antitrust competition policy

http://www.eurunion.org/policyareas/antitrust.htm .

11- F Barry Wilkes office of the clerk of courts liberty county trade name Registration"

http://www.liperty.co.com/tradename. Registration..htm.liberty

12- google answers : "trade name"

http://www.answers.google.com/answers/treadview.

13- Guidllines on relevant market definition with a view to determining the significant market share.

http:// www. global competiton forum. org/ regions / europe / romania / eguide – 1 ddf –

14- http//www.wto.org/English/tratop_e/tpr_e/tp65_e.htm.

15- http:/ liberty. com. lencyc / articles / news paper / antitrust2 html.

16- http:// en,wikipedia .org / wiki / price discrimination types of price discrimination. 16/6/2006.

17- http:// en. wikipedia . org / wiki / dumping . pricing – policy – 26/6/2006.

18- http:// en. wikipedia . org / wiki / dumping . pricing – policy –

19- http:// www. ec. Europe. eu / trade / issues / respect rules / antidumpig indes en. htm.

20- http:// www. ec. Europe. eu / trade / issues / respect rules / antidumpig indes en. htm. 2.

21- http:// www. en.wikipedia. org / wiki / relevant market.

22- http:// www. ftc. gov. co/

23- http:// www. ftc. gov. com

24- http:// www. raven . stern. nya. edu / networks.

25- http:// www. unctade. org/ teplates / start. page. Asp

26- http:// www. unctade. org/ teplates / start. page. asp

27- http:// www. world bank .org / transport / public/ td – rws . htm.

28- http:// www. world bank .org / transport / public/ td – rws . htm.

29- http://europoa.ue.int/comm./competition/legislation/Treaties/ec/ant_en.htm

30- http://www. forbes. com / forbes / 1999 / 0503 / 6309089 a. htm.

31- http://www. ftc.gov / specches / olhu

32- http://www. law. Richmond. edu / jot / vol 12 /

33- Janet Logan, trademark law, esq. fort

http:// www. cafelaw.com / trademark. html. 29k .

34- Monopoly: definition synonyms. answer com.

http://www. answers. com/ topic / monopoly.

35- The department of justice and federal trade commission's antitrust guidelines for collaboration among competitors 2004. is available on line at

http://www. ftc gov/os/2000/04/ftcd j guidelines. pdf. .

36- The new rules "Robinson Patman Act"

at http://www. newrules, org.

37- the website of the consumer project on technology.

http / www . cp tech . org / lp /health/ orphan

38- Tradename . registration

http://www.revenuse.state.co.us/Fyi/html

39- U.S dept of justice and fed trade common antitrust guidelines of the licensing of intellectual property 202 . 1995.

at http/ www. usdoj gov/ atr/ public/ guidelines/ 0558.hta

40- United States patent and trade mark office , basic facts about registration a trade name

http://www.uspto.go/web/ offices/doc/ basic/ trade define.htm.

41- US international trade commission official page concerning trade remedies in the United States.

http:// ia . ita. doc. gov / states / inv – initiations – 2000 – 2005 htm .

42- US international trade commission official page concerning trade remedies in the United States.

http:// ia . ita. doc. gov / states / inv – initiations – 2000 – 2005 htm.

43- uspto stop fakes. gov – anti – piracy and resources for small business.

http"// www. uspto.go / small business.

44- Washington post company "Section one of the Sherman Act"

at http:// washington post. com. business and technology. 6/18/2006

45- Wikipeda the free encyclopedia "competition law"

http// www .en. Wikibeda.org/wiki/ competition_law

46- Wikipeda, the free encyclopedia "Trade policy analysis" no. 26, 2002. web,

http://www. globe – field. com / adlp. htm.

47- wikipedia the free encyclopedia "comparison with patents , designs, copyrights and trademarks"

http:// www. wikipedia. org/ wiki/ trademarks.

48- Wikipedia the free encyclopedia "competition law "

http//www .en. wikipedia. org/wiki /competition- law"

49- wikipedia, the encyclopedia "The Madrid system for the international registration of marks.

http:// www. en. wikipedia . arg / wiki / trademark.

50- wikipedia, the free encyclopedia "intellectual property law primary rights – trade mark.

http:// www. wikipedia . arg / wiki / trademarks.

51- wikipedia, the free encyclopedia "maintaining trademark rights, abandonment and genericide

http:// www. wikipedia. org/wiki/trademark.

52- Wikipedia, the free encyclopedia "United States antitrust law"

http//www .en. wikipedia. org/wiki / United States - antitrust – law

53- Wikipedia, the free encyclopedia. "Barriers to entry"

at http://www. ftc.gov/bc/compguide/ illegal . htm.

54- Wikipedia, the free encyclopedia. 22 April 2006.

http:// www. wikipedia. org/ wiki.

55- wipo-gui/dup/98-wo,inf/133-4-1997p.p48

http:// www. legalzoom. com/ laq – library / trademarks/ establish - html 9k.

56- World Trade organization "2007"

http:// www. wto . org/ english / tratope / adp – states b2 exls

57- World Trade organization "2007"

http:// www. wto . org/ english / tratope / adp – states b2 exls 23-4/2007.

58- wvsos . Business organization . trade name registration

http://www.wvsos.com/business/Filing/Tradename.htm

الفهرس

ملخـــص

لقد تناولنا في تلك الدراسة ظاهرة من أهم وأخطر الظواهر الاقتصادية المـؤثرة علـى عمليـة المنافسـة ألا وهي ظاهرة "الاحتكار", فمن المعروف أنه في ظل التطور الاقتصادي الهائل الذي حدث في العالم في الآونة الأخيرة ؛ نتيجة تحرير التجارة وإزالة الحواجز الجمركية عن الدول الموقعة على اتفاقيـة الجـات أصبحت كل الدول تتسارع من أجل تأكيد سيطرتها الاقتصادية والسياسية من أجل التـرويج لصـادراتها ومنتجاتها, حتى لو كان ذلك على حساب الدول الأخرى ؛ وهـو مـا نـتج عنـه اسـتخدام الكثير مـن الـدول لعمليـات الاحتكار عن طريق شركاتها الدولية النشاط من أجل تأكيد وضعها المسيطر محليا وعالميا, واستخدمت كذلك الكثير من الظواهر الأخرى المرتبطة بهذه العملية كالإغراق والخصخصة وحقوق الملكية الفكرية والصناعية , لذلك فإننا آثرنا تناول تلك الظاهرة بشئ من التعمق عن طريق بيان ماهيـة المركز المسيطر وكيفية الوصول إليه وبيان موقف التشريعات العالمية والمحليـة مـن أجـل الحفـاظ علـى عمليـة المنافسة وحماية الأسواق من ظاهرة الاحتكار.

Printed in the United States
By Bookmasters, Inc.

Printed in the United States
By Bookmasters

T0300948